KB070202

주요국 사회보장제도 2

독일의 사회보장제도

한국보건사회연구원 나남
Korea Institute for Health and Social Affairs nanam

《주요국 사회보장제도》 총서 기획진

노대명 한국보건사회연구원 선임연구위원
김근혜 한국보건사회연구원 연구원
정희선 한국보건사회연구원 연구원

주요국 사회보장제도 2

독일의 사회보장제도

2018년 12월 10일 발행
2018년 12월 10일 1쇄

지은이   정연택 · 김근홍 · 김상철 · 김상호 · 김원섭 · 김진수 · 남용현
         남현주 · 박경순 · 박명준 · 박수지 · 박지순 · 심성지 · 오윤섭
         유근춘 · 윤조덕 · 이신용 · 이용갑 · 이진숙
발행자   趙相浩
발행처   (주) 나남
주소   10881 경기도 파주시 회동길 193
전화   (031) 955-4601 (代)
FAX   (031) 955-4555
등록   제 1-71호(1979. 5. 12)
홈페이지   www.nanam.net
전자우편   post@nanam.net

ISBN 978-89-300-8944-9
ISBN 978-89-300-8942-5 (세트)

책값은 뒤표지에 있습니다.

주요국 사회보장제도 2

독일의 사회보장제도

정연택 · 김근홍 · 김상철 · 김상호 · 김원섭 · 김진수 · 남용현
남현주 · 박경순 · 박명준 · 박수지 · 박지순 · 심성지 · 오윤섭
유근춘 · 윤조덕 · 이신용 · 이용갑 · 이진숙

한국보건사회연구원 나남
Korea Institute for Health and Social Affairs nanam

머리말

독일은 사회보험이 세계에서 가장 먼저 입법된 국가로서 영국의 베버리지 체계와 대비되는 비스마르크체계, 즉 소득능력자를 중심으로 한 소득비례급여 제공을 특징으로 하는 사회보험 중심의 현금보장체계를 갖춘 국가이다. 복지체제의 시각에서 보면 독일은 보수주의적(조합주의적) 복지국가이며, 사회정책에는 노동자 정당인 사회민주당과 가톨릭 정당인 기독교민주당의 영향이 뿌리 깊게 새겨져 있다. 경제적 위기 시기인 1970년대 중반 이후 복지지출이 증가하기도 하였지만, 지속적인 사회복지지출 통제 노력으로 인해 국내총생산 대비 사회지출의 비중은 30%를 넘지 않고 있다.

사회서비스 제공과 관련된 사항을 살펴보면, 독일은 보족성(보충성, *subsidiarity*) 원칙에 따라 국가가 서비스 공급에 대한 역할을 스스로 제한한다. 또한, 서비스 공급에서 비영리 민간기관의 역할을 우선시하는, 가톨릭에 기반을 둔 원칙이 대체로 지켜지고 있다. 사회적 이전급여에서 국가의 역할이 큰 것과는 대조적으로 독일의 사회복지서비스 공급은 비영리 민간 조직이나 가족에 의존하고 있다. 1990년대, 특히 장기요양보험 도입 이후에는 영리조직도 사회서비스 공급에서 일부 기능을 하고 있다. 독일은 산업

5

구조상 제조업이 발달하였지만 서비스업이 상대적으로 작다. 그러나 사회서비스 영역은 더 이상 작지 않은 것으로 확인된다.

현금 및 서비스의 공급 구조 및 원칙은 아주 오랫동안 지켜져 왔다. 하지만 1990년대 이후 세계화의 영향이 감지되면서 서서히 변화되는 부분이 나타나고 있다. 의료보험이나 연금보험에서는 인구고령화와 출산율 저하에 따른 공공의 부담을 절감하는 방법 그리고 비용부담자와 혜택을 받는 자 간의 적절한 고통분담 방식에 대한 대책이 주된 관심이었다면, 노동시장과 관련해서는 불가피하게 노동시장의 유연화와 실업자의 능동적 사회참여에 대한 좀더 혁신적 방법이 강구되었다. 하르츠(Hartz) 개혁에 의해 소득비례 방식의 실업부조가 실업자를 위한 기초보장(실업수당 II)으로 변경된 것도 그 노력의 하나이다. 산업구조의 변화와 탈근대화 때문에 나타나는 새로운 고용형태로 인해 전통적 사회안전망의 효과가 감소하는 것도 독일이 당면한 도전 중 하나이다. 낮은 출산율의 영향으로, 독일의 가족정책도 보수적 성향을 벗어나서 보육시설 확대를 비롯하여 여성고용이나 출산을 저해하는 요소들을 제거하면서 일·가정 양립 정책을 적극적으로 시행하고 있다. 따라서 독일의 보수주의체제의 특성이 이전과 같이 강하지는 않은 것으로 보인다.

'주요국 사회보장제도' 시리즈의 구조는 전체 국가에 대부분 동일하게 적용되었다. 제 1부는 사회보장 총론으로서 역사, 기본구조, 경제·고용·소득분배, 인구, 재정 등을 다룬다. 제 2부는 소득보장제도로서 고용보험 및 고용정책, 연금제도, 산재보험, 가족수당, 공공부조를 다룬다. 제 3부는 의료보장 및 사회서비스로서 의료제도(공급)와 의료보장(수요), 장기요양보험, 고령자·장애인(전달체계), 장애인 복지, 아동 및 보육, 주거 등을 다룬다.

독일 편의 특이점에 대해 소개하자면, 제 1장 '사회보장의 역사적 전개'

와 별도로 최근 동향인 하르츠 개혁에 대한 사항을 제6장에서 자세히 서술했다. 한국의 사회정책 연구자들이 2000년대 전후 독일에서 이루어진 하르츠 개혁에 대해 많은 관심을 보였기 때문이다.

또한, 독일은 1970년 이후 개별 사회복지 관련법들을 하나의 법전으로 편찬하는 작업을 해 왔으며, 그 결과물인 〈사회법전〉에는 12개의 개별법이 포함되어 있다. 〈사회법전〉의 편찬은 개별법의 규정 간에 내적 통일성을 갖추기 위한 노력인데, 한국도 이러한 제도적 조정의 노력이 있어야 한다는 시각에서 제7장으로 구분하여 서술했다.

이외에도 산재보험에서는 근로자뿐 아니라 학생이나 자원봉사자도 포함한다는 점, 장기요양보험에서는 6개월 이상 장기요양이 필요한 사람은 모두 대상이 되는 점, 공공부조는 실업자 또는 노인(근로능력 미약자)에 대한 기초보장과 사회부조로 나누어진다는 점에서 한국과 독일 간 차이를 엿볼 수 있다.

독일에서 학위를 받은 연구자가 상당히 많기 때문에, 이번 독일 편 2판에서는 2012년 발간된 1판의 집필에 참여하지 않은 연구자들이 각자의 전공 영역에서 하나의 장만 서술하되 될 수 있으면 1판을 참조하지 않도록 의도했다. 이를 통해 비록 현황자료는 다르지만 여러 연구자의 시각이 1판과 2판에 각각 드러나 상호보완적으로 독일의 제도가 소개되도록 의도했다.

주요국의 사회보장제도와 같이 많은 연구자가 참여하는 대규모 프로젝트는 불가피하게 연구자에게 주어진 시간과 인쇄까지 걸리는 시간 사이에 간격이 발생하게 된다. 특히, 통계자료는 집필 당시 최근 통계를 인용하였더라도 3~4년의 통계시차가 발생하기도 한다. 독자들의 양해를 구한다.

주요국의 사회보장제도 2판을 내도록 예산을 마련·기획하시고, 특히 독일 편에 대해 자문해 주신 김상호 전 보건사회연구원 원장님, 독일 편의 특이점을 수락하고 여러모로 지지해 주신 총괄책임자 노대명 박사님, 철저한 지원업무로 연구진의 불편을 제거해 주신 김근혜 연구원, 그리고 엄청난 양의 원고를 철저하게 교정해 주신 나남출판사의 여러 담당자께 감사한다.

마지막으로 빠듯한 시간과 분량의 제약에도 불구하고 독일의 사회보장제도를 압축적으로 소개하기 위해 고심하여 개별 장을 집필해 주신 집필진 여러분께 감사한다.

충남대학교
정 연 택

주요국 사회보장제도 2
독일의 사회보장제도

차 례

2부 소득보장제도

제 **1** 부   사회보장 총괄

01

사회보장의 역사적 전개

1. 머리말

사회보장제도는 국민들에게 닥칠 수 있는 여러 가지 생활상의 위험을 국가가 대표하여 집단적으로 보호하는 것이다. 사회보장제도는 복지국가의 핵심적 제도로 거의 모든 선진국에서 발전되었다. 하지만 나라마다 사회보장제도가 대처하는 위험이 똑같지는 않다. 국가가 다른 사회계층 및 집단과 맺고 있는 관계, 문화적 전통, 제도 구축 당시의 국제적·사회정책적 논의에 따라 각국의 사회보장제도는 서로 다른 종류의 위험을 포괄한다.

독일은 사회보장제도의 등장과 발전에 선도적 역할을 하는 나라이다. 독일이 사회보장제도를 구축했던 당시 사회문제의 핵심은 노동자 문제였다. 그래서 사회보장제도도 노동자들이 생애를 살면서 직면하는 위험을 중심으로 조직되었다. 이는 주로 노년, 질병, 사고, 실직에 따른 소득의 상실, 부양자와 배우자의 사망, 질병이나 사고, 사망으로 인한 지출 등을 포함했다.

좁은 의미에서 사회보장제도는 이러한 위험에 대비하여 준비된 산업재해보험, 노령, 장애, 유족연금, 의료보험, 실업보험 등의 사회보험제도로 정의된다. 하지만 넓은 의미의 사회보장제도는 이외에도 국가유공자를 위한 원호, 주택정책, 가족정책으로 확대하여 정의할 수 있다(Lampert, 1994: 220). 따라서 독일 사회보장제도의 역사적 발전도 사회보장제도를 중심으로 하되 다른 정책영역을 배제하지 않는 방식으로 서술되었다.

이 장의 내용은 독일 사회보장제도 발전의 특징과 변화를 포착하는 것을 목표로 한다. 지금까지 독일은 제도의 변화가 어려운 나라로, 항상 중도를 지향하거나 구조적 개혁이 어려운 경직된 사회("*frozen fordism*", Palier & Martin, 2008: 3)로 알려졌다.

따라서 사회보장제도의 전환을 포착하고 이를 분석하는 것은 상당히 복잡한 주제라고 할 수 있다. 나아가 이 장은 독일 사회보장제도의 발전을 문제해결 지향적 접근으로 서술하고자 한다. 이에 따라 독일의 사회보장(*soziale Sicherheit*)이 발전한 경제적, 사회적, 정치적 배경을 고찰하고 이와 연관하여 사회보장제도의 변화와 발전을 고찰한다.

사회보장제도 발전의 역사적 고찰을 위해서는 시기의 구분이 중요하다. 이 장에서 사회보장의 역사는 크게 두 시기로 구분되었다. 첫 번째는 사회보장제도가 도입되고 발전한 확대기이고, 다음은 사회보장제도가 조정된 시기이다. 사회보장의 확대기에 대해서는 많은 역사적 연구가 있으므로, 이 장에서는 조정기에 좀더 많은 관심을 기울이고자 한다. 확대기와 조정기는 정부의 집권기에 따라 다시 세부적으로 구분되었다.

2. 독일 사회보장제도의 태동과 발전

1) 사회보장제도의 태동과 형성

(1) 사회보험의 태동

독일 사회보장제도의 핵심 제도들은 1880년대 비스마르크의 사회보장 입법으로 도입되었다. 1883년 6월 15일에 〈노동자 의료보험(질병보험) 법〉, 1884년 7월 6일에는 〈재해보험법〉, 1889년 7월 22일에는 〈장애 및 노령보험법〉이 도입되면서 사회보험의 기본 골격이 갖추어졌다. 도입된 사회보험의 가장 큰 특징은 강제보험이라는 것이었다. 제조업, 수공업, 상업, 내륙수로, 서비스산업의 특정업종에 종사하는 임노동자들 중 일정 소득 이하인 근로자는 의료보험에 가입할 의무를 졌다. 제조업에 종사하는 근로자 중 연봉이 2천 마르크 미만인 육체노동자와 사무직 노동자에게 사용자는 의무적으로 재해보험의 혜택을 제공하였다. 16세 이상의 모든 노동자는 장애와 의료보험에 의무적으로 가입했으며 보험급여의 재원은 주로 근로자와 사용자의 보험료에 의해 충당되었다(Lampert, 1994: 68).

사회보험 도입은 산업화의 진전에 따라 표출된 노동자 문제에 대한 대응이었다. 19세기 중반 이후 독일에서는 본격적으로 산업화가 진행되었다. 수공업이 공장제조업으로 대체되었고 근로자의 수도 급속히 증가했다.[1] 농촌에서 인구가 유입되고 가내수공업이 붕괴하면서 노동시장의 노동력 공급은 과잉상태였다. 이런 조건에서 산업노동자들의 상태는 매우 열악했다. 이들은 장시간 노동과 저임금, 열악한 노동조건 그리고 실업에 따른 생활의 불안과 같은 노동자 특유의 문제에 시달렸다.

---

1) 1850년에서 1913년 사이에 전체 임노동자 수는 약 1,500만 명에서 약 3,000만 명으로 두 배 정도 증가하였다. 전체 임노동자에서 산업노동자가 차지하는 비중도 25%에서 37%로 증가하였다(Lampert, 1994: 24, 66).

늘어난 노동자들의 불안한 생활 상태는 사회주의 세력의 확대에 중요한 토양을 제공하였다. 노동운동은 사회주의 세력의 영향을 받아 혁명화되는 경향을 보였다. 독일의 빌헬름 1세는 우선 노동자의 급진화에 대응하기 위해 강경책으로 1878년 〈사회주의자법〉을 제정하였다. 하지만 그는 동시에 억압적 조치에 대한 반대급부로 시혜적인 조치들도 실시하고자 하였다. 노동자의 복지를 적극적으로 개선하는 것이 시혜적 조치의 핵심을 이뤘다. 그는 독일의 국가가 유산계급뿐만 아니라 무산계급의 복지에 기여하는 기구임을 보여 주고자 하였고 사회보험제도는 이를 위한 중요한 수단이었다(박근갑, 2009: 182). 이런 점에서 사회보험 도입의 주요한 동인은 경제적 요인보다는 정치적 요인이라고 할 수 있다. 당시 독일이 사회보험을 도입할 경제적 요인은 그렇게 크지 않았다. 독일은 다른 나라에 비해 산업화가 늦었기 때문에 산업화의 폐해를 복지제도의 도입을 통해 완화할 이유가 상대적으로 크다고 볼 수는 없었다.

〈표 1-1〉은 독일과 다른 선진국의 사회보험 도입시기, 당시의 정치적 조건, 경제적 수준을 비교해 보여 준다. 독일은 사회보험 도입순위가 1위로 나타났는데, 이 당시 독일의 경제적 수준은 다른 나라에 비해 높지 않았다. 나라별로 다른 역사적 시기의 경제수준을 비교하기 위해 만들어진 국제 기어리-카미스 달러(Geary-Khamis Dollar)로 독일과 다른 나라의 경제수준을 비교해 보면, 첫 번째 사회보험인 산재보험 도입 당시 독일의 1인당 소득수준은 2,143달러로 OECD 20개국의 평균인 2,822달러보다 낮고, 선진국이었던 영국의 4,264달러, 네덜란드의 3,440달러, 프랑스의 2,760달러보다 낮았다. 이는 산업화나 경제적 수준으로 복지발전을 설명하는 여러 주장이 독일에서 사회보험제도의 이른 도입을 설명주지 못한다는 것을 잘 보여 준다.

또한, 정치적 변수 중에서 민주화 요인은 사회보장제도 도입에서 독일의 선도적 역할을 설명해 주지는 못하는 것으로 나타난다. 〈표 1-1〉이 보여 주는 것처럼 첫 번째 사회보험 도입 당시 독일의 민주화 지수는 1로 측정되어 가장 비민주적인 나라로 분류된다. 독일에서 사회보험의 이른 도입은 보수 세력의 정치적 전략으로 보는 것이 더 알맞은 해석이다. 황제를 비롯한 독일의 보수 세력은 군주제를 강화하고 등장하는 부르주아지 세력을 견제하려 하였고 이를 위해서 노동자세력을 자기의 영향력 아래 두고자 하였다. 노동자를 포섭하는 수단에는 노동자 세력을 급진적 세력으로부터 단절시키는 강경책뿐만 아니라 노동자들의 삶을 안정시키고자 하는 복지제도의 도입도 유화책으로 동원된 것이다.

사회보험제도의 형성은 이후에도 독일제국에서 지속됐다. 빌헬름 2세는 영업조례(1900)와 〈아동보호법〉(1903)을 제정하여 노동자 보호에 주력

〈표 1-1〉 주요 사회보장제도 도입시기의 국제비교

국가별	산재보험	의료보험	연금보험	고용보험	가족수당	사회보험 도입순위	첫 번째 사회보험 도입 시	
							민주화 지수	경제 수준
벨기에	1,903	1,894	1,900	1,920	1,930	3	7.0	3,468
독일	1,884	1,883	1,889	1,927	1,954	1	1.0	2,143
덴마크	1,898	1,892	1,891	1,907	1,952	2	1.0	2,555
프랑스	1,898	1,928	1,910	1,905	1,932	6	8.0	2,760
영국	1,897	1,911	1,908	1,911	1,945	5	8.0	4,264
아일랜드	1,897	1,911	1,911	1,911	1,944	7	8.0	2,736
이탈리아	1,898	1,943	1,919	1,919	1,937	13	1.0	1,672
뉴질랜드	1,908	1,938	1,898	1,930	1,926	11	10.0	3,985
네덜란드	1,901	1,931	1,919	1,916	1,939	12	4.0	3,440
노르웨이	1,895	1,909	1,936	1,906	1,946	10	4.0	1,872
오스트리아	1,887	1,888	1,907	1,920	1,948	4	1.0	2,404
스웨덴	1,901	1,891	1,913	1,934	1,947	9	2.0	2,150
스페인	1,900	1,942	1,919	1,919	1,938	14	6.0	1,654
평균	1,905	1,924	1,917	1,929	1,944	12	6.5	2,822

주: 경제수준은 기어리-카미스 달러임. 민주화지수는 Jaggers & Gurr(1996)에 따라 0(최소)에서
10(완전히 제도화된 민주화)까지 측정됨.
자료: Schmidt, 2005: 180.

하는 한편 사무직노동자를 사회보험에 가입시켰다. 사무직노동자는 유족 연금의 혜택을 받았고 급여 개시연령도 65세로 낮았다는 점에서 육체노동 자의 보장보다 더 관대한 급여를 받을 수 있었다. 이어진 바이마르공화국 에서는 극심한 경제위기와 인플레이션을 겪으면서도 1927년 실업자의 직 업알선과 소득보장을 위해 고용보험을 도입하였다. 이로써 독일은 이른바 4대 사회보험체계를 완성하여 사회보장제도의 기초를 마련하였다.

독일에서 형성된 사회보험은 이후 사회보장의 보편적 제도로 유럽을 중 심으로 한 서구 국가에 확산되었다. 사회보험의 도입에 동참한 나라는 덴 마크, 벨기에, 오스트리아 순이었다(〈표 1-1〉). 이 나라들이 사회보험을 이른 시기에 도입한 것은 경제적 요소로는 설명하기 어려웠다. 이들 나라 가 첫 번째 사회보험을 도입할 당시 경제적 수준은 상당히 상이하였다. 또 한 민주주의의 수준도 역시 상당히 상이하였다. 덴마크와 오스트리아의 민 주주의 수준은 상당히 낮았던 것에 반해, 벨기에는 상당히 높은 민주화 지 수를 보였다. 하지만 이들은 지리적으로 독일과 상당히 근접한 위치에 있 다는 공통점이 있다. 이런 점에서 사회보험의 확대에는 경제성장과 민주주 의보다는 선도적 국가에서의 확산이 더 중요한 역할을 했다는 주장이 오히 려 설득력을 얻었다(Collier & Messick, 1975: 1314). 정책 확산이 사회보 험제도의 도입 시기에 중요한 영향을 미친 것이다.

사회보험제도의 형성은 복지국가의 제도적 기초를 제공했다. 우선 사회 보험의 형성으로 복지정책의 목표는 빈민구제를 넘어서 사회적 질서를 유지 하고 강화하는 것으로 전환되었다. 사회보험제도가 도입되기 이전의 사회 정책은 주로 청소년, 여성, 빈민과 같은 취약한 사회계층을 대상으로 했다. 빈민정책은 근로능력, 가족, 재산이 없는 사람들을 대상으로 추진되었고 급여수준도 가난한 노동자의 소득 이상이 될 수는 없었다(Tennstedt, 1981: 87). 일부 시행되었던 노동자 보호정책도 일반적 남성노동자보다는 여성과 아동을 대상으로 근로조건과 임금을 보호하는 것이 주된 내용이었다. 하지만 일반적 노동자를 대상으로 하는 사회보험이 도입되면서 사회정책의 목적은 더 이상 취약계층의 보호가 아니라 사회질서의 유지로 확대되었다. 사회보험은 열등한 빈곤계층이 아니라 자본주의의 핵심계층인 노동자계급을 주된 대상으로 보았다. 이에 따라 사회보장제도는 사회 전체의 질서유지를 위한 중요한 수단으로 등장했다.

사회보험의 도입으로 성취된 또 하나의 성과는 복지권의 형성이다. 사회보험제도는 국민에게 복지급여에 대한 권리가 정착되는 제도적 기반을 제공했다. 사회보험 도입 이전의 지배적 복지제도인 빈민구제제도에서 복지급여는 시민들의 권리로 인정되지 않았다. 오히려 복지급여의 수급은 시민권과는 배치되는 것으로 간주되었다. 이에 따라 복지급여 수급자는 시민적 권리인 공민권과 참정권을 상실하는 것이 일반적이었다. 하지만 일반 노동자를 대상으로 하는 사회보험이 복지제도의 주요한 요소로 정착되면서 복지권은 더 이상 시민권과 배치되는 것이 아니라 시민권의 주요한 요소의 하나로 인정될 수 있었다. 사회보험은 이전의 빈민구제제도와 달리 주로 가입자의 보험료로 재원을 조달했다. 이러한 재원조달 방식은 급여의 수급권이 가입자가 보험료를 납부하여 획득한 권리라는 법적인 성격을 부여하였다. 복지에 대한 권리가 재산권과 같은 권리로 인정됨으로써 국민의 복지권은 주요한 제도적 토대를 마련했다.

2) 사회보장제도의 확장

(1) 사회경제적 배경

전쟁 직후 독일은 경제적으로 최악의 상황에 직면했다. 전쟁으로 산업기반과 주택 등 생활기반은 거의 붕괴되었고 대량으로 발생한 전쟁 피해자들은 생계를 이어가기도 어려운 상황에 몰렸다. 1946년의 국민총생산은 1938년의 40%에 불과한 것으로 추정됐다(Lampert, 1994: 87). 하지만 독일은

1940년 말 화폐개혁과 함께 사회적 시장경제의 제도적 기반을 마련하고 이를 바탕으로 빠른 경제성장을 달성했다. 실질 국민총생산은 1950년에서 1960년까지 115%, 1960년에서 1970년까지는 55% 증가하였다. 또한, 이 기간 동안 실질적으로 완전고용이 달성되었고 근로자들의 소득도 급속히 증가하였다. 이른바 '라인강의 기적'은 독일의 사회보장제도 발전에 유리한 조건을 제공했다(Lampert, 1994: 86).

정치적 조건도 사회보장제도의 발전에 불리하지 않았다. 1949년 제정된 새로운 헌법은 사회국가원칙을 기본권에 포함하였다. 이로써 정부는 사회복지국가를 건설할 헌법적 의무, 국민들의 생활상 불안함을 해결해 줄 의무를 지게 되었다. 또한, 기독교민주연합(Christlich-Demokratische Union: CDU, 이하 기민당)-기독교사회연합(Christlich-Soziale Union: CSU, 이하 기사당) 연정과 사회민주당(Sozialdemokratische Partei Deutschlands: SPD, 이하 사민당) 등 모든 거대 정당이 사회보장제도 도입에 적극적이었다. 1949년부터 1966년은 기민당-기사당-자유민주당(Freie Demokratische Partei: FDP, 이하 자민당) 연정, 1966년/1969년은 기민당-기사당 연정과 사민당의 대연정, 1982년은 사민당-자민당 연정이 정권을 잡았다. 이 집권 정당들은 복지국가를 지향한다는 점에서 공통점을 보였다.

독일 사회보장제도 확대의 이념적 기반은 사회적 시장경제 원칙이었다. 이 원칙은 경제체계의 공정성과 복지영역의 확장을 동시에 추구하여 경제적 효율성과 사회적 형평성을 결합하려고 하였다. 또한, 시장과 사회의 발전에서 국가의 역할은 폭넓게 인정되었다. 사회적 시장경제의 원칙에 따르면 시장의 효율성은 시장의 공정성이 유지될 때만 발전하며 국가의 개입 없이 공정한 경쟁이 자동으로 이루어지기는 어렵다.

따라서 국가는 시장에서 공정한 경쟁이 이루어지는 제도적 환경을 만들기 위해 적극적으로 개입해야 한다. 이뿐만 아니라 사회적 시장경제의 원칙에 따르면 국가의 역할은 자유로운 경쟁을 위한 질서의 창출에 머물지 않는다. 이 원칙은 시장이 해결하지 못하는 것에 대한 국가의 역할을 폭넓게 인정하고 있었다. 국가는 소득 및 재산 분배상의 형평성을 재고하고 교육과 같은 공공재를 공급하여 사회적 문제의 해결에 적극적으로 나서야 한다는 것이다(김적교·김상호, 1999: 31~32).

(2) 사회보장제도의 정착과 발전: 1945~1975년

1945년부터 1975년까지 조성된 유리한 경제상황과 정치적 환경을 발판으로 독일의 사회보장제도는 급속히 정착하고 발전했다. 새로운 복지정책이 도입되었고 기존의 사회보험제도도 개선됐다. 이에 따라 독일의 사회복지지출도 1950년에 국민총생산의 19.2%에서 1960년에는 21.1%로 증가했다. 이후 사회복지지출은 지속적으로 늘어서 1970년에는 국민총생산의 25%, 1982년에는 30.7%까지 증가하였다(Schmidt, 2005: 157. Tabele 2).

전후 사회보장제도의 발전은 기민당-기사당과 자민당 연합정부(1946~1966)로부터 시작됐다. 이 시기 사회보장정책은 전후 사회의 재건을 위한 정책에서 시작하여 독일 사회보장제도의 기반이 되는 사회보험제도를 정착시키는 것으로 이어졌다.

전쟁 직후 사회보장정책은 전쟁의 사회적 후유증 극복을 위해 전쟁희생자에 대한 보상과 주택정책에 초점을 맞췄다. 당시 전쟁 난민은 1,100만 명으로 추정됐고 400만 명의 고아, 미망인, 장애인이 발생했다. 그리고 거의 대부분의 도시가 파괴되어 심각한 주택부족 문제가 발생했다(Ostheim & Schmidt, 2007: 154). 이 문제를 해결하기 위해 전쟁희생자를 위한 〈국가보상법〉(1950)과 동독지역에서 이주자를 위한 〈부담분담법〉(1952)이 제정되고 주택건설을 지원하기 위한 정책들이 실시되었다(1950년 〈주택건설법〉 제정). 이러한 노력으로 1951~1975년 사이에 매년 평균 40만 호의 주택이 건설되었다(Lampert & Bossert, 1992: 52). 또한, 나치 시기 후퇴되었던 노동규정과 노동계약권 같은 제반 권리들이 회복되었다. 철폐되었던 노사 공동결정권도 이때 회복되고 강화되었다. 사회보험에서 근로자와 사용자의 자치권도 다시 부활했다.

1950년 말 이후 경제적 여력이 회복되면서 아데나워(Konrad Adenauer) 가 이끄는 기민당-기사당-자민당 연정은 사회보장제도 구축을 위한 복지 개혁을 추진했다. 복지입법은 사회보험, 사회부조와 고용정책의 넓은 분야에서 골고루 실시되었다. 이 중 전후 독일 사회보장제도의 형식을 규정한 대표적 개혁은 1957년의 연금대개정이었다.

독일의 연금대개정은 1950년에 악화되는 소득 양극화에 대처하려는 정치적 노력의 일환이었다. 특히, 노인들의 생활이 열악한 상태였고 이는 많은 부분에서 연금제도가 충분한 급여를 제공하지 못한 것이 원인이었다. 1950년대 기준 국민연금의 평균급여수준은 임금소득의 30%에 불과했다. 이에 따라 당시 기민당 정권뿐만 아니라 모든 정치 정당이 연금제도를 개선하자는 데 이견이 없었다(Schmidt, 2005: 78~84). 연금개혁의 상세 내용은 다음과 같다.

첫째, 국민연금의 급여수준이 대폭 인상됐다. 이에 따라 연금제도의 목표가 '최저보장'에서 '소득지위보장'으로 전환되었다. 이에 따라 45년간 가입한 근로자는 자신의 근로기 소득의 60% 수준까지 급여를 받게 되어 다른 소득이 없이도 생활을 안정적으로 유지하게 되었다. 또한, 기존에 기초 부분과 소득비례 부분으로 구성되어 있던 급여구조도 변경되었다. 기초 부분이 철폐되어 완전한 '소득비례연금제'가 된 것이다.

둘째, 개혁의 가장 중요한 요소로 동태적 연금급여의 원칙이 적용되었으며 연금급여가 전체 가입자의 임금변화율에 맞추어 조정이 가능해졌다. 이에 따라 근로활동에 참여하지 않는 노년세대가 사회경제적 부의 분배에 참여하게 되었고 세대 간 소득 재분배의 기반이 마련되었다. 또한, 연금소득은 총액임금에 따라 변동하게 되었다. 이에 따라 조세와 보험료가 증가하면 연금급여도 자동으로 증가하여 가입자보다는 수급자가 더 많은 혜택을 받게 되었다.

셋째, 연금의 재정방식이 '적립방식'에서 '부과방식'으로 전환됐다. 연금 기금은 1920년대 고도의 인플레이션과 1948년의 화폐개혁으로 실질가치를 상당 부분 상실하였다. 또한, 연금기금은 제2차 세계대전 도중 전시자금으로 전용되어 고갈을 피할 수 없었다. 이에 따라 재정방식은 1969년까지 점차적으로 부과방식으로 전환되었다.

넷째, 연금제도는 직업별로 분리된 체제를 유지했지만 급여수준의 차이는 줄어들었다. 사무직노동자 연금에 비해 상당히 급여수준이 낮았던 육체노동자 연금이 상향조정되면서 연금제도는 내용적으로 유사해졌다.

사회보장부문의 다른 중요한 개혁은 다음과 같다(Lampert & Bossert, 1992: 54~55). 1961년 〈연방사회부조법〉과 〈청소년복지법〉이 제정되었다. 양 법은 모든 국민이 인간답게 생활할 법적 권리를 인정함으로써 사회부조급여의 보장성을 현저히 강화시켰다. 1954년에는 셋째 아이를 대상으로 아동수당이 도입되었다.

이 시기는 복지제도의 확대와 함께 독일의 사회보험국가가 형성된 시기라고 할 수 있다. 독일 사회보장의 가장 중요한 특징은 사회보험제도가 지배적 역할을 한다는 점이다. 사회보험제도는 다음의 네 가지 특징을 보인다. 첫째, 급여에 대한 접근이 주로 노동과 기여금의 납부를 토대로 이루어졌으며 사회보험제도는 주로 임노동자들의 생활을 보장하는 것을 목적으로 했다. 둘째, 급여는 주로 현금으로 제공되었고 근로기의 소득수준에 비례하여 지급됐다. 셋째, 사회보험의 재원은 기본적으로 사회보험기여금에 의해 조달됐다. 넷째, 사회보험은 준공공기관에 의해 관리되었고 사용자와 근로자의 참여가 보장되었다(Palier & Martin, 2008: 3).

1966년 독일은 전후 처음으로 경기침체를 맞았다. 침체의 정도는 이후 1970년과 1980년 초의 경제위기보다 훨씬 약한 것이었다. 하지만 경제기적에 익숙해 있던 독일 사람들에게는 상당한 충격을 주었다. 이에 따라 기민당과 사민당 등 거대 정당은 대연정으로 경기침체를 극복하려 하였다. 대연정은 주로 케인지안적 경제정책으로 위기를 극복하고자 하였고, 이 과정에서 사회보장 부분의 역할은 그렇게 크지 않았다. 이에 따라 사회보장 부분에서는 삭감은 아니지만 더 이상의 확장은 어렵게 되었다. 이 시기에도 사회보장제도의 발전 속도는 확실히 느려졌지만 확대는 지속됐다. 특히, 불평등했던 육체노동자 연금과 사무직노동자 사회보장의 균등화 작업에 진전이 있었고 〈고용촉진법〉(Arbeitsförderungsgesetz)이 새로이 제정되면서 노동시장정책의 체계화도 이루어졌다.

사회보장 균등화를 위한 대표적 조치는 1969년 제정된 〈임금계속지급법〉(Lohnfortzahlungssetz)이다. 이 법이 제정되기 이전에는 질병 발생 시 임금의 지급은 사무직 근로자에게만 적용되었다. 이 때문에 노조는 파업과 같은 수단을 동원하여 이 제도의 확대를 요구했다. 법의 제정으로 이 제도는 육체노동자에게도 똑같이 적용되었다. 이에 따라 근로자가 자신의 과실이 아닌 이유로 질병에 걸려 근로를 할 수 없는 경우, 사용자는 의무적으로 발병 후 첫 6주간의 임금을 지급하게 되었다(Lampert, 1994: 91). 또한, 연금보험에서도 사무직노동자와 육체노동자의 보험료와 급여수준을 균등화하기 위한 노력이 이루어졌다.

이 시기 사회보장제도의 또 다른 중요한 개선은 노동시장정책에서 이루어졌다. 1969년에는 〈고용촉진법〉이 제정되면서 직업교육, 재교육, 계속교육 등의 직업교육 프로그램이 마련됐다(Lampert & Bossert, 1992: 54~55). 노동시장정책의 개선은 소득보장 분야에서도 실시됐는데 이 시기 실업수당(수당)의 소득대체율은 독신실업자 기준 근로기 소득의 55%에서 62.5%로, 실업부조의 경우는 45%에서 52.5%로 인상되었다(Schmidt, 2005: 91).

대연정이 끝나고 1969년 형성된 사민당-자민당 연정으로 집권한 사민당은 이른바 "내부 개혁의 정치"(Politik der inneren Reformen)라는 내용의 정치개혁을 추진했다. 개혁의 목표는 전후 형성된 보수적 기민당 국가(CDU-Staat)를 변화시키는 것이었고 사회보장부문은 대 동독정책(동방정책)과 함께 개혁의 주요한 대상이었다. 이를 위해 정부는 경제성장에 대한 낙관적 전망을 바탕으로 사회보장의 확대를 추진했다. 복지개혁의 결과, 국민총생산 대비 복지지출의 비중은 1968년 24.9%에서 1982년 30.7%로 큰 폭으로 상승하였다(Schmidt, 2005: 157. Tabele 2).

복지개혁은 양적 확대뿐만 아니라 질적 변화를 추구하였다. 새로운 복지의 방향은 복지제도에서 평등을 강화하는 것이었다. 독일의 전통적 복지제도에서 제외된 여성과 비근로자(자영업자와 학생) 등 모든 국민에게 복지혜택을 제공하는 것이 복지개혁의 주요 목표로 제기됐다. 또한, 기존에 소홀했던 교육정책도 복지제도의 새로운 영역으로 강조되었다. 이런 점에서 사민당-자민당 정부는 스칸디나비아식의 사민주의적 복지제도를 도입하여 독일의 복지제도를 개혁하려 한 것이라 할 수 있다(Böckh, Huster, & Benz, 2004: 122~126).

복지개혁은 사회보장제도의 포괄범위를 확대하고 급여수준을 개선했다. 보험료를 오랫동안 납부하기 어려운 여성과 비근로자들도 사회보험에 가입할 수 있게 되었다. 대표적 개혁으로 1972년에 실시된 연금개혁은 다음의 주요 개선사항을 포함하였다(Schmidt, 2005: 94).

첫째, 연금의 적용범위가 여성을 포함한 거의 모든 시민들에게로 확대되었다. 근로자가 아닌 전업주부와 자영업자도 임의가입으로 연금에 가입할 수 있게 되었으며 소득이 높은 사무직노동자도 연금에 가입할 수 있게 되었다. 둘째, 연금제도 내에서 최저소득보장이 도입되었다. 이에 따라 저소득층 가입자가 25년 연금가입 시 연금급여가 실제 가입소득이 아니라 가상의 가입소득을 기준으로 산정되었다. 이때 가상의 가입소득은 가입자의 평균소득의 75%로 설정되었다. 이 조치는 저소득층, 그중에서도 여성의 연금급여를 상당한 폭으로 인상시켰다. 셋째, 조기퇴직제도 도입되었다. 특히, 35년 이상 장기 가입자, 20년 이상 장기가입 장애자 등은 감액 없이 2년에서 3년 정도 조기에 퇴직할 수 있게 되었다.

다른 사회보험에서도 근로자의 사회보험을 국민보험(*Volksversicherung*)으로 전환하기 위한 적용범위의 확대가 이루어졌다. 의료보험은 농민과 존속(1970), 학생과 장애인으로 확대되었다. 산재보험도 마찬가지로 유치원, 중고등학교와 대학교 학생으로 확대되었다(1971).

또한 사민당-자민당 연정은 시민의 교육권의 실현을 추구하였다. 이를 위해 1960년대에 도입된 대학생을 위한 지원제도를 개선한 〈연방양성교육촉진법〉이 1971년 제정되었다. 이로써 국가는 직업교육기관의 재정을 지원할 뿐 아니라 훨씬 많은 직업교육생과 대학생에게 직접적 소득지원을 할 수 있게 되었다. 이 조치로 가난한 집안의 자녀들이 직업교육에 참여할 기회가 크게 확대됐다. 개혁은 학교교육과 직업교육구조에 상당한 변화를 가져왔다. 1976~1989년 사이 직업교육을 받지 못한 취업자의 수는 30.4%에서 19.2%로 줄어들었다. 반면 실업학교 졸업자 비율은 16.8%에서 24.3%로, 대학입학 자격자 비율은 8.8%에서 17.8%로, 전문대학 졸업자 비율은 1.3%에서 3.8%로 증가하였다(Lampert & Bossert, 1992: 55~56).

이 외에도 전쟁난민을 위한 급여 또한 임금의 인상과 연동하여 증가했고 사회부조에서도 새로운 최저생계비 산정원칙이 도입되어 급여수준이 개선되었다. 하지만 경기침체로 사회보장제도의 내부 개혁은 완수되지는 못하였다. 1974년과 1975년 유가상승이 불러온 경기침체는 국가의 재정기반을 약화시켰는데 확대된 사회보장제도는 복지재정의 적자를 더 심화시킨 요인으로 지목되었다.

3. 독일 사회보장제도의 전환

1) 독일 사회보장제도의 주요 도전과 개혁의 제도적 조건

복지국가의 위기를 유발한 요인은 제도 내적 요인과 제도 외적 요인으로 이루어진다. 장기적 경기침체, 고령화, 경제의 세계화가 복지제도 외부에서 발생한 문제라면 제도 내적 요인은 사회보장제도가 변화하는 복지수요에 조응하지 못하기 때문에 발생하는 문제이다.

제도 외적 요인 중 가장 중요한 것은 경제상황이다. 1974년부터 1980년대 초에 발생한 석유가격 상승은 독일 경제에 심각한 영향을 초래하였다. 경제상황의 악화는 실업자를 늘려 사회보장에 대한 수요는 증가시켰지만 보험료를 납부하는 가입자의 수는 줄여서 재원부족을 야기했다. 특히, 지난 시기 사회보험의 급여가 개선된 것도 사회보장제도의 재원문제를 더욱 심각하게 했다(Ostheim & Schmidt, 2007: 167~168).

경제상황의 악화로 유발된 독일 복지국가는 위기는 1980년대 이후 다른 사회적, 경제적, 제도적 요인으로 더욱 심화되었다. 이들 요인은 저출산에 따른 인구구조의 변화, 세계화의 진전, 그리고 신사회문제의 등장이다.

먼저 인구의 고령화는 복지지출에 대한 수요를 늘리기 때문에 사회보장제도의 장기적 재정문제에 부정적 영향을 미친다. 독일의 인구고령화는 다른 나라에 비해 심각한 편이다. 전체 인구에서 65세 이상의 비율을 나타내는 노인부양비는 독일에서 1960년 10.2%로 OECD 평균인 9.6%와 크게 차이가 없었다. 하지만 낮은 출산율의 영향으로 노인부양비는 1980년에는 15.5%, 1998년에는 16.6%로 상승했다. 이는 OECD 평균인 1980년 12.6%, 1998년의 14.9%보다 상당히 높은 수준이다. 이후에도 독일의 노인부양비는 지속적으로 증가하여 2050년에는 60%에 이를 전망이다. 이는 미래의 사회보장제도 유지에 심각한 도전이라고 할 수 있다.

경제의 세계화도 사회보장제도 발전의 조건을 제약하는 요인이다. 세계 시장에서 증가하는 국가 간 무역은 수출상품가격의 인하경쟁으로 나타난다. 특히, 세계시장에 무역의존도가 높은 나라들은 상품가격을 낮추기 위해 생산비용의 중요한 부분을 차지하는 조세와 사회보험의 보험료 인하 압력에 노출된다. 독일 경제의 시장개방성은 세계에서 가장 높은 수준이다. 2008년 당시 독일의 국민총생산에서 수출이 차지하는 비중은 약 47%에 달하는데 이는 경쟁국인 프랑스의 26.4%, 영국의 29.1%에 비해 훨씬 높다. 사회보장제도의 재정적 토대인 조세와 보험료 인하는 직접적으로 급여와 서비스에 부정적 영향을 준다. 이런 점에서 심화되는 경제의 세계화는 독일 사회보장제도의 발전에 중대한 영향을 미칠 수 있다.

한편, 제도 내적 요인은 탈산업화의 진전과 관련이 있다. 독일의 전통적 사회보험제도는 산업화 시대의 지배적 형태인 표준고용과 표준가족을 전제로 구축되었다. 표준고용은 장기 고용계약을 가지고, 풀타임 노동을 하며, 사회보험의 적용을 받는 남성노동자를 말한다. 표준가족은 가장인 남성이 자신의 소득으로 부인과 자녀를 부양하는 가족으로 정의된다. 독일의 전통적 사회보장제도에서는 남성노동자에게 상당히 높은 임금과 관대한 사회보장급여를 제공했다. 이 남성노동자는 표준가족에서 가장의 역할을 수행하기 때문에 이를 통해 전 국민에게 안정적 생활을 보장할 수 있었다.

하지만 1970년 이후 진행된 사회변동은 이러한 표준가족과 표준고용의 약화를 초래하였다. 실업율의 증가로 표준고용관계에 있는 노동자의 수는 줄어들었다. 일자리 중에서도 단기 고용계약과 파트타임 고용계약의 비중이 늘어났다. 또한 여성의 노동시장 참여와 이혼율이 증가하면서 표준가족이 해체되고 가족의 형태가 갈수록 다양해졌다. 표준고용과 표준가족의 해체는 사회보장제도의 효과성에도 상당한 영향을 주었다. 기존의 사회보장제도가 해결할 수 없는 종류의 새로운 사회적 위험이 점점 증가했다. 보험료를 장기적으로 납부하기 어려운 파트타임 근로자나 계약직 근로자는 사회보험의 혜택에서 제외되었다. 또한 표준가족에서 벗어난 여성 1인 가구나 홀부모 가정의 증가는 빈곤을 유발하는 새로운 요인이 되었다. 이런 점에서 복지국가 위기의 내적인 제도적 요인은 탈산업화가 유발한 새로운 사회적 문제에 대처하기 위해서 기존 사회보험제도의 조정과 변화가 요구된다는 문제의식과 관계가 있다.

기존 사회보장제도에 대한 도전이 증가하고 심각해지면서 이에 대한 개혁이 불가피하게 되었다. 하지만 독일의 정치제도적 조건은 제도개혁에 유리한 조건은 아니었다. 독일의 정치제도는 전형적인 합의적 민주주의 유형에 속한다. 중앙 정부가 개혁을 추진하기 위해서 상당히 많은 비토플레이어(veto players, 정책의 결정과정에 참여할 수 있는 정치행위자나 정치제도)의 동의를 얻어야 했다. 독일의 정책결정 과정에는 중앙정부뿐 아니라 연방상원(Bundesrat)에서 대표되는 지방정부, 연방헌법재판소와 같은 헌법기관, 상대적으로 강한 노동조합 등의 이익단체는 물론이고 최근에는 유럽연방은행과 유럽법원과 같은 국제적 기구도 비토플레이어로 참여한다. 이렇게 비토플레이어들의 수가 많은 경우 중앙정부는 급진적 개혁을 수행하기 매우 어렵다.

이러한 개혁의 어려움은 사회복지지출의 발전에서 잘 나타난다. 〈그림 1-1〉에 나타난 것처럼, 복지국가를 둘러싼 여러 어려움에도 불구하고 독일의 사회복지지출은 상대적으로 안정된 모습을 보여 준다. 1975년에 국민총생산의 26.3%에 도달한 사회복지지출은 이후에도 거의 줄어들지 않았다. 1990년 24.1%까지 줄어든 복지지출은 독일 통일을 계기로 다시 증가하여 2003년에는 29.1%에 도달하였다. 이후 복지지출은 다시 잠깐 감소하여 2008년 27.1%로 떨어졌으나 2009년 금융위기를 극복하는 과정에서 다시 증가하여 그 수준을 유지했다. 이런 점에서 독일의 사회보장제도는 여러 가지 사회경제적 도전에도 불구하고 상당히 안정적으로 유지된다고 볼 수 있다. 하지만 사회복지지출의 안정성은 사회보장제도의 질적 변화를 반영하

〈그림 1-1〉 독일의 사회복지지출 추이

(단위: %, GDP 대비 비중)

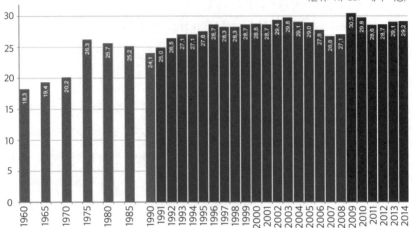

주: 1) 2009년부터는 공적 의료보험에 해당하는 민영 의료보험의 기본급여도 포함됨. 따라서 이전
　　 년도와 지출의 직접적 비교는 완전히 가능하지 않음.
　　2) 2013년도의 수치는 임시적 집계치.
　　3) 2014년도의 수치는 추정치.
자료: BMAS, 2015.

지는 못한다. 사회복지지출의 수준은 크게 변화하지 않았지만 사회복지지
출의 부문 간의 비중은 상당한 변화를 겪을 수 있기 때문이다. 사회보장제
도의 구조적 변화는 복지개혁의 내용을 분석함으로써 확인할 수 있다.

2) 사회보장제도의 공고화와 삭감

(1) 헬무트 슈미트의 사민당-자민당 연정: 1975~1982년

사회정책의 전환은 1975년 사민당-자민당 연정의 수상이 빌리 브란트(Willy
Brandt)에서 헬무트 슈미트(Helmut Schmidt)로 교체된 이후 시작되었다.
어려운 경제적 상황에 직면하여 독일 정부는 사회보장정책의 더 이상의 확장
은 포기하고 부분적 삭감을 통한 제도의 조정을 시도했다. 조정정책은 다음
과 같은 특징이 있었다.

첫째, 사회보장정책의 조정은 제도의 전면적 축소는 아니었다. 복지제도의 삭감은 제도의 전체 틀을 바꾸지 않고 부분적으로 진행되었다. 삭감은 권리성이 강한 사회보험방식보다는 정부가 직접 재정을 책임지는 교육지원정책이나 정부가 적자보전의 의무를 가진 고용보험에서 주로 실행되었다. 특히, 실업수당(수당)과 실업부조에서는 급여수급의 조건에서 노동에 대한 의무가 강화되고 급여의 유예기간이 연장됐다(Alber, 1989: 301). 이에 따라 지난 사민당-자민당 정권에서 확대된 교육정책이 수정되었다.

둘째, 재정이 더 악화되면서 연금보험과 의료보험에서도 급여를 삭감하고 자격요건을 강화하는 개혁이 실시되었다. 하지만 전체적으로 개혁은 사회보장제도의 폐지보다는 유지를 위해 실시되었다. 이 시기 개혁의 또 다른 중요한 특징은 보험료 인상이 사회보험의 유지를 위한 주요한 수단으로 사용된 것이다. 사회보험의 총 보험료는 1969년의 27.8%에서 1982년에는 34%로 인상되었다.

셋째, 급여의 삭감은 핵심노동자들과 조정과 합의를 통해 이루어졌다. 때문에 남성노동자들은 보호하고 노인과 여성을 주된 타깃으로 했다.

하지만 1980년 초 또다시 2차 유가위기가 닥치자 이러한 수단들의 효과는 매우 제한된 것으로 나타났다. 이에 따라 연정을 이루고 있던 사민당과 자민당 사이에 경제정책과 사회정책에 대한 이견이 더욱 커지게 되었고 그 결과 1982년 가을 연정은 붕괴하였다(Ostheim & Schmidt, 2007: 169).

(2) 헬무트 콜의 기민당-기사당-자민당 연정: 1982~1989년

슈미트 정권의 삭감정책은 사회보장제도의 재정문제를 해결하기에는 충분하지 않았다. 국민총생산 대비 사회복지지출 비중은 1975년 26.5%에서 1980년 25.3%로 약간 줄어들었을 뿐이었다(〈그림 1-1〉). 더구나 1981~1982년에 다시 발생한 유가파동은 재정문제를 더욱 악화시켰다. 그래서 1982년에 집권한 헬무트 콜(Helmut Kohl) 수상이 이끌던 기민당-기사당-

자민당 연정은 국가재정의 위기상태를 선언하고 이를 극복하기 위한 개혁을 실시하였다. 사회보장제도는 국가재정 적자의 중요한 원인이었기 때문에 개혁의 주요 대상으로 부각되었다.

하지만 시작부터 정부는 개혁이 사회보장제도의 민영화를 추구하는 것은 아님을 명시하였다. 이전 정권에서와 마찬가지로 개혁의 목표는 위기상황에 빠진 국가재정의 건전성을 회복하는 것이었다. 이를 위해 단기적으로 긴급재정조치를 실시하고 장기적으로는 사회보장제도의 구조적 조정을 시도하였다. 하지만 재정건전화를 위한 개혁은 사회적 연대, 사회적 보장, 사회적 안정의 틀 안에서 개인의 역량과 주도권을 강화하는 방식으로 진행되었다(Schmidt, 2005: 99).

긴급재정조치는 1983년과 1984년 사이에 실시되었는데 주로 이전 정권이 타깃으로 했던 교육지원금, 노동시장정책, 사회부조제도를 겨냥하였다. 피어슨(Pierson, 1996: 173)의 분석에 따르면 이들 제도는 수혜자들의 정치적 조직이 어려워 저항이 가장 약할 것으로 예상된 분야였다. 이 분야들은 사회보장의 핵심제도가 아니라 주변적 제도였고 핵심노동자들이 아니라 주변부의 노동자를 주로 포함하는 분야였다. 교육지원금에서는 부모와 거주하는 자의 지원금이 삭감되었다.

또한 노동시장정책에서는 실업수당(수당)과 실업부조의 급여수준이 인하되었다. 독신 수급자인 경우 실업급여(수당)는 5%p, 실업부조는 2%p 인하되었다. 이와 함께 실업수당 수급자격의 제한을 위해 수급권 획득을 위한 필요가입기간이 거의 두 배로 연장되었다(Alber, 1989: 301). 이에 따라 실업자 중에서 실업급여(수당+부조)를 수급하는 비율도 1960년대에는 65%를 상회하였으나 1983년에는 45% 수준으로 떨어졌다(Alber, 1989: 178). 이어서 사회부조제도에서도 콜 정부는 급여수준의 인하를 위해 두 번의 개혁을 실시하였다. 개혁 후 사회부조의 급여수준은 1970년의 98.5% 수준까지 인하되었다(Alber, 1989: 303).

하지만 피어슨의 주장과 달리 재정건전화 기조는 1980년대 말부터 사회보장의 핵심적 제도인 연금제도와 의료보험 분야로 확산됐다(Alber, 2000: 254). 1989년의 〈의료보험개혁법〉과 1989년의 〈연금개혁법〉은 단기적 긴급처방을 넘어선 장기적 구조조정을 시도하는 것이었다. 〈의료보험개혁법〉의 주된 목표는 의료보험재정의 장기적 안정화에 있었다. 의료공급의 과잉문제를 해결하기 위해 치과보철과 의약품에서 환자의 본인부담금이 인상되었다. 또한 진료비 심사에서 경제성의 원칙이 강화되었다(최병호·한동운·이정우·이건세·신현웅·선우덕·배성일, 2005: 99~100).

연금제도에서 장기적 재정안정화를 위한 조치가 1989년에 실시되었다(김근홍, 1999: 127~128). 이 개혁은 다음의 주요 요소를 포함하였다. 첫째, 특례조기노령연금이 폐지되었다. 조기노령연금 수급연령이 60세에서 63세로 상향되고 조기연금 수급 시 1개월 일찍 수급할 때마다 연금액이 0.3%씩 감액되었다. 둘째, 인구고령화에 따른 연금 보험료의 감소를 급여수준에 고려하는 조치가 이루어졌다. 대표적 조치가 급여를 총소득이 아닌 순소득에 연계하도록 한 것이다. 급여수준이 순소득에 연계되면서 가입자의 보험료 부담이 증가하고 수급자의 급여는 줄어들었다. 셋째, 가족연계요소를 강화하기 위해 자녀크레딧을 1년에서 3년으로 연장하였다. 넷째, 정부의 연금에 대한 재정지원을 늘렸다. 정부지원금은 1988년에 급여지출의 18.4%였으나 2010년에는 연금지출의 20%로 상승할 것으로 전망되었다.

하지만 1980년대의 콜 정부 복지개혁은 재정절감만을 추구하지는 않았다. 적극적 노동시장정책과 가족정책은 오히려 상당히 확대되는 경향을 보였다. 먼저 소극적 노동시장정책인 실업수당(수당)과 실업부조의 급여는 삭감되었으나 적극적 노동시장정책, 즉 일자리 창출과 직업훈련 등의 서비스는 확대되었다. 이는 당시 증가하는 실업에 대처한 것이었다. 특히, 재정적 상황이 다소 나아진 1987년에는 교육강화(Qualifizierungsoffensiv)를 위한 정책을 적극적으로 실행했다. 이 정책은 직업교육 시 생활보조금 인상, 실업자들의 파트타임 노동보조금 인상, 취업한 실업자에게 실업수당 계속 지급 등의 조치들을 포함하였다(Kim, 1999: 56).

또한 실업수당 중에서 중장년을 위한 급여지급은 오히려 지속적으로 연장되었다. 50세 이상 실업자는 26개월까지, 55세 이상은 35개월까지 실업수당을 수령할 수 있게 되었다. 이 조치들은 노동력 공급을 줄여서 실업률을 낮추려는 의도에서 실시된 것이었다.

가족정책 강화를 위한 조치로는 1985년의 양육수당 도입을 들 수 있다. 이 제도가 도입되면서, 출산 후 1~2년 동안 보육을 위해 직장을 쉬면 이에 대한 보상으로 육아휴직수당과 함께 양육수당이 지급되었다. 이후 지급기간은 단계적으로 연장되어 출산 후 최대 36개월까지 수당을 받게 되었다. 또한 출산휴가 시 이전 일자리와 동등한 일자리에 대한 권리가 보장되었다 (Lampert & Bossert, 1992: 55~56). 이 외에도 1985년 국민연금에서 비경제활동 부모에 대해 아동 한 명당 1년씩 양육크레딧이 도입되었다.

1980년 말에 실시된 복지개혁은 재정건전화를 목표로 사회보장의 주요 부문에서 급여삭감을 실시하였다. 하지만 급여삭감의 정도는 그렇게 크지 않았고 일부 영역에서는 급여의 확대도 동시에 실행되었다. 또한 정부의 재정지원도 부분적으로 확대되었다. 그나마 의료보험과 연금보험은 재정적 효과를 적게나마 달성할 수 있는 개혁이었다. 하지만 연금개혁은 1992년에 실행되었고 의료보험의 경우에도 개혁효과가 뚜렷해지기 전에 독일 통일이 급속히 진전되면서 별로 주목받지 못했다.

(3) 독일 통일 이후 사회정책: 1990~1998년

① 통일에서 사회보장제도의 역할

독일의 통일은 예상치 못한 시기에 빠른 속도로 추진되었다. 통일과정은 1989년 11월 베를린 장벽 붕괴부터 1990년 10월 3일 통일조약 발효까지 1년 정도의 시기였고 이 시기동안 전혀 다른 사회적 제도를 구축한 양 체제는 급속도로 통합되었다.

통일 전 양 국가는 매우 다른 체제를 가지고 있었다. 분단된 체계에서 서독은 자본주의체제로 동독은 사회주의체계로 편입되었다. 동독은 서독에 비해 취약한 경제적 기반을 갖고 출발하였다. 이후 동독은 계획경제의 비효율성이 만연하였으나 서독이 라인강의 기적이라는 경제성장을 이루면서 양국 간의 격차는 더욱 확대되었다.

서독과 동독의 사회보장제도도 상당히 다르게 발전하였다. 제 2차 세계대전 후 서독은 바이마르공화국의 정치체계와 사회보장제도를 계승하였다. 반면 동독은 사회주의적 사회보장제도를 새롭게 구축하였다. 새로운 사회보장제도는 주로 국영기업이 제공했다. 이 제도는 평등주의 원칙을 따르고 있어서 급여의 차등은 거의 없었다. 또한 사회보험 관리조직도 단일조직으로 통합되었다(이용하·이정우, 2002: 53).

통일은 동독의 제도가 서독에 통합되는 방식으로 진행되었다. 통일을 안정적으로 수행하기 위해 콜 수상은 "번영하는 강산"(Blühende Landschaft)을 내세우며 동독의 주민에게 서독의 경제수준과 생활보장을 약속하였다. 사회보장제도는 동독의 체제 붕괴에 따른 사회적 부작용을 완화하는 중요한 역할을 수행하였다. 통일과정에서 독일의 사회보장제도는 해체되고 서독의 5개 사회보험제도가 동독지역에 수정 없이 이식되었다.

통일과정의 초기에서 두각을 나타낸 제도는 노동시장정책이었다. 체제 이전에 따라 동독 국영기업은 대부분 도산했고 이는 동독지역의 실업률을 급속히 상승시켰다. 이 문제를 해결하기 위해 동독지역에서는 경제활성화를 위한 통일 케인지안정책이 실시되었다. 국가가 적극적으로 경제와 고용에 개입한 것이다. 적극적 국가개입의 주요한 요소는 적극적 노동시장정책이었다. 통일 직후 노동시장정책은 급속히 확대되어 1993년에는 최고도에 이르렀다. 특히, 적극적 노동시장정책의 주요 요소인 단축조업수당, 교육훈련정책, 고용창출정책은 통일과정에서 고용구조의 전환을 용이하게 하는 데 기여하였다.

적극적 노동시장정책의 수단 중에서 통일직후인 1990년에 가장 많이 투입된 정책은 단축조업수당이었다. 단축조업수당이 동독지역 전체 노동시장지출의 47.6%를 차지하였다. 이 비중은 1991년에 33.4%로 줄어들었다가 급격히 축소되었다. 대신 1991년 이후부터는 향상 및 전환교육조치와 고용창출조치가 적극적 노동시장정책의 주요 수단이 되었다. 향상 및 전환교육의 지출은 고용청의 옛 동독지역 전체지출의 15.8%(1991년), 24.5%(1992년), 20.5%(1993년), 16.7%(1994년), 고용창출에 대한 지출은 10.2%(1991년), 16.9%(1992년), 17.7%(1993년), 19.7%로 높이 유지되었다(황규성, 2011: 140.〈표 4-9〉).

통일 과정에서 사회보장제도의 통합을 가장 잘 보여 준 분야는 연금제도였다. 동서독 간 연금제도의 통합에 관한 논의가 시작된 초기에는 동독지역에서 시행된 제도 중 좋은 점을 통일 독일에 적용하자는 방안도 제안되었다. 하지만 최종적으로 연금제도의 동독확대를 위해 1991년에 제정된 〈연금이식법〉(Gesatz zur Herstellung der Rechtseinheit in der gesetzlichen Renten- und Unfallversicherung)에서 이러한 수정 통합의 방식은 전혀 채택되지 않았다. 〈연금이식법〉은 1992년 개정된 〈연금개혁법〉을 약간의 경과과정을 통해 동독에 이식한 것이었다. 이때 대표적 경과규정은 연금실질가치유지액과 부과소득상한을 동서독에 분리하여 적용하는 것이었다. 이에 따라 동독의 기수급연금은 서독의 새로운 연금산식으로 재산정되었고 동독 연금체계에서 시행되던 추가 및 특별부양연금은 국민연금체계로 통합되었다. 이 외에도 동독지역의 관대한 연금 적용으로 1992년 동독지역의 연금지출은 전년도에 비해 약 60% 증가할 것으로 예측되었다(Schmähl, 2007: 602).

통일 이후의 사회보장체제는 단기간에 옛 동독지역으로 성공적으로 확대되었다. 또한 노동시장정책과 연금제도를 비롯한 소득보장제도는 동독의 체제전환과정에서 발생한 실업과 빈곤 문제를 완화하는 데 크게 기여했다. 통일과정에서 복지제도의 통합에 대한 전문가들의 의견은 엇갈리지만, 이들 모두 사회보장제도가 정치적 혼란을 줄이는 데 상당한 기여를 했다는 점은 동의한다.

하지만 이 과정에서 사회보장제도의 재정적 부담은 증가했다. 독일의 GDP(명목국내총생산) 대비 사회복지지출은 1990년 24.1%에서 1996년에는 28.7%으로 4.6%p 증가했다(〈그림 1-1〉). 동독지역만 두고 본다면 GDP 대비 사회복지지출의 비중은 1991년 47.8%에서 1992년에는 54.3%까지 증가했다. 이후에도 동독지역에서 사회복지지출의 비중은 1993년 48.7%, 1994년 44.4%, 1996년 45.6%로 매우 높게 유지되었다(BMAS, 2005: 193). 증가한 지출은 주로 서독에서의 재정 이전을 통해 조달되었다. 1991~1995년 사이 동독에서 서독으로 공공재정의 이전액은 8,120억 마르크였는데 그중 약 44%에 해당하는 3,550억 마르크가 사회보장제도의 지출을 충당하기 위한 것이었다. 이 결과 국가부채도 1990년 GDP의 41.8%에서 1998년에는 60.9%로 증가하였다(Schmidt, 2005: 103).

이와 함께 사회보험제도의 옛 동독지역 이식은 사회보험의 보험료도 인상시켰다. 1989년 35.9%이었던 사회보험의 보험료는 1995년 39.3%을 거쳐서 1998년에는 42.2%로 인상되었다. 이 기간 동안 고용보험에서 2.2%p, 연금보험에서 1.6%p, 의료보험에서 0.3%p의 보험료 인상이 있었으며, 장기요양보험의 도입되면서 보험료는 추가로 1.7% 인상되었다(BMAS, 1999: 146). 이렇게 늘어난 사회복지제도의 재정적 부담은 이후 독일 사회보장제도 전체에 상당한 재정적 압력으로 작용하였고 구조적 개혁을 야기했다.

② 독일 통일 후 사회보장제도의 변화

통일과정에서 옛 서독의 사회보장제도는 옛 동독지역으로 성공적으로 이식되었다. 하지만 동시에 사회적 통합을 위한 재정적 부담 역시 증가하였다. 특히, 사회보험료의 인상은 노동비용을 증가시켜 고용에는 부정적인 영향을 미쳤다. 정부재정의 악화, 인구고령화의 진전, 증가하는 실업은 사회보장제도의 발전에는 불리한 환경이었다.

더구나 1990년대에는 전 세계적으로 세계화의 압력이 심화되었다. 독일에서 세계화의 논의는 주로 생산기지 논쟁으로 전개됐는데 이는 산업입지로서 독일의 국제적 경쟁력이 약해진다는 지적에서 출발하였다. 특히, 높은 조세와 사회보험료는 생산기지로서 독일의 입지를 위협하는 요인으로 지적되었다. 이러한 대내적인 도전에 직면하면서 독일의 기민당-기사당-자민당 연정정부는 지금까지 추진한 복지개혁의 강도를 더욱 높였다. 또한 재정안정화와 노동비용의 감축이 복지정책의 개혁에 최우선적인 목표로 등장하였다.

사회보장제도의 재정안정화를 위해 의료보험 분야에서 여러 번의 개혁이 실시되었다(최병호 외, 2005: 100~101). 1992년 제정된 〈보건의료구조개혁법〉(Gesundheitsstrukturgesetz)은 보험재정의 안정화를 위해 의료공급자와 의료수요자 모두의 부담을 증가시켰다. 병원, 의원, 치과, 의약품, 시설요양에 대한 분야별 한시적 총액예산제(Budgetierung), 수가책정방법의 변경, 치과보철과 의약품의 수가와 가격인하 등의 조치가 실시되었다. 또한 질병금고의 권한을 강화하여 의료시설 및 설비의 과잉문제를 해결하는 행정적 조치를 실시하였다. 마지막으로 가입자에게 질병금고의 선택권을 부여하여 금고 간 경쟁의 원리가 도입된 것도 개혁의 핵심 내용의 하나였다.

〈보건의료구조개혁법〉은 상당한 재정절감효과를 낳았다. 하지만 1995년에 의료보험의 적자문제는 다시 심각해졌다. 이에 따라 1996년 〈보험료경감법〉(Beitragsentlastungsgesetz)과 두 차례의 〈의료보험개편법〉(GKV-Neuordnungsgesetze)이 연이어 실시됐다. 이 개혁들은 환자들의 본인부담을 인상하여 재정지출에서 본인부담의 비중은 4%에서 6%로 증가했다. 또한 교통비, 방문간호, 요양비와 같은 법정급여가 임의급여로 변경되었다.

연금제도에서도 재정안정화를 위한 개혁(1997년 개정, 1999년 실시)이 본격적으로 추진되었다. 대표적인 것이 연금액 산정 슬라이드 설정에 인구고령화 요소(평균수명의 연장)를 도입하여 급여수준을 인하한 것이다. 이외에도 장애연금의 수급요건 강화, 조기노령연금의 수급연령 상향 등 긴축정책이 대거 추진됐다. 하지만 이 조치들은 1998년 교체된 사민당-녹색당 연합정부가 철회하여 실제로는 실시되지 못했다(김원섭, 2012a: 29).

재정안정화를 위한 급여의 삭감은 소득보장의 다른 부분에서도 실시되었다. 대표적 개혁은 1996년에 제정된 이른바 절감정책(Sparpaket: Programm für mehr Wachstum und Beschäftigung)이었다. 절감정책은 국가재정지출을 축소하여 조세 부담과 사회보험보험료 부담을 줄이는 것을 목표로 하였다. 이를 위해 질병 시 임금지급을 100%에서 80%로 감축하고, 해고보호의 적용범위를 5인 이상 기업에서 10인 이상으로 기업으로 축소하는 등의 조치가 실시되었다. 1997년 제정된 〈고용촉진개혁법〉(Arbeitsförderungs-Reformgesetz)은 실업수당을 인하하고 노동의 의무를 강화하는 정책과 동독지역에서 고용창출정책을 삭감하는 조치들을 포함하였다(Ostheim & Schmidt, 2007: 199).

1995년 이후 사회보장제도 전반에 걸쳐 상당히 의미 있는 삭감조치들이 실시되었다. 삭감개혁은 사회보장제도 전반에 걸쳐 실시되었다. 하지만 삭감조치들이 사회보장제도의 구조적 개편에 이른 것은 아니었다. 독일의 사회보험제도는 사회보장을 위한 중심제도의 지위를 잃지 않았고 심지어 강화되는 양상을 보였다. 사회보험방식이 사회보험료를 올려 고용에는 부정적인 효과를 줄 것이라는 우려에도 불구하고 1995년에는 장기요양보험이 추가로 도입되었다. 장기요양보험의 도입은 고령화 시대에 심각해지는 요양서비스의 문제를 국가가 포착하고 해결하려는 시도였다. 이를 통해 독일의 사회보험은 제5의 사회적 리스크인 노인들의 요양으로 확대되었다.

또한 어려운 재정상황에도 불구하고 가족정책의 확대는 계속되었다. 연금제도에서 양육크레딧은 1992년 이후 태어난 자녀를 위해서는 3년으로 연장되었다(Lampert & Bossert, 1992: 55~56). 이를 통해 근로뿐만 아니라 양육과 같은 사회적 기여도 사회보장급여를 받는 근거로 인정되었다. 하지만 독일의 가족정책은 사회민주주의 복지국가와는 다른 방향을 지향했는데, 그것은 가족구성원 개인의 보장이 아니라 가족제도의 유지를 추구한 것이다(Schmidt, 2005: 106).

결론적으로 1980년대와 1990년대 기민당-기사당-자민당 연합정부의 복지개혁은 복지제도의 급진적 해체를 추구하지는 않았다. 이보다는 비용의 축소를 통해 사회보험체계의 재정적 유지가능성을 높이는 것이 개혁의 주된 목표였다. 이를 위해 부분적 삭감, 기여-급여 관계의 강화와 같은 모수적 개혁이 실시되었다. 고령화와 높은 실업률, 그리고 통일로 인한 복지수요의 증가라는 요인까지 고려하면 복지급여의 삭감은 상당한 수준까지 이루어졌다고 할 수 있다. 하지만 동시에 복지개혁은 확장적 측면 역시 포함했다. 장기요양보험 도입과 같이 사회보험체계를 강화하는 개혁이 이루어졌고 가족정책은 이 기간 동안 일관되게 확장되었다. 이 외에도 통일 과정에서 사회보험제도는 사회적 통합에 큰 기여를 하였다. 이런 점에서 이시기 독일의 복지개혁은 일방적 삭감이라기보다는 제도유지를 위한 점진적 변화를 추구했다고 할 수 있다.

3) 사회보장제도의 구조조정

(1) 게하르트 슈뢰더의 사민당-녹색당 연정: 1998~2005년

급증하는 노인 인구와 세계화의 압력에 대응한 사회보장제도의 패러다임 전환은 역설적으로 1998년 정권을 잡은 사민당-녹색당 연합정부에 의해 본격화되었다. 사민당-녹색당 연합정부는 초반의 몇 년을 제외하고는 사회정책의 구조조정을 추구했으며 그 기본방향은 2003년 3월 14일 발표된 '어젠다 2010'(Agenda 2010)에 잘 나타나 있다(Schmidt, 2007: 297). 어젠다 2010은 경제성장의 둔화와 인구고령화의 진전, 그리고 정부재정과 사회보험재정의 만성적자에 대응하여 국가의 미래 대비와 국제 경쟁력 향상을 목표로 하였다. 이를 위해 사회정책의 주요 부문에서 개혁이 계획되었다.

어젠다 2010은 복지국가의 일방적인 삭감을 목표로 하지는 않았다. 이보다는 고령화와 저성장, 세계화의 도전에 대처하여 복지제도의 경제적 순기능을 강화하는 "복지국가의 활성화"를 추구하였다. 어젠다 2010에 따라 독일은 한편으로는 복지제도의 재정을 건전화하면서 복지수혜자에게 노동참가를 요구했고, 다른 한편으로는 국민이 본인 스스로 책임을 질 수 있는 조건과 역량을 강화시키는 서비스를 적극적으로 제공하는 개혁을 추진했다. 이에 따라, 연금제도나 의료제도와 같이 이른바 소극적 제도에 있어서는 재정건전화 개혁을 실시하고 노동시장정책, 교육정책, 가족정책 같은 적극적 제도는 더 확대하는 개혁을 추구하였다. 또한 직접적 '급여제공'처럼 자칫 복지수혜자의 자립심을 저해할 수 있는 전통적 복지제도의 수단보다는 세제혜택 같은 규제조치나 교육·상담서비스 등 복지 수급자의 자발성과 능력을 배양하는 활성화 조치들을 실시하였다(대통령자문 고령화 및 미래사회위원회, 2004: 7~10).

어젠다 2010은 정책수단의 변화뿐만 아니라 정책목표의 변화도 추구하였다. 사회정책과 관련한 가장 중요한 정치적 변화는 사민당 정부가 국민들에게 현재의 사회경제적 상황에서 사회정책의 확대는 더 이상 가능하지 않으며 사회정책의 조정 내지는 삭감이 불가피함을 각인시킨 것이다. 이로써 개인은 자신의 복지에 좀더 많은 책임을 질 것을 요구받았다(Schmidt, 2007: 298). 당시 수상을 맡은 게하르트 슈뢰더(Gerhard Schroder)가 의회 기조연설에서 "우리는 국가의 급여는 축소하고 개인책임을 장려하여 개인이 자신을 위해 좀더 많은 노력을 경주하게 요구해야 한다"[2]고 언급한 것도 어젠다 2010의 정책목표 변화를 잘 보여 준다.

사민당-녹색당 연정은 어젠다 2010에 바탕을 둔 개혁정책을 실시하였다. 연금제도부문에서는 고령화에 따른 연금재정의 악화에 대처하여, 급여수준의 유지를 목표로 연금재정의 수입기반을 확대하던 기존 방식을 포기했다. 대신, 보험료의 안정을 위해 급여수준을 조정하는 개혁 기조가 관철되었다(김원섭, 2007: 173). 새로운 개혁 기조하에 독일정부는 2004년 가입자 수 대비 수급자 수의 비율로 산출되는 지속성계수를 연금산정방식에 추가하는 방식으로 지속성 요소(Nachhaltigkeitsfaktor)를 도입하였다. 이 요소의 도입으로 인구구조와 노동시장의 변동이 연금재정에 미치는 영향을 자동으로 조절하는 것이 가능해졌다. 이 결과 70%에 달하던 표준연금[3]의 급여수준은 2020년까지 58.5%로 점차적으로 하락했다(김원섭, 2012b: 19). 이 외에도 수급자가 장기요양보험에 대한 전체 보험료를 부담하게 하거나, 연금급여에 대한 과세방법의 조정, 연금산정에서 대학교육 수학기간 인정제도의 제한과 같은 연금급여수준의 삭감을 초래하는 조치들도 동시에 실시되었다.

연금제도의 또 다른 방향은 공적연금의 삭감분을 보충하기 위해 사적연금인 리스터연금을 도입한 것이다(김원섭, 2007: 173). 리스터연금은 국가

2) DocumentArchiv. de(2003. 3. 14)를 참조하라.
3) 표준연금은 전체 가입자 평균소득에 해당하는 생애소득을 가진 가입자가 45년 가입했을 때 얻을 수 있는 소득대체율을 말한다.

가 일정한 인증기준을 제시하고 이 기준을 충족한 사적연금상품의 연금보험료에 대해 정부보조금을 지급하는 것이다. 이때 보조금은 정액으로 지급되나 자녀보조금과 배우자보조금이 추가로 지급되기 때문에 저소득층과 가족 수가 많은 가입자들에 유리했다.

의료보험부문에서도 보험료의 증가를 억제하기 위한 조치가 이루어졌다. 2004년의 의료보험개혁은 의료보험의 급여에 환자 부담을 강화하는 조치들을 담고 있었는데, 가장 많은 논란을 부른 조치는 분기당 10유로의 병원 진단료를 도입한 것이다. 이 외에도 개별 처방약당 10유로를 넘지 않는 범위에서 약값의 10%를 환자들이 부담하는 조치, 사망수당과 출산수당의 삭감, 2005년 0.9%의 보험료 인상 시 가입자의 부담만 늘이고 사용자의 부담은 제외하는 조치 등이 실시되었다.

사민당·녹색당 연정의 사회정책 개혁 중에서 가장 많은 논란을 부른 부문은 노동시장정책의 개혁이었다. 노동시장정책의 개혁은 2005년까지 폭스바겐의 인사이사였던 하르츠(Peter Hartz)가 주도한 하르츠 위원회에서 기획되었는데, 이는 하르츠 개혁 I~IV(Hartz-Reform I~IV)에 걸쳐 실행되었다. 하르츠 개혁의 기본방향은 사회부조와 실업보험에서 수급자를 장려하고(Fördern) 요구하여(Fordern) "복지국가를 활성화"하는 것이었다. 특히, 하르츠 개혁 IV는 가장 과감한 조치들을 담고 있었는데, 이 개혁에서 기존의 실업부조는 폐지되어 사회부조에 통합되었다. 개혁 이후 근로능력이 있는 실업자는 실업수당 II를 받았고 그렇지 않은 경우는 사회부조인 사회급여를 받았다. 이를 통해 실업자의 수당에서 근로능력자와 무능력자가 분리되고 근로능력자들을 대상으로 한 노동심사가 강화되었다. 또한 실업수당의 최대 수급기간의 축소, 노동의무의 강화 등의 조치가 이루어졌다(황규성, 2011: 266~267). 하르츠 개혁은 노조와 사민당 지지자들에 의해 사회정책의 근본적 삭감이라는 비판을 받을 정도로 기존 제도를 구조적으로 개혁하는 조치들을 포함했다.

이와 달리 가족정책부문에서는 사민당-녹색당 연정은 이전 정권의 확대 기조를 유지했다. 하지만 사민당-녹색당 연정은 이전의 기민당-기사당-자유당 연정과 다른 강조점이 있었는데 가족정책에서 가족의 소득보충과 함께 육아의 중요성이 좀더 강조되었다. 이에 따라 양육수당이 유지되고 아동수당은 인상되는 등 전통적인 보수주의적 가족정책이 실시되었다. 하지만 동시에 여성들의 노동시장 진출을 용이하게 하기 위해서 육아와 근로의 병행이 주요한 정책 목표로 설정되었다. 이를 위해 육아기 부모의 근로를 보다 유연하게 선택할 수 있는 '부모시간'(육아휴직, Elternzeit)이 도입되고 보육시설과 방과 후 교실이 확대되었다(Schmidt, 2005: 119).

결론적으로 사민당-녹색당 연정은 연금정책과 노동시장정책에서 전통적 사회정책의 구조를 전환하는 개혁을 실시했다. 개혁은 사회보험의 재정 문제를 해결하여 정부 재정 부담을 줄이고 동시에 사회보험료를 낮춰서 노동비용을 인하하고자 하였다. 노동시장정책에서는 실업급여와 사회부조의 수급자에 근로동기를 강화하여 실업을 해결하고자 하였다. 동시에 가족정책에서도 근로와 육아의 선택을 확대하는 조치들이 실시되었다.

이러한 정책에도 불구하고 정책의 단기적 효과는 그리 크지 않았다. 전체 사회보험료를 임금의 40% 이하로 인하하려는 목적은 달성하지 못했다. 실업률을 1998년 350만까지 낮추겠다는 약속도 지키지 못했다. 이 때문에 결국 슈뢰더 수상은 임기를 1년 남긴 2005년 조기선거를 실시하였고 그 결과 교체되었다.

(2) 앙겔라 메르켈의 대연정: 2005~2009년

앙겔라 메르켈(Angela Merkel) 수상이 이끈 기민당-기사당-사민당 대연정도 사민당-녹색당 연정의 사회정책 노선을 약간의 수정과 함께 계승했다(Trampusch, 2008: 365~371).

새로운 정부가 계승한 것은 무엇보다도 연금정책에서 연금 수급개시 연령을 65세에서 68세로 상향한 것이다. 이 정책은 어젠다 2010에서 결정되었고 연금재정에 상당한 긍정적 기여를 할 수 있는 정책으로, 당시 노동사회부 장관이었던 사민당 소속 뮌터펠링에 의해 추진되었다. 그는 자신도 참가한 어젠다 2010에서 결정된 이 정책을 전통적인 사민당의 지지 세력과 노조의 반대에도 불구하고 강력히 밀어붙여 관철시킴으로써 슈뢰더 수상의 계승자로서의 위치를 확고히 했다(Hoffmann, 2007: 25).

노동시장부문에서도 하르츠 개혁의 기조는 변화하지 않았다. 특히, 고용보험의 보험료는 1993년 6.5%에서 2007년 4.2%로, 2008년부터는 3.3%로 하락하였다.

의료보험부문에서도 사민당과 기민당은 2007년 개혁을 합의하고 실시했다. 개혁의 가장 중요한 내용은 2009년부터 건강기금을 설치하여 모든 의료보험료를 관리하는 것이었다. 이는 지난 1883년 이래 125년간 지속된 의료보험 관리기관의 보험료 관리의 독자성을 철폐한 중요한 개혁이었다.

복지정책의 확대를 추구하는 조치들도 동시에 실시되었다. 이전 정부와 같이 대연정 정부에서도 가족정책은 계속 확대되었다. 2013년 이후 3세 이하 모든 아동에게 보육시설을 제공 받을 권리를 보장하는 조치가 실시되었다. 또한 2007년에는 가족의 소득보전을 위해 기존의 양육수당을 대체한 부모수당이 도입되었다. 미취업부모에게 양육비용을 제공하던 양육수당과 달리 부모수당은 육아기간 중에 충분한 소득을 제공하여 양육에 대한 부모, 특히 아버지의 참여를 확대할 수 있었다. 따라서 부모수당의 급여는 이전 근로소득의 67%, 최고 1,800유로를 최대 12개월(양부모는 14개월)까지 제공했다. 또한 2009년에는 조부모도 자녀가 미성년이거나 취학 중이면 손자의 양육을 위한 부모시간 이용이 가능해졌다.

2007년 발발한 세계금융위기는 복지정책의 확대를 유발하였다. 2008년과 2009년 두 차례의 경기부양패키지를 통해 독일 정부의 복지정책은 재정건전화 기조에서 복지확대로 전환되었다. 경기부양패키지는 고용촉진을 위해 직접적 고용정책을 실시하고 지출의 46%를 복지정책의 확대에 투여했다. 복지확대는 노동시장정책뿐만 아니라 사회보험제도와 가족정책의 제도적 개선을 포함하고 있었다. 이로 인해 복지지출도 2007년 29.3%에서 2009년 31.9%로 상승하였다(김원섭·양재진·이주하, 2010: 68).

결론적으로 사민당-녹색당 연정하에서 독일의 사회보장제도 패러다임의 전환이 일어났다. 이전에는 복지제도가 경제위기에서 생겨나는 문제들을 완화시켜 주는 것으로 인식했다. 하지만 이제는 사회보험제도가 오히려 문제를 유발하는 것으로 인식하기 시작했다(Palier & Martin, 2008: 14). 따라서 복지제도의 구조적 개편이 이루어졌으며 주요 내용은 다음과 같다.

첫째, 개혁은 사회보험의 영향력을 점차적으로 줄이고 조세기반제도나 민간복지제도의 역할을 강화하였다. 구체적으로 실업자를 위해 사회부조와 같은 조세기반의 급여는 확대되었다. 또한, 의료보험과 연금제도에서는 사적연금의 활성화를 위한 조치가 실시되었다. 정부는 공적연금급여의 축소를 상쇄하기 위해 사적연금을 지원하는 조치를 적극 실시하였다.

둘째, 사회보장제도 발전의 방향은 소득보장에서 활성화로 패러다임이 전환되는 중이다. 소득보장제도에서는 재정안전화와 구조적 개혁이 지배적인 반면, 노동시장정책과 가족정책에서 새로운 조치들이 도입되고 기존의 제도가 개선되어 확대의 방향이 지속적으로 추진되었다.

4. 맺음말

독일은 사회보장제도의 발전에 선도적 역할을 하는 나라이다. 독일의 사회보험제도는 당시 사회질서를 유지하려는 보수 세력의 정치적 의도에 의해 도입되고 발전하였다. 하지만 이후 사회보험제도에 내재한 법적 권리성을 바탕으로 복지국가의 중심 제도로 정착하였다.

제 2차 세계대전 이후 조성된 유리한 경제적, 정치적, 이념적 조건을 바탕으로 독일의 사회보장제도는 본격적으로 확대되었다. 복지제도의 확대는 사회보험 중심으로 이루어졌다. 독일의 사회보험국가 건설은 주로 기민당 중심의 보수정부에 의해 주도되었고 사민당 정권은 이를 더욱 촉진하는 역할을 수행하였다.

1970년대 이후 거듭된 경제위기로 경제성장이 정체되자 독일의 사회보장제도도 조정기에 접어들었다. 성장기와 마찬가지로 조정기도 보수정부와 진보정부에 의해 공동으로 추진되었다. 조정기 초기에 개혁은 사회보장제도의 구조를 개혁하기보다는 재정적 안정성을 높이는 것을 목표로 하였다. 복지개혁도 주로 연금과 의료보험 같이 사회보장의 핵심 부분보다는 주변 제도인 사회부조, 실업급여 등을 타깃으로 하였다. 개혁의 방법도 주로 부분적 삭감과 기여-급여 연계 강화와 같은 모수적이고 점진적인 방법이 사용되었다. 동시에 복지개혁은 장기요양보험의 도입과 가족정책의 강화와 같은 확장적 측면도 포함하였다.

예상치 않은 시기에 닥친 독일의 통일은 사회보장제도의 발전에도 중대한 영향을 미쳤다. 높은 수준의 서독 사회보장제도가 수정 없이 성공적으로 동독지역으로 확대되었고 이는 통일과정에서 발생할 수 있는 정치적 혼란을 줄이는 데 상당한 기여를 했다. 하지만 이 과정에서 증가한 재정적 부담은 이후 제도의 구조적 개혁을 야기했다.

사회보험제도의 본격적인 구조적 개혁은 2000년 이후 사민당-녹색당 연합정부와 대연정에 의해 실시되었다. 인구고령화의 진전, 세계화의 압력, 복지제도의 만성적 재정적자를 극복하기 위해 독일은 어젠다 2010을 바탕으로 사회보장의 핵심 부분에서 구조적인 개혁을 시도하였다.

연금정책과 노동시장정책에서는 전통적 사회정책의 패러다임을 전환하는 개혁이 실시되었다. 개혁의 새로운 목표는 노동비용을 줄이는 것이었다. 이를 위해 민간보험의 역할을 확대하고 개인의 근로유인을 강화하는

'활성화' 개혁을 실시하였다. 동시에 가족정책에서는 육아에 대한 재정적 보조를 확대하고 근로와 육아의 병행을 수월하게 하는 조치들도 활발히 실시되었다.

조정기 독일 복지제도의 발전은 다음의 두 가지 특징을 보였다(Palier & Martin, 2008: 4~5). 첫째, 개혁의 실시가 다소 지체되었고 보수정당과 진보정당이 공동으로 추진했다. 사회보장제도의 구조적 개혁은 장기적 경기 침체와 독일 통일의 여파로 재정적 압력이 매우 심각해진 이후에야 실시됐다. 둘째, 개혁은 점진적이었지만 단순한 축소와 조정을 넘어선 패러다임의 전환을 이루었다. 사회보험제도를 중심으로 한 소극적 소득보장제도에서는 상당한 급여의 축소가 이루어진 반면, 적극적 노동시장정책과 여성과 아동을 위한 사회서비스 제도는 빠른 속도로 확대되었다. 이런 점에서 독일 개혁은 사회보장제도의 패러다임을 사회보험 중심의 급여국가에서 사회투자국가로 전환하는 활성화 개혁이라고 할 수 있다.

사회보장제도의 패러다임 전환은 정부의 재정적자를 줄여 경제적으로는 긍정적 효과를 낳은 것으로 평가된다. 하지만 사회적 측면에서는 사회분화의 새로운 양상을 유발했다. 기존 사회보장제도는 비록 조직적으로 분화되어 있었지만 전체 국민에게 거의 비슷한 종류의 급여를 제공하였다. 하지만 개혁 후 새로운 제도의 경우, 안정된 상층 노동자는 여전히 이전과 같은 높은 사회보장을 받지만 비정규직과 같이 증가하는 주변부 노동자들은 사회부조와 같은 낮은 수준의 선별적 급여에 만족해야 한다. 이 때문에 사회보장제도가 더 이상 사회의 이분화를 방지하지 못하고 오히려 심화시킬 것이 우려된다. 이런 점에서 향후 독일 사회보장제도의 미래는 사회보장제도의 활성화를 지속하면서 이러한 사회적 부작용을 어떻게 최소화하는가에 달려 있다고 할 수 있다.

■ 참고문헌

국내 문헌

김근홍(1999). 《한・독 노인복지이해》. 서울: 학문사.

김원섭(2007). "최근 독일 연금개혁과 복지국가의 발전에 관한 연구". 〈사회보장연구〉, 23호, 161~188.

_____(2012a). 《해외 공・사연금제도(독일)》. 서울: 국민연금연구원.

_____(2012b). 《독일 다층연금체계의 특징과 변화》. 서울: 한국보건사회연구원.

김원섭・양재진・이주하(2010). "최근 금융위기에 대한 서구 복지국가의 사회정책적 대응: 독일, 영국, 미국의 비교연구". 〈정부학연구〉, 16호, 57~89.

김적교・김상호(1999). 《독일의 사회적 시장경제》. 서울: 한국경제연구원.

대통령자문 고령화 및 미래사회위원회(2004). 《독일의 개혁: Agenda 2010: 현안과 해법》. 서울: 대통령자문 고령화 및 미래사회위원회.

박근갑(2009). 《복지국가 만들기: 독일 사회민주주의의 기원》. 서울: 문학과지성사.

이용하・이정우(2002). 《통일 시 남북한 연금제도의 통합방안에 관한 연구》. 서울: 국민연금연구원.

최병호・한동운・이정우・이건세・신현웅・선우덕・배성일(2005). 《건강보험제도의 발전과정 비교연구》. 서울: 보건사회연구원.

황규성(2011). 《통일 독일의 사회정책과 복지국가》. 서울: 후마니타스.

해외 문헌

Alber, J. (1989). *Der Sozialstaat in der Bundesrepublik 1950-1983*. Frankfurt/Main: Campus.

_____(2000). Der deutsche Sozialstaat in der ära Kohl: Diagnosen and Daten. In Leibfried, S. & Wagschal, U. (Hrsg.), *Der Deutsche Sozialstaat*. Frankfurt/Main: Campus, 235~275.

BMAS(Bundesministerium für Arbeit und Soziales) (1999). *Statistische Übersichten zur Geschichte der Sozialpolitik seit 1945*. Belrin: BMAS.

Böckh, J., Huster, E., & Benz, B. (2004). *Sozialpolitik in Deutschland*. Wiesbaden: VS.

Collier, D. & Messick, R. (1975). Prerequisites versus diffusion testing alternative explanations of social security adoption. *American Political Science Review*,

69, 1299~1315.

Deutsche Bundesbank (1996). *Monatsbericht Oktober.* Frankfurt/Main: Deutsche Bundesbank.

Hoffmann, A. (2007). Schröders Vollstrecker. *Süddeutsche Zeitung*, *10* (11), 25.

Jaggers, K. & Gurr, T. (1996). *Polity III: Regime Type and Political Authority, 1880-1994.* Ann Arbor: Inter-University Consortium for Political and Social Research.

Kim, W. S. (1999). *Arbeitsmarktpolitik in der BRD. Die äara Kohl bis Herstellung der deutschen Einheit.* Diplomarbeit. Universität Bremen.

Lampert, H. (1994). *Lehrbuch der Sozialpolitik.* 3. Aufl. New York: Springer

Lampert, H. & Bossert, A. (1992). *Sozialstaat Deutschland.* München: Vahlen.

Ostheim, T. & Schmidt, M. (2007). Gründungskrise und Sozialpolitik: die 1950er Jahr BRD. In Schmidt, M., Osthei, T., & Zohlnhöfer, R. (Hrsg.). *Der Wohlfahrtsstaat.* Wiesbaden: VS, 153~164.

Palier, B. & Martin, C. (2008). *Reforming the Bismarckian Welfare Systems.* Oxford: Blackwell.

Pierson, P. (1996). The new politics of the welfare state. *World Politics*, *48*, 143~179

Ritter, G. A. (2007). *Der Preis der deutschen Einheit: Die Wiedervereinigung und die Krise des Sozialstaats.* München: C. H. Beck.

Schmähl, W. (2007). Das Soziale in der Alterssicherung - Oder: Welches Alterssicherungssystem wollen wir?. *Deutsche Rentenversicherung*, *61* (11~12), 676~690.

Schmidt, M. G. (2005). *Sozialpolitik in Deutschland.* Wiesbaden: VS.

_____ (2007). Die Sozialpolitik der zweiten rot-grünen Koalition (2002- 2005). In Egle, C. & Zohlnhöfer, R. (Hrsg.), *Ende der rot-grünen Projektes, Eine Bilanz der Regierung Schröder 2002-2005.* Wiesbaden: VS, 295~312.

Tennstedt, F. (1981). *Sozialgeschichte der Sozialpolitik in Deutschland.* Göttingen: Vandenhoeck & Ruprecht.

Trampusch, C. (2008). Sozialpolitik: Vorwärts- und Rückwärtsreformen und Neuvermessung von Solidarität, *WSI Mitteilungen*, *61*, 365~371.

기타 자료

BMAS(Bundesministerium für Arbeit und Soziales)(2005). Sozialbericht 2005. Belrin: BMAS. http://www.sozialpolitik-aktuell.de/tl_files/sozialpolitik-aktuell/_Politikfelder/Finanzierung/Datensammlung/PDF-Dateien/abbII1a.pdf. 2016. 6. 2. 인출.

_____(2015). Sozialbudget 2014. http://sozialpolitik-aktuell.de. 2016. 6. 22. 인출.

Document Archiv.de(2003. 3. 14). 어젠다 2010에 관한 게르하르트 슈뢰더 수상의 의회 기조연설. http://www.documentarchiv.de/brd/2003/rede_schroder_03-14.html. 2016. 6. 6. 인출.

02

사회보장제도의 기본구조

1. 논의 내용 및 순서

독일은 서구의 선진 복지국가 중에서 조합주의를 대표하는 국가로서 사회
보험 중심의 비스마르크형 복지국가의 원형을 이루는 국가이다. 독일은 세
계에서 손꼽히는 부유한 나라 중 하나로서 이를 바탕으로 사회보험을 중심
으로 한 세계 최고수준의 사회보장제도를 구축했다. 이번 장에서는 이러한
독일 사회보장제도의 기본구조를 제시하고자 한다. 이에 앞서 일반적 사회
보장제도의 기본구조를 제시할 필요가 있다. 이는 독일의 사회보장제도 역
시 다른 일반적 사회보장제도에서 나타나는 기본구조를 벗어날 수 없기 때
문이다.

그리고 사회보장제도의 기본구조라고 할 때 '기본구조'의 의미를 미리 정
해 놓을 필요가 있다. 왜냐하면 그 의미에 따라 제시할 내용이 달라지기 때
문이다. 이번 장에서는 사회보장의 기본구조를 현실의 사회보장제도를 관
찰할 때 항상 존재하면서 사회보장의 목적을 달성하는 데 중요한 사회보장
의 구성요소들과 그들의 관계라고 이해하고자 한다. 현실의 사회보장제도

에 항상 존재하는 구성요소와 관계가 무엇이고, 그들 중에서 중요한 구성요소와 관계는 무엇인가라는 물음에 대답하는 것이 결국 사회보장제도의 기본구조를 제시하는 것이 된다. 이에 대한 답은 선험적이거나 일의적이지 않다. 현실의 경험을 바탕으로 일정한 기준을 세워 취사선택하는 과정이 필요하다. 따라서 그 결과물은 논의에 따라 어느 정도 차이가 날 수 있다. 하지만 동일한 현상에 대한 결과물이므로 분명히 공통의 부분이 존재해야 한다는 점도 부정할 수 없다. 이러한 일반적 사회보장의 기본구조를 바탕으로 독일의 사회보장제도를 관찰하여 그 공통점과 특색을 제시하는 것이 독일 사회보장제도의 기본구조를 제시하는 것이다.

이러한 내용을 다음의 순서로 제시하고자 한다. 먼저 일반적인 사회보장제도의 기본구조에 대한 내용을 제시하고, 다음으로 독일 사회보장제도의 기본구조에 대한 내용을 제시한다.

2. 일반적 사회보장제도의 기본구조

1) 국가 사회보장시스템

여기에서는 사회보장제도의 기본구조 논의를 국가 사회보장시스템부터 시작하고자 한다.[1] 이는 〈그림 2-1〉에서 확인할 수 있다(유근춘·고경환·윤석명·변용찬·노대명·이태진·이수연·신화연·유길상·윤조덕·윤홍식·정형선, 2008). 먼저 국가 사회보장시스템의 기본구조를 전체적으로 제시하고 다음으로 이를 이루는 각각의 부분요소들을 다루고자 한다.

---

[1] 관련 문헌(Roemer, 1991: 33, 79)에 나오는 국가 건강시스템(*national health system*)의 개념을 응용한 것이다.

자료: 유근춘 외, 2008: 92. 논의를 위해 수정함.

(1) 국가 사회보장시스템의 전체 구성

국가 사회보장시스템의 시작점은 사회보장요구로서 국가 사회보장시스템 이 해결하고자 하는 문제를 말한다. 이러한 사회보장문제의 해결을 위해 가 운데 점선 안의 국가 사회보장시스템이 개입을 한다. 이 개입은 필요한 조치 를 실행하는 사회보장 공급단계에서 이루어진다. 이때 국가 사회보장시스 템의 생산물인 사회보장조치를 산출(output)이라고 하며 이에 따라 사회보 장관련 결과(outcome)가 발생한다. 그리고 이러한 문제해결 과정에 영향을 주는 것이 국가 사회보장시스템의 환경이다.

(2) 사회보장요구

국가 사회보장시스템의 출발점인 사회보장요구는 해결하고자 하는 문제이 다. 사회보장요구는 여러 가지 관점에서 볼 수 있는데 먼저 가능한 여러 관 점을 살펴보고 마지막으로 이들을 종합할 수 있는 관점을 제시하려 한다.

첫째, 보장의 대상이 되는 문제의 성격을 크게 소득보장 문제와 건강보장 문제의 두 가지로 나누어 보는 관점이다(신수식, 1986: 18~19). 이 관점은 건강보장 문제가 소득보장 문제와 성격상 아주 달라 따로 다룰 필요가 있다는 문제의식에 기반을 둔다고 볼 수 있다.

둘째, 사회보장과 관련된 문제가 발생하는 사회위험의 영역을 사회계급(social class), 생애주기(life-course) 그리고 세대 간(intergeneration)으로 나누어보는 관점이다(Esping-Andersen, 1999: 40~43; 유근춘·서문희·임완섭, 2011: 28). 하나씩 살펴보면 다음과 같다.

사회계급위험은 사회위험이 계층에 따라 불평등하게 분포되었음을 나타낸다. 사회계층의 차이는 주로 재산과 소득 그리고 직업에 의해 결정된다. 사회계층위험에 대응하는 방식에는 취약계층을 표적으로 하는 잔여적 접근방식(a residual approach), 직업으로 대표될 수 있는 계층소속을 중심으로 한 조합주의적 접근방식(corporative approach) 그리고 차이를 불문하고 모든 개인을 포함하는 보편주의적 접근방식(universalistic approach)의 세 가지가 있으며 이들은 역사적으로 발전한 집단적·정치적 동원방식이다.

생애주기위험은 사회위험이 생애주기의 각 시기에 따라 불균등하게 분포된 것을 말한다. 전통적으로는 비경제활동기인 아동기와 노년기의 두 시기가 각각 취약한 시기로 아동수당이나 연금을 통해 이러한 취약성의 보장이 이루어진다. 그러나 후기 산업사회에서는 가족 해체의 심화, 광범위한 실업 그리고 더 불안정해진 경력 등의 문제로 청·장년 시기에도 생애주기 사회위험이 발생한다.

세대 간 위험은 세대 간에 대물림되는 사회적 위험을 말한다. 이 사회적 위험에 대처하기 위해서는 동등한 기회(equal opportunity)를 제공해야 한다. 동등한 기회를 보장하기 위한 정책은 인적자본 형성에 주안점을 두고 취약한 계층에 집중하는 최소주의자적 해석방향(minimalist interpretation)과 전반적 인적 능력(human capacities in general)을 염두에 두고 사회에서 최적으로 기능하는 데 필요한 모든 복합적 사회자원에 대한 접근을 목적으로 불평등의 체계적 재생산에 개입하는 최대주의자적 해석방향(*maximalist interpretation*)이 있다. 상기한 세 가지 사회적 위험에 대처하는 데 있어서 가족과 시장은 한계가 있으므로 국가의 개입이 필요하다.

셋째, 국제기구 등에서 국제비교를 위해 사회보장의 범위를 설정하는 것도 사회적 위험 혹은 사회보장요구의 관점으로 해석할 수 있다. 대표적으로 OECD SOCX(*Social Expenditure*, 사회복지지출)는 고령, 유족, 근로무능력(장애, 산업재해), 보건, 가족, 적극적 노동시장정책, 실업, 주거, 기타(기초보장)의 9가지 정책영역을 제시한다. 다른 대표적 국제기구인 ILO(International Labour Organization)는 1944년 산업사회의 대표적 사회위험으로 노령, 질병, 장애, 산업재해, 부양자의 사망, 실업, 출산 및 육아 그리고 비정상적 긴급상황을 제시했다(이정우, 2013: 212~213 재인용).

넷째, 직접적 사회위험의 결과로 개인이 겪는 문제 또한 사회보장요구로 볼 수 있다. 여기에는 사회위험으로 빚어진 소득단절의 문제, 사회위험을 극복하기 위한 개인 부담능력의 부족문제, 그리고 사회위험을 겪는 개인의 심리적·정서적 문제가 있을 수 있다. 이들에 대응하기 위해서 사회보장제도는 각각 상실된 소득의 일부 또는 전부를 대신 지급하는 소득대체기능, 경제적 부담을 경감시키기 위해 현금 혹은 현물의 형태로 소득을 지원하는 소득보충기능, 그리고 사회생활에 지장을 초래하는 심리적·정서적 문제에 대응하기 위하여 다양한 형태의 사회복지서비스를 제공하는 기능을 수행한다(이정우, 2013: 213~215).

다섯째, 세계화, 지식기반사회의 도래, 저출산·고령화 등의 사회환경 변화는 사회위험에도 영향을 미쳐 기존의 구 사회적 위험(*old social risk*)과 대비되는 신 사회적 위험(*new social risk*)이 나타났는데 여기에 주목하는 관점이다. 신 사회적 위험은 발생경로를 기준으로 구분할 수 있으며 다음의 세 가지가 언급된다.

먼저 맞벌이가 증가하고 여성교육이 향상되면서 일어나는 변화다. 이는 여성의 노동시장 참여를 급증시키고 그 결과 저숙련 여성층에서 일과 가정을 양립시키기 어려운 문제가 발생한다. 또한 노인인구의 증가로 노인을 돌보는 부담이 급증하는데 이러한 부담의 상당 부분을 여성이 진다. 이 때문에 여성이 돌봄 부담을 지면서 직장을 병행하기 어려워 직장을 그만두면 홀벌이 부부가 되어 빈곤의 가능성이 높아진다.

다음으로 무숙련 생산직의 비중을 줄이는 생산기술의 변동과 저임금의 비교우위를 이용한 국가 간 경쟁격화가 야기한 노동시장구조의 변화다. 이는 교육수준이 낮은 사람들에게 실업 확률을 높이고 장기빈곤에 빠질 위험성을 높임으로써 사회적으로 배제되는 위험을 발생시킨다.

마지막으로 재정억제를 위해 민간 부분을 확장시키는 정책이 불러오는 변화인데 이때는 취약계층이 더 쉽게 위험에 직면하게 된다(Taylor-Gooby, 2004: 2~5; 유근춘 외, 2008: 109~110에서 재인용). 이러한 사회위험들은 전통적 소득보장으로 어느 정도 도움을 줄 수 있을지는 몰라도 문제 자체의 해결엔 본질적 도움을 줄 수 없어 새로운 방향의 사회보장정책이 필요하다.

여섯째, 사회보장 대상집단의 근로능력 유무로 사회보장요구를 구분하는 관점이다. 근로무능력집단은 자활이 가능하지 않다는 전제하에서 기초보장제공이 기본적으로 고려되어야 한다. 반면에 근로가능집단은 기본적으로 사회보장 대신 맞는 일자리를 찾아 독립된 사회생활을 하도록 유도하는 것이 기본적 방향이 되어야 한다. 이들에게는 사회보장이 제공되어도 근로와 연계되도록 설계되어야 한다.

이상을 종합하면 다음과 같이 요약할 수 있다. 전체적으로는 구 사회적 위험과 신 사회적 위험이 구분되며, 신 사회적 위험에 대해서는 근본적 해결을 위해 새로운 방향의 사회보장을 모색해야 한다. 구 사회적 위험은 기본적으로 소득과 관련된 사회보장조치와 사회생활을 잘 영위할 수 있도록 돕는 사회보장조치로 구분되어야 한다. 후자는 주로 개인을 직접대상으로 하는 대인 사회보장서비스(돌봄서비스 중심)를 통해 이루어진다. 소득과 관련된 사회보장조치는 소득대체기능(연금, 실업, 산전후휴가급여, 육아휴직급여 등)을 하는 경우와 소득보충기능(양육수당, 아동수당 등의 현금급여와 보건의료서비스 등의 현물급여)을 하는 경우로 구분할 수 있다.

소득과 관련하여 한 가지 더 고려해야 할 점은 보장대상의 특수성이다. 궁극적으로는 소득을 보장하는 것이 목적이지만 보장대상의 특수성을 고려하는 것이 바람직한 경우 특수하지 않은 소득보장과 분리하여 그 보장대상의 명칭을 붙여 다루는 것이 일반적이다. 여기에는 의료보장, 고용보장, 주거보장, 교육 등이 속한다. 의료보장의 예를 들면 사회보장문제에 해당하는 것이 건강문제로서 의료요구나 욕구(질병, 상해, 기타 건강관련 문제)로서 나타난다. 그리고 그 결과도 건강과 관련된 건강상태를 보도록 되어 있다. 의료보장은 궁극적으로는 건강문제를 해결하기 위해 보건의료서비스를 소비할 수 있도록 소득을 보충해 주는 역할을 하여 소득보장의 성격을 갖는다. 그러나 그 문제와 결과 그리고 보건의료서비스 제공과정은 별도로 그 특수성에 맞추어 다룰 필요가 있다.

또한 모든 사회보장은 기본적으로 근로가능집단과 근로무능력집단을 구별하여 근로가능집단에게는 근로와 연계된 이른바 생산적 복지를 하는 것이 필요하다. 특히, 생산적 복지는 사회보장개혁에서 중요한데 근로능력이 있는 집단이 맞는 일자리를 찾아 독립적 사회생활을 할 수 있게 돕는 일자리중심 복지 전략이 공통적으로 추구된다.

(3) 사회보장의 결과

사회보장의 결과는 직접적 결과와 간접적 결과로 나눌 수 있다. 직접적 결과의 대표적 예시로는 최저생계유지, 건강상태의 개선, 자활 등이 제시된다. 이처럼 다양한 사회보장의 결과가 모여서 나온 산물을 삶의 질 혹은 행복으로 볼 수 있다. 간접적 결과는 이러한 직접적 결과를 바탕으로 축적되는 인적 자본과 사회자본을 제시할 수 있다.

　사회보장 관련 결과는 제도를 평가할 때 중요한 사항으로 제도를 설계할 때 이미 이에 대한 결과를 예상해야 한다. 특히, 간접적 결과는 직접적 결과보다 장기적 관점이므로 간과되어서는 안 되며 이를 고려하는 것은 경제와의 선순환에서 중요하다.

(4) 사회보장공급과 전제조건들

사회보장은 사회보장요구를 해결하기 위해 공급되는데 이를 위해서는 자원, 운영, 재원, 조직의 측면을 종합적으로 고려해야 한다.

① 자원

자원은 인적 자원, 장비 및 시설, 무형의 지식 등 구분기준에 따라 여러 가지를 제시할 수 있다.

② 운영

운영은 여러 가지 수단으로 이루어진다. 예를 들면 계획, 행정, 규제, 입법 등이 운영의 수단들이다.

③ 조직

조직은 사회보장공급의 주체에 해당한다. 국가, 다른 공공기관, 민간기관, 기업 등이 예가 될 수 있다. 가계가 직접 사회위험 문제의 일부를 내부화할 수도 있다. 또한 사회위험의 문제는 국가에 의해 흡수될 수 있지만 시장을 통해 해결될 수도 있다.

④ 재원

재원은 가계, 자선, 민간보험, 사회보험, 조세, 외국원조 등이 있다.

⑤ 사회보장공급

사회보장공급도 여러 가지 측면에서 기본구조를 분석할 수 있다.

먼저 사회보장공급의 원칙을 구분해 볼 수 있는데, 여기에는 보험원칙 (*Versicherungsprinzip*)과 원호원칙(*Versorgungsprinzip*) 그리고 부조원칙 (*Fürsorgeprinzip*)이 있다(Lampert & Althammer, 2007: 277~280).

보험원칙은 통계학의 대수법칙에 근거하는 것으로서 개별적으로는 발생과 욕구를 예측할 수 없지만 동일한 위험에 노출된 다수의 집단에서는 발생과 욕구를 예측할 수 있다는 것이다. 이 경우 보험수리적으로 계산한 등가원칙이 성립될 수 있다. 사회보험은 민간보험과 다르게 개별보험의 원칙을 수정하여 적용한다. 즉, 보험료가 위험과 연계되지 않고, 또한 급여가 납부한 보험료에 연계되지 않는 연대주의원칙에 입각하고 있다. 또한 사회보험은 급여가 법적 권리로 되어 있고, 그 종류와 수준이 규정된다.

원호원칙은 기여를 하지 않아도 급여에 대한 권리를 특수한 경우에 인정하는 것이다. 대표적 예로 국가에 대한 기여가 있다. 전쟁의 피해와 같이 사회구성원이 특별한 희생을 입은 경우에도 적용된다. 재원은 조세수입이다.

부조원칙은 위험이 발생하거나 긴급한 상태에 처했을 때 사전적 기여가 없어도 심사를 거쳐서 필요성이 확인되면 현물급여 혹은 현금급여를 지급받는 원칙을 의미한다. 급여가 정해져 있지 않아 개별 상황에 따라 달라지고, 욕구에 대한 검사가 필수적이며, 시혜성이 강하여 선진 사회에서는 선호되지 않는 원칙이다.

다음으로 1차 안전망과 2차 안전망의 구분이 있다(이정우, 2013: 215~220). 1차 안전망은 개인이 경제적 혹은 사회적 기여를 하여 스스로 확보하는 사회보장으로서 보험원칙이나 원호원칙이 적용된다. 2차 안전망은 1차 안전망에서 탈락하거나 적절한 수준의 급여를 받지 못하는 계층을 사후적으로 보호하기 위한 사회보장으로서 부조원칙이 적용된다. 그리고 최후의 안전망 역할을 한다고 볼 수 있다.

1차 안전망은 충실화를 통해 사각지대와 같이 2차 안전망에 부담을 줄 가능성을 줄이고, 2차 안전망은 수급자의 기초생활을 보장하면서 동시에 자립을 유도하는 방향으로 구성되어야 한다. 또한 개인의 존엄성과 시장경제를 기본으로 하는 체제를 전제할 때 사회보장공급은 1차 안전망이 기본이 되고, 2차 안전망은 1차 안전망을 보완하는 방향으로 구축하는 것이 바람직하다고 볼 수 있다.

마지막으로 사회위험의 영역을 사회계급, 생애주기 그리고 세대 간으로 보는 논의에서 언급된 대처방식의 구분이 사회보장공급의 구조에 해당한다고 볼 수 있다('(2) 사회보장요구'의 두 번째 관점 참조).

⑥ 재원과 사회보장공급자 간 관계

사회보장제도의 근간을 결정하는 것은 재원과 사회보장공급자 간의 관계이다. 각각을 공공과 민간으로 나누면 〈표 2-1〉과 같이 4가지 유형으로 구분할 수 있다.

A는 재원도 공급도 공공에서 담당하는 경우이다. 사회주의나 공산주의 국가의 사회보장이 이러한 형태이며 영국의 NHS(National Health Service)가 대표적 예이다.

D는 재원도 공급도 민간이 담당하는 경우이다. 미국의 숨겨진 사회보장을 논의할 때 고려할 수 있는 형태이다. 즉, 민간병원임에도 자선적 입장에서 취약계층에 대한 사회보장기능을 담당하는 경우가 여기에 속한다.

B는 재원은 공공에서 담당하고 사회보장공급은 민간이 하는 경우이다. 한국의 의료보험이나 장기요양보험의 대부분이 이런 유형이다. 독일도 이유형에 해당하는 경우가 많을 것으로 판단된다.

C는 재원은 민간이 담당하고 공급은 공공이 하는 경우이다. 선진국 민간재단의 원조에 의한 후진국 대상 보건의료가 여기에 해당된다.

<표 2-1> 재원과 사회보장공급자 간의 관계

재원	사회보장공급자	
	공공	민간
공공	A	B
민간	C	D

(5) 국가 사회보장시스템의 환경

국가 사회보장시스템의 환경에는 사회보장요구, 사회보장공급과 관련된 전제조건, 그리고 사회보장관련 결과에 영향을 미치는 여러 가지 요인들이 속한다. 대표적으로 성장률·실업률과 같은 거시경제적 환경과 인구가 사회보장요구에 영향을 미치는 요인이라고 할 수 있다.

2) 사회보장제도의 유형적 분류

사회보장제도의 가능한 모든 측면을 유형적으로 분류한 틀이 있으면 사회보장제도의 기본구조의 한 측면을 나타낸다고 볼 수 있다. 〈표 2-2〉는 이를 시도한 결과를 나타내는 표이다. 이 표는 사회보장제도의 궁극적 목적과 기능 그리고 이를 실현하기 위한 수단으로서의 제도와 재원을 나타내고 있다(유근춘·서문희·임완섭, 2011: 22~24).

먼저 목적과 기능을 보면, 사회보장의 궁극적 목적은 전통적으로 다뤄온 비경제적 목적과 새롭게 부각된 경제적 목적으로 나뉜다. 비경제적 목적은 물질적 자유와 사회적 정의를 기반으로 한 사회내부적 평화이다. 경제적 목적은 물질적 토대인 경제의 지속가능성을 저해하지 않고 가능하면 기여하는 것이다. 이러한 목적을 달성하기 위하여 사회보장제도는 소득보장, 의료보장, 고용보장, 주거보장, 교육 그리고 대인 사회보장서비스의 기능을 제공한다.

이러한 목적과 기능을 수행하기 위한 수단으로 제도와 재원을 생각해 볼

〈표 2-2〉 사회보장제도의 목적, 기능, 수단

궁극적 목적	기능(지출)	수단	
		제도(지출)	재원
• 비경제적: 기본인권의 실현을 통한 사회내부적 평화(통합) 　- 물질적 자유 (최저생활보장) 　- 사회적 정의(출발, 참가, 분배) 실현 • 경제적: 경제적 지속 가능성에 기여	• 소득보장 • 의료보장 • 고용보장 • 주거보장 • 사회보장서비스 • 교육	• 사회보험 　- 연금, 건강, 산재, 고용, 장기요양 • 공공부조 　- 국민기초생활보장 • 긴급지원 　- 긴급지원 • 사회보장서비스 　- 보육 • 사회수당(데모그란트) 　- 기초노령연금	• 사회보장기여금 • 조세 　- 소득세, 목적세, 기타 조세 • 기타

자료: 유근춘 외, 2011: 22.

수 있다. 제도에는 앞서 설명한 사회보험, 공공부조, 사회보장서비스와 소득과 무관하게 인구학적 기준으로 급여가 제공되는 사회수당(기초노령연금, 아동수당 등) 그리고 갑작스러운 위기상황에 처한 저소득층을 지원하는 긴급지원제도가 있다. 재원은 사회보험의 사회보장기여금, 조세 등으로 이루어진다.

3. 독일 사회보장제도의 기본구조

여기에서는 독일 정부가 상기한 일반적 사회보장구조 중 주로 어떤 사회위험에 어떠한 사회보장 공급방식과 제도 및 재원으로 대응하는지를 살펴본다. 이를 위해 연방노동사회부(Bundesministerium für Arbeit und Soziales: BMAS)의 사회(복지) 예산(Sozialbudget) 자료를 활용했다. 정부재정과 사회보장재정에 관한 구체적 논의는 다른 장에서 별도로 다룰 것이므로 여기에서는 독일 사회보장제도의 기본구조를 알아보는 목적에 적합한 수준에서 사회예산에 관한 내용을 다룰 것이다.

논의의 순서는 다음과 같다. 먼저 GDP 대비 사회급여지출의 비중을 다
룬다. 이는 한 국가가 사용할 수 있는 총자원 중 얼마를 사회보장에 사용하
는가를 나타냄으로써 사회보장의 중요성을 나타낸다. 다음으로 독일 사회
예산의 제도와 시스템을 다룬다. 이를 통해 사회보장 공급방식이나 지출
분야의 상대적 비중 등을 통해 사회보장 기본구조에 대한 정보를 알아본
다. 이어서 사회위험에 근접한 기능개념에 따른 사회예산의 자료를 통해
사회보장의 기본구조에 대해 알아본다. 마지막으로 재원조달에 대한 자료
를 통해 이와 관련된 사회보장의 기본구조를 알아본다.

1) GDP 대비 사회급여지출 비중

〈그림 2-2〉는 독일의 GDP 대비 사회급여지출 비중의 추이를 나타낸다.
독일에서 GDP 대비 사회급여지출 비중은 1960년 이래 증가하여 1990년대

〈그림 2-2〉 독일의 사회복지지출 추이

(단위: %, GDP 대비 비중)

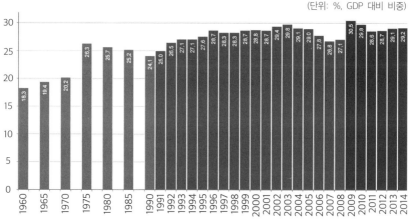

주: 1) 2009년부터는 공적 의료보험에 해당하는 민영 의료보험의 기본급여도 포함됨. 따라서 이전
　　　년도와 지출의 직접적 비교는 완전히 가능하지 않음.
　　2) 2013년도의 수치는 임시적 집계치, 2014년도의 수치는 추정치.
자료: BMAS, 2015.

초반 이후 30%에 약간 못 미친 상태를 유지했다. 이는 사회보장이 독일 총 가용자원의 약 1/4 이상을 사용하는 것으로 볼 수 있어 사회보장이 독일에서 중요한 위치를 차지한다는 것을 알 수 있다. 그리고 시계열 추이를 보면 구조적으로 30% 이상을 넘기기가 어렵다는 것을 추측해 볼 수 있다.

2) 독일 사회예산의 제도와 시스템: 사회보장 공급방식과 급여 분야의 구조

(1) 독일 사회예산의 제도와 시스템

① 급여계산의 형태
사회보장급여가 사회예산에서 계산될 때 다음과 같이 분류할 수 있다 (Baecker et. al., 2008: 101). 이는 현금급여와 현물급여의 구분에 해당된다. 이들의 구성도 사회보장제도의 기본구조에 해당한다고 볼 수 있다.

- 직접 현금이전(*direkte monetaere Transfers*): 수급권자에게 직접적으로 이체되는 소득이전으로서 수급권자의 소득을 대체하거나 기존 소득을 보충한다. 예로서는 연금, 실업수당 혹은 기초보장 등을 들 수 있다.
- 간접 현금이전(*indirekte monetaere Transfers*): 특정 사회적 상황에서 조세감면 형태로 보장되는 간접적 급여로 가처분소득 증대 역할을 한다.
- 현물이전(*Realtransfers*): 실물로 제공되는 물건이나 서비스 형태의 사회적 급여로, 상응하는 현금 가치만큼 수혜자에게 혜택을 제공한다.

② 급여제도와 시스템
이 단락에서는 독일 사회예산을 제시할 때 사용되는 제도(*Institutionen*) 혹은 시스템(*System*)이라는 분류방식에 대해 논의한다. 이는 사회예산이 어

떤 기관이나 운영자에 의해 제공되는지와 어떤 기능을 하는지의 관점이 뒤섞인 분류방식이다.

제도는 급여를 관리하거나 해당 급여가 그 항목에 기록되는 보고의 단위를 말한다(BMAS, 2015: 32). 여기에는 다음과 같은 여러 가지 의미가 섞여 있다. 대부분은 특정한 법에 의해 함께 묶이는 급여목록(*Leistungskatalog*)을 의미한다. 때로는 연방고용기구(Bundesagentur für Arbeit: BA) 같은 개별기관이나 사회부조(*Sozialhilfe*) 같은 지방자치단체의 업무영역을 가리키기도 한다. 더 나아가 임금계속지급(*Entgeltfortzahlung*), 사업주의 약정과 임의급여(*vertraglich und freiwillige Arbeitgeberleistungen*), 공공부문 급여체계(*Leistungssysteme des oeffentlichen Dienstes*)와 같은 특정한 행위의 추상적 단위를 의미하기도 한다.

이 중 공공부문 급여체계는 헌법에 기반을 둔 공무원, 판사, 군인을 위한 종합보장시스템의 일부분으로 다루어지며 연금(*Pensionen*), 부조(*Beihilfe*), 가족수당(*Familienzuschlaege*)이 포함된다. 이러한 제도들은 공통점을 갖는 6개의 시스템(단위)으로 구성되며 여기에 더하여 조세지출에 해당하는 조세적 급여가 보고의 완결성을 위해 제시된다.

이 분류에 따른 구성형태도 사회보장의 기본구조를 이룬다. 또한 제도 간 재정조정과 같은 각 제도 간의 연계구조도 기본구조의 중요한 측면이라 할 수 있다. 자세한 분류항목들을 살펴보면 다음과 같다(BMAS, 2015: 9, 32; Baecker et. al., 2008: 101). 이는 상기한 바와 같이 6개의 시스템과 1개의 조세적 급여로 이루어져 있다.

㉮ 사회보험시스템

사회보험시스템(*Sozialversicherungssysteme*)에는 다음과 같이 각각의 사회위험에 대응하는 5가지 사회보험이 속한다.

- 연금보험 (*Rentenversicherung*)
- 의료보험 (*Krankenversicherung*)
- 장기요양보험 (*Pflegeversicherung*)
- 산재보험 (*Unfallversicherung*)
- 실업보험 (*Arbeitslosenversicherung*) 과 고용촉진 (*Arbeitsfoerderung*)

㉯ 특별시스템

특별시스템 (*Sondersysteme*) 은 특정한 집단에게 적용되는 급여로, 다음과 같은 항목이 있다.

- 농민 노후보장 (*Alterssicherung der Landwirte*) : 농민을 대상으로 하는 노령부조 (*Altershilfe*)
- 원호조합 (*Versorgungswerke*) : 자유직업을 가진 사람들의 상조를 위한 보호조합
- 민간 노후보장 (*Private Altersvorsorge*)
- 민간 의료보험 (*Private Krankenversicherung*)
- 민간 장기요양보험 (*Private Pflegeversicherung*)

㉰ 공공부문의 체계

공공부문의 체계 (*Systeme des oeffentlichen Dienstes*) 는 공무원과 그 피부양자들을 위한 급여로서 공무원의 법적 권리에 입각한 시스템이다. 따라서 조세로 재원을 충당한다. 여기에는 다음의 3가지가 속한다.

- 연금 (*Pensionen*)
- 가족수당 (*Familienzuschlaege*)
- 부조 (*Beihilfe*)

㉑ 고용주시스템

고용주시스템(*Arbietgebersysteme*)은 고용주가 제공하는 급여를 말한다. 여기에는 질병발생 시 제공되는 임금계속지급과 같이 법적으로 정해진 것, 혹은 기업노후연금과 같이 임의 혹은 노동계약에 근거하여 이루어지는 것 등이 있다. 포함되는 급여는 다음과 같다.

- 임금계속지급(*Entgeltfortzahlung*)
- 기업연금(*Betriebliche Altersversorgung*)
- 추가복지(*Zusatzversorgung*)
- 기타 고용주급여(*Sonstige Arbeitgeberleistungen*)

㉒ 보상시스템

원호원칙은 기여를 하지 않아도 급여에 대한 권리를 특수한 경우에 한해서 인정하는 것이다. 여기에는 국가에 대한 기여도 포함되지만 전쟁의 피해와 같이 사회구성원이 특별한 희생을 입은 경우도 포함된다. 보상시스템(*Entschaedigungssysteme*)은 이와 관련된 시스템이며 조세수입으로 재원을 확보한다. 여기에는 다음의 4가지가 속한다.

- 사회적 보상(*Soziale Entschädigung*)
- 부담조정(*Lastenausgleich*)
- 원상회복(*Wiedergutmachung*)
- 기타보상(*Sonstige Entschaedigungen*)

㉓ 장려와 부조시스템

장려와 부조시스템(Foerder- und Fürsorgesysteme)은 부조원칙에 해당하는 각종 부조와 가족의 삶을 중심으로 한 교육, 양육, 일자리, 주거 등에 대한 각종 장려지원책을 말한다. 여기에는 다음의 8가지가 속한다.

- 아동수당과 가족성과조정(부담조정 포함)(*Kindergeld/Familienleistung-sausgleich*)
- 양육수당과 부모수당(*Erziehungsgeld/Elterngeld*)
- 구직자 기초보장(*Grundsicherung für Arbeitsuchende*)
- 실업부조와 기타 고용촉진(*Arbeitslosenhilfe/sonstige Arbeitsfoerderung*)
- 직업양성교육과 상승장려(*Ausbildungs- und Aufstiegsfoerderung*)
- 사회부조(*Sozialhilfe*)
- 아동과 청소년부조(*Kinder- und Jugendhilfe*)
- 주거수당(*Wohngeld*)

㉑ 조세적 급여

조세적 급여(*Steuerliche Leistungen*)는 사회보장지출로 고려될 수 있는 조세지출에 해당하는 항목으로서 가족급여조정을 제외한다. 현재 독일사회예산에서는 보고의 목적으로만 제시되고 구성비중 계산 등에서는 사용되지 않는다.

(2) 제도와 시스템의 분류에 따른 기본구조

① 사회보장공급에서 사회보험, 원호원칙, 부조원칙의 구조

사회보험시스템이 급여지출에서 차지하는 비중은 2014년도 기준 61.2%로 가장 높다. 여기에 특별시스템을 사회보험의 사각지대를 다루기 위한 조치의 결과로 이해하면 특별시스템의 비중 3.2%도 사회보험시스템에 준하는 성격을 가진다고 볼 수 있다.

원호원칙에 해당하는 급여지출은 공공부문시스템과 보상시스템이라고

할 수 있으며 각각 7.7%와 0.3%를 차지한다. 부조원칙에 해당하는 급여 지출은 이 원칙에 따라 욕구에 대한 검사를 받는다는 점에서 공통점이 있는 장려와 부조시스템을 들 수 있다. 이 항목들을 모두 합치면 18.1%의

〈표 2-3〉 독일의 사회예산: 제도와 시스템에 따른 급여(2014년)

	십억 유로	%	국내총생산 대비 %
총 사회예산	849.1	100.0	29.2
사회보험시스템	513.1	61.2	17.7
연금보험	270.8	30.7	9.3
의료보험	204.0	23.1	7.0
실업보험	28.2	3.2	1.0
장기요양보험	25.4	2.9	0.9
상해보험	12.3	1.4	0.4
복지지원	159.5	18.1	5.5
구직자 지원수당	41.7	4.7	1.4
복지	31.8	3.6	1.1
아동 및 청소년 복지	34.0	3.9	1.2
주택수당	0.9	0.1	0
부모수당	6.2	0.7	0.2
아동 및 가족수당	41.8	4.7	1.4
교육	2.5	0.3	0.1
공공부문 보장시스템	68.1	7.7	2.3
연금	50.6	5.7	1.7
보조금	14.2	1.6	0.5
특별시스템(사립 병원, 장기요양보험, 노후대비)	30.6	3.2	1.1
고용주시스템	81.6	9.2	2.8
임금계속지급	43.5	4.9	1.5
기업연금	36.0	2.9	0.9
추가복지	11.5	1.3	0.4
보상	2.7	0.3	0.1
세금혜택	28.4	-	
국내총생산	2,903.8		

주: 제도 간 상호 재정이전을 정리한 수치가 아니므로 수치의 합이 의미 없음. 민간 의료보험의
　기본급여를 포함함.
자료: BMAS, 2015.

비중을 차지한다. 그 외에 기업의 고용주가 제공하는 고용주시스템이 9.2%의 비중을 차지한다. 이러한 비중의 계산에 조세적 급여는 포함하지 않았다. 이렇게 사회보장 공급방식의 상대적 비중을 살펴보면 독일은 사회보험원칙에 의해 기본구조가 규정된다고 볼 수 있다. 이는 사회보험 중심의 비스마르크형 사회보장이 현재 독일 사회보장제도의 원형을 이루는 역사적 사실과도 일치한다.

그다음으로 많은 비중을 차지하는 것이 부조원칙이다. 부조원칙 중 생계에 관련된 사회부조는 3.6%만을 차지한다. 그 외 나머지는 대부분 가족을 중심으로 적극적인 삶을 살도록 돕는 급여로 볼 수 있다. 이 점에 있어 독일의 급여지출은 생산적 방향으로 구성되었다고 볼 수 있다.

독일은 공무원의 국가에 대한 기여를 인정하는 데 기반한 공공부문시스템이 7.7%로서 적지 않은 비중을 차지한다. 이는 독일사회의 특성을 반영하는 사회보장의 기본구조로 볼 수 있다. 마찬가지로 사회구성원의 특별한 희생에 대해서도 원호원칙을 적용하여 기여 없이도 급여를 받을 수 있게 한 것도 독일의 사회보장제도가 가진 특성으로 볼 수 있다.

고용주시스템의 비중도 전체의 1/10에 약간 못 미치지만 사회보험 중심의 기본구조를 감안할 때 적지 않은 비중이라 생각할 수 있다.

〈그림 2-3〉은 1991~2014년 사이 제도와 시스템에 따른 사회급여구성의 변화를 보여 준다. 이를 보면 사회보장 공급방식에 관한 독일의 기본구조에 별다른 변화가 없음을 알 수 있다. 즉, 사회보험원칙에 의한 사회급여 비중은 1991년보다는 약간 감소했지만 여전히 60% 초반을 유지하며 가장 비중이 높은 공급방식으로 남아 있다. 두 번째로 비중이 높은 부조원칙에 의한 공급도 20%보다 약간 낮은 수준을 유지한다. 부조원칙(지원 포함)에는 아동수당이나 가족성과조정과 같이 가족, 일자리, 교육 등을 중심으로 한 적극적 삶을 장려하는 정책방향이 들어 있다고 판단된다. 고용주시스템도 10%에 못 미치는 수준에 머물렀지만 근소한 증가가 있어 강화되

는 추세라고 생각된다. 원호원칙에 기반을 둔 공무원을 위한 공공부문의
체계도 독일의 특색 있는 급여로서 여전히 7%대의 비중을 유지한다.

지금까지의 논의를 정리하면, 독일은 사회보장 공급방식에서 사회보험
이 압도적 비중을 차지하며 적은 비중이지만 특별시스템도 사회보험의 전
형적 미비점을 보완하기 위해 활용된다. 확실히 독일은 사회보험 중심의 비
스마르크형 사회보장의 원형이자 전형이라 말할 수 있다. 두 번째로 많은
비중을 차지하는 부조원칙에 의한 급여는 가족, 일자리, 교육 등과 연계된
생산적 측면이 강한 점도 기본구조로서 언급할 수 있다. 또한 국가에 대한
기여를 근거로 한 원조원칙에 입각하여 공무원을 위한 공공부문의 체계가
확고히 자리 잡은 것, 민간부문인 고용주시스템이 근소하게 강화되어 세 번
째로 많은 비중을 차지한 것도 독일 사회보장의 기본구조로 언급할 수 있다.

〈그림 2-3〉 제도와 시스템에 따른 독일의 사회급여구성 변화

(단위: %)

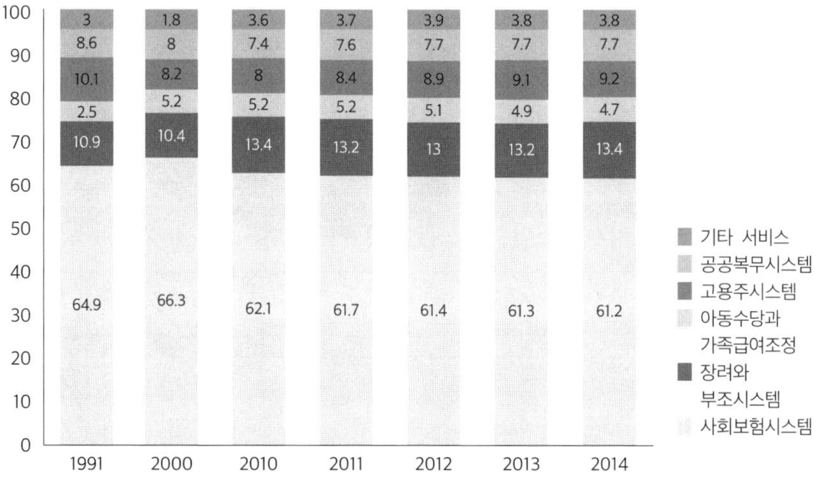

주: 1) 사회보험시스템에 2000년까지 실업부조 포함.
   2) 지원과 부조시스템에 아동수당과 가족성과조정은 빠짐.
   3) 2009년부터 민간 의료보험의 기본급여를 포함.
   4) 2013년은 잠정치, 2014년은 추계치.
자료: BMAS, 2015.

② 급여종류별로 구분한 사회보장의 기본구조

사회보험을 급여종류별로 구분하면 '연금보험'과 '의료보험'이 각각 30.7% 와 23.1%로서 가장 비중이 크다. 둘을 합치면 전체 급여지출의 50% 이상을 차지한다. 이는 기본구조로 볼 수 있는 특징이라 판단된다. 다음으로 '공무원을 위한 연금과 보조'가 7.3%로서 개별급여로는 연금보험과 의료보험

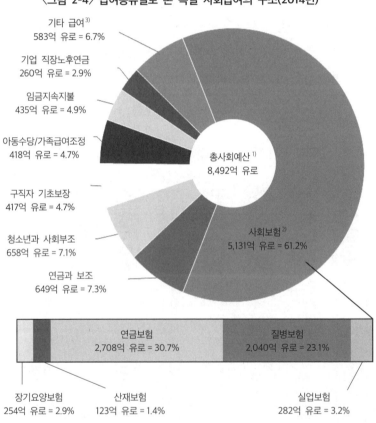

〈그림 2-4〉 급여종류별로 본 독일 사회급여의 구조(2014년)

기타 급여[3]
583억 유로 = 6.7%

기업 직장노후연금
260억 유로 = 2.9%

임금지속지불
435억 유로 = 4.9%

아동수당/가족급여조정
418억 유로 = 4.7%

구직자 기초보장
417억 유로 = 4.7%

청소년과 사회부조
658억 유로 = 7.1%

연금과 보조
649억 유로 = 7.3%

총사회예산[1]
8,492억 유로

사회보험[2]
5,131억 유로 = 61.2%

| 연금보험 2,708억 유로 = 30.7% | 질병보험 2,040억 유로 = 23.1% |

장기요양보험
254억 유로 = 2.9%

산재보험
123억 유로 = 1.4%

실업보험
282억 유로 = 3.2%

주: 1) 총 사회예산과 일반시스템은 정부보조금을 뺀 결과임.
　　2) 제도 간 상호 재정이전을 정리한 수치가 아님. 따라서 수치의 합이 의미 없음.
　　3) 기타 급여에는 예를 들면 주거수당, 〈연방양성교육촉진법〉, 부모수당, 보상 등이 포함됨.
　　4) 2014년의 수치는 추계치.
자료: BMAS, 2015.

다음으로 큰 비중을 차지한다. 이는 앞서 언급했듯이 국가에 기여를 중시하는 원조원칙의 중요성과 일치하는 결과로 볼 수 있다. 다음으로 큰 비중을 차지하는 개별급여는 부조원칙에 속한 '청소년과 사회부조', '구직자 기초보장', '아동수당과 가족성과조정'이다. 이 3가지 개별급여는 적극적이고 생산적인 특성을 보인다. 다음으로 큰 비중을 차지하는 개별급여는 고용주시스템에 속한 '임금계속지급'과 '기업연금'이다. 이들도 앞에서 살펴본 고용주시스템의 중요성과 일치하는 결과라 생각된다. 임금계속지급이 주로 질병수당과 상관있으므로 사회보험과 같이 질병과 노령의 두 가지 위험에 관련된 급여가 고용주시스템의 대부분을 차지한다.

3) 독일 사회예산에서의 기능: 사회위험에 따른 기본구조

(1) 독일 사회예산에서의 기능

제도와 시스템에 따라 급여를 분류하면 같은 기능을 여러 제도에서 담당하는 경우가 발생한다. 예를 들면 노령에 관한 급여를 사회보험시스템, 공공부문시스템 그리고 고용주시스템이 나누어 분담하는 경우가 그렇다. 따라서 지금부터는 '사회위험에 따른 급여지출'을 뜻하는 '기능'(*Funktionen*)의 기본구조를 살펴볼 것이다.

독일 사회(복지)예산에서 기능은 그것들이 발생하거나 존재하면 사회급여 청구권을 발생시키는 사회적 요건(*soziale Tatbestaende*), 위험(*Risiken*) 혹은 욕구(*Beduerfnisse*)를 말한다(BMAS, 2015: 32, 35). 독일 사회예산에서는 다음의 10가지를 기능으로 열거한다.

- 질병(*Krankheit*)
- 장애(*Invaliditaet*)
- 노령(*Alter*)

- 유족(*Hinterbliebene*)
- 아동(*Kinder*)
- 부부(*Ehegatten*)
- 모성(*Mutterschaft*)
- 실업(*Arbeitslosigkeit*)
- 주거(*Wohnen*)
- 일반 생계부조(*Allgemeine Lebenshilfen*)

독일 사회예산의 기능은 앞에서 열거한 OECD SOCX의 9가지 정책영역
이 나타내는 사회위험과 적극적 노동시장정책을 별도로 독립시키지 않고
실업으로 같이 다룬 것 그리고 가족을 아동, 부부, 모성 등 셋으로 나누어
다룬 것 외에는 대동소이하다고 볼 수 있다. [2]

(2) 독일 사회예산에서의 기능에 따른 기본구조

① 기능에 따른 기본구조

제도와 시스템의 관점에서 본 사회보험시스템의 의료보험과 연금보험은 기
능의 관점에서 본 질병과 노령에 각각 해당한다고 볼 수 있다. 질병과 노령
을 합친 비중은 67.3%로서 의료보험과 연금보험을 합친 53.8%보다 크
다. 이는 다른 시스템에도 질병과 노령에 관한 급여가 있기 때문에 발생하
는 차이이다. 따라서 전체적으로 제도와 시스템의 경우와 마찬가지로 질병
과 노령의 두 기능이 사회급여에서 절대적인 비중을 차지한다. 이러한 사실
역시 기능에 따른 독일 사회보장제도의 기본구조로 볼 수 있다. 더 나아가
서 질병과 비슷한 위험인 장애를 포함하면 질병과 장애가 43%를 이루고,

---

2) 각각의 자세한 내용은 BMAS(2015: 35)를 참조하라.

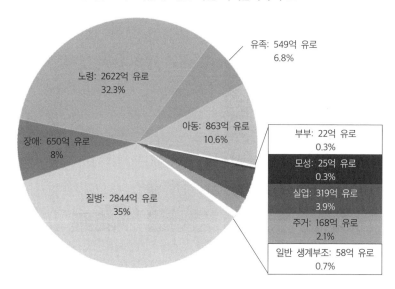

〈그림 2-5〉 기능에 따른 독일 사회급여의 구조

유족: 549억 유로
6.8%

노령: 2622억 유로
32.3%

아동: 863억 유로
10.6%

장애: 650억 유로
8%

질병: 2844억 유로
35%

부부: 22억 유로
0.3%

모성: 25억 유로
0.3%

실업: 319억 유로
3.9%

주거: 168억 유로
2.1%

일반 생계부조: 58억 유로
0.7%

주: 행정과 기타비용은 제외함, 2014년의 수치는 추계치.
자료: BMAS, 2015.

노령과 밀접히 연관된 유족을 합치면 39.1%가 되어 질병과 노령 및 관련 기능의 전체 비중은 82.1%에 이른다. 따라서 질병과 노령의 두 가지 사회위험에 대한 대응이 사회보장의 성공여부를 결정하는 데 중요하다고 말할 수 있다.

다음으로 아동, 부부 그리고 모성의 3가지 기능은 가족과 관련된 것으로서 합하여 11.2%의 비중을 차지하고, 이 중 아동이 10.6%로서 대부분을 차지한다. 이어서 일자리와 관련 있는 실업이 3.9%를 차지한다. 주거가 2.1%로서 그 뒤를 잇는다. 가족, 실업, 주거는 앞에서 언급되었던 가족, 일자리, 교육 등을 중심으로 한 적극적이고 생산적인 사회보장급여에 해당한다고 볼 수 있다. 따라서 이를 제외한 일반 생계부조에는 사회부조나 보상에서 상기한 급여를 제외한 것이 남는다고 볼 수 있다.

위에서 살펴본 바와 같이 관련 있는 질병과 장애, 노령과 유족, 아동과

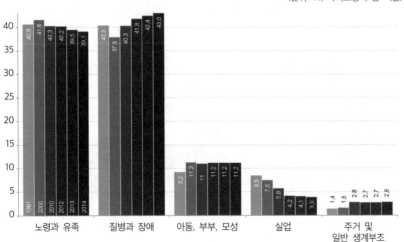

〈그림 2-6〉 기능에 따른 독일 사회급여구조의 변화

(단위: %, 사회보장비 중 비율)

주: 행정과 기타비용은 제외함, 2014년의 수치는 추계치.
자료: BMAS, 2015.

부부 및 모성, 주거와 일반 생계부조를 함께 묶어서 시계열적 변화를 살펴
보면 〈그림 2-6〉과 같다. 시계열상 커다란 변화는 없지만 작은 변화들이
관찰된다. 이들 작은 변화는 상기한 기본구조적 특징들을 바꿀 정도는 아니
라고 생각된다. 그러나 눈에 띄는 것은 사회예산의 기능 중에서 실업이 단
계적으로 축소된 것이다. 실업에는 비자발적 실업에 대한 급여, 〈사회법
전〉 등에 규정된 직업교육, 전문교육 그리고 직업상담에 관한 급여, 일자
리수용, 일자리교체 그리고 일자리창출과 관련된 조치 등이 포함된다. 이
중 비자발적 실업에 대한 급여를 제외하고는 모두 적극적·생산적 급여다.
　실업 기능의 단계적 축소는 직업교육 및 일자리에 대한 조치는 유지하면
서 비자발적 실업에 대한 급여를 축소한 것으로 보거나, 하르츠 개혁으로
실업의 일부가 부조로 옮겨간 것의 영향으로 볼 수 있다. 이들은 모두 독일
사회보장제도의 적극적·생산적 급여를 중시하는 경향과 일치하며 기본구
조의 유지로 보는 것이 옳다고 판단된다.

4) 독일 사회예산에서의 재정에 따른 기본구조

(1) 독일 사회예산에서의 수입
사회예산의 수입은 다음과 같이 구분된다(BMAS, 2015: 34).

① 사회보험료
사회보험료(*Sozialbeitraege*)를 통한 수입은 고용주(*Arbeitgeber*), 피보험자(*Versicherte*), 국가(*Staat*)가 납부하는 경우로 각각 나눌 수 있다.

- 고용주가 다음을 납부
  - 실제 보험료(*tatsaechliche Beitraege*): 사회보장급여에 대한 권리를 획득하고 유지하기 위해 사회보장의 운영자에게 지불하는 기여금
  - 가상 보험료(*unterstellte Beitraege*): 동종의 급여에 대해 기여금에 근거한 시스템이 존재하는 경우 피고용자 혹은 기타 권리가 있는 자가 고용주에게서 직접 수령하는 그 급여와 같은 액수로 상정되는 기여금
- 다음의 피보험자가 납부
  - 피고용자(*Arbeitnehmer*)
  - 자영자(*Selbstaendige*)
  - 수혜자의 본인부담(*Eigenbeitraege der Leistungsempfaenger*)
  - 기타 개인들(*Uebrige Personen*): 의료보험과 연금보험의 임의가입자, 주부, 학생, 실습생, 의무복무자
- 국가가 납부: 사회급여 수령자를 위해 국가가 납부

② 정부보조금(Zuschuesse des Staates)
정부보조금은 정부가 사회예산에 보조금을 지급하는 것을 말한다.

③ 기타수입

기타수입(*Sonstige Einnahmen*)은 자산소득, 요금, 벌금 등을 말한다.

④ 상계

상계(*Verrechnungen*)는 제도 간 발생하는 실제와 상정된 자금이전이다.

(2) 독일 사회예산에서의 수입에 따른 기본구조

기타수입을 제외한 피보험자 사회보험료, 고용주 사회보험료 그리고 정부
보조금이 30% 초반 수준에서 비슷하게 형성되어 개인, 기업 그리고 국가
간에 균형 잡힌 부담구조를 가졌다고 볼 수 있다. 이러한 구조는 〈그림
2-7〉에서 확인할 수 있듯이 오랫동안 안정적으로 유지되었다.

〈그림 2-7〉 독일 사회급여의 재정구조

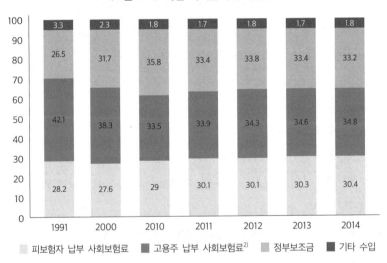

주: 1) 2009년부터는 개인 의료보험의 기본급여도 포함.
   2) 고용주의 실제 보험료와 고용주의 상정된 기여금(예, 임금계속지급).
   3) 2013년 수치는 잠정치, 2014년의 수치는 추계치.
자료: BMAS, 2015.

4. 요약 및 맺음말

독일은 사회보험을 중심으로 한 세계 최고수준의 사회보장제도를 구축한 것으로 알려져 있다. 따라서 이러한 성공적 독일 사회보장제도의 기본구조를 알아보는 것은 성공적 사회보장을 달성하는 데 시사점을 제공할 수 있다.

이 장에서는 사회보장제도의 기본구조를 사회보장을 관찰할 때 항상 존재하는 것으로 이해했다. 또한 각 구성요소 간 관계 중 어떤 것이 사회보장의 목적 달성에 중요한지 확인하고자 했고 이해의 일반적인 틀을 제시하기 위해 국가 사회보장시스템의 개념을 사용하였다. 이 개념을 통해 사회문제 혹은 사회위험으로서 사회보장시스템이 해결하여야 할 문제를 사회보장요구, 사회보장공급으로 구체화할 수 있었다. 또한 사회보장요구의 문제를 해결하기 위해 자원, 조직, 운영, 재원을 결합하는 국가 사회보장시스템 그리고 사회보장관련 결과와 같은 사회보장의 기본적 고려요소들을 제시할 수 있었다. 여기에 더하여 사회보장제도의 목적과 수단이라는 개념 틀을 가지고 사회보장제도의 유형적 분류를 제시하여 사회보장제도의 기본구조를 다룰 때 도움이 되도록 하였다.

이 장에서는 국가 사회보장시스템의 기본 구성요소들의 내용을 살펴보는 과정에서 사회보장제도의 기본구조가 될 수 있는 여러 가지 사항들을 제시했다. 그러나 이론적으로 가능한 모든 기본구조들을 다룰 수는 없기 때문에 어떤 사회위험에 대해 어떠한 사회보장 공급방식과 제도 및 재원으로 대응하는가라는 관점에서 다음과 같은 독일 사회보장제도의 기본구조를 제시하였다.

GDP 대비 사회급여지출 비중을 보았을 때 독일은 총 가용자원의 약 1/4 이상을 사회보장에 사용한다. 사회보장은 지출의 우선순위에서 중요한 자리를 차지하지만 시계열 자료를 근거로 할 때 구조적으로 30% 이상을 넘는 것은 어려운 것으로 추측된다.

독일 사회보장 공급방식은 사회보험이 압도적 비중을 차지하는 기본구조를 보인다. 작은 비중이지만 특별시스템도 전형적 사회보험의 미비점을 보완하기 위한 조치의 결과라고 보면 확실히 독일은 사회보험에 중점을 둔 비스마르크형 사회보장의 원형이자 전형이라 말할 수 있다. 다음으로 큰 비중을 차지하는 부조원칙에 의한 급여는 가족, 일자리, 교육 등과 연계된 생산적 측면이 강하다는 것도 기본구조로 언급할 수 있다. 또한 원조원칙에 입각한 공무원 대상의 공공부문시스템이 확고히 자리 잡은 것도 독일사회의 특색을 나타내는 기본구조라 판단된다. 민간부문인 고용주시스템이 근소하지만 강화되는 경향을 가지고 3번째로 비중이 큰 위치를 확실하고 안정적으로 유지하는 것도 독일 사회보장의 기본구조로서 언급할 수 있다.

사회보험은 물론 전체에서 급여의 종류별로 보았을 때 연금보험과 의료보험이 각각 30.7%와 23.1%로서 가장 비중이 큰 급여종류이다. 둘을 합쳐 전체 급여지출의 50% 이상을 차지한다. 이는 기본구조로 볼 수 있는 특징이라 판단된다. 다음으로 공무원을 위한 연금과 보조가 7.3%로서 개별급여로서는 큰 비중을 차지한다. 이 급여도 앞에서 원조원칙의 중요성과 일치하는 결과라 생각된다. 다음으로 부조원칙에 속한 3개의 개별급여가 이어서 큰 비중을 차지한다. 이들은 각각 청소년과 사회부조, 구직자 기초보장, 아동수당과 가족성과조정으로서 적극적이고 생산적인 성격을 보인다. 이어서 고용주시스템에 속한 임금계속지급과 기업연금이 각각 다음으로 큰 비중을 갖는 개별급여다. 이도 앞에서 살펴본 고용주시스템의 중요성과 일치하는 결과라 생각된다. 임금계속지급이 주로 질병수당과 상관있으므로 사회보험과 같이 질병과 노령의 두 가지 위험에 관련된 급여가 고용주시스템의 대부분을 차지한다.

제도와 시스템의 관점에서 본 사회보험시스템의 의료보험과 연금보험이 사회위험인 기능의 관점에서 본 질병과 노령에 각각 해당한다고 볼 수 있다. 질병 35%와 노령 32.3%를 합치면 67.3%로서 의료보험과 연금보험을 합친 53.8%보다 크다. 이는 다른 시스템에도 질병과 노령에 관한 급여가 있기 때문에 발생하는 차이이다. 따라서 전체적으로 제도와 시스템의 경우와 마찬가지로 질병과 노령의 두 기능이 사회급여에서 절대적인 비중을 차지한다고 할 수 있다. 이도 역시 기능에 따른 독일 사회보장제도의 기본구조로 볼 수 있겠다. 더 나아가서 질병과 비슷한 위험인 장애를 포함하면 질병과 장애가 43%를 이루고, 노령과 밀접히 연관된 유족을 합치면 39.1%가 되어 질병과 노령 및 관련 기능의 전체 비중은 82.1%에 이른다. 따라서 질병과 노령의 두 사회위험에 대한 대응이 사회보장의 성공여부를 결정하는 데 중요하다고 말할 수 있겠다.

다음으로 아동, 부부 그리고 모성의 3가지 기능은 가족과 관련된 것으로서 합하여 11.2%의 비중을 차지하고, 이 중 아동이 10.6%로서 대부분을 차지한다. 이어서 일자리와 관련 있는 실업이 3.9%를 차지한다. 주거가 2.1%로서 그 뒤를 잇는다. 가족, 실업, 주거는 앞에서 언급되었던 가족, 일자리, 교육 등을 중심으로 한 적극적이고 생산적인 사회보장급여에 해당한다고 볼 수 있다. 따라서 일반 생계부조에는 사회부조나 보상에서 상기한 급여를 제외한 것이 남는다고 볼 수 있다.

기타수입을 제외한 피보험자 사회보험료, 고용주 사회보험료 그리고 정부보조금이 30% 초반 수준에서 비슷한 기여를 하고 있어 개인, 기업 그리고 국가 간에 균형 잡힌 부담구조를 가졌다고 판단된다. 시간이 흘러도 이러한 구조는 안정적으로 유지되고 있다.

결론적으로 독일은 사회보장의 공급방식 중 사회보험의 비중이 압도적인 비스마르크형의 원형을 유지하고 있다. 그럼에도 가족, 일자리, 교육 등 인적자본을 형성하게 하는 적극적이고 생산적인 급여들이 존재하여 성공적인 사회보장을 위한 기본구조를 갖추고 있다고 판단된다.

■ 참고문헌

국내 문헌

신수식(1986). 《사회보장론》. 개정판. 서울: 박영사.

유근춘·고경환·윤석명·변용찬·노대명·이태진·이수연·신화연·유길상·윤조덕·윤홍식·정형선(2008). 《보건복지재정 적정화 및 정책과제》. 서울: 한국보건사회연구원.

유근춘·국중호·김태은(2012). 《사회정책목표의 실질적 달성을 위한 중장기복지재정 운용방향》. 서울: 한국보건사회연구원.

유근춘·서문희·임완섭(2011). 《보편적 복지와 선별적 복지의 조화적 발전방안에 관한 연구》. 서울: 한국보건사회연구원.

이정우(2013). 《사회복지정책》 2판. 서울: 학지사.

해외 문헌

Bäcker, G., Naegele, G., Bispinck, R., Hofemann, K., & Neubauer, J. (2008). *Sozialpolitik und soziales Lage in Deutschland.* Band 1: Grundlagen, Arbeit, Einkommen und Finanzierung. 4. Aufl. Wiesbaden: VS Verlag.

Esping-Andersen, G. (1999). *Social Foundations of Postindustrial Economies.* Oxford: Oxford University Press.

Lampert, H., Althammer, J. (2007). *Lehrbuch der Sozialpolitik.* 8. Aufl. Berlin: Springer-Verlag.

Roemer, M. I. (1991). *National Health Systems of the World.* Vol. I (The Countries). Oxford: Oxford University Press.

기타 자료

BMAS(Bundesministerium für Arbeit und Soziales)(2015). Sozialbudget 2014. http://sozialpolitik-aktuell.de. 2016. 6. 22. 인출.

03

경제여건과 소득분배구조

1. 독일의 기본 성격과 특징

독일의 경제체제는 두 가지 중요한 특징이 있다. 하나는 시장경제를 근간으로 하지만 국가 개입이 포괄적으로 이루어지는 사회적 시장경제(*Soziale Marktwirtschaft*), 다른 하나는 경제체제를 구성하는 각각의 주체가 상호 간 협력과 조화를 추구하는 사회적 파트너십(*Sozialpartnerschaft*)이다.[1]

사회적 시장경제는 자유시장경제를 근간으로 하면서도 무한 경쟁으로 나타나는 피해와 왜곡을 최소화하고 시장경제가 작동하지 못하는 부분에 대한 국가 개입의 당위성을 고려한 체제라고 할 수 있다. 즉, 국가가 개입하여 시장경제의 불능성과 한계성을 해소하는 정책을 인정하고 실제 시장에서 발생하는 문제를 제거하여 이를 통해 시장이 제대로 작동하도록 하는

---

[1] "사회적 파트너십"로 해석되는 "Sozialpartnerschaft"는 오스트리아나 스웨덴에서는 "sozial-economy partnership"으로 불리기도 한다. 이러한 노사관계의 조화체제는 차이는 있으나 대부분의 유럽 국가에서 형성되고 유지되는 경향을 보인다. 따라서 독일 고유의 제도는 아니지만 독일에서 노사관계에 중요한 영향을 미치는 제도라 할 수 있다.

체제를 의미한다.

사회경제 파트너십은 국가 경제에 있어서 중요한 경제주체 간의 물가와 임금에 대한 합의 기구라 할 수 있다. 임금상승을 요구하는 노동계와 원가 상승을 우려하는 경영계 그리고 이들의 입장을 충분히 이해하고 지원하는 정부가 함께 논의하고 결정하는 합의체제로서 경제주체 간 마찰을 최소화 하고 상호 간의 신뢰를 구축함으로써 균형 있는 조화상태를 유지하는 체제 이다. 이러한 두 가지 근간은 독일의 경제에 있어서 가장 핵심적 체제이며 다른 영미국가와 차별화된 결과를 내놓는다.

사회적 시장경제는 서독정부가 1948년 이후 추진해 온 경제정책으로 볼 수 있지만 넓은 의미에서는 독일이 지향하는 근본적 경제질서와 사회질서 를 의미한다고 할 수 있다. 경제적으로는 사유재산, 경쟁 및 자유로운 가 격형성 그리고 노동, 자본, 서비스의 자유로운 이동을 보장한다. 이와 함 께 사회적으로는 노동시장질서, 성과정의의 원칙 그리고 사회적 형평원칙 에 입각한 광범위한 사회보장시스템이 근간을 이룬다. 구체적으로 보면 사 회적 시장경제의 의미는 자유시장의 원칙을 사회적 형평성과 접목시키는 것이라고 할 수 있다. [2]

이러한 관점은 EU의 사회적 시장경제와 같은 맥락에서 이해된다는 점 에서 국제적 경제질서의 원칙으로 확대되고 있다. 또한 자유와 평등의 조 화는 정책적으로는 질서정책에 해당하며 이 정책을 통하여 사회 공동적 이 익을 추구하여 사회 구성원 모두에게 이익이 돌아가도록 시장의 다양화를 추구한다. 이는 결과적으로 자유와 평등이 충돌하지 않고 상호조화를 통하

---

[2] 어찌 보면 사회적 시장경제는 자유와 평등이라는 인간의 기본권을 상충적 관점이 아닌 상호 보완적 관점으로 보고 조화점을 찾는 노력이라 할 수 있다. 이러한 관점에서 사회적 시장경 제의 접점은 경직적일 수 없고 오히려 변화에 적용하는 유동적이라는 점에서 가치가 있다. 물론 이러한 접근은 변증법적 관점에서 이해될 수 있다(Hasse, Schneider, & Weigelt, 2005/2005: 243).

여 사회 평화적 상황을 달성하도록 한다는 점에서 우수성을 평가 받는다 (Mueller-Armack, 1976: 131).

2. 경 제

1) 기본 성격

독일은 GDP 기준으로 세계 4위, 수출 및 수입규모 기준으로 세계 2위의 경제대국이며, EU 내수시장에서 인구 16.8%, GDP 20% 이상을 차지하는 유럽 내 최대국이기도 하다. 독일 경제는 단지 규모뿐만 아니라 생산성과 기술수준이 높고, 전문인력을 육성하는 직업훈련체제의 발전으로 노동자들의 숙련수준이 높으며, 이를 정치·경제·사회의 안정적 시스템과 결합하여 제조업을 중심으로 한 경쟁력에 있어서도 매우 높은 평가를 받는다.

　제2차 세계대전 이후 독일의 고도성장은 이른바 "라인강의 기적"이라 불렸으며, 성장과 고용, 물가와 재정 등 경제 전반에 있어서 안정적 발전을 이룩하였다. 정치적·경제적 자유를 중시하는 '질서 자유주의'의 기반 위에 노사 공동경영체계와 일찌감치 발달한 사회보장제도를 결합한 독일식 '사회적 시장경제'는 자유방임과 계획경제 사이에 위치한 모델로 여겨졌다. 이 때문에 독일은 '조정시장경제'(*coordinated market economies*)의 대표적 국가로 일컬어졌다(Hall & Soskice, 2001).

　물론 독일 경제가 항상 긍정적 평가만 받은 것은 아니다. 1970년대 석유파동 당시에는 다른 많은 서유럽 국가들과 마찬가지로 독일 경제도 상당한 타격을 받았다. 그리고 1990년대 통일 이후 막대한 통일비용 부담은 전후 고속성장의 기반이 되었던 독일식 사회국가 모델 자체에 대한 비판으로 이어지기도 했다. 이 시기 독일은 부진한 고용상황과 인구고령화, 저출산,

사회보험부담금 증가에 따른 비임금 노동비용 등에 비판이 집중되어 '유럽의 병자'라는 불명예스러운 별명을 얻기도 했다.

그러나 제조업을 중심으로 한 튼튼한 경제적 기반을 바탕으로 일련의 노동개혁 및 사회보장개혁을 통한 체질개선과, 유로화 통합 이후 유로존 내에서 보유한 압도적 상품 경쟁력으로 무역수지 흑자를 기록했으며 금융위기 직전인 2005년과 2006년에는 견조한 성장을 기록했다. 2008년 금융위기로 인해 2009년에는 GDP가 마이너스 성장을 했지만(-5.6%), 비교적 빠른 속도의 회복세를 보여서 유럽 주요국 중 경제위기에 대해 가장 잘 대응한다는 평가를 받는다.

전반적으로 독일의 경제는 기초 경제 여건이 튼튼하고 성장 추이나 규모, 무엇보다 '안정'이라는 측면에서 사회국가로서의 독일을 뒷받침하는 요소가 된다고 평가할 수 있다. 무엇보다도 기본적 경제의 작동원리에 내재한 사회적 시장경제의 성격은 그 자체로 시장에서의 자유와 사회법적 개입의 조화를 추구하기 때문에(Kaufmann, 2002), 독일 경제모델 자체가 사회보장제도를 깊숙이 내장했다고 평가할 수 있다.

한편, 사회적 파트너십은 과거의 계급투쟁적 입장을 극복하기 위해 출발한 것으로 사회적 시장경제와 긴밀한 관계를 형성한다. 여기에는 근로자의 정보에 관한 권리, 청문권 그리고 근로자 경영참가와 같이 노사 간 협력과 근로자의 권익을 위해 사용자가 지켜야 할 사항이 명시되는데 이것이 사회적 파트너십의 핵심 사항이라 할 수 있다.3)

사회적 파트너십은 악용의 우려에도 불구하고 실제로는 단순히 대립되는 의견의 일치를 보는 것에 국한되지 않는다. 오히려 의견 일치가 사회적 책임의 일부로 인식된다는 것이다. 이러한 체제는 노사관계의 경제적 기능

---

3) 물론 사회적 파트너 간의 이해관계의 충돌에서 합의를 이끌어 내는 체제는 오히려 제3자인 소비자에게 부담을 전가하는 결과로 왜곡될 수 있다는 우려가 제기되기도 한다.

을 사회적 효율성과 접목시키고, 사회복지의 수준을 높이는 필수적 역할을 한다(Hasse et al., 2005/2005: 269). 이를 통해 독일은 경제적 경쟁력, 사회적 안정성 그리고 국가적 이상 실현이라는 궁극의 목표에 접근하는 근간을 구축해 나간다고 할 수 있다.

2) 시기별 경제 특성

(1) 서독의 경제발전

제2차 세계대전 이후 독일의 '사회적 시장경제'의 다리를 놓은 것은 에르하르트(Ludwig Wilhelm Erhard)였다. 그는 연합군 점령하의 경제행정기구 책임자였으며, 아데나워 내각(1949~1963)에서는 경제부 장관을, 아데나워 이후에는 2대 총리를 역임한 사람이다. 그는 1948년 라이히스마르크에서 독일마르크로의 화폐개혁을 성공시키며 능력을 인정받았고, 이를 기반으로 시장경제에 대한 확고한 신념 아래 가격통제 폐지, 생산통제 폐지, 정부규제 완화와 같은 시장중심의 정책을 추진했다.

특히, 1948년의 화폐개혁은 한 세대 내에 두 번이나 하이퍼 인플레이션으로 고통 받은 독일 경제가 전후 안정적 성장을 하는 데 있어 중요한 역할을 한 것으로 평가받는다. 독일의 사회적 시장경제는 자유시장경제와 국가개입의 조화를 추구한 것이었지만, 초기에는 상당 부분 성장정책을 통한 사회정책을 추구한 것이다(박홍기, 2003). 이후 사민당 또한 1954년의 행동강령에서 '가능한 한의 경쟁, 필요한 한의 계획'이라는 시장 중심의 체제를 옹호하면서 부분적 국가개입을 추구하는 노선으로 전환하였고, 1959년의 바트 고데스베르크 강령(Bad Godesberg Grundsatzprogramm)을 통해 이를 분명히 함으로써 독일의 주요 정당 간 상당한 수준의 합의가 이루어졌다(Rimlinger, 1971).

이와 같은 사회적 합의를 기반으로 한 정치적 안정 속에서 독일 경제는

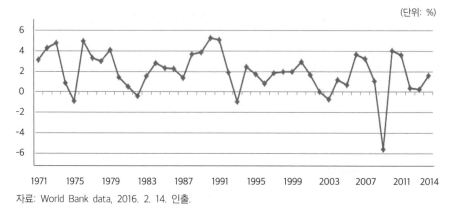

〈그림 3-1〉 독일의 연도별 실질 GDP 성장률

(단위: %)

자료: World Bank data, 2016. 2. 14. 인출.

빠른 속도로 발전했다. 독일은 1950~1973년 사이에 연평균 5.9%의 높은 성장률을 기록했다. 특히, 1951~1961년 사이에는 영국, 프랑스, 미국의 2배를 넘는 연 8%의 성장을 나타냈다. 이뿐만 아니라 이 기간 동안 고용, 물가, 국가재정 등 모든 면에서 모범적 성과를 나타냄으로써 세계적으로 주목받는 사회모델·경제모델을 구축했다.

(2) 독일 통일과 경제 침체

경제적 측면에서 통일은 독일이 제2차 세계대전 이후 사실상 처음으로 맞이한 경제위기였다. 비록 1970년대 석유위기 이후에도 짧은 경제침체가 있었지만, 이내 회복하여 1971~1980년까지 연평균 2.69%, 1981~1990년까지 연평균 2.34% 성장했다. 그러나 통일 바로 다음 해인 1991년에 5%대 성장한 것을 끝으로, 1992~1999년에는 평균 1.47%, 2000~2005년에는 평균 0.97%의 성장에 그쳤다.

통일 이후 독일을 괴롭힌 경제적 요인은 옛 동독지역의 경제가 사실상 붕괴된 것과 이를 재건하기 위해 예상을 훨씬 뛰어넘는 통일비용을 투입한 것이다. 독일은 경제적 통일의 첫 단계로 동·서독지역의 통화를 통합했는데, 동독마르크와 서독마르크의 교환비율을 1:1로 책정했다. 이는 당시 암시장에서 이루어지던 교환비율(6:1)이나 국제금융시장 교환비율(4:1)을 크게 뛰어넘는 것이었다. 결과적으로 이는 동독경제에 큰 충격을 가져다주었다. 동독기업의 상품은 상대적으로 낮은 품질과 높은 가격으로 인해 급격하게 경쟁력을 상실했고, 옛 동독지역의 산업은 저렴한 노동단가라는 이점도 잃어버렸다.

게다가 기대했던 서독기업의 투자 또한 동독지역의 통신, 운송 등의 인프라 미비와 동독지역 노동자들의 낮은 숙련도 및 노동윤리, 그리고 임금 상승 등으로 부진했다(정용길, 2008). 여기에 옛 동독에서 국유화되어 있던 재산을 신탁청이 민영화하는 과정에서 콤비나트(Kombinat)가 급속도로 해체되고 매각과정에서 지역경제의 핵심기업 및 주변 네트워크가 파편화되어 산업공동화를 더욱 부채질했다(송태수, 2009). 동독의 전통적 수출지역인 동유럽의 붕괴 또한 부정적 요인이었다. 결과적으로 산업공동화는 동독지역의 고용감소와 실업률 상승, 그리고 인구유출로까지 이어졌다.

옛 동독지역 경제가 사실상 붕괴상태에 빠진 상황에서 연방정부는 이 문제의 해결을 위해 막대한 통일비용을 동원하여 경기부양사업과 함께 동독지역의 경제를 서독지역과 통합하는 작업을 수행했다. '동독발전을 위한 공동사업'을 통해 1991년과 1992년 244억 마르크(DM)의 재정을 투입하여 사회간접자본 확충, 민간투자 및 창업지원, 노동시장정책 등을 수행하였다. 이 밖에도 동독지역 경제를 재건하고 연금, 실업 등 사회복지 영역을 보완하기 위해 상당한 규모의 통일비용이 투입되었다. 통일 이후 소요된 통일비용 산정은 매우 복잡하여 발표기관마다 차이가 나타나는데 매년 약 900~1,000억 유로가 투입되는 것으로 보인다. 4) 이를 위해 독일은 통일

---

4) 베를린 자유대학 및 한델스블라트 공동연구에 따르면 1990년에서 2010년까지 약 2조 700억 유로가, 할레연구소(IWH)에 따르면 1990~2009년간 약 1조 2,000억 유로가 투입되었다고 분석된다(주 독일 대한민국대사관(2014. 3. 17) 참조).

초기 조성했던 '독일 통일기금'(Fonds der Deutsche Einheit) 외에도 2차에 걸친 '연대협약'(Solidarpakt)을 통해 비용을 조달하고, EU로부터 구조지원 명목의 지원을 받았다.

통일이 독일 경제에 상당히 큰 부담을 준 것은 사실이지만 1990년대 이후부터 2000년대 중반까지의 독일 경제위기를 모두 통일로 설명할 수 있는 것은 아니다. 1980년대 이후 전개된 경제의 세계화 및 서비스 경제로의 전환의 흐름에서 독일의 경직된 노동정책, 높은 세금(특히, 고용에 대한 세금), 관대한 사회보장제도 등이 독일 경제에 부담을 준다는 지적이 이루어졌다. 독일 통일이라는 외부적 변수가 아닌 독일의 사회·경제모델 자체가 변화하는 국제경제환경에 맞지 않는다는 지적이다.

실제로 1990년대 이후부터 사회보장제도 확대, 인구고령화 등으로 인한 독일의 높은 사회보장부담금이 기업의 고용에 큰 제약이 된다는 지적은 계속됐으며(Manow, 2010), 통일 이후 붕괴한 동독 경제를 수복하는 데 사용한 비용 중 많은 부분이 사회보장비용으로 충당된 것 또한 부담을 증가시킨 요인이었다(Nölke, 2014).

독일이 '유럽의 병자'라고까지 불리게 했던 원인의 많은 부분에서 통일과 이로 인한 여러 경제적 어려움의 영향이 큰 것은 분명하다. 하지만 이는 기존의 독일 모델, 특히 경직된 노동시장과 비임금노동비용에 대한 비판을 불러일으켰다. 그리고 이것이 1990년대부터 진행된 연금, 의료보험 등 복지부문의 개혁과 2000년대 중반 '어젠다 2010' 및 '하르츠 개혁'과 같은 노동시장 개혁의 중요한 근거가 되었다.

(3) 유로통합과 고용기적

통일 이후 지속적으로 어려움을 겪던 독일 경제는 2000년대 중반부터 회복되어, 2008년 금융위기를 겪은 이후 2011, 2012년까지도 상당히 견조한 성장세를 보였다. 후술하겠지만 성장보다 더 놀라운 것은 고용 관련 지표로,

고용률은 2005년 65%에서 2014년 74%로 증가한 것은 물론이고 금융위기 시기인 2008~2010년에도 지속적으로 상승했다. 실업률은 7%대를 유지하다가 2011년부터는 5%대로 낮아졌다. 이는 독일이 유럽에서 금융위기를 가장 잘 극복했다는 평가를 듣는 근거가 되었다.

독일의 '고용기적'에 대해서는 "3. 고용"에서 좀더 상세하게 알아보기로 하고 여기에서는 독일 경제회복의 근거가 되었던 다른 요인들을 살펴보도록 하겠다. 우선 고용기적과도 밀접하게 관련된 것으로, 유로존 통합에 따른 이익이 하나의 중요한 요인이 되었다. 독일은 GDP의 무역의존도가 높은 국가 중 하나로 2014년 기준 GDP 대비 수출비중이 39%, 수입비중이 32%에 이른다.

이는 벨기에, 네덜란드, 오스트리아와 같은 유럽 내 소국보다는 낮은 수준이지만, 영국이나 미국을 비롯하여 덴마크, 스웨덴, 핀란드, 스페인, 이탈리아, 프랑스 등 대부분의 유럽 국가를 크게 앞서는 수준이다.[5] 특히 GDP에서 수출이 차지하는 비중은 2000년 28%에서 2014년 39%로 증가했고, 순수출(수출 - 수입) 비중도 같은 기간 동안 2.8%에서 7.47%로 증가하였다.

〈그림 3-2〉는 독일과 유로지역(1998년부터)의 연도별 수출액과 수입액을 나타낸 것이다. 그림에서 알 수 있는 것처럼 1990년대 중반 이후 일정한 수준을 유지하던 독일의 수출입이 증가하기 시작한 것은 유로존 출범 이후임을 알 수 있다. 이는 유로존 출범으로 누리게 된 독일의 상대적인 환율효과와 노동비용의 유리한 변화로 설명된다(Nölke, 2014). 유로화의 도입은 상대적으로 강한 통화였던 마르크를 약하게 만드는 효과가 있었고, 반면에 그리스 등 남유럽 국가의 통화는 강해지는 효과가 있었다. 이는 상품가격 측면에서 독일의 수출에 유리하게 작용했다.

---

5) 통계청 국제통계연감(2016. 2. 14. 인출)을 기준으로 한다.

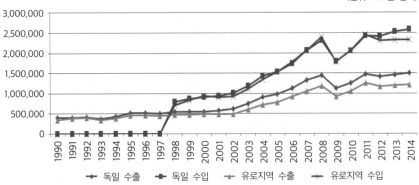

〈그림 3-2〉 독일과 유로지역의 수출액 및 수입액

(단위: 100만 달러)

자료: 통계청 국제통계연감, 2016. 2. 14. 인출.

또 한 가지는 독일의 노동비용과 관련된 부분이다. 이미 1990년대부터 독일 경제가 어려워짐에 따라 임금협약 예외조항의 적용과 노사 간 협약에 의한 임금인상 자제의 흐름이 존재했고(Seifert, 2014), 여기에 하르츠 개혁은 저임금 노동시장의 확대와 노동시장 유연성 제고 및 전반적 임금부담 완화 효과를 가져왔다. 이는 앞서 설명한 환율효과와 더불어 독일 상품의 국제 경쟁력을 상승시켰다.

독일의 경쟁력 있는 상품을 주로 소비한 것은 반대 방향의 환율효과와 임금상승효과로 구매력이 높아진 EMU(Economic and Monetary Union) 내의 다른 국가들, 특히 남부 유럽 국가들이다. 독일이 유로통합의 수혜자임과 동시에 이후에 나타난 유로존 위기에 대한 책임이 있다는 지적을 받는 이유이다. 즉, 독일에서 생산력 발달에 조응하는 임금상승이 이루어지지 않은 것이 독일의 수출증대로 이어지며, 결과적으로 EMU 내 다른 국가들에 대한 근린궁핍화 전략으로 작용했다는 것이다(Dullien, Herr & Kellermann, 2011/2011).

그러나 2000년대 중반 이후 독일 경제의 회복은 온전히 저임금 노동의 확대로 인한 임금부담 완화와 유로화 도입으로 인한 환율효과로 설명할 수 있는 것은 아니다. 좀더 장기적이고 근본적인 요인은 독일 모델의 근간에 자리한 상품 경쟁력, 특히 제조업 경쟁력에 있다. 대부분의 선진국에서 나타나는 강한 탈산업화 경향에도 불구하고 독일에서는 여전히 제조업이 높은 경쟁력을 자랑한다. 2012년 기준 총부가가치에서 제조업 비중은 30.5%로 주요국 중 거의 유일하게 30%를 넘으며, 후발국의 수요를 충족시켜 줄 수 있는 유형자산 및 소비재부문에서 고루 강한 경쟁력을 보인다. 이는 독일 경제가 후발 산업국과의 경쟁에서 도태되는 것이 아니라 후발 산업국을 독일 제품의 시장으로 삼는 원천이 되었다(Nölke, 2014).

특히, 이른바 '히든 챔피언'으로 불리는 독일 중소기업은 제조업 경쟁력의 원천이 되는데, 독일에는 총 370만 개의 중소기업들이 고용의 60%, 전체 기업 매출의 38%를 차지한다. 이들이 의료기술, 레이저기술, 소프트웨어, 기계제작 등 하이테크부문의 경쟁력을 바탕으로 독일 경제의 근간에 자리한 것이 금융위기에도 불구하고 독일이 상대적으로 견조한 성장을 유지하는 바탕이 되었다.

3) 최근의 경향 및 과제

독일은 2012~2013년 다시 한 번 성장정체를 겪었다. 이는 독일 경제의 대외의존도와 관련이 있는데, 유로존 국가들이 전반적으로 정체를 겪고 신흥국 시장의 소비도 주춤하면서 독일에도 영향을 준 것으로 보인다. 그러나 2014년 하반기 이후 회복세를 보였으며, 이는 2015~2016년에도 이어질 것으로 보인다. 독일 연방정부의 추계에 따르면 2012년 0.7%, 2013년 0.1%로 주춤했던 GDP 성장률은 2015년과 2016년에 각각 1.7~1.8%로 회복세를 보일 것으로 전망된다.[6] 특히, 과거와 다른 것은 2015년과 2016

---

[6] 2015, 2016년 경제전망과 관련된 내용은 독일 연방정부가 발표한 내용을 주 독일 대한민국 대사관(2015. 10. 14)에서 재인용.

년의 회복세의 근간에 최저임금 도입에 따른 임금인상과 그 효과로 인한 내수회복세가 있다는 점이다. 이는 2000년대 이후 수출의존도가 높아진 것이 독일경제의 잠재적 불안요인이 되었다는 점을 고려할 때, 향후 중요한 의미를 갖는 변화라 할 수 있다.

독일 경제의 미래에 대해서 좀더 장기적 관점에서 본다면 상반된 관측이 가능하다. 부정적 전망을 언급하는 쪽에서는 2000년대 '고용기적'을 통해 이뤄진 고용의 양적 성장에도 불구하고 저임금 고용이 확대된 점, 유로존 경기침체 및 중국 및 신흥국 경기의 하강이 수출의존도가 높은 독일 경제의 미래에 어두운 전망을 드리운다는 점 등을 지적한다.

그러나 긍정적 전망을 하는 쪽에서는 기존의 탄탄한 제조업 경쟁력에 ICT 혁신을 접목한 'industry 4.0'이 4차 산업혁명 시대의 선두주자로서 독일의 가능성을 열고 있다고 평가한다. 실제로 독일 정부는 스마트한 제조업 생산을 위한 사이버 물리 시스템(*Cyber-Physical Systems*: CPS) 구축을 위해 과감한 투자 계획을 발표했다. 제조업과 ICT 기술의 결합은 향후 독일뿐만 아니라 선진국 산업의 중요한 발전 과제로 여겨지는 만큼 확실히 긍정적으로 전망할 수 있는 부분이지만, 이것이 실제로 어느 정도의 생산성 향상으로 결합될 수 있을지는 좀더 지켜볼 필요가 있을 것이다.

3. 고 용

1) 개 관

"자본주의 다양성"(*varieties of capitalism*) 이론에 따르면 조정시장경제하의 기업들은 핵심 경쟁력의 형성을 위해 다른 행위자와 비시장적 관계를 맺는다. 가장 대표적 조정시장경제 유형으로서 독일은 금융체제로서의 장기투자자본, 이해관계자 자본주의에 기초한 기업지배구조, 조정된 협상에 기초한 협력적 노사관계, 장기고용·고숙련에 기반을 둔 다품종 소량생산, 산업 및 기업특수적 직업훈련의 발달이라는 특성이 있다(Hall & Soskice, 2001; Ebbinghaus & Manow, 2001).

특히, 협력적 노사관계와 장기고용은 라인 모델의 특징이었으며, 안정적 고용관계와 이에 기초한 사회보험제도를 결합한 고용-복지 모델은 사회적 시장경제를 뒷받침하는 핵심적 제도였다.

그러나 경제의 세계화의 진전, 서비스 경제로의 전환, 그리고 앞서 설명한 독일 경제의 침체를 배경으로 안정적 고용관계는 위협받기 시작했다. 노조조직률 약화를 배경으로 노동조합의 협상력이 약화되었고, 핵심 조직원 중심으로의 전략적 전환이 이루어졌다(Palier & Thelen, 2010).

한편, 정부는 1980년대 노동력 절감(labor shedding) 전략에서 탈피하여 1990~2000년대에 노동시장 유연화로 제도적 전환을 시도하였고, 이것이 단체협상에서의 변화와 맞물려 전반적 노동시장의 이중화(dualization) 혹은 한계적 유연화(flexibility at the margin)의 결과로 이어졌다(Hinrichs & Jessoula, 2012).

물론 독일의 고용성과는 최근 국제적으로 매우 성공적인 사례로 꼽힌다. 실제로 독일이 실업률은 물론 고용률, 청년실업률에 있어서 좋은 성과를 보이는 것은 사실이며, 앞서 설명한 것처럼 경제위기에서도 고용의 양적 성과는 흔들림이 없었다.

그러나 다른 한편으로는 저임금 고용부문의 확산으로 인한 내수위축과 불평등의 증가가 잠재적 불안정 요인으로 자리하는 것 또한 사실이다. 이와 같은 관점에서 볼 때 최근 최저임금의 도입과 노동시장 재규제(re-regulierung) 요구는 주목할 만한 지점이라고 하겠다.

2) 고용관계 관련 제도

(1) 노사관계

독일의 노사관계는 이중적 제도에 근거하여 관리된다. 단체교섭은 노동조합(*Gewerkschaft*)과 사용자 간에 〈단체협약법〉(Tarifvertragsgesetz)에 의해 이루어지는데, 산업 및 지역수준의 교섭이 이루어지지만 대개는 산별협약이 체결되는 경우가 많다. 작업장 차원에서는 노동조합이 아닌 직장평의회(*Betriebsrat*)가 〈경영조직법〉(Betriebsverfassungsgesetz)에 의거하여 근로자의 이해관계를 대변한다. 단체협약은 주로 임금을 중심으로 하여 근로시간이나 직업훈련 등에 관한 내용을 다루고, 사업장 단위의 협약에서는 단체협약의 이행, 개별 사업장 내에서의 고충처리 등을 규율한다. 단체협약은 이전의 협약 만료 4주 전에 노동조합 측이 사용자에게 교섭안을 전달하고, 만료 2주 전에 협상을 시작한다. 교섭이 결렬될 경우 4주간의 평화준수기간을 거쳐 조합원의 75% 찬성에 의해 파업 등 단체행동이 가능하며, 사용자는 직장폐쇄 등 대응조치가 가능하다. 그러나 전반적으로 독일의 노사관계는 대립적이기보다는 협력적인 관계로 나타난다.

독일의 노동조합은 산별노조체계로 단체교섭은 8개 주요 산별노조와 이에 상응하는 사용자 단체 간에 이루어진다. 기업별 노조는 존재하지 않으며, 산별노조의 상위에 독일 노동조합 총동맹(Deutscher Gewerkschaftsbund, DGB)이 있지만 단체교섭에 참여하지는 않는다. 노동자들의 노조조직률은 1960년대에 이미 30% 대였지만 단체협약 적용률은 80% 수준으로 높았다. 1970년대와 1980년대까지는 강력한 금속노조(IG Metall)가 비공식적으로 패턴 교섭을 주도하고, 다른 사업장들이 이를 따르는 방식을 통해 북유럽 국가들 못지않게 고도로 조율된 단체교섭이 이루어졌다(Palier & Thelen, 2010). 독일의 노동조합 조직률은 점차 낮아지는 경향을 보이는데, 이는 독일 노동조합의 협상력이 낮아지는 결과로 이어지기도 했다. 또 다른 문제는

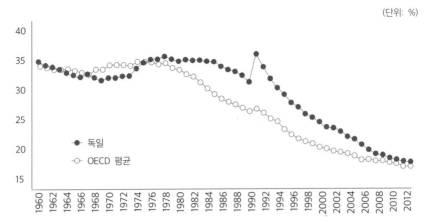

〈그림 3-3〉 독일의 노동조합 조직률 변화

(단위: %)

자료: OECD Statistics, 2016. 2. 14. 인출.

노동조합의 구성에 관한 것으로, 조합 및 조합원의 구성이 1960년대의 노동
인구 구성에 맞춰져 있어 증가하는 서비스부문 노동자나 시간제 등 비정규직
근로자, 여성 등을 대표하는 데 문제를 겪고 있다(성연옥, 2012).

독일의 사용자 단체는 산업·지역별로 구성되어 있으며, 이들의 중앙연
합체로는 사용자의 약 80%가 가입한 독일 고용주연맹(Bundesvereinigung
Deutschur Arbeitgeberverbande: BDA)과 독일 산업연맹(Bundesvereinigung
der Deutschn Industrie: BDI)이 있다. 사용자단체 또한 가입기업 수가 감소
하는 추세이다.

(2) 국가의 역할

독일은 헌법에 규정된 결사의 자유와 협약자치(*Tarifautonomie*)의 원칙에
따라 노사관계에 간섭하지 않는다. 다만 바이마르공화국 체제하에서 설립
된 독립적 연방노동법원이 법적 강제력을 가진 결정을 할 수 있으므로 이를
통해 노사 간 협약이 이루어지는 환경을 조성한다. 또한 정책환경의 조성
이나 지원을 통해 노사관계에 상당한 영향을 미친다. 1980년대에 관대한

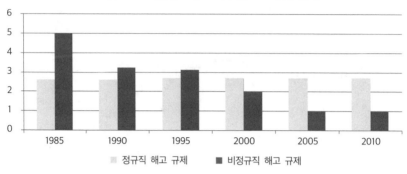

〈그림 3-4〉독일의 고용보호법제(EPL 지수) 변화

자료: OECD Statistics, 2016. 2. 14. 인출.

장애급여(*incapacity benefit*)를 통한 조기은퇴 지원, 2000년대 중반 어젠다 2010에 이은 하르츠 개혁, 2008년 금융위기 시의 조업단축수당 확대 등을 그 예로 볼 수 있다. 특히, 1990년대부터 계속된 비정규직 사용에 대한 법적 규제 완화는 비전형 고용 증가에 상당한 영향을 준 것으로 판단된다.

(3) 노동자 경영참여

독일의 이해관계자 자본주의를 상징하는 제도이며, 노동자에게 사용자와 동일한 권리를 부여하고 경제 민주주의를 추구하는 제도로 손꼽히는 것이 노동자 경영참여를 규율한 공동결정제도(*Mitbestimmung*)이다. 공동결정 제도는 〈석탄철강공동결정법〉에 따라 1951년 석탄 및 철강산업의 감독위원회에 노사 동수의 공동결정을 제도화한 것을 시작으로 발전해 왔다. 현재는 사업장 차원에서 직장평의회를 통한 단축근로·초과근로 시행, 영업중단·사업장 변경 시의 사회적 대책, 임금 및 상여금 책정 등의 사항에 대한 노동자 이익 대변이 제도화되었으며, 일정한 규모 이상의 기업에 대해서는 근로자 대표가 감독이사회(*Aufsichtsrat*)에 참여하는 것을 의무로 규정한다.

　독일의 노동자 경영참여는 중앙집중화된 강력한 산별노조가 사용자와의 대등한 관계에서 협상하며, 동시에 기업 단위에서 직장평의회를 통한 경영참여를 제도적으로 보장했다는 점에서 경제민주화의 모범적 모델로 손꼽힌다. 이는 노사 간 세력균형을 통한 산업평화를 담보함과 동시에 독일의 전후 성장이 안정적·지속적으로 이뤄지도록 뒷받침한 중요한 제도로 평가된다(이주희·이승협, 2005).

많은 조정자본주의 국가의 자유화 경향에도 불구하고 독일의 산업수준에서 노사 간 조정(*coordination*) 체계는 현재까지 유지되고 있다고 평가된다. 그러나 사회적 연대(*social solidarity*)를 보장하는 실질적 기능에 있어서는 노동시장의 유연화와 이중화의 결과로 과거보다 제한적이라는 비판도 있는 것이 사실이다(Thelen, 2014).

3) 고용정책의 변화

(1) 1980~1990년대 중반

1970년대까지 독일은 노동자의 경영참여 및 광범위한 단체교섭의 적용 등에 기반을 둔 안정적 고용관계를 구축해 왔다. 안정적 고용관계는 노동자의 생활안정의 근간이 되는 것은 물론 노동자의 기업 및 산업특수적 숙련에 기반을 둔 고숙련 제품을 핵심 경쟁력으로 하는 독일 제조업 기업의 이해에도 부합하는 것이었고, 이것은 국가 전체의 경쟁력과도 연관된 것이었다(Estevez-Abe, Iverson, & Soskice, 2001). 안정적 고용관계는 다시 고용에 기초한 사회보험제도의 보호를 통해 강화되었으며, 이와 같은 구조는 독일의 사회적 시장경제의 핵심요소였다.

그러나 1973~1974년의 석유위기는 서독에서도 급작스러운 실업증가를 초래했고, 경제정책의 전환과 더불어 고용정책의 변화를 가져왔다. 다른 많은 대륙유럽 국가들과 마찬가지로 독일에서도 공식 실업률을 낮추고, 기업의 임금부담을 완화하기 위해 조기은퇴에 기반을 둔 노동력 감축(*labor shedding*) 전략이 1980년대 고용정책의 핵심이 되었다(Esping-Anderson,

〈그림 3-5〉 독일의 실업률, 청년실업률, 장기실업률 추이

(단위: %)

주: 장기실업률은 실업자 중에서의 비율.
자료: OECD, 2016a.

1996; Dingeldey, 2011). 일찌감치 노동시장에서 은퇴한 노동자는 장애급여 또는 조기연금을 수급할 수 있었다. 이와 같은 고용정책은 근본적으로 1970년대 이후의 고용문제가 단기적인 것이며, 케인스주의적 수요정책을 통해 극복할 수 있으리라는 전제에 기초한 것이었다.

하지만 석유위기가 촉발한 수요충격의 뒤에는 몇 가지 구조적 문제들이 있었다. 그중에서도 인구고령화로 인한 복지국가의 부담 증가, 제조업부문에서의 노동절약적 기술발달과 상품수요 정체로 인한 고용 감소, 그리고 서비스부문 고용증대와 같은 변화는 제조업의 안정적 일자리를 근간으로 하는 기존의 독일 고용-복지 모델에 근본적 위협을 가했다. 1980년대 이후 높아진 실업률, 장기실업률, 청년실업률은 1990년대까지도 일정한 수준 이상 낮아지지 않고 구조적 실업의 양상을 보였으며, 통일 이후 독일경제의 어려움이 겹치며 2000년대 중반까지 꾸준히 증가했다(〈그림 3-5〉 참조). 이와 같은 구조적 실업 상황에서 조기은퇴를 통한 노동력 감축은 복지제도의 재정부담을 너무 크게 했으며, 인구고령화와 함께 사회보험부담금의 증가를 압박하여 다시 고용을 약화시키는 요인으로 작용했다.

문제는 실업률만이 아니었다. 서비스업 중심의 고용구조는 이전보다 유연한 고용관계를 필요로 했고, 이전의 표준적이고 안정적인 고용관행과 충돌하는 경향을 보였다(Esping-Andersen, 1996; 1999). 또한 가구에서 한 사람만 임금노동에 종사하는 남성 생계부양자 체제와 조기은퇴를 통한 노동력 감축은 서비스 경제의 잠재적으로 고용 가능한 인구의 증가 필요에도 맞지 않았다(Dingeldey, 2011).

(2) 1990년대 중반~2000년대 이후

1990년대 독일이 고용정책 차원에서 해결해야 할 문제는 실업률 하락, 고용률 제고, 그리고 노동시장의 유연성 확보였다. 그러나 노조조직률의 점진적 하락으로(〈그림 3-3〉) 협상력이 약화되었다고 하더라도 독일은 노사 간 자율적 협약의 전통이 강한 국가였다. 따라서 고용 상황의 악화를 전반적 채용과 해고의 자유를 증가시키는 방식을 통해 해소하는 것은 선호될 수 없는 선택이었다. 이 과정에서 부분적으로는 노사 간 합의에 의해, 그리고 사용자의 요구와 국가 정책적 변화에 의해 추진된 것은 한계적 유연화(*flexibility at the margin*), 즉 비정규직의 증가였다.

그 시작은 1990년대 이후 나타나기 시작한 단체교섭 관행의 변화였다. 팔리에와 틸렌(Palier & Thelen, 2010)이 지적한 것처럼 1990년대 이후 경제상황의 비우호적 변화와 노조조직률 하락으로 협상력 약화에 직면한 독일 제조업 노조들은 경제 전반에 걸친 단체협약의 패턴교섭 주도 역할을 포기하며 "내부 돌보기 전환"의 경향을 보였다. 또한 임금협약 예외조항(*open clause*)을 두어 단체협약 임금이 모든 산업부문에 적용되지 않고 사업장 단위에서 임금수준이 결정되는 경향을 보이기 시작했다. 동시에 일자리를 위한 연대(Bündnis für Arbeit)를 통해 근로시간과 임금에 대해서도 부분적으로 양보했으며, 이는 독일 노동자들의 임금인상이 생산성 향상에 미치지 못하는 것을 용인함으로써 독일 상품의 수출 경쟁력을 제고하는 결과를 가져왔다(Seifert, 2014).

독일이 오랫동안 최저임금 없이도 저임금 영역의 확대가 나타나지 않았던 것은 앞서 언급한 대로 핵심 부분의 단체협약이 일종의 패턴교섭의 역할을 함으로써 비핵심부문의 임금 등 고용조건에도 영향을 미쳤기 때문이었다. 그러나 점증하는 예외조항과 사업장 단위에서의 교섭은 핵심부문 노동조합이 수행해 왔던 공적 역할의 공백을 초래했다. 보완적 제도로서 최저임금이 필요한 상황이었지만, 최저임금제의 도입은 2015년에야 이루어졌고, 결과적으로 저임금부문의 확대가 오랫동안 방치되었다.

〈그림 3-3〉에 나타난 것처럼 이미 1990년대부터 비전형 근로자의 사용 규제는 완화되는 추세였지만, 그 결정적 계기가 된 것은 2000년대 중반의 어젠다 2010과 하르츠 개혁이었다. 어젠다 2010는 슈뢰더 정부에서 추진한 개혁 패키지로, 하르츠 개혁을 통한 노동시장 개혁, 사회보장제도 개혁, 세제 개혁, 기타 다양한 경재활성화 대책으로 구성되었다. 그중에서도 노동시장 개혁 내용을 담은 하르츠 I~IV 개혁은 임시직 고용증진을 위한 규제완화(I), 취업알선시스템의 효율성 제도 및 미니잡(Minijob) 등 신규 일자리 창출(II), 연방고용청을 연방고용기구(공단)으로 개편(III), 실업부조와 사회부조를 통합한 실업수당 II 도입과 기존의 실업보험(실업수당 I)의 수령기간 단축 등 고용관련 제도 전반을 다루었다.

하르츠 개혁은 고용 측면에서 파견근로에 대한 제안을 완화하고, 미니잡과 미디잡(Midijob) 등 저임금 일자리에 대한 지원 확대,[7] 기간제 고용의 확대를 통해 직접적으로 비정규·저임금 일자리를 형성했고 이것이 독일의 '고용기적'에서 중요한 역할을 하였다. 또한 하르츠 IV를 통해 실업부조 수급자에게까지 광범위한 활성화 및 구직의무를 부여한 것은 고용률

---

7) 미니잡은 월 소득 400유로(2013년부터 450유로) 이하 일자리로 근로자에게 사회보험료를 면제하고 사용자에게는 사회보험료를 총괄하여 임금의 30%만을 지불하도록 하였으며, 미디잡은 월 소득 400~800유로(2013년부터 450~850유로)의 일자리로 근로자의 사회보험료를 임금수준에 따라 감면하는 방식으로 지원을 받는다.

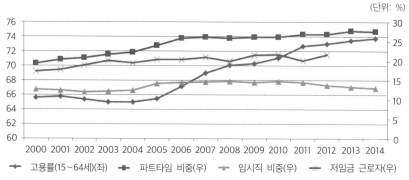

〈그림 3-6〉 독일의 고용률, 파트타임 · 임시직 근로자 · 저임금 근로자 비율

(단위: %)

범례: 고용률(15~64세)(좌) 파트타임 비중(우) 임시직 비중(우) 저임금 근로자(우)

자료: 고용률, 파트타임 비중, 임시직 비중은 Eurostat database 참고. 저임금 근로자의 비중은 Seifert, 2014 참고.

상승에 긍정적 영향을 준 것으로 평가된다.

〈그림 3-5〉와 〈그림 3-6〉은 이와 같은 경향을 보여 준다. 실업률과 고용률이 반등하기 시작한 2000년대 중반 이후 시간제와 임시직과 같은 비전형 고용과 저임금 근로자 비중도 함께 증가하였다. 물론 2010년 이후 고용률의 가파른 증가에서 나타나듯 독일의 '고용기적'은 이들로만 설명할 수는 없으며, 하르츠 개혁을 비롯한 노동시장 개혁이 사회보험의 적용을 받는 일자리를 동시에 증가시킨 측면도 있다(Hüther, 2014). 이는 분명 긍정적으로 평가할 부분이지만, 노동시장 이중화의 측면에서는 그림자가 존재하는 것 또한 사실이다.

어젠다 2010과 하르츠 개혁을 통해 고용정책을 전면적으로 정비한 독일은 2008년 금융위기 시에도 고용률 증가와 실업률 감소 추세를 지속했다. 이 과정에서는 하르츠 개혁을 통한 외부적 유연성 제고 외에도 독일 기업의 높은 내부적 유연성이 중요한 역할을 했다고 평가된다. 정부는 금융위기 이후 경기침체로 임금 손실을 수반하는 근로손실이 발생하는 근로자에게 수당을 지급하는 조업단축수당을 6개월에서 2009년 24개월, 2010년 18개월, 2011년 12개월로 연장하여 기업이 해고가 아닌 조업단축을 선택할 수 있도록 지원하였다. 또한 기업 단위에서는 근로시간계좌제를 통해 해고가 아닌 조업시간 단축을 선택할 수 있도록 하였다. 이 두 제도의 조합은 금융위기 시에 기업에서 외부적 방법이 아닌 내부적 방법으로 고용조정을 할 수 있도록 함으로써 고용의 총량을 유지하고, 금융위기 이후 원래의 생산량을 회복하는 데 기여함으로써 독일이 금융위기 극복 모범사례가 되도록 하는 데 중요한 역할을 하였다(정원호, 2013).

4) 최저임금 도입과 전망

독일 연방정부는 2014년 최저임금제 도입 관련 법안을 내각에서 의결하였고, 2015년 1월 1일부터 시간당 8.5유로의 최저임금제를 시행하였다. 이는 2000년대 중반 이후 독일의 고용정책이 저임금부문의 확대와 임금인상 자제를 통해 한편으로는 고용의 총량을 늘리고, 다른 한편으로는 대외 수출 경쟁력을 제고하는 방향에서 일정하게 벗어난 것이다.

실업이 증가할 것이라는 예측에도 불구하고 1년이 지난 현재 최저임금 도입의 성과는 높게 평가된다. 실업률은 연초 4.8%에서 10월 기준 4.5%로 하락했으며, 최저임금제 시행으로 정규직 일자리가 증가하는 효과를 보고 있다.[8] 특히, 내수를 기반으로 한 경제성장을 전망하는 연방정부의 예측이 맞게 된다면, 수출의존적 경제구조로 인한 불안정성이 감소되는 효과를 기대할 수 있다. 다만 최저임금이 하르츠 개혁의 성과를 훼손하지 않으면서, 저임금-비전형 노동의 확대라는 문제를 어느 정도 개선할 수 있을지는 아직 미지수다. 특히, 지난해까지 100만 명 넘게 독일로 유입된 난민들이 노동시장에 어떻게 통합될 수 있을지는 단기적으로 독일의 노동시장에 주어진 중요한 과제인 것으로 보인다.

---

8) 〈경향비즈〉, 2015.12.31, "최저임금 시행 1년 독일, 우려했던 실업대란 대신 고용 늘어".

4. 소득분배

1) 개관

불평등은 최근 전 세계의 관심을 주목시키는 문제다. 많은 경제학자나 정책 결정자 사이에서 2008년 금융위기의 근원 중 하나로 소득불평등이 지목되었으며, 저소득 계층의 증가에 따른 유효수요의 감소와 그로 인한 전반적경제의 역동성 부족이 주목받았다.

피케티(Piketty, 2014)는 전 세계의 불평등 추이를 국민총소득에 대한 사적 자본의 비율로 설명한 바 있다. 피케티에 따르면 역사적으로 자본의 수익률이 경제성장률보다 높았기 때문에, 전체소득에서 자본소득이 차지하는 비중(β 값)은 시간에 따라 커졌고 이것이 국민총소득 대비 사적자본 가치의 비율이 높아지는 형태로 나타났다. 따라서 어느 시기의 국민총소득과

〈그림 3-7〉 유럽의 자본/소득 비율

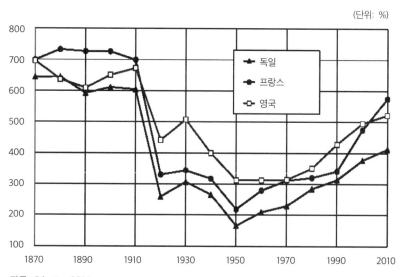

(단위: %)

자료: Piketty, 2014.

사적자본의 비율은 해당 국가가 역사적으로 형성해 온 불평등의 결과와 현재 불평등의 수준을 보여 주는 지표가 된다.

〈그림 3-7〉은 독일, 프랑스, 영국의 국민총소득과 사적자본 가치의 비율을 보여 준다. 3개국 공히 자유방임 자본주의의 전성기였던 19세기 말~20세기 초에 600~700%의 높은 β 값을 보이다가 전쟁과 대공황으로 축적된 자본이 와해된 이후, 케인스주의 복지국가의 전성기를 지나 1970년대 이후로 다시 급격하게 자본이 축적되는 경향을 보인다. 글로벌 자본주의의 불평등 증대라는 역사적 흐름에서 세 국가 모두 예외가 아니라는 것이다. 그러나 그 정도에는 국가에 따른 차이가 나타나는데, 독일의 경우 상대적으로 프랑스나 영국보다 불평등의 정도는 덜한 편이다.

2) 빈곤율

비교의 관점에서 볼 때 독일의 빈곤율은 낮은 편이다. 2012년 가처분소득을 기준으로 한 상대빈곤율은 8.4%로 OECD 국가들 중 8번째로 낮다. 체코, 덴마크, 아이슬란드, 핀란드 정도가 독일보다 낮은 수준의 빈곤율을 보이며, 네덜란드, 프랑스, 노르웨이, 아일랜드, 룩셈부르크 등이 독일과 비슷한 수준이다. 프랑스를 제외하면 대부분 경제규모나 인구에서 독일과 다른 환경의 국가들이다.

좀더 세부적으로 살펴보면 〈표 3-1〉과 같다. 독일의 가처분소득 기준 빈곤율은 프랑스, 스웨덴, 영국보다 낮지만, 성장소득 기준의 빈곤율은 프랑스를 제외한 두 국가보다 오히려 높다.

이는 독일의 저임금부문의 증가와 관련이 있을 것으로 생각된다. 즉, 임금소득에 있어서 빈곤율은 상대적으로 높은 수준이지만, 효율적 복지국가의 현금 이전체계가 이를 보완한다는 것이다. 연령대별 빈곤율을 통해 이와 같은 가정을 확인할 수 있다.

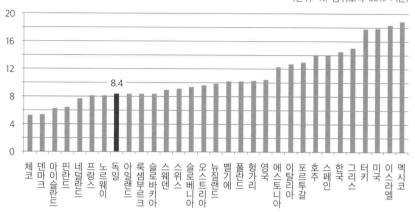

〈그림 3-8〉 OECD 국가들의 상대적 빈곤율(2012년)

(단위: %, 중위소득 50% 기준)

체코 / 덴마크 / 아이슬란드 / 핀란드 / 네덜란드 / 프랑스 / 노르웨이 / 독일 / 아일랜드 / 룩셈부르크 / 슬로바키아 / 스웨덴 / 스위스 / 슬로베니아 / 오스트리아 / 뉴질랜드 / 벨기에 / 폴란드 / 헝가리 / 영국 / 에스토니아 / 이탈리아 / 포르투갈 / 호주 / 스페인 / 한국 / 그리스 / 터키 / 미국 / 이스라엘 / 멕시코

자료: OECD, 2016b.

〈표 3-1〉 독일, 프랑스, 스웨덴, 영국의 시장소득/가처분소득 빈곤율

(단위: %)

구분		2004	2008	2012
독일	시장소득 (A)	32.7	32.1	31.9
	가처분소득 (B)	8.3	8.5	8.4
	GAP [(A-B)/A]	74.6	73.5	73.7
프랑스*	시장소득 (A)	33.0	32.6	35.6
	가처분소득 (B)	7.2	7.2	8.1
	GAP [(A-B)/A]	78.2	77.9	77.2
스웨덴	시장소득 (A)	26.7	26.5	26.1
	가처분소득 (B)	5.3	8.4	9.0
	GAP [(A-B)/A]	80.1	68.3	65.5
영국	시장소득 (A)	30.9	31.3	30.7
	가처분소득 (B)	10.3	10.9	10.5
	GAP [(A-B)/A]	66.7	65.2	65.8

주: 프랑스는 2004년 대신 2005년 자료 사용.
자료: OECD Statistics, 2016. 2. 15. 인출.

<표 3-2> 독일, 프랑스, 스웨덴, 영국의 연령대별 가처분소득 빈곤율

(단위: %)

구분		0~17세	18~25세	26~40세	41~50세	51~65세	66~75세	76세 이상
독일	2004년	22.7	9.4	20.5	6.3	5.6	3.4	5.9
	2012년	22.4	8.7	19.1	7.5	6.0	2.7	5.0
프랑스*	2005년	16.7	9.3	20.2	5.3	6.9	6.7	10.9
	2012년	15.6	8.4	18.1	5.6	8.7	8.1	10.8
스웨덴	2004년	21.6	9.2	19.9	3.9	2.3	3.4	9.8
	2012년	21.0	10.6	18.5	5.6	6.1	6.6	13.5
영국	2004년	22.3	10.3	21.4	7.0	8.6	8.9	13.7
	2012년	21.0	11.1	19.8	9.3	11.4	10.9	16.6

주: 프랑스는 2004년 대신 2005년 자료 사용.
자료: OECD Statistics, 2016. 2. 15. 인출.

〈표 3-2〉는 독일, 프랑스, 스웨덴, 영국의 연령대별 빈곤율을 보여 준다. 연령대별로 비교할 때 독일은 상대적으로 경제활동 연령인 26~50세 연령대 인구의 빈곤율이 영국을 제외한 두 나라보다 높다. 66세 이상 고령자의 빈곤율이 비교대상 4개국 중 가장 낮은 것과 대비된다. 즉, 잘 발달된 연금제도를 통한 이전체계가 상대적으로 낮은 상대적 빈곤율에서 중요한 역할을 하는 반면, 시장에서의 소득분배와 직접적으로 연관되는 근로연령대에서의 빈곤 문제는 일정한 수준 이상을 유지한다는 해석이 가능하다.

3) 소득분배

독일의 소득분배현황을 파악하기 위해 우선 근로소득(earnings)의 분배현황을 살펴본 후 지니계수(Gini's coefficient)를 바탕으로 시장소득과 가처분소득의 불평등 정도를 비교해 보고자 한다. 근로소득의 분배현황을 살펴보기 위한 지표로 OECD 주요국의 소득 5분위 배율(최상위 20%의 소득을 최하위 20%의 소득으로 나눈 것)과 소득 9분위 배율(최상위 11%의 소득을 최하위 11%의 소득으로 나눈 것)을 살펴보면 〈그림 3-9〉와 같다.

9분위 배율을 기준으로 살펴볼 때 독일은 OECD 34개국 중 17번째로 높고, 5분위 배율은 10번째로 높다. 중간 혹은 그보다 조금 높은 불평등도라고 볼 수 있다. 특히, 선진 복지국가로 분류할 수 있는 국가들 중에서는 자유주의 국가들을 제외하면 가장 높은 편에 속한다. 특히, 1990년대 중반 이후 9분위 배율과 5분위 배율은 모두 꾸준하게 증가하는 양상으로, 독일의 불평등 상황이 점차 나빠졌음을 보여 준다.

〈그림 3-9〉 OECD 국가의 소득 5분위 배율과 9분위 배율

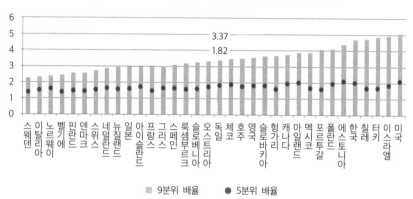

주: 에스토니아 · 룩셈부르크 · 네덜란드 · 룩셈부르크 · 터키(2010년), 이스라엘(2011년), 프랑스,
   이탈리아 · 폴란드 · 스페인 · 스웨덴 · 스위스(2012년), 나머지 국가(2013년) 기준.
자료: OECD Statistics, 2016. 4. 18. 인출.

〈그림 3-10〉 독일의 소득 5분위 배율 및 9분위 배율 추이

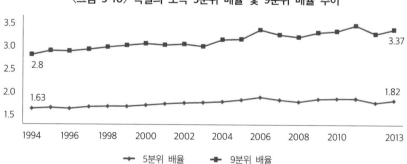

자료: OECD Statistics, 2016. 4. 18. 인출.

독일의 근로소득 분배상황이 선진국 중에서 상대적으로 좋은 편이 아니라는 것은 저임금 노동자(중위소득의 2/3 이하)와 고임금 노동자(중위소득의 1.5배 이상)의 비율을 통해서도 살펴볼 수 있다. 〈그림 3-11〉에 나타난 것처럼 독일의 저임금 노동자 비율은 자료가 제시된 27개국 중 12번째로 높다. 그러나 독일보다 높은 저임금 노동자 비율을 보이는 국가들이 대부분 옛 동구권이나 비유럽 국가들임을 고려한다면 독일의 저임금 노동 비율은

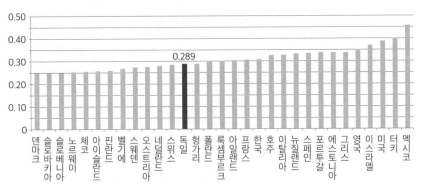

〈그림 3-11〉 OECD 주요국가의 저임금 및 고임금 노동자 비율

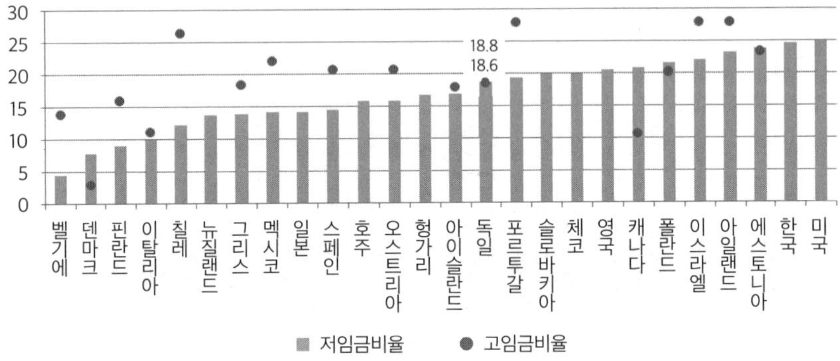

주: 국가별 기준 년도는 〈그림 3-9〉와 동일. 단, 일부 국가는 자료 미비로 제외함.
자료: OECD Statistics, 2016. 4. 18. 인출.

〈그림 3-12〉 OECD 국가의 가처분소득 지니계수(2012년)

자료: OECD, 2016c.

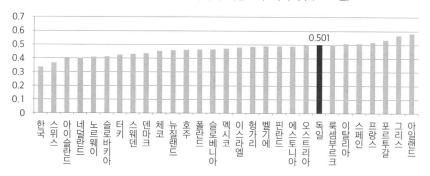

〈그림 3-13〉 OECD 주요국가의 시장소득 지니계수(2012년)

자료: OECD Statistics, 2016. 2. 15. 인출.

상대적으로 높다고 하겠다. 상대적으로 고임금 노동자 비율은 높지 않다는 것을 볼 때, 독일의 근로소득 분배상황에서 문제는 저임금 노동에 있다고 볼 수 있다.

그렇다면 복지국가를 통한 소득 재분배는 이와 같은 불평등에 어떻게 대응했을까? 가장 대표적인 소득불평등 지표인 가처분소득 지니계수를 기준으로 볼 때, 독일의 지니계수는 0.289로 OECD에서 중상위수준의 불평등도를 나타낸다. 불평등의 동향을 좀더 살펴보기 위해서는 지니계수 또한 구분하여 살펴볼 필요가 있다.

〈그림 3-13〉은 OECD 국가들의 시장소득 지니계수를 나타낸다. 시장소득 지니계수를 기준으로 볼 때 독일은 오히려 OECD에서 불평등한 편에 속한다. 2012년 기준으로 자료가 확보된 OECD 29개국 중 아일랜드, 그리스, 포르투갈 등에 이어 8번째로 불평등도가 높다. 즉, 상대적으로 불평등한 1차 분배를 사회보장제도가 비교적 효과적으로 재분배하고 있음을 알 수 있는 지점이다.

빈곤율과 달리 지니계수에 있어서는 연령대별 격차가 뚜렷하지 않은 편이다. 2012년 기준 독일의 가처분소득 지니계수를 경제활동연령(18~64세)과 은퇴연령(65세 이상)로 나누어서 살펴볼 경우 각각 0.292, 0.269로 은퇴

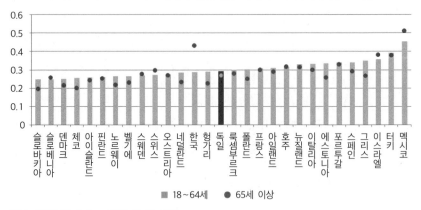

〈그림 3-14〉 OECD 주요국가의 연령대별 가처분소득 지니계수(2012년)

■ 18~64세   ● 65세 이상

자료: OECD Statistics, 2016. 2. 15. 인출.

연령이 조금 더 평등하기는 하지만, 상대적인 관점에서 보면 OECD 29개 국 중 양자 모두 15번째 정도로 중간쯤에 위치한다. 이는 독일 연금제도가 대륙유럽 제도의 특징인 소득 혹은 지위유지(*income or status maintenance*)의 성격을 갖는다는 점의 영향으로 보인다. 즉, 전통적으로 관대한 연금제도 가 불평등을 크게 낮추지만, 노동시장에서의 지위격차를 반영하는 성격을 갖기 때문에 불평등 완화 효과는 제한적이라고 볼 수 있다.

4) 자산불평등

소득불평등에 비해 자산불평등과 관련한 자료는 상대적으로 부족한 편이 다. 또한 자산의 경우 상대적으로 집중도가 크기 때문에 중간층의 비중 변 화에 민감한 지니계수보다는 자산 상위인구의 점유비율을 살펴보는 것이 더 좋은 지표가 된다. 〈그림 3-15〉에 나타난 것처럼 독일에서 상위 10% 의 자산 점유율은 55%로 18개국 중 7번째로 높다. 미국, 네덜란드, 영국, 포르투갈, 노르웨이, 스페인이 독일보다 높은 수준이다. 상대적으로 보면 상위 1%의 점유율은 20.3%로 18개국 중 11번째로 높은 정도지만, 상위

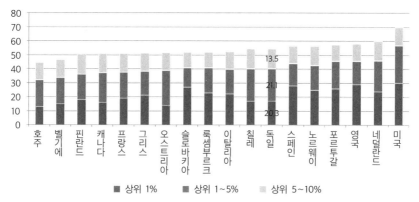

〈그림 3-15〉 OECD 18개국의 상위 1%, 5%, 10% 자산 점유율

■ 상위 1%　■ 상위 1~5%　□ 상위 5~10%

주: 칠레(2011년), 오스트레일리아 · 캐나다 · 노르웨이 · 영국(2012년), 나머지 국가(2010년) 기준.
자료: OECD Statistics, 2016. 2. 15. 인출.

1~5% 사이 집단과 5~10% 사이 집단의 점유율은 각각 21. 1%와 13. 5%
로 18개국 중에서 5~6위로 높다.

피케티(Piketty, 2014)는 20세기 능력주의(meritocracy)적 자본주의 형성
을 보여 준 가장 핵심적인 요인이 중상층 부자, 즉 상위 10% 자산가의 발
생임을 설명한 바 있다. 19세기 말 자본주의가 극소수(1%)의 귀족과 자본
가에게 부가 집중되는 현상을 보였던 반면, 전후 복지국가의 발전은 극소
수 초고액 자산가와 대다수의 사실상 자산이 없는 계층 사이에 중간 자산
가 계급을 발생시켰다는 것이다.

이와 같은 관점에서 볼 때 독일의 관련 지표가 상대적으로 낮은 1%의
점유율과 높은 10%의 점유율을 보이는 것은 다른 선진 자본주의 국가에
비해 세습 자본주의로의 전환이 덜 진행된 것으로 해석할 여지가 있다. 그
러나 〈그림 3-7〉에 나타난 것처럼 독일에서도 자본의 축적은 빠른 속도로
진행 중이며, 앞으로의 전망은 좀더 지켜볼 필요가 있을 것이다.

■ 참고문헌

국내 문헌

박홍기(2003). "독일의 사회적 시장경제: 이론적 기초와 실제". 〈비교경제연구〉, 10권 2호, 2~86.

성연옥(2012). "독일·스웨덴·프랑스의 고용관계 비교연구". 〈한독사회과학논총〉, 22권 2호, 107~145.

송태수(2009). "독일통일 20년의 경제적 통합과정: 평가와 함의". 〈한국사회과학논총〉, 19권 4호, 173~206.

이주희·이승협(2005). 《경영참여의 실태와 과제》. 서울: 한국노동연구원.

정용길(2008). "독일통일의 통일비용과 경제통합". 〈유럽연구〉, 26권 3호, 1~19.

정원호(2013). "독일 고용기적의 메커니즘: 고용창출과 고용유지 방안의 복합적 작용". 〈월간 노동리뷰〉, 2013년 6월호, 35~46.

해외 문헌

Bartling, H. (1997). Von der Wettbewerbstheorie zur Theorie der Wettbewerbs-politik. In Kruse, J. (Hrsg.) (1997). *Wettbewerbspolitik im Spannungsfeld nationaler und internationaler Kartellrechtsordnungen*, Festschrift für I. Schmidt zum 65. Geburtstag, Baden-Baden: Nomos, 17ff.

Dingeldey, I. (2011). Germany: Moving towards integration whilst maintaining segmentation. In Clasen, J. & Clegg, D. (Eds.) (2011). *Regulating the Risk of Unemployment: National Adaptations to Post-Industrial Labour Markets in Europe*. New York: Oxford University Press, 55~74.

Duerr, E. (1975). Stichwort Prozesspolitik. In Ehricher, W. (Hrsg), *Kompendium der Volkswirtschaftslehre*. Bd. 2, 4. Aufl. Göttingen: Vandenhoeck & Ruprecht, 95~177.

Dullien, S., Herr, H., & Kellermann, C. (2011). *Decent Capitalism: A Blueprint for Reforming Our Economies*. 홍기빈 역(2011). 《자본주의 고쳐쓰기: 천박한 자본주의에서 괜찮은 자본주의로》. 서울: 한겨레출판.

Ebbinghaus, B. & Manow, P. (Eds.) (2001). *Comparing Welfare Capitalism*. London: Routledge.

Esping-Andersen, G. (1999). *Social Foundations of Postindustrial Economies*. New

York: Oxford University Press.

_____(Ed.)(1996). *Welfare States in Transition: National Adaptations in Global Economies*. London: Sage.

Estevez-Abe, M., Iversen, T., & Soskice, D. (2001). Social protection and the formation of skills: A reinterpretation of the welfare state. In Hall, P. & Soskice, D. (Eds.)(2001). *Varieties of Capitalism: The Institutional Foundations of Comparative Advantage*. New York: Oxford University Press, 145~183.

Hall, P. & Soskice, D. (Eds.)(2001). *Varieties of Capitalism: The Institutional Foundations of Comparative Advantage*. New York: Oxford University Press.

Hasse, R., Schneider, H., & Weigelt, K. (2005). *Lexikon Soziale Marktwirtschaft*. 이규석·이유정·정연진·최용호 역(2005). 《(라인강의 기적을 일궈낸) 사회적 시장경제: 독일 경제정책 A에서 Z까지》. 서울: 주한 독일 콘라드 아데나워 재단.

Hinrichs, K. & Jessoula, M. (Eds.)(2012). *Labour Market Flexibility and Pension Reforms: Flexible Today, Secure Tomorrow?*. New York: Palgrave Macmillan.

Hüther, M. (2014). "하르츠 개혁과 독일의 고용기적". 〈국제노동브리프〉, 12권 7호, 4~17.

Kaufmann, F. X. (2002). *Sozialpolitik und Sozialstaat: Soziologische Analysen*, Opladen: Leske + Budrich.

Kuelp, B. (1994). *Verteilung: Theorie und Politik*. Sttutgart: G. Fischer.

Lampert, H. (1997). *Krise und Reform der Sozialstaates*. Frankfurt/Main: Lang.

Lampert, H. & Althammer, J. (2001). *Lehrbuch der Sozialpolitik*. 6. Aufl. Berlin: Springer.

Manow, P. (2010). Trajectories of fiscal adjustment in Bismarckian welfare systems. In Palier, B. (Ed.)(2010). *A Long Goodbye to Bismarck?*. Amsterdam: Amsterdam University Press, 279~299.

Mueller-Armack, A. (1947). *Wirtschaftslenkung und Marktwirtschaft*. Hamburg: Verlag für Wirtschaft und Sozialpolitik.

_____(1976). *Wirtschaftsordnung und Wirtschaftspolitik: Studien zur Sozialen Marktwirtschaft und Europaeischen Integration*. Bern: Haupt.

Nölke, A. (2014). "독일의 고용기적: 원인과 리스크". 〈국제노동브리프〉, 12권 7호, 33~44.

Palier, B. & Thelen, K. (2010). Institutionalizing dualism: Complementarities and change in France and Germany. *Politics & Society*, 38(1), 119~148.

Piketty, T. (2014). *Capital in the Twenty-First Century*. Cambridge, MA: Harvard University Press.

Quaas, F. (2000). *Soziale Marktwirtschaft: Wirklichkeit und Verfremdung eines Konzepts*. Bern: P. Haupt.

Rimlinger, G. V. (1971). *Welfare Policy and Industrialization in Europe, America and Russia*. New York: Wiley.

Roesner, H. J. (1990). *Grundlagen der marktwirtschaftlichen Orientierung in der Bundesrepublik Deutschland und ihre Bedeutung für Sozialpartnerschaft und Gemeinwohlbindung*. Berlin: Duncker & Humblot.

Schmidt, I. (1999). *Wettbewerbspolitik und Kartellrecht*, 6. Aufl. Stuttgart: Lucius & Lucius.

Seifert, H. (2014). "노사관계를 통해 살펴본 독일의 고용기적". 〈국제노동브리프〉, 12권 7호, 18~32.

Thelen, K. (2014). *Varieties of Liberalization and the New Politics of Social Solidarity*. New York: Cambridge University Press.

Wagner, A. (1994). *Volkswirtschaft für jedermann: Die marktwirtschaftliche Demokratie*, 2. Aufl. Munchen: Beck, 113~121.

Zacher, H. (Hrsg.) (1989). 40 Jahre Sozialstaat: Schwerpunkt der rechtlichen Ordnung. In Bluem, N. & Zacher, H. (Hrsg.) (1989). *40 Jahre Sozialstaat Bundesrepublik Deutschland*. Baden-baden: Nomos, 19ff.

기타 자료

주 독일 대한민국대사관(2014. 3. 17). 독일통일개관. http://deu. mofa. go. kr/web module/htsboard/template/read/new_korboardread. jsp?typeID=15&boardid= 2224&seqno=674777&c=TITLE&t=&pagenum=2&tableName=TYPE_ LEGATION&pc=&dc=&wc=&lu=&vu=&iu=&du=. 2016. 2. 14. 인출.

주 독일 대한민국대사관(2015. 10. 14). 독일 연방정부 2015년 추계 경제전망. http://deu. mofa. go. kr/webmodule/htsboard/template/read/new_korboardread. jsp?typeID=15&boardid=2228&seqno=1189355&c=TITLE&t=%EC%A0%84% EB%A7%9D&pagenum=2&tableName=TYPE_LEGATION&pc=&dc=&wc= %22A=0&lu=&vu=&iu=&du=. 2016. 2. 14. 인출.

통계청. 국제통계연감. http://kosis. kr/. 2016. 2. 14. 인출.

European Commission. Eurostat. http://ec. europa. eu/eurostat/help/new-eurostat-
    website. 2016. 2. 15. 인출.

OECD. OECD Statistics. http://stats. oecd. org/. 2016. 2. 14~15. 인출.

_____ (2016a). Unemployment rate (indicator). doi: 10. 1787/997c8750-en. 2016.
    2. 15. 인출.

_____ (2016b). Poverty rate (indicator). doi: 10. 1787/0fe1315d-en. 2016. 2. 15. 인출.

_____ (2016c). Income inequality (indicator). doi: 10. 1787/459aa7f1-en. 2016. 2.
    15. 인출.

The World Bank. World Development Indicators. http://data. worldbank. org/data-
    catalog/world-development-indicators. 2016. 2. 14. 인출.

〈경향비즈〉 (2015. 12. 31). "최저임금 시행 1년 독일, 우려했던 실업대란 대신 고용
    늘어". http://biz. khan. co. kr/khan_art_view. html?artid=201512311705521&
    code=920100&med=khan. 2016. 2. 15. 인출.

〈연합뉴스〉. http://www. yonhapnews. co. kr.

〈조선비즈〉. http://biz. chosun. com.

04

인구구조의 변화와 전망

1. 머리말

독일이 다른 나라들에 비해 인구변화가 빠르고 정도도 더 심하다는 데에는 대체로 의견이 일치하지만, 그 결과에 대한 평가에서는 첨예하게 갈린다. 2010년대 초반까지는 대체로 부정적 예상이 주를 이루었다. 여성 출산율 감소, 유입이민 정체, 인구의 노화 등을 주요 요인으로 하여 사회보장의 재정 약화 현상은 이미 뚜렷하게 감지되었으며 돌이킬 수 없었다.[1]

대체로 젊은 세대의 노인 부양 및 사회보장체계 지탱의 부담이 지적되지만, 다른 한편으로는 이러한 상황이 노인에게 주는 심리적 부담에 대해 염려하는 목소리도 있었다. 이는 노인의 심리적 장애와 우울증을 증가시켜 결국 치매나 알츠하이머 또는 파킨슨 병 못지않게 의료보험의 재정약화를 부채질하리란 연구결과도 제시되었다(Barth, 2012: 1~24). 언론에서도 어

---

[1] Ministerium für Gesundheit und Verbraucherschutz Saarland(2011: 1). Barth (2012: 1)에서 재인용.

두운 시나리오에 대한 조명이 많았다.[2] 이런 시나리오는 노인인구의 부양이 힘들어지기 때문에 사회보장체계를 수정할 수밖에 없다는 결론으로 이어진다. 반면 그런 시나리오는 단순 수치에만 의존한 것이고, 부양의 경우도 노인부양이 아니라 중간연령대 인구들 중 경제활동인구 대비 전체인구 비율인 '전체인구 부양비율'로 따지면 2013년 1인당 2명에서 2060년까지 2.2명으로 증가폭이 크지 않다는 견해도 있다. 거기에 시간당 생산성이 1992~2014년 사이 평균 증가율인 1.4%씩만 높아진다면 아무 걱정할 필요가 없다는 주장이다(Steffen, 2015.5).

독일 연방정부의 입장은 적어도 2013년 이후로는 중도적이거나 낙관적인 편에 속한다. 연방정부는 인구변화에 따른 도전들을 대부분 적절한 대비로 극복하거나 적어도 완화할 수 있다고 본다. 인구변화를 그저 위협으로만 보는 것도 섣부르며 기대수명의 연장과 갈수록 좋아지는 건강상태는 기회이기도 하다. 독일의 인구정책은 이러한 판단을 바탕으로 모든 세대의 복지 상태와 삶의 질을 개선하는 방향을 취한다.

독일의 인구정책이 가진 특징은 크게 세 가지로 나눠서 설명할 수 있다. 첫째, 무에서 유를 창조하기보다 잠재력을 최대한 활용한다. 출산율을 높이는 정책이나 이민에 공을 들이기도 하지만 (중증) 장애인, 출산 후 여성, 중장년 및 노인인력, 그리고 그동안 사회에 통합되지 못하던 이민 이력자나 학교 중퇴자 등의 숨은 인력을 개발하여 활용하고자 노력한다.

둘째, 복지와 공동체성 및 통합성 추구다. 인구변화 대응전략의 4대 활동영역을 살펴보면 인구변화가 아니더라도 바람직한 사회로 나아가기 위해서는 꼭 필요한 복지정책들이다. 더 나아가 각 활동영역은 따로 구분, 독립되지 않고 서로 맞물린다. 이를테면 잠재적 전문인력 동원 개선책에는

<hr />

2) 이에 대해 스테판(Steffen, 2015.5)은 다음과 같이 언급하였다. "74세 연금만이 독일을 구할 수 있다"(*Die Welt Online*, 2015. 4. 28), "아이들이 세대 간 계약을 파기할 수밖에 없다"(*Thüringische Landeszeitung*, 2015. 4. 29).

보통 주변인으로 머물거나 내몰리던 잠재인력을 활용하는 방안이 있는데 여기에는 경제활동 인력 수급의 안정화뿐만 아니라 소외된 사람들을 노동 시장으로 통합하는 사회통합정책이 함께 포함된다. 또한 생활보호 대상자에서 소득 창출자로의 변화를 통한 재정 건전성 강화정책, 가정의 역할분담과 가정과 일의 병행도 공동체성 강화와 연결된다.

셋째, 지속가능성이다. 인구변화 대응전략은 에너지와 기후변화, 세대 간 통합, 시민참여에 의한 사회적 공동체 정신, 디지털화와 유연한 교통체계 등의 혁신 투자를 통한 낙후지역 내지 외딴 지역의 연결성 등을 아우른다. 아울러 사회적 연금제도의 개혁과 효율적 예산 집행으로 후세대에 짐을 넘기지 않고 사회가 지속할 수 있게 하는 노력을 경주한다. 이에 따라 모든 분야의 정책과 관련하여 연방정부는 2014년 초부터 인구학적 점검(Demografie-Check)이라는 체크리스트를 도입하여 모든 법률과 명령 제정에 반드시 먼저 점검하도록 했다.[3]

이 장에서는 독일의 인구변화 현황(특히, 가족구조, 이민자 추이 중심으로)을 바탕으로 독일 연방정부의 인구변화 대응정책을 살피고, 그에 대한 비판들을 간략히 언급하고자 한다.

---

3) 연방내무부에서 2009년부터 입법 과정에서 그 입법에 따른 영향을 살피도록 하였고, 2014년에 의무화되었다. 주로 인구변동과 관련된 영향으로 24개 점검 항목이 있는데, 내무부 홈페이지에서 예시된 물음 항목들을 살펴보면 다음과 같다.
- 이 계획이 미래 출산율 변화에 영향을 미치는가?
- 이 계획이 미래의 유입 및 유출 이민에 영향을 미치는가?
- 이 계획이 연령구조(나이든 사람들에 대한 젊은 사람들의 비율)에 영향을 미치는가?
- 이 계획이 지역에 따른 인구 분포(광역도시의 증가, 시골지역의 감소)에 영향을 미치는가?
- 이 계획이 인구의 수와 연령구조에 미칠 변화를 고려하였는가?
- 이 계획으로 전체 인구에서 이민 이력자들 비중의 점증 여부를 고려하였는가?
- 이 계획이 미래 세대들에 대한 재정부담(세금 또는 지출증가, 사회보험료 인상)으로 이어질 수 있는가?

2. 독일의 인구 동향과 그에 따른 문제

1) 독일 인구의 현황

독일 연방통계청(Statistisches Bundesamt)의 제13차 조정 인구추계에 따른 모델 시나리오 중 유입이주민이 저조할 경우를 상정해 보면 2013년 기준 8,080만 명인 독일 인구가 2060년에는 6,760만 명으로 감소할 전망이다. 여기에 연령구조의 변화가 수반하는데, 20세 이하 인구는 1,470만 명에서 1,090만 명으로 줄어들고, 만 65세[만 67세] 이상 인구는 1,680만 명 [1,510만 명)4)에서 2,230만 명[2,060만 명]으로 증가한다. 20~65세[20~67세] 사이 인구는 4,930만 명[5,100만 명]에서 3,430만 명[3,610만 명]으로 감소할 전망이다(Statistisches Bundesamt, 2015a: 13).

이 기관의 2016년 자료를 보면, 독일 인구는 2015년 초 8,120만 명에서 2015년 말 8,190만 명으로 70만 명 정도가 증가하였다. 이는 1992년 70만 명 증가 이후 모처럼 큰 폭의 상승 수치다. 출생자 수(70만 5천~73만 명)에 비해 사망자 수(90만 5천~93만 명)가 커서 출산결손이 19만~21만 5천 명 정도지만(2014년: 출생자 71만 5천 명 - 사망자 수 86만 8천 명 = 출산결손 15만 3천 명), 최소 90만 명 이상의 순유입이주자가 발생한 결과로 파악된다 (Statistisches Bundesamt, 2016. 1. 29). 특히, 2011년 인구센서스를 바탕으로 한 2015년 통계연감의 연도별 인구변화를 보면, 전체 인구는 2004년도에 8,250만 1천 명으로 정점을 찍은 후, 2011년 8,032만 8천 명까지 하향세를 보이다가 2012년 8,052만 4천 명으로 반등하여 조금씩 증가하는 추세다(Statistisches Bundesamt, 2015b: 26). 여기에는 출산율의 소폭 증가

---

4) 대괄호 속의 수치는 2012년부터 표준 정년연령을 67세로 1964년부터 지금까지에 비해 2년 연장함에 따라 중간연령대 인구 폭을 확장한 것이다.

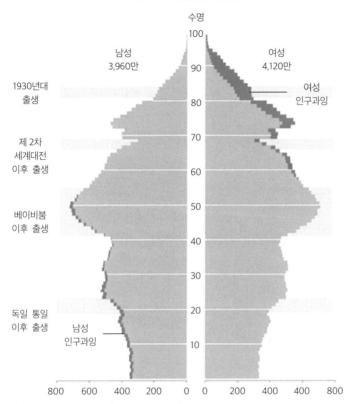

〈그림 4-1〉 연령별 인구구조

수명

남성
3,960만

여성
4,120만

1930년대
출생

제 2차
세계대전
이후 출생

베이비붐
이후 출생

독일 통일
이후 출생

여성
인구과잉

남성
인구과잉

자료: Statistisches Bundesamt, 2015b: 25.

덕도 있지만, 5) 역시 유입이민의 영향이 더 커 보인다.

같은 자료의 지역별 인구현황을 살펴보면 지역에 따른 인구 차가 크고
(특히, 옛 동독지역의 경우 독일인과 외국인 모두 수가 상대적으로 적다), 여성
인구가 남성인구보다 많은 것으로 나타났다. 그런데 외국인 국적의 경우
남성이 여성보다 수가 많다. 연령별 인구구조를 나타내는 〈그림 4-1〉을
살펴보면 1930년대 세계 경제공황에 따른 출산 감소, 제 2차 세계대전 시

5) 독일 가임 여성당 출산율이 2013년 1. 42명에서 2014년엔 1. 47명으로 높아졌는데, 이는
   독일 통일 후 최고수준이다(*Spiegel Online*, 2015. 12. 16).

의 사망과 그에 따른 출산 감소의 현저함이 드러난다. 20대 후반 남성 초과가 어느 정도 보이지만, 연령대가 높아질수록 남성보다 여성의 인구규모가 커지는데, 특히 70대 이후가 두드러진다. 그리고 50대 전후에 베이비붐으로 출생자 수도 현저히 증가하였다.

변화의 맥락에서 추론하면, 베이비붐 세대가 은퇴하고(2020년대 말), 아래쪽 홀쭉한 어린 세대가 생산의 주축이 되면 사회 전체의 생산과 경제발달은 물론 그에 따른 사회복지체계 전체에 대한 우려가 나올 만도 하다. 제2차 세계대전으로 인구가 현저히 감소한 결과 1950~1960년대 외국인 노동자들의 유입이 불가피했던 경험에서 확인할 수 있는 부분이다.[6]

문제는 이러한 추계가 결국은 예상일 뿐이고 실현 가능성은 담보할 수 없다는 것이다. 더욱이 같은 기관인 연방통계청에서 내놓는 추계도 시기에 따라 다르다. 1999년 독일 연방통계청의 제9차 '조정 인구추계'에서 추계한 2050년 독일 인구가 최대 7천만 명이었다. 그것도 유입이민, 출산율, 평균수명을 낙관적으로 본 결과였다. 심한 경우 6천만 명 이하로의 감소를 예측한 통계학자들도 있었다. 그러한 예측을 바탕으로 20~66세의 주 경제활동인구[7] 대비 피부양 노인인구의 비율이 두 배로 증가하여 2050년에는 일하는 사람 100명당 80명에 이르리란 결론이 도출되었다.

그런데 같은 자료를 두고도 독일 인구가 오히려 증가 추세라는 상반된 해석이 나오기도 한다. 이는 최근의 성장세만 놓고 말하거나 난민 수의 증가 때문만도 아니고 이미 2011년부터 꾸준히 증가해 왔다는 사실을 근거로

---

6) 1964년 12월 21일 123명을 시작으로 1977년까지 7,932명의 광부와 1966년 1월 31일을 시작으로 1976년까지 10,564명(자료에 따라 10,226명으로 나오기도 함)의 간호사가 한국에서 독일에 파견된 바 있다. 그런 면에서 한국과도 관계가 있는 셈이다.

7) 주로 '경제활동인구'란 용어가 쓰이는데, 국제 기준으로 15~74세까지 포괄한다. 연방인구연구소(Bundesinstitut für Bevölkerungs forschung: BiB)에서는 20~65세와 2012년부터는 20~67세 인구를 가리킨다. 그러나 그 연령대가 아닌 경우에도 경제활동을 하는 경우가 점점 늘기 때문에 '중심 경제활동인구'란 용어가 더 적질해 보인다.

한다. 그 당시 인구센서스 결과에서 150만 명을 감소 조정하여 나온 인구
가 8,020만 명으로 인구감소 테제에 부합하는 것 같았지만, 2014년 8,120
만 명으로 확인되었고, 2015년에는 8,200만 명에 이를 전망이다. 예컨대
독일 경제연구소에서 최근 산정한 결과에 따르면 2020년의 인구 예상치는
8,500만 명에 달하며 해마다 새로 건설해야 할 주택이 최소 40만 채에 이
른다(*Frankfurter Rundschau*, 2016).

아직까지는 어떤 해석이 맞는지 확인하기 어렵지만, 적어도 전체 인구
와 무관하게 현실화되기 시작한 문제가 있다. 바로 지역별 인구차이다. 독
일 전체 인구밀도는 제곱킬로미터당 228명인 데 비해 2015년 기준 대도시
중에는 뮌헨(4,668명/제곱킬로미터), 베를린(3,785명/제곱킬로미터), 슈투
트가르트(2,850명/제곱킬로미터) 등이 높은 인구밀도를 보인다. 반면 옛 동
독지역은 대체로 인구밀도가 낮은 편이다. 그중에서도 작센(전체 인구 408
만 4,851명; 인구밀도 222명/제곱킬로미터), 작센-안할트(224만 5,470명; 109
명/제곱킬로미터), 튀링겐(217만 714명; 134명/제곱킬로미터) 등이 낮으며
메클렌부르크-포어포먼(160만 명; 69명/제곱킬로미터), 브란덴부르크(245
만 명; 83명/제곱킬로미터)에 이르면 더욱 심각하다. 이는 베를린과 같은 주
변 대도시의 영향으로 보인다(Statistisches Bundesamt, 2015b: 30).

지역별 인구변화의 양상은 점점 뚜렷해지는 추세다. 1960년과 2013년의
인구를 비교하면 독일 전체인구는 7,314만 7천 명에서 8,076만 7천명으로
762만 명 증가하였다. 그런데 바이에른과 바덴뷔르템베르크는 2.6% 증가
하였지만, 옛 동독지역인 작센(-1.9%)과 작센-안할트(-1.3%)는 하락하
였다. 한편, 2004년부터 2013년까지 베를린의 인구는 1천 명당 14명 비율
로 증가하여 압도적인 1위이고, 바이에른과 함부르크(+7)가 뒤를 이었다.
반면 작센-안할트(-7)가 가장 심한 감소를 보였고, 튀링겐과 자알란트(-4)
가 뒤를 이었다. 옛 서독지역에 해당하는 노르트라인-베스트팔렌의 경우 1
천 명 기준으로 이주자를 계산한 결과 -17로 유출인구가 현저히 높았고,

그다음이 동독지역에 해당하는 작센-안할트와 튀링겐(-6) 순이다. 반면 바이에른(+14)의 유입 인구가 가장 많았고, 베를린(+8), 슐레스비히-홀슈타인(+7) 순으로 나타났다(Statistisches Bundesamt, 2015b: 44).

　지역 차이 중에도 통일 이후 옛 동독지역의 경우 상황이 특히 심각하다. 통일 후 출산율이 급격하게 낮아지고, 유출이주자가 많아서 1990년대 초에는 인구가 기존의 절반으로 감소하는 현상마저 보였는데, 무엇보다 첫출산 연령이 늦어진 현상이 원인으로 꼽힌다.[8] 2000년 이후 다시 일정 정도 정상화되었지만, 1990년대 이후 전체적으로 200만 명이 감소하였다. 약 300만 명이 동독지역을 떠났고, 약 100만 명이 서독에서 동독지역으로 이주하였는데, 이른바 분단에 따른 실향민들의 귀향과 통일 후 동독지역을 떠났다 돌아온 이들을 합치면 전체 동독이주자의 절반을 넘는다(Beck, 2004: 95~111). 동독지역도 다시 지역 차가 보이는데, 통일 이전 농업과 중공업 비중이 컸던 도시는 인구가 줄고, 서비스업과 비제조업 비중이 컸던 도시들의 인구가 늘었다(이상준, 2000: 17~27). 비슷한 규모에 비슷한 공업도시였더라도 도시 전통과 인식 및 정책에 따라 라이프치히처럼 인구가 증가하는 곳이 있고(1988년 51만 명, 2000년 47만 명, 2010년 52만 명), 할레(1988년 33만 명, 2000년 24만 명, 2010년 23만 명)처럼 감소하는 곳도 있다(이상준, 2010: 53~79). 이처럼 지역에 따른 차이는 있지만, 동독지역 전체의 인구학적 상황은 심한 경우 '파국적'인 것으로 평가된다. 그 원인은 젊은이들이 떠나 심화된 노령화, 평균수명 연장, EU 최저수준의 출산율

---

8) 세네(Jean-Claude Chesnais)에 따르면 통일 이전 동독지역에서는 출산 장려정책이 활발하게 추진되었고 이 기간 동안에는 서독지역보다 출산율이 높았다. 그러나 통일 이후 가족 보호조치들이 사라지면서 옛 동독지역의 출산율은 급감하였다(Chesnais, 2001/2008: 218~221). 그렇지만 옛 동독지역 산업재편에 따른 일자리 감소와 그에 따른 어두운 전망과 서독지역의 발달된 교육적, 문화적 환경의 흡인력 등 경제, 심리, 문화적 요인들이 복합적으로 작용했다고 보아야 할 것이다. 그에 따라 문을 닫을 수밖에 없는 옛 동독지역 학교와 유치원들이 많았다.

(다시 노령화 심화) 등을 꼽을 수 있다. [9]

결국 대도시 지역들만 주로 성장하는 추세다. 그 원인은 무엇보다 이촌 향도(離村向都), 즉 산업화 시기가 지난 뒤에도 양질의 교육을 받은 젊은 이들이 지역을 떠나 대도시로 옮겨 가기 때문이다. 그에 따라 대도시에서 는 젊은 유입이주자의 증가가 불러온 연령구조 변화와 그에 따른 출산율 증가로 사망자보다 태어나는 아이가 더 많다. 문제는 이로 인해 발생하는 지역 차와 지역 불평등으로 가치 동등한 생활여건을 마련해야 한다는 독일 헌법 규정의 실현이 불가능해진다는 점이다. 더구나 이러한 '지역 착취'는 국제적 차원에서도 일어난다. 고급 인력을 얻기 위한 경쟁은 결국 취약한 나라가 고급 인력을 무상으로 흡수당하는 결과로 이어지며 이는 '인구학적 식민주의'라고 볼 수 있다(*Wirtschaft Woche*, 2016. 1. 5).

아울러 인구변화에 대한 대응도 이를테면 유치원 증설, 학교 폐교, 양로 원 건립 등과 같이 지역별로 달라질 수밖에 없다. [10] 지역에 따른 인구변화 의 차이는 지역별 경제생활이나 삶의 질을 위한 사회시설 및 공공서비스에 문제를 유발할 수 있다. 더구나 지역별 인구구조의 변형에 따른 사회, 경 제적 문제는 다시 인구 유입을 어렵게 만들어 악순환의 위험이 크다.

2) 가족 및 가구 구성의 변화

1인 가구와 무자녀 가구의 증가, 다자녀 가구 감소 및 고령화 등으로 대변 되는 가족의 가구구성 변화는 출산율과 함께 인구변화의 결정적 요인이다. 여성의 자녀출산 평균 연령의 변화를 보면(〈표 4-1〉 참조) 전체 출산 연령

---

9) https://de. wikipedia. org/wiki/Neue_L%C3%A4nder#cite_note-6를 참조하라.
10) 함부르크는 2030년까지 인구가 10.3% 증가하고, 작센-안할트는 13.6%나 감소할 전망 이다. 10~15세 학생 수에서 작센은 2012~2030까지 12%가 증가하지만, 자알란트는 17% 감소할 것이다(Bertelsmann Stiftung, 2015: 6).

<표 4-1> 여성의 자녀출산 평균 연령 변화

	자녀출산 평균 연령				
	전체	첫째	둘째	셋째	넷째 이상
2009	30.4	28.8	31.3	32.8	34.2
2010	30.5	28.9	31.4	32.8	34.2
2011	30.6	29.1	31.5	33.0	34.2
2012	30.7	29.2	31.6	33.0	34.2
2013	30.8	29.3	31.7	33.0	34.2

자료: Statistisches Bundesamt, 2015b: 36.

이나 첫째와 둘째 자녀출산 연령이 조금씩 늦어진다(2013년 기준 29세). 둘째 이상의 아이를 가질 가능성도 그만큼 감소할 수밖에 없다. 여기에는 가정과 직장의 병행 가능성과 같은 출산과 양육의 사회적 환경과 제도가 중요한 역할을 한다. 가족과 결혼 및 출산에 대한 인식은 제도적, 문화적 환경에 영향을 받기 때문이다. 11)

현저한 증가세를 보이는 1인 가구도 이러한 인식과 문화와 사회적 환경의 변화와 맞물린다. 1991년 당시 전체 가구 중 1인 가구 비율은 33.6%였다. 이 비율은 2001년(36.6%), 2010년(40.2%)을 거쳐 2014년(40.8%)

---

11) 제도적 환경은 다시 대다수의 인식에 영향을 받아서 변화한다. 1998년 〈친자관계법〉 개혁(Kindschaftsrechtsreform)의 경우 혼외자녀에 대한 차별을 폐지하고, 혼인관계에서 태어난 아이들과 동등하게 대우하도록 하였다. 그만큼 결혼에 대한 인식이 변화한 까닭이다. 동성결혼 또는 평등결혼(marriage equality, equal marriage), 등록 인생반려관계(Eeingetragene Partnerschaft) 등 동성 간의 결합을 허용하는 제도 변화도 마찬가지다. 이런 변화는 출산장려와는 거리가 멀지만, 20세기에 들어서면서 시작된 LGBT[레즈비언(Lesbian), 게이(Gay), 양성애자(Bisexual), 트랜스젠더(Transgender)의 통칭어] 운동과 같은 세계적인 흐름에 따른 것이다. 네덜란드와 독일[〈생애반려관계법〉(Gesetz über die Eingetragene Lebenspartnerschaft)]의 경우 2001년부터 동성결혼을 허용하였다. 물론 안락사라든가 낙태 등이 허용되고, 자녀의 모계 성 승계가 법제화된 네덜란드에 비하면 독일이 보수적인 면을 보이지만, 전반적으로 개인의 행복추구권이 강화되는 쪽으로, 그러니까 네덜란드 모델에 가까워지는 경향을 보여 준다.

에 이르기까지 갈수록 증가했다(Statistisches Bundesamt, 2015b: 49). 1인 가구에서도 성(性)과 연령에 따른 차이가 나타난다. 1991년부터 2011년 사이 남성 1인 가구는 11%에서 19%로 증가한 반면, 여성 1인 가구는 18%에서 21%로 증가했다. 전체 비율은 여성 1인 가구가 더 많지만, 증가율 면에서는 오히려 소강상태를 보인다.

젊은 세대(18~34세의 경우 남성 27%, 여성 20%)와 중년 세대(35~64세의 경우 남성 22%, 여성 15%)에서는 남성 1인 가구가 여성보다 많지만, 고연령일수록 평균 기대수명의 차이와 맞물려 여성 1인 가구의 증가 추세가 두드러진다(65세 이상에서는 여성이 45%, 남성은 19%).[12] 지역과 규모에 따른 차이도 있어서 대도시일수록 1인 가구가 많고, 인구가 적은 도시일수록 1인 가구 비율도 적었다(인구 5천~2만 명 규모에서 31.9%, 인구 2만~10만 명의 경우 34.8%, 인구 10만 명 이상인 경우 49.9%).

1996년과 2014년의 무자녀 부부 및 1인 가구 비중을 비교하면 다음과 같다. 우선 자녀가 있는 가정은 35%에서 28%로 감소하고, 무자녀 부부의 경우 28%로 그대로인 반면, 1인 가구는 38%에서 44%로 증가했다. 2014년 가구형태를 좀더 세분화하여 비교해 보면, 총 1,143만 4천 가구(2012년 대비 -5만 9천 가구) 중 결혼 부부 비율이 68.1%(2012년 대비 -1%), 동성관계 0.1%, 비혼 가구 8.1%(+0.7%), 한부모 가구 23.7%(+0.3%)다. 자녀가 없는 가구 수는 1,168만 5천 가구(2012년 대비 +19만 2천 가구)인데, 그중에서 부부가 차지하는 비율은 83%(-1.1%), 동성관계 0.7%(+0.1%), 한부모 가구 16.3%(+0.9%)다. 1,797만 1천 가구(+50만 6천 가구)의 1인 가구 중 여성 비율은 53%(-0.7%)다. 1천 명당 혼인율의 경우 1950년 11%,

---

12) 65세 이상 여성들의 1인 가구 비중이 1991년(55%)에 비해 10%나 감소하였다. 다만 1991년의 높은 비율은 제2차 세계대전의 작용으로 추정된다. 다른 연령대의 경우 1인 가구가 1991년보다 증가하였다. 18~64세 여성의 경우 12%에서 17%로, 남성의 경우 13%에서 23%로 더 큰 폭으로 증가하였다(Statistisches Bundesamt, 2012. 10. 1).

2000년 5.1%, 2013년 4.6%를 기록해 감소 추세가 뚜렷하다(Statistisches Bundesamt, 2015b: 51).

출산율이 달라지면 인구변화 양상에 대한 예측도 달라진다. 여성 1인당 1.6명의 출산율에 기대수명의 증가(약 2~3년)와 연간 유입 이민자 수를 20만 명 정도로 상정할 경우 2030년 독일 인구는 약 7,690만 명으로 오늘날과 비슷하지만, 2060년엔 7,310만 명으로 감소한다(BMI, 2015: 40). 그런데 출산율의 증가가 이론적으로는 가능할지 몰라도 40년 넘게 1.4대에 머물러 있는 현재로서는 가능성이 크지 않다. 이는 부모세대의 2/3 정도만 자녀세대에 의해 대체된다는 의미다.[13] 물론 다른 해석도 있다. 2011년 1.39였던 출산율이 2015년에 1.47이나 된 점을 지적하며 양질의 돌봄서비스와 가족친화적 기업정책이 전제되면 여성 1인당 출생아 수를 1.7까지 증가시킬 수 있다는 것이다(Frankfurter Rundschau, 2016).

기대수명이 지속적으로 연장되기 시작한 지 이미 50년이 넘어서 고령화역시 가족구조에 중요한 문제다. 1960년 이후로 평균 기대수명은 남성의경우 10.8년, 여성은 10.4년 증가했다. 앞으로도 기대수명은 한동안 계속증가할 전망이어서 신체적·정신적으로 활동능력이 있는 고령자 수도 점증하고 건강한 상태로 살아가는 기간도 연장될 것이다. 아울러 도움이나수발이 필요한 노인도 증가하기 마련이다. 그들의 바람은 대부분 그런 상태가 되더라도 지내던 가정에서 생활하는 것이다. 그러려면 가족 중에 보살필 수 있는 사람이 있어야 하고, 1인 가구인 경우 그런 서비스가 밖으로부터 제공되어야 한다.

이 문제를 지원 없이 개인 차원에 방치할 경우, 요양시설 등의 확충에 따른 사회비용이 증가하거나 공동체 와해의 위험이 커진다. 독일은 지난 1995년부터 사회보험 방식의 장기요양보험(수발보험, *Pflegeversicherung*)을 세계 최초로 도입하여 시행하여 노인 관련 제도 차원에서 두드러진 정책적 성과를 보여 주었다(김근홍, 2010: 304~306).

3) 이민자 추이

1950년대 중반부터 1960년대 중반까지 가파른 경제성장 및 전후 재건기의 보충 욕구에 따른 베이비붐 현상과 함께 노동력 부족이 큰 문제로 대두되었다. 이는 독일이 본격적으로 맞은 최초의 인구문제라 할 수 있는데 제2차 세계대전으로 발생한 사망자 수의 영향이 컸다. 노동력 부족 문제의 해결을 위해 독일은 적극적인 외국인 노동자 유치정책을 펼쳤다. 1955년 이탈리아, 1960년 그리스, 1961년 터키, 1968년 유고슬라비아와 쌍무 협정을 맺고 전문기술직이 아닌 노동자들에게도 입국을 허용하였다. [13]

그 후 부침은 있었지만 장기적으로 볼 때 순유입 이민 수는 계속 증가추세를 보였다. 비교적 오래 이어지던 유입이민 수의 감소세가 2010년 이후 반전되어 증가세로 돌아섰기 때문이다. 오늘날 독일은 유입이민국에 속한다. 그 원인으로는 EU 국가들로부터 유입이민이 큰 폭으로 증가한 것, 제3세계 국가들로부터 일자리를 위한 이민 및 난민·망명자 수가 증가한 것 등을 꼽을 수 있다. 유입이민의 교육수준이 전체적으로 향상되면서 초창기와 다르게 현재 유입이민들의 직업영역은 좀더 다양한 분야에서 펼쳐진다. 2013년 기준 독일에서 이민이력이 있는 사람은 1,650만 명으로 전체 인구의 20.5%를 차지한다. 그 가운데 1/3 정도(600만 명)가 독일에서 태어났고, 2/3(1,050만 명)는 직접이민 경험이 있다. 그중 36.6%는 EU 국가 출신들이다(BMI, 2015: 29~31).

한편, 2015년 8월 시리아 난민을 모두 받아들이겠다는 선언 이래 독일에 들어온 난민은 약 110만 명 정도다. 2016년 3월 13일에는 16개 연방주 가운데 3개 주(작센-안할트, 라인란트-팔츠, 바덴뷔르템베르크)에서 치러진,

---

13) 연방통계청 자료(BiB, 2004: 19)에 따르면 1천 명의 여성이 49세까지 1천 명의 딸을 낳을 때 단순대체가 가능하다.

이른바 '미니 총선'으로 불리는 주의회 선거에서 반이민정책을 표방하는 극우정당 '독일을 위한 대안'(Alternative für Deutschland)의 선전이 돋보였다 (옛 동독지역인 작센-안할트 지역 지지율이 5%에서 20%로 상승). 기민당 대표이며 수상인 메르켈은 바덴-뷔르템베르크 주의 하이게를로흐 선거 유세에서 EU와 터키 협약을 통한 난민의 유럽 유입 감소를 내세우며, "독일로 들어오는 난민 수가 크게 줄었고 앞으로도 지속적으로 줄이겠다"고 했지만 결과는 기민당에게 불리하게 끝났다. 선거가 끝난 뒤 메르켈은 헌법에 따라 독일의 책임을 다하는 정책기조를 그대로 유지한다는 입장이다(*Spiegel Online*, 2016. 3. 14). 물론 인도적, 윤리적 차원 때문만은 아닐 것이다.

이런 현실로 보면 이른바 대다수의 선진국과 마찬가지로 외국인 이민을 달가워하지 않는 독일인이 많다는 것, 그럼에도 현실적으로 이민과 난민 정책을 바꾸기 어렵다는 것을 알 수 있다. 결국 이민은 인구문제 해소에 어느 정도 긍정적 영향을 미치긴 하지만, 정책과 사회적 분위기에 따라 부작용도 생길 수 있다. 그에 따른 일례로 맨 먼저 일자리 문제와 사회통합 문제를 들 수 있다. 1950~1960년대 노동력 부족 문제 해소를 위해 외국인 노동자를 유치할 때만 해도 이 부분에 대한 고민은 적었다. 일시적 객원 노동자(*Gastarbeiter*)[14]로 생각했기 때문이다. 그러나 실업자 수가 증가하면서 사정은 달라졌다. 아직은 유럽의 다른 국가들에 비해 독일은 상대적으로 실업률이 높지 않음에도 외국인에 대한 태도는 달라지지 않았다.

이민정책이 중요한 부분이기는 하지만, 문제는 이민을 통해 인구변화에 따른 문제들을 어느 정도 완화 또는 지연시킬 수는 있어도 해소할 수는 없

---

14) *Gast*(손님, 객) + *Arbeiter*(노동자)의 조어. 독일은 유입 노동자들이 단기간 체류하고 본국으로 돌아갈 것을 상정했으며 1~2년 일하고 다른 사람에게 기회를 주기 위해 귀국한다는 순환원칙을 적용했다. 그러나 계속 체류한 사람이 월등히 많았고, 이들이 가족을 불러들이는 경우도 많았다. 독일은 외국인 노동자 자녀에게 체류권(*Aufenthaltsberechtigung*)만 부여하고 시민권은 부여하지 않았다. 그 결과 사회통합의 문제가 나타났다.

다는 점이다. 아울러 이민자들의 사회통합도 적지 않은 문젯거리다. 따라서 가능한 한 양질의 전문인력을 유치하는 것, 유치한 외국인의 사회통합을 촉진하여 공동체를 강화하는 정책이 필요하다. 아울러 대승적 차원에서 '이민 식민주의'의 비판을 받지 않도록 호혜적 대안도 강구되어야 한다.

3. 독일의 인구정책 개요

1) 전체 인구정책의 기조

인구변화 문제에 대해 프랑스보다 늦은 감이 있지만 독일도 연방 차원에서 정책적으로 광범위한 해결책을 모색 중이다.[15] 내무부 소속 연방 인구연구소(Bundesinstitut für Bevölkerungs forschung: BiB)[16]에 따르면 향후 독

---

[15] 인구문제와 관련된 기관으로는 Bundesministerium für Gesundheit(연방 보건부), Bundesministerium für Arbeit und Soziales, Familie, Senioren, Frauen und Jugend (연방 노동, 사회, 가정, 노인, 여성, 청소년부), Berlin-Institut für Bevölkerung und Entwicklung(베를린 인구 및 인구변화 연구소), Statistisches Bundesamt(연방 통계청), Bundeszentrale für politische Bildung(연방 정치교육센터), Bundesintitut für Bevölkerungsforschung(연방 인구연구소), Deutsches Zentrum für Altersfragen(독일 노인문제센터) 등이 있다.

[16] 연방 내무부 소속 연방 인구연구소는 1973년 비스바덴에 설립되었다. 이 연구소의 과제는 크게 ① 인구문제 및 그와 결부되는 가정문제에 대한 학술 연구, ② 관련 분야 학문 지식들을 수집하여 활용 가능하도록 가공 및 발표, ③ 관련 분야의 중요한 과정들에 대해 연방정부에 보고하고 구체적인 문제들에 대해 자문, ④ 인구문제 관련 국제 협업(특히, UN과 EU 의회) 과정에서 연방내무부 지원으로 나뉜다. 현재 근무 인원은 45명(학자 연구원 34명)이다. 학제 간 연구를 지향해 사회학, 인구학, 경제학, 지리학, 정치학, 수학, 통계학 등 여러 분야 학자들이 인구학 분야를 기점으로 함께 연구한다. 가장 역점을 두는 분야는 사회 고령화, 인구변화와 지역(동·서독) 차이, 가구구조, 생활형식, 출산율 추이 등이며 여기에 지역적 인구변화 양상, 이민 및 이주, 인구학적 모델 연산, 세계 인구 및 인구변화 문제 등이 추가된다(BiB, 2016a, 2016b).

일 인구구조는 심각한 변화를 겪을 것으로 예상된다. 점증하는 기대수명과 인구고령화 및 지역에 따른 인구편차(증가지역과 감소지역) 등은 정치영역 전반에 영향을 미쳐 향후 수십 년 동안 경제적, 사회적으로 수많은 도전거리가 된다. 따라서 인구변화에 대한 대처가 미래 정치의 핵심과제란 인식에서 연방정부는 "독일의 미래 만들기"라는 연정 계약을 통해 고령화 사회를 기회로 살리고자 한다. 연방인구연구소에 따르면 인구변화와 고령화에 대한 연구는 크게 다음 3개의 분과 그룹으로 나뉜다(BiB, 2016c).

- 제1연구그룹(인구변화와 세계 인구) : 전 세계적 연계망이 긴밀해짐에 따라 독일, 유럽 및 세계의 인구변화를 비교하고 지역적 관점에서 연구한다. 세계 인구변화는 전 세계 개발의 지속가능성에 미치는 영향과 다른 한편으로 독일에 미치는 직접적 영향과 관련된다.
- 제2연구그룹(노화와 사망률) : 개인 및 사회 차원의 성공적 노령화의 전제 연구를 위해 노령화의 다양한 양상과 개인, 가정, 사회에 미치는 영향(건강, 교육, 파트너 관계 등)을 고찰하여 연장된 수명이 인생이력 구조에 미치는 영향을 연구한다. 주요 연구과제는 경제활동에서 은퇴생활로 넘어가는 과도기 대응방법과 나이 든 사람들의 생산 잠재력이다.
- 제3연구그룹〔사망률과 다음 인구 코호트(cohort)〕: 2015년 7월 1일 연방인구연구소에서 시작한 대형 학술 프로젝트로 20~69세 사이 약 20만 명을 대상으로 10~20년에 걸쳐 의학적으로 진찰하고 생활습관을 조사 연구한다. 심혈관계 질환, 암, 당뇨, 치매 및 감염 질환 등 중요한 국민질병의 원인에 대한 자세한 연구로 예방, 조기진단, 치료를 위한 새로운 전략을 개발한다.

독일 연방정부 차원의 인구변화 대응정책은 2015년 1월 내무부에서 주관하는 "어느 연령대나 다 중요하다: 모든 세대의 더 많은 복지와 더 나은 삶의 질을 위하여"로 집약된다(BMI, 2015).[17] 2012년 연방정부에서 시작한 인구변화 대응전략은 2013년 5월 각 부 장관들과 주정부 및 지자체 대표자들 그리고 재계와 노동조합 및 사회단체 대표 등으로 구성된 연방정부 인구변화 대응 수뇌부에 보고되고, 2015년 9월 2일 마감되면서, 다시 다음 단계로 심화 발전시킨 프로젝트가 되었다.

연방정부는 인구변화 대응전략 차원에서 모든 관련부서와 영역들을 포괄하여 대화하고 연구 및 활동 그룹을 운영한다. 또한 각 그룹과 파트너들도 협업을 중시하면서 연방정부 인구변화 대응 수뇌회의에서 핵심 포럼을 운영한다. 2015년 9월 22일 개최된 인구변화 전략 학술회의에서는 인구변화 관련 그룹 간의 대화와 함께 진행 중인 각종 연구 실적을 토대로 연구 결과와 전략 목표에 대한 토론이 있었다. 2017년 초에 그동안의 실적에 대해 보고될 예정이다. 특히, 각 활동 분야와 연구그룹의 구체적 활동결과 간 연계가 중시된 인구변화 대응전략의 중점이 된 조치는 다음 10개 과제로 정리된다.

- 튼튼한 가정을 위한 협력관계
- 미래를 위한 청소년
- 동기부여와 양질의 훈련을 거쳐 건강하게 노동하기
- 노년기의 자율적 생활
- 치매가 있는 사람들을 위한 연대
- 인구변화가 진행되는 지역들의 강화-도시와 지방의 삶의 질 지원
- 전문인력 기반을 다지기 위한 모든 잠재력 활성화

---

17) 독일 인구정책 개관 부분(이 장의 3과 4)은 주로 이 자료를 정리한 것이다. 각주 처리를 하지 않은 부분은 대체로 이 자료를 간추려 정리한 것이다. 본래 경제, 사회, 지역, 공공 서비스 등을 망라하여 아래에 10대 과제로 재분류되는데, 여기서는 가정, 이민 분야 관련 정책을 중심으로 정리했다.

- 외국 노동 잠재력에 대한 개방과 환영문화 창출
- 교육이력 장려
- 매력적이고 현대적인 일자리로서의 공공서비스

이런 전략 프로젝트는 연방정부에서 파견된 의장과 대응전략 활동 파트너 사이에서 선발된 부의장의 주도하에, 각 활동 분야에서 연방정부의 대표자들과 함께 인구변화에 따른 도전들에 대하여 토론하며 새로운 해결책을 개발·실천하는 중이다. 인구변화 대응전략의 상위 목표들과 이러한 목표 달성을 지원하기 위한 4대 핵심 활동 분야는 〈그림 4-2〉와 같다.

〈그림 4-2〉 인구변화 대응전략 목표와 활동 분야 자료

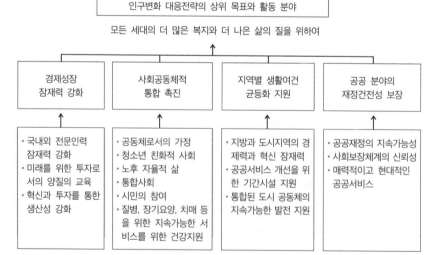

자료: BMI, 2015: 9.

2) 인구정책 4대 활동 분야 개괄

(1) 경제성장 잠재력 강화

국가 경제추세에 대한 전문자문위원회의 감정에 따르면 향후 인구변화에 따라 경제성장률이 약 0.5% 하락하겠지만, 1인당 소득은 비슷한 수준을 유지한다. 인구변화에 따라 주 경제활동인구 층의 부양 부담이 어느 정도 커지겠지만 이를 경제성장 잠재력을 키우는 것으로 대처한다는 복안이다. 즉, 경제발달의 잠재력을 장기적으로 안정시키고 복지수준을 계속 증진시켜 미래 세대들에게 물려주겠다는 것이다. 그 핵심은 그동안 독일 경쟁력의 기반이었던 잘 훈련된 전문인력 수급의 안정화와 이를 위한 교육 잠재력의 강화다.

전체 사회 차원의 과제는 자녀양육, 학교교육, 직업훈련, 평생교육과 심화-계속교육, 국내 전문인력 잠재력의 활성화, 해외 전문인력의 유입 및 그에 상응하는 급여 보장, 건강하고 유연한 근로조건 제시, 사회통합 등이다. 더 나아가 국제 경쟁력 유지를 위해서는 미래의 직업세계에 대한 투자와 디지털 사회 설비 등 혁신과 투자를 통해 경제발달의 지속적 강화도 중요하다. 특히 장기적으로 중요한 것은 인구변화를 거치는 과정에서 1인당 소득을 안정, 증가시키는 것이다.

〈그림 4-3〉'경제성장 잠재력 강화' 목표를 위한 활동영역

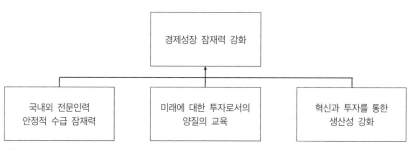

자료: BMI, 2015: 43.

(2) 사회공동체적 통합 촉진

인구변화에 따라 인구고령화와 이질성이 심화되어 사회규모가 작아지는 변화에는 많은 도전과 함께 사회적·공동체적 통합을 위한 커다란 기회가 내포된다. 특히, 인구변화는 경제적 차원의 도전으로 그치지 않고 사회적 통합과 문화적 다양성에 영향을 미칠 수 있다. 삶의 질과 복지는 물질적 가치로만 이루어질 수 없고, 그보다는 사회공동체 결속에 영향을 미치는 다양한 조건과 요인으로 결정되기 때문이다. 연방정부는 바로 이러한 부분에서 모든 세대의 참여를 이끌고 사회가 자체적으로 가진 잠재력과 역량을 활용하여 훌륭한 공동체 생활을 이룩할 가능성에 주목한다. 여기에 부담 가능한 사회적 관계들과 공동체에 입각하여 사람들의 결속(가정, 이웃, 사회, 노동계 등)을 통해 삶의 질 향상을 도모한다.

정부는 모든 세대 통합정책을 통해 공동체적 통합을 강화하는 선제적 조치를 추구하는데, 무엇보다 가족, 청소년, 노인, 건강 및 장기요양과 시민참여 등의 정책이 이와 관련된다. 그러기 위해서는 교육, 건강 및 인생계획을 위한 새로운 계획 등에 특별한 투자가 전제되어야 한다. 그러면 가정, 교육, 직업생활 및 노후생활 단계의 시기들을 새롭게 조정할 수도 있다.

〈그림 4-4〉 '사회공동체적 통합 촉진' 목표를 위한 활동영역

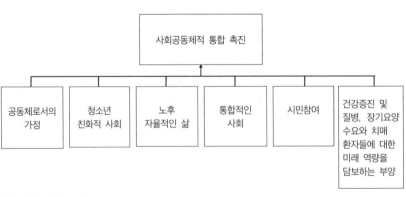

자료: BMI, 2015: 46.

2015년 4~10월 사이에는 "독일에서 잘살기: 우리에게 중요한 것"이란 주제로 정부·사회단체·국민이 함께 토론하는 자리가 마련되었다. 이 행사를 통해 얻은 결실은 학술적 자문을 바탕으로 독립적 학술서비스 제공자에게 평가를 맡겼다. 2016년 1/4~2/4분기에 나온 이 보고서는 연방정부의 향후 정책방향으로 삼을 삶의 질 지표에 대한 중요한 정보를 담았다.

(3) 지역별 생활여건 균등화 지원

도시와 지방은 서로를 보완 공생하는 게 마땅한데, 현실에서는 인구변화가 지역에 따라 다른 양상을 띠며 젊은 세대의 경우 특히 심한 현상을 보인다. 그 결과 경제적으로 발달한 지역, 그중에서도 광역도시권의 경우 국내외 유입인구로 덕을 본다. 반면, 인구감소와 노령화 속도가 평균을 크게 웃도는 지역들은 갈수록 어려워진다. 따라서 이러한 인구변화의 악영향을 완화시키고 지방의 지속가능한 미래에 대한 전망을 제시하는 것이 정치적으로 중요하다. 여기에는 지방, 경제, 교통, 사회시설, 환경, 지역개발 등의 정책에서부터 지방과 도시개발 및 주택건설정책 등과 함께 노동시장, 교육, 의료 및 가족정책 등이 망라된다.

연방정부의 목표는 지방과 도시지역의 생활여건과 일자리 조건의 균형을 유지하기 위한 지원, 지방과 도시지역의 높은 삶의 질 및 환경조건을 위

〈그림 4-5〉 '지역 생활여건 균등화 지원' 목표를 위한 활동영역

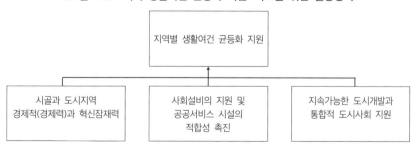

자료: BMI, 2015: 49.

한 지원에 역점을 둔다. 이에 따라 연방정부는 인구변화의 영향을 완화하고 지역에 지속가능한 미래 전망을 주기 위해 주정부와 지방자치단체들을 지원한다. 여기에는 구조적으로 취약한 지방지역의 지원, 전국 광대역 고속 통신망 보급, 도시건설과 주택정책, 환경정책 등도 포함된다. 인구변화 와중에도 젊은이와 노인, 가정과 기업, 지방의 기존 주민들은 물론 신생아와 새로운 주민들에게 지역의 매력을 유지하려면 지역개발이 생활과 경제, 자연공간과 문화적 정체성 등을 총체적으로 강화시키는 방향으로 이루어져야 한다.

(4) 공공 분야의 재정건전성 보장

급격한 인구고령화의 영향에 따라 적은 수의 경제활동인구가 더 많은 사람들의 노후를 책임져야만 한다. 이는 사회보장체계에도 영향을 미치기 마련이다. 제때 적절한 대응 방안을 마련하지 못할 경우 세수, 특히 근로소득세와 소득세 분야의 저하로 재정적 위험이 초래될 수 있다. 따라서 인구변화에 의한 공공재정부담의 극복을 위해 공공서비스 분야에 장기적 신뢰성이 담보되어야 한다.

〈그림 4-6〉 '공공 분야의 재정건전성 보장' 목표를 위한 활동영역

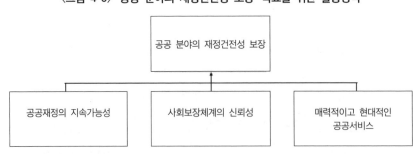

자료: BMI, 2015: 51.

4. 가족정책

1) 공동사회로서의 가정

지속가능한 사회를 위해서는 가정이 튼튼해야 하고, 그러려면 가정과 직업이 양립 가능해야 하며, 업무분담이 파트너 정신에 입각해야 한다. 아울러 자녀양육과 요양수발이 필요한 가족들을 포함한 가정생활이 가능해야 한다. 그럴 때 노인들은 가급적 오래도록 자율적 생활을 할 수 있고, 또 모든 세대 가족이 역량에 맞는 활동을 하며 함께 살 수 있다. 실제로 자녀가 있는 남성 둘 중 하나가 자녀를 위한 시간이 모자라고, 셋 중 하나가 시간제로 일할 의사가 있다는 조사도 있다(Forsa, 2013).

독일 연방정부의 정책은 모든 세대의 전망과 욕구를 고려한 세대의 잠재력과 자원 활용을 지원하는 것이다. 연구그룹 '좋은 파트너 관계로 튼튼한 가정'과 연방정부 인구정책의 초점은 파트너 관계에 입각한 가정과 직업의 양립 가능성 분야다. 양립 가능성이 커져야 가정 경제가 장기적으로 안정되어 자녀계획이 수월해지고 자녀양육과 노인부양 등에도 좋은 환경이 조성될 수 있다. 이에 연구그룹은 일과 가정의 양립 가능성 개선정책을 통해 자녀출산 욕구의 실현을 촉진하고 있다. 결혼 및 가족과 관련된 정책활동에 대한 종합평가 결과도 일과 가정의 양립이 핵심이다(BMFSFJ, 2014). 따라서 이런 가치관 및 태도 변화에 맞는 제도와 근로 환경의 변화가 요구됐다.

먼저 부모수당(자녀양육수당, *Elterngeld*)[18]과 보육 지원 및 종일학교 등의 서비스를 통해 제도 차원에서 직업과 가정의 양립 가능성을 제고했다.

---

18) 기존의 양육수당(*Erziehungsgeld*)을 대체한 것으로, 출산 후 자녀양육으로 직장생활이 어려운 부모에게 지급되는 이전지출이다. 2013년 49억 유로가 지급되었는데(연방 노동 ·사회·가정·노인·여성·청소년부〉 전체 예산의 약 83%), 남성 수급자 80% 가량이 2개월, 여성 수급자 92% 가량이 10~12개월 동안 수급하였다.

2015년 1월부터 효력이 발휘된 〈아동보육시설확충법〉(Gesetz zum Kita-Ausbau)에 따라 연방은 3세 미만 아이들의 보육시설 확충에 재정적 지원을 한다. 양적 확충뿐만 아니라 각종 설비와 위생시설 등의 개선과 언어교육도 함께 지원된다. 19) 아울러 2015년 7월부터 '부모육아보조금 Plus'가 시행되었다. 이 제도는 출산 후 아이를 돌보기 위해 직업활동을 중단 또는 축소할 경우 소득 감소의 완화를 위해 출산 후 14개월 동안 지원하던 기존의 육아보조금을 보완한 것이다. 이 제도에 따르면 지원금 수급 대상 가정의 구성원이 주당 25~30시간의 시간제 근로를 병행할 경우 파트너 보너스로 부모가 각기 4개월까지 지원금 수급기간을 연장할 수 있다.

재정지원뿐만 아니라 가정을 위한 시간적 배려정책도 나왔다. '부모시간'(Elternzeit)을 통한 유연성 강화로 기존에는 자녀 생후 3년까지 12개월 무급휴직이 가능하던 것이, 자녀 생후 3~8년 사이에 24개월 무급휴직이 가능하도록 바뀌었다. 특히, 이를 위해 고용주의 동의를 구할 필요도 없다. 가정과 직업의 병행에는 육아 외에도 가족 및 친척의 요양수발과 생애 마무리 돌봄의 경우도 포함된다. 급한 수발 필요성이 발생할 경우 기존에는 단기휴직만 가능했지만, 이제 수발 지원금 급부를 보완하는 한편 기간도 주당 최소 15시간 시간제 근로를 동반할 경우 24개월까지 연장이 가능하다. 그 밖에도 〈가족수발시간법〉(Familienpflegezeitgesetz)에 따르면 요양수발이나 생애 마무리 돌봄이 필요한 미성년과 친척(처가와 시가의 부모, 형제자매 및 그 배우자까지 포함)을 위한 휴직도 3개월까지 가능하다. 재정지원으로는 무이자 융자를 통해 급여 감소분을 보완할 수도 있다. 시간정

---

19) 이번 회기에 10억 유로를 지원하고, 2017~2018년에는 운영비 지원금을 1억 유로 증액하여 기존 지원금과 합쳐 총 59억 5,000만 유로를 지원할 계획이다. 2015년부터 연간 8억 4,500만 유로를 지원하고, 2018~2019년에는 다시 9억 4,500만 유로가 지원될 예정이다(Niedersächsischen Ministerium für Soziales, Gesundheit und Gleichstellung, 2014. 12. 4).

책(*Zeitpolitik*)은 일(직업)의 영역뿐만 아니라 지역 공동체(지자체) 차원에도 적용되어 가정의 시간문제 해결에 도움이 되는 모든 차원의 조치를 다루는 포괄적 접근방법이다. 이를테면 보육 및 교육시설, 교통운행, 여가서비스 제공자, 기업, 관청 등의 운영시간을 탄력 있게 조절하는 것이다.

집안일을 하는 남성의 비율은 2006년까지 3.5%에 불과했지만 부모수당(자녀양육수당)의 도입 이후 최근에는 32%로 증가하였다(Statistisches Bundesamt, 2016. 1. 29). 이제 젊은 층에서는 가족, 가사, 직업 등에서 여성과 남성의 동등한 역할 분담을 지향한다.[20] 그 결과 2007년 이후 출산 후 여성의 직업활동 참여비율이 높아지고 직업귀환의 시기도 앞당겨졌다. 2013년 2~3세 아이가 있는 여성의 55%가 직업활동에 참여했고(2007년의 경우 42%), 2008~2010년 사이 출산 후 19개월 뒤에 일자리로 귀환하여 주당 24시간 일을 한 것으로 나타났다. 이는 출산여성의 복직에도 크게 도움이 돼 직업과 가정의 양립 가능성 제고에 결정적 역할을 한다.

정부 차원의 재정지원과 제도적 장치 외에 일과 가정의 양립에 결정적인 것이 바로 기업문화, 노동문화다. 기업에서 이런 상황과 취지를 받아들여 새로운 노동문화나 기업문화를 위한 노동모델을 세워야 비로소 일과 가정의 양립이 실제 현실이 될 수 있다. 가정 친화적 노동세계 발전을 위한 기업네트워크 '성공요인-가정'에 가입한 기업이 현재 5,600개이며, 연방정부는 '기업 보육서비스' 지원 프로그램을 통해 기업 내 보육시설 설치를 지원하고 있다.

연방정부는 가정과 양육 그리고 수발 및 일의 병행 가능성의 질적 수준을 새롭게 높이도록 지원하고자 다음과 같은 정책들에 중점을 두었다. 첫째, 과외의 자투리 시간과 여가 시간에도 아이의 보살핌이 가능하도록 양

---

20) 20~29세의 90% 이상이 자녀 돌봄에 대한 부부의 동등한 참여를, 2/3 이상은 동등한 소득활동 참여를 바란다.

질의 서비스를 충분히 제공한다. 둘째, 2016년부터 '좋은 파트너 관계로 튼튼한 가정'이란 연구그룹에서 양질의 사회설비를 갖춰 가족지원서비스, 인구변화로 수요가 증가할 가사연계서비스를 통해 가정 부담의 실질적 완화를 추구한다. 이를 위해 '가사연계서비스 관련 정보 포털'을 개설하여 서비스의 투명성을 제고하는 한편, 가사연계서비스의 전문화 및 전문자격 인증체계를 통해 신뢰성을 높여갈 계획이다.

2) 청소년 친화적 사회

현재 독일의 12세에서 27세 사이의 청소년 및 청년 성인은 약 1,400만 명이다. 그런데 인구변화의 범주 안에서 이 연령그룹은 점차 감소하는 데 반해, 나이 든 인구는 갈수록 증가한다는 것이 문제다. 제13차 조정 인구추계에 따르면 2060년까지 20세 이하 인구의 비중은 16% 이하로 감소하고, 67세 이상 인구는 29% 이상 증가할 전망이다. 그에 따른 영향은 베이비부머 세대의 은퇴가 마무리되는 2020년 이후 뚜렷해질 전망이다.

  이런 추세에 대비해 인구변화 대응정책의 범위 안에서 해결되어야 할 문제는 사회와 정치가 젊은이와 노인 세대의 기대와 요구들을 통합하는 일이다. 차이만 강조되고, 세대 이기주의적 태도가 만연하면 사회설비와 예산문제를 놓고도 갈등이 벌어지고, 그것이 더 커지면 현재의 사회복지제도의 근간인 세대 간 계약마저 무너질 수 있다. 따라서 젊은이들의 이해 관심사로부터 출발하는 참여모델을 개발해야 한다. 먼저 청소년들이 사는 지역과 정서적 결속을 가질 수 있고 또 사회에서 진지하게 받아들여지고 무언가를 할 수 있다는 인상을 주도록 해야 한다. 젊은이는 자신들 요구가 진지하게 받아들여진다는 걸 일찍 알수록 더 일찍부터 소속감을 갖는다. 아울러 인구변화정책에서 젊은이도 제 목소리를 내는 것도 마찬가지다.

  연방정부에서 젊은이의 전망과 시각을 고려하고 정책에 담기 위한 시책이 '청소년 안경'과 '청소년 체크'다. 2014년 연구그룹 '미래를 일구는 청소년'이 설립되면서 젊은이와 나이 든 이들이 모두 함께 인구변화에 대한 적극적·긍정적 대처방안을 모색했다. 특히, 청소년의 참여와 전망의 중요성에 대한 인식을 개선하는 활동을 펼쳤다. 그 일환으로 연방정부 차원에서 청소년 관점의 고려를 권고하는 '청소년 안경'이 작성되어 2015년 여름부터 두루 사용 중이다.

2011~2015년의 독자적인 청소년정책 개발을 위한 대화과정 단계를 끝마치고, "말에서 행동으로"라는 모토에 따라 청소년을 위한(for) 정책에 청소년과 함께 하는(with) 정책과 청소년에 의한(by) 정책을 보충하기도 하였다. 그에 따라 청소년들과 그 대표들은 청소년과 관련 있는 모든 계획에 참여할 수 있다. 아울러 2015~2018년 기간에 연방정부는 '청소년 친화 사회를 위한 행동'이라는 모토 아래 중요 활동을 연계시키고 있다. 위 연구그룹에서는 2017년까지 사정이 열악한 시골 지역의 청소년 관련 활동지침을 마련해 왔다. 이는 아직 작업 중인 활동지침을 바탕으로 2030년을 바라보는 장기적 관점에서 청소년의 관점을 고려하는 동시에 그들의 참여를 가능케 할 조치들이다.

더 나아가 연방정부는 '청소년 체크'로 모든 결정사항들에서 청소년의 요구를 고려할 장치를 마련할 계획이다. '청소년 체크'는 청소년 대상정책을 담당하는 기관, 주, 지자체의 참여로 공동으로 개발한다. 이를 통해 청소년과 청년의 요구들을 체계적으로 조기에 함께 고려하고 이미 수립된 계획의 경우 청년 세대의 요구와 합치되는지 점검하게 된다. 여기서 주요 관심사는 정치와 행정 분야에 청소년 친화적 활동에 대한 인식을 일깨우는 일이다. 젊은이의 참여 마당인 "Youthpart", "Youthpart#"와 같은 E-참여 프로젝트의 경험을 바탕으로 정치와 정책결정에 대한 정보제공과 젊은이의 참여를 가능케 할 플랫폼을 구축해 나가는 것도 중요하다.

한편 학업과 직업, 가사 등으로 시간적 여유가 없는 젊은이의 현실을 고려하면 연륜과 경험을 가진 나이 든 사람들이 도움을 주는 것이 서로에게 유익하다. 그것이 청년과 노년이 오래도록 함께 살아가는 길이기 때문이다. 연방정부도 인구변화 대응정책을 위한 대화의 자리에서 청춘과 황혼 사이 대화의 자리와 기회를 제공하려고 다양한 관점에서 정책을 펼친다.

3) 노후 자율적인 생활

인구변화에 따른 변화가 가장 심한 단계는 바로 노년기다. 현재 독일의 노인들은 100년 전에 비해 30년 이상 더 오래 그리고 더 건강한 상태에서 활동적으로 생활한다. 이에 따라 '의존성 큰 노인 또는 노화' 이미지에서 벗어나 적극적이고 독자적으로 살아가는 노인의 모습을 부각하는 인식의 변화가 요구된다. 아울러 경제활동, 시민참여, 가족구조 등은 물론 사회체계도 함께 변화가 필요하다.

다른 한편으로는 독거노인 가운데 도움과 수발요양이 필요한 노인 수의 급증세 또한 피할 수 없는 것이 현실이다. 노후를 어디에서 보내고 싶으냐는 물음에 가장 많은 답변이 본인이 평소 생활했던 지역의 살던 집, 그리고 자기 방을 꼽았다. 그만큼 (도움을 받더라도) 가능한 한 독자적으로 저마다의 집과 살던 지역에서 살 수 있는 환경 조성이 필요하다.

그러기 위해서는 집안은 물론 지역사회시설을 이동에 문제가 없도록 바꿔야 한다. 아울러 공동체 분위기를 키우고 지역 네트워크를 구성해야 부담을 덜어 주고 가정의 역할을 보충하는 사회관계, 공동책임, 사회참여 등이 이루어질 수 있다. 노인에 대한 도움과 장기요양에 가정과 친구들이 중요한 역할을 하지만, 그와 동시에 전문인력의 도움과 지원도 필요하다.

연방정부에서는 그에 따라 다음과 같이 4가지 차원에 역점을 둔다.

첫째, 장기요양사 직업의 현대화를 계속 추진하여 수요증가에 대처하는 한편, 가족이 수행하는 요양수발의 가치가 사회적으로 충분히 인정될 수 있게 한다.

둘째, 기존 주택을 노인친화형으로 개조하고, 무장애주택을 건축규정에 담아 제도적으로 확대시킨다. 연방정부는 "건물에서 보금자리로"란 모토로 노인친화형 주택개조정책의 안정적 정착을 추진하며, 현재 약 70만 채로 전체의 2%에 불과한 무장애주택을 2030년까지 290만 채 확보하며, 주택 개선사업에 500억 유로를 투입할 계획이다.

셋째, 주택·주거지역·노인친화적(디지털) 조력체계와 노인이동성 영역 등의 조치와 함께 공동체 네트워크 구축을 지향한다. 특히, 시골지역의 경우 사회적 지원 네트워크의 구축이 충분하지 못한 상황이다. 따라서 지역 거점도시들은 달라진 연령구조에 맞게 대응하는 한편, 세대 간의 협조와 이해 조정 등에 한결 더 신경을 써야 한다. 삶의 터로서 지역 공동체(지자체)는 노후의 독자적 생활에 있어서 무척 중요하다. 연방정부는 다양한 조치를 통해 삶의 현장에서 서로 배려하고 염려하는 공동생활의 연계망과 노인의 주거상황 개선을 지원한다. 2006년부터 시작된 다세대(多世代) 주택사업은 배려하는 공동체 개발조치에 포함되는데, 연방에서는 이제까지 세대와 출신지를 불문하고 누구나 만날 수 있는 만남의 장소를 450개 마련하였다. 이용자는 하루에 5만 명 정도인데, 1만 7천 명의 자원봉사자가 지역의 수요에 맞는 다양한 서비스를 제공한다.

넷째, 노인의 참여 활성화를 유도한다. 노인의 다양한 이력과 상황 조건을 감안함으로써 사회에 대한 적극적 참여 가능성도 함께 제공한다. 아울러 "적극적 노화-성공적 과도기"를 위한 원탁회의 자리를 마련하여 노인 잠재력을 활용하고 과도기까지 그 잠재력을 강화한다.

연구그룹 '노후의 자율적 생활'에서는 2013년 인구변화 대응전략 수뇌회의에서 생산적 노화를 건강서비스 또는 요양수발서비스 지원수요와 연계시킨다. 여기에는 여러 주제영역이 맞물리는데, 지역 역량과 경영 및 네트워크 강화를 통한 배려의 공동체 개발조치, 건강·예방·장기요양 분야의 조치 등이 포함된다. 디지털 조력체계 개발조치에는 신체 거동과 이동 능력 되찾기란 "비모빌"(BeMobil) 같은 혁신 클러스터, 인터넷과 연결된 주택과 함께 생각하는 주거를 뜻하는 "지능형 홈"(CogniHome) 등이 포함된다. 기술혁신은 사회적 혁신과 조합하여 노후 삶의 질과 자율적 삶의 여건을 개선한다. 아울러 인구변화 대응을 위한 연구 의제 '미래가 있는 노년'에서 새로운 해결책과 제품 및 서비스로 노인의 사회 참여를 강화시키고자 한다.

5. 이민정책

1) 개요

OECD(2013)의 노동이주 보고서에 따르면 독일의 이민정책은 비교적 전망이 밝은 편이다. 독일은 다른 산업국가보다 법적 장벽이 낮아 제3세계의 고급인력이 이주하는 데 크게 장애가 되지 않기 때문이다. 다만 2009년 경제 및 금융위기로부터의 회복이 늦은 EU 국가 출신의 이주자들은 본국의 사정이 호전될 경우 귀국할 수 있다.

독일 연방정부는 외국 전문인력과 대학생들을 위한 환영문화와 학력 및 경력 인정문화를 정착시키고 외국 자격증명서의 인정 문제를 해결하고자 다양한 정책적 노력을 기울인다. 전 세계적으로 독일이 유학이나 노동은 물론 생활하기에도 좋은 나라라는 것을 알리고, 해당 국가에 전문인력 유출로 지나친 부담을 주지 않는 정도에서 독일에 올 기회를 제공하는 것이 연방정부의 목표다. 그러기 위해 기업과 행정 및 사회에서 이들에 대한 환영문화와 인정문화를 정착시키는 것은 매우 중요한 과제다. 독일이 꼽는 가장 중요한 이민대상 그룹이 독일 대학에 유학하는 외국 유학생들이다. 이들이 학업이 끝난 뒤 독일에서 일자리를 찾는 경우 지원을 아끼지 않는다는 것이 정부의 정책기조다.

이런 이유로 온라인상에 직업 관련 자격(BQ-Portal)과 직업교육체계에 대한 정보를 제공하여 외국인 직업자격 검증체계의 투명성과 통일성을 제고하고자 한다. 기업들에게도 사례 중심으로 자격인정 절차를 밟는 방법과 그로 인해 얻을 수 있는 이익에 대한 설명과 홍보를 통해 외국에서 취득된 직업 관련 자격을 좀더 쉽게 평가하도록 돕는다. 현재 8개 국어로 된 인터넷 사이트(www. anerkennung-in-deutschland. de)를 통해 외국인 직업 관련 자격 인정에 대한 중요한 정보를 모아 놓았다. 2012년 3월 시작된 홈페이지의 방문자는 220만이 넘어 중요한 정보 플랫폼 역할을 한다. 거의 매월 10만 명 이상이 방문한 꼴인데, 그중 약 45%는 외국에서 방문하였다.

다국어 환영 포털(www. make-it-in-germany. com)도 외국인 전문인력의 적극적 유치를 위한 것이다. 지금까지 전 세계에서 770만 명이 방문했는데, 90%가 외국에서 접속했을 만큼 세계 각국에서 관심이 크다. 이런 제도는 OECD 이민 및 통합 담당자들의 인정을 받아 네덜란드, 아일랜드 등에서도 비슷한 이름과 형식으로 시행되는 중이다. 2013년 말 방문자들을 대상으로 한 설문조사 결과 83%가 독일 이주에 관심이 커졌다고 응답했다. 인터넷 포털과 함께 2014년 12월 1일 개설한 전화-핫라인(+49 (0) 30/1815-1111)도 세계 전문인력과 유학생들의 독일행을 돕는 서비스다. 또한 포괄적인 동시에 개인적 차원에서도 이루어지는 다국어 상담 역시 즐겨 이용된다. 2015년 5월부터 직업교육, 유학, 일자리 등을 안내하는 새로운 가이드 앱 '독일 이력 나침반'(Karriere-Kompass Deutschland)에도 이 분야의 정보를 모아 놓았다.

2012년 외국에서 취득한 직업 관련 자격의 인증을 위한 법적 기본조건의 개선도 이루어졌다. 즉, 외국의 직업 관련 자격의 가치가 동등하다는 것을 확인하는 법적 청구권이 처음으로 생긴 것이다. 이러한 법률 입법 2년 뒤인 2014년에는 그 결과에 대한 모니터링 보고서가 나왔고, 2015년 여름에 두 번째 보고서가 나왔다. 이에 따르면 지금까지 신청이 총 2만 6,500건인데, 96%가 긍정적으로 인증되어 통합정책수단으로서 큰 잠재력을 인정받았다. 이런 법률로 독일에 사는 외국인들과 새로운 전문인력의 유입에 대한 여러 장벽이 해소되었다는 평가다. 이는 독일의 환영문화에도 기여하였지만, 현재 독일에서 외국의 직업 자격증을 소지한 약 300만 명을 놓고 볼 때 독일 기업이 이러한 잠재력을 제대로 활용하지 못한다고도 볼 수 있다.

최근에는 베트남으로부터 노인장기요양 전문인력 양성을 위해 직업교육 수련생을 초빙하는 시범사업이 시작되었다. 독일 정부는 제3세계 출신 젊은이들의 직업교육 이수를 위한 전제조건을 테스트하는 역할까지 한다. 양국은 노인장기요양 분야 직업교육을 받을 인력의 공정한 수급을 위한 협정을 체결했고 2015년 여름 처음으로 100명이 참여했다. 2016년 가을 제2기 직업교육이 시작되기 전에 이미 독일과 베트남의 시설 사이에 장기 협력관계 협정이 체결되어 연간 150명이 직업교육을 위해 독일로 올 예정이다.

2015년 초 출범한 "Study & Work" 계획으로 2017년까지 10개 대학도시에서 공부하는 외국 대학생들의 졸업을 지원하고 지역 노동시장에의 통합도 지원할 예정이다. 이는 외국인 전문인력의 사회적, 직업적 통합 여건 개선과 동시에 지역 경제의 후진양성에도 기여한다. 이러한 지원 프로젝트는 인구변화와 경제 관련 도전이 심각한 옛 동독지역에 특히 역점을 두었으며, 프로젝트 일환으로 유입된 전문인력이 많아서 비슷한 추가 사업이 계획 중이다.

2) 지역 전문인력의 수요

독일 민간 사회복지기관의 인력수급 병목현상을 분석한 자료에서는 전문인력 수요가 지역적으로 차이를 보이는데, 이는 2030년 노동시장 예측에서도 분명하게 나타나는 현상이다. 때문에 지역 전문인력 수요에 대한 지속적 모니터링이 필요할 것으로 보인다.

연방정부는 기존 전문인력의 안정적 수급을 위해 2011년 3월부터 혁신 사무소, 이른바 '지역 전문인력'에서 구성한 580여 개 네트워크들을 계속 지원하는 중이다. 일례로서 연방고용기구의 노동시장 모니터링을 통해 전문인력 수급 안정에 성공한 기업 성공사례들을 홍보한다. 아울러 상공회의소, 수공업회의소 및 지역 경영자단체도 전문인력의 안정적 수급을 위한 상담과 지원을 제공한다.

3) 중소기업 전문인력 수급 지원

중소기업의 경우 전문인력 병목현상이 특히 더 심한 것이 현실이다. 대기업에 비해 기업이 자체적으로 해결하기 어렵기 때문에 중소기업은 전문인력의 안정적 수급조치를 강구할 때 지원이 필요한 경우가 많다. 중소기업 경영자를 대상으로 한 표본조사 결과 거의 80%가 외국 직업 자격증 소지자를 채용할 생각이 없다고 한다. 외국의 자격증 인증제도를 알거나 인력 채용 때 그런 경험이 있다는 경우는 3%에 불과했다.

이런 이유 때문에 연방정부는 기업들, 그중에서도 중소기업을 대상으로 상공회의소와 함께 인력채용을 위한 수단으로 자격인증제도를 활용하는 분위기 조성에 노력을 기울인다. 한편, 연방정부에서 지원하는 전문인력의 안정적 수급 관할센터(KOFA) 홈페이지(www.kofa.de)나 박람회 및 관련 행사들을 통해 중소기업은 국제 전문인력 환영문화와 채용 관련 정보를 받는다. 특히, KOFA는 사례들과 가이드라인 중심으로 정보를 제공한다. 아울러 2015년 6월에는 국제 전문인력 채용과 통합 실적이 좋은 중소기업을 선정하여 포상하기도 했다.

중소기업의 수요에 맞게 기존 정보를 취합, 제공하여 의사소통을 확대하는 작업은 매우 중요하다. 물론 정보제공 외에도 미래의 도전에 대한 중소기업의 인력채용 전략에 맞는 구체적 지원과 상담이 요구되는 것은 당연한 귀결이다. 연방정부에 따르면 중소기업의 후계도 큰 문제다. 그간 독일은 중소 규모의 가족기업 형식으로 세대교체가 이루어졌는데 전체로 볼 때 관련 일자리가 40만 개에 해당된다. 승계에 대한 관심이 적고 구조적으로 취약한 시골지역의 기업은 후계자가 없어서 더 이상 운영하기 어려운 경우도 많다. 승계문제 해결을 위해 연방정부는 연방 차원의 재계 대표자 및 단체와 협력하여 인터넷 기업승계 거래소(www. nexxt-change. org)를 설립하기도 했다.

4) 환영문화 강화

연방정부는 전문인력과 기업에 대하여 유입이민 가능성에 대한 정보제공을 강화했다. 이에 따른 구체적인 연구그룹인 '외국 전문인력 수급과 환영문화 창출'에서 다양한 내용들이 강구되었다. 사용자 편의에 맞는 정보제공을 위한 활동지침을 마련하기 위해 연방정부에서 연구 용역을 발주하였는데, 그 목적은 유입이민과 독일의 환영문화 주제와 관련된 기존 정보제공 포털들을 연계하고 부족한 정보 부분을 확인하기 위한 것이다.

외국인 환영문화에는 장기적으로 독일에 체류하게 될 난민들의 사회통합에 대한 지원도 포함된다. 점증하는 난민들이 그들의 역량과 지식을 더 잘 발휘하여 전문인력의 안정적 수급에 기여하도록 돕는 것이 중점과제다. 특히, 노동이민과 난민이민을 함께 뒤섞어선 안 된다는 것이 정책의 전제다.

6. 독일 인구변화 정책에 대한 비판과 맺음말

인구정책이 인구규모의 유지정책에 국한되어서는 안 된다는 사실은 독일 인구정책을 통해 분명하게 알 수 있다. 결국 사회의 고령화와 인구규모의 축소는 대부분의 산업국가가 맞게 될 현실일 수 있다. 그러므로 인구정책은 축소된 규모의 인구잠재력을 최대한 활용하여 모두에게 복지와 삶의 질을 보장하는 것이 가장 중요한 목표가 된다. 이를 위해서는 지나친 양극화나 여성, 노인, 장애인, 외국인 소외 등으로 사회통합 또는 공동체 결속력이 약화되는 걸 막고 거꾸로 통합과 결속력을 키워야 한다.

한국도 인구정책의 체계는 남부럽지 않게 갖춰진 상태다. 다만 그 체계가 제대로 돌아가는지는 의문이다. 어쩌면 우리는 아직 머리에서 가슴으로의 여행도 제대로 시작하지 못한 것은 아닌가 싶다. 그러나 독일은 신영복이 말한 가장 먼 여행인 가슴에서 다리로의 여행을 이미 시작한 듯이 보인다. 물론 여기서 활용한 자료들이 독일 정부의 자료라서 비판점이 함께 드러나지 않는다는 한계는 있으나, 독일 인구정책의 포괄적·통합적 체계는 한국에 시사하는 바가 적지 않다.

그럼에도 독일의 인구변화 대응정책에 대한 비판의 목소리도 적지 않다. 비판의 방향은 대략 3가지로 정리된다. 첫째, 추계, 그중에서도 장기적 추계의 위험성이 지적된다. 슈테판 사우어라는 언론인은 1999년의 제8차 조정 인구추계가 '휴지조각'이 된 사실, 1960년대 아데나워 내각 시절 객원 노동자 수백만 명의 유입, 피임약 도입의 효과, 독일 재통합과 소비에트 연합의 붕괴 이후 돌아온 300만 명의 독일 혈통 유입 등을 전혀 예상할 수 없었다는 보스바흐(Gerd Bosbach)의 견해를 인용하여 장기적 추계의 위험성을 지적한다(*Frankfurter Rundschau*, 2016).

둘째, 비스마르크 연금체계 자체가 인구변화 대응정책의 근본적 문제라고 보는 시각이다. 독일의 연금제도는 본래 연금기금으로 충당하여 운영됐으나 1957년부터 할당제로 바뀌었다. 노후 위급한 상황에 대한 이러한 대비책은 자식이 필요 없다는 잘못된 믿음을 갖게 만들었다. 여러 여론조사를 통해 사람들이 자기들이 내는 연금보험료에 무슨 일이 일어나는지 모른다는 사실이 드러나는데, 보험료 대부분이 즉각 현재의 연금생활자에게 지불된다는 사실을 분명히 모르기 때문에 본인이 납부한 보험료에서 다시 받게 되리라고 생각한다. 할당 방식의 독일 연금체계는 ① 출산율이 1957년 도입기처럼 여성 1인당 약 2명 정도로 유지될 때, ② 오늘날처럼 네 명 또는 세 명의 여성 중 한 명꼴로 무자녀 상태가 아닐 때만 세계에서 가장 안전하고 가장 정의로운 연금체계가 가능하다.

셋째, 정치가 및 정책자의 무능과 '비겁함' 탓이다. 인구변화가 커다란 문제라고 외치다가 어느새 '기회'만 강조하는 것은 '전략적 허위정보'로 볼 수밖에 없다. 정치가의 이런 행태는 표만 생각하여 유권자 앞에서 솔직하지 못하기 때문에 나타난다. 계속 보험료를 인상하거나 막스플랑크 인구연구소(Max-Planck-Institut für demografische Forschung: MPIDR)의 제안처럼 '죽을 때까지 일해야' 하는 퇴직연한의 폐지에 동조할 경우 '아무리 둔한 독일인들이라도 봉기를 일으키는' 등 유권자의 저항을 불러일으킬 것을 염려하여 정치가가 침묵으로 일관하는 것이다. 인구학 교수직 감축은 이러한 침묵방침의 일환으로도 볼 수 있다. 인구변화에 제대로 대응하려면 계몽이 필요한데, 거꾸로 제대로 연구조차 할 수 없게 만드는 것이다(*Wirtschaft Woche*, 2016. 1. 5).

■ 참고문헌

국내 문헌

김근홍(2010). 《노인복지와 르네상스》. 서울: 신정출판사.

이상준(2000). "통일 이후 동독지역의 인구이동 요인에 관한 연구". 〈국토계획〉, 35권 5호, 17~27.

_____(2010). "통일 이후 구동독 공업도시들의 도시특성과 도시성장에 관한 연구: 라이프찌히와 할레를 중심으로". 〈통일정책연구〉, 19권 2호, 53~79.

해외 문헌

Barth, M. (2012). *Demographischer Wandel in Deutschland-Herausforderungen für die GKV: Handlungs- und Lösungsansätze am Beispiel der Depression im Alter.* Saarbrücken: Akademiker Verlag.

Beck, G. (2004). Wandern gegen den Strom: West-Ost-Migration in Deutschland. In Swiaczny, F. & Haug, S. (Hrsg.) (2004). *Bevölkerungsgeographische Forschung zur Migration und Integration.* Materialien zur Bevölkerungswissenschaft, Heft 112, 95~111.

Bertelsmann, S. (Hrsg.) (2015). *Wer, wo, wie viele?: Bevölkerung in Deutschland 2030.* Gütersloh: Verlag Bertelsmann Stiftung.

BiB(Bundesinstitut für Bevölkerungsforschung) (Hrsg.) (2004). *Bevölkerung: Fakten-Trends-Ursachen-Erwartungen; Die wichtigsten Fragen.* Wiesbaden: BIB.

BMFSFJ(Bundesministerium für Familie, Senioren, Frauen und Jugend) (2014). *Gesamtevaluation der ehe- und familienbezogenen Maßnahmen und Leistungen in Deutschland.* Basel: Prognos AG.

BMI(Bundesministerium des Innern) (Hrsg.) (2015). *Jedes Alter zählt: Für mehr Wohlstand und Lebensqualität aller Generationen.* Berlin: BMI.

Chesnais, J. (2001). *La Démographie.* 박은태 · 전광희 역(2008). 《인구학 입문》. 파주: 경연사.

Ministerium für Gesundheit und Verbraucherschutz Saarland(Hrsg.) (2011). *Zahlen, Daten, Fakten: Demographischer Wandel im Saarland.* Saarbrücken: Ministerium für Gesundheit und Verbracherschutz Saarland.

OECD(2013). *Recruiting Immigrant Workers: Germany 2013.* Paris: OECD.

Statistisches Bundesamt (2015a). *Bevölkerung Deutschlands bis 2060: 13. koordinierte Bevölkerungsvorausberechnung.* Wiesbaden: Statistisches Bundesamt.

_____ (Hrsg.) (2015b). *Statistisches Jahrbuch: Deutschland und Internationales.* Wiesbaden: Statistisches Bundesamt.

_____ (2016). *Statistiken zum Elterngeld: Gemeldete beendete Leistungsbezüge.* Wiesbaden: Statistisches Bundesamt.

기타 자료

BiB (Bundesinstitut für Bevölkerungsforschung) (2016a). Aufgaben und Ziele. http://www.bib-demografie.de/DE/Institut/Aufgaben/aufgabenziele_node.html. 2016. 5. 13. 인출.

_____ (2016b). Bundesinstitut für Bevölkerungsforschung. http://www.bib-demografie.de/DE/Institut/institut_node.html;jsessionid=D10278AB9222B9C20263B46882336C7A.2_cid321. 2016. 5. 13. 인출.

_____ (Hrsg.) (2016c). Forschungsbereich 3: Demographischer Wandel und Alterung. http://www.bib-demografie.de/DE/Forschung/3_FB3/fb3_node.html. 2016. 5. 15. 인출.

Forsa (Gesellschaft für Sozialforschung und statistische Analysen mbH.) (2013). Meinungen und Einstellungen der Väter in Deutschland. http://www.sz-online.de/includes/dokumente/V%C3%A4terumfrage.pdf. 2016. 5. 13. 인출.

Niedersächsischen Ministerium für Soziales, Gesundheit und Gleichstellung (2014. 12. 4). Gesetz zum Kita-Ausbau. http://www.familien-mit-zukunft.de/index.cfm?uuid=F38D0C85D75CEA7E8DD7BEAFB5510FE9. 2016. 5. 20. 인출.

Statistisches Bundesamt (2016. 1. 29). Deutlicher Bevölkerungsanstieg am Jahr 2015 auf mindestens 81.9 Millionen. https://www.destatis.de/DE/PresseService/Presse/Pressemitteilungen/2016/01/PD16_032_12411.html. 2016. 5. 13. 인출.

_____ (2012. 10. 1). Ältere Frauen leben heute seltener allein als noch vor 20 Jahren. https://www.destatis.de/DE/PresseService/Presse/Pressemitteilungen/2012/10/PD12_342_122.html. 2015. 5. 10. 인출.

Steffen, J. (2015. 5). Schreckgespenst Demografie. Rente mit 74 und Kündigung des Generationenvertrages?. http://www.portal-sozialpolitik.de/info-grafiken/demografische-belastung. 2016. 5. 25. 인출.

Die Welt Online (2015. 4. 28). Nur die Rente mit 74 kann Deutschland noch helfen. https://www. welt. de/wirtschaft/article140224066/Nur-die-Rente-mit-74-kann-Deutschland-noch-helfen. html. 2016. 5. 25. 인출.

Frankfurter Rundschau (2016. 1. 3). Deutschland wächst: gegen alle Prognosen. http://www. fr. de/politik/demographie-deutschland-waechst-gegen-alle-prognosen-a-383886. 2016. 6. 1. 인출.

Spiegel Online (2015. 12. 16). Deutscland: Geburtenrate erreicht Höchststand seit 1990. http://www. spiegel. de/gesundheit/schwangerschaft/deutschland-geburtenrate-erreicht-hoechststand-seit-der-wende-a-1068063. html. 2016. 5. 14. 인출.

Spiegel Online (2016. 3. 14). Merkel nach den Landtagswahlen: Kann passieren. http://www. spiegel. de/politik/deutschland/wahlen-2016-angela-merkel-blebt-ihrem-kurs-treu-a-1082305. html. 2016. 5. 16. 인출.

Thüringische Landeszeitung (2015. 4. 29). Kinder müssen Generationenvertrag kündigen. http://www. tlz. de/web/zgt/suche/detail/-/specific/Kinder-muessen-Generationenvertrag-kuendigen-45356906. 2016. 5. 25. 인출.

Wirtschaft Woche (2016. 1. 5). Herwig Birg: Politisch gewolltes Unwissen. http://www. wiwo. de/politik/deutschland/herwig-birg-politisch-gewolltes-unwissen/11451966-3. html. 2016. 6. 5. 인출.

https://de. wikipedia. org/wiki/Neue_L%C3%A4nder#cite_note-6. 2016. 9. 9. 인출.

05

정부재정과 사회보장재정*

1. 독일 공공부문과 정부재정의 체계와 현황

1) 독일의 공공부문과 정부규모

독일에서 "공공영역"(*Öffentlicher Bereich*)은 핵심예산과 부가예산 및 기타 공공기금, 기관과 기업으로 구성된다. 공공영역에서 기타 공공기금, 기관과 기업(*Sonstige öffentliche Fonds, Einrichtungen und Unternehmen*)을 제외하면 공공부문 총예산에 해당한다(Statistisches Bundesamt, 2013). 공공부문 총예산(*Öffentlicher Gesamthaushalt*)은 2011년부터 신 기준에 따라 핵심예산, 부가예산 및 EU의 재정부문에 해당되는 것으로 정의된다. 핵심예산(*Kernhaushalte*)에는 연방정부, 주정부, 기초자치단체와 기초자치단체 연합 등의 지역공동체(*Gebietskörperschaften*) 및 5대 사회보험의 예산이 포함된다.[1] EU의 재정부문은 EU에 직접 지불되는 수입[EU의 부가가치세 고유

---

* 이 장은 같은 제목으로 한국재정정책학회 2016년 하계학술대회에서 발표한 논문을 일부 수정한 것이다.

〈그림 5-1〉 독일의 공공영역과 공공부문 총예산의 구분

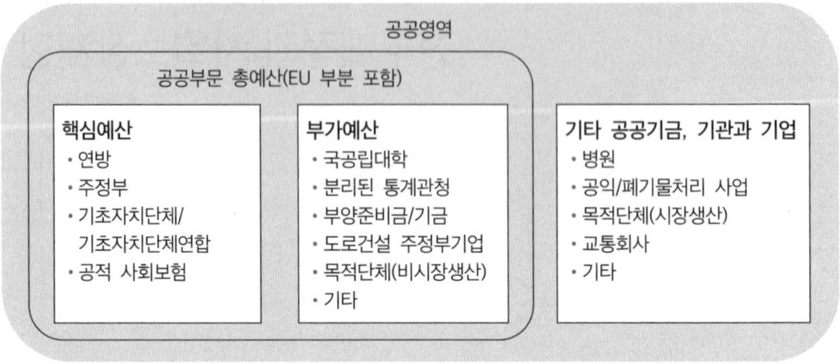

공공영역

공공부문 총예산(EU 부분 포함)

핵심예산
· 연방
· 주정부
· 기초자치단체/
  기초자치단체연합
· 공적 사회보험

부가예산
· 국공립대학
· 분리된 통계관청
· 부양준비금/기금
· 도로건설 주정부기업
· 목적단체(비시장생산)
· 기타

기타 공공기금, 기관과 기업
· 병원
· 공익/폐기물처리 사업
· 목적단체(시장생산)
· 교통회사
· 기타

수입, 국민총소득(GNI)에 기반한 고유수입, 관세(*Zölle*), 제3국 농업생산물 수입관세(*Abschöpfungen*)〕와 자국에 대한 EU의 시장질서적 지출을 포함한다. 부가예산(*Extrahaushalte*)에는 유럽국민계정(ESVG 95)의 기준에 따른 국가부문으로 계산되는 공공기금, 기관과 기업 등이 포함된다. 이러한 공공기금, 기관과 기업은 독립된 회계로 운영되고, 핵심예산이 50% 이상 자본권 혹은 의결권 지분에 참여한다. 유럽국민계정의 기준에 따라 국가부문으로 계산되지 않는 부분은 기타 공공기금, 기관과 기업 등으로 분류한다.

2014년과 2015년의 공공부문 총예산의 구성은 〈표 5-1〉과 같다. 총예산을 지역공동체와 EU 및 사회보험으로 구분하여 살펴보면 사회보험이 차지하는 비중이 가장 크다. 연방과 주정부의 규모를 비교하면 수입은 연방정부가 주정부보다 크지만 지출에서는 2015년에 역전이 일어났다. 2014년에는 지출액에서 연방정부가 3,450억 유로로 주정부의 3,412억 유로를 능

---

1) 지역공동체는 연방정부, 주정부, 기초자치단체/기초자치단체 연합체 및 각 단체에 속하는 재단, 지방자치단체가 특정한 목적을 수행하기 위한 목적 단체(Zweckverband)와 공기업을 포함한다. 공적 사회보험은 실업보험을 담당하는 연방고용기구(공단), 의료보험금고, 산재보험금고, 장기요양보험금고(의료보험금고에 위탁), 연금보험공단 등으로 구성된다.

〈표 5-1〉 독일의 공공부문 총예산

(단위: 100만 유로)

		총계	연방	EU부문	주정부	기초자치단체/ 기초자치단체연합	사회보험
지출	2015	1,272,807	341,286	29,516	355,202	227,695	576,046
	2014	1,236,659	345,366	29,768	341,189	214,978	551,908
수입	2015	1,302,339	362,282	29,516	359,369	230,846	577,265
	2014	1,244,589	348,927	29,768	342,820	214,416	555,210
잔고	2015	29,623	21,035	0	4,208	3,151	1,229
	2014	8,080	3,620	0	1,682	- 563	3,341
부채	2015	2,027,485	1,262,912	-	619,070	145,503	
	2014	2,048,276	1,286,568	-	621,912	139,795	

자료: Statistisches Bundesamt, 2016.

가했으나, 2015년에는 주정부가 3,552억 유로를 지출하여 3,413억 유로를 지출한 연방정부보다 처음으로 많은 지출을 기록하였다. 또 한 가지 주목할 점은 1992년부터 2014년까지 사회보험부문의 지출이 72% 증가한 것인데 그 핵심원인은 독일의 통일과, 1995년 장기요양보험의 도입 및 실업의 증가하면서 지출이 늘어난 데 있다(Statistisches Bundesamt & WZB, 2016: 113). 노동시장 관련 정책과 사회보장기금에서 적자가 발생할 경우 적자보전을 해주는 부분에 있어서 주정부의 책임은 미미한 반면 연방정부는 지출의 50% 정도를 부담한다. 이러한 이유로 국가부채의 60% 이상을 연방정부가 부담하는 실정이다(Schmidt, 2011).

독일의 정부규모는 1950년 이후 절대적 크기로는 지속적으로 증가했다. 1960~2015년 사이의 독일의 정부지출이 GDP에서 차지하는 규모를 보면 1960년 32.9%에서 1975년 48.8%까지 증가했다가, 1980년대 이후에는 통일 후 1995년에 일시적으로 54.9%[2]를 기록한 것을 제외하면 대부분 45% 전후를 유지했다. 독일의 정부지출을 연방정부, 주정부, 기초자치단

---

2) 옛 동독지역의 채무를 포함한 수치이며, 이를 제외하면 독일의 정부규모는 48.2%이다.

체 등의 지역공동체와 공적 사회보험으로 나누어 살펴보면 사회보험 비중의 변화가 두드러진다.

사회보험이 정부지출에서 차지하는 비중은 1960년에서 1970년까지는 30% 초반이었으나, 1980년대에는 30% 후반으로 증가했고, 1990년대부터는 비중이 더욱 증가하여 2000년에는 47%까지 기록하였다. 2000년 이후에는 정부지출에서 사회보험이 차지하는 비중은 점차 줄어들어 2010년

<표 5-2> 독일의 정부규모 변화

(단위: %, GDP에서 차지하는 비율)

	정부지출(A)	지역공동체(B)[1]	사회보험(C)[1]	C/A(%)
1960	32.9	21.7	11.2	34
1965	37.1	25.4	11.6	31
1970	38.5	26.1	12.4	32
1975	48.8	31.2	17.7	36
1980	46.9	29.6	17.3	37
1985	45.2	27.8	17.4	38
1990	43.6	27.3	16.4	38
1995a	54.7	34.6	20.0	37
1995b[2]	48.2	28.2	20.0	41
2000	45.1	23.9	21.2	47
2005	46.2	26.0	20.2	44
2006	44.7	25.4	19.3	43
2007	42.8	24.4	18.4	43
2008	43.6	25.2	18.4	42
2009	47.6	27.2	20.3	43
2010	47.3	27.6	19.6	41
2011	44.7	25.9	18.8	42
2012	44.4	25.7	18.7	42
2013	44.5	25.6	18.9	43
2014	44.3	25.3	19.0	43
2015	43.9	25.0	18.9	43

주: 1) B, C는 다른 정부부문의 지출을 제외한 직접 지출만 계산.
　　2) 1995b년은 구동독으로부터의 부채를 포함하지 않은 수치임.
자료: BMF, 2016a.

에는 41%까지 감소하였으나, 2013년 이후 3년간은 43%를 유지했다.

다른 나라의 재정지출과 비교해 보면 독일의 정부규모는 유로지역 평균 이하에 머물러 있다. 독일 정부의 총지출이 GDP에서 차지하는 비율은 2015년 기준 43.5%로 아일랜드(36.2%), 영국(42.8%), 미국(37.5%)과 일본(42.3%)을 능가하지만, 유로지역의 평균인 48.6%에는 미치지 못하는 수준이고 스칸디나비아 국가인 덴마크(55.8.6%), 스웨덴(51.4%), 핀란드(58.1%)는 물론 프랑스(57.2%)보다 적다(BMF, 2016a).

2) 독일 연방정부 예산의 지출구조

독일의 연방정부 예산을 지출구조별로 살펴보면 일반 공공서비스와 사회복지에 해당하는 사회보장·가족과 청소년·노동시장정책 부분이 가장 높은 비중을 차지한다. 일반 공공서비스는 1970년 이전에는 30% 이상을 차지했으나, 1970년 이후부터 지속적으로 비중이 감소하면서 2000년에는 16.16%까지 하락했다. 그 후 조금씩 다시 증가하여 2012년에는 21.69%를 기록했고, 2013년 이후 22~23%를 유지했다. 사회보장·가족과 청소년·노동시장정책은 실업보험을 포함한 사회보험, 가족지원 및 복지사업, 전쟁피해와 정치적 박해 보상, 노동시장정책, 〈사회법전〉3편에 의한 청소년 지원 등으로 구성된다.

사회복지가 연방예산에서 차지하는 비율은 1960년대 말까지 30% 초반을 유지하다가 서서히 감소하여 1973년에는 26.25%까지 하락하였다. 그 후 1975년에 36.36%로 다시 상승하여 1989년까지 32~36% 수준을 기록했다. 통일 이후 1990년에는 27.2%까지 급락했지만, 1991년 34.13%를 기록한 것을 시작으로 비중이 계속 증가했다. 2000년에는 41.23%를 기록했으며 2005년에는 51.2%를 기록하여 처음으로 50%를 돌파했다. 그 후 약간의 등락을 거듭한 끝에 2013년 이후로는 50%를 유지한다.

<표 5-3> 독일 연방정부 예산의 분야별 사회복지 지출구조

(단위: %, 연방정부 예산 대비 구성 비율)

연도	1970	1980	1989	1990	1991	1995	2000	2005	2009	2010	2011	2012	2013	2014	2015	2016
총지출	100	100	100	100	100	100	100	100	100	100	100	100	100	100	100	100
사회보장·가족과 청소년·노동시장정책	30.38	34.86	33.65	27.20	34.13	37.95	41.23	51.20	50.54	53.82	52.41	50.18	47.33	50.35	50.84	50.71
사회보험 (실업보험 포함)	13.48	16.54	16.99	14.10	17.53	19.78	28.81	32.98	34.29	36.42	37.31	35.43	32.06	33.67	33.85	34.2
가족지원·사회부조·복지사업 촉진	3.94	9.16	7.13	5.77	7.81	7.16	2.55	1.73	2.23	2.26	2.34	2.65	2.13	2.50	2.62	2.73
전쟁피해와 정치적 박해 보상	9.96	7.02	5.09	3.95	3.96	3.54	3.24	1.53	1.01	0.90	0.86	0.78	0.76	0.74	0.71	0.68
노동시장정책·노동보호	0.21	0.71	3.08	2.30	4.28	6.97	5.99	14.44	12.48	13.68	11.32	10.52	10.62	11.00	11.04	10.32
사회법전 3권에 따른 청소년 지원	0.11	0.17	0.22	0.22	0.49	0.29	0.20	0.05	0.06	0.06	0.10	0.10	0.13	0.12	0.12	0.13
자산형성 촉진	2.25	1.05	0.29	0.14	0.14	0.08	0.18	0.19	0.15	0.17	0.15	0.13	-	-	-	-

주: 2015년도 예산 예산(Soll Budget), 2016년은 정부계획 예산 수치.
자료: BMF, 2015a.

독일 연방정부 예산지출에서 사회보장·가족과 청소년·노동시장정책으로 분류되는 사회복지 분야를 별도로 살펴보면, 1970년 30.38%에서, 1990년 27.2%를 제외하면 꾸준히 상승하여 2010년에는 53.82%까지 증가하였고, 최근에는 약간 감소하여 50%를 유지하고 있다. 1970년과 2016년 사이에는 약 20%p의 증가가 있었는데, 그 증가분은 사회보험의 증가분과 거의 일치한다. 동 기간 동안 사회보험이 차지하는 비율은 13.48%에서 34.2%로 약 20%p 증가했다. 사회보험은 2011년 37.31%로 가장 높은 비율을 차지했고 그 후 2013년에는 32.06%까지 감소했다가 2014년부터는 다시 약간 증가했다. 이와 함께 노동시장정책 예산이 약 10%p 증가했다. 반면 전쟁피해와 정치적 박해 보상에 관한 예산은 약 9%p 감소했다. 따라서 동 기간의 연방정부 예산에서 사회복지 분야의 지출이 증가한 주요한 원인은 사회보험과 노동시장정책 부분의 증가라고 할 수 있다.

이 사실은 독일 사회복지재정의 중요한 단면을 보여 준다. 독일은 사회보험 위주로 사회복지가 운영되는 전형적 사회보험국가로 분류된다. 기본적으로 사회보험은 근로자와 사용자의 사회보장부담금으로 재원이 마련된다. 하지만 독일은 1990년대 이후로 경제상황의 악화, 실업률 상승, 고령화의 압력 등으로 사회보험의 재정이 악화되었고 이러한 이유로 사회보험재원의 국가 의존도가 증가했다(이명현, 2011: 15~16).

한편으로 독일은 통일의 후유증, 실업률 상승, 장기실업자 증가가 초래한 장기불황으로 유럽의 병자라 불릴 만큼 추락했으나, 하르츠 개혁을 비롯한 일련의 노동시장 개혁으로 2006년부터는 실업률을 감소시키는 데 성공했다. 하르츠 개혁 다음 해인 2005년에는 사상 최고의 실업률(11.7%)을 기록했고,[3] 노동시장정책의 예산은 사회보장지출의 14.4%까지 증가했다. 이는 장기실업자가 증가하면서 연방의 조세를 재원으로 하는 실업부

---

3) Bundesagentur für Arbeit(BA) : Arbeitslosigkeit im Zeitverlauf 01/2016.

조(*Arbeitslosenhilfe*) 수급자가 증가한 것과 밀접한 연관이 있다.

3) 독일 국가부채의 변화

독일의 국가부채는 통일 이후 지속적으로 증가했다. 그러나 최근에는 재정
준칙 도입과 경제성장에 힘입어 부채비율이 줄어들었다. 2016년 5월 기준
독일의 부채비율은 68.6%다. 이는 EU의 86.4%보다 18%p가량 낮으며,
미국(107.5%), 일본(247.5%), 프랑스(96.4%), 영국(89.7%)보다 낮다.

독일은 1950년대의 경제성장을 기반으로 재정지출에서도 건전재정을 확
립할 수 있었다. 독일에서 국가부채가 문제가 된 것은 1970년대 이후이다.
독일의 국가부채는 1973~1974년의 경제위기, 1990년의 동서독 통일,
2007년의 금융위기를 맞이하며 급속하게 늘었다(Wagschal, 2007; Beck &
Prinz, 2012). 국가부채가 GDP에서 차지하는 비율은 1970년에는 20% 이
하(18.6%)였으나, 1980년에는 30.3%, 동서독이 통일된 1990년에는
41.3%, 2000년에는 58.8%로 증가했으며, 2010년에는 80%를 초과했다.

1970년대 이후 독일은 정부지출 및 사회이전지출의 확대로 인해 재정수
지가 큰 폭의 적자를 기록하면서 국가부채가 증가하기 시작했다. 이와 관
련한 예산정책에 대한 논쟁은 1982년 사민당과 자민당의 연합정부가 와해
되는 주요한 원인이 되었다.

통일 직전까지 이어진 콜 수상의 집권기에는 구조적 적자의 회복을 통해
정부재정의 안정화에 성공했으나, 동·서독의 통일 이후 부채비율은 다시
급격하게 증가하여 1995년 54.8%를 기록하였다. 특히, 옛 동독지역 부채
의 증가가 두드러졌다. 1995년 옛 동독지역이 독일 연방의 재정조정제도
(*Finanzausgleich*)에 통합되기 전에 독일 통일의 재정조달은 1차적으로 개별
지자체의 신규 채무 혹은 사회보장안정기금 등의 조성을 통한 부수적예산
(*Nebenhaushalt* 혹은 *Schattenhaushalt*)으로 이루어졌다(Freye, 2010: 106).

<표 5-4> 주요국 부채비율의 변화

(단위: %, GDP 대비 비율)

	1980	1985	1990	1995	2000	2005	2010	2013	2014	2015	2016	2017
독일	30.3	39.5	41.3	54.8	58.8	66.9	81.0	77.2	74.7	71.2	68.6	66.3
그리스	22.5	48.3	71.7	98.9	104.9	107.4	146.2	177.7	180.1	176.9	182.8	178.8
프랑스	20.7	30.6	35.2	55.8	58.7	67.2	81.7	92.4	95.4	95.8	96.4	97.0
스웨덴	39.4	61.0	41.2	69.9	50.6	48.2	37.6	39.8	44.8	43.4	41.3	40.1
영국	52.3	51.4	33.0	48.2	38.9	41.5	76.6	86.2	88.2	89.2	89.7	89.1
EU	-	-	-	-	60.6	61.8	78.6	87.3	88.5	86.8	86.4	85.5
일본	50.7	66.7	67.0	95.1	143.8	186.4	215.8	243.1	246.2	245.4	247.5	248.1
미국	42.6	56.2	64.4	68.8	53.1	64.9	94.7	104.8	104.8	105.9	107.5	107.6

주: 2016년 5월 기준.
자료: EU-Kommission, 2012; BMF, 2013, 2016에서 재구성.

1990년 중반 이후 독일의 재정정책은 재정적자를 해소하는 데 집중했다 (Vesper, 2009: 644). 우선 유로 통화연합의 가입을 위한 재정적 수렴조건을 충족시키기 위해 모든 가능성을 동원했다. 그럼에도 1980년에서 2000년까지 20년 동안 정부의 부채는 두 배로 불어나 GDP의 60% 가까운 수준까지 증가했고, 그 증가속도는 GDP의 성장보다 빨랐다.

2000년대에 들어서서 독일의 재정상황은 더욱 어려운 국면에 처했다. 심각한 경제불황, 높은 실업률, 대량의 조세감면으로 재정적자가 급속도로 확대되었다. 독일은 1990년대까지는 사회보험료율을 인상하여 복지재원을 마련하였으나 이것도 한계에 도달한 상황이고, 독일 정부는 줄곧 감세 기조를 유지했기 때문에 증세 여력도 부족한 상황이었다. 이를 국가부채를 통해 해결한 것이다. 한편 유로 차원의 안정화와 성장협약은 강력한 재정규칙을 설정하였고, 이로 인해 조세부족을 추가적 신용으로 보충하는 데 많은 제약이 가해졌다. 2005년도에만 약 850억 유로의 조세손실이 발생했는데, 이는 2001년 수준인 연평균 2.5%의 GDP 성장을 가정한 경우의 400억 유로와 조세감면으로 인한 450억 유로를 합한 액수이다(Vesper, 2006: 471). 이는 GDP의 약 4%에 해당하는 것이고 2005년의 재정적자를 능가하는 액수였다.

조세손실은 한편으로 역사적으로 낮은 20%의 조세부담률을 초래하였는데, 이는 장기적 평균치에 약 3% 미달하는 것이었다. 이로 인하여 정책당국은 강력한 안정화정책의 압력을 받게 되었다. 2009년 재정준칙을 도입하면서 독일 국가부채의 규모는 2015년에는 71.2%까지 줄어들었고, 2017년에는 66.3%까지 감소할 것으로 예상된다.

4) 독일의 조세체계

독일은 연방국가이고 조세체계는 복잡하지만, 모든 주정부에 동일하게 적용되지 않는다. 독일의 조세는 종류만 30개가 넘는다. 이 가운데 세수에서 가장 높은 비중을 차지하는 것은 소득세와 부가가치세이다.

독일의 조세체계는 공동세, 연방세, 주세, 기초자치단체세 및 EU 재정을 위한 세목으로 구성된다. 독일 조세의 가장 큰 원천은 공동세이다. 공동세는 소득세, 법인세, 부가가치세 및 자본소득세로 구성되어 있다. 연방세에는 보험세와 에너지세, 전기세, 자동차세, 대부분의 소비세 및 통일연대세 등이 포함된다. 주세에는 재산세, 상속증여세, 소방세, 교통세, 경주복권세 등이 포함된다. 기초자치단체세에는 영업세와 토지세가 포함

〈표 5-5〉 독일의 공동세, 연방세, 주정부세 및 기초자치단체세의 세원별 구조

(단위: 100만 유로)

	2015	2014	증감액	증감비율(%)
총 조세수입	673,261.5	643,617.2	29,443.3	4.6
공동세	483,178.1	461,985.1	21,193.0	4.6
연방세	104,204.1	101,803.8	2,400.3	2.4
주정부세	20,339.0	17,555.6	2,783.3	15.9
관세	5,158.8	4,551.9	607.0	13.3
기초자치단체세	60,381.4	57,720.8	2,660.7	4.6

자료: Statistisches Bundesamt, 2015.

된다. 독일의 공동세와 각 지방공동체별 세원을 비교하면, 공동세의 비중이 압도적으로 높게 나타난다. 2015년의 경우 세수의 약 72%가 공동세로 조달되었다. 나머지는 연방세가 15%, 기초자치단체세가 9%, 주정부세가 3%, 관세가 1%를 차지하였다.

〈표 5-6〉은 독일의 공동세 배분 비율을 나타낸다. 소득세와 근로소득세는 연방, 주정부, 기초자치단체에 각각 42.5%, 42.5%, 15%씩 배분된다. 법인세와 분리과세되는 소득세는 연방과 주정부에 각각 50%씩 배분된다. 자본소득세는 연방, 주정부, 기초자치단체에 각각 44%, 44%, 12%씩 배분되며 부가가치세는 연방정부가 53.37%로 가장 많은 부분을 차지한다. 주정부와 기초자치단체는 각각 44.63%, 2%를 차지한다. 공동세의 다른 세목들은 해마다 일정하게 지역공동체에 배분되는 것과 달리 부가가

〈표 5-6〉 독일의 공동세 배분 비율(2015년 기준)

(단위: %)

공동세	연방	주정부	기초자치단체
근로소득세(원천징수분)와 소득세(연말정산분)	42.5	42.5	15
소득세(분리과세분)	50.0	50.0	-
법인세	50.0	50.0	-
금융소득 원천징수세	44.0	44.0	12
부가가치세	53.37	44.63	2

자료: BMF, 2016.

〈표 5-7〉 독일의 지역공동체가 조세수입에서 차지하는 비율

(단위: %)

	2005	2006	2007	2008	2009	2010	2011	2012	2013	2014
연방	42.1	41.7	42.8	42.6	43.5	42.6	43.3	42.7	41.9	42.1
주정부	39.9	39.9	39.6	39.5	39.5	39.6	39.1	39.4	39.4	39.5
기초자치단체	13.2	13.8	13.3	13.7	13.1	13.3	13.4	13.5	13.6	13.6
EU	4.8	4.5	4.1	4.1	3.9	4.6	4.3	4.4	5.0	4.8

자료: BMF, 2015.

치세는 해마다 변동된다.

〈표 5-7〉은 독일에서 연방, 주정부, 기초지자체 및 EU가 조세수입 배분 후 전체 조세에서 차지하는 비율을 나타낸다. 조세의 조정이 끝난 후 연방과 주정부, 기초자체제 및 EU가 차지하는 비율은 2005년 이후 큰 차이 없이 유지됨을 확인할 수 있다. 연방정부는 42~43%로 가장 높은 비율을 차지한다. 주정부는 연방에 약간 못 미치는 39% 수준이고, 기초자치단체는 13% 수준을 유지한다.

〈그림 5-2〉 독일의 세원별 조세구조(2014년)

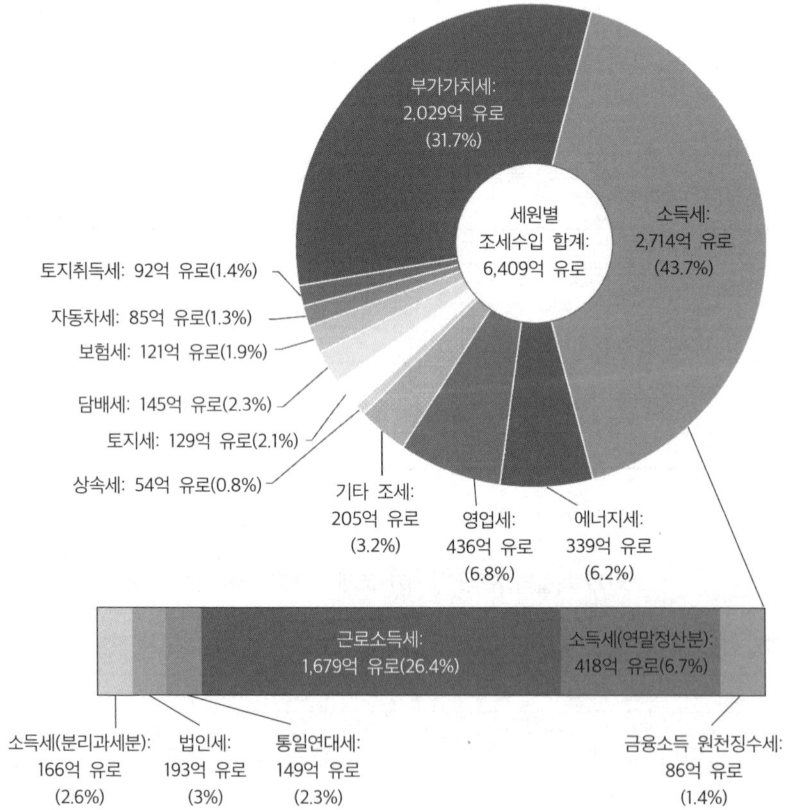

부가가치세: 2,029억 유로 (31.7%)

세원별 조세수입 합계: 6,409억 유로

소득세: 2,714억 유로 (43.7%)

토지취득세: 92억 유로(1.4%)
자동차세: 85억 유로(1.3%)
보험세: 121억 유로(1.9%)
담배세: 145억 유로(2.3%)
토지세: 129억 유로(2.1%)
상속세: 54억 유로(0.8%)

기타 조세: 205억 유로 (3.2%)

영업세: 436억 유로 (6.8%)

에너지세: 339억 유로 (6.2%)

근로소득세: 1,679억 유로(26.4%)

소득세(연말정산분): 418억 유로(6.7%)

소득세(분리과세분): 166억 유로 (2.6%)
법인세: 193억 유로 (3%)
통일연대세: 149억 유로 (2.3%)

금융소득 원천징수세: 86억 유로 (1.4%)

자료: BMF, 2014.

독일의 조세체계에서 조세재원의 직접세(소득세, 법인세 등)와 간접세(부가가치세)의 비율을 비교하면 1980~2000년까지는 직접세의 비중이 높았다. 하지만 직접세 비율은 점차 감소하여 2000~2011년까지는 비슷한 비율을 나타냈고 2012년 이후 다시 직접세의 비중이 조금씩 늘어 가는 추세다. 2015년의 직접세-간접세 비중은 52.7:47.3이었다(BMF, 2016).

독일의 전체 세입에서 각 세원별로 차지하는 비율을 살펴보면 소득세와 부가가치세가 높은 비중을 차지하는 것을 확인할 수 있다. 2014년의 경우 소득세가 전체 세수에서 차지하는 비율은 43.7%였다. 이 가운데 근로소

<표 5-8> 독일의 주요 세원별 조세구조

(단위: %, 전체 조세수입에서 차지하는 비율)

		2000	2010	2011	2012	2013	2014	2015
공동세	근로소득세(원천징수분)	29.0	24.1	24.4	24.8	25.4	26.1	26.7
	소득세(연말정산분)	2.6	5.9	5.6	6.2	6.7	7.1	7.2
	소득세(분리과세분)	2.9	2.4	3.2	3.3	2.8	2.7	2.5
	금융소득 원천징수세	1.6	1.6	1.4	1.4	1.4	1.2	1.2
	법인세	5.0	2.3	2.7	2.8	3.2	3.1	3.1
	부가가치세	30.1	33.9	33.1	32.4	31.8	31.6	31.2
	공동세 합계	71.3	70.3	70.4	71.0	71.3	71.8	71.9
연방세	석유세/에너지세	8.1	7.5	7.0	6.6	6.3	6.2	5.9
	담배세	2.4	2.5	2.5	2.4	2.2	2.3	2.2
	보험세	1.6	1.9	1.9	1.9	1.9	1.9	1.8
	통일연대세	2.5	2.2	2.2	2.3	2.3	2.3	2.3
	연방세 합계	16.2	17.6	17.3	16.6	16.2	15.8	15.5
주정부세	상속세	0.6	0.8	0.7	0.7	0.7	0.8	0.9
	토지취득세	1.1	1.0	1.1	1.2	1.4	1.5	1.7
	주정부세 합계	3.9	2.3	2.3	2.4	2.5	2.7	3.0
기초자치단체세	영업세(100%)	5.8	6.7	7.1	7.1	7.1	6.8	6.7
	토지세 B	1.8	2.1	2.0	1.9	2.0	1.9	1.9
	기초자치단체세 합계	7.8	9.0	9.2	9.2	9.2	9.0	8.9
관세		0.7	0.8	0.8	0.7	0.7	0.7	0.8
조세 총합계		100.0	100.0	100.0	100.0	100.0	100.0	100.0

자료: BMF, 2016a.

득세가 26.4%를 차지하여 가장 많은 비중을 차지하였다. 이에 반해 자영업자 소득, 자본소득 및 기업의 이익에 부과되는 소득세는 차지하는 비율이 낮았다. 부가가치세의 비율은 31.7%를 기록했다.

2000년 이후의 흐름을 살펴보면 근로소득세가 전체 조세수입에서 차지하는 비율은 2000년 29%에서 2010년 24.1%로 감소했다가, 2014년 이후 26% 이상을 기록했다. 부가가치세는 2000년 30.1%에서 2010년 33.9%까지 증가했다. 그 후 소폭 감소하여 2013년 이후에는 31%대를 유지했다. 법인세는 2000년 5%에서 2010년 2.3%로 감소했다가, 그 후 소폭 증가하여 3% 초반을 유지했다. 연방세에서 가장 높은 비중을 차지하는 것은 석유세/에너지세인데 2000년 8.1%에서 소폭 감소하여 2014년에는 6.2%를 기록했다. 기초자치제의 주요 세원인 영업세는 2007년 7.5%까지 증가했다가 2013년 7.1%, 2014년 6.8%를 기록했다.[4]

독일의 소득세는 선형누진구조의 체계로 구성되며, 소득세 과세는 과세표준이 되는 소득의 수준에 따라 다섯 구간으로 나뉜다. 2016년의 경우 독신자에게 8,652유로의 기본공제구간(1구간)이 설정되고, 8,653유로에서 13,669유로 사이의 소득에 적용되는 경과구간(2구간), 13,670유로에서 53,665유로 사이의 소득에 적용되는 선형누진구간(3구간), 53,666유로에서 254,446유로까지 적용되는 높은 비례세율구간(4구간), 그리고 마지막으로 254,447유로 이상의 소득에 대해서 45%가 적용되는 부자세구간(5구간)으로 구분된다. 독일에서는 상위 25%가 소득세의 75%를 부담한다.[5] 전 세계적 법인세 인하 추세에 맞춰 독일의 법인세율도 1990년 이후 지속적으로 인하되었고, 2008년 이후 법정비율이 15%로 인하되었다. 이와 함께

---

4) 독일에서는 법인 기업에 법인세와 비슷한 수준으로 영업세가 부과되며, 그 외에 법인 형태가 아닌 개인 기업에도 영업세가 부과된다. 따라서 전체적으로 정부부문에서 영업세는 법인세보다 세수 비중이 더 높게 나타난다.

5) http://www.imacc.de/steuer/einkommensteuer/index.html를 참조하라.

〈표 5-9〉 주요국의 세율 비교

(단위: %)

	기업이윤에 부과하는 조세율					
	중앙정부		지역공동체		합계	
	2005	2014	2005	2014	2005	2014
덴마크	28.0	24.50	-	-	28.0	24.50
독일	26.4[2]	15.83[2]	16.7	14.00	38.7	29.83
프랑스	34.9	38.00	-	-	34.9	38.00
스웨덴	28.0	22.00	-	-	28.0	22.00
영국	30.0	21.00	-	-	30.0	21.00
일본	30.0	28.05	13.5	10.99	40.9	37.36
미국	35.0	35.00	7.5	7.10	39.9	39.62

	소득세[1]				부가가치세			
	최저세율		최고세율		일반세율		감면세율	
	2005	2014	2005	2014	2005	2014	2005	2014
덴마크	38.30	36.73	59.00	51.70	25.0	25	-	-
독일	15.00	14.00	44.31[2]	47.48[2]	16.0	19	7	7
프랑스	14.83	13.08	56.09	54.61	19.6	20	2.1/5.5	2.1/5.5/10
스웨덴	51.60	51.86	56.60	56.86	25.0	25	6/12	6/12
영국	10.00	20.00	40.00	45.00	17.5	20	5	5
일본	15.00	15.10	50.00	50.84	5.0	8	-	-
미국	16.22	16.22	42.90	47.27	-	-	-	-

주: 1) 소득세는 중앙정부, 지역공동체 및 기타 추가를 포함한 수치임.
   2) 5.5% 연대세 포함.
자료: BMF, 2005, 2015b.

영업세의 법정 기준율이 5%에서 3.5%로 낮추어졌고, 법정비율은 12.98% 수준이다. 독일의 부가가치세는 19%(일반세율), 7%(감면세율)가 적용된다.

〈표 5-9〉는 기업에 부과하는 조세율, 소득세율, 부가가치세율의 2005년과 2014년 국제비교를 나타낸다. 2014년 독일의 법인세율은 15%이지만 영업세 및 연대세를 합하여 기업에 부과하는 조세율은 29.83%로 2005년의 38.7%에 비해 9%p정도 감소하였다. 이는 OECD 국가의 평균을 약간 상회하는 수준이다. 한편 2014년의 소득세 최고세율은 47.48%로 2005

년의 44. 31%보다 약 3%p정도 인상되었다. 이는 덴마크, 스웨덴, 프랑스
보다는 낮지만 영국이나 미국과 비슷한 수준이다. 독일의 2014년 부가가
치세율은 19%로 스웨덴, 덴마크의 25%와 6%p의 차이가 나고, 영국과
프랑스의 20%보다 1%p 낮은 수치이다.

5) 독일 조세부담률과 국민부담률의 변화

OECD 기준에 따른 독일의 조세부담률은 2013년 기준으로 22. 6%로 1965
년 대비 0. 5%p 감소했다. 거의 50년간 동일한 수준을 유지했다. 이 기간 미
국을 제외한 대부분의 나라는 조세부담률이 증가하였고, OECD 평균은
4. 8%p 증가했으며 1990년에 비해서는 0. 4%p 증가했다. 독일의 조세부담
률은 1965년 당시 OECD 평균보다 약 3%p 정도 높은 수준으로 중상위권에
속했으나 2013년에는 2. 5%p 낮은 수준으로 중간 이하에 속한다. 특히, 덴
마크와는 25%p 차이가 나고, 스웨덴과도 10%p 이상 차이를 보인다.

　사회보험을 포함한 국민부담률의 변화를 살펴보면 독일은 2013년에

〈표 5-10〉 주요국 조세부담률의 변화(사회보험료 제외)

(단위: %)

	1965	1980	1990	2000	2007	2008	2009	2011	2012	2013	A[1]	B[1]
덴마크	28.2	41.1	44.4	46.2	46.3	44.8	45.1	45.3	46.3	47.5	19.3	3.1
독일[2]	23.1	23.9	21.8	22.1	22.1	22.5	22.2	21.9	22.5	22.6	-0.5	0.8
프랑스	22.1	22.6	22.9	27.5	26.7	26.4	25.1	26.6	27.6	28.3	6.2	5.4
스웨덴	27.6	31.2	36.0	36.1	33.2	33.0	33.2	32.6	32.4	32.9	5.3	-3.1
영국	24.8	27.8	27.3	28.8	27.8	27.5	25.9	27.3	26.7	26.7	1.9	-0.6
일본	13.9	17.5	21.0	17.3	18.1	17.4	15.9	16.7	17.2	17.9	4.0	-3.1
미국	20.4	19.9	19.3	21.5	20.4	18.9	16.7	18.1	18.6	19.3	-1.1	0.0
한국	-	16.8	16.9	17.9	19.6	19.3	18.2	18.4	18.7	17.9	1.0	1.0
OECD 평균	20.3	23.2	24.7	25.7	25.6	24.9	23.8	24.4	24.8	25.1	4.8	0.4

주: 1) A는 1965~2013년 격차(한국은 1980~2013년 격차), B는 1990~2013년 격차.
　　2) 1965~1990년의 독일은 서독 자료.
자료: OECD, 2015.

<표 5-11> 주요국 국민부담률의 변화(사회보험료 포함)

(단위: %)

	1965	1980	1990	2000	2007	2008	2009	2011	2012	2013	A[1]	B[1]
덴마크	29.1	41.3	44.4	46.9	46.4	44.9	45.2	45.4	46.4	47.6	8.5	3.2
독일 [2]	31.6	36.4	34.8	36.2	34.9	35.4	36.1	35.7	36.4	36.5	4.9	1.7
프랑스	33.6	39.4	41.0	43.1	42.4	42.2	41.3	42.9	44.1	45.0	11.4	4.0
스웨덴	31.4	43.7	49.5	49.0	45.0	44.0	44.1	42.5	42.6	42.8	11.4	-6.7
영국	29.3	33.4	32.9	34.7	34.1	34.0	32.3	33.6	33.0	32.9	3.6	0.0
일본	17.8	24.8	28.5	26.6	28.5	28.5	27.0	28.6	29.4	30.3	12.5	1.8
미국	23.5	25.5	25.9	28.2	26.7	25.2	23.0	23.6	24.1	25.4	1.9	-0.5
한국	-	16.9	18.8	21.5	24.8	24.6	23.8	24.2	24.8	24.3	7.4	5.5
OECD 평균	24.8	30.1	32.1	34.2	34.1	33.6	32.7	33.3	33.8	34.2	9.4	2.1

주: 1) A는 1965~2013년 격차(한국은 1980~2013년 격차), B는 1990~2013년 격차.
   2) 1965~1990년의 독일은 서독 자료.
자료: OECD, 2015.

36.5%로 1965년의 31.6%에 비해 4.9%p 증가했다. 1965년에 독일의 국민부담률은 OECD 평균인 24.8%를 훨씬 상회하여 스웨덴(31.4%), 덴마크(29.1%)와 같은 스칸디나비아 국가보다 높은 수준이었다. 하지만 2013년에는 덴마크, 프랑스, 스웨덴보다 6~11%p 낮으며, OECD 국가의 평균인 34.2%를 약간 넘는 수준이다.

1965년에서 2013년 사이에 독일의 조세부담률이 감소했음에도 국민부담률이 증가한 원인은 사회보험료 기여금이 차지하는 비율이 증가했기 때문이다. 독일에서는 1990년대 말까지 사회보험료 기여율이 지속적으로 상승했고 1995년 장기요양보험이 도입되었다.

독일의 사회보장부담금이 GDP에서 차지하는 비율은 2013년에 13.9%로 OECD 평균인 9.1%보다 4.8%p가량 높았다. 독일의 사회보장부담금 비율은 1965년에도 프랑스를 제외하면 가장 높은 수준이었는데, 2013년의 기록에서도 프랑스(16.7%) 다음으로 높고, 스칸디나비아 국가인 스웨덴의 10%보다도 높은 수준이다. 독일의 사회보험료 기여금은 1960년대 이후 1980년대 중반까지 지속적으로 상승하였다.

<표 5-12> 주요국의 GDP 대비 사회보장부담금 변화

(단위: %)

	1965	1980	1990	2000	2007	2008	2009	2011	2012	2013	A[1]	B[1]
덴마크	1.0	0.2	0.0	0.6	0.1	0.1	0.1	0.1	0.1	0.1	-0.9	0.1
독일[2]	8.5	12.5	13.0	14.1	12.8	12.9	13.9	13.8	13.9	13.9	5.4	0.9
프랑스	11.5	16.8	18.1	15.5	15.7	15.7	16.3	16.2	16.5	16.7	5.2	-1.4
스웨덴	3.8	12.6	13.5	12.9	11.8	11.0	10.9	9.9	10.2	10.0	6.2	-3.5
영국	4.5	5.6	5.6	5.9	6.3	6.5	6.4	6.3	6.3	6.2	1.7	0.6
일본	3.9	7.2	7.5	9.4	10.4	11.1	11.0	11.9	12.2	12.4	8.5	4.9
미국	3.1	5.6	6.6	6.6	6.3	6.3	6.3	5.5	5.5	6.1	3.0	-0.5
한국	-	0.2	1.9	3.6	5.1	5.4	5.6	5.8	6.1	6.4	6.2	4.3
OECD 평균	4.5	6.9	7.4	8.6	8.5	8.6	8.9	8.9	9.0	9.1	4.6	1.7

주: 1) A는 1965~2013년 격차(한국은 1980~2013년 격차), B는 1990~2013년 격차.
　　2) 1965~1990년의 독일은 서독 자료.
자료: OECD, 2015.

<표 5-13> 독일의 국민부담률 대비 사회보장부담금의 국제비교

(단위: %)

	1965	1980	1990	2000	2007	2008	2009	2011	2012	2013	A[1]	B[1]
덴마크	3.3	0.4	0.0	1.4	0.2	0.1	0.1	0.2	0.2	0.2	-3.1	0.2
독일[2]	26.8	34.3	37.5	39.0	36.6	36.4	38.6	38.6	38.3	38.1	11.3	0.6
프랑스	34.2	42.7	44.1	36.0	37.1	37.3	39.4	37.9	37.4	37.2	3.0	-6.9
스웨덴	12.1	28.8	27.2	26.3	26.2	25.0	24.6	23.3	24.0	23.3	11.2	-3.9
영국	15.4	16.7	17.0	17.0	18.5	19.1	19.7	18.7	19.1	18.8	3.4	1.8
일본	21.8	29.1	26.4	35.2	36.5	38.8	41.0	41.5	41.6	40.9	19.1	14.5
미국	13.3	21.9	25.6	23.6	23.5	25.1	27.3	23.2	22.7	24.2	10.9	-1.4
한국	-	1.1	10.1	16.7	20.7	21.8	23.4	24.0	24.7	26.4	25.3	16.3
OECD 평균	17.6	22.1	21.9	24.5	24.5	25.2	26.4	26.1	26.1	26.1	8.5	4.2

주: 1) A는 1965~2013년 격차(한국은 1980~2013년 격차), B는 1990~2013년 격차.
　　2) 1965~1990년의 독일은 서독 자료.
자료: OECD, 2015.

독일의 사회보장부담금이 국민부담률에서 차지하는 비율은 2013년에 38.1%로 1965년의 26.8%보다 11.3%p 증가했다. 같은 기간에 OECD 평균은 17.6%에서 26.1%로 8.5%p 증가했다. 2013년의 수치는 일본의 40.9%보다는 낮으나, 프랑스의 37.2%에 비해서는 높은 것으로 OECD 평균에 비해 12%p 높은 수치이다.

독일의 사회보험재정은 기본적으로 피용자와 고용주가 절반씩 부담하는 보험기여금에 의해 조달되는데, 고용주가 전적으로 부담하는 산재보험을 제외한 독일의 사회보험 기여율은 1965년 25.1%에서 1998년 42.14%까지 증가했다. 그 후 2006년까지는 40% 초반을 유지하다가 2010년에는 38.65%까지 감소했으며, 2011년 다시 상승한 이후 2013년, 2014년, 2015년에 각각 38.55%, 38.55%, 38.65%를 기록했다. 사회보험 가운데 연금보험 기여율이 가장 높은데 2007년에서 2011년까지 19.90%였다가 소폭 감소하여 2015년에는 18.70%이다. 다음으로는 의료보험(14.6%), 실업보험(3.0%), 장기요양보험(2.35%)의 순으로 기여율이 높았다. 실업보험 기여율은 1993년 6.5%까지 증가했으나, 2007년부터 4.2%로 인하되었고, 2011년 이후 3%를 유지했다(BMG, 2015).

6) 독일의 근로소득세와 사회보험료 부담의 변화

〈표 5-14〉와 〈표 5-15〉는 독일의 근로자가 부담하는 근로소득세와 사회보험료의 부담을 다른 나라와 비교한 것이다. 여기서 확인할 수 있는 특징은 독신 근로자와 자녀를 둔 근로자의 부담 차이가 크다는 점이다. 2014년의 경우 평균적 소득의 자녀가 없는 독신자의 경우 소득세 부담은 19.1%인 데 비해 결혼하여 두 자녀를 둔 외벌이 가정의 소득세 부담은 0.9%에 불과했다. 사회보험료의 부담을 포함하면 각각 39.5%와 21.1%로 차이가 나타난다.

이는 덴마크와 스웨덴이 각 가족 구성 형태별로 조세부담에 큰 차이가 없는 것과 대조되며, 독일의 가족중심적 사회보장체계의 단면을 보여 준다. 이러한 조세체계는 기혼 여성의 전일제 일자리 기피와 노동시장 활동을 저해하는 역할을 한다.

〈표 5-14〉 주요국의 근로자의 소득세/근로소득세 부담 비교

(단위: %, 총임금에서 차지하는 비율)

	독신, 무자녀, 평균소득		결혼, 2자녀, 외벌이, 평균소득		결혼, 2자녀, 평균소득+33% 추가 평균소득	
	2005	2014	2005	2014	2005	2014
덴마크	30.4	35.6	25.2	31.6	27.0	33.1
독일	**20.9**	**19.1**	**1.4**	**0.9**	**7.7**	**6.6**
프랑스	15.4	14.6	7.9	7.9	8.4	6.7
스웨덴	24.0	17.4	24.0	17.4	22.2	15.1
영국	17.4	14.4	15.4	14.4	13.6	11.6
일본	6.6	7.6	3.5	6.2	4.2	6.7
미국	15.7	17.2	-2.8	5.2	5.3	9.3

자료: BMF, 2006, 2015b.

〈표 5-15〉 주요국의 근로자의 소득세/근로소득세 + 사회보험료 부담 비교

(단위: %, 총임금에서 차지하는 비율)

	독신, 무자녀, 평균소득		결혼, 2자녀, 외벌이, 평균소득		결혼, 2자녀, 평균소득+33% 추가 평균소득	
	2005	2014	2005	2014	2005	2014
덴마크	41.0	38.4	35.8	34.4	38.9	37.2
독일	41.7	39.5	22.3	21.1	28.5	26.7
프랑스	29.0	28.7	21.5	21.9	22.0	20.8
스웨덴	31.0	24.4	31.0	24.4	29.2	22.1
영국	26.5	23.7	24.6	23.7	21.8	19.5
일본	18.5	21.7	15.3	20.3	16.0	20.8
미국	23.6	24.8	5.0	12.8	13.2	16.9

자료: BMF, 2006, 2015b.

2. 독일의 사회보장예산 체계와 현황

1) 독일의 사회복지예산 지출구조의 변화

사회복지지출의 국제비교에 널리 쓰이는 OECD SOCX 데이터를 이용하여 비교하면, 2014년 기준으로 독일의 사회복지지출 비율은 25.8%로 OECD 평균인 21.6%보다 4%p 이상 높았다. 주요 국가와 비교하면 미국(19.2%)과 영국(21.7%)에 비해서는 높았고, 스웨덴(28.1%)과 프랑스(31.9%)에 비해서는 낮았다. 한편 독일은 1980년대 이후 사회복지지출의 증가폭이 다른 나라에 비해 상대적으로 적었음을 볼 수 있다. OECD 평균은 1980년 15.4%에서 2014년 21.6%로 6.2%p가량 증가한 반면 독일은 같은 기간 동안 4%p 정도 증가했다. 독일은 다른 나라에 비해 사회복지지출이 1990년대에 상대적으로 많이 증가했음을 확인할 수 있다. 국제적 금융위기 이후인 2009년에는 27.6%까지 증가했으나 이후에는 소폭 감소하여 2011년 이후에는 25%대를 유지했다.

〈표 5-16〉 주요국 사회복지지출의 변화

(단위: %, GDP 대비 비율)

	1980	1985	1990	1995	2000	2005	2009	2010	2011	2012	2013	2014
덴마크	24.4	22.9	25.0	28.7	26.0	27.3	29.7	29.9	30.1	30.2	30.2	30.1
독일[1]	21.8	22.2	21.4	25.9	26.2	27.0	27.6	26.8	25.5	25.4	25.6	25.8
	25.7	25.2	24.1	27.6	28.8	29.0	30.5	29.8	28.6	28.7	29.1	29.2
프랑스	20.6	25.8	24.9	29.0	28.4	29.6	31.5	31.7	31.4	31.5	32.0	31.9
스웨덴	26.0	26.2	28.5	31.6	28.2	28.7	29.4	27.9	27.2	27.7	28.2	28.1
영국	16.3	19.2	16.3	19.2	18.4	20.2	23.9	22.8	22.7	23.0	22.5	21.7
일본	10.3	11.1	11.1	14.1	16.3	18.4	22.0	22.1	23.1	-	-	-
미국	12.6	12.6	13.1	15.0	14.2	15.5	18.5	19.3	19.0	18.7	18.6	19.2
한국	-	-	2.8	3.2	4.8	6.5	9.4	9.0	9.0	9.6	10.2	10.4
OECD 평균	15.4	17.0	17.5	19.3	18.6	19.4	21.9	21.7	21.4	21.6	21.7	21.6

주: 1) 독일의 아래 칸 수치는 독일 연방노동사회부(BMAS, 2015)의 자료.
자료: http://stats.oecd.org/Index.aspx?datasetcode=SOCX_AGG, 2016. 5. 23. 인출.

독일 자체기준에 따른 사회복지지출은 OECD SOCX 데이터와 비교하면 다소 높게 나타난다. 연방노동사회부(BMAS)가 발표하는 사회(복지) 예산(*Sozialbudget*) 자료에 따르면 독일의 사회복지지출은 2014년을 기준으로 8,492억 유로에 달했고 GDP에서 차지하는 비율은 29.2%였다. 독일의 사회복지지출은 1960년 18.3%에서 1975년(26.3%)까지 계속 증가하다가, 그 후 감소세로 돌아서서 1990년(24.1%)까지 감소하였다.

하지만 1990년 동서독의 통일로 인한 복지의 증가와 1995년의 장기요양보험제도의 도입 등으로 1990년 이후 독일의 복지지출은 꾸준히 늘어나 2003년 29.8%까지 증가하였다. 독일의 복지지출은 하르츠 개혁 등의 영향을 받아 2003년을 기점으로 2008년(27.1%)까지 감소했으나, 2009년에 다시 상승하여 30.5%라는 사상 최고수준에 도달했다. 이는 금융위기가 불러온 경기침체의 여파로 증가한 실업급여 수요와 결부되어 있고, 다른 한편으로는 2009년부터 민간 의료보험이 고려되었기 때문이다. 독일은 금융위기를 극복하면서 2010년과 2011년에는 사회복지지출이 감소했으며 2013년과 2014년에는 소폭 상승하였다.

2) 독일의 분야별 사회복지지출

독일의 2014년 사회복지예산을 보장 분야별로 보면 사회보험 분야가 압도적 비율을 차지한다. 연금보험과 의료보험이 각각 30.7%와 25.5%로 가장 큰 부분을 차지하고 다음으로는 공공서비스시스템이 7.7%, 사용자 지원이 6.3%를 차지한다.

독일 사회복지예산의 변화를 제도별(*institution*)로 살펴보면 사회보험이 사회서비스나 공공부조 등을 압도한다. 사회보험이 사회복지예산에서 차지하는 비율이 1991년에는 64.9%였는데, 2000년에는 66.3%로 증가했고, 그 후 조금씩 감소하여 2011년 이후 61%대를 유지한다. GDP 대비 비

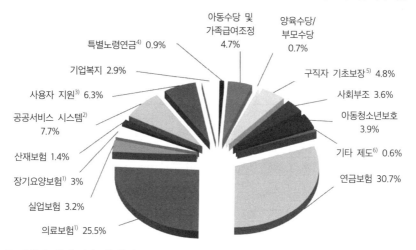

〈그림 5-3〉 독일의 보장 분야별 사회복지예산(2014년)

(단위: %, 정부기여금을 포함한 총지출 대비 비율)

특별노령연금⁴⁾ 0.9%
아동수당 및 가족급여조정 4.7%
양육수당/ 부모수당 0.7%
기업복지 2.9%
사용자 지원³⁾ 6.3%
공공서비스 시스템²⁾ 7.7%
산재보험 1.4%
장기요양보험¹⁾ 3%
실업보험 3.2%
의료보험¹⁾ 25.5%
구직자 기초보장⁵⁾ 4.8%
사회부조 3.6%
아동청소년보호 3.9%
기타 제도⁶⁾ 0.6%
연금보험 30.7%

주: 1) 법정보험과 민간보험 합계.
　　2) 연금, 가족수당, 보조금.
　　3) 임금계속지급, 공공 부분 종사자의 추가부양.
　　4) 농업, 보장기구의 고령자보장.
　　5) 기타 고용촉진.
　　6) 재교육과 노동시장 진입 촉진, 주택수당 및 보상제도.
자료: BMAS, 2015.

율을 살펴보면 사회보험은 17% 수준을 유지하며, 이 가운데 연금보험이 9% 이상을 차지하고 의료보험이 6~7%를 차지한다. 사회보험 이외의 구직자 기초보장과 사회부조를 포함하는 촉진과 공공부조제도, 농민을 위한 고령자보장 등의 특별제도, 공무원연금 등의 공공서비스, 고용주지원제도, 보상제도에는 사회복지예산의 39% 정도가 지출된다. 이러한 제도별 복지예산의 구성 비율을 통해서도 독일의 사회보험 위주의 복지시스템을 확인할 수 있다.

독일의 사회복지지출 예산을 종류별로 살펴보면 정기적 현금급여와 일시적 현금급여를 합친 현금급여가 현물급여보다 훨씬 높은 비중을 차지한다. 하지만 현금급여는 1991년 66%에서 2014년 59.3%로 감소했고, 현물급여는 동 기간에 30.3%에서 36.4%로 증가했다. 사회복지지출 예산을 기능별로 살펴보면 2014년의 경우 질병, 고령, 아동의 순으로 높은 비중을 보인다.

〈표 5-17〉 독일의 제도별 사회복지예산(정부의 보조기여금 포함)

(단위: %)

	GDP 대비 비율							사회복지예산 대비 비율						
	1991	2000	2010	2011	2012	2013	2014	1991	2000	2010	2011	2012	2013	2014
사회복지예산	25.0	28.8	29.8	28.6	28.7	29.1	29.2	100.0	100.0	100.0	100.0	100.0	100.0	100.0
사회보험	16.0	18.8	18.3	17.5	17.4	17.6	17.7	64.9	66.3	62.1	61.7	61.4	61.3	61.2
연금보험	8.4	10.3	9.8	9.5	9.4	9.4	9.3	32.1	33.8	31.7	31.8	31.6	30.9	30.7
의료보험	5.9	6.2	6.7	6.6	6.6	6.9	7.0	22.4	20.5	21.7	22.1	22.2	22.6	23.1
장기요양보험	-	0.8	0.8	0.8	0.8	0.9	0.9	-	2.6	2.7	2.7	2.8	2.9	2.9
산재보험	0.5	0.5	0.5	0.4	0.4	0.4	0.4	1.8	1.7	1.5	1.5	1.5	1.5	1.4
실업보험	2.3	2.4	1.4	1.1	1.0	1.0	1.0	8.6	7.7	4.5	3.6	3.4	3.4	3.2
특별제도	0.2	0.3	1.1	1.1	1.1	1.1	1.1	0.9	0.9	3.5	3.6	3.6	3.5	3.5
공공서비스	2.3	2.4	2.3	2.3	2.3	2.3	2.3	8.6	8.0	7.4	7.6	7.7	7.7	7.7
사용자 지원	2.6	2.5	2.5	2.5	2.7	2.8	2.8	10.1	8.2	8.0	8.4	8.9	9.1	9.2
보상제도	0.6	0.3	0.1	0.1	0.1	0.1	0.1	2.1	1.0	0.4	0.4	0.3	0.3	0.3
촉진과 공공부조	3.5	4.7	5.8	5.5	5.4	5.5	5.5	13.4	15.6	18.6	18.3	18.1	18.1	18.1
아동수당 및 가족부담조정	0.7	1.6	1.6	1.5	1.5	1.5	1.4	2.5	5.2	5.2	5.2	5.1	4.9	4.7
양육수당/부모수당	0.2	0.2	0.2	0.2	0.2	0.2	0.2	0.8	0.6	0.6	0.6	0.6	0.6	0.7
구직자 기초보장 (실업수당 II)	-	-	1.8	1.5	1.5	1.5	1.4	-	-	5.8	5.2	4.9	4.8	4.7
실업부조 등	0.6	0.7	0.0	0.0	0.0	0.0	0.0	2.2	2.3	0.1	0.1	0.1	0.1	0.1
직업교육 촉진	0.1	0	0.1	0.1	0.1	0.1	0.1	0.3	0.1	0.3	0.3	0.3	0.3	0.3
사회부조	1.1	1.2	1.0	1.0	1.0	1.1	1.1	4.4	4.0	3.2	3.4	3.4	3.5	3.6
아동·청소년부조	0.7	0.8	1.0	1.0	1.0	1.1	1.2	2.6	2.7	3.2	3.4	3.5	3.7	3.9
주택수당	0.2	0.2	0.1	0.1	0.0	0.0	0.0	0.6	0.7	0.2	0.2	0.2	0.1	0.1

주: 행정지출과 기타지출을 제외한 수치임. 2009년부터는 민간 의료보험을 포함하였음. 2015년 5월 기준.
2013년은 잠정치, 2014년은 추정치임.
자료: BMAS, 2015.

<표 5-18> 독일의 종류 및 기능별 사회복지예산

(단위: %)

		GDP 대비 비율							사회복지예산(정부기여금 포함) 대비 비율						
		1991	2000	2010	2011	2012	2013	2014	1991	2000	2010	2011	2012	2013	2014
사회복지 지출종류별		25.0	28.8	29.8	28.6	28.7	29.1	29.2	100.0	100.0	100.0	100.0	100.0	100.0	100.0
사회보장급여		24.1	27.7	28.5	27.3	27.5	27.8	28.0	96.2	96.4	95.6	95.6	95.6	95.6	95.7
	정기적 현금급여	16.4	18.8	17.8	17.1	17.1	17.2	17.2	65.3	65.3	59.8	59.6	59.6	59.0	58.7
	일시적 현금급여	0.2	0.2	0.3	0.2	0.2	0.2	0.2	0.7	0.6	1.0	0.7	0.7	0.6	0.6
	현물급여	7.6	8.7	10.3	10.1	10.1	10.5	10.7	30.3	30.4	34.7	35.2	35.3	36.0	36.4
행정지출		0.9	1.0	1.2	1.1	1.1	1.1	1.1	3.5	3.3	4.0	4.0	3.9	3.9	3.8
기타지출		0.1	0.1	0.1	0.1	0.1	0.1	0.1	0.2	0.2	0.4	0.4	0.5	0.5	0.5
사회복지 지출기능별 [1]		24.1	27.7	28.5	27.3	27.5	27.8	28.0	100.0	100.0	100.0	100.0	100.0	100.0	100.0
질병		7.9	8.3	9.2	9.1	9.3	9.6	9.8	32.6	29.8	32.5	33.3	33.8	34.4	35.0
장애		1.9	2.3	2.2	2.1	2.2	2.2	2.2	7.7	8.1	7.8	7.9	8.0	8.0	8.0
고령		7.2	9.1	9.4	9.1	9.1	9.1	9.0	29.9	32.7	33.1	33.2	33.1	32.6	32.3
유족		2.6	2.5	2.0	2.0	1.9	1.9	1.9	10.7	8.9	7.2	7.2	7.1	6.9	6.8
아동		1.9	2.8	2.9	2.9	2.9	3.0	3.0	7.8	10.2	10.3	10.5	10.6	10.6	10.6
부부		0.3	0.2	0.1	0.1	0.1	0.1	0.1	1.0	0.8	0.3	0.3	0.3	0.3	0.3
모성		0.1	0.1	0.1	0.1	0.1	0.1	0.1	0.4	0.3	0.4	0.3	0.3	0.3	0.3
실업		2.0	2.1	1.6	1.3	1.1	1.2	1.1	8.5	7.5	5.8	4.6	4.2	4.1	3.9
주택		0.2	0.3	0.7	0.6	0.6	0.6	0.6	1.0	1.1	2.3	2.2	2.1	2.1	2.1
일반 생계부조		0.1	0.2	0.1	0.1	0.2	0.2	0.2	0.4	0.5	0.5	0.5	0.6	0.6	0.7

주: 1) 행정지출과 기타지출을 제외한 수치임. 2009년부터는 민간 의료보험을 포함하였음. 2015년 5월 기준. 2013년은 잠정치, 2014년은 추정치임.
자료: BMAS, 2015.

3) 독일의 재원별 사회복지예산

<표 5-19>는 독일의 사회복지예산을 재원종류별 및 재원원천별로 구분한 것이다. 사회보장부담금(Sozialbeiträge)과 정부보조금을 비교하면 사회보장부담금은 사회복지예산 대비 1991년 70. 2%에서 2010년 62. 4%까지 감소했다가 2014년 65. 1%로 다시 증가했고, 정부보조금은 동 기간 동안

26.5%에서 35.8%까지 증가했다가 다시 33.2%로 감소했다. 사회보장부담금을 사용자와 피보험자로 나누어 보면 사용자가 부담하는 비율은 1991년 42.1%에서 2010년 33.5%까지 감소했다가 2012년 이후에는 34%대를 유지한다. 이에 비해 피보험자가 부담하는 비율은 1991년 28.2%에서 2000년 27.6%로 소폭 감소했지만, 그 후에는 지속적으로 증가했다. 1991년과 2014년을 비교하면 사용자의 비중은 7.3%p 감소한 데 비해서, 피보험자의 비중은 2.2%p 증가했고, 정부보조금의 비율은 6.7%p 증가했다. GDP 대비 비율에서는 사용자가 차지하는 비율이 1991년부터 2014년 사이 11.1%에서 10.7%로 감소했으나, 피보험자의 비율이 7.5%에서 9.4%

〈표 5-19〉 독일의 재원종류별 및 재원원천별 사회복지예산

(단위: %)

	GDP 대비 비율							사회복지예산(정부기여금 포함) 대비 비율						
	1991	2000	2010	2011	2012	2013	2014	1991	2000	2010	2011	2012	2013	2014
사회복지 재원종류별	26.5	30.1	31.6	30.8	31.0	30.9	30.9	100.0	100.0	100.0	100.0	100.0	100.0	100.0
사회보장부담금	18.6	19.8	19.7	19.7	20.0	20.1	20.1	70.2	65.9	62.4	64.0	64.4	64.9	65.1
사용자	11.1	11.5	10.6	10.4	10.6	10.7	10.7	42.1	38.3	33.5	33.9	34.3	34.6	34.8
피보험자	7.5	8.3	9.2	9.3	9.4	9.4	9.4	28.2	27.6	29.0	30.1	30.1	30.3	30.4
정부보조금	7.0	9.5	11.3	10.6	10.5	10.3	10.3	26.5	31.7	35.8	34.4	33.8	33.4	33.2
기타 수입	0.9	0.7	0.6	0.5	0.6	0.5	0.5	3.3	2.3	1.8	1.7	1.8	1.7	1.7
사회복지 재원원천별	26.5	30.1	31.6	30.8	31.0	30.9	30.9	100.0	100.0	100.0	100.0	100.0	100.0	100.0
기업(자본회사)	9.2	9.3	8.3	8.1	8.3	8.3	8.4	34.8	30.8	26.1	26.4	26.8	26.9	27.0
연방정부	4.9	6.2	7.7	7.1	7.0	6.7	6.6	18.4	20.7	24.4	23.0	22.4	21.8	21.4
주정부	2.1	2.8	2.7	2.7	2.7	2.7	2.7	8.1	9.2	8.6	8.7	8.7	8.8	8.9
기초자치단체	2.2	2.7	3.0	2.9	3.0	3.0	3.0	8.2	8.9	9.6	9.5	9.5	9.7	9.8
사회보험	0.1	0.1	0.1	0.1	0.1	0.1	0.1	0.3	0.4	0.4	0.4	0.4	0.4	0.4
민간 조직	0.4	0.5	0.5	0.5	0.5	0.5	0.5	1.5	1.7	1.5	1.5	1.5	1.5	1.6
민간 가계	7.6	8.5	9.3	9.4	9.5	9.5	9.5	28.6	28.1	29.5	30.5	30.7	30.9	30.9
외국	0.0	0.0	0.0	0.0	0.0	0.0	0.0	0.0	0.1	0.0	0.0	0.0	0.0	0.0

주: 행정지출과 기타지출을 제외한 수치임. 2009년부터는 민간 의료보험을 포함하였음. 2015년 5월 기준.
   2013년은 잠정치, 2014년은 추정치임.
자료: BMAS, 2015.

로 증가하여 사회보장부담금 비율은 18.6%에서 20.1%로 증가했다. 협약자치의 비율도 7%에서 10.3%로 증가했다.

재원원천별로 사회복지예산을 살펴보면 2014년의 경우 민간가계, 기업, 연방정부, 기초자치단체, 주정부 순으로 부담을 했다. 민간가계의 비중은 이전에 비해 현저하게 증가한 데 비해, 기업의 부담은 역으로 큰 폭으로 감소했다. 민간가계는 사회복지예산 대비 1991년 28.6%의 비중을 차지했으며 2000년 28.1%를 기록한 이후 계속 증가하여 2014년에는 30.9%를 기록했다. 기업은 1991년 34.8%로 가장 많은 복지재원을 부담했으나, 2010년에는 26.1%까지 감소했다. 그 이후에는 비중이 소폭 증가하여 2014년 27%를 기록했다. 연방정부의 부담은 1991년 18.4%에서 2010년 24.4%까지 증가했으나, 그 후 감소하여 2014년에는 21.4%를 기록했다.

GDP 대비 비율을 살펴보면 민간가계의 비율은 1991년 7.6%에서 2014년 9.5%로 2%p 가까이 증가했다. 이에 비해 기업의 비중은 9.2%에서 8.4%로 감소했다. 연방정부는 4.9%에서 6.6%로 증가했고, 기초자치단체는 2.2%에서 3%로, 주정부는 2.1%에서 2.7%로 증가했다. 이를 통해 최근 독일의 사회복지예산의 변화도 노동비용을 감소시키고 기업 경쟁력을 강화시키려는 목표와 연결되어 있음을 볼 수 있다.

〈표 5-20〉과 〈표 5-21〉은 독일의 사회복지예산에서 가장 많은 비중을 차지하는 사회보험의 재원을 별도로 분리하여 종류별, 원천별로 구분한 것이다. 2014년 사회보험의 재원 가운데 피보험자의 기여금이 42.9%로 가장 많았고, 사용자의 기여금은 36.8%를 기록하였다. 이에 비해 정부보조 비율은 18.7%였다. 연금보험은 피보험자와 사용자의 기여금 비율이 33%와 33.4%로 비슷하였고, 정부보조금 비율이 30.7%를 기록하였다. 이에 비해 의료보험은 피보험자기여금, 사용자기여금, 정부보조금 비율이 각각 49.8%, 31.5%, 5.9%를 기록하였다.

그런데 사회보험재정의 정부지원율은 점차 감소하여 2010년 23.45%,

<표 5-20> 독일의 재원종류별 사회보험예산(2014년 추정치)

(단위: 100만 유로, %)

	재원 합계 (A)	피보험자 기여금(B)	사용자 기여금(C)	정부 기여금(D)	정부보조 (E)	기타 (F)	오산 (G)
사회보험 합계	518,999	222,554	190,906	6,417	97,051	1,649	422
연금보험	274,727	90,754	91,640	7,595	84,286	349	104
의료보험	201,892	100,619	63,593	24,797	11,971	610	303
장기요양보험	25,863	15,123	9,302	1,392	-	46	-
산재보험	13,432	1,562	10,755	42	785	273	16
실업보험	30,739	14,496	15,617	245	9	372	-
	A	B/A	C/A	D/A	E/A	F/A	G/A
사회보험 합계	100.0	100	42.9	36.8	1.2	18.7	0.3	0.1
연금보험	52.9	100	33.0	33.4	2.8	30.7	0.1	0
의료보험	38.9	100	49.8	31.5	12.3	5.9	0.3	0.2
장기요양보험	5.0	100	58.5	36.0	5.4	-	0.2	-
산재보험	2.6	100	11.6	80.1	0.3	5.8	2.0	0.1
실업보험	5.9	100	47.2	50.8	0.8	0	1.2	-

자료: BMAS, 2015.

<표 5-21> 독일의 재원원천별 사회보험예산(2014년 추정치)

(단위: 100만 유로, %)

	재원 합계 (A)	기업(자본회사)(B)	연방 (C)	주정부 (D)	기초지자체(E)	사회보험(F)	민간조직(G)	민간가계(H)
사회보험 합계	512,159	168,241	94,296	7,504	7,276	2,205	9,402	223,231
연금보험	274,624	80,442	81,478	5,341	2,809	1,115	4,795	98,643
의료보험	201,589	56,032	12,353	1,514	2,046	720	3,236	125,689
장기요양보험	25,863	8,180	52	215	284	109	481	16,542
산재보험	13,416	9,571	327	77	1,655	75	70	1,641
실업보험	30,739	14,016	86	357	480	186	821	14,787
	A	B/A	C/A	D/A	E/A	F/A	G/A	H/A
사회보험 합계	100.0	100	32.8	18.4	1.5	1.4	0.4	1.8	43.6
연금보험	53.6	100	29.3	29.7	1.9	1.0	0.4	1.7	35.9
의료보험	39.4	100	27.8	6.1	0.8	1.0	0.4	1.6	62.3
장기요양보험	5.0	100	31.6	0.2	0.8	1.1	0.4	1.9	64.0
산재보험	2.6	100	71.3	2.4	0.6	12.3	0.6	0.5	12.2
실업보험	6.0	100	45.6	0.3	1.2	1.6	0.6	2.7	48.1

자료: BMAS, 2015.

2011년 21.78%, 2013년 19.19%, 2014년 18.7%를 기록한다. 사회보험 재원의 정부지원에서 가장 큰 부분은 연금보험이 차지하는데, 그 비율은 2010년 72.58%, 2011년 76.26%, 2013년 85.5%, 2014년 86.85%로 해마다 증가했다. 반면 의료보험에 대한 정부지원 비율은 해마다 감소하여, 2010년 15.13%에서 2014년 12.33%까지 감소했다. 특히, 실업보험에 관한 지원의 감소폭이 컸다. 실업보험에 대한 정부지원은 2010년과 2011년에 각각 11.61%, 7.5%를 기록하였으나, 2013년 이후는 1% 미만으로 하락했다(BMAS, 2012; 2015). 이는 2007년과 2009년의 의료보험 개혁으로 정부 부담이 줄어든 것과, 최근의 실업률 감소 때문으로 추측할 수 있다.

사회보험의 재원을 원천별로 구분하여 살펴보면 2014년에 민간가계가 사회보험 재원의 43.6%를 부담했고, 다음으로 기업과 연방정부가 32.8%와 18.4%를 부담했다. 연금보험의 경우는 민간가계, 기업, 연방정부가 35.9%, 29.3%, 29.7%를 부담했다. 의료보험은 민간가계가 62.3%를 부담했으며, 다음으로 기업과 연방정부가 27.8%, 6.1%를 부담했다.

3. 독일의 재정개혁과 재정준칙의 도입

1) 독일의 최근 조세개혁 동향

조세개혁은 치열한 국제경쟁에서 기업 소재지에 따른 장점을 마련해 주기 위해 정부가 사용할 수 있는 몇 안 되는 정책수단이다. 조세체계의 경쟁은 정부가 외국기업에게 직접투자를 유인하고 자국경제에 자극을 주기 위한 마지막 수단이다. 과거의 정부는 수출시장과 상품교역에서 이익을 보장하고 내수를 촉진하기 위해 환율 절하와 인플레이션 정책을 주된 수단으로 사용했다. 하지만 마스트리히트 협약(Maastricht Treaty)이 체결되면서 EU 가맹국은 확장적 통화정책, 재정정책 혹은 화폐가치의 절하 등의 정책을 사용하는 데 많은 제한을 받게 되었다.

독일 정부의 조세정책은 기본적으로 신뢰할 수 있는 조세의 틀과 성장지향적 동기를 통하여 기업의 경쟁력과 주민의 구매력을 강화하는 데 중점을 두었다. 이 결과 독일의 조세수입은 안정적으로 발전했다. 이는 견실한 예산정책을 지속하는 데 기여하여 장기적으로 지속가능한 재정의 신뢰를 보장했다(BMF, 2015: 65). 한편으로 이는 동시에 높은 수준의 투자지출과 특정한 대상에 대한 경감을 가능하게 하였다. 하지만 통일 이후 2000년 이전의 독일 조세시스템은 높은 법인세로 인하여 독일 기업의 경쟁력을 훼손하였고, 회사형태의 선택과 재정조달의 결정과 관련하여 중립적으로 발전하지 못했다. 이 결과 지난 15년간 이루어진 광범위한 조세개혁은 경제성장과 고용을 지속적으로 지원하고, 근로자, 가족 및 기업을 위한 조세경감 및 독일 기업의 경쟁력 강화를 우선적 목표로 진행되었다(SVR, 2015).

다른 나라와 비교해 보면 독일 노동요소의 비용부담은 여전히 높은 편이다. 이는 조세부담과 사회보험료에 기인한다. 2015년 기준으로 독일의 자녀 없는 평균소득 100%의 독신 근로자는 소득세(19.2%)와 사회보험료(20.5%)를 합하여 평균 39.7%의 실제 세부담을 지며, 사업주 부담을 포함하면 49.4%를 부담한다. 이는 벨기에의 55.3%, 오스트리아의 49.5% 다음으로 높고 OECD 가입 EU 21개국의 평균인 41.8%보다 높은 수준이다(OECD, 2016).[6] 하지만 독일의 조세부담은 2000년 이후 감소했다. 소득

---

6) 반면 가처분소득 10만 유로의 근로자를 대상으로 하는 BAK-Taxation-Index(http://www.baktaxation.ch/pages/bak-taxation-index/hochqualifizierte.php)에서는 2003년에는 독일은 47.6%로 평균인 42.7%을 훨씬 상회하였으나, 2015년의 경우 41%로 평균 42.9%에 미치지 못하였다(SVR, 2015: 350). 독일은 사회보험의 소득상한기준으로 인하여 사회보장부담금의 비중이 적게 나타났다.

세의 경우는, 2007년 부유세의 도입으로 25만 유로 이상 소득에 최고세율 45%이 적용된 것을 제외하면, 몇 차례의 개혁으로 부담이 전체적으로 감소했다. 이와 관련된 몇 가지 실증연구에 의하면 민간가계는 다양한 소득세 개혁을 통해 평균적으로 순소득에서 2.2~3.3% 경감을 받은 것으로 나타났다(Haan & Steiner, 2005; Ochmann, 2016). 또한 2009년부터는 원천징수세(Abgeltungssteuer)가 도입되었다. 기존 제도는 이자와 배당 등 자산소득이 다른 개인소득과 합산하여 종합과세 되었으나, 이후에는 종합과세대상에서 분리되어 25% 세율의 과세로 종결되도록 변경되었다. 이 결과 고소득자의 금융소득이 최고세율보다 낮은 25%의 과세율을 적용받아 많은 이익을 얻었다. 반면 낮은 세율을 적용받던 저소득자는 부담이 증가했는데, 이 경우 종합과세를 선택할 수 있게 하였다(김유찬, 2009: 68).

기업의 조세부담 경감을 위하여 법인세율은 장기간에 걸쳐 지속적으로 인하되었다. 법인세율은 1977년 56%에서 1990년 50%, 1994년 45%, 1999년에는 40%로 책정됐다(Schratzenstaller, 2013: 20). 2000년대 들어서도 법인세 인하의 기조는 계속되어 2001년에는 단일세율이 25%로 인하되었고, 2008년에는 다시 15%까지 인하되었다. 이는 국제적 입지경쟁(Standortwettbewerb)에서 경쟁력을 유지하기 위한 조치였다. 독일의 법인이익에 부과되는 세율(Tarifliche Gewinnsteuersätze)은 2000년에 52.4%로 EU 국가 평균인 31.6%에 비해 50% 이상 높았다. 그 격차는 2001년에는 39.4%와 30.1%, 2008년에는 31.0%와 23.7%로 축소되었고, 2014년에는 31.5%와 23.1%를 나타냈다(SVR, 2015: 351~352)[7]. 2008년부터 영업세는 단일세율 5%에서 3.5%로 인하되었다. 또한 2008년의 법인세 개혁으로 자본회사(Kapitalgesellschaften)의 95%가 조세부담을 경감받았다(Finke et al., 2013). 그런데 이렇게 독일 기업법인의 과세소득에 부과되

---

7) 이 비율은 일본 재무성의 자료에 기초하여 재계산된 것이다.

는 총 조세부담은 과거에 비해 줄어들었지만, 법인세가 전체 조세수입에서 차지하는 비율은 감소하지 않았다.

이러한 지난 15년간의 조세개혁으로 독일 기업의 경쟁력은 강화되었다. 추가적으로 독일은 다국적기업의 투자처로, 외국의 직접투자 소재지로의 상대적 매력이 강화되었다. 조세수입의 감소는 경제에 대한 긍정적 자극으로 만회되었다. 노동요소의 비용부담 감소와 미국과 유사한 조세체계는 근로시간의 확대와 더욱 높은 경제적 성과를 가져올 것으로 기대되었다(SVR, 2015: 360). 핀케와 동료들(Finke, Heckemeyer, Reister, & Spengel, 2013)은 다른 조건이 같다면 조세개혁을 통해 이전의 92. 4% 정도의 조세수입을

〈표 5-22〉 2000년 이후 독일 조세개혁

	세율 변화 / 구조 변화	과세표준의 변화
2000	소득세 최저세율 23.9%에서 22.9%로 인하, 최고세율 53%에서 51%로 인하	소득세 기본공제 6,902유로로 인상
2001	소득세 최저세율 19.9%로 인하, 최고세율 48.5%로 인하, 법인세 단일세율 25%	소득세 기본공제 7.206유로로 인상
2004	소득세 최저세율 16%로 인하, 최고세율 45%로 인하, 9,251~12,739유로 구간의 소득 조세경감	소득세 기본공제 7,664유로로 인상
2005	소득세 최저세율 15%로 인하, 최고세율 42%로 인하, 12,740~52,151유로 구간의 소득 조세경감	-
2007	부유세의 도입으로 25만 유로 이상 소득세의 최고세율 45%로 인상, 부가가치세 표준세율 16%에서 19%로 인상	-
2008	법인세 단일세율 25%에서 15%로 인하, 영업세 단일세율 5%에서 3.5%로 인하(자본회사), 1~5% 적용(인적회사)	-
2009	소득세 최저세율 14%로 인하, 원천징수세 도입으로 이자와 배당 등 자산소득이 종합과세에서 분리되어 25%세율로 과세	소득세 기본공제 7,834유로로 인상
2010	-	소득세 기본공제 8,004유로로 인상
2013	-	소득세 기본공제 8,130유로로 인상
2014	-	소득세 기본공제 8,354유로로 인상
2015	-	소득세 기본공제 8,472유로로 인상

자료: SVR(2015: 386~388)에서 재작성.

예상할 수 있지만, 독일의 투자처로서의 유인 증가와 이익전가 유인의 감소로 좀더 많은 조세수입이 가능하다고 추정했다.

독일의 조세체계와 이전지출체계의 재분배효과는 다른 나라와 비교할 때 높은 것으로 나타났다(SVR, 2015: 370~371). 따라서 과세와 사회보험료의 부과 후 불평등은 상대적으로 낮았다. 특히, 독일은 2005년 이후 소득집중의 증가가 발견되지 않았다. 2010년의 근로소득세 통계에 의하면 상위 1%는 연간 11만 7,500유로 이상에 해당됐다. 독일은 미국에 비해서 최상위층의 소득집중이 낮은 국가이다. 2008년 기준으로 독일은 상위 1%가 전체 소득의 약 13.9%(자본이득을 고려하면 14.5%)를 차지했으며 미국의 경우는 17.9%(21.0%)를 차지했다(Alvaredo, Atkinson, Piketty, & Saez, 2015; SVR, 2015: 372).

2) 2009년 재정준칙의 도입과 재정적자의 감소

독일의 경제정책과 재정정책은 독특한 성격을 가진다. 1967년 〈안정과 성장에 관한 법률〉(das Stabilitaets- und Wachstumsgesetz)이 제정되었는데, 경기정합적인 정부의 개입이 그 중심내용을 이루었다. 하지만 이 법은 정치적 실현에서는 별다른 역할을 수행하지 못했다는 비판을 받았다(Vesper, 2009: 644). EU의 안정과 성장에 관한 협약은 이와 정반대의 방향을 지향하였다. 이 협약에 규정된 재정적자 기준으로 인하여 정부가 반 경기순환적 정책을 사용할 수 있는 가능성은 상당한 제약을 받았다.

실제로 임금억제정책은 정부의 긴축정책과 궤를 같이하였다. 이 결과 경제성장의 부진에도 불구하고 GDP에서 정부의 지출이 차지하는 비율은 2003년 48.5%에서 2008년 43.9%로 감소했고, 국민부담률도 같은 기간에 40.6%에서 40.2%로 감소했다(Vesper, 2009: 644). 독일은 1980~2005년 사이에 재정안정화 정책을 사용하지 않은 나라이다(Wagschal &

Wenzelburger, 2008).

2000년대에 들면서 슈뢰더 수상은 하르츠 개혁이라는 이름 아래 노동시장과 조세의 개혁을 강력하게 추진했다. 이 결과 실업률이 하락하고, 2007년에는 재정흑자를 기록하기도 하였다(김상철, 2011).[8] 그러나 2008년 발생한 글로벌 금융위기를 극복하는 과정에서 대규모 경기부양지출, 복지재정의 증가로 재정적자가 급속하게 증가했고, 이러한 재정상황 때문에 2009년 연방주의 개혁 II의 틀 안에서 새로운 국가부채 관리시스템이 도입되었다(Feld, 2011). 독일은 재정건전화를 위해 2009년 개헌을 통하여 〈기본법〉 제109조와 제115조에 재정준칙을 마련하고, 재정건전화를 공동체의 법적 기본질서로 확립하여 정부가 달성해야 할 의무사항으로 규정했다(김홍균·김광두·김상헌·오문성, 2015).

재정준칙은 원칙적으로 수입과 지출이 균형을 이뤄야 하며, 신규 채무(*Kredit*)가 명목 GDP의 0.35% 정도의 적자로 거의 균형을 맞춘 예산을 제출하는 것이 허용됐다(Feld, 2011). 재정준칙은 연방정부의 경우 2016년

---

8) 하르츠 개혁의 주요 배경의 하나는 기존 사회보장급여(*Sozialleistung*)의 재정조달 방식이 더 이상 기능을 하지 못하게 된 데 있다. 기존의 시스템에서는 사무주체와 재정책임이 불명확했고, 따라서 상이한 주체 간의 비용전가가 발생했다. 실업부조와 사회부조의 재정책임이 다름에도 사회부조를 수급하는 실업자가 증가하였는데, 이 때문에 기초자치단체의 재정부담이 가중되었다. 하르츠 개혁 이전에 독일에서 실업자에 대한 사회보장시스템을 구성한 것은 고용보험에서 지급되는 실업수당(*Arbeitslosengeld*), 실업수당 수급이 끝났거나 실업수당의 수급자격 기간을 충족하지 못한 실업자에게 조세를 재원으로 지급하는 실업부조(*Arbeitslosenhilfe*), 실업의 유무와 관계없이 저소득층에게 조세에서 지급하는 사회부조(*Sozialhilfe*)로 각기 상이한 성격의 급여가 섞여 있었다. 실업수당과 실업부조는 연방과 지역의 고용기구에서 담당했고, 사회부조는 시·군의 사회청(Sozialamt)에서 담당했다. 하르츠 IV법의 도입으로 실업자 대책은 실업수당 I, 실업수당 II 및 사회부조로 재편되었다. 기존의 실업부조 수급자와 사회부조 수급자 가운데 노동능력자를 대상으로 실업수당 II(*Arbeitslosengeld II*)가 도입되었다. 이 결과 실업자 대책과 사회부조를 둘러싼 지자체와 연방정부 간의 역할분담과 비용부담관계가 크게 전환되었다(김상철, 2011).

부터, 주정부는 2020년부터 적용되며 구조적 적자는 더 이상 허용되지 않았다. 2011년부터는 재정적자를 단계적으로 감축해 나가야 한다. 재정준칙에 의한 재정안정화는 기존의 지출감소와 조세감면을 뛰어넘는 것이었다. 특히, 경기침체 시 경기변동 요인에 따른 적자가 허용되지만 그것이 지속적 채무부담으로 연결되지 않도록 경기호황 시 경기변동 요인에 의한 흑자가 의무화되었다(김정미·이강구, 2013; 김홍균·김광두·김상헌·오문성, 2015).

재정준칙의 도입 후 공공재정의 안정화 작업은 뚜렷한 성과를 거두었다. 2011년에는 750억 유로의 재정적자를 기록했지만, 2012년과 2013년에는 적자규모가 110억 유로와 72억 유로로 다시 현저하게 감소했다. 2014년에는 재정흑자를 기록하였다. 2010년에 80%를 상회한 국가부채는 2016년 5월 기준 70% 이하로 감소하였다.

4. 독일 복지재정의 평가

독일은 비스마르크 모델에 따라 사회보험원칙이 지배적인 복지의 재정조달 방식을 택했다. 1950년 이후에는 질서자유주의를 기반으로 한 사회적 시장경제를 받아들여 경제와 조응하는 복지시스템을 구축했다. 또한 통일 후유증과 세계적인 금융위기를 잘 극복하고 세계적 모범국가로 재탄생했다. 독일의 복지시스템은 하르츠 개혁 등 일련의 개혁으로 전통적 비스마르크 모델에서 벗어나고 있다는 주장도 있으나, 재정적 측면에서는 큰 변화 없이 일관된 모습을 유지한다. 조세개혁과 관련하여 정부의 조세수입이 장기적이고 지속적으로 감소하는 현상은 발생하지 않았다. 조세부담률과 사회보험료를 합한 국민부담률은 1980년대 이후 일정하게 유지되었다. 여기에 조세수입이 GDP에서 차지하는 비율은 30년 전과 동일한 수준을 유지하고 있다. 따라서 독일의 역사적 발전과정에서 조세수입 문제는 발생하지 않았다.

조세부담률과 사회보장부담금을 합한 국민부담률은 OECD 평균을 약간 넘는 수준이지만 복지지출은 OECD 국가 중 상위권에 속하는 것도 독일의 복지재정의 특징이다. 따라서 독일은 중간 정도의 부담으로 높은 수준의 복지혜택을 누리는 국가이다. 독일의 조세부담률은 OECD 평균에 2%p 이상 미달하지만, 사회보장부담금은 최상위권에 속하고 OECD 평균보다 5%p 정도 높은 수준이다.

독일의 조세부담률은 1965년과 2013년이 거의 비슷한 수준인 데 비해 사회보험료가 GDP에서 차지하는 비율은 1960년대 이후 1980년대 중반까지 지속적으로 상승했다. 독일의 사회보험 기여율의 합계비율은 1950년대 20%에서 1996년에 40%를 넘어섰고, 2015년에는 38.65%를 기록하였다. 독일의 사회복지지출은 2000년 이후 2009년 경제위기로 인해 27.6%까지 증가하였으나, 2011년 이후는 25%대를 유지했다. 저출산과 고령화에도 불구하고 독일의 사회복지지출이 2000년 이후에 비교적 안정적으로 유지될 수 있었던 이유는 연금기여율의 상한제 도입, 실업급여제도 개편, 의료비 자기부담 증대 등에 기인한다(김상철, 2014: 15).

독일은 전통적인 사회보험 위주의 복지국가이다. 독일에서는 전적으로 혹은 일부 정부의 지원이 있더라도 사회보장부담금에 의해 재정이 충당될 경우 사회보험으로 인정한다. 독일의 조세체계에서 복지국가의 비용을 사회보험으로 충당하면서 연방정부의 역할은 줄어들었다. 한편 지속적으로 상승한 사회보험요율은 한편으로는 조세의 상승을 억제하는 역할도 했다. 그 결과 독일의 조세체계는 계속해서 조세로 재정이 조달되는 부분이 감소하고 역진성이 강화되는 결과를 초래하기도 하였다.

독일에서 사회보험이 사회복지예산에서 차지하는 비율은 여전히 60%를 상회한다. 사회복지예산의 재원에서도 사회보장부담금이 65% 정도를 차지한다. 사회보장부담금에서도 사용자의 부담비율은 1990년 초에 비해 현저하게 감소했고, 피보험자의 부담은 증가하는 추세이다. 이에 반해 정부보조금은 1990년대 이후 증가하다가 2010년 이후로는 감소 혹은 정체되었다. 독일은 기업의 국제 경쟁력 향상을 목표로 하여 기업의 부담을 감소시켰고, 사회복지재정에서 국가의 역할도 증가하지 않았다. 이러한 결과 독일의 복지국가는 근로자에 의해 지탱되고 있다.

■ 참고문헌

국내 문헌

김상철(2011). "독일의 하르츠(Hartz) 개혁과 재정연방주의의 방향". 〈재정정책논집〉, 13권 4호, 187~222.

_____(2014). "독일 아젠다 2010 평가와 전망". 〈질서경제저널〉, 17권 2호. 1~26.

김유찬(2009). "독일의 2008/2009년 세법 개정 주요 내용에 대한 평가". 〈재정포럼〉, 151호(2009년 1월호), 64~75.

김정미·이강구(2013). 《해외 주요국의 재정준칙 운용방향과 정책시사점》. 서울: 국회예산정책처.

김홍균·김광두·김상헌·오문성(2015). 《재정건전성 사례연구: 스웨덴, 미국, 독일을 중심으로》. 서울: 국가미래연구원.

이명현(2011). 《독일의 재정제도》. 서울: 한국조세연구원.

해외 문헌

BA(Bundesagentur für Arbeit)(2016). Arbeitslosigkeit im Zeitverlauf 01/2016. BA: Nürnberg.

Beck, H. & Prinz, A.(2012). *Staatsverschuldung*: *Ursachen-Folgen-Auswege*. Bonn: BpB.

BMAS(Bundesministerium für Arbeit und Soziales)(2012). Sozialbudget 2011. Belrin: BMAS.

_____(2015). Sozialbudget 2014. Belrin: BMAS.

BMF (Bundesministerium der Finanzen) (2003). Steuerreform 2000 im Überblick. im August 2003. Belrin: BMF.

_____(2005). *Die Wichtigsten Steuern im internationalen Vergleich 2004.* Belrin: BMF.

_____(2006). *Die Wichtigsten Steuern im internationalen Vergleich 2005.* Belrin: BMF.

_____(2013). *Monatsbericht des BMF Januar.* Belrin: BMF.

_____(2014). Datensammlung zur Steuerpolitik. Ausgabe 2014. Belrin: BMF.

_____(2015a). Finanzbericht 2016. Belrin: BMF.

_____(2015b). *Die Wichtigsten Steuern im internationalen Vergleich 2014.* Belrin: BMF.

_____(2016a). Datensammlung zur Steuerpolitik. Ausgabe 2015. Belrin: BMF.

_____(2016b). *Monatsbericht des BMF Mai 2016.* Belrin: BMF.

BMG (Bundesministerium für Gesundheit) (2015). *Daten des Gesundheitswesens 2015.* Berlin: BMG.

EU-Kommission (2012). Herbstprognose: November 2012. Luxembourg: Office for Official Publications of the European Communities.

Feld, L. P. (2011). Krise der Staatsfinanzen: Institutionelle Rahmenbedingungen für eine solide Finanzpolitik. In Theurl, T. (Hrsg.) (2011). *Institutionelle Hintergründe von Krisen.* Berlin: Duncker & Humblot. 19~56.

Finke, K., Heckemeyer, J. H., Reister, T., & Spengel, C. (2013). Impact of tax rate cut cum basebroadening reforms on heterogeneous firms: Learning from the German tax reform of 2008. *FinanzArchiv, 69,* 72~114.

Freye, S. (2010). Zur Entwicklung der Verschuldung in den Neuen Ländern seit der Deutschen Einheit. *Wirtschaft im Wande, 16* (2). 105~112.

Haan, P. & Steiner, V. (2005). Distributional effects of the German tax reform 2000: A behavioral microsimulation analysis. *Schmollers Jahrbuch, 125,* 39~49.

Ochmann, R. (2016), Distributional and welfare effects of Germany's year 2000 tax reform: The context of savings and portfolio choice. *Empirical Economics, 51* (1), 93~123.

OECD (2015). *Revenue Statistics 2015.* Paris: OECD.

_____(2016). *Taxing Wages 2016.* Paris: OECD.

Schmidt, M. G. (2011). *Das Politische System Deutschlands*. München: Verlag C. H. Beck.

Schratzenstaller, M. (2013). *Determinanten der Entwicklung der Abgaben in Deutschland: Studie im Auftrag der Abteilung Wirtschafts- und Sozialpolitik der Friedrich-Ebert-Stiftung* (Für einen produktiven und solide finanzierten Staat; Teilstudie 1). Bonn: Friedrich-Ebert-Stiftung.

Spengel, C. (2001). *Der Steuerstandort Deutschland im internationalen Vergleich: Eine Analyse vor dem Hintergrund des Steuersenkungsgesetzes 2001*. Wiesbaden: SVR.

Statistisches Bundesamt (2013). *Finanzen und Steuern: Fachbegriffe der Finanz- und Personalstatistiken*. Wiesbaden: Statistisches Bundesamt.

_____ (2015). *Finanzen und Steuern*. Wiesbaden: Statistisches Bundesamt.

_____ (2016). *Finanzen und Steuern: Vierteljährliche Kassenergebnisse des Öffentlichen Gesamthaushalts (1.-4. Vierteljahr 2015)*. Wiesbaden: Statistisches Bundesamt.

Statistisches Bundesamt & WZB (Wissenschaftszentrum Berlin für Sozialforschung) (2016). *Datenreport 2016: Ein Sozialbericht für die Bundesrepublik Deutschland*. Bonn: BpB.

SVR (Sachverständigenrat zur Begutachtung der gesamtwirtschaftlichen Entwicklung) (2005). *Die Chance nutzen-Reformen mutig voranbringen: Jahresgutachten 2005/2006*. Wiesbaden: Statistisches Bundesamt.

_____ (2015). *Zukunftsfähigkeit in den Mittelpunkt: Jahresgutachten 2015/2016*. Wiesbaden: Statistisches Bundesamt.

Vesper, D. (2006). Was läuft falsch in der Finanzpolitik?. *WSI Mitteilungen*, 59 (9), 471~477.

_____ (2009). Hat die Finanzpolitik angemessen auf die Finanz- und Wirtschaftskrise reagiert?. *WSI Mitteilungen*, 62 (12), 643~650.

Wagschal, U. (2007). Bestimmungsfaktoren der Steuerpolitik: Befunde des internationalen Vergleichs. In Schmidt, M. G., Ostheim, T., Siegel, N. A., Zohlnhöfer, R. (Hrsg.) (2007). *Der Wohlfahrtsstaat: eine Einführung in den historischen und internationalen Vergleich*. Wiesbaden: VS Verlag.

Wagschal, U. & Wenzelburger, G. (2008). Die Rückgewinnung staatlicher Handlungsfähigkeit: Staatsverschuldung und Haushaltskonsolidierung im internationalen Vergleich. *Zeitschrift für Public Policy, Recht und Management*, 1, 141~164.

기타자료

Alvaredo, F., Atkinson, A., Piketty, T., & Saez, E. (2015). The World Top Incomes Database. https://topincomes. g-mond. parisschoolofeconomics. eu.

http://stats. oecd. org/Index. aspx?datasetcode=SOCX_AGG. 2016. 5. 23. 인출.
http://www. imacc. de/steuer/einkommensteuer/index. html. 2016. 5. 23. 인출.
http://www. baktaxation. ch/pages/bak-taxation-index/hochqualifizierte. php. 2016. 5. 23. 인출.

06

최근 사회보장 개혁동향

'하르츠 개혁' 사례

1. 머리말

근래 독일 사회보장시스템의 개혁에서 노동시장제도의 개혁은 상당히 큰 부분을 차지한다. 애초에 독일의 사회보장제도는 노동시장제도와 긴밀하게 연계되도록 짜였기 때문에 더욱 그러하다. 독일의 사회보장의 개혁동향을 논할 때 빠뜨리지 말아야 할 중요한 변화 역시 노동시장제도에서 찾을 수 있다. 이른바 '하르츠 개혁'(Hartz-Reform)으로 불리는 개혁시도는 그중에서도 핵심을 이룬다고 해도 과언이 아니다. 하르츠 개혁은 하르츠(Peter Hartz) 박사의 주도 아래 2002~2005년 사이에 단행된 독일의 광범위한 노동시장제도 개혁을 가리키는 별칭이다. 이 개혁은 많은 사회적, 정치적, 학술적 논란을 불러일으켰다. 실제로도 독일 노동시장 및 사회복지제도상의 획기적 변화를 초래했고 고용인구의 변화에 상당한 영향을 주었다.

이 장에서는 하르츠 개혁에 초점을 두고 최근 독일 사회보장제도의 큰 변화상을 짚어 보며, 그것이 독일과 한국에 대해 지니는 함의를 찾아볼 것이다. 이 장의 2에서는 먼저 개혁의 배경과 그 전개과정의 주요한 특성에 대해 이해하고, 3에서는 개혁의 핵심내용을 크게 두 단계로 구별하여 살펴본다. 4에서는 개혁의 영향과 효과에 대하여 진단하고, 끝으로 5에서는 개혁의 의미를 간략히 정리해 보겠다.

2. 개혁의 배경과 전개과정

하르츠 개혁을 추진한 주체는 슈뢰더(Gehard Schröder) 총리가 이끌던 독일의 사민당-녹색당 연립정부(Rot-Grün Koalition)였다. 당시 정부는 하르츠가 주도하는 전문가 논의기구인 하르츠 위원회(Hartzkommission)을 결성해서 하르츠 보고서(Hartzbericht)를 정립했다. 그리고 '어젠다 2010'이라는 거대한 개혁 프로그램을 추구하면서[1] 그 안에 이 보고서를 통해 정초한 노동시장 개혁안을 함께 담았다. 이후 슈뢰더 정부는 보고서 내용을 기본으로 하면서 여타 다른 방안도 추가로 담은 법률안을 마련하고 이를 '하르츠 법안'(Hartzgesetz)으로 칭하였다. 이렇게 정립된 하르츠 법안은 입법과정에서 많은 정치적 논쟁과 갈등을 동반하였다. 그 과정에서 보고서에 담았던 원안을 일부 수정하기도 하고, 보고서에 없는 방안들을 새로 담기도 했다.[2] 하르츠 개혁은 바로 이 법안의 입안과 실행을 핵심으로 한다.

---

[1] 슈뢰더 총리는 2003년 3월 14일 독일 연방하원의회에서 어젠다 2010 개혁안을 주창했다. 여기에는 노동시장, 노동법, 사회보장, 경제, 재정, 교육, 기업혁신 등에 걸쳐 광범위한 독일의 사회경제체제의 개혁안을 담았다. 이 안은 당해 연도 10월 근소한 차로 의회를 통과하여 실행될 수 있게 되었다(안석교, 2004: 3).

[2] 예컨대, 당초 하르츠 보고서에서는 미니잡 대상업종을 서비스업에 국한하려 했으나, 법안(하르츠 II)에서는 그러한 제한을 없앴다. 또 파견근로 규제 완화(하르츠 I), 실업급여 지급액 축소 및 권한 간소화(하르츠 III), 공공근로 등 노동시장정책 실행조치 간소화(하르츠 III) 등의 조치는 애초에 하르츠 보고서에 담겨 있지 않은 것이었다. 이러한 정책내용에 대해서는 이 장의 3에서 좀더 자세히 살펴본다.

그렇다면 왜 당시 독일 정부는 노동시장을 겨냥한 이러한 새로운 개혁시도를 전개하였을까? 하르츠 개혁이 추진된 핵심 배경은 1990년대 이후 탈냉전과 세계화의 기류 속에서 전 세계적으로 자본주의 체제의 질서가 변화하고 유럽과 독일의 정세가 변화하는 가운데, 과거 이른바 '독일모델'(German Model)과 '사회국가'(Sozialstaat)로 대표되는 독일식 정치경제 시스템이 원활하게 작동하치 못했던 것에 있다. 특히, 독일은 고실업과 저성장 상황이 계속해서 이어짐에도 불구하고 획기적 대안을 찾지 못했고 이른바 '개혁정체'(Reformstau)의 상황에 빠지게 되었다.

구체적으로는 1990년대에 실업자가 400만 명 안팎에 이르는 고실업 상태가 지속되었다. 이는 실업률상으로 10% 내외에 달하는 큰 규모였다. 이는 통일 이후 동독인이 독일 노동시장으로 급작스럽게 유입된 점, 상대적으로 임금부담이 높은 독일을 떠나는 기업이 급증하면서 일자리의 공동화 현상이 발생한 점 등 여러 요인이 겹쳐 발생한 것이었다. 실업문제를 해결하지 못하는 독일을 두고 해외언론은 '유럽의 병자'라고 조롱하기도 했다.

특히, 기존 노동시장제도는 이러한 노동시장의 부정적 상황을 반영하지 못했다. 독일의 노동시장제도는 실업자에 대한 지원과 보호가 상당히 강했기 때문이다. 개혁 이전 독일의 실업자들은 적지 않은 부조와 수당을 국가 내지 사회로부터 제공받았다. 반면, 그들을 노동시장으로 유인할 수 있는 제도적, 정책적 기제는 원활히 작동하지 못했다. 구체적으로 독일의 고용보험 혹은 실업보험체계는 과거 실업수당(Arbeislosengeld: ALG), [3] 실업부

---

[3] 실업수당의 수급자격을 지닌 자는 실업발생 전 취업 기간 동안 3년간 12개월 이상 실업보험료를 납입한 자로 스스로 지역의 고용사무소를 찾아가 자신의 실업상태를 고지한 후 주당 15시간 이상의 사회보험 가입의무가 결부된 일자리를 구하기 위해 적극적으로 지역고용사무소의 취업소개 활동에 협조를 구하며 임하는 자였다. 실업수당의 지급은 보험료 납입기간과 연령에 따라 정해졌다. 지급기간과 보험료 납입기간은 1:2의 비율이었고, 12개월의 납부기간에 대해 6개월간의 실업수당을 지급하는 식이었다. 지급기간은 12개월을 기본으로 하되 만 45세 이상의 경우 18개월, 57세 이상의 경우 32개월까지 연장되도록 했다.

조(Arbeitslosenhilfe),[4] 사회부조(Sozialhilfe)[5] 등 세 가지 핵심수단으로 구성되었다. 이러한 제도적 기제는 실업자에 대한 복합적·중층적 지원체계를 형성했다. 뒤에서 살펴볼 하르츠 개혁의 조치들과 비교했을 때 이러한 노동보호제도는 상당한 비용을 동반할 뿐만 아니라, 실업자가 취업기회를 적극적으로 모색하도록 돕는 주·객관적 유인도 미흡했다.

취업자가 높은 안정성을 누리고 실업자들의 취업 혹은 재취업 기회가 녹록지 못한 가운데, 독일 사회에서는 이른바 "불법근로"(Schwarzarbeit)의 문제가 상당히 확산되기도 했다. 주로 서비스부문에서 미신고된 노동거래가 이루어지고, 종래 노동시장에서의 높은 정가보다 낮은 노동비용이 책정되어 횡행하는 식이었다. 이른바 "경미한 고용"(Geringfügige Beschäftigung) 으로 불리던 제도적 기제는 소액의 미신고 노동 가능성을 열어 두기도 했는데, 현실에서는 이를 매개로 불법근로가 활성화되기도 했다. 하르츠 개혁은 이러한 상황에 대한 해법의 의미를 갖기도 했다.

하르츠 개혁은 매우 전격적으로 단행됐다. 이 개혁은 사회적 파트너십 (Sozialpartnerschaft)이 발전한 국가라는 이미지가 강한 독일의 정책결정 방식에서 일정 부분 벗어난 양상을 보였다. 그렇지만 이러한 정부 주도의 결정이 하루아침에 이루어졌다고 볼 수는 없다. 그러한 방식의 개혁이 단행된

---

4) 실업수당 수급자격을 갖추지 못했거나 더 이상 실업수당을 받을 수 없게 된 사람 중에 경제적으로 생활이 어려운 실업자들에게 지급하는 생계급여를 가리켰다. 실업부조를 받을 수 있기 위해서는 실업수당 기수령자였어야 하며, 수령 기간 중에 총 24주간의 실업수당 지급정지를 당하지 않았어야 했다. 실업부조는 고용경력과 연계되는 개념으로 수급기간이 길어질수록 급여수준은 낮아지도록 설계되었다. 실업부조 수급자는 실업수당 수급자와 마찬가지로 지방고용사무소에 등록하여 구직활동과 노동시장 프로그램에 참여해야 했다. 구직활동은 3개월에 한 번씩 보고해야 하는 의무가 동반되었고 신고를 불성실하게 할 경우 12주까지 급여중단이 가능했다. 실업부조는 공적연금 수급개시 연령인 65세까지 지급되도록 했다.

5) 사회부조는 실업부조를 보충하는 기능을 수행했다. 실업부조에 대한 제재가 사회부조의 수급에 영향을 끼치지는 않도록 했다.

배후에는 기존의 합의주의적 개혁(*consensual reform*) 시도가 실패한 경험이 자리했다. 1990년대 후반 이른바 고용연대(Bündnis für Arbeit)라고 불렸던 시도가 그것이다. 보수당 정부 아래에서 금속노조 위원장이 제기했던 이 시도는 적녹연정 1기(1998~2002년)를 맞이하여 좀더 강화된 형태로 노사정 삼자 간 중앙수준에서의 합의를 통한 노동시장 개혁을 도모하는 식으로 모색되었다. 하지만 개혁은 끝내 성공적 결론에 도달하지 못했고, 이후 사회합의주의(*corporatism*)적 개혁의 전망은 무산되었다. 하르츠 개혁의 정부 주도성은 이러한 배경을 갖는다.

이 개혁은 '노동시장의 현대적 서비스를 위한 위원회'를 정식명칭으로 한 이른바 하르츠 위원회가 출범하면서 본격적으로 시작됐다. 2002년 2월에 출범한 이 위원회는 위원장 하르츠를 포함해 각계에서 15명이 참석했다.[6] 하르츠가 위원장이 된 배경에는 그가 1990년대에 폭스바겐(Volkswagen) 사의 노동이사(*Arbeitsdirektor*)로 재임하면서 주도하여 단행한 다양한 기업 내부 노동시장의 개혁이 경영위기를 돌파하고 근로시간 단축과 고용안정 그리고 숙련증진을 가져오면서 이에 대한 사회적 평가가 매우 높았다는 점이 크게 작용했다고 볼 수 있다. 이 위원회는 약 6개월간 회동을 진행하여 그 결과로 13개의 개혁모듈을 담아 전략적 개혁안을 정초해 냈다. 여기에는 연방고용청의 개혁, 고용서비스의 개혁, 실업복지의 개혁, 기간제 등 새로운 형태의 일자리 구상안 등 다양한 내용이 담겨졌다.

하르츠 보고서 정초 이후 정부는 거대 개혁드라이브인 '어젠다 2010'을 추진했고, 그 과정에서 핵심적 노동시장 개혁안을 하르츠 법안으로 칭하며 입법을 도모했다. 이 법은 여러 방안이 복합적으로 담긴 네 개의 개혁안이 각각 별도의 법안으로 입법화됐고, 각각 하르츠 I, II, III, IV라고 불렸다. 하

---

6) 15명은 우리가 생각하는 노사정 대표자들이 아니라, 교수와 기업경영자들, 2명의 노조 리더, 일부 주정부 관계자들이 참석했다. 하르츠 위원회는 임의로 구성된 전문가들의 위원회였다고 할 수 있다.

르츠 법안은 하나의 독자적 법률이기보다는 종래의 노동시장 및 사회정책과 관련된 다양한 법령〔예를 들면, 〈사회법전〉, 〈근로자 파견법〉(AüG) 등〕에 대한 부분적 개정안을 집약한 것이었다.

하르츠 개혁의 핵심방안은 하르츠 법안의 내용을 살펴보는 것을 통해 이해할 수 있다. 제정 이후 하르츠 법안은 부분적 수정이 이뤄지기도 했다. 일부 방안은 현실에 적용함에 있어서 기술적 모순과 결함이 있음이 드러났다. 정치적 갈등의 전개 속에서 일부 조치에 대해서는 그것을 완화시키거나 강화시키는 식의 수정안이 재차 마련되기도 했다.[7] 따라서 하르츠 개혁의 과정을 이해하기 위해서는 이러한 일련의 과정에 대한 역동적 이해가 필요하다.

전반적으로 하르츠 개혁은 그 과정의 성격상 노동배제적 방식으로 진행되었다(박명준, 2016). 앞서 언급한 대로 정부 주도성이 강했던 이 개혁에는 노동계의 제대로 된 참여가 무척 미진했다. 하르츠 법의 시행, 그중에서도 가장 뒤늦게 실행된 하르츠 법 IV장의 도입은 시민사회의 동요와 노동조합의 저항을 강하게 불러일으켰다.[8] 그 과정에서 당시 여당의 주축이었던 사민당은 분당사태까지 겪었고, 급기야 정권은 좌파연정에서 대연정으로 바뀌었다.[9] 즉, 하르츠 개혁은 독일 정가에 세기적 폭풍을 불러일으

---

7) 뒤에서 살펴보겠으나 하르츠 개혁의 5개 핵심정책 중 하나인 '인력파견서비스 기관'은 얼마 지나지 않아 그 실효성이 의심되어 폐지되었다. 실업자들의 창업회사인 '1인 회사'의 지원요건 및 실업급여의 수급자격은 강화과정을 겪었으며, '미니잡'의 요건은 경제상황을 반영하여 변화되었다.

8) 대표적인 것이 동독시절에 민주화 운동의 일환으로 진행되었던 월요시위가 하르츠 IV장을 겨냥하여 재개된 것이었다. 사회적으로도 '하르츠 IV'라고 하는 이름은 매우 부정적인 이미지를 지니게 되었다.

9) 다만 대연정의 기본적인 정치적 교환구도는 하르츠 개혁안을 유지하되 총리를 기민당의 메르켈 대표가 맡는 방식으로 이루어졌다. 하르츠 개혁에 대해 기민당은 자신들이 과거부터 주장했던 방안과 유사함을 강조했고 따라서 그에 대한 반대가 심하지 않았다.

킬 정도로 큰 영향력을 끼쳤다고 볼 수 있다. 그렇다면 이렇게 큰 사회적 논란을 불러일으킨 하르츠 개혁은 어떠한 내용을 담고 있을까?

3. 개혁의 내용

여기에서는 하르츠 개혁의 내용을 역동적으로 이해하기 위하여 먼저 하르츠 보고서의 내용들을 살펴보고, 이어서 하르츠 법안의 핵심내용들을 하르츠 I장에서 IV장까지 각 장별로 조명할 것이다. 동시에 그 안에 담긴 주요 방안들이 법안통과 이후 변모해 간 양상도 함께 살펴볼 것이다. 10)

1) 하르츠 보고서의 내용

전술한바, 하르츠 보고서의 내용은 크게 실업감소를 위한 적극적 노동시장정책과 고용서비스 전달체계 개편, 그리고 노동시장 규제완화 등이 핵심이다. 보고서에는 당시 약 400만 명을 넘는 실업자 수를 3년 이내에 절반으로 줄인다는 목표를 세우고 총 13개의 개혁 모듈로 구성된 전면적 노동시장 개혁안을 제시했다. 이 13개 모듈이야말로 하르츠 개혁의 핵심 아이디어를 담고 있으며, 지금부터는 각각의 모듈별로 그 핵심내용을 간략히 살펴보겠다.

　'모듈 1'에서는 새롭게 잡센터(Job Center)라는 기관을 설립, 기존의 연방고용청 지역사무소를 개혁하여 일자리 중계역량을 대폭 강화하는 방안을 담았다. 맞춤형 서비스를 제공하는 잡센터는 기존의 연방고용청 지역고용사

---

10) 여기의 내용은 박명준·이승협·김상철(2013), 박명준(2015)의 연구를 재각색한 것이다. 하르츠 보고서의 내용에 관한 국내에서의 소개는 정창화(2005)를 참조하라.

무소가 수행하던 수동적 기능을 능동적으로 전환시키는 구상을 담았다. 잡센터는 그간 정부기관에서 맡았던 노동시장 연계 구직자 상담과 보호 기능을 맡았고, 잡센터의 직업상담원을 사례관리자(Fallmanager)로 부르며 이들의 역량을 직업알선에 집중시키고 강화시키고자 했다.

'모듈 2'에서는 일자리 알선에 있어서 개인이 아니라 가정(Familie)의 상황을 적극 고려하기로 했다. 실업의 부담을 더 심각하게 겪는, 부양가족이 있는 실업자에게 우선적으로 일자리를 제공하는 쪽으로 원칙을 잡았다. 특히, 가정의 경제사회적 상황을 고려하여 만일 가장이 실직의 위기에 있는 상황일 경우 선제적으로 개입하여 대안 일자리를 신속히 중개하는 시스템을 갖추고자 했다. 실업 상태가 되기 이전인 해고고지 직후부터 일대일 전담 상담체계를 구축하여 구직자와 신속하게 소통함으로써 구직기간을 단축하는 방안도 추진했다. 이러한 조치들을 실현하기 위해, 전반적으로 일자리 중개 과정에서 개인적 처지와 상황이 자세히 드러나게 하여(실업자들에게 "얼굴 부여하기") 실업자의 처지에 맞는 일자리 알선체계의 구축을 추구하기로 했다.

'모듈 3'에는 '이른바 기대(요구) 가능한(zumutbar) 일자리'의 새로운 기준을 확립하여, 구직자의 일자리 수용의무를 강화하는 방안을 담았다. 사회상규에 반하지 않는 일자리는 모두 기대가능한 일자리로 간주하고, 그렇게 중계된 일자리를 거절한 경우 급여를 삭감시킬 수 있도록 했다. 제공된 일자리에 비해 실업자의 서류상 경력이 넘치는 경우나 제공된 일자리의 임금이 낮다는 이유로는 거절할 수 없게 했다.[11] 이렇게 급여 수급자의 수용의무를 강화함과 동시에 실업급여와 잡센터가 제공하는 요구 및 서비스를 실업자가 자발적으로 포기할 수 있는 선택권도 열어 두었다.

---

11) 다만 구직자가 건강상의 이유로 일을 못하는 경우, 제공된 업무의 수행 때문에 기존 업무 수행이 어렵게 될 것으로 보이는 경우, 자녀양육 또는 가족을 돌보는 데 지장을 받는 경우는 예외를 인정했다(예외사항에 해당하는지를 입증하는 책임은 구직자가 진다).

'모듈 4'에서는 청년고용 진작 방안을 담았다. 구체적으로 청년실업문제의 해결을 위하여 계속훈련(Weiterbildung) 시장을 활성화했다. 그 일환으로, 잡센터에서 청년실업자의 적극적 교육훈련 또는 구직행위를 지원하는 업무와 새로운 직업훈련프로그램 및 일자리를 개발하는 책무를 수행하게 했다. 취업에 문제가 있는 청년들을 직업학교나 교육, 노동시장 및 청소년 정책 담당자들과 긴밀하게 소통하여 집중해서 관리하도록 했다. 또 청년 실업자들에게 "직업양성교육 바우처"(Ausbildungszeit-Wertpapier: AZWP)를 직업 및 훈련 범주에 따라 발부하고, 바우처 소지자에게 공익재단과 공동으로 교육훈련 기회를 제공하도록 했다.

'모듈 5'에서는 중고연령 실업자 고용촉진을 위한 프로그램을 시행하고자 했다. 기존의 실업보험을 보완하는 이른바 "임금보장"(Lohnversicherung) 개념을 도입, 고령자들이 전보다 임금이 낮은 일자리에 취업할 때 상실하는 소득의 일부를 보조받을 수 있도록 했다. 실업급여 수급 고령자를 고용한 사용자에게는 실업보험료를 경감시켜 주는 방안도 담았다. 고령 실업자를 위한 "가교 시스템"(bridge system)을 구축하는 일환으로 55세부터는 실업보험과 잡센터의 서비스를 받지 않을 수 있게 하되, 그들의 실질 월 소득은 지속적으로 보장되게 했다.

'모듈 6'은 실업부조(Arbeitslosenhilfe)와 사회부조(Sozialhilfe)를 통합·일원화하면서, 실업자에 대한 지원을 축소시켰다. 즉, 실업보험으로 지급하던 실업급여 수급기간을 단축하고 종전 실업자에게 지급되던 실업부조와 실업수당(Arbeitslosengeld)를 통합하여 실업수당 II로 칭했다. 실업 전 12개월간 소득에 비례하여 지급하던 실업수당은 보험료 납부기간과 관계없이 최장 12개월로 제한시켰다(55세 이상인 자는 종전 32개월에서 18개월로 제한). 실업수당 II는 재산과 소득기준을 충족할 때 수급자격이 주어지는 구직자에 대한 기초보장적 성격의 공공부조로 정의, 재수급기간의 제한은 없앴다. 기존의 사회수당(Sozialgeld)은 생계를 유지할 능력이 없는 자나 생계능력이 있는 요보호자에게 지급하는 쪽으로 개혁했다. 12) 실업수당 II는 반드시 실업수당 I을 수급한 이후에야 지급되는 것은 아니며, 다른 소득 (실업수당 I도 포함)이 있다 하더라도 그 소득만으로는 최소한의 생활을 유지할 수 없는 경우 추가로 지급되도록 설계했다.

'모듈 7'에는 고용을 확대하는 기업을 지원하는 방안을 담았다. 기업을 위한 적절한 고용결산 및 보너스 시스템을 구축하여 모든 기업이 일자리를 유지하고 창출할 사회적 책무를 갖도록 요구하고, 또 유인도 제공하려 했다. 특히, 잡센터와 함께 역량센터(Kompetenzcenter: 직업관할센터)를 두어, 기업들을 대상으로 한 고용상담서비스를 강화해 제공하기로 했다. 고용을 확대한 기업에게 보너스 제공 차원에서 실업보험료를 경감시켜 주는 방안도 담았다(단, 대기업과 중소기업의 형평성을 고려해 시행).

'모듈 8'은 잡센터 안에 인력파견서비스 기관(personal service agency: PSA)을 설치하는 안을 담았다. PSA는 민간 일자리 중개업체의 기능과 유사한 성격을 지니는 곳이었다. 모든 실업자를 여기에 배치하고, 잡센터가 자유로운 중개자로 PSA와 계약을 맺도록 했다. PSA는 직업알선요원을 파견하여 실업자가 취업 장애요인을 극복하고 신속하게 노동시장에 통합되도록 조력하게끔 역할을 부여받았다.

'모듈 9'에는 자활의 징검다리를 만들기 위해 1인 창업을 지원하고 저임금 단시간고용을 활성화시키는 방안을 담았다. 이른바 '1인 회사'(Ich AG)와 '미니잡'이 그것들이다. 이러한 조치들은 일자리를 늘리고 불법근로(Schwarzarbeit)를 줄인다(지하경제 양성화)는 취지를 지녔다. 실업자나 실업에의 우려가 있는 자가 생계형 창업(Existenzgründung)으로 소규모 자영업체 '1인 회사'를 설립하면, 3년분 실업급여와 사회보험 수당에 해당하는

---

12) '요보호자'란 자신과 가족의 생계를 스스로 꾸려 나갈 수 없는 자를 말한다. '생계능력이 있는 수급권자'는 소득이 낮아 생계를 꾸려 나가기 어려운 취업자, 실업자 및 자녀 또는 가족의 돌봄 등의 사유로 노동시장에서 근로할 수 없는 자 등을 포함한다.

금액을 창업비로 지원하기로 했다. '1인 회사'의 세금 총액은 10%, 지원금 지급은 연간 2만 5,000유로까지의 이윤이 있는 경우로 조건을 두었고, 이 소득기준을 초과할 경우, 또는 65세에 달한 경우 지원이 자동으로 중단되도록 했다.

한편, 사회보험가입을 면제받던 부업인 '경미한 고용'의 임금상한선을 325유로에서 500유로로 올리고 이를 '미니잡'으로 명명하여 활성화시키는 개혁안을 여기에 함께 담았다. [13] 이는 사용자의 사회보험분담금을 감면해 주고, 노동자도 본인이 희망하면 사회보험에 가입하지 않을 수 있게 하여, 노동부대비용의 경감과 가처분 소득의 증대를 도모하려는 취지를 지녔다.

'모듈 10'은 연방고용청의 구조혁신안을 담지했다. 과거 관료조직처럼 유지되었던 연방고용청(Bundesanstalt für Arbeit)을 능동적인 서비스 제공 기관인 연방고용기구(Bundesagentur für Arbeit)로 개칭하기로 했다(둘 다 약자로는 'BA'로 표기). 특히, BA의 내부조직을 중앙본부 이외에 주(州) 수준의 역량센터(관할센터)와 지역수준의 잡센터 중심으로 재편하는 등 구조적으로 혁신하는 안이 여기에 병행되었다.

'모듈 11'에서는 주고용청을 역량센터로 전환시켜 강화하는 안을 담았다. 역량센터가 노동시장정책 및 사회경제정책의 실행을 총괄케 해, 정책적 연계를 도모하려 했다. 역량센터는 대기업을 상대하고 중소기업에 자문을 제공하며, 지방수준 이상의 연방주, 기업, 경제단체 간의 행정적 상호작용을 조율하는 역할을 하도록 구상됐다. 지역노동시장 동향 파악을 위한 연구분석과 지역 직업훈련시장의 투명성 제고를 위한 훈련기관별 교육프로그램의 인증도 역량센터가 맡게 했다.

'모듈 12'는 실업자를 채용하는 기업에 재정적 지원을 하는 방안을 담았

---

13) 미니잡 소득의 상한은 2003년 법안(하르츠 II) 실행 시 400유로로 정해져 실시되었고, 이후 2013년 제도개혁에서 다시 450유로로 조정되었다.

다. 이러한 기업들을 지원하기 위하여 실업재정을 노동재정으로 전환하고, 대부의 형태로 지원하려 했다. 그 일환으로 새로운 일자리를 창출하는 중소기업을 대상으로 10만 유로 이내의 대부, 이른바 "잡-플로터"(Job-Floater)를 제공하는 안을 마련했다. 실업자 수가 200만 명 정도로 감축되면, 약 200억 유로의 실업급여 및 실업보조금을 절감하는 효과를 거둘 수 있어, 이를 다시 '1인 회사'나 'PSA' 등을 통한 고용촉진 활동에 재투자할 재원으로 활용할 것이 기대되기도 했다.

끝으로 '모듈 13'에서는 전문가와 각계의 공동노력을 도출하는 원칙을 정하였다. 이른바 '국가정책 최고전문가'(Profis der Nation), 연방고용청 직원, 기업, 노조, 기타 주요세력 대표자를 연합하여 개혁을 추진한다는 원칙을 천명했다.

2) 하르츠 법안의 내용과 그 변모

지금부터는 하르츠 법안의 내용과 함께 몇 가지 핵심 정책안들이 어떠한 변모의 과정을 겪었는지 개관해 봄으로써 하르츠 개혁안의 그림을 완성해 볼 것이다.[14]

(1) 하르츠 Ⅰ장

2003년 1월 1일부터 시행된 하르츠 Ⅰ장은 파견근로 규제의 완화를 통해 노동시장의 활성화를 한다는 목표 아래 다양한 조치들을 담았다. 파견의 최장기간, 근로자 파견계약과 근로관계 일치 금지, 반복적 파견계약 금지 등 파견근로에 대한 기존 규제를 삭제했다. 파견업체는 근로자를 특정 업무에 파견 후 업무 종료와 동시에 해고도 할 수 있고 동일 근로자를 재고용할 수

---

14) 이 소제목으로 묶인 내용은 박지순(2004), 이승현(2013), 조성혜(2013)의 내용을 토대로 하고, 필자가 인지한 사실을 추가하여 재구성하였음을 밝힌다.

〈표 6-1〉 하르츠 법안 Ⅰ~Ⅳ장의 시행시기와 주요내용

구분	주요내용	시행시기
하르츠 Ⅰ장	• 〈근로자 파견법〉 개정을 통한 파견근로 자율화: 파견기간 상한제(24개월) 및 3개월 내 재취업 금지규정 폐지, 파견 근로자 균등대우 원칙 천명 52세 피고용인의 기간제 고용조건 완화, 파견고용의 경우도 임금협약체결 의무화 등 • 파견근로를 직업소개의 수단으로 활용할 것을 목적으로 하는 '인력서비스센터'를 일선 '잡센터'에 설치 • 해고 통보 직후 관할 잡센터에 곧장 신고하도록 하는 조기 실직신고체제 도입 • 직업재교육 프로그램을 구직을 겨냥하여 좀더 구체적이고 공세적으로 재편 • 고용보험급여 지급요건으로 '요구가능성' 및 대기규정을 개정 • 고용보험급여, 실업급여 및 생계급여 지급기준 급여의 연간 단위 현실화를 폐지, 급여액을 사실상 축소시킴. • 실업급여액 산정 시 배우자 수입과 개인재산 반영비율 조정 • 근로자 급여안정화를 통한 고령 근로자 취업촉진: 임금보전청구권 제도 도입, 사용자에 대해 기여금보너스 제공 및 기간제 채용 시 부담경감 • 일자리나 훈련생자리를 창출하는 중소기업을 대상으로 하는 대부지원 제도인 '노동을 위한 자본'을 구상하고 실행	공포: 2002.12. 시행: 2003. 1.
하르츠 Ⅱ장	• 생계형 창업보조금 제도인 '1인 회사' 제도 시행 • 저소득 취업형태인 '미니잡' 제도 도입	
하르츠 Ⅲ장	• '연방고용청'을 '연방고용기구'로 개칭, 구조개혁: (지역)고용청(Arbeitsamt)를 (지역)고용기구(Agentur für Arbeit)로 개칭 • 창업자 지원금(Überbrückungsgeld)의 의무지원금화 및 제공 • 구직자의 협조의무 강화 • 실업보험급여 제도 2년(기존 3년)으로 간소화 및 대량실업 사태 시 지원(Transferleistung) 기간 1년(기존 2년)으로 축소 • 적극적 고용정책 사용 간소화[일자리 창출조치(ABM) 조건의 완화] • 기업 구조조정 지원 프로그램 간소화 • 고령자 취업안정성 확대: 고령자 파트타임 근로(Altersteilzeit) 조건 완화 • 청년층 취업가능성 제고 • 〈해고보호법〉(KschG) 개정: 소규모 사업장 해고보호 완화, 경영상 해고 시 보상금 조정 • 〈단시간 및 기간제 근로법〉과 〈근로시간법〉상의 규제완화	공포: 2003.12. 시행: 2004. 1.
하르츠 Ⅳ장	• 취업희망자를 위한 기초생계지원 확보를 위해 실업급여과 생계지원금을 통합시킨 복지급여인 실업수당 Ⅱ의 지급을 실시: 경제활동가능 부조 대상자 및 그와 욕구(생계)공동체(Bedarfsgemeinschaft)를 구성하는 자를 대상으로 하며 기초생활 보장급의 성격을 지님 • 실업수당 Ⅱ는 일반적으로 총괄액으로 지급되는 표준지원금과 적절한 수준의 주택비 및 난방비 지원으로 구성 • 경제활동가능 부조 대상자는 모두 공적연금, 의료보험, 요양보험에 가입 • 실업수당 Ⅱ 수급자에게는 모든 종류의 합법적 일자리 수용을 요구할 수 있음(임금이 법적기준이나 관행임금수준에 미치지 못하거나, 만 3세 미만 자녀나 돌봄필요 가족을 양육하고 돌보는 일과 병행하는 것이 불가능시 거부가능) • 구직자가 제시된 일자리 거부 시 실업수당 Ⅱ를 3개월간 100유로로 인하해 지급	공포: 2004. 9. 시행: 2005. 1.

자료: 박지순(2004: 295~296), 이승현(2013), Hüther(2014: 15)의 표 및 내용 병합, 필자의 부분 수정.

있게 했다. 대신 동일노동 동일임금의 원칙을 도입하고, 파견 근로자의 근로조건과 임금을 반드시 단체협약(*Tarifvertrag*)을 통해 정하도록 규정했다.

하르츠 I장에서는 파견근로를 직업소개수단으로 활용할 것을 목적으로 하여 PSA를 일선 잡센터에 설치했다. 파견 근로자는 일자리가 없을 경우 직업훈련을 받도록 했고, 훈련교육과정의 수료 이후 훈련증 교부 여부는 직업소개자의 재량으로 두었다. 직업재교육 프로그램을 구직을 겨냥하여 좀더 구체적이고 공세적으로 재편하게 했다. PSA는 잡센터에서 실업자를 파견하거나 그들에 대한 교육을 통해 정규취업을 촉진하려는 취지로 추진되었으나 조치의 도입 이후 별다른 실효성을 거두지 못하는 모습을 드러냈다. 특히, 민간업체로부터 불공정거래라는 비판을 받아, 결국에 몇 년 내에 폐지되었다.

그 밖에 근로자가 해고의 전망이 생겼을 때 곧장 관할 잡센터에 신고하게 하는 조기 실직신고체제를 도입, 실업신고를 늦게 할 경우 실업급여를 삭감토록 했다. 이는 고용보험급여 지급요건으로 존재한 '요구가능성'(*Zumutbarkeit*) 및 대기규정을 개정하여 실업자들이 구직에 대한 압력을 더욱 강하게 느끼도록 한 것이다.

또 고용보험급여, 생계급여 및 실업급여 지급기준에 있어서 급여의 연간 단위 현실화를 폐지하여 사실상 급여액을 축소시키는 쪽으로 법안을 마련했다. 실업급여액을 산정할 시에 배우자의 수입과 개인재산의 반영비율을 조정해 보다 엄격하게 집행되도록 했다.

근로자 급여안정화를 통한 고연령 근로자의 취업을 촉진하도록 하기 위해 사용자에게 기여금보너스를 제공하고, 기간제 근로자 채용 시 부담을 경감받게 했다. 또한 일자리나 훈련생자리를 창출하는 중소기업을 대상으로 10만 유로까지 저리로 융자하는 대부지원제도 "노동을 위한 자본"(Kapital für Arbeit)을 실시했다.

(2) 하르츠 II장

하르츠 I장과 마찬가지로 2003년 1월 1일에 시행된 하르츠 II장의 핵심 내용으로는 1인 회사와 미니잡을 실시하는 방안이 대표적이다. 실업자가 1인 회사를 차릴 경우 그는 3년간 고용청에 지원금을 청구할 수 있게 했다. 창업 후 1년간은 월 600유로, 2년차에는 360유로, 3년차에는 240유로의 지원금을 받도록 했고, 사회보험료는 본인이 부담하게 했다. 창립지원금의 요건은 연간 2만 5,000유로까지의 이윤이 발생하는 경우여야 하고, 만일 이를 초과할 경우 혹은 수급자가 65세가 되면 지원금을 자동중단하게 했다 (단, 이미 지급된 지원금은 반환하지 않게 했다). 창업자는 자영업을 주업으로 해야 했고 부업일 경우에는 자금지원이 안 되도록 했다.

하르츠 II장에서 정의된 미니잡은 이미 독일에 존재하던, 사회보험이 면제된 일자리들이 탈법적으로 음성화된 것을 기존의 '경미한 고용' 제도를 개혁하여 적극적으로 양성화시킨 것이었다. 이는 이른바 양질의 시간제 일자리 또는 시간선택제 일자리와는 거리가 먼 부업용 일자리에 불과하다. 미니잡은 사회보험 및 연금 가입의무가 면제되는 일자리로 통상 월 400유로까지 임금을 받을 수 있도록 했다. 이는 과거 경미한 근로자의 소득 상한선이었던 325유로를 75유로 더 인상시킨 것이었는데, 2013년 1월 1일부터는 450유로로 다시 상승시켜 적용하고 있다. 당시 법으로는 주당 15시간 일하는 경우도 들어 있었으나 이 규정은 이후 삭제되었다(2003. 4. 1). 미니잡과 함께 미디잡을 두어 401~800유로의 소득에 해당하는 일자리를 별도로 규정해 두었다.

미니잡의 경우, 사회보험 보험료와 세금의 25%(이후 30%로 상향조정)까지는 사용자가 단독으로 부담하게 했다. 연금의 경우는 미니잡 종사자도 일반 근로자와 마찬가지로 연금보험에 가입, 보험료(일반적으로 18.9%) 중 사용자가 부담한 보험요율을 제하고 나머지를 납부케 했다. 이 경우 일반 미니잡과 가사사용인을 차등하여 전자의 경우 3.9%, 후자의 경우

13.9%를 내도록 했다. 다만 연금가입 면제신청을 할 수 있도록 했고 그 경우 보험료 납부와 연금수급 모두 발생하지 않도록 했다. 미니잡의 사용자는 총 30.84%의 사회보험료와 세금을 내도록 했는데, 그 구성은 연금보험 15%, 의료보험 13%, 포괄세금 2%, 병가 및 출산휴가비용 0.84% 등이었다. 여기에 산재보험 및 도산보험으로 0.04%를 추가로 납부케 했다. 미니잡 종사자는 대체로 부모나 배우자 등을 통하여 사회보험을 해결하였고, 그들 중 약 9%만이 사회보험가입의 의무를 지닌 고용에 속하는 식으로 실행되었다.

(3) 하르츠 III장

2004년 1월 1일부터 시행된 하르츠 III장에서는 연방고용청 조직개편, 실업보험 급여제도 간소화, 기업 구조조정 지원 프로그램 간소화, 고연령자 취업안정성 확대 및 청년층 취업가능성 증대 등의 방안을 담았다. 연방고용청 개혁의 목적은 관청의 효율성을 제고하고 수요자 중심의 행정을 이룬다는 것이었다. 그 일환으로 취업알선 서비스를 개선, 구직자를 유형별로 (취업 준비가 된 집단, 상담이 필요한 집단, 집중 서비스 집단) 구분하여 프로파일링(profiling)하고 개별 행동계획 설계, 노동시장 서비스 배분 기초로 활용하는 등 개혁안은 심화되어 실행되었다. 이러한 더욱 정교화된 서비스의 제공을 위해 과거 1인의 직업상담사가 상대하던 실업자 수는 350명에서 75명으로 줄어들었다.

한편, 연방고용청의 조직개편과 함께 뒤에 나올 기초생활보장 성격의 실업수당 II 전달체계의 변화도 이루었는데, 이는 연방고용기구와 지방정부 간의 역할분담을 쟁점으로 했다. 일부 지역에서는 양자 간의 컨소시엄(ARGE)을 설립해 운영하도록 했는데, 이는 이후 위헌판결을 받아 부분 수정되기도 했다.

(4) 하르츠 IV장

하르츠 IV장은 하르츠 법안 중 가장 늦은 2005년 1월 1일부터 시행되도록
했다. 여기에는 실업수당과 생계지원금의 기존의 3분법으로 된 체계를 이
원화시켜 각각 실업수당 I과 II로 칭하는 방안이 핵심이었다.

실업수당 I은 실업 전 12개월의 소득에 비례하여 지급되는 기존 실업수
당의 성격을 지녔다. 실업수당 I의 수급은 실업 전 2년간 최소 12개월 동안
보험가입의 의무가 있는 취업상태에 있던 이가 실업상태를 신고할 경우 수
령 자격이 된다. 그 액수와 기간은 임금, 취업기간 및 연령에 따라 달라지
는바, 일단 보험료 납부기관과 무관하게 최장 12개월(55세 이상의 경우 18
개월) 제한을 두었다. 구체적으로 피보험기간이 12개월일 경우 수급기간
은 6개월, 16개월일 경우 8개월, 20개월일 경우 10개월, 그리고 24개월일
경우 12개월로 정하였다. 실업수당액은 산정기준 임금과 실업보험료 납부
기간에 따라 달라져, 보통 자녀가 1인 이상 있는 경우 67%, 그 밖의 실업
자에게는 60%가 부여된다.

통합형 복지급여이자 기초생활 보장급여의 성격을 지닌 실업수당 II의
도입은 하르츠 개혁안에서 가장 큰 정치적 논쟁을 불러일으킨 영역이었다.
실업수당 I과 달리 기초보장적 성격을 지녔다고 할 수 있는 실업수당 II는
생계능력이 있는 요보호자로 15세 이상 65세 미만인 자에게 기간제한 없이
지급이 된다.[15] 중요한 것은 그 재원이 사회보험료로부터가 아니라 세금
으로부터 조달된다는 것이다. 따라서 수급권자가 보험가입의 의무가 있는
직장을 얻게 되면 실업수당 II의 수급조건은 자동소멸된다.

실업수당 II는 실업수당 I의 수급이 만료된 후 수급권자의 자산과 개인의
요보호 정도에 따라 차등적으로 지급된다. 재산이 일정한 한도를 초과해서

---

15) 독일에서 '생계능력이 있다' 함은 통상적인 조건에서 하루 3시간 이상 노동을 할 수 있는
상태에 있는 자를 말한다.

는 안 되고, 동거가족의 소득이 너무 높아도 안 된다(3인 가족 기준 월 1, 200 유로). 수급권자는 노후대비 민간보험, 통장잔고, 토지 및 기타자산을 공개 신고해야 한다(*means test*). 애초에 실업수당 II는 주택급여, 난방급여 및 기타급여를 제외하고 서독의 경우 월 345유로, 동독의 경우 월 331유로로 차등해서 정해졌다가 2006년부터는 동독도 서독의 기준에 준하여 지급한다. 실업수당 II가 반드시 실업수당 I의 수급을 먼저 한 후 단계적으로 지급되는 것은 아니다. 다른 소득이 있어도 그 소득만으로 최소한의 생계유지가 곤란할 때 부가적으로도 지급될 수 있다. 16) 실제 실업수당 II 수급액이 헌법에 보장된 생계보장 기준 미달로 위헌판결을 받아 수정되기도 하는 등 사회적으로 큰 논란을 불러일으켰다.

하르츠 IV장에서는 두 가지 실업수당 이외에 사회수당을 두어, 생계능력이 없어서 실업수당 II의 수급자격이 되지 않는 이들에게 지급되도록 했다. 그리고 이른바 '요구가능성'의 기준을 엄격하게 하여, 사회상규에 반하지 않는 일체의 일자리를 기대가능한 것으로 간주하여 수급자가 이를 수용하도록 강제하며 수용하지 않을 경우 여러 가지 불이익과 제재를 가하였다. 17)

4. 개혁의 영향: 성과와 한계

하르츠 개혁은 독일 사회에, 특히 독일의 노동시장에 어떠한 영향을 끼쳤을까? 하나의 개혁안을 놓고 그것의 영향에 대해서 엄밀한 측정을 하는 작업은 현실적으로 불가능하겠으나 분명 하르츠 개혁의 영향이라고 할 수 있는 변화들은 감지할 수 있다. 하르츠 개혁의 영향과 의미에 대한 논쟁은 어

---

16) 예컨대, 미니잡을 주업으로 가지고 있는 경우도 마찬가지이다. 이러한 부가적인 실업수당 II 수급자를 독일어로 아우프슈토커(*Aufstocker*)라고 칭한다.
17) 이는 감정적으로 저소득층에게 모욕감을 안겨주고 인권침해의 논란까지 불러일으켰다.

떤 시각에서 그것들을 바라보느냐, 어떠한 가치를 우선시해서 바라보느냐에 따라 달라진다.

대체로 하르츠 개혁은 고용서비스 현대화를 이루고, 1인 회사를 징검다리로 활용하여 실업에서 취업으로의 전환을 촉진하는 기제의 강화, 그리고 미니잡 활성화 등의 노동시장 규제완화를 통해 일정하게 고용증진 효과를 거둔 점에서 긍정적으로 평가되는 편이다. 일단 독일의 실업률이 저하했고, 고용률이 증대양상을 보인 것에 있어서 하르츠 개혁은 일정한 기여를 했다고 볼 수 있다. 그렇지만 모든 개혁이 그러하듯이 하르츠 개혁도 일정한 부작용과 문제를 낳았고 새로운 정책과제를 불러왔다.

지금부터는 하르츠 개혁 이후의 노동시장의 변화상을 살펴보면서 개혁의 영향을 가늠해 보려 한다. 이를 위해 크게 하르츠 개혁이 다룬 주제들과 관련된 네 가지 측면에서 독일 노동시장의 변화들을 조명해 볼 것이다. 첫째는 고용과 실업의 전반적 규모변동의 측면이고, 둘째는 하르츠 개혁의 가장 핵심적 모토인 고용서비스의 혁신이다. 셋째는 하르츠 개혁의 산물이라고 할 수 있는 다양한 비정규고용 및 저임금 일자리의 양상이고, 넷째는 취약계층에 대한 보호와 활성화의 측면이다.

1) 실업과 고용 전반의 변동

하르츠 개혁은 실업자 수를 줄이는 데 일정하게 기여를 했다고 평가된다. 독일에서 2005년에 490만 명이었던 연평균 실업자 수는 2000년대 후반기를 거치면서 급하게 줄어들어 2013년에는 300만 명 이하로 하락했다. 두 자릿수를 웃돌던 실업률은 2013년에 5.3%로까지 낮아져 독일은 오스트리아에 이어 EU 회원국 중 실업률이 가장 낮은 국가에 속하게 되었다. 청년실업 역시 비슷한 추세를 보여, 2005년에 15.8%였던 청년실업률은 2013년에 7.8%로까지 낮아졌다. 특히, 최근의 청년실업과 관련하여 독일은 오스트리아나 네덜란드보다 더 낮은 수치를 보여 유럽 전체에서 가장 양호한 양상을 보이는 것으로 평가받는다(Hüther, 2014: 5~6).

하르츠 개혁이 실시된 2000년대 중반 이후 고용이 빠르게 증가한 점도 주목할 만하다. 2006년 이래 독일의 고용규모는 증가세를 기록, 매년 기록적인 고용률을 달성했다. 2008년 고용인구 규모는 드디어 4,000만 명에 달해 역사상 최고치를 기록했다. 2009년의 글로벌 금융위기에도 불구하고 독일은 4,100만~4,200만 명가량의 고용인구를 유지했다. 2005~2014년 사이 새롭게 생긴 일자리 수도 약 260만 개에 달했고, 2000년 이후 고용률은 71%에서 77%로 높아졌다. 그중에서도 60~64세 인구의 고용률이 2000년의 21%에서 2011년의 47%로 2배 이상 증가세를 보였고, 전체 근로자에서 고령 근로자(55세 이상)가 차지하는 비율도 2000년 10.1%에서 2008년에 12.6%로 증가했다. 특히, 이 가운데에서도 고령여성 고용률의 증가세가 두드러진 것에 주목할 필요가 있다(Hüther, 2014: 6~7; 이승현, 2013: 59).

한편 창업지원 프로그램 신청은 30만 건에 이르렀고 미니잡 취업인구가 600만 명 선에서 안정적으로 유지됐다. 2003년 33만 명을 기록했던 파견 근로 종사자 수는 2008년 약 80만 명에 달했다. 즉, 하르츠 개혁을 통하여 일정하게 고용시장의 탄력성이 확보된 면이 있으며 이는 실업감소와 고용증대의 전반적 경향에 녹아들었다고 볼 수 있다(이승현, 2013: 60).

이러한 외형상의 긍정적 측면에 일정하게 하르츠 개혁이 자리했음은 부인할 수 없다. 그러나 이 영향이 얼마나 결정적이었는지에 대해 전문가들이 의심스러워하는 것 또한 사실이다. 대체로 글로벌 금융위기가 독일 경제에 타격을 입혔던 2008~2009년 무렵, 독일의 고용이 놀랍게도 거의 아무런 영향을 받지 않은 것을 두고 일자리 기적이라고 칭하며, 그 원인을 하르츠 개혁과 같은 유연화 조치를 통한 '회복탄력성'의 증진에서 찾는 견해가 있긴 하나, 독일의 "일자리 기적"(*job miracle*)을 하르츠 개혁에 힘입은 것으로 환원시켜 보는 견해는 그렇게 지배적이지 않다.

오히려 그것은 새로운 제도의 산물 때문이 아니라 전통적 제도의 장점이 발휘되어 나타난 것으로 보는 견해가 지배적이다. 말하자면 독일의 노사관계에서 꾸준히 근로시간 단축과 임금인상을 자제하고 고용안정을 유지하려는 노력을 지속해 온 점, 그리고 경제위기를 맞았을 때 신속하게 조업단축(Kurzarbeit)와 같은 방안을 가동시켜 일자리 위기의 완충작용을 할 수 있을 대책을 효과적으로 마련한 점 등이 독일의 고용기적의 더욱 주요한 요인이라는 것이다(Keller et al., 2011).

한편, 하르츠 개혁은 실업, 고용, 노동시장의 역동성 등과 관련해 분명 명시적 한계를 노정한다. 무엇보다 장기실업자 수가 여전히 100만 명을 웃도는 수준에서 더 이상 내려가지 않는 상황이다. 독일 기업의 3분의 1만이 장기실업자를 채용대상으로 고려하기 때문인데 이는 제도적 강제와 장기실업자의 자구책만으로는 이 문제를 풀기 어려움을 암시한다. 나아가 노동이동이 감소해 전반적으로 노동시장의 역동성이 높아졌다고 보기 힘든 점도 하르츠 개혁의 한계를 암시한다(Knuth, 2016: 19).

상대적으로 보수적 성향의 전문가들은 하르츠 개혁의 큰 성과로 시간제 노동에 대한 규제완화가 불러온 시간제 일자리의 붐(11년 동안 30만 명에서 80만 명으로 증가), 부업성 저임금 일자리 '미니잡'의 매력적 증가, 그리고 고령자 실업수당 수급기간 축소로 오히려 기존의 직업활동을 더 오래 유지하려는 고령자의 수 증가 등을 드는데(Hüther, 2014: 13), 구체적으로 마지막 요인은 노동이동성의 감퇴를 부추기기도 하여 한계와 성과를 모두 가지는 양면적 성격을 지녔다고 볼 수 있다.

2) 고용서비스

하르츠 개혁은 독일의 공적 고용서비스(public employment service) 체계의 현대화를 이루는 쪽으로 기여를 했다고 볼 수 있다. 특히, 고용센터를 원스톱

(one-stop)으로 운영하도록 한 점, 구직자의 숙련과 능력에 대한 조기평가를 도모한 점, 그리고 고객의 요구를 적극 수용하려는 현장 상담원의 역할 변화 등에 있어서 획기적 발전을 이루었다. 그러나 PSA와 같은 제도가 별 효과를 보지 못하고 폐지되었듯, 전체적으로 정합성이 완벽한 것은 아니었다. 그럼에도 불구하고 하르츠 개혁을 통한 공적 고용서비스 시스템의 성공적 현대화 가능성이 증명된 것은 요사이 세계적으로 논의되는 고용서비스의 민영화가 반드시 정답은 아닐 수 있음을 보여 준다고도 할 수 있다(Schmid, 2008: 28).

하르츠 개혁의 한계는 위에서 언급하였듯이 장기실업자의 문제에서 획기적 진전을 보지 못한 것이다. 이는 장기실업자 개인의 문제도 있지만 좀 더 투명한 행정구조와 책임 있는 집행체계 구축에 있어서 점검할 점들을 과제로 남긴다. 하르츠 개혁의 영향으로 적극적 노동시장정책에 들어간 지출이 감소한 점은 이와 연관된 의미심장한 검토사항이기도 하다. 장기실업자 문제에 대한 해결책 마련의 한계는 실업수당 II, 즉 '하르츠 IV' 수급자들의 사회통합 문제에 있어서 이 개혁이 한계가 있음을 의미한다.

한편, 하르츠 개혁으로 인해 연방고용청의 구조개혁이 도모되면서 연방고용청과 지방정부가 각각 주도하는 고용서비스체계의 이중화가 이루어졌다. 애초에 실업수당 II는 전통적으로 지방자치단체가 책임지는 사회부조의 논리를 따랐는데, 하르츠 개혁은 지자체의 사회부조 관련 재정부담의 경감을 초래했다. 하지만 대부분의 지자체는 빈곤의 위험에 처해 있는 수혜자에게 서비스를 제공할 책임을 포기하지 않으려 했다. 개혁 이후 이어진 정치적 갈등과 헌법소원 등의 과정을 겪으면서 정치적 타협을 통해 일련의 합의가 다시 이루어진 결과 독일의 공적 고용서비스는 2단계로 분리되었다. 이는 공적 고용서비스 행정의 정합성과 효율성 측면에서 일정한 한계가 있음을 의미한다. 고용서비스의 균열과 이것이 원인이 된 거버넌스의 장애는 좀더 효율적인 서비스를 향한 개혁의 취지를 약화시켰다는 비판을 받는다(Knuth, 2016: 28~29).

하르츠 개혁의 이러한 이원화는 결국 공적 고용서비스에 있어서 기존 지자체의 역할을 약화시키고 연방고용기구의 중심성을 더욱 강화시켰다는 함의를 갖는다. 그래서 노동시장정책의 탈중앙화라고 하는 이상에 비추어 보았을 때 개혁의 의미가 그렇게 높지 못하다는 비판을 받는다. 또한 개혁 이후 시스템의 기본 전제가 실업의 문제를 지역 전반의 집단적 차원의 문제보다 개인의 문제로 본다는 점도 지적의 대상이다. 하르츠 보고서에서 제시한 10개 지역 고용사무소를 역량센터화하는 과제가 법안을 실제로 마련할 때 채택되지 않은 점도 이와 관련하여 비판받는 부분이다(Mosley, 2005: 43~44).

3) 노동시장 유연화와 일자리의 질 저하

하르츠 II장에서 도입된 미니잡은 허드렛일을 부업으로 활성화하여 공식적 일자리로 만든 것으로 볼 수 있다. 상대적으로 진보적인 학자들도 기본적으로 이 일자리가 노동시장에 있어서 '바퀴에 기름을 치는 역할'을 할 여지가 있다는 긍정적 시각을 버리지 않는다(Schmid, 2008: 27). 실제로 미니잡은 일정 시간이 지난 후 크게 증가하지는 않았지만, 초기 2년여 동안은 수십만 명이 급증하는 모습을 보였다.[18] 구체적으로 2005년에 미니잡 종사자 수는 총 400만 명 후반대로 증대하였고 2013년에 약 740만 명에 이르렀다. 이 가운데 여성의 비중이 남성의 2배에 달하였다.

미니잡의 도입 시 우려되었던 것은 그것이 정규직 일자리를 대체하고 누군가 저임금 노동의 덫(trap)에 빠뜨리지 않을까 하는 점이었다. 그러나 하르츠 개혁 10년이 지난 상황에서, 대체로 미니잡이 정규직을 대체할 수 있다는 우려는 현실화되지 않았다고 평가된다. 부업 또는 여러 개의 일자리

---

[18] 초기에 미니잡 고용규모가 증가했던 것은 기존에 존재하던 알바노동 식의 일자리가 자연스럽게 양성화된 결과로 추정된다.

를 통해 수입을 얻기 위한 방편으로 미니잡을 취하는 인구를 제외하고, 단지 미니잡으로만 수입을 얻는 근로자의 수는 2004년 이래로 큰 변동을 보이지 않았기 때문이다. 특히, 노동시장에서 소외되었던 여성과 고령자가 미니잡 종사에서 높은 비율을 차지하는 점은 이 제도의 원래 취지가 일정하게 달성된 것으로 평가된다. 참고로 2012년 6월 당시 미니잡 종사자의 구성비를 보면, 여성이 62%를 차지하고(가사노동부문의 경우는 92%), 60세 이상이 126만 명으로 가장 많으며, 다음으로 25세 미만이 약 90만 명에 육박하는 수준이다. 즉, 정규 노동시장에서 벗어난 연령대의 근로자들이 미니잡에서 높은 비중을 차지하는 것이다(이승현, 2013: 61~62).

그렇다고 미니잡이 정규직 일자리로 가는 교량(Brücke) 역할을 할 것이라는 낙관적 기대가 현실에서 온전히 실현되었다고 볼 수도 없다. 그러한 측면의 효과가 미미한 것은 저임금부문의 고착화라는 부정적 결과로 이어질 여지가 존재한다. 독일의 노동계는 미니잡을 비판적으로 바라보면서 그것이 정규직으로의 진입에 걸림돌과 장벽이 되는 면이 있다고 본다. 특히, 여성노동자의 경력단절은 미니잡의 대표적 부작용이라는 인식을 표출한다.

결과적으로 미니잡과 파견근로 등 비정형적인 근로의 증가는 독일 노동시장의 이중화 양상의 중요한 흐름을 형성한다. 이는 자연스럽게 새로운 사회통합의 과제를 대두시킨다. 특히, 그러한 영역들이 대부분 제조업보다는 서비스업에 집중되어 있어, 독일의 경우 숙련된 정규직 고용 중심의 제조업과 저숙련의 비정규직화된 서비스업의 격차의 문제가 심각하게 제기되는 상황이다. [19]

---

19) 이는 지난 2015년 11월 독일 베를린에서 만난 사회과학자 하셀(Anke Hassel)이 필자와의 인터뷰를 통해 전달해 준 사실이다. 이와 관련하여 독일의 좌파정당이나 노동조합은 사회적 약자를 중심으로 한 고용지원정책 등의 강화를 강조한다. 노동경제학자 슈미트(Günther Schmid)도 정규직으로의 이동을 지원하는 적극적 노동시장정책과 함께, 비정형 근로가 정규직 일자리를 대체하는 것을 방지하는 조세 및 사회보장체제상의 조치가

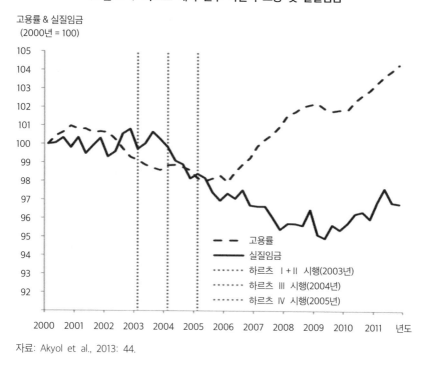

〈그림 6-1〉 하르츠 개혁 전후 독일의 고용 및 실질임금

고용률 & 실질임금
(2000년 = 100)

고용률

실질임금

하르츠 Ⅰ+Ⅱ 시행(2003년)

하르츠 Ⅲ 시행(2004년)

하르츠 Ⅳ 시행(2005년)

자료: Akyol et al., 2013: 44.

한편, 독일의 실질임금은 2000년대 말까지 지속적으로 저하되는 양상을 보였다. 글로벌 금융위기 이후에는 다시 일정하게 증가세를 나타냈으나 여전히 과거의 수준을 회복한 것은 아니다. 독일 근로자들의 실질임금 저하는 고용의 증대와 맞물려서 파악되어야 할 의미심장한 현상이기도 하다. 아키올과 동료들의 연구(Akyol et al., 2013)에서는 하르츠 개혁 전후 독일의 고용과 실질임금 변동을 계량적으로 분석한 바 있는데, 여기에서는 하르츠 개혁 이후 고용과 실질임금이 어떻게 서로 상반된 변화를 겪었는지 실증적으로 보여 주었다. 말하자면 하르츠 개혁의 영향으로 다양한 비정형

동반될 필요가 있음을 강조한다(Schmid, 2008: 27).

근로, 시간제 근로 등이 많아지면서 일자리는 새롭게 만들어졌으나, 소득의 측면에서는 과거에 비해 훨씬 낮아진 양상이라는 것이다. 하르츠 개혁의 내용이 갖는 상징적 의미는 이 그림에서 찾을 수 있을 것이다.

4) 취약계층에 대한 사회적 보호와 적극화

마지막으로 살펴볼 영향은 취약계층에 대한 사회적 보호(protection)와 적극화(activation)와 관련된 점이다. 하르츠 II장에서 도입된 1인 회사 창업보조는 일정하게 성공을 거두었다. 창업보조금 신청률이 예상보다 높아 개혁 이후 1년 만에 약 10만 명 이상이 창업했고, 전반적으로 실업으로 재진입하는 것을 방지하는 효과가 있다고 평가되었다. 2000년대 중반부터 독일 노동시장이 호조를 나타내기 시작하자 이 제도는 이후 2006년 일부 수급요건을 강화한 '창업수당'(start-up allowance)으로 바뀌어 일반적인 창업지원책으로 전환되었다. 그 후 장기실업자 대부분은 프로그램으로부터 배제되었고, 신청 건수도 30만 건에서 20만 건으로 감소했다.

하르츠 IV장에서는 과거의 임금 관련 실업부조를 폐지시켰고, 실업 후 12개월이 경과하면 빈곤선인 실업수당 II만 받도록 했다. 소득에 대한 평가를 엄격하게 해 실업수당 II를 수령하기 위해서는 수급 대상자는 저축액의 대부분을 소비해야 했다. 이는 실업에 대한 근로자들의 불안감을 높였고, 이러한 불안감은 기존 근로자의 위험회피 현상을 가중시켰다. 그 결과 하르츠 개혁 이후 독일 노동시장에서의 이직률은 전반적으로 감소했다(Knuth, 2016: 27).

실업수당 II가 2005년부터 도입된 이후 노동능력이 있는 수급자의 수는 연평균 약 498만 명에서 시작하여 가볍게 부침을 거듭했다. 그들은 종전 시스템상에서 사회부조나 실업급여(부조) 수급자들이었다고 볼 수 있는데, 신제도의 도입 이후 종전 실업부조 수급자의 50%는 소득이 줄었고,

43%는 나아졌다는 것이 분석의 결과이다(조성혜, 2013: 718).

실업자 수를 줄이고 재정효율화에는 기여했으나, 대체로 장기실업자 재취업 성과는 크지 않은 것으로 평가되었다. 취업준비가 된 집단, 상담이 필요한 집단에 대한 고용서비스는 크게 나아졌으나, '집중 서비스 집단'의 경우는 그 효과가 미약한 것으로 드러났다.

5. 맺음말

2000년대 초반 독일은 하르츠 개혁이라고 하는 거대한 개혁 프로세스를 집약적으로 단행하여 기존 노동시장 질서의 획기적 변화를 도모했다. 그 과정은 비록 하르츠 위원회와 같은 논의기구를 출범시켜 단행했으나, 전반적으로 사회합의적이고 이해당사자 포용적이라기보다 국가주도성이 강한 것이었다. 개혁의 과정에서 기존의 사회통념과 어긋나는 부분들도 있어 월요시위나 헌법소원을 비롯한 각종 논란들이 불거졌을 뿐만 아니라, 사민당이 분당이 되고 적녹연정 2기가 임기를 채 채우지 못하고 대연정으로 교체되는 정치적 격변까지 동반한 것이 바로 하르츠 개혁이었다.

개혁은 일단 실업을 줄이고 고용을 늘리기 위해서 고용서비스를 대폭 강화하면서 종래의 정규직이 아닌 형태의 다양한 비정형 일자리를 함께 만드는 것, 그리고 실업자들의 구직과 고용지향성을 대폭 강화시키고 종래의 노동복지에 들였던 비용을 절감해 나가는 것에 맞추어져 있었다. 그것을 위해 하드웨어적(예컨대 연방고용청 조직의 개혁) 및 소프트웨어적(예컨대 직업상담사 업무 전환)으로 다양한 개혁 프로그램들을 조합하여 추진했다. 이러한 개혁에 힘입어 독일의 노동시장은 고용률이 대폭 증가하였으나, 이중화가 심화되어 사회통합의 새로운 과제를 안게 되었다.

하르츠 개혁은 한국의 노동시장 개혁을 추구함에 있어서도 일정한 함의를 지닌다. 한국에서의 지배적 해석은 하르츠 개혁이 독일을 유럽의 병자에서 구하고 역동성이 높은 노동시장 질서를 재편하는 데 결정적으로 기여했다는 것이며, 한국도 하르츠 개혁처럼 다양한 유연화 조치와 복지축소 등을 단행해야 한다는 주장이 한동안 대두했다. 그러나 한국과 독일의 노동시장 및 사회복지시스템 간에는 이미 현격한 격차가 있으며, 무엇보다 노동시장의 비정규화와 분절화에 있어서 한국은 1998년 외환위기 이후 그 정도가 과하게 심화된 면이 있다.

따라서 하르츠 개혁의 교훈을 한국에서 찾을 때, 더 많은 수량적 유연화 (비정규화)로 맞추는 것은 타당하지 못하며, 오히려 세심한 고용서비스의 인프라와 프로그램의 강화에 초점을 맞추는 것이 보다 건설적이고 타당할 것이다. 기초생활지원이나 실업수당 등에 있어서도 그 기간, 액수, 자격조건 등의 측면에서 한국은 독일에 비해 훨씬 약한 상태임도 주목해야 한다.

더불어 하르츠 개혁의 국가주도성은 독일의 사회 전반에 배태된 사회적 파트너십과 불일치하는 것이었고 예외적인 것이었다. 한국의 경우 정책의 결정방식에 있어서 독일과 완전히 다른 인프라와 방식을 갖춘 상황이므로, 맹목적으로 하르츠 개혁의 외관을 추종하기보다 더욱 사회포용적이고 사회합의적인 개혁의 실험을 진지하게 전개할 필요가 있다.

■ 참고문헌

국내 문헌

김영미 (2013). "독일 하르츠 개혁에서의 고용증진 관련 법제개혁의 내용과 평가: 하르츠 IV에 의한 고용연계복지법제를 중심으로". 〈勞動法論叢〉, 28집, 173~217.
박명준 (2015). "노동시장 재균형화를 향한 독일의 노동개혁정치 과정: 하르츠 개혁의 과정상의 특징들", 장홍근 편 (2015). 《선진국 노동시장 개혁사례연구: 개혁과

정관리를 중심으로》. 서울: 경제사회발전 노사정위원회. 79~94.

_____(2016). "포용적 노동시장개혁은 불가능한가?: 시론적 유형화와 한국적 상황 성찰". 〈경제와 사회〉, 111호, 108~141.

박명준·이승협·김상철(2013). 《독일 미니잡의 성격과 함의》. 서울: 한국노동연구원.

박지순(2004). "독일의 노동시장 및 노동법개혁: 노동법과 사회법에서의 새로운 패러 다임의 모색". 〈노동법학〉, 18호, 291~330.

안석교(2004). "아젠다 2010 경제개혁의 배경, 내용 및 전망". 〈FES Information Series〉, 2004-8호, 1~8.

이승현(2013). "독일의 어젠다 2010: 10년간의 평가 및 노동시장에 대한 영향과 전 망". 〈국제노동브리프〉, 11권 4호, 50~65.

정창화(2005). "독일 노동시장의 개혁정책에 관한 연구: '하르쯔 위원회'(Hartz-Commission)의 노동시장 개혁정책안을 중심으로". 〈한·독 사회과학논총〉, 15권 1 호, 81~111.

조성혜(2013). "독일의 노동시장 개혁과 시사점: 일하는 빈곤층을 중심으로". 〈勞動法 論叢〉, 29집, 707~743.

해외 문헌

Akyol, M., Neugart, M., & Pichler, S. (2013). Were the Hartz Reforms Responsible for the Improved Performance of the German Labour Market?. *Economic Affairs*, 33(1), 34~47.

Hüther, M. (2014). "하르츠 개혁과 독일의 고용기적". 〈국제노동브리프〉, 12권 7호, 4~17.

Keller, B., Seifert, H., Schulz, S., & Zimmer, B. (2011). *Atypische Beschäeftigung und soziale Risiken*, Bonn: Friedrich-Ebert-Stiftung.

Knuth, M. (2016). "독일의 노동시장 개혁: 성과와 평가". 〈국제노동브리프〉, 14권 1호, 18~35.

Mosley, H. (2005). "독일의 지방고용정책 개혁". 〈국제노동브리프〉, 3권 11호, 37~44.

Schmid, G. (2008). "독일 고용정책의 주요 개혁과 성과". 〈국제노동브리프〉, 6권 7 호, 20~30.

07

〈사회법전〉의 체계와 주요 내용

1. 독일 〈사회법전〉의 배경과 전개

1) 역사적 배경

사회법의 법전화(法典化, *Kodifikation*)[1] 라는 목표는 상당히 오래전부터 구상되었다. 특히, 독일연방공화국은 과거로부터 유래된 사회보장에 관한 다양한 법률을 이어받았는데, 이 법령들은 대부분 독일제국 시대로부터 유래

---

[1] 법전화란 특정 생활사안(법적용 대상)에 적용되는 법적 사항들을 내용상 서로 연결되는 하나의 법률집(*Gesetzeswerk*)으로 체계적으로 통합시키는 것을 의미한다. 법전화라는 개념은 원래 영국의 법학자이자 사회개혁가인 벤담(Jeremy Bentham)이 사용한 것으로, 고대로부터 법령 모음이나 법률집을 유스티니아누스 법전(Codex Justinianus)을 인용하여 코덱스(*codex*)라고 표현하였다. 현대의 언어사용례에서 법전화란 특정 주제와 관련된 개별화된 법적 사항들을 체계화하는 과정 및 그 결과로서 코덱스를 의미한다. 법전화의 목적은 해당 생활영역에 대해 적용되는 규칙들을 압축적으로 묶어 내고 내용을 서로 관련시킴으로써 적용과 이해를 훨씬 쉽게 하는 데 있다. 독일법에서 가장 잘 알려지고 중요한 법전화의 예는 19세기 말에 이뤄진 독일 〈민법전〉(Bürgerliches Gesetzbuch: BGB)과 현재까지 적용되는 〈사회법전〉이라고 할 수 있다.

되었고 상당 부분 바이마르공화국의 시작과 불안정성을 반영하며, 또한 사회보장제도는 전쟁과 그 이후의 발전과정에서 나타난 곤궁과 혼란을 통해 분열되고 그 결과 사회전체적으로 무질서의 상태로 전락하였다.

이러한 상황을 극복하기 위해 독일의 입법자는 사회법의 현실을 명확히 하고 수정하며 보완하는 데 노력을 기울였다. 물론 1911년 제정(1913년 시행)된 〈제국보험법〉(Reichsversicherungsordnung)[2]은 19세기 독일 북부에서 〈공장법〉(영업령, Gewerbeordnung)과 〈형법전〉(Strafgesetzbuch)에서 비롯되고 제국의 사법제도 관련 법령을 거쳐 〈민법전〉(Bürgerliches Gesetzbuch)의 제정으로 정점을 찍었던 이른바 법전화의 과정에 마침표를 찍었다고 할 수도 있다.

또한 〈제국보험법〉은 독일연방공화국 성립 이후에도 비교적 최근까지 상당히 포괄적 독일 법률로 남아 있었다. 그러나 독일 〈제국보험법〉은 당시 사회보험의 기초적 분야인 노동보험(주로 산재보험, 그리고 의료보험)에 관한 하나의 법전이었을 뿐 종업원을 위한 연금보험은 존재하지 않았고, 일부 직종의 연금제도는 연방이 아니라 주 차원의 입법에 머물러 있었을 뿐이며, 실업보험은 아직 도입 전이었다.

다시 말하면 〈제국보험법〉이 〈사회보험법〉을 넘어 공공부조나 사회복지 분야를 아우르는 포괄적인 '통일 사회법'이라고 말하기는 곤란하다. 당시 공공부조만 하더라도 아직 제도적 형태를 갖추지 못한 상태였다. 전쟁 희생자 보장제도는 제1차 세계대전으로 대량의 희생자가 발생하면서 성립되었는데 오늘날까지 유지되면서 사회보장의 고유한 영역으로 발전하였다.

---

2) 〈제국보험법〉(Reichsversicherungsordnung: RVO)은 독일의 사회국가원리에 대한 법률적 토대를 이루었다. 〈제국보험법〉은 당시 노동자 의료보험, 재해보험, 장애 및 노령보험을 통합한 하나의 규정집이다. 〈제국보험법〉은 1992년까지 독일 사회법의 핵심영역을 이루었으며 1975년부터 점차 〈사회법전〉에게 그 역할을 이양했다.

1919년 제정된 〈바이마르 헌법〉(Weimarer Reichsverfassung)3)도 "통일적 노동법"과 가장 치명적인 사회적 위험에 대비하기 위한 "포괄적 보험제도"의 구축을 약속했지만 그것이 사회보장을 위한 권리와 수단의 체계적 통일과 〈사회법전〉의 제정에 대해서 말한 것인지는 명확히 하지 않았다.

독일 〈기본법〉(Grundgesetz)4)도 이와 같은 법률의 필요성을 충분히 인정한다. 물론 실체적 내용에 대한 부분은 구체적이지 않지만 국가의 입법적 관할에 관한 규정을 보면 앞선 세대의 실용주의적 기준에 관해 설명한다. 예를 들면 "노동법… 과 실업보험을 포함한 사회보험"5)이라든가, 〈공적 서비스법〉(das Öffentliche Dienstrecht), 6)"전쟁으로 부상당한 자와 전쟁희생자 유족에 대한 보장(Versorgung), 과거 전쟁포로에 대한 생활보장(Fürsorge)", 7)"난민과 추방된 자에 관련된 사항", 8)"전쟁으로 입은 피해와 그 회복"9) 그리고 아동 및 청소년복지를 포함하는 "공공적 배려"(Öffentliche Fürsorge)10)가 기본법에 규정된 것을 알 수 있다.

이 모든 것은 독일 사회법의 전통으로부터 내부적 및 외부적 통일화가 가능할 수도 있다는 관념과 얼마나 큰 간극이 있는지 보여 준다. 11)

---

3) 1919년 8월 14일 공포된 독일제국 최초의 민주헌법이라고 할 수 있다.
4) 헌법(Verfassungsgesetz)의 공식명칭이다. 즉, 독일에서 〈기본법〉은 헌법을 의미한다.
5) 〈기본법〉 제74조 제12호, 제87조 제2항, 제120조 제1항.
6) 〈기본법〉 제73조 제8호, 제75조 제1호 등을 참고하라.
7) 〈기본법〉 제74조 제10호.
8) 〈기본법〉 제74조 제6호, 제119조.
9) 〈기본법〉 제74조 제9호, 제120조 제1항.
10) 〈기본법〉 제74조 제7호.
11) Zacher, 1974: S. 2.

2) 사회법의 법전화 계획

사회보장 관련 법률을 하나의 법전으로 통합하자는 제안은 1955년 이른바
'로텐펠스 건의서'(Rothenfelser Denkschrift) 12) 에서 처음으로 이뤄졌다. 그
후 1959년 사민당의 '고데스베르크 강령'(Godesberger Programm) 13) 은 "모
든 노동법, 사회법의 입법은 하나의 〈노동법전〉과 〈사회법전〉을 통해 통
일적·전체적으로 조망할 수 있도록 정비되어야 한다"고 명시했다. 1969년
10월 28일 당시 독일의 연방수상이었던 브란트(Willy Brandt)는 "연방정부
는 사회적 법치국가를 실현해야 할 의무를 지고 있다. 연방정부는 헌법상의
책임을 완수하기 위해 그동안 전체적 조망이 어려울 정도로 복잡하게 형성
된 노동관계법을 통일적이고 이해하기 쉬운 〈노동법전〉으로 종합할 것이
다. 연방정부는 또한 시대적 요청에 부합하는 〈사회법전〉을 위한 작업을 개
시할 것이다"라고 정부의 시정방침을 발표했다. 14)

사회법의 법전화 작업은 노동법보다도 더 신중하게 언급되었지만, 이후
에는 〈사회법전〉의 입법작업이 오히려 〈노동법전〉보다도 더 급속하게 진
행되었다. 〈사회법전〉의 경우는 이미 제정*된 법령의 내용을 새로운 틀로

---

12) 당시 연방수상이었던 아데나워(Konrad Adenauer)는 한스 아힝어, 요제프 회프너, 한
   스 무테지우스, 루드비히 노인되르퍼 등의 학자들에게 사회보장제도의 새로운 질서에 대
   한 콘셉트를 제출해 줄 것을 요청했다. 당시 제2차 세계대전이 불러온 단기간의 곤궁상
   태를 완화하기 위한 여러 법률이 제정되었지만 이제 근본적 재검토가 필요하다는 판단에
   서였다. 이에 따라 학자들은 1955년 5월 26일 회의장소였던 로텐펠스의 이름을 따서 보
   고서 제목을 '로텐펠스 건의서'라고 짓고 아데나워에게 제출했다.
13) 고데스베르크 강령은 1959~1989년까지의 사민당 강령을 말한다. 1959년 11월 15일 본
   (Bonn) 근처에 위치한 바드 고데스베르크시(市)에서 개최된 사민당 임시 당대회에서
   324 대 16으로 채택되었다. 이 강령은 사민당이 '사회주의 노동자당'에서 '실용주의적 국
   민정당'으로 전환했음을 반영한 것이다. 이 강령의 핵심요구는 '법치국가', '사회적 시장
   경제' 그리고 '인간의 자유로운 발전'이다.
14) Bulletin des Presse- und Informantionsamtes der Bundesregierung, 1969: S. 1126.

옮기거나 보완하면 되지만, 노동법의 경우는 주요 제도나 내용이 대부분 판례에 의하여 법관법(Richterrecht)의 형태로 발전해 왔고 입법자는 노동 조합과 사용자단체와 같은 사회적 세력의 반발과 저항이 두려워 법률적 흠결을 보완하려는 적극적 노력을 하지 않았기 때문이다.15)

3) 단계적 법전화의 실현

1970년 봄 연방정부가 전문가위원회(Sachverständigenkommission, 이하 위원회)를 구성하고 같은 해 5월 5일 이 위원회가 임무를 개시한 것은 〈사회법전〉(Sozialgesetzbuch: SGB)의 실현을 위한 중요한 진전이라 할 수 있다. 이 위원회는 30명의 위원으로 구성됐는데 여기에는 사회법·노동법·행정법 분야 교수, 사회법원 및 행정법원 판사, 각 주의 대표자, 관련 단체(노동조합 대표, 사회보험 및 관련 이익단체) 대표자가 포함되었다.16)

위원회와 해당 부처(연방노동복지부)는 긴밀한 협력작업을 통해 먼저 〈사회법전〉의 "총칙"(Allgemeiner Teil) 부분 초안을 작성하여 1972년 9월 연방의회(Bundestag)에 제출했다. 그러나 당시 연방의회가 해산되면서 회기 불계속의 원칙에 따라 소멸되었고 1973년 4월 연방정부는 연방상원(Bundesrat)에 일부 수정사항을 포함해 다시 제출했다.17) 1973년 5월 연방상원은 이 법안에 의견을 표명했고, 이에 따라 6월 27일 연방의회에 〈사회법전〉 총칙편이 제출되었다(Drucksache 7/868). 이 총칙편은 1975년 12월 11일 연방의회를 통과해 SGB I이라는 이름으로 1976년 1월 1일부터 시행되었다. 이로써 역사적인 〈사회법전〉의 출발을 알렸다.

---

15) Römer, 1970: 141.
16) 이에 관해서는 Zacher, 1973: S. 16 ff.; von Maydell, 1973: 115 ff. 를 참고하라.
17) Bundestagsdrucksache(〈연방하원관보〉) 286/73.

그 후 1년 뒤 1977년 7월 1일에는 '사회보험 공통규정'(SGB Ⅳ), 1981년 1월 1일에는 '사회보장 행정절차' 및 '사회보장 정보보호'(SGB Ⅹ), 1989년 1월 1일에는 '의료보험'(SGB Ⅴ), 1991년 1월 1일에는 〈아동청소년복지법〉(SGB Ⅶ), 1992년 1월 1일에는 '연금보험'(SGB Ⅵ), 1995년 1월 1일에는 '장기요양보험'(SGB ⅩⅠ), 1997년 1월 1일에는 '재해보험'(SGB Ⅶ), 1998년 1월 1일에는 '고용촉진'(실업수당, SGB Ⅲ), 2001년 7월 1일에는 '장애인 재활 및 복지'(SGB Ⅸ), 2005년 1월 1일에는 '구직자의 기본보장'(실업수당 Ⅱ, SGB Ⅱ)과 '사회부조'(SGB ⅩⅡ)가 순차로 제정·시행되었다. 〈사회법전〉의 각 법률은 대부분 이미 단행 법률로 규율된 제도들을 법전화라는 방법을 통해 그 형식을 새로 갖춘 것이므로 〈사회법전〉의 제정으로 신설된 제도라고 하기 어렵다. 이처럼 1970년대 중반 이래로 사회법에 관련된 법령들은 하나의 〈사회법전〉이라는 형식하에서 각 개별 법전으로 정리되는 특이한 형태를 갖추게 되었다. 그리고 이러한 법전화의 대상으로는 원래 10개의 법전만이 계획되었으나 현재 12개의 법전까지 제정·시행되고 있으며, 앞으로 두 개의 법전이 추가되어 모두 14개의 법전으로 구성될 가능성도 제기된다. 그렇지만 그 과정은 앞으로 오랜 시간이 걸릴 것으로 예상된다. 새로운 법전의 제정 이전에 기존 법전의 개정작업에 대한 수요가 크게 제기되기 때문이다.

4) 〈사회법전〉 밖에 있는 사회보장 관련 법률

1976년 1월 1일부터 시행된 〈사회법전〉 1편은 사회법을 더욱 체계화하고 조망할 수 있도록 그 초석을 놓았다. 부분적으로는 강령적 규정으로 구성된 총칙편은 지난 수십 년간 사회정책적 관념이나 가치관의 변화에 상응하여 계속해서 변화했다. 그런데 〈사회법전〉 1편의 제68조는 아직 법전에 편입되지 아니한 사회보장 관련 법률 중에서 〈사회법전〉의 총칙에 관한 규정이 적용되는 개별 법률을 열거한다. 제68조는 이 법률들을 〈사회법전〉의 각론(Besonderer Teil des Sozialgesetzbuches)이라고 명명한다. 따라서 〈사회법전〉에 없는 각론영역의 법률에 대해서도 〈사회법전〉의 총론에 해당하는 〈사회법전〉 1편, 4편, 10편이 적용된다. 사회법 관련 소송제도를 규율하는 〈사회법원법〉(Sozialgerichtsgesetz: SGG)은 소송 전 절차로서 이의제기절차(*Widerspruchsverfahren*)와 함께 사회법원(Sozialgericht)에서의 소송절차를 규율한다. 제68조에서 열거된 각론에 해당하는 법령들은 아직 〈사회법전〉에 편입되지 않았지만, 어떤 법령이 사회법에 해당하는지 확인할 수 있게 한다. 따라서 독일의 사회법제도란 형식적으로는 〈사회법전〉에 규율된 제도, 1편 제68조에서 열거하는 법률에서 정하는 제도, 그리고 소송절차를 규율하는 〈사회법원법〉을 포함하는 것으로 이해한다.[18] 〈사회법전〉 1편 제68조에 열거된 사회법 각칙의 주요내용은 다음과 같다.

- 〈연방양성교육촉진법〉(Bundesausbildungsförderungsgesetz: BAföG)
- 〈연방양육수당법〉(Bundeserziehungsgeldgesetz: BErzGG)
- 〈연방육아수당 및 부모시간법〉(Bundeselterngeld- und Elternzeitgesetz: BEEG)
- 〈고령자단시간근로법〉(Altersteilzeitgesetz)
- 〈연방아동수당법〉(Bundeskindergeldgesetz: BKGG)
- 〈주거수당법〉(Wohngeldgesetz: WoGG)
- 〈한부모가정 아동 생계비지원법〉(Unterhaltsvorschussgesetz: UVG)
- 〈농민사회보장관련법령〉(연금, 의료보험 등)
- 〈제국보험법〉(Reichsversicherungsordnung: RVO) 등

---

18) Waltermann, 2016: Rn. 42.

2. 〈사회법전〉의 필요성과 법전화를 통한 개혁의 가능성

1) 〈사회법전〉 입법의 필요성 또는 목적: 사회법령의 복잡성

독일의 입법자는 〈사회법전〉의 입법을 통해 무엇을 기대할까? 법전화는 상당수의 법령으로 흩어져 이해하기 어렵고 복잡한 사회법령을 전체적으로 조망할 수 있게 하고 이를 통해 사회법제도에 대한 이해와 법령의 가독성을 높인다. 이를 통해 시민들은 사회법에 더욱 익숙해지고 행정은 더욱 효과적으로 집행할 수 있다는 장점이 있다. 이러한 목적은 파편화된 사회법령을 법전화하는 결정적인 정치적 동기라고 할 수 있다. 그렇지만 그 이면에는 더욱 복잡한 실질적 목표가 있다. 그것은 사회법의 내적 조화(*Stimmigkeit*)와 통일화 그리고 이와 같은 내적 통일성의 명확화라고 할 수 있다.

〈사회법전〉 1편 총칙을 실은 연방의회 관보에는 다음과 같이 쓰여 있다. "지금까지 전체적 조망이 어려울 정도로 다수의 개별 법률로 제정된 사회법은 시민들의 법적 이해도를 높이고, 이와 함께 사회적 법치국가에 대한 신뢰를 촉진하고 행정과 사법에 의한 법적용을 좀더 쉽게 하며 법적 안정성을 보장하기 위해서는 단순화되어야 한다."[19]

사회법이 이처럼 복잡해진 원인은 다음과 같다. 먼저 시간적 차원이다. 1911년 이후 최근까지 관련 규정의 중첩이 두드러졌다. 부분적으로 여러 서로 다른 법률에서, 부분적으로 같은 법률에 대한 개정의 중복에서, 부분적으로 구법의 폐지 또는 변경에서, 부분적으로 신법에 의하여 대상적으로 과거화됨으로써 사회보장 관련 규정은 그 복잡성이 특별히 심했다.

다음으로 대상적 차원이다. 사회법의 대상을 결정하는 데 있어서는 외적·내적 관점을 구별할 수 있다.[20] 먼저 외적 관점이란 사회법이 무엇인

---

19) Bundestagsdrucksache 7/868.

지를 묻는 것이다. 사회법과 그렇지 않은 법의 경계를 정하는 것이다. 사회법이 사회보험법으로 제한되지 않는다는 것은 명확한데 그렇다면 법률상 승인되고 지원이 이뤄지는 민간보험과는 어떤 차이가 있는가? 사회법은 사회보장을 넘어서 어디까지 사회법으로 포괄할 수 있는가? 교육지원, 아동·청소년복지, 가족부양비의 경감, 교육법 사이의 경계를 어떻게 구분할 것인가? 사회국가원리하에서 법의 사회적 목적은 항상 존재하는 것임을 고려하면 사회적 목적의 비중을 가지고 사회법의 경계를 정하는 것이 어디까지 가능한가? 이러한 쟁점과 관련하여 당시 무엇이 사회법인지에 관해서는 합의가 이뤄지지 않았다.

내적 관점이란 사회법 내부의 체계 및 구성에 관한 것이다. 사회법을 사회보장법과 동일시한다면 전통적으로 사회보험, 사회보상 및 수당, 공공부조로 구별될 것이다. 특히, 독일에서 공무원연금, 전쟁희생자연금은 물론 아동수당과 주거수당도 '사회보상 및 수당'으로 묶이게 된다. 반면에 사회적 위험예방(*Vorsorge*), 사회적 보상(*Soziale Entschädigung*), 사회적 지원(*soziale Ausgleich*)으로 유형을 구분하면 사회법의 내적 체계를 더욱 명확히 할 수 있을 것이라는 제안도 있었다.[21] 그에 따르면 사회적 위험예방은 결국 사회보험의 형태로 운영된다. 사회보상에는 전쟁희생자로부터 헌혈 및 예방접종 피해자에 이르기까지 사회보험이 적용되기 어렵거나 불가능한 경우에 적용된다. 사회적 지원은 공공부조, 주거수당, 아동 및 양육수당 등 사회적 정의와 연대성에 기초하여 그 지급이 필요한 영역이 해당된다.

그런데 이러한 분류만으로 사회법을 포괄하는 것은 어렵다. 왜냐하면 이러한 분류법은 사회보장을 모두 사회적 위험이나 손실, 차별과 곤궁으로부터의 보호라는 소극적 관점(*negativer Aspekt*)으로 파악하기 때문이다. 그

---

20) Zacher, 1965: 969 ff.
21) Zacher, 1974: S. 7.

러나 현대사회의 사회법은 단순히 개인에게 발생하는 위험이나 사고를 보호하는 소극적 분야가 아니라 교육 및 직업훈련의 지원, 고용지원, 장애를 가진 국민의 사회적 통합, 예방의학과 같이 인격의 발현을 위한 적극적 지원제도의 종합으로 그 역할이 점차 확대되었다. 만약 이러한 분야를 〈사회법전〉에 포함한다면 위에서 분류한 사회법의 내적 체계 간 경계가 모호해질 뿐만 아니라 예컨대 고용촉진과 경제성장을 위한 지원제도의 구별이 가능한지도 논란이 될 수 있다. 이처럼 다양하고 복잡한 내용으로 전개할 수밖에 없는 사회법을 법전화하는 것은 쉽지 않은 과제이지만 그렇기 때문에 사회법의 법전화를 통해 일관성과 체계성을 확보해야 한다는 필요성도 함께 제기된다.

지금까지 설명한 내용이 기존 사회법체계가 복잡해진 원인이었다면, 법전화를 어렵게 만드는 핵심적 이유도 존재한다. 그것은 다양한 사회법령 내부의 경계획정의 어려움, 사회법체계 형성의 어려움, 지속적으로 변화하는 제도에 대한 분석과 이해의 어려움 등이다.

사회법은 법질서 중에서 대상적으로 경계가 명확한 법 분야가 아니다. 물론 〈사회보험법〉이나 공공부조의 경우는 대상적으로 명확히 정의될 수 있다. 그렇지만 사회보장을 위한 법을 다른 법영역으로부터 객관적으로 분리해 내는 것은 매우 어렵다. 범위가 넓은 하나의 통일성을 갖는 사회법을 정의하거나 다른 법 분야와 구분한다는 것은 어느 정도 자의적 방법이 사용될 우려도 있다. 사회적 부조와 사회적 지원의 핵심요소를 어떻게 도출하여 사회법이라고 정의할 것인지 의견이 분분할 수 있기 때문이다.

독일 연방정부는 이러한 관점을 고려하여 〈사회법전〉의 대상적 적용범위를 설명하기 위해 "사회보장급여 시스템"(Sozialleistungssystem)과 "사회보장급여의 분야"(Sozialleistungsbereiche)라는 전문용어를 선호하였다. 공공재정(국가와 지방자치단체에 의한 불특정 재정, 사회보험자에 의한 특정 재정)으로부터 개인적 수급자에게 지급되는 금전급여를 고려한다면 이 문제를 풀 수 있을지 모른다.

이러한 폐쇄적 한계확정은 〈사회법전〉에게는 너무 좁다고 할 수 있으나, 만약 이와 같이 사회보장급여(Sozialleistung) 및 직접적 금전 분배라는 가장 단순한 공통기준을 포기한다면 다음과 같은 질문이 제기된다. 무엇(금전, 현물, 서비스, 제도적 지원 등)이 누구로부터(국가, 지방자치단체, 사회보험자, 민간복지단체, 사용자, 부양의무자 등) 누구에게(곤궁자, 그의 가족, 피부양자, 공적 또는 임의의 부조수령자, 익명의 일반공중, 공적 또는 민간의 시설과 기업 등) 어떤 '근거'와 '목적' 그리고 '종류와 방법'에 의하여 타인의 급부로 만들어진 집단적 기금에서 특정 급부를 "sozial"[22] 하다는 이유로 인출해서 지급할 수 있는가? 어쨌든 "사회보장급여 체계"의 개념은 사회법을 실제적이고 간결한 표현으로 분리해 내기 위한 과제를 해결하는 데 적어도 외관상으로는 하나의 해법으로 보인다. [23]

2) 법전화를 통한 사회보장법 개혁 가능성

(1) 대개혁의 제외

독일 정부는 〈사회법전〉 1편 초안에 대한 입법이유서에서 다음과 같이 밝히고 있다. "사회법의 법전화는 사회보장급여 시스템을 개혁하겠다는 의도를 갖지 않는다. 사회법의 근본적 변화를 목적으로 하는 논의는 원래 계획했던 법전화의 과제, 즉 현행 사회법의 단순화라는 목표를 변질시켜 법전화의 과제를 지연시키거나 심지어 방해할 수도 있기 때문이다. 또한 사회보장급여 시스템은 변화하는 사회적 관계를 반영하여 계속해서 발전해

---

22) 독일어의 "sozial"이라는 용어만큼 그 번역어를 찾기가 어려운 단어도 드물다. 여기서는 통상 "사회적"이라는 용어로 번역하지만 경우에 따라서는 "사회연대적"(solidary) 라는 의미로도 번역된다.

23) Zacher, 1974: S. 8. f.

갈 수밖에 없다. 사회법의 법전화가 이러한 과정을 막거나 심지어 종료시 켜서는 안 되며, 오히려 개별 사회보장급여의 분야 간 상호 관련성을 보여 줌으로써 사회보장급여 시스템의 발전을 촉진시키고 실질적 궤도로 방향 을 유지할 수 있도록 해야 한다."[24]

이와 같이 법전화의 목표를 낮추어 설정한 배경에는 무엇보다도 결정권 한(*Entscheidungskompetenz*)의 문제가 있다. 현실적으로 중요한 사회정책 적 결정은 정부 내에서뿐만 아니라 (연정방식의 의원내각제인 독일의 현실을 고려할 때) 권력을 보유한 정당들, 노동조합과 같이 상당한 영향력을 가진 사회조직이 함께 교섭의 주체가 되어야 한다. 문제는 이러한 주체의 결정 능력이 기대만큼 크지 않다는 점이다. 그렇기 때문에 큰 개혁과제에 집중 하기보다는 현실적으로 가능한 과제에 집중해야 하며, 법전들을 완전히 새 로 쓰는 것은 현실적인 목표가 되기 어려웠다.

(2) 제한적 범위에서 사항별 개혁으로서의 법전화

사회법의 법전화와 사회보장법의 개혁(*Sachreform*)은 서로 다른 영역에서 추구되는 정치적 과제이긴 하지만 그럼에도 불구하고 법전화가 사회보장 제도의 개혁에 아무런 기여가 없다는 것은 아니다. 법전화는 현행 사회보 장에 관한 법률 텍스트를 단순히 새로 묶는 데 그치는 것은 아니다. 그것만 으로는 법전화를 통해 의도했던 사회법의 '단순화', 시민들을 위한 명료성 의 제고, 실무적 관점에서 안정성의 개선은 이뤄지기 어렵다.

독일 연방정부는 사용하는 전문용어와 법개념 그리고 규율모델의 통일 화(*Vereinheitlichung*), 법적 내용의 명확화(*Verdeutlichung*), 제도영역 간 경계획정의 조화(*Harmonisierung*), 같은 것 또는 통일적인 것(총론)을 부 각하고 특별한 것(각론)은 같은 방식으로 명령하고 정리하는 것을 목표로

---

24) Bundestagsdrucksache 7/868, S. 20.

삼았다. 결국 이는 외부적으로 나타나는 법률의 형태를 '사회적 보장과 사회적 정의를 행정과 사법을 통해 효율적이고 통일성 있는 법의 적용을 보장할 뿐만 아니라 주관적으로 시민들이 이를 인식하도록 실현한다'는 사회법의 목적에 가장 적합하게 맞추는 것이다.

이러한 의미에서 자허(Zacher) 교수는 제한적인 사항적 개혁으로 나타나는 법전화를 사회법의 내적 일치(*Stimmigkeit*)와 통일(*Einheit*), 전체적인 개관과 체계적 이해 그리고 가독성으로 설명한다. 이러한 목적에 따라 전문가위원회와 정부의 실무작업은 다음과 같은 단계로 이뤄졌다. 25)

① 내용적으로 서로 일치하고, 같은 대상을 규율하는 내용 및 서로 관련성이 있거나 보완적인 규율내용을 정리
② 같거나 유사한 내용에 대한 서로 다른 용어 및 표현의 확인
③ 객관적으로 존재하는 모순의 확인 및 충돌하는 규정을 서로 합의할 수 있는 규정으로 대체할 수 있는지 확인
④ 같은 대상임에도 서로 다른 규율이 있는지 확인, 양자를 일치시킬 것인지 아니면 그대로 둘지 그 필요성과 합목적성 검토
⑤ 그에 따라 서로 일치하는 복수의 규율영역에 대해 다음 사항을 검토
   - 〈사회법전〉 혹은 〈사회보험법〉의 총칙으로 제기될 만한 것인지 여부
   - 모델규율을 그대로 두되 대상적으로 그리고 용어상으로 동화시키는 것이 더 나은지 여부
   - 한곳에 그대로 두고 통일화를 위하여 다른 곳에서 이를 준용하거나 적용을 지시하는 것이 더 나은지 여부
⑥ 서로 다르게 유지되어야 하는 내용에 대해서는 그 다양성에 대한 동등한 기준과 구별에 대하여 쉽게 이해할 수 있도록 표현을 발전시킬 것

---

25) Zacher, 1974: S. 15 f.

(3) 법전화의 입법정책적 책임

〈사회법전〉에 대한 작업이 길어지면 길어질수록 법률문언의 정비, 규율 단위의 재편, 내용의 조화 등 법전화가 내건 과제의 실현은 그만큼 어려워진다. 물론 사회법의 법전화를 사회정책적 관점에서 검토해야 할 사회보장제도의 개혁 그 자체와는 분리하긴 했지만 그렇다고 해서 사회법의 바람직한 발전, 법적 내용의 균형적 이해와 같은 법전화에 대하여 특별히 요구되는 책임이 면제되는 것은 아니다. 〈사회법전〉의 입법화에서 특별히 입법기술적 및 입법정책적으로 고려해야 할 세 가지 항목은 다음과 같이 정리할 수 있다. 26)

① 이미 존재하는 법적 내용이 법률문헌상 명백하지 않은 경우이다. 이는 특히 불문법(판례법)으로 나타난다. 따라서 법전화에서는 불문법의 조사 및 성문화라는 과제가 발생하며, 불문법적 내용을 법전이 수용할 것인지 여부에 대한 결정이 필요하다. 반대해석의 위험성을 고려하면서 법을 더욱 명확히 한다는 목적으로만 불문법의 법전화가 가능하다.

② 법은 흠결을 내재한다. 흠결은 실정법이 상위법(헌법)과 부합하지 않거나 상위의 법적 가치들과 모순되는 경우에 발생한다. 나중에 성립된 법이나 특별법이 그 이전의 법이나 일반법과 부딪혀 일으킨 갈등이 만족스럽게 해명되지 못한 경우 또는 특정 사안이 법률에 의해서는 불완전하게 규율된 경우에 흠결 문제가 발생한다.

③ 흠결 자체는 존재하지 않지만 법의 내용과 실제 사안 사이에 간극이 크게 발생하여 결과적으로 법이 불만족스럽게 되는 경우이다.

---

26) Zacher, 1974: S. 19 ff.를 참고하라.

3. 〈사회법전〉의 구조와 내용

1) 〈사회법전〉 개관

(1) 〈사회법전〉 총론

〈표 7-1〉에 정리된 〈사회법전〉 분야는 모든 〈사회법전〉에 공통으로 적용될 총론에 해당하는 규정이다.

〈표 7-1〉 〈사회법전〉 총론의 개별 규정

분류	제목	주요규정
SGB I	총칙	사회보장 수급권, 사회보장에 관한 지정규정, 정보제공, 상담, 시효, 협력의무 등
SGB IV	사회보험 총론 규정 (Gemeinsame Vorschriften für die Sozialversicherungen)	취업, 저소득취업, 임금, 사용자의 기여금납부 및 신고의무, 사회보험의 담당기관, 감독, 증명서 등
SGB X	행정절차 관련 규정 (Verwaltungsverfahren)	참가인, 심문, 철회, 새로운 확정, 계약, 정보보호, 지급기관의 협력 등
SGG	〈사회법원법〉	법원조직, 소송 전 절차, 증거수집, 해제효과, 가처분명령, 소송, 항소, 상고 등

(2) 〈사회법전〉 각론

〈표 7-2〉는 〈사회법전〉을 비롯한 전체 사회보장급여 중 중요한 분야를 선별하여 관련 기관과 주요 과제의 내용을 요약·정리한 것이다.

〈표 7-2〉 〈사회법전〉 각론의 개별 규정

분류	제목	주요과제
SGB II	구직자 기초보장 (Grundsicherung für Arbeitssuchende)	실업수당 II, 주거비용, 교육급여 등
SGB III	직업소개 및 취업지원 (Arbeitsförderung)	고용 및 실업보험: 직업상담, 훈련 및 직업소개, 직업재교육 지원, 장애인 직업활동 지원, 실업급여 등
SGB V	공적 의료보험 (Gesetzliche Krankenversicherung)	요양급여, 의약품 및 치료제, 상병휴업수당 등

〈표 7-2〉〈사회법전〉 각론의 개별 규정(계속)

분류	제목	주요과제
SGB VI	국민연금 (Gesetzliche Rentenversicherung)	의료적 · 직업적 재활, 노령연금, 부분적 · 전면적 생계활동능력감소, 사망
SGB VII	공적 산재보험 (Gesetzliche Unfallversicherung)	예방, 치료행위, 노동재해/직업병, 재활, 휴업수당, 장애연금(노동능력의 상실), 유족연금
SGB VIII	아동 · 청소년 복지 (Kinder- und Jugendhilfe)	교육지원, 양육지원, 아동과 청소년의 보육, 상담
SGB IX	장애를 가진 사람의 재활과 복지 (Rehabilitation und Teilhabe behinderter Mensche)	의학적 재활, 직장과 사회 및 일상생활의 참여를 위한 급여, 생계보장적 그리고 보충적 급여
SGB XI	공적 요양보험 (Gesetzliche Pflegeversicherung)	사적 간병보험을 포함하여 재가 또는 시설 간병, 간병서비스에 관한 규제, 간병시설에 관한 규제
SGB XII	사회부조 (Sozialhilfe)	생계비 지원; 간병 및 요양 지원, 수급자의 사회통합을 위한 지원; 구상관계
BAföG	〈연방양성교육촉진법〉	개개인에 대한 학교교육 및 대학교육의 지원
UVG	〈한부모가정 아동 생계지원법〉 (Unterhaltsvorschuss und -ausfall)	한부모가정 아동을 위한 생계급여 지급
EStG, BKGG	〈소득세법〉, 〈연방아동수당법〉	아동수당
BEEG	〈연방육아수당 및 부모시간법〉	육아수당 및 부모시간; 일자리의 보호
WoGG	〈주거수당법〉	임차금보조비; 적절한 주거를 위한 주택소유자의 부담 지원

2) 사회법의 개념과 체계

(1) 사회법의 개념

사회법이 개념적으로 무엇으로 의미하는지 〈사회법전〉에서는 아무런 규정을 두지 않지만, 대체로 사회정의(Soziale Gerechtigkeit)와 사회적 위험으로부터의 보호, 즉 '사회보장'을 임무로 하는 법질서의 분야로 서술한다. 학설은 통상 형식적(실용적 또는 실무적) 개념과 실질적(내용적) 개념으로 구별하여 설명한다.

① 형식적 개념

형식적 의미의 사회법은 그 내용과 상관없이 입법자가 사회법으로 지정한 법규정이나 제도를 가리킨다. 〈사회법전〉 1편이 이와 같은 사회법의 분류를 담당한다. 〈사회법전〉 1편은 〈사회법전〉으로 편입된 사회법의 개별 분야와 비록 직접 사회법전에 편입되지 않았으나 각론(*Besonderer Teil*)의 형태로 〈사회법전〉에 수록된 것으로 인정되는 분야(〈사회법전〉 1편 제 68조)를 나누어 규정한다. 27) 그렇지만 이와 같은 형식적, 실용적 관점은 사회법의 역동성을 충분히 고려하지 않은 것이고 또한 법학 차원에서 사회법의 체계 형성에도 크게 기여하지 못한다는 문제가 있다. 다만, 사회법의 형식적 개념은 주로 사회법에 속하는 제도가 무엇인지 그리고 학문적, 이론적, 시험 실무적 관점에서 사회법이라는 전문법의 영역에 속하는 법제가 무엇인지 확정해 준다는 점에서 의미가 있다.

② 실질적 개념

사회법의 실질적 개념을 설명하는 것은 훨씬 더 어렵다. 실질적 개념은 사회법이 내용적으로 무엇을 의미하는지 지금까지 나타난 것을 토대로 법학적으로 정의하는 데서 출발한다. 그렇지만 충분히 설득력을 갖추고 만족스러운 정의는 아직 이뤄지지 않았다. 특히, 사회보장법(*social security law*, *Recht der sozialen Sicherheit*)이라는 용어를 사용하는 미국법과 달리 독일은 사회법(*Sozialrecht*)이라는 용어를 사용하고 이 용어는 일부 외국에서는 노동법과 (협의의) 사회법을 포괄하는 넓은 의미로 사용하기도 한다. 물론 국제적으로는 미국법의 용어가 더 널리 사용된다. 독일 사회법학에서 실질적 의미의 개념에 대해서는 다음과 같이 정의가 시도된다. 28)

---

27) 이에 관해서는 Waltermann, 2016: Rn. 42를 참고하라.
28) Waltermann, 2016: Rn. 43 ff.

첫 번째는 〈사회법전〉 1편 제1조를 기준으로 사회법의 개념을 구성하는 방법이다. 제1조는 사회보장급여(Sozialleistungen)라는 수단을 통해 달성하려는 사회법의 목적(Ziele)을 설명하고 있다. 제1조 제1항에 따르면 사회법은 사회적 정의와 사회보장을 실현하기 위하여 사회적 그리고 교육적 지원을 포함한 사회보장급여를 구성한다. 구체적으로 말하면 인간다운 생존을 보장하고, 특히 아동과 청년을 비롯하여 인격의 자유로운 발현을 위한 동등한 조건을 만들어 내고, 가족을 보호하고 지원하고, 자유롭게 선택한 활동을 통해 생계수단을 취득할 수 있도록 하며, 특별한 삶의 부담을 자조에 대한 지원 등을 통해 방지하거나 조정하는 데 기여해야 한다. 결국 '사회국가'를 실현하는 것이 사회법의 관심사이다. 물론 이러한 목표는 결코 사회법에만 해당하는 것이 아니다. 노동법이나 민법 등 다른 법 분야도 많든 적든 사회국가 원칙을 실현하는 규정과 제도를 둔다. 다만 사회법과 다른 법이 구별되는 가장 큰 차이점은 〈사회법전〉의 규정이 사회적 정의와 사회적 보장이라는 기본사상을 매우 특별히 다룬다는 점이다. 결과적으로 사회법의 임무는 사회법의 실질적 개념을 결정하는 데 관련이 있다.

독일 사회법이 설명하는 두 번째 구별기준은 사회법을 통해 실현하려는 보호필요성의 원인에 따른 구별이다. 여기에는 '인과원칙'(Kausalprinzip)과 '목적적 원칙'(Finalprinzip)이 있는데, 공적 재해보험과 〈사회보상법〉은 인과원칙으로 분류된다. 왜냐하면 이 제도들은 특정한 원인(노동재해, 직업병, 범죄피해자 보상 등)을 사회보장 급여의 대상으로 한다는 특징을 갖는다. 그 외의 사회보장 시스템에서는 급여가 어떤 목적을 지향하는지는 아무런 영향을 주지 않는다. 예를 들어 의료보험은 질병의 치료를 목적으로 할 뿐 그 질병이 어떤 원인에 기인하는지는 묻지 않는다.

다만, 이러한 방법으로 전체 사회법을 분류하는 것은 불가능하다. 사회보험의 전체 분야를 통일적으로 하나의 원칙으로 분류하는 것 또한 불가능하다. 재해보험의 재활급여는 목적적 관점에서 건강의 회복을 위해 제공된다. 즉, 인과원칙에서 비롯되었으나 개별 급여 중에는 다시 목적적 원칙을 지향하는 것도 있다.

(2) 사회법의 체계

사회법이론은 사회법을 내용적으로 구조화하려고 노력한다. 사회법을 특정 카테고리별로 분류하고 사회법에 속하는 다양한 제도를 이 카테고리의 어느 하나에 귀속시켜야 내부구조가 명확히 인식되고, 이러한 내부구조화를 거쳐야 다양한 사회법제도의 차이점과 공통점 및 그 각각의 원리가 분명히 나타나게 된다. 또한 법재료들을 체계화하는 과정에서 각 법재료에 대한 이해가 훨씬 용이해진다.[29]

① 사회보험, 사회수당, 부조

독일의 전통적인 분류방법에 따르면 사회법은 사회보험, 사회수당(원호), 부조로 나눠진다. 이들 각 범주는 사회법의 역사적 발전과정과 밀접히 관련되어 있다. 또한 독일 〈기본법〉에서 정하는 사회법 분야에서의 연방의 입법권한에 관한 질서도 영향을 미쳤다(이를 '전통적 3분체계'라고 부른다).[30]

사회보험은 질병, 노령, 업무상 재해와 같은 특정 사회적 위험을 정하고, 보험가입자로부터 기여금(보험료)을 징구하여 장래에 발생할지도 모르는 곤궁상태를 예방하는 제도이다. 급여청구권은 보험사고(각 사회보험이 정한 급여지급사유)가 발생하면 지급한다. 이때 각 개인의 곤궁 여부는 고려사항이 아니다. 사회보험은 그 구조상 사법상의 보험제도와 동일한 예방의 원칙을 따른다.

사회수당(Versorgung)은 전통적인 분류체계상으로는 하나의 범주로서

---

29) Waltermann, 2016: Rn. 76.
30) Waltermann, 2016: Rn. 77.

그다지 분명히 표현되지는 않았다. "Versorgung", 즉 사회수당(원호, 부양)은 법률에서 정한 수요(필요)를 위하여 세금으로 마련된 재원을 특정 규칙에 따라 개인적 곤경(빈곤상태) 여부에 관계없이 지급하는 제도이다. 사회수당은 두 가지 유형으로 나뉜다. 하나는 일반적 사회수당이고 다른 하나는 특별 사회수당이다. 전자는 예를 들어 아동수당(Kindergeld)와 같이 수급자의 소득이나 재산에 관계없이 일률적으로 지급되는 사회수당을 의미한다. 이에 비하여 특별 사회수당은 공중을 위하여 발생한 특별한 희생 또는 공중에 의하여 야기된 특별한 희생(특별희생)을 보상하는 것을 의미한다(사회보상). 그 전형적 예는 전쟁희생자를 위한 보상(〈연방보상법〉, BVG), 예방접종피해자를 위한 보상(〈예방접종피해자보상법〉, IfSG), 범죄피해자를 위한 보상(〈범죄피해자보상법〉, OEG) 등이다.

부조(Fürsorge)는 기본적 생존조건의 회복과 보장을 목적으로 하는 분야이다. 따라서 부조는 위의 범주와 달리 개별적 보호필요성을 전제로 하며 보충적 기초시스템(subsidiäres Basissystem)이라고 할 수 있다. 즉, 부조는 후순위의 수단으로서 본인 또는 타인에 의한 모든 자조가능성(특히, 사법상의 근거)으로도 곤궁상태를 해소할 수 없는 경우에 비로소 작동된다. 대표적 제도로 들 수 있는 것은 사회부조(Sozialhilfe), 구직자를 위한 기초보장(Grundsicherung für Arbeitssuchende) 등이다. 재원은 세금으로 마련된다.

② 예방, 보상, 지원과 촉진

사회법의 새로운 제도들이 전통적 3분체계에 포함되지 않는 경우도 있다. 예를 들어 가족부양부담 조정금, 주거수당, 학생지원수당 등이 그 대표적인 예이다. 새로운 체계이론에 따르면 사회보장제도를 예방(Vorsorge, 사전대처 포함), 보상(Entschädigung) 그리고 조정(Ausgleich)이라는 세 개의 체계로 구분한다(이를 '신 3분체계'라고 부른다). 조정이란 지원과 촉진을 통해 수행되므로 조정이라는 개념은 부조(Hilfe)과 촉진(Förderung)이라는 개념

전통적 3분체계	신 3분체계
• 사회보험 • 사회수당 • 부조	• 예방 • 보상 • 조정(부조와 촉진)

으로 대체되기도 한다. 각각의 개별 사회보장급여는 이와 같은 체계를 토대로 조직화된다. [31]

사회적 예방이라는 카테고리는 전통적 분류에 따르면 주로 사회보험과 일치된다. 사회적 예방시스템은 일정한 요건에 의하여 제한되는 인적 범위를 대상으로 전형적인 사회적 위험(질병, 출산, 업무상 재해, 노령, 장애, 부양의무자의 사망, 실업, 장기요양 필요성 등)으로 인하여 발생하는 소득의 탈락 및 감소와 각종 비용에 대하여 보장하는 데 목적이 있다. 집단적인 예방시스템은 주로 피보험자의 기여금에 의하여 운영된다.

사회적 보상이란 사전적 예방이 가능하지 않고 일반 공중의 책임영역에 속한다는 인정되는 희생을 보장하는 것이다(예를 들어 전쟁, 재앙, 타인의 생명을 구하기 위한 행동 등). 〈전쟁희생자보장법〉, 〈예방접종피해자보상법〉, 〈범죄피해자보상법〉, 〈재해보험법〉에 규정된 부진정 재해보험 또는 나치의 불법을 회복하기 위한 각종 보장제도 등이 여기에 속한다.

조정적 급여(지원과 촉진)의 카테고리는 특별한 부담을 대상으로 하는 급여(예컨대 주거수당) 또는 일정한 교육 또는 훈련을 위한 경제적 문제를 보완하는 급여(예를 들면 학생지원수당)이다. 지원은 위에서 언급한 바와 같이 공공부조와 사회적 지원(복지서비스)이라는 개념을 가지고 더 구체적으로 이해될 수 있다. 부조와 지원을 통한 사회적 지원은 개개인의 인간으로서의 존엄성에 기반한 사회적 존립이 보장 또는 사회적 계발가능성을 자신의

---

31) 자세한 내용은 Waltermann, 2016: Rn, 78을 참조하라.

필요, 특히 사회적으로 '보통의' 또는 그렇지 않으면 그가 원하는 기준에 맞춰 주는 것을 목적으로 한다. 특별한 부조 및 지원시스템으로서 교육 · 훈련 지원, 주거수당, 아동수당, 청소년 지원에 관한 법들이 여기에 해당한다. 일반적(보충적) 부조 및 지원시스템은 공공부조법과 구직자 기본보장에 관한 법이 대표적이다.

3) 〈사회법전〉 1편의 주요내용

(1) 1편의 의의와 구조

〈사회법전〉 1편은 총칙으로서 〈사회법전〉 10편(행정절차)과 함께 사회법 전체에 대하여 적용된다. 〈사회법전〉 4편은 사회보험에 대한 총칙(공통규정)이라는 점에서 1편과 다르다. 독일 사회법은 일관성이 있는 하나의 공통된 내용으로 형성된 것이 아니라 역사적으로 제각기 다른 배경과 목적으로 제정되었기 때문에 각 법률과 제도 사이에 공통점이 많지 않다. 이러한 이유로 〈사회법전〉 1편은 80개가 채 되지 않는 조문으로 구성되었으며, 이에 비하여 사회법전 각론은 모두 수천 개의 조문에 달한다.

　〈사회법전〉 1편은 모두 4개의 장(〈사회법전〉의 임무와 사회적 권리, 지정규정, 〈사회법전〉의 사회보장급여에 관한 공통규정, 경과규정과 보칙)으로 구성되었으며 이 네 개의 장들과 그 개별 규정들은 서로 다른 의미를 가진다.

(2) 사회법전의 임무와 사회적 권리(사회보장수급권)

〈사회법전〉 1편 제1조[32]는 〈사회법전〉의 목적을 기술하며, 제정 이후 지금까지 단 한 차례도 개정된 적 없이 그대로 유지되었다. 이 목적은 1편 제3조 내지 제10조에서 전체적 윤곽으로 서술된 사회적 권리(사회보장수급권)에서 구체적으로 발현된다. 제1조는 전체 〈사회법전〉의 기본적 이념을 제시한다. 제1항은 독일 〈기본법〉의 사회국가원리(*Sozialstaatsprinzip*,

제20조 제1항)를 언급하며 〈사회법전〉과의 관련성을 제시한다. 33)

사회정의(Soziale Gerechtigkeit)와 사회보장(Soziale Sicherheit)은 '사회국가의 완성'이라는 사회보장급여의 최종적 목적을 의미한다. 사회국가원리는 국가(Staat)와 사회(Gesellschaft)의 분리를 전제로, 국가는 모든 분야에 대하여 무제한적 권한을 갖는 것이 아니라 인간의 기본권에 의하여 자신의 행위에 일정한 한계가 설정되고 사회는 기본권적 자유를 행사함으로써 발전한다. 이와 같은 기본적 자유의 행사는 가능한 개인적이고 일반적 복지를 보증하긴 하지만 극단적인 사회적 불평등(soziale Ungleichheit)도 나타날 수 있다. 이 점을 고려하여 사회국가원리는 국가에게 사회적 조정이라는 임무를 직접 지정하고, 사회국가원리는 입법자에게 특히 사회정책에 대한 권한과 의무를 부여한다. 34)

사회정의는 분배적 정의(iustitia distributiva)를 의미하며, 조정적 또는 교환적 정의(iustitia commutativa)와 구별된다. 후자가 급부교환의 균형성을 목표로 한다면 전자는 연대단체(Solidarverbände)의 질서에 공정성을 실현하는 데 의미를 둔다. 공정성은 급부의 정의, 수요(필요)의 정의, 기회의 정의를 요구하며, 참여 및 나눔의 정의로 실현된다. 35) 사회정의는 그 핵심 내용을 사회적 권리(Soziale Rechte)의 보장에 목표를 두며, 이 사회적 권리는 〈사회법전〉 1편 제3조 내지 제10조에서 열거하고 있는데 이는 노

---

32) 〈사회법전〉에서 정하는 규범은 사회정의와 사회보장의 실현을 위하여 사회적·교육적 지원을 포함한 사회보장급여(Sozialleistungen)의 내용을 형성하는 것이어야 한다. 〈사회법전〉은 인간다운 삶을 보장하고, 특히 청소년을 포함하여 인격의 자유로운 발현을 위한 동등한 조건을 창출하며, 가족을 보호 및 지원하고, 자유롭게 선택한 활동을 통해 생계비를 획득할 수 있도록 하며, 자활에 대한 지원을 포함하여 삶의 특별한 부담을 예방하거나 조정하는 데 기여해야 한다.
33) Bundestagsdrucksache 7/868, S. 2 f.
34) Achinger, 1979.
35) Eichenhofer, 2005: 209.

동(고용), 건강, 가족, 교육, 주거, 사회보장 및 공공부조로 승인된다.

사회보장은 사회정의와 밀접한 관련성을 가진다. 사회보장은 국제적으로 승인되고 ILO 협약 제102호(1952년)에서 정의한 개념이다. 이 개념은 또한 EU의 집행명령(Art. 3 VO 883/2004)에서 상세하게 해설한다. 사회보장은 주로 개인을 9개의 사회적 위험(질병, 모성, 연령, 노동능력 상실, 사망, 노동재해, 직업병, 실업, 가족부양)으로부터 보호하기 위한 사회적 예방시스템(*System sozialer Vorsorge*)으로 표현된다. 사회보장제도는 개인의 사회참여를 보장하고 나눔의 정의를 증진시켜 사회정의를 촉진한다.

(3) 사회적 권리(Soziale Rechte)의 내용

〈사회법전〉 1편 제3조는 직업교육(*Ausbildung*)의 촉진과 고용촉진에 관한 권리를 규정한다. 이 권리는 제18조(→ BAföG), 제19조(→ SGB III), 제19조a(→ SGB II)에서 구체화된다. 직업교육의 촉진에 관한 권리는 제도적으로 일반적인 교육에 방향을 맞춘 것이 아니라 직업자격을 목표로 하는 직업교육의 개별적 촉진을 규정한다. 고용촉진에 대한 사회적 권리는 "근로의 권리"(Recht auf Arbeit)에 한정되는 것이 아니라 모든 개개인에게 상담, 직업능력 향상교육 그리고 직업소개 등을 가능하게 하고, 회사 파산 시 근로자가 보호노동시장에 적극적 참여할 수 있게 하며, 그와 함께 각자에게 근로의 권리를 실행할 수 있도록 보장해야 한다.

제4조 제1항은 각자에게 사회보험으로의 진입권을 보장하는 내용을, 제2항은 사회보험의 피보험자의 권리를 요약하여 정리한다. [36] 사회보험

---

36) 제4조 (사회보험) ① 누구든지 이 법전의 범위 내에서 사회보험에 접근할 권리를 갖는다.
　② 사회보험의 피보험자는 법정 의료, 요양, 재해 및 연금보험(농업종사자의 노령보험을 포함한다)의 범위 내에서 다음 각 호의 권리를 갖는다.
　　1. 건강과 직업활동능력의 보호, 유지, 개선, 회복을 위한 불가결한 조치
　　2. 질병, 임신·출산·육아, 생계활동능력 감소 및 노령이 발생한 경우 경제적 보장
　경제적 보장에 대한 권리는 피해자의 유족에게도 인정된다.

에 관한 사회적 권리의 내용은 다시 1편 제21조 내지 제23조에서 네 개의 영역(질병, 요양, 재해, 연금)으로 나누어 규율된다. 이 규정은 물론 구체적 청구권이나 지위를 만들어 내는 것이 아니고 보험의 의무나 권한에 대한 근거를 설정하는 것도 아니다. 다만 이 규정은 행정과 사법에서 법을 적용하고자 할 경우, 특히 입법에서 실현되어야 할 기본적 이념을 설명한다.

제5조는 국가공동체가 국가적 사변을 이유로 또는 그 밖의 사유에 의하여 발생한 희생자에 대한 보상에서 보장법상의 원칙에 따라 책임져야 하는 건강손실에 대한 사회법적 보상으로 표현한다.[37] 그 구성요건은 다소 명확하지 않으며, 특히 언제 '그 밖의 다른 사유로' 인한 보상이 필요한지에 대해서는 개방적이다. 또한 보상에 대한 사회적 권리는 '보장법상의 원칙에 따른 급여'로 제한된다. 특히, 〈연방보상법〉(Bundesversorgungsgesetz: BVG)에 따라 발생하는 전쟁 및 범죄피해자, 접종피해자, 군인 및 공익봉사자를 위한 보상급여가 여기에 해당한다. 이와 같은 사회적 기본권은 전 세계의 보편적 인권이나 유럽의 인권헌장 그 어디에서도 그에 상응하는 권리를 갖지 않는다는 점에서 특징이 있다.

제6조는 아동의 양육과 부모역할에 의하여 발생하는 양육과 돌봄의 비용을 재정적으로 조정하는 권리를 부여하는 규정이다.[38] 이 규정은 1편 제25조와 관련이 있는데 그 중심적인 제도는 아동수당, 양육수당, 부모육아수당 등이다.

---

37) 제5조(건강침해에 대한 사회적 보상) 국가공동체가 책임을 부담해야 할 특별한 피해자에 대한 보상 또는 그 밖의 다른 이유로 보상법상의 원칙에 따라 국가공동체가 책임을 부담하는 건강손상을 입게 된 자는 다음 각 호의 권리를 갖는다.
　　1. 건강 및 직업활동능력의 유지, 개선 및 회복을 위한 불가결한 조치
　　2. 적절한 경제적 보상
　　적절한 경제적 보상은 피해자의 유족에게도 인정된다.
38) 제6조(가족유지비용의 감경) 자녀를 양육할 의무가 있거나 현실적으로 양육하고 있는 사람은 그로 인해 발생하는 경제적 부담을 줄일 권리가 있다.

제 7조는 주거에 관한 사회적 인권을 실현하기 위한 국가의 기여를 규율한다. 39) 다만 이 권리는 만약 수급자에게 그 비용의 부담이 경제적 이유로 기대가능하지 않은 경우에 적정한 주거를 위한 비용을 지원하는 것으로 제한된다. 주거지원금의 액수는 특정되어 있지 않다. 제 26조에 따르면 〈주거수당법〉(Wohngeldrecht)이 임차인 또는 자가주거를 위한 비용에 대한 지원의 구체적 내용을 규정한다.

제 8조는 아동 및 청소년의 복지를 규정한다. 40) 그에 따르면 아동의 양육은 1차적으로 부모의 가정에서 촉진되어야 하며, 부모의 양육이 충분하지 않아 아동이 위험상태에 있는 경우에는 지자체나 사설 복지시설이 가족과 같이 양육에 대해 책임을 부담해야 한다. 이러한 임무는 이미 오래전부터 승인되어 온 것이나 최근 가족 응집력의 저하, 1인 자녀 또는 한부모 가족의 증가, 그리고 아동양육과 직업활동의 병존에 대한 부모세대의 요구가 높아지면서 더욱 중요해졌다. 청소년복지법을 담당하는 〈사회법전〉 8편은 상당히 광범위한 임무영역을 규율한다.

제 9조는 사회부조(Sozialhilfe)에 관한 사항을 규율한다. 41) 제 28조는 제 9조의 내용을 보충하면서 통상 〈사회법전〉에 의해 사회부조라고 이해된 제도를 표현한다. 제 9조는 '모든 노동사회의 사회법'에서 전제되는 원칙을

---

39) 제 7조 (적절한 주거를 위한 보조금) 적절한 주거를 위하여 예상하지 못했던 비용을 지출해야 하는 사람은 임차료나 그에 비교할 만한 비용에 대한 보조금을 받을 권리가 있다.

40) 제 8조 (아동과 청소년) 아동 및 청소년의 양육에 대한 권리를 가진 사람은 이 법전의 범위 내에서 공적 청소년지원급여를 요구할 수 있는 권리를 가진다. 이 지원제도는 청소년의 발전을 촉진하고 가족 품에서 양육될 수 있도록 지원하고 보완해야 한다.

41) 제 9조 (사회부조) 자력으로 생계를 유지하기 어렵거나, 특별한 삶의 상태를 자조하기 어렵거나, 다른 사람으로부터 충분한 지원을 받을 수 없는 자는 그에게 자조능력을 주거나, 공동체에서의 삶을 가능하게 하며, 인간의 존엄에 부합하는 삶의 유지를 보장할 수 있도록 특별한 수요에 상응하는 인격적, 경제적 지원을 받을 권리를 갖는다. 이 경우 수급권자는 자신의 능력에 따라 협력해야 할 의무가 있다.

표현한다. 즉, 각인은 자신의 생계비용을 자신의 노동을 통해 벌어야 하며 또한 지불해야 한다. 사회부조는 이러한 능력이 없는 자에게 부여된다. 사회부조는 또한 보충적이고 자조를 지향해야 하며, 필요에 따른 생계비용의 보장에 대한 의무를 부담하고 인간의 존엄을 보장해야 한다.

제10조는 장애를 가진 사람에게 재활 및 참여에 대한 권리, 장애의 위험을 가진 자에 대한 예방적 지원에 대한 권리를 보장한다.[42] 제29조는 의학적 재활, 노동시장에 대한 참여 그리고 공동체생활에 대한 참여 등을 체계적으로 다양한 급여종류의 방식으로 실행하며 보충적인 생계지원 수단도 제공한다.

(4) 사회보장급여에 관한 기본개념

① 설명, 상담, 정보제공 및 신청(제13조 내지 제15조)
사회보장에 관한 법령은 상당히 복잡하기 때문에 관계자들은 충분한 정보와 상담을 받아야 자신의 권리에 대한 구체적 내용을 알 수 있다. 이러한 이유로 제1편에서는 수급기관의 기본적 의무와 시민들의 기본적 권리를 규정한다.

제13조에서는 국민들에게 사회법전에 따른 그의 권리와 의무를 설명

---

42) 제10조 (장애를 가진 사람의 참여) 신체적, 정신적 또는 심리적으로 장애가 있거나 그러한 장애의 위협을 받는 사람들은 장애 원인과 관계없이 그들의 자기결정의 촉진과 대등한 사회참여를 목적으로 다음 각 호를 위하여 필요한 지원을 받을 권리를 갖는다.
  1. 장애를 예방하고, 제거하며, 완화하고, 그 악화를 방지하거나 그 결과를 감소시킬 것
  2. 생계능력의 제한 또는 요양필요성의 회피, 극복, 감소 또는 악화의 예방 및 사회보장급여의 일시적 수급의 방지 또는 현재의 사회보장급여의 감소
  3. 그들의 성향과 능력에 맞는 일자리의 보장
  4. 그들의 발전을 촉진하고 사회에서의 삶에의 참여와 가능한 독립적이고 자기결정적인 삶의 유지를 가능하게 하거나 완화시킴
  5. 장애로 인한 불이익의 보완

(*Aufklärung*) 해야 할 수급기관의 의무를 규정한다(포괄적 설명). 특히 새로 도입된 규정이나 중대한 변경에 대해서는 설명이 필수적이다. 수급기관은 개개인이 자신의 권리와 의무를 자세히 알 수 있도록 구체적으로 설명해야 하며, 이는 일반적으로 안내문, 설명서(*Merkblätter*), 포스터나 플래카드, 신문광고, 설명캠페인, 영화와 광고 등의 수단을 통해 이뤄진다. 이러한 설명은 행정행위로 볼 수 없으며 개개인에게 소구(訴求) 가능한 설명청구권이 발생하는 것은 아니다. 다만, 감독기관이 해당 기관의 설명의무 이행을 독려해야 하고, 만약 시민이 잘못된 설명으로 인해 손해를 입은 경우에는 손해배상을 청구할 수 있다.

상담(*Beratung*) 은 일반시민과 수급기관의 관계에서 가장 중요한 의미를 갖는다. 제14조는 시민에게 사회보장기관의 담당자와 개별적으로 대화할 수 있는 소구가능한 권리를 부여하고 자신의 권리와 의무에 관한 자세한 설명(개별적, 구체적 설명)을 받을 수 있도록 하였다.

제15조가 규정하고 있는 정보제공의무(*Auskunftspflicht*) 는 특별히 실무적으로 중요한 의미를 갖는 것은 아니며 일종의 나침반 기능을 갖는다고 할 수 있다. 관할 보험자는 피보험자에게 급여의 지급과 관련된 방법과 관련 정보를 제공해야 한다. 안내소(*Auskunftsstelle*) 는 포괄적인 자문이나 상담에 대한 의무를 부담하는 것은 아니며, 정보제공은 행정행위로 보지 아니한다. 그렇지만 자문을 구하고자 하는 자는 정보제공에 대한 청구권을 주장할 수 있고, 다수설에 따르면 그와 같은 정보제공을 거부하는 경우 행정쟁송절차의 대상이 된다고 본다.[43]

제16조는 신청(*Antragstellung*) 에 관하여 규정하고 있다. 대부분의 사회법상 급여는 신청에 의해서만 제공된다.

---

43) BVerwG (Bundesverwaltungsgericht, 연방행정법원), 1990.

② 적용범위

제1편 제30조에 따르면 제1편의 규정들은 그 적용범위에 거소 또는 통상적 체류를 가진 모든 사람에게 적용된다(*Territorialitätsprinzip*). 즉, 사회법상 급여의 지급과 기여금 부담의무가 국적을 기준으로 하지 아니하고 주소(*Wohnsitz*)나 거소(*gewöhnlicher Aufenthalt*)를 기준으로 한다는 것을 의미한다. 독일에 거주하는 외국인도 〈사회법전〉의 적용을 받는다. 다만, 이 경우 그 요건은 〈체류법〉(출입국법) 제4조에 따른 체류자격, 특히 출입국법 제7조에 따른 체류허가(*Aufenthalterlaubnis*)를 가진 자여야 한다.

다만, 제1편 제37조는 그 예외로서 소정의 유보규정을 둔다. 즉, 제1편의 규정은 다른 각론에 해당하는 법전에서 그와 다른 규정을 두지 않는 범위에서 사회법전의 모든 사회보장급여 분야에 대해 적용된다(이는 제10편도 마찬가지이다). 이는 원칙적으로 각론 분야에서 특별히 규정한 바가 있으면 이를 우선 적용하고 제1편과 제10편의 규정은 보충적으로 적용된다는 것을 의미한다. 하지만 제1편 제1조 내지 제17조, 제31조 내지 제36조의 규정은 다른 모든 각론의 규정보다 우선한다.

③ 생애반려자(Lebenspartnerschaft)

제1편 제33조b는 생애반려자(동성혼의 상대방)의 경우 〈생애반려관계법〉에 따라 적용된다고만 규정한다. 〈사회법전〉의 각론에서 그 구체적 내용이 정해진다.

④ 사회보장급여 청구권(Sozialanspruch)

㉮ 일반론

제38조 이하는 일반 행정법에서와 마찬가지로 사회보장급여에 대한 청구권은 개별 각론에서 급여 제공자가 급여에 관한 결정을 자신의 재량으로

결정하도록 위임하지 않았다면 사회보장급여에 대한 청구권은 존속한다는 취지로 규정한다. 재량권의 실행은 위임의 목적에 맞게 행사되어야 하고 재량의 법적 한계를 준수해야 한다(제39조). 다만, 〈사회법전〉 제1편이 아니라 제10편(행정절차)이 급여기관에 대해 급여와 관련된 재량적 결정의 판단이유를 결정문에 명시하도록 의무를 부과한다(〈사회법전〉 제10편 제35조).

㉯ 청구권의 발생

연금, 실업급여, 질병수당과 같은 사회보장급여에 대한 청구권(*Ansprüche auf Sozialleistung*)은 법률에서 정하거나 또는 법률을 기초로 하여 정해진 요건이 존재하게 되면 곧바로 발생한다. 즉, 사회보장급여 청구권을 발생시키기 위한 별도의 행정처분(*Verwaltungsakt*)을 필요로 하지 않는다.

재량급여(행정청의 재량적 판단에 따라 급여지급이 결정되는 경우)의 경우는 급여지급에 관한 결정이 공지되는 시점이 청구권 발생의 기준이 된다. 다만, 급여결정 시 지급개시에 대해 별도의 시점을 따로 정한 경우는 그에 따른다(〈사회법전〉 1편 제40조). 대부분의 사회보장급여는 신청에 따라 제공되므로 대체로 신청시점이 청구권 발생의 기준시점이 된다. 그밖에 사회보장급여 청구권은 그 발생과 함께 또한 이행기가 도래한다(〈사회법전〉 1편 제41조). 물론 여기에는 예외가 있다.

㉰ 긴급지원 또는 잠정적 급여

제42조와 제43조는 급여청구권의 처리가 일부 사례의 경우 비교적 장기간이 소요될 수 있다는 점을 고려하여 수급권의 내용이 확정되지 않더라도 지원이 가능할 수 있는 요건을 정하고 있다. 제42조는 해당 수급인에게 앞으로 예상되는 급여에 대해 선급 받을 수 있는 가능성을 인정한다. 이를 위해서는 다음과 같은 요건이 충족되어야 한다.

- 급여기관은 관할권이 있어야 한다.
- 청구권은 기본적으로 확정되어야 한다.
- 청구액 확정을 위해 비교적 장기간이 소요될 것으로 예상되어야 한다.

원칙적으로 긴급지원(*Vorschusszahlung*)에 대해서는 수급인의 신청을 필요로 하지 않는다. 관할기관은 직권으로 긴급지원을 결정할 수 있다. 물론 관할기관은 수급권자가 이를 신청하는 경우에는 제42조 제1항 제2문[44])에 따라 긴급지원을 행하여야 한다. 이와 같은 이유로 긴급지원을 행하는 경우에는 신청이 접수된 후 늦어도 '역상의 1개월'이 경과한 뒤 지원이 개시된다(1월 21일에 신청이 접수되면 늦어도 3월 1일부터 긴급지원이 개시된다).

급여에 대한 관할기관이 확정되지 않은 경우에는 제43조 제1항에 따라 잠정적 급여(*vorläufige Leistung*)가 지급될 수 있다. 복수의 관할기관이 존재하는 경우 그중에 우선적으로 신청을 접수한 기관이 잠정적 급여를 제공할 수 있다.

4) 〈사회법전〉 제4편의 내용

(1) 적용범위

〈사회법전〉 4편은 〈사회보험법〉 전체에 관한 공통규정(총칙)이다. 즉, 공적 건강, 재해, 연금보험 및 장기요양보험과 농민연금 공제기금에 대한 공통규정을 담았다. 제4편은 〈고용촉진법〉에 대해서도 적용되나, 제4편

---

44) 제42조(긴급지원) ① 금전급여에 대한 청구권이 기본적으로 존재하고, 다만 그 지급금액의 확정에 다소 시일이 걸릴 것으로 예상되는 경우에는 관할 급여지급기관은 기속재량으로 결정한 금액을 미리 지급할 수 있다. 급여지급기관은 수급권자가 이를 요구할 경우 제1문의 기준에 따라 긴급지원금을 지급해야 하며, 이때 신청이 도달한 후 늦어도 1개월 이후에는 긴급지원금의 지급이 개시된다.

의 제1장과 제2장 그리고 제5장은 고용보험에는 적용되지 않는다는 예외가 있다(제1조 제1항 제2문). 연방고용기구(Bundesagentur für Arbeit)는 제4편 적용 부분에 한해 제4편의 적용을 받는 보험자(Versicherungsträger)로서의 지위를 갖는다.

제4편 제18조h에서 규정하는 사회보험증(Sozialversicherungsausweis)은 구직자를 위한 기초보장(Grundsicherung für Arbeitssuchende)과 사회부조(Sozialhilfe)에 대해서도 적용된다. 주의해야 할 것은 사회보장급여에 관한 개별 분야(사회보험 각론)가 제4편과 다른 특별규정을 두고 있다면 이 규정들이 언제나 우선적 효력을 갖는다는 점이다.

(2) 개념정의

제4편은 사회법전의 사회보험에 관한 각 편의 총칙(Allgemeiner Teil)이라고 할 수 있다. 따라서 일련의 개념에 대한 정의를 두고 있다. 예를 들면 사회보험의 의무가입 대상자로 가장 기본적 사례인 종속적 노동에 대한 취업(Beschäftigung, 아래에서 자세히 설명한다), 임금(Arbeitsentgelt), 취업소득(Arbeitseinkommen)에 대한 정의규정도 있다. 또한 제4편은 각각의 개별 법률에서 기여금과 관련하여 기준으로 작용하는 기준금액(Bezugsgröße)에 대해서도 정의하는데, 직전년도 공적연금보험의 평균적 보수액을 기준금액으로 규정한다(제18조 제1항).

제4편에서는 임금을 취업활동에 대한 대가로 지급되는 모든 정기적이거나 일회적인 급여라고 정의한다. 그 급여에 대하여 법적 청구권이 인정되는지, 어떤 표현을 사용하는지, 어떤 형태로 지급되는지 그리고 직접 취업활동과 관련되는지 아니면 취업과 관련성을 갖는지 여부는 묻지 않는다(제14조 제1항). 구체적 사항은 제17조 제1항에 따라 사회보험 보수규정(SvEV)에서 정한다.

취업소득이란 〈소득세법〉상의 일반 수익심사규정에 따라 조사된 것으로 자영업활동으로부터 획득한 수익을 의미한다. 소득은 〈소득세법〉상의 소득으로 평가된 경우에 취업소득으로 인정된다(제15조 제1항).

(3) 취업관계

제4편 제7조는 취업에 대한 법적 정의규정이며, 보험에 대한 가입의무·가입권리와 기여금 납입의무는 이 개념에 좌우된다. 따라서 이 규정은 〈사회보험법〉 전반에 매우 중요한 의미를 갖는다.

근로자로서 종속적으로 취업하는 자는 독일의 사회보험 전체 분야에서 보험에 가입되어 있고 그에 따른 기여금을 납부해야 한다. 자영업활동에 종사하는 자는 일반적으로 보험가입의무가 면제되고, 따라서 보험료를 납부할 의무가 없다. 물론 이 규정도 예외가 없는 것은 아니다. 예컨대 〈연금보험법〉은 자영업자의 가입의무를 규정한다(제6편 제2조).

제4편 제7조 제1항은 취업을 특히 근로관계에서 이뤄지는 종속적 노동 (nichtselbständige Arbeit)이라고 정의한다. 이로써 공법상의 사회보험관계는 사법상의 법률관계(노동법)를 기초로 하게 된다. 같은 조 제1항 제2문은 취업관계(Beschäftigungsverhältnis)의 판단을 위한 기준으로서 지시에 따른 업무수행(Tätigkeit nach Weisungen)과 지시권자의 노동조직에 대한 편입 (Eingliederung)을 들고 있다.

제4편 제7조 제1항의 취업관계는 기본적으로 노동법상 근로관계 (Arbeitsverhältnis)와 일치한다. 45) 그렇지만 완전히 동일한 의미라고 할 수는 없다. 우선 근로계약을 체결하여 실제로 노무를 제공하는 일반적 사례에 대해서는 〈사회보험법〉상 취업관계가 인정된다. 근로관계는 있으나 실제로 취업하고 있지 아니한 경우에도 보험의무를 발생시키는 취업관계로 인정된다. 46)

---

45) KSW/Berchtold, §7 SGB IV Rn. 10.

〈표 7-3〉 사회보험관계의 기본구조

종류	근거규정	적용범위
의료보험	제5편 제5조 제1항 제1호	근로자(Arbeiter), 종업원(Angestellte), 직업훈련을 위해 취업된 자로서 임금을 목적으로 하는 자
장기요양보험	제11편 제20조 제1항 제1호	근로자, 종업원, 직업훈련을 위해 취업된 자로서 임금을 목적으로 하는 자
재해보험	제7편 제2조 제1항 제1호	취업자(Beschäftigte)
연금보험	제6편 제1조 제1문 제1호	임금을 목적으로 취업하거나 직업훈련을 목적으로 취업한 자
고용(실업)보험	제3편 제25조 제1항	"임금을 목적으로 취업하거나 직업훈련을 목적으로 취업한 자는 보험가입의무가 있다(보험의무가 있는 취업)."

근로관계는 없으나 취업관계를 인정할 수 있는 사례는 예를 들어 사후적으로 근로계약이 무효가 된 경우를 들 수 있다.[47] 또한 해고무효 확인소송 중 계속 취업이 이뤄지는 경우도 여기에 해당된다.

보험의무가 있는 취업관계의 존재를 인정하는 데 가장 어려운 문제는 결국 자영적 업무활동과 종속적 취업관계를 구별하는 것이다. 연방사회법원[48]은 연방노동법원과 연방대법원과 마찬가지로 근로관계를 인정하는 데 전형적으로 사용되는 지표인 지시권(Weisungsrecht) 및 그와 관련된 인적 종속성(persönliche Abhängigkeit)을 기준으로 삼는다. 이 인적 종속성은 전통적으로(물론 반드시 강행적이진 않다) 사업조직에 대한 근로자의 편입으로 나타난다. 제4편 제7조 제1항은 이러한 판례의 입장을 반영한 것이다. 사용자의 지시권이란 업무내용, 실행방법, 시간(기간) 및 장소에 대한 사용자의 지휘명령권을 의미한다. 이에 비하여 자영적 활동이란 고유한 기

---

46) BSG(Bundessozialgericht, 연방사회법원, 사회보장사건의 3심 관할), 2009. 근로자가 무급휴직 중인 경우 등을 말한다.

47) KassKomm/Seewald, §7 SGB IV Rn. 15 f.

48) BSGE(Entscheidungen des Bundessozialgerichts, 〈연방사회법원 판례집〉) 20, 6; 45, 199; 51, 164; 83, 246 등.

업가적 위험, 자신의 노동력에 대한 처분권한, 기본적으로 자유롭게 형성하는 업무활동 및 근로시간으로 특징지을 수 있다. 구체적으로는 전체 업무수행활동의 모습에서 어떤 지표가 지배적인지 여부에 따라 결정한다.

　대부분의 사례는 제4편 제7조 제1항에 따른 지시권과 편입이란 두 가지 개념에 의해 해결될 수 있지만 그밖에 법원에서 자주 다뤄지는 사례는 제7조 제1항의 규정만으로는 적용하기 어려운 것이 대부분이다. 그 때문에 판례는 무수히 많은 사례들로부터 도출한 다수의 기준이나 지표들을 목록화하여 자영적 업무활동과 종속적 취업을 구별하는 데 사용하고 있다. 그렇지만 이 목록은 서로 다른 사례군마다 서로 다른 내용으로 구성된다. 독일 실무에서 가장 빈번하게 다뤄지는 사례군은 ① 유한책임회사(*GmbH*)의 업무집행 사원(*geschäftsführender Gesellschafter*), ② 배우자 및 친족근로관계, ③ 이른바 위장 자영업자(*Scheinselbständigkeit*)이다.

(4) 저소득취업

취업관계가 있더라도 보험가입의무의 예외가 인정된다. 만약 취업자가 일정 기준 이하의 저소득취업에 종사한다면 의료보험, 장기요양보험, 고용보험의 가입의무가 면제된다(제4편 제8조 제1항). 저소득취업은 두 가지 요건 중 어느 하나를 충족하면 된다. 그 하나는 소득기준으로 규칙적으로 지급받는 임금이 법률상 소정의 한도액을 초과하지 않는 경우이다. 한도액은 2013년부터 월 450유로로 정해졌다. 그 이전에는 400유로이었다. 이러한 취업형태를 미니잡(*Minijob*)이라고도 부른다. 주당 소정 근로시간이나 근로일수는 중요하지 않다. 만약 취업자가 둘 이상의 미니잡을 수행하고 그 합산임금이 상한액을 초과하는 경우는 두 취업 모두 미니잡으로 보지 않는다. 한편 하나의 취업은 통상적인 사회보험 가입의무가 있고 다른 부업이 미니잡인 경우 두 취업은 서로 합산되지 아니하지만 미니잡에 대해서는 보험가입의무가 발생한다.

다른 하나의 유형은 취업이 법소정의 기간 동안만 이뤄진 경우를 가리키며 이를 단기취업(*kurzfristige Beschäftigung*)이라고 부른다. 사회보험의무가 면제되는 단기취업은 2015년 1월 1일부터 2018년 12월 31일까지 3개월 또는 70근로일로 정해졌다(제4편 제115조). 종전에는 2개월 또는 50근로일이었다. 단기취업이라 하더라도 그 취업이 직업목적으로 행해진 것이고 그 소득액이 450유로를 초과하면 저소득취업으로 인정되지 않는다. 직업목적에 해당하지 않는 상황이란 해당 취업자에게 그 취업활동이 부업으로 이뤄지는 것이거나 경제적으로 중요한 의미를 갖지 아니하는 것을 말한다. 예를 들어 근로자로서 추가적으로 단기취업에 종사하는 경우, 결코 생계활동을 추구하는 것으로 볼 수 없는 자, 학생으로서 취업한 경우, 학교 졸업 후 대학과정에 입학하기 전 기간 동안의 취업, 자영업활동 중인 자의 단기취업이 그에 해당한다.

저소득취업자는 재해보험(산재보험)에는 가입되지만 의료보험과 고용보험 및 장기요양보험에는 가입의무가 없다. 연금보험의 경우에는 법개정이 있었다. 애초에는 미니잡 종사자의 경우에는 연금보험에도 가입의무가 없고 본인이 희망하면 임의가입이 가능했지만 2013년 1월 1일 이후에는 원칙적으로 연금보험 가입의무가 있으며, 다만 본인의 신청이 있는 경우에 면제받을 수 있도록 하였다. 그렇지만 단기취업자의 경우는 계속해서 연금보험에 대한 가입의무가 없다.

사용자는 재해보험에 대한 보험료를 부담하며, 의료보험과 연금보험에 대해서는 합산보험료(*pauschale Beiträge*)를 지급할 의무가 있다. 그렇지만 근로자는 저소득취업자로서 의료보험 가입의무가 없으므로 스스로 보호방안을 도모해야 한다. 450유로 이하의 저소득취업자는 별도의 보험료 없이 보험가입자인 가족구성원의 피부양자(*Familienversicherung*)로 보험급여를 받을 수 있다.

사용자는 저소득취업자도 다른 근로자와 마찬가지로 사회보험기관에 신

(단위: %)

합산보험료	일반영업 분야	가사노동 분야	단기취업-미니잡
의료보험	13.0	5.0	-
연금보험	15.0	5.0	-
연금보험(근로자)	3.7	13.7	-
소득세	2.0	2.0	25.0
재해보험	보험자별 다름	1.6	보험자별 다름/ 1.6(가사노동)
질병시임금기금분담금(U1)	1.0	1.0	1.0
모성보호기금분담금(U2)	0.3	0.3	0.3
파산임금채권기금분담금(U3)	0.15	-	0.15

고해야 한다. 신고기관은 미니잡센터(Minijob-Zentrale)이며 독일 연금보험 산하 광산-철도-해운 보험조합(DRS KBS) 내에 설치되어 있다. 사용자는 저소득취업자의 보험료를 부담한다. 근로자는 연금보험을 제외하고는 보험료 부담의무가 없다. 사용자가 부담하는 보험료는 일반 산업과 가사노동별로 구별된다. 구체적인 내용은 〈표 7-4〉와 같다.

(5) 배우자와 친족근로관계

가족구성원(배우자, 친족, 인척)은 수입을 얻기 위하여 회사법상의 관계, 가족법상의 지원행위 또는 종속적 취업관계 등 다양한 형태로 서로 협력할 수 있다. 취업관계냐 아니면 다른 법률관계냐는 개별 사례들의 구체적 사정을 토대로 개별적으로 판단할 수밖에 없다. 이 경우 통상 부부간(비혼인적 생애공동체의 파트너도 포함한다), 친족 간, 인척간에는 업무수행의 종속성이 다소 약화되어 나타날 수 있지만 종속적 취업관계가 부인되는 것은 아니다. 이 경우에도 모든 정황들을 종합고려해서 어떤 지표가 주로 나타나는지 어떤 특징이 존재하는지 확정해야 한다.

이때 특히 중시되어야 할 지표는 가족구성원의 사업 편입성, 업무의 실제적 수행 여부, 계약상의 규정(특히, 금전 및 현물급여의 금액과 관련하여),

구체적으로 수행하는 업무내용과 합의된 보수 간의 적정성 및 다른 근로자와의 비교, 임금에 대한 근로소득 원천징수 여부, 임금이 사업지출로 인정받는지 여부, 특히 부부간 재산상태(*ehelicher Güterstand*) 등이다. 다만, 이와 같은 모든 정황은 단지 징표적 효과에 불과하다. 따라서 배우자가 협약임금(우리의 경우 예를 들면 최저임금)에 못 미치는 금액을 임금으로 지급받는다고 해서 취업관계를 처음부터 배제할 이유는 없다.

연방사회법원(Bundessozialgericht: BSG)은 당사자 간 합의된 보수의 지급이나 어느 정도 수긍할 만한 상계가 발생한 경우에 이를 종속적 취업관계의 중요한 징표로 여기지만, 보수의 지급이나 상계가 발생하지 않더라도 이것이 반드시 취업관계의 존재를 부정하는 요소로 평가하지는 않는다. [49]

임금의 지급은 취업관계를 입증하는 여러 가지 지표 중 하나에 불과하다. 연방사회법원에서는 〈사회보험법〉상의 지급을 세법상의 같은 표지를 구별하고 그 근거를 〈사회보험법〉과 세법이 서로 다른 보호목적을 가지고 있다는 데서 찾았다. 따라서 만약 보수가 실제로 지급되지 않았다 하더라도 채무나 상계가 인정되거나 그 밖의 다른 반대급부로 인하여 더 이상 주장되지 않거나 다른 방법으로 이행되는 경우에는 가족구성원 간에도 사회보험가입의 의무가 있는 취업관계가 인정될 수 있다. [50] 임금을 목적으로 하는 취업관계는 보험가입의무가 있는 취업관계의 강행적 요건이며, 가족구성원 간 취업관계의 증명은 엄격한 기준이 설정되어야 한다. [51]

적정한 임금(협약상의 임금이거나 최소한 해당 지역 통상의 급여수준을 가진 경우, 최저임금도 기준이 될 수 있다)의 지급이 취업관계의 인정 여부에 징표

49) BSG, 1993.
50) LSG(Landessozialgericht, 주사회법원, 사회보장사건의 2심 관할), Baden-Württemberg v. 14. 12. 2000-L 12 AL 4378/98.
51) BVerfGE(*Entscheidungen des Bundesverfassungsgerichts*, 〈연방헌법재판소 판례집〉) 9, 237; 13, 257; 18, 366.

로서 의미를 갖는다는 점은 농업 등 1차 산업 분야에서 함께 공동으로 일하는 가족구성원의 경우에도 적용된다.

사회보험(의료, 간병, 연금과 실업) 가입의무에 대한 요건은 임금을 목적으로 하는 취업관계의 존재이다. 판례에 의하여 발전한 '가족구성원 간의 취업관계 인정 여부'에 대한 원칙들은 다음과 같다.

가족구성원이라도 일반적 가족관계와 구별되는 취업관계로 인정받기 위해서는 원칙적으로 노무제공에 관한 사법상 계약관계가 있어야 한다. 그에 관한 특별한 합의가 존재하고, 노무제공에 대한 보수의 지급액, 노무제공을 할 수 없게 될 경우 보충인력의 필요성, 각종 세금과 사회보험료의 납부 등이 근로관계의 성립을 인정할 수 있는 정도에 해당한다면 가족구성원이라 하더라도 근로자로서의 성격을 인정할 수 있다.[52]

(6) 지위확인절차

제4편 제7조a는 특별한 지위확인절차(*Statusfeststellungsverfahren*)를 규정한다. 지위확인절차는 특정의 취업자가 보험가입의무가 있는 종속적인 취업자(근로자)인지 아니면 보험가입의무가 없는 독립자영업자인지 관해서 확인해 주는 절차이다. 또한 이 절차를 통해 함께 노무를 제공하는 배우자가 종속적 취업자에 해당하는지 여부도 판단된다. 이 절차는 독일 연방연금공단에 설치된 센터에서 담당하며, 이 절차에 따라 내려진 결정은 법률에 의하여 모든 사회보험자에 대하여 구속력이 인정된다.

지위확인절차는 신청에 의한 임의적 확인절차(신청절차)와 직권에 의한 의무적 확인절차(직권절차)로 나뉜다.

먼저 직권절차는 2005년 1월 1일 처음 도입되었으며 2008년 1월 1일 직계비속까지 확대되었다. 사용자가 취업관계를 개시하면서(근로자의 채용)

---

52) BSG, 1994.

통합보험료 징수기관(의료보험공단)에 근로자를 신고할 때 해당 직원이 사업주의 배우자(동거자포함)인지 또는 신고대상 직원이 유한회사의 업무집행사원인지 여부를 신고해야 한다. 2007년 12월 31일 이후 성립된 사업의 사업주 직계비속도 신고대상이다.

신청절차는 1999년 1월 1일부터 시행되고 있으며, 특정 노무제공자(취업자)가 사회보험가입의 의무가 있는 종속적 취업자에 해당하는지 여부가 의심스러운 경우 근로자·사용자, 자영업 종사자 또는 그 사업주 모두 신청자격이 있다. 절차는 신청자격이 있는 자 중 일방의 신청이 있으면 개시하며 제3자에 의한 대리신청은 인정되지 않는다.

신청절차는 연금공단이 이미 문서로 다음 사업장 감독을 통지한 경우나 이미 보험료 징수기관에서 그에 관하여 결정이 내려진 때에는 배제된다. 신청절차의 대상은 취업관계의 존재 여부에 대한 확인이다.

취업관계를 인정하는 결정에 이의를 제기하거나 소송을 제기하는 경우 이 결정의 시행은 최종 확정 시까지 보류된다(제7조a 제7항).

■ 참고문헌

해외 문헌

Achinger, H. (1979). *Sozialpolitik als Gesellschaftspolitik.* Frankfurt am Main: Eigenverlag des Deutschen Vereins für Offentlichen und Private Fürsorge.

Eichenhofer, E. (2005). Sozialrecht und soziale Gerechtigkeit, *JuristenZeitung, 60*(5), 209~216.

Kreikebohm, R., Spellbrink, W., & Waltermann, R. (2011). *Kommentar zum Sozialrecht.* 2. Aufl. München: Beck.

Römer, P. (1970). Für und wider ein Gesetzbuch der Arbeit. *Arbeit und Recht, 18*(5), 141~147.

von Maydell, B. (1973). Auf dem Wege zu einem besseren Sozialrecht. *Zeitschrift für Rechtspolitik, 6*(5), 115~121.

Waltermann, R. (2016). *Sozialrecht.* 12. Aufl. Heidelberg: CF Müller.

Zacher, H. F. (1965). Sozialgerichtsbarkeit und Sozialrecht. *Zeitschrift für Sozialreform, 11,* 137~154.

_____(1973). *Das Vorhaben des Sozialgesetzbuches.* Percha am Starnberger See: R. S. Schulz.

_____(1974). Zum Sozialgesetzbuch: Stand und Probleme der Kodifikation des Sozialrechts, *Archiv für Wissenschaft und Praxis der sozialen Arbeit, 5/1974,* 1~39.

_____(2008). Das Vorhaben des Sozialgesetzbuches, In Becker, U. & Ruland, F. (Hrsg.) (2008). *Abhandlungen zum Sozialrecht II.* Heidelberg: CF Müller.

기타 자료

BSG(1993). *NJW*(*Neue Juristische Wochenschrift*, 〈주간 법률잡지〉), 341.

_____(1994). *NJW,* 341.

_____(2009). *NJW,* 1772.

BVerwG(1990). *NJW,* 2765.

Kasseler Kommentar Sozialversicherungsrecht, Kommentierung zu SGB I, IV, V, VI, VII, X, XI, Loseblatt(KassKomm/Bearbeiter).

제 2 부 　소득보장제도

08

공적연금제도

1. 연금제도의 개요

1) 연금제도의 역사

산업화가 진행되기 이전에는 근로자가 노령으로 근로능력을 상실할 때까지 취업하였고, 근로능력을 상실한 이후에는 본인 저축과 가족 부양에 의존하여 노후생활을 하였다. 이에 따라 근로능력이 존재하는 한 은퇴하기 어려웠으며 가족 내의 세대 간 부양을 통해 노후생활 문제를 해결하였기 때문에 가족구성원의 연대가 중요하게 작동하였다.

생산방식의 획기적 변화를 가져온 산업화 과정에서 발생한 새로운 현상인 질병과 노령으로 인한 경제활동 중단에 기인하는 사회문제는 직종별로 결성된 동업조합 같은 기존의 조직체를 통해 해결할 수 없었다. 이처럼 민간의 자발적 조직체가 해결할 수 없는 상황이 발생함에 따라 국가의 개입이 필요하게 되었고, 독일 최초의 연금제도가 프로이센제국에서 광산 근로자를 대상으로 하여 도입되었다.

1854년 4월 10일의 〈프로이센광산법〉(Gesetz über die Vereinigung der Berg-, Hütten- und Salinenarbeiter in Knappschaften)에 따라 노사가 자치 운영하는 광산공제금고가 설치되고 최저급여수준이 규정되었다. 당연가 입 대상은 광산, 제련, 광염,[1] 선광 사업장에서 일하는 16~50세의 건강 한 근로자였다. 급여 종류로 질병급여, 그리고 유족급여인 배우자급여와 아동급여가 있었다. 그러나 가입대상이 프로이센제국의 광산 근로자로 제 한되어 있어서 사회구성원에게 광범위하게 영향을 미치는 산업화에 의한 경제·사회 현상에 대처하기에는 한계가 있었다.

이전의 가내수공업과 현저히 다른 생산방식인 산업화가 초래한 문제에 대처하기 위해 사회보험 방식의 공적연금제도가 도입되기 시작하였다.[2] 1871년 프로이센이 주도한 독일 통일이 이루어진 후 1881년 11월 17일 빌 헬름 1세(Wilhelms I) 황제의 칙령을 통해, 통일된 독일제국의 노동자를 위 한 연금제도의 도입이 추진되었다. 산업화가 초래한 사회환경에 대한 대응 과 폭발적으로 증가한 노동운동에 대한 회유의 목적으로, 독일 통일을 주도 한 비스마르크(Otto von Bismarck) 수상이 주도하여 1889년 6월 22일 제정 한 〈폐질보험과 노령보험에 관한 법〉(Gesetz betreffend die Invaliditäts- und Altersversicherung)에 따라 1891년 1월 1일 세계 최초의 공적연금제도로 생 산직 근로자 연금제도가 도입되었다.[3] 16세 이상의 생산직 근로자와 연소 득 2천 마르크 이하의 특정 사무직 근로자가 당연가입 대상이었고, 취업능

---

1) 광염은 광산에서 채굴한 소금을 의미한다.
2) 한편 근년에 탈산업화와 지식기반 사회로의 전환 때문에 다양한 새로운 직종이 생성되어 사회보험의 출발점이 된 근로자와 자영자로 명확히 구분할 수 없고 근로자와 자영자의 특 성이 혼재해 있는 유사 근로자(퀵서비스기사, 택배기사, 대리기사, 보험대리인, 간병인 등과 같은 특수형태근로 종사자)가 현실에서 많이 발생하므로 전통적 방식으로 사회보험 을 적용하는 데 한계가 있다.
3) 제도 도입 시기의 사회환경에 대해서는 윤조덕·김상호·박정란(2008: 54~58)을 참조 하라.

력 상실과 고령으로 인한 빈곤을 완화할 목적으로 엄격한 급여 수급요건이 적용되었다. 즉, 노령연금은 1,200주 보험료를 납부한 후 71세가 되는 사람에게, 그리고 폐질연금은 200주 보험료를 납부한 후 근로능력을 2/3 이상 상실한 근로자에게 제공되었다. 흥미롭게도 매우 엄격한 노령연금 수급요건이 적용되었고 유족연금은 도입되지 않았다. 그 결과 초기에는 노령연금을 수급하는 사람이 많지 않았고 대다수의 연금 수급자가 폐질연금 수급자였다. 재원은 노사가 50%씩 부담한 보험료와 정부가 연금 수급자 당 연 50마르크씩 지급한 보조금으로 조달되었다. 또한 관리운영을 위해 공법적 법인체(public-law cooperation) 형태의 31개소의 지역별 보험공단이 설치되어 해당 지역을 관장하였다(Frerich, 1990: 80~81).

이어서 1911년 7월 9일의 법률 제정을 통해 사무직 근로자 연금제도가 도입되었다. 연 임금 5천 마르크 이하의 사무직 근로자를 당연가입 대상으로 하여 고령 및 근로능력 상실 시 연금을 지급하고, 유족연금으로 배우자 연금과 아동연금을 제공하였다. 연 임금 2천 마르크 이하의 사무직 근로자에게는 생산직 근로자 연금제도와 사무직 근로자 연금제도에 이중으로 가입하는 것을 허용하였다. 근로능력을 50% 이상 상실하면 장애연금을 지급하였으며, 연금수급 개시연령이 66세이어서 수급요건이 관대하고 생산직 근로자 연금과 달리 유족연금이 있었기 때문에 생산직 근로자 연금보다 유리하였다. 그러나 재원이 노사가 각각 50%씩 부담한 보험료로만 조달되며 정부보조금이 없었기 때문에, 정부지원 측면에서는 생산직 근로자 연금보다 불리하였다. 참고로 1916년에 사무직 근로자 연금의 규정을 반영하여 생산직 근로자 연금에서도 수급개시 연령이 66세가 되었다.

한편 선박업 종사자를 대상으로 한 해양금고(Seekasse)가 1907년 1월 1일 설치되고, 〈제국광부연금법〉(Reichskanppschaftsgesetz)이 1923년 6월 23일 제정되며 광산 근로자 연금제도(Rentenversicherung für Knappschaft)가 도입되고, 1935년 1월 1일 제국철도 종사자를 대상으로 한 철도보험공

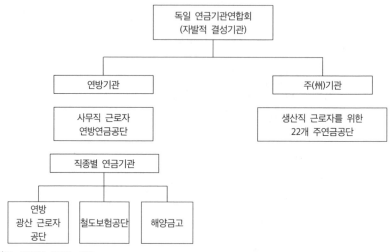

〈그림 8-1〉 독일 공적연금 운영체계(2005년 9월 30일까지)

자료: BMAS, 2015: 460.

단(Bahnversicherungsanstalt)이 발족하면서 생산직 근로자 연금제도, 사무직 근로자 연금제도, 광산 근로자 연금제도, 해양금고 및 철도 근로자 연금제도로 구성된 독일 공적연금체계가 확립되었다(〈그림 8-1〉 참조). 공적연금을 직종별로 분립된 형태로 설계하여 운영하는 것은 제도 도입과 정착에서의 행정적 용이성 및 가입자 동질성 확보 등을 통해 제도를 도입하고 운영하는 데 많은 장점이 있었다. 그러나 이렇게 직종별로 구성된 운영체계는 다음과 같은 근본적 문제에 직면하게 되었다.

첫째, 많은 공공기관에 의해 제도가 운영되어 행정효율성이 낮았다. 특히, EU 확대 및 통합의 심화와 함께 세계화의 진전으로 경쟁이 치열해짐에 따라 생산중심지로서 독일의 입지(Standort Deutschland)를 유지할 목적으로 기업의 생산비용을 낮추어야 했으며, 이를 위해 공적연금 운영기관의 행정효율성을 높여 보험료 상승을 억제할 필요성이 증가했다. 주로 정치권과 경제단체가 행정효율성 제고를 위해 통합하라는 압력을 행사하였다.

둘째, 탈산업화의 진전에 따라 GDP에서 차지하는 제조업 분야의 비중이

〈그림 8-2〉 독일 공적연금 운영체계(2005년 10월 1일 이후)

자료: BMAS, 2015: 460.

감소하고 서비스업 분야의 비중이 증가함에 따라 지속적으로 생산직 근로자 수는 감소하고 사무직 근로자 수는 증가하였다. 이에 따라 사무직 근로자 연방연금공단(Bundesversicherungsanstalt für Angestellte)의 역할이 지속적으로 확대되는 반면, 생산직 근로자 연금제도를 담당하는 지역별로 결성된 22개 주연금공단(Landesversicherungsanstalt)의 역할은 지속적으로 축소되었다. 산업구조 변화에 기인한 이 구조적 문제는 조직개혁을 필요로 하였다.

이러한 환경변화를 반영해 공적연금제도 조직개혁에 관한 법률이 통과되었다. 독일 연금기관연합회(Verband Deutscher Rentenversicherungsträger)와 사무직 근로자 연방연금공단을 통합하여 2005년 10월 1일부터 베를린에 본부를 둔 독일 연방연금공단(Deutsche Rentenversicherung Bund)이 탄생했다(〈그림 8-2〉 참조). 이 통합이 이루어지기 이전에도 급여 등의 내용은 동일하였지만 통합 이후에는 가입자를 관리할 때 생산직 근로자와 사무직 근로자를 구분할 필요가 없게 되었다. 또한 독일 연방연금공단 하부조직으로 광산 근로자, 철도원 및 선원이 가입대상인 특별기관으로 광산-철도-해운 보험조합(Sonderanstalt Knappschaft-Bahn-See)이 설치되었다. 이 관리기구 운영체계 개혁을 통해 2020년부터 전체 가입자 중 55%를 주연금공단에서, 40%를 연방기구인 독일 연방연금공단에서, 5%를 광산-철도-해운 보험조합에서 담당하는 것을 목표로 하고 있다(BMAS, 2015: 461).

한편, 공무원연금제도(Beamtenversorgung)는 사회보험원칙에 기초하는 국민연금(일반 근로자 공적연금제도)과 달리 부양원칙(*Versorgungsprinzip*)에 기초한다. 따라서 연금수급권을 획득하기 위해 피보험자가 사전에 보험료를 납부할 필요가 없으며 공직근무의 형태로 국가에 기여할 때 연금수급권이 주어진다. 소득비례 연금제도이면서 임금 인상률에 맞추어 연금을 인상시키는(임금 슬라이드) 점에서 국민연금과 공무원연금은 동일하다.

그러나 국민연금과 달리 공무원연금에는 1층 보장은 물론 기업연금이 수행하는 2층 보장의 역할이 혼재되어 있기 때문에 1년에 대한 연금지급률이 1.79375%(최대연금지급률 71.75%)로 국민연금보다 월등히 높다. 이처럼 연금지급률이 높으면서 소요되는 모든 비용을 일반예산에서 지출하기 때문에 2013년의 경우 제도운영에 필요한 급여지출이 GDP에서 차지하는 비중이 2.3%에 달했다(김상호, 2015b).

흥미로운 것은 재정위기를 극복하기 위해 실시한 2001년 이후의 국민연금 개혁에 상응하게 공무원연금 개혁 실시를 법률에 규정하고 실제로 실행한 점이다. 즉, 독일 직업공무원제도의 특성을 반영하여 공무원의 노후생활 보장까지 책임지는 부양원칙을 적용하기 때문에 정부가 모든 소요비용을 부담하지만, 공무원연금의 재정위기를 극복하는 과정에서 국민연금과의 형평성을 고려하여 개혁 강도를 조율하는 중이다(김상호, 2015a).

2. 국민연금제도

1) 국민연금제도의 개요

독일 국민연금(Gesetzliche Rentenversicherung, 공적 노령연금)은 대표적 비스마르크형 사회보험제도로 사회보험원칙을 중시한다. 사회보험원칙에서는 보험 가입과 보험료 납부에 강제성이 적용되며, 위험공동체 구성을 통해 위험을 분산시키고, 급여 수급을 위해 보험료 납부가 선행되어야 하며, 연대성을 강화하기 위해 의도적 소득재분배가 이루어지도록 한다. 또한 독일 국민연금에서는 보험원칙을 강조하여 보험료를 산정할 때 보험료 산정상한액을 적용하고, 납부한 보험료에 상응한 보험료가 산정되도록 보험수리적 요소를 많이 반영하며, 연금수급 개시연령 이후에는 취업 여부에 관계없이 연금을 삭감하지 않고 전액 지급한다.

사회보험에서는 납부하는 보험료와 수급하는 보험급여를 보험수리적으로 일치시키는 수지상등의 원칙을 가입자별로 적용하지 않고 위험공동체의 연대를 강조하여 의도적 재분배가 이루어지도록 하는 점에서 민영보험과 차이가 있다.

독일 사회보험의 주요 특징은 재원이 주로 피보험자와 사용자의 보험료로 조달되며, 급여를 수급하려면 보험가입이 선행되어야 하며, 관장기구가 자치운영을 하는 공법적 법인체라는 점이다. 관장기구의 자치운영을 보장함에 따라 노사 대표로 운영기구를 구성하여 자치적으로 운영하고, 관장기구에 대한 정부의 감독을 업무 수행의 목표적합성(*Zweckmässigkeit*)이 아닌 적법성(*Rechtsmässigkeit*)으로 제한함으로써 법률 규정에 부합하게 업무를 수행하고 있는지 여부로 감독 범위를 제한하고 있다. 물론 가입대상, 급여의 종류 및 수준, 재원조달 방법, 수급요건 및 관장기구 등에 대한 사항은 국민연금(공적연금)에 대한 세부 내용을 담은 〈사회법전〉 6편에 상세히 규정되었다.

공적연금제도의 도입은 근로자가 은퇴의 꿈을 실현하고 노인빈곤을 낮추는 데 기여하였다. 제2차 세계대전 이전까지는 연금 인상이 부정기적으로 이루어져 물가상승에 의한 구매력 상실을 보충하지 못해 연금의 수급기간이 길어질수록 노후생활에 어려움을 겪었으며, 동일한 가입조건에서도 연금의 수급개시 시점이 최근인지 또는 과거인지에 따라 연금액 차이가 커서 합리성이 부족하고, 노인빈곤을 낮추는 효과가 제한되었다.

그러나 독일 건국의 아버지로 추앙받는 아데나워 초대 수상이 공약으로 내걸고 총선 승리 후 실행한 연금 수급자의 완전한 소득보장(full coverage)을 지향했던 '국민연금법 대개혁 1957'을 통해 독일 연금정책에서 패러다임 전환이 이루어졌다. 변경된 주요 내용은 다음과 같다.

첫째, 연금을 임금상승률에 비례하여 인상시키는 연금의 동태화(임금 슬라이드)가 이루어져, 연금 수급자 역시 국민연금 가입자가 누리는 보수상승의 과실을 나누는 데 참여할 수 있게 되었다.

둘째, 기초 부분과 소득비례 부분으로 이루어진 연금산식을 소득비례 부분으로 단일화하는 소득비례 연금제도를 도입함으로써, 정액의 기초 부분을 주기적으로 인상하지 못하는 데서 발생했던 시차 문제를 원천적으로 제거할 수 있게 되었다.

셋째, 인플레이션과 제2차 세계대전의 여파로 화폐 자산과 물적 자산의 가치가 폭락하여 적립금이 고갈되자 공식적으로 적립방식에서 부과방식으로 전환하였다.

넷째, 생산직과 사무직으로 구분하여 산정하던 방식을 개선하여 생산직 근로자의 연금 산정방식을 사무직 근로자의 연금 산정방식으로 변경하였다. 그 결과 생산직 근로자의 연금이 인상되었다. 이를 통해 제도 운영에서는 생산직 근로자와 사무직 근로자를 구분해 적용하지만 연금 급여에서 생산직 근로자에 대한 차별은 더 이상 없게 되었다(Frerich & Frey, 1993: 48).

〈표 8-1〉에는 노후소득보장에서 제도별로 지출총액에서 차지하는 비율이 정리되어 있다.[4] 독일 전체로 보면 2011년 12월 31일 기준으로 국민연금 75%, 공무원연금 13%, 기업연금 6%, 공공부문 종사자를 위한 추가연금 3%, 농민연금 1%, 자영자공제기금 1% 순이다. 이는 노후소득보장

---

4) 연방노동사회부가 4년마다 노령보장보고서(Alterssicherungsbericht)를 연방하원에 제출하도록 규정되어 있는데, 가장 최근의 자료는 2012년에 출판되었다.

<표 8-1> 지출총액에서 차지하는 노후소득보장제도별 비율

(단위: %)

	독일 전 지역			옛 서독지역			옛 동독지역		
	전체	남자	여자	전체	남자	여자	전체	남자	여자
국민연금	75	70	83	71	65	78	98	96	99
기업연금	6	9	3	8	11	4	0	1	0
공공 부분 부가연금	3	2	3	3	3	4	1	1	1
공무원연금	13	16	9	16	19	11	1	2	1
농민연금	1	1	1	1	1	2	0	0	0
자영자공제기금	1	2	0	2	2	1	0	0	0

주: 반올림 때문에 합계 수치가 100%가 되지 않을 수 있음.
자료: BMAS, 2012: 81.

에서 국민연금이 핵심적 역할을 수행함을 보여 준다. 옛 서독지역에서 국민연금의 비중은 남자가 65%에 불과한 반면 여자는 78%로 높은데, 이는 남자의 경우 공무원연금과 기업연금의 비중이 높기 때문이다. 옛 동독지역의 경우 국민연금 비율이 98%로 압도적으로 높은데, 이는 옛 동독지역에서는 노후소득을 국민연금제도에 거의 전적으로 의존함을 보여 준다. 또한 통일 이전에 옛 동독지역에 존재하지 않던 기업연금, 농민연금 및 자영자공제기금이 노후소득보장에서 아직 역할을 하지 못함을 알 수 있다.

<표 8-2>에는 65세 이상 노인을 대상으로 하여 성과지역으로 구분하여 노후소득보장제도별 수급자 비율, 세전 월 평균액 및 세후 월 평균액이 정리되어 있다. 국민연금의 경우 65세 이상 노인의 90%가 본인 가입을 통해 획득한 급여를 수급했고, 지역별로 살펴보면 옛 서독지역이 88%인 반면 옛 동독지역은 99%에 달했다. 전체지역 기준으로 급여액은 세전 890유로, 세후 803유로였으며, 흥미롭게도 옛 서독지역에서 세전 865유로, 세후 780유로인 반면 옛 동독지역에서는 세전 979유로, 세후 883유로로 옛 동독지역이 옛 서독지역보다 연금액이 더 많았다. 이는 외형상이긴 하지만 완전고용을 지향하는 공산주의 경제체제의 특성상 옛 동독지역 가입자의 가입기간이 옛 서독지역 가입자보다 월등히 길었고 통독 시 옛 동독시절의

가입을 원칙적으로 국민연금 가입기간으로 인정한 데에 기인하는 것으로 판단된다. 또한 지역에 관계없이 남자 가입자의 국민연금 금액이 여자 가입자보다 월등히 많은 것을 알 수 있다.

〈표 8-3〉에는 소득항목별로 총소득에서 차지하는 비율이 정리되어 있다. 총소득에서 국민연금이 차지하는 비율을 살펴보면 부부는 57%, 단신남자는 62%, 단신여자는 72%이다. 노후소득에서 국민연금이 차지하는 비중이 단신여자, 단신남자 및 부부가구 순으로 높다는 것을 알 수 있다.

〈표 8-2〉 65세 이상 노인의 본인 가입에 의한 노후소득보장 비율과 월 평균액

(단위: 유로)

	전체			남자			여자		
	수급률	세전	세후	수급률	세전	세후	수급률	세전	세후
독일 전체									
국민연금	90%	890	803	91%	1,237	1,116	89%	618	557
공무원연금	5%	2,714	2,080	9%	2,769	2,144	2%	2,483	1,811
자영자 공제기금	1%	2,140	1,910	1%	2,451	2,185	0%	1,442	1,293
농민연금	2%	392	351	3%	463	415	2%	288	259
기업연금	15%	491	483	25%	584	574	6%	204	204
공공부문 부가연금	10%	315	311	10%	398	392	10%	253	250
옛 서독지역									
국민연금	88%	865	780	89%	1,242	1,120	86%	563	507
공무원연금	6%	2,733	2,093	12%	2,787	2,156	2%	2,507	1,825
자영자 공제기금	1%	2,298	2,047	1%	2,578	2,296	0%	1,621	1,445
농민연금	3%	395	354	4%	468	419	2%	289	260
기업연금	18%	497	489	31%	591	580	8%	207	207
공공부문 부가연금	10%	349	345	10%	439	432	10%	281	278
옛 동독지역									
국민연금	99%	979	883	99%	1,219	1,099	99%	805	726
공무원연금	1%	1,939	1,566	1%	1,982	1,616	0%	-	-
자영자 공제기금	0%	825	771	1%	-	-	0%	-	-
농민연금	0%	-	-	0%	-	-	0%	-	-
기업연금	2%	234	231	3%	292	289	1%	89	89
공공부문 부가연금	7%	120	120	7%	155	155	7%	95	95

자료: BMAS, 2012: 83.

<표 8-3> 총소득에서의 소득항목별 비율

(단위: %)

소득항목	전체			옛 서독지역			옛 동독지역		
	부부	단신 남자	단신 여자	부부	단신 남자	단신 여자	부부	단신 남자	단신 여자
국민연금	57	62	72	51	58	67	85	86	94
다른 노후보장급여	21	22	17	25	25	20	3	4	1
사적 노후보장	10	9	7	11	9	8	3	4	2
이전급여	1	1	1	1	1	1	0	1	1
기타소득	12	6	4	12	6	4	9	6	2

주: 다른 노후보장급여는 기업연금, 공무원연금, 자영자공제기금, 농민연금 및 공공 부분 부가연금으로
    구성됨.
자료: BMAS, 2012: 97.

또한 국민연금에 대한 의존율이 옛 서독지역보다 옛 동독지역에서 월등히 높은 것을 알 수 있다. 다른 노후보장급여(기업연금, 공무원연금, 자영자공제기금, 농민연금 및 공공 부분 부가연금)가 노후소득에서 차지하는 비중은 부부 21%, 단신남자 22%, 단신여자 17%였다.

2) 가입대상

(1) 당연적용(Versicherungspflicht)

한국에서는 근로자와 자영자를 명확히 구분하고, 고용보험과 산재보험에서 <근로기준법>이 규정한 근로자를 주된 가입대상으로 두고 제도를 운영한다. 이와 달리 독일에서는 취업자(Beschäftigte) 개념을 사용하여 근로자뿐만 아니라 근로자와 자영자 성격이 섞여 있는 유사자영자(arbeitnehmer-ähnliche Selbständigen)를 적용대상에 포함시킨다. 독일 국민연금제도의 가장 중요한 당연가입 대상은 임금이나 직업교육을 목적으로 취업한 근로자와 견습생이다. [5]

홍미로운 것은 취약계층 보호를 강화하기 위해 최근에 경미한 근로자

(*geringfügig entlohnte Beschäftigte*)를 당연적용 대상에 포함시킨 것이다. 경미한 근로자는 월평균임금이 450유로 이하인 근로자인데(〈사회법전〉4편 제8조 제1항),[6] 현실에서는 법률 용어인 경미한 근로자 대신 '미니잡' 근로자라는 용어를 사용한다. 미니잡 근로자의 범위는 2003년 4월 1일에 월평균임금 325유로 이하에서 400유로 이하로 확대되었고, 이어서 2013년 1월 1일에 다시 450유로 이하로 확대되었다. 노동계의 반발에도 불구하고 실행된 적용대상 확대는 노동시장 유연화를 통해 취업과 경제활동을 활성화하려는 연방정부의 강력한 의지를 반영한 것이다.

2012년 12월 31일까지는 미니잡 근로자가 국민연금 당연가입 대상에서 제외되었고, 근로자가 문서로 가입을 신청한 후 본인 보험료를 납부하면 가입기간으로 인정하였다. 적용제외를 원칙으로 하고 신청할 경우에 한하여 제한적으로 가입시키는 이 규정 때문에 미니잡 근로자의 노후소득 보장에 사각지대가 발생한다는 비판이 제기되었고, 이를 수용하여 2013년 1월 1일부터 미니잡 근로자를 국민연금 당연가입 대상에 포함시켰다.

이를 통해 미니잡 근로자에게도 일반 근로자와 동일하게 장애연금 수급권과 리스터연금 수급권이 주어지며, 최소가입기간인 5년을 산정할 때도 미니잡 취업기간을 포함하게 되었다. 따라서 1992년 이후 출생한 자녀를 양육하면 3년의 양육크레딧(*Kindererziehungszeit*)을 부모 중 한 명에게 부여하기 때문에, 2년 동안 미니잡에 취업하고 자녀를 한 명 양육한 여성이 완전노령연금 수급연령에 도달하면 노령연금을 받게 되었다.[7] 미니잡 근

---

5) 당연적용 대상자에 대해서는 〈사회법전〉6편 제1조~3조에서 상세히 규정한다.

6) 저임금 자영자에게도 동일한 규정이 적용되지만(동법 제8조 제3항), 현실에서 저임금 자영자는 많지 않다.

7) 산업부문 미니잡 근로자의 경우 사용자가 국민연금 보험료로 임금의 15%를 부담하여야 한다(〈사회법전〉6편 제172조 제3항). 따라서 2016년 기준 국민연금 보험료율은 18.7%이기 때문에 산업부문 미니잡 근로자는 임금의 3.7%에 해당하는 보험료만 부담하면 된다.

로자가 신청할 경우에는 당연가입 대상에서 벗어날 수 있는데, 신청을 통해 적용제외가 되더라도 사용자는 적용 여부에 관계없이 국민연금 보험료를 납부해야 하는 점을 고려하여 적용이 제외된 미니잡 근로자에 대해서는 해당 취업기간의 1/3을 가입기간으로 인정한다.[8] 아울러 고용보험의 조업단축수당 수급자, 인증 장애인전용사업장과 인증 맹인전용사업장에 종사하는 장애인, 그리고 이런 시설을 위해 가내공업에 종사하는 장애인 역시 당연가입 대상이다. 공공시설, 보호시설 및 이와 유사한 시설에서 어느 정도 주기성을 가지고 정상적 취업자가 유사한 고용에서 달성하는 성과의 20%에 상응하는 성과가 기대되는 장애인도 당연적용 대상에 포함된다.

또한 다음과 같은 직업의 자영자도 당연가입 대상에 포함된다(〈사회법전〉 6편 제2조). 근로자를 고용하지 않은 사설기관의 교사, 보육사, 요양사뿐만 아니라 조산원, 수로원, 〈예술가사회보험법〉 규정에 따른 예술가와 출판인, 가내공업자, 그리고 본인이 소유한 선박에 승선하는 연안해역 선장과 어부 및 선박을 소유하지 않으면서 상시적으로 4인 이하의 근로자를 고용하는 연안해역 어부 등이다. 아울러 1999년 1월 1일부터 다음의 조건을 충족시키는 유사자영자도 당연가입 대상이 되었다. 첫째, 상시적으로 고용한 당연가입 대상 근로자가 없어야 한다.[9] 둘째, 지속적으로 그리고 실질적으로 한 명의 원청사업주를 위해 활동하여야 한다. 총수입 중 5/6 이상이 해당 사업주에서 발생할 때 이 요건이 충족된 것으로 판단한다. 당연가입 형태로 가입한 자영자는 2013년 12월 31일 기준으로 48,932명이다(Deutsche Rentenversicherung Bund, 2015: 37).

아울러 경제활동을 하지 않는 경우에도 다음과 같은 사람은 당연가입 대상이 된다(동법 제3조). 첫째, 출생한 후 독일에서 자녀를 양육하는 사람

---

8) 미니잡 근로자에 대한 상세한 내용은 김상호(2015c)를 참조하라.
9) 참고로 월평균임금이 450유로를 초과하는 근로자는 국민연금의 당연가입 대상이 된다.

으로 양육하는 부모 중 한 명이다. 부모가 공동으로 자녀를 양육하면 원칙적으로 엄마에게 양육크레딧이 제공되며, 부모가 합의하면 아버지에게 양육크레딧이 제공될 수 있다. 양육크레딧은 양부모, 의붓부모 및 수양부모에게 주어질 수도 있다. 1992년 이후 출생 아동에 대해 출생 후 3년 동안 양육크레딧이 주어지며, 3년의 양육 기간 중 신생아가 출생하면 양육크레딧 기간이 3년 연장된다(동법 제56조). 1992년 이전 출생 아동에 대해서는 2014년 6월 30일까지 출생 후 1년 동안 양육크레딧이 주어졌지만, 2014년 7월 1일부터 출생 후 2년으로 양육크레딧 지급기간이 연장되었다(동법 제249조 제1항).

독일 국민연금제도에서는 연금산식에 따라 매년 연금을 새로이 산정하기 때문에 이처럼 양육크레딧 인정 기간이 연장되면 기존의 수급자도 연금의 인상혜택을 볼 수 있다는 점에서 한국의 국민연금제도와 차이가 있다. 양육크레딧 수급기간에는 전체 가입자 평균소득에 상응하는 보험료를 납부한 것으로 인정하며, 양육크레딧 수급기간 동안 취업하여 보험료를 납부할 경우에는 양육크레딧에 합산하여 보험료를 납부한 것으로 인정한다. 다만, 보험료 산정상한액을 보험료를 납부한 것으로 인정하는 최대 금액으로 설정한다. 참고로 양육크레딧에 소요되는 비용은 전액 연방보조금 형태로 일반재원에서 조달된다.

둘째, 가정에서 간병급여에 대한 수급권을 가진 사람들을 주당 14시간 이상 간병하고 있는 간병인(취업 목적이 아닌 간병인)이다. 셋째, 징병제가 실시된 2011년 6월 30일 이전에 병역의무나 대체복무를 수행했던 사람, 그리고 2011년 7월 1일 모병제로 전환한 이후에는 자원봉사자가 당연가입 대상이다. 넷째, 다음의 급여를 수급하기 전 1년 동안 당연가입 대상자이었으며, 의료보험의 질병수당, 산재보험의 휴업급여와 전환수당 및 고용보험의 실업수당을 수급하는 사람이다. 다섯째, 직전에 당연가입 대상자이었으면서 사용자로부터 조기퇴직보상금(*Vorruhestandsgeld*)을 받는 사람이다.

(2) 신청에 의한 당연적용(Versicherungspflicht auf Antrag)

앞에서 기술한 당연적용 대상에 속하지 않으면서 지속적으로 일정한 수준 이상의 경제활동을 하는 모든 자영자는 신청에 의한 당연적용 대상이 될 수 있다. 따라서 일시적으로 자영 활동에 종사하거나, 또는 평균 소득이 월 450유로 미만인 경미한 자영자는 신청에 의한 당연적용 대상에서 제외된다.

신청에 의한 당연적용 대상이 된 자영자에게는 당연적용 대상인 자영자와 동일한 연금 수급권과 보험료 납부의무가 주어진다. 신청에 의한 당연적용을 받기 위해서는 자영업 개시 후 5년 이내에 가입신청을 해야 하며, 신청서를 제출한 날부터 가입의무가 발생한다. [10]

또한 임의가입의 경우와 달리 자영업을 포기하기 전에는 임의로 탈퇴할 수 없으며, 자영업 업종을 변경하여도 탈퇴할 수 없다. 자영업을 포기하거나, 완전노령연금을 수급하거나 또는 월 소득 450유로 미만의 경미한 자영자가 되면 신청에 의한 당연적용이 해제된다. 참고로 신청에 의한 당연적용 형태로 가입한 자영자는 2013년 12월 31일 기준으로 10,568명이다 (Deutsche Rentenversicherung Bund, 2015: 37).

또한 개발도상국 원조자 및 한시적으로 독일 이외의 국가에서 취업한 EU 회원국 국민, 유럽경제권 협약국 국민, 스위스 국민도 신청에 의한 당연가입 대상이 될 수 있다. 이들이 신청에 의한 당연가입 대상이 되기 위해서는 독일에 위치한 해당 기관의 사무소에서 가입신청을 해야 한다. [11]

---

10) 자영업 개시 후 3개월 이내에 신청서를 제출할 경우에는 자영업 개시 일에 가입의무가 발생한 것으로 인정한다.

11) 신청에 의한 당연적용은 〈사회법전〉 6편 제4조에서 규정하며, 세부내용은 독일 연금공단의 설명서 V0025를 참조했다.

(3) 임의적용(Freiwillige Versicherung)

독일에 거주하면서 당연가입 대상이 아닌 모든 사람은 17세부터 국적에 관계없이 임의가입을 할 수 있다. 또한 해외에 거주하는 독일인도 해당 국가와의 사회보장협정에 반하지 않는 한 임의가입이 가능하다.

완전노령연금을 수급하는 데 필요한 5년의 최소가입기간 요건을 충족시키지 못하는 가입자의 경우 임의가입을 통해 최소가입기간 요건을 충족시킬 수 있다. 완전노령연금을 수급할 수 없을 경우에는 완전노령연금 수급연령 이후에도 임의가입 할 수 있다. 연금수급권 확보와 관련하여 임의가입 기간에 대해서는 당연가입 기간과 차별하여 대우하는데, 예를 들면 임의가입 기간만으로 장애연금 수급요건을 충족시킬 수는 없다.

가입자가 보험연도의 보험료 납부 횟수(최대 연 12회)뿐만 아니라 최저보험료와 최고보험료의 범위에서 보험료를 결정할 수 있다. 최저보험료는 450유로에 보험연도 보험요율을 곱하여, 그리고 최고보험료는 보험연도의 보험료 산정상한액에 보험요율을 곱하여 산정한다. 따라서 2016년의 경우 보험료율이 18.7%이기 때문에 최저보험료로 월 84.15유로가 적용되며, 보험료 산정상한액이 월 6,200유로인 옛 서독지역의 경우 최고보험료로 월 1,159.40유로가 적용된다. 특정 보험연도에 대한 임의가입은 보험연도 익년도 3월까지 가능하며, 보험연도 익년도에 보험료를 납부할 경우에는 보험연도 보험요율이 인상되면 최저보험료와 최고보험료가 늘어난다.

2013년 12월 31일 기준으로 임의가입자 수는 318,452명(남자 223,148명, 여자 95,304명)이며, 이들의 월평균 보험료는 남자 가입자가 115.14유로, 여자 가입자가 110.51유로였다. 또한 대부분의 가입자(남자 201,161명, 여자 85,806명)가 최저보험료를 선택했고, 최고보험료를 선택한 가입자는 2,859명(남자 2,203명, 여자 656명)에 불과한 것으로 나타났다(Deutsche Rentenversicherung Bund, 2015: 35).

(4) 추후적용(Nachversicherung)

독일에는 국민연금 외에 공무원연금, 군인연금뿐만 아니라 의사, 건축가, 변호사 등을 위한 직역연금 등이 있는데, 전직 등으로 인해 이들 연금기관으로부터 노령연금을 수급하지 못하게 되는 경우가 발생할 수 있다. 이러한 경우에 국민연금에서 노령연금을 수급할 수 있도록 도와주는 제도가 추후적용이다.

예를 들면 공무원연금에 가입했다가 전직하여 국민연금으로 전환하거나 또는 공무원으로 은퇴했지만 가입기간 부족으로 공무원연금의 노령연금을 수급하지 못할 경우, 추후적용을 통해 공무원연금 가입기간을 국민연금 가입기간으로 인정하여 국민연금에서 노령연금을 수급할 수 있도록 하는 제도이다. 이는 결과적으로 공적연금 사각지대를 축소하는 역할을 한다. 추후적용을 받기 위해서는 이전의 사용자가 추후적용 가입기간에 대해 국민연금 보험료를 추납하여야 하며, 추납할 보험료는 국민연금 보험료 산정상한액을 한도로 하여 추후적용 기간 가입자의 월 급여에 기초하여 산정한다.

(5) 적용제외(Befreiung von der Versicherungspflicht)

적용제외에 관한 국민연금의 법률 조항으로는 다음의 두 가지가 있다. 첫째, 법률에 의한 적용제외이다(동법 제5조). 공무원, 판사, 직업군인, 교회 성직자 및 지방자치단체와 공법적 법인체의 종사자 등이 이 그룹에 속한다. 또한 단기취업자(단기근로자와 단기자영자) 및 가사 분야 경미한 근로자 역시 법률에 의한 적용제외 대상이다. 단기취업은 취업기간이 1년에 2개월 또는 50일 이내인 경우인데, 이 기간 요건에 관계없이 직업적 목적의 취업은 단기취업으로 인정되지 않는다. 복수 단기취업의 경우에는 근무일을 합산하여 60일 이내이면 단기취업으로 인정되며, 경미한 근로자 여부를 판단할 때 근무시간의 제한이 없는 것처럼 단기취업 여부를 판단할 때에는 임금수준에 제한이 없다.

둘째, 신청에 의한 적용제외이다(동법 제6조). 자영업 직종별 연금제도 가입자(의사, 약사, 변호사, 공증인, 건축가, 세무사, 공인회계사 등), 사립학교 교사, 독일 이외의 국가에 거주하는 독일 국적 선박의 외국인 선원, 18년 이상 당연가입 보험료를 납부한 자영수공업자, 미니잡 근로자 등이 이 그룹에 속한다.

3) 가입 현황

본인의 생애기간에 걸쳐 국민연금 산정과 관련된 기간을 보유한 모든 사람을 국민연금 가입자로 분류한다. 해당연도 12월 조사한 날에 연금수급권과 관련된 기간을 보유한 사람은 능동적 가입자로, 해당연도 12월 조사한 날에 연금수급권과 관련된 기간을 보유하고 있지는 않지만 해당연도 또는 그 이전에 연금수급권과 관련된 기간을 보유한 사람은 수동적 가입자로 분류하고 있다. 〈표 8-4〉에 따르면 2014년 12월 31일 기준으로 36,483,088명의 능동적 가입자 중 당연가입자가 2,935만 1,137명으로 80.5%를 차지하며, 적용에서 제외된 저소득취업자가 451만 954명으로 12.4%를 차지

〈표 8-4〉 국민연금 가입 종류별 가입자 현황(2014년 12월 31일 기준)

(단위: 명)

	소계	남자	여자
능동적 가입자	36,483,088	18,801,961	17,681,127
당연적용 대상자	29,351,137	15,629,948	13,721,189
자영자	276,794	146,095	130,699
실업수당 수급자	822,509	482,309	340,200
적용제외 저소득취업자	4,510,954	1,699,919	2,811,035
의제가입자	2,607,721	1,298,055	1,309,666
수동적 가입자	16,847,231	8,822,531	8,024,700
총 가입자	53,330,319	27,624,492	25,705,827

주: 당연적용 저소득취업자는 당연적용 대상자로 분류됨.
자료: Deutsche Rentenversicherung Bund, 2016: 6.

〈표 8-5〉 연령대별 국민연금 가입자 현황

(단위: 명, %)

	능동적 가입자	인구	가입률
15~64세	36,483,088	53,422,103	68.3
남자	18,801,961	26,968,084	69.7
여자	17,681,127	26,454,019	66.8
60~64세	2,453,174	5,152,977	47.6
남자	1,251,613	2,502,129	50.0
여자	1,201,561	2,650,848	45.3

자료: Deutsche Rentenversicherung Bund, 2016: 6.

하였다. 이어서 질병, 임신, 출산 및 학업 등으로 보험료를 납부하지 않는 의제가입자가 260만 7,721명으로 7.1%를 차지하였다. 한편 수동적 가입자는 1,684만 7,231명이었다.

한편, 〈표 8-5〉에는 연령대별 가입자 현황이 정리되어 있다. 15세 이상 64세까지의 인구 중 능동적 가입자 비율은 남자가 69.7%로 여자 66.8%보다 조금 높았다. 이는 독일 인구의 3분의 2 이상이 국민연금의 능동적 가입자임을 보여 준다. 60세 이상 64세까지의 고령자의 경우 능동적 가입자 비율은 남자 50.0%, 여자 45.3%로 소폭 떨어지는데, 장기가입자의 경우 64세에 노령연금을 수급할 수 있는 것이 이에 대한 하나의 원인으로 작용했다.

4) 급 여

(1) 급여의 종류

국민연금의 급여는 다음과 같이 다양하다. 첫째, 치료·취업 지원 및 취업 능력의 유지·개선과 회복을 위한 급여이다. 둘째, 노령연금, 취업능력 상실 연금 및 광업보상급여이다. 셋째, 유족연금이다. 넷째, 배우자연금 일시금 및 반환일시금이다. 다섯째, 의료보험료 지원금이다. 여섯째, 자녀양육에 대한 급여이다(〈사회법전〉 1편 제23조 제1항).

첫 번째 종류의 급여는 한국의 국민연금제도에서는 다소 생소한 내용으로 취업 중인 가입자가 장애를 극복할 수 있도록 의료재활과 직업재활 등을 실시함으로써 질병이나 정신적, 신체적 장애가 취업능력에 미치는 부정적 영향을 줄이기 위한 것이다.

두 번째 종류의 급여는 가입자의 노령, 취업능력 상실 및 장기가입 광부의 실직에 대해 지급하는 연금이다. 여기에는 노령연금, 장애연금 및 광업보상급여가 있다.[12] 노령연금의 종류로는 완전노령연금, 장기가입자 노령연금, 중증장애인 노령연금, 특별장기가입자 노령연금, 장기가입광부 노령연금, 실업 또는 부분취업으로 인한 노령연금, 여성노령연금이 속한다(〈사회법전〉 6편 제33조 제1항). 노령연금에서 가장 중요한 완전노령연금은 연금수급 연령에 도달하고 가입기간 요건을 충족한 가입자에게 지급되며, 가입기간 요건은 원칙적으로 5년이다.[13] 그러나 산업재해로 취업능력을 상실 또는 사망하고, 동시에 산업재해 발생 시점에 당연가입 대상자였거나 또는 산업재해 발생 직전 2년 중 1년 이상 당연가입 대상자로 보험료를 납부하였을 경우에는 연금 수급을 위한 가입기간 요건이 충족된 것으로 인정한다. 완전노령연금 수급개시 연령은 기존의 66세에서 2012년 1월 1일부터 매년 1개월씩 상향조정되어 2028년에 67세가, 이어서 2029년부터는 매년 2개월씩 상향조정되어 2034년 1월 1일부터 68세가 적용된다.[14]

장애연금의 종류로는 부분장애연금, 완전장애연금 및 광산근로자연금이

---

12) 광업보상급여는 25년 이상 가입한 광부가 구조조정 등 본인 잘못이 아닌 이유로 56세 이상의 연령에서 실직할 때 재취업이 어려운 현실을 반영하여 연금을 수급하게 될 때까지 지급하는 급여이며 연금은 아니다〔이에 대한 상세한 내용은 김상호(2010: 29~30)를 참조하라〕.

13) 연금가입 기간의 종류에 대해서는 이정우(2012)를 참조하라.

14) 〈연금수급연령변경법〉(RV-Altersgrenzenanpassungsgesetz)을 통해 기존의 66세 연금 수급개시 연령을 단계적으로 인상했는데, 법 개정 이전의 수급개시 연령이 65세로 한국에 잘못 소개된 점에 유의하기 바란다.

있다.15) 장애연금을 수급하기 위해서는 의학요건과 보험요건을 동시에 충족시켜야 하는데, 의학요건의 판단기준인 잔여근로능력은 일반노동시장에서 통상적 조건에 주 5일 취업하는 것을 상정하여 경제활동을 할 수 있는 일일 근로시간으로 측정한다. 부분장애연금을 수급하기 위한 의학요건은 취업능력이 부분적으로 감소한 것이며, 취업능력이 부분적으로 감소하였는지는 건강상의 이유로 하루 3시간 이상 6시간 미만 경제활동을 할 수 있는지 여부로 판단한다. 부분장애연금을 수급하기 위한 보험요건은 취업능력 감소가 발생하기 직전의 5년 중 3년 이상 당연가입자로 보험료를 납부하고, 5년의 최소가입기간을 충족시키는 것이다.16) 또한 완전장애연금을 수급하기 위한 의학요건은 취업능력이 완전히 감소한 것이며, 취업능력이 완전히 감소하였는지는 건강상의 이유로 일반노동시장에서 하루 3시간 미만 경제활동을 할 수 있는지 여부로 판단한다(동법 제43조). 완전장애연금을 수급하기 위한 보험요건은 취업능력 감소가 발생하기 직전의 5년 중 3년 이상 당연가입자로 보험료를 납부하고, 5년의 최소가입기간을 충족시키는 것이다. 한편 의사가 잔여근로능력을 검사하는데, 일반노동시장에서 하루 3시간 이상 또는 6시간 이상 취업할 수 있는지 여부를 판단하며, 일일 잔여근로능력이 6시간 이상인 것으로 판정되면 장애연금 수급대상에서 제외된다. 완전노령연금 수급개시 연령에 도달하면 지급이 중지되고 장애연금이 완전노령연금으로 전환되는 점에서 한국의 국민연금제도와 차이가 있다.

유족연금으로는 배우자연금, 육아연금 및 아동연금이 있다. 배우자연금은 다시 소액 배우자연금과 대액 배우자연금으로 구분된다. 소액 배우자연

---

15) 광산근로자연금은 광산-철도-해운 보험조합에서 광업종사자를 위한 완전노령연금 지급을 시작할 때까지 직업능력이 감소한 광업근로자를 대상으로 국민연금에서 지급하는 연금이다(동법 제45조).

16) 최소가입기간에는 보험료 납부기간, 이혼 시 배우자가입 분할기간, 미니잡(월 450유로 이하의 직장) 가입기간 및 부부 연금분할기간이 포함된다.

금의 수급요건은 가입자가 5년 이상 가입한 상태에서 사망하고, 혼인 관계가 1년 이상 지속되었으며, 배우자가 재혼하지 않은 것이다. 대액 배우자연금의 수급요건은 가입자가 5년 이상 가입한 상태에서 사망하고, 혼인 관계가 1년 이상 지속되었으며, 배우자가 재혼하지 않고 18세 이하의 본인이나 사망자의 아동을 양육하거나 또는 본인이 48세 이상이거나 취업능력을 상실한 것이다. 배우자가 재혼하면 배우자연금 수급권을 상실하지만, 재혼 후 이혼하거나 또는 재혼 관계가 무효화되면 소액 배우자연금이나 대액 배우자연금에 대한 수급권을 회복한다(동법 제46조). 급여수준은 소액 배우자연금의 경우 가입자 완전장애연금의 25%이며, 대액 배우자연금의 경우에는 가입자 완전장애연금의 55%이다(BMAS, 2014: 387). [17] 이처럼 배우자연금의 경우 배우자가 재혼하면 원칙적으로 수급권을 상실하며 수급권이 사망한 가입자로부터 도출되는 특징이 있다.

이와 달리 육아연금은 이혼한 배우자가 수급할 수 있고 본인의 가입을 통해 수급권을 확보한다는 점에서 배우자연금과 차이가 있다. 육아연금 수급요건은 1977년 7월 1일 이후 이혼하고 이혼한 배우자가 사망하였으며, 본인이 재혼하지 않고 18세 이하의 본인이나 사망자의 아동을 양육하며, 배우자가 사망하기 전에 본인이 5년 이상 국민연금에 가입해 있어야 한다(동법 제47조). 육아연금의 수준은 완전장애연금과 동일하다. 본인이 재혼하거나, 자녀가 19세가 되거나 또는 완전노령연금 수급개시 연령에 도달하면 육아연금은 더 이상 지급되지 않는다.

한편 아동연금은 편친사망 아동연금과 양친사망 아동연금으로 구분된다. 편친사망 아동연금은 사망한 부모가 5년의 최소가입기간을 충족시키고 다른 부모가 생존해 있을 때 지급되며, 급여수준은 사망한 부모 완전장

---

17) 가입자 사망 후 초기 3개월 동안에는 소액 배우자연금과 대액 배우자연금 모두 가입자 완전장애연금의 100%를 지급한다. 또한 재혼으로 인한 수급권 상실 시 24개월분의 연금을 일시금으로 지급한다.

애연금의 10%이다. 양친사망 아동연금은 사망한 부모가 5년의 최소가입기간을 충족시키고 부모 모두 사망했을 때 지급되며, 급여수준은 사망한 부모 완전장애연금의 20%이다. 아동연금은 원칙적으로 18세까지 지급되지만, 학교교육이나 직업교육을 받고 있거나 또는 장애로 스스로 부양할 수 없을 때에는 27세까지 연장된다.

(2) 연금 산정 방식

국민연금 산정 요소는 개인기여점수, 수급연령변수, 연금종류계수 및 기준연금액이다.[18] 개인기여점수는 보험료 납부 기여도를 개인별로 측정하는 정규화한 소득(*normalized income*)으로 보험료 산정상한액까지의 월 소득을 가입자의 연평균 소득으로 나누어 소득점수(*earnings point*)화한 것을 전체 가입기간에 대해 합산한 수치이다. 따라서 가입자 연평균 소득에 상응하는 1년 소득을 가진 가입자에게는 개인기여점수 1이 부여되며, 같은 조건으로 40년 동안 가입하였거나 가입한 것으로 인정될 경우에는 개인기여점수 40이 부여된다.[19]

참고로 보험료 산정상한액은 가입자의 소득 인상을 반영하여 매년 조정된다. 옛 서독지역의 경우 2015년 월 6,050유로(연 72,600유로)에서 2016년 1월부터 월 6,200유로(연 74,400유로)로, 옛 동독지역의 경우에는 2015년 월 5,200유로(연 62,400유로)에서 2016년 1월부터 월 5,400유로(연 64,800유로)로 인상되었다. 2013년의 경우 옛 서독지역에서 1,320,550명(남자 1,161,048명, 여자 159,502명)이, 옛 동독지역에서는 129,676명의

---

18) 이 변경은 '국민연금법 개혁 1992'를 통해 이루어졌다.

19) 독일에서는 이처럼 납부한 보험료의 기초가 되는 월 소득을 정규화한 소득으로 전환하는 방식으로 보험재정에 대한 개인별 기여도를 측정하여 연금 산정에 반영하는데, 이는 우리나라 국민연금에서 보험료 납부의 기초가 되는 개인별 소득월액을 재평가율을 통해 가입기간 표준소득월액으로 환산하는 방식과 결과적으로 비슷하다.

<표 8-6> 국민연금의 연금종류계수

연금종류		연금종류계수
노령연금		1.00
부분장애연금		0.50
완전장애연금		1.00
육아연금		1.00
소액 배우자연금	초기 3개월	1.00
	4개월 이후	0.25
대액 배우자연금	초기 3개월	1.00
	4개월 이후	0.55
편친사망 아동연금		0.10
양친사망 아동연금		0.20

자료: 〈사회법전〉 6편 제 67조.

가입자가 보험료 산정상한액에 상응하는 보험료를 납부하였다(Deutsche Rentenversicherung Bund, 2015: 32).

월연금액 = 개인기여점수 × 수급연령변수 × 연금종류계수 × 기준연금액

수급연령변수는 완전노령연금 지급개시 연령보다 일찍 또는 늦게 수급함으로써 발생하는 이익 또는 불이익을 상쇄하기 위한 장치이며, 완전노령연금 지급개시 연령에 수급하면 1의 수치가 부여된다. 완전노령연금 지급개시 연령보다 연금수급을 늦추는 매월에 대해 0.5%p(연 6.0%p)씩 증가시키는 반면, 조기에 수급하는 매월에 대해서는 0.3%p(연 3.6%p)씩 감소시킨다(동법 제 77조 제 2항).

연금종류계수는 연금종류별로 보장하고자 하는 연금수준을 결정하는 변수이며, 예를 들면 노령연금과 완전장애연금에 대해서 1의 수치가 부여된다. 여타 연금의 연금종류계수는 〈표 8-6〉에 정리되었다.

기준연금액은 평균보수를 가진 가입자가 1년 동안 보험료를 납부했을 때 지급하는 1개월의 노령연금에 해당하는 금액이다. 2016년 7월 1일부터 옛

서독지역에 적용하는 기준연금액은 29.21유로에서 30.45유로로 인상되었고, 옛 동독지역에 적용하는 기준연금액은 27.05유로에서 28.66유로로 인상되었다.

기준연금액은 다음과 같은 이유에서 국민연금의 지속가능성을 유지하는 데 중요하다. 첫째, 개인기여점수, 수급연령변수 및 연금종류계수는 이미 연금수급을 시작할 때 결정되기 때문에 연금지출을 억제하기 위해서는 기준연금액 인상 속도를 조절해야 한다. 둘째, 독일에서는 신규 수급자뿐만 아니라 기존 수급자에 대해서도 매년 월연금액 산정산식을 적용하여 연금을 새롭게 계산하기 때문에 연금지출의 급격한 증가를 조절할 수 있다. 이와 달리 한국의 국민연금에서는 물가상승으로 인한 구매력 하락을 방지하기 위해 연금수급 개시시점에 결정되는 첫 연도의 연금을 소비자물가지수에 연동(물가 슬라이드)하여 매년 조정한다. 흥미롭게도 독일의 공적연금에서는 신규 수급자뿐만 아니라 기존의 연금 수급자에 대해서도 매년 연금을 산정한다. 고령화로 인한 지출 증대와 낮은 경제성장률에 기인하는 재정문제를 극복하기 위해 독일에서는 주로 기준연금액 산식을 변경하여 지출 증가를 억제한다. 따라서 국민연금제도의 지속가능성을 확보하기 위한 지출 억제 목적의 개혁은 주로 기준연금액 산정방식을 변경하는 데 집중하여 이루어진다.[20]

2016년에 적용한 기준연금액 산식은 다음과 같이 네 부분으로 구성되어 있다(동법 제 68조 제 5항).[21] 첫 번째 부분은 해당연도 기준연금액이 전년

---

[20] 한국의 공무원연금에는 기존 연금 수급자의 높은 급여수준을 조정할 수 있는 메커니즘이 없기 때문에 2015년 〈공무원연금법〉 개혁에서는 연금액 인상을 일정 기간 동안 중지하는 방법을 선택하였다. 이와 달리 독일 공적연금에서는 기존 연금 수급자의 연금액을 매년 새로 산정하기 때문에 이러한 문제가 발생하지 않는다.

[21] 〈국민연금법〉 개혁에 따른 기준연금액 산정방식변화 관련 내용은 김상호(2014)를 참조하라.

도 기준연금액에 기초하여 산정되는 것을 알 수 있다. 두 번째 부분은 전전연도 대비 전년도의 가입자 평균총임금 상승률을 반영토록 하는 것인데, '국민연금법 개혁 2004'에서 총임금 변화율 대신 국민연금 보험료 납부 대상이 되는 임금의 변화율을 반영하도록 변경되었다. 즉, 이전과 달리 보험료 산정상한액을 초과하는 임금, 공무원임금 및 리스터연금으로 전환되는 임금을 제외한 가입자 평균총임금의 상승률을 반영하도록 하였다.

세 번째 부분은 리스터요소(*Riester factor*)라고 불린다. 보험료율이 2020년까지 20%를, 그리고 2030년까지 22%를 초과하지 않도록 최고보험료율을 설정한 '국민연금법 개혁 2001'을 통해 도입되었다. 리스터요소는 국가가 보험료 일부를 지원하는 리스터연금 보험료율과 국민연금 보험료율이 상승하면 기준연금액이 하락하도록 설계되었다. 이는 국민연금 가입자의 노후소득보장을 위한 부담이 증가하면 국민연금이 하락하도록 하여 국민연금 가입자와 연금 수급자 간의 형평성을 높이는 역할을 한다. 리스터연금 보험료율은 2002년 7월 1일 0.5%에서 시작하여 2012년 7월 1일부터 4%로 인상되었고, 이 인상 기간 동안 기준연금액 상승을 억제하는 기능을 하였다. 이를 구체적으로 살펴보면 리스터연금 보험료율이 0%에서 4%로 인상됨에 따라 기준연금액이 4% 하락하도록 설계한 것을 알 수 있다. 그러나 2012년 7월 1일 이후로는 최고보험료율인 4%로 고정되어서 더 이상 기준연금액 인상을 억제하는 기능을 하지 못한다. 이와 달리 국민연금 보험료율은 매년 변화할 수 있기 때문에 보험료율이 상승하면 기준연금액을 하락시키고, 보험료율이 하락하면 기준연금액을 상승시켜 국민연금액을 조정하는 역할을 한다.

네 번째 부분은 지속가능성 요소(*sustainability factor*)로 불리며 '국민연금법 개혁 2004'를 통해 도입되었다. 지속가능성 요소에는 표준화한 가입자 수에 대한 표준화한 연금 수급자 수의 비율(RQ)이 포함되었는데, 이 비율의 변화를 통해 인구구조와 노동시장의 상황 변화가 기준연금액 산정에 반영되도록 하였다. 즉, 평균수명의 연장으로 연금 수급자 수가 증가할수록, 그리고 출생 감소와 노동시장의 악화로 국민연금 가입자 수가 감소할수록 기준연금액이 적어진다. 이때 소액연금 수급자가 야기하는 왜곡을 방지하기 위해 연금지급 총액을 45의 개인기여점수에 상응하는 보험연도 노령연금으로 나누어 표준화한 연금 수급자 수를 산출하도록 하였다. 또한 미니잡 취업자와 실업급여 수급자 같은 소액보험료 납부자가 야기하는 왜곡을 방지하기 위해 보험료 총액을 보험연도 평균임금 가입자의 보험료로 나누어 표준화한 가입자 수를 산출하도록 하였다. [22]

$$AR_t = AR_{t-1} \times \frac{BE_{t-1}}{BE_{t-2} \times \left(\dfrac{\frac{BE_{t-2}}{BE_{t-3}}}{\frac{bBE_{t-2}}{bBE_{t-3}}} \right)} \times \left(\frac{100 - AVA_{2012} - RVB_{t-1}}{100 - AVA_{2012} - RVB_{t-2}} \right) \times \left[\left(1 - \frac{RQ_{t-1}}{RQ_{t-2}} \right) \times \alpha + 1 \right]$$

- AR_t: (t) 연도의 기준연금액
- BE_{t-1}: (t-1) 연도의 가입자 평균총임금
- bBE_{t-2}: (t-2) 연도의 보험료 산정상한액까지의 평균총임금
- AVA_{2012}: 2012년 적용된 리스터연금 보험요율(Altersvorsorgeanteil) 4%
- RVB_{t-1}: (t-1) 연도의 국민연금 보험요율(Rentenversicherungsbeitragssatz)
- RQ_{t-1}: (t-1) 연도의 '표준화한 가입자 수'에 대한 '표준화한 연금 수급자 수'의 비율
- α: 상수(0.25)

---

22) 지속가능성 요소에 포함되어 있는 α에 상수 0.25를 부여하는데, 이 수치를 적용하면 2020년까지 20%, 그리고 2030년까지 22% 이내로 보험료율을 유지할 수 있을 것으로 예상되어 그렇게 설정한 것이며, 이 수치의 특별한 경제적 의미는 없다.

(3) 연금 수급자 현황

2014년의 경우 국민연금 신규 수급자 수는 136만 2,115명이었고, 이 중에서 광산근로자연금의 신규 수급자가 4만 9,610명 증가했다. 또한 2014년의 경우 총 연금 수급자 수는 2,533만 2,428명이며, 이 중에서 광산근로자를 대상으로 한 연금이 102만 4,907명을 차지했다. 〈표 8-7〉에서 가입자 수와 수급자 수의 증가 규모가 비슷한 것을 알 수 있다. 예를 들면 2000~2014년의 기간 동안 가입자 수는 222만 3,071명 증가하였고, 수급자 수는 218만 7,961명 증가했다. 이는 고령화의 진행으로 부과방식으로 운영되는 국민연금제도의 수급자 수 대비 가입자 수 비율이 악화되었음을 보여 준다.

〈표 8-7〉 국민연금 가입자 수와 수급자 수 추이

연도	가입자 수 (12월 31일 기준)	신규 수급자 수	수급자 수 (12월 31일 기준)	종료된 의료재활 건수
1960	-	661,646	7,872,473	548,916
1965	25,683,000	780,546	8,605,163	693,105
1970	26,032,000	906,485	9,879,105	700,806
1975	25,915,000	1,014,046	11,480,297	840,856
1980	26,998,000	932,521	12,454,138	798,848
1985	36,003,257	905,199	14,014,838	696,743
1990	40,953,112	1,031,199	15,012,633	728,319
1991	40,812,903	917,827	15,293,201	839,789
1992	49,853,504	968,997	19,272,916	918,705
1993	49,739,635	1,519,641	19,839,562	944,283
1995	49,432,325	1,742,471	21,060,962	985,415
2000	51,107,248	1,469,661	23,144,467	835,878
2005	51,728,532	1,312,124	24,483,745	804,064
2010	52,222,842	1,236,702	25,012,987	996,154
2011	52,423,284	1,255,878	25,167,500	966,323
2012	52,672,224	1,204,165	25,180,430	1,004,617
2013	52,971,882	1,209,241	25,164,401	988,380
2014	53,330,319	1,362,115	25,332,428	1,014,763

주: 1991년까지는 옛 서독지역을, 1992년부터는 통일 이후의 전체 지역을 대상으로 함.
자료: Deutsche Rentenversicherung Bund, 2015: 6.

5) 재원조달

비스마르크형 사회보험제도의 특징 중 하나는 재원의 대부분을 노사가 절반씩 부담하는 사회보험료로, 그리고 일부분만 연방보조금으로 조달하는 것이다. 연방보조금은 사회정책 목적의 지출에 대해, 예를 들면 양육크레딧, 교육크레딧 및 군복무크레딧처럼 사회적으로 바람직한 행위에 대해 국민연금 가입기간으로 인정함으로써 급여를 인상시키는 데 소용되는 비용을 연방정부가 부담하는 것이다.

연방정부의 지원은 1997년까지는 일반 연방보조금 형태로만 이루어졌다. 그러나 국민연금 보험료율이 당시의 심리적 한계선으로 간주되던 20%를 초과하자 1998년부터 부가가치세 인상을 통하여 확보한 세원의 일부를, 그리고 2000년부터는 환경세 신설을 통해 확보한 세원의 일부를 추가 연방보조금으로 지원한다. 2016년의 경우 연방보조금이 연금지출에서 차지하는 비중은 27.1%였으며, 세부적으로 일반 연방보조금과 추가 연방보조금이 각각 17.7%와 9.4%를 차지하였다. 추가 연방보조금 제공을 통한 연방정부의 지원 확대는 보험료율의 안정화와 점진적 하락에 기여하였다(〈표 8-8〉 참조). 참고로 연방정부의 지출에서 차지하는 연방보조금의 비율은 1990년 7.8%에서 2013년에 19.9%로 증가하였다(BMAS, 2014: 481). 이는 국민연금에 대한 지원이 연방정부의 예산편성에 큰 압박요인으로 작용함을 보여 준다.

독일 국민연금의 재원조달 분야에서 흥미로운 것은 최고보험료율을 〈국민연금법〉에 규정한다는 점이다. 즉, 국민연금의 보험료율이 2020년까지 20%, 그리고 2030년까지 22%를 초과하지 못하도록 최고보험료율을 설정했다(〈사회법전〉 6편 제154조 제3항 1호). 이처럼 보험료율 상한을 설정한 것은 국민연금 보험료 인상이 임금부대비용 증가를 통해 기업의 국제경쟁력을 약화시킬 수 있기 때문에 생산기지로서 독일의 지위를 유지하기

〈표 8-8〉 국민연금 보험료율과 연금지출에 대한 연방보조금 비율의 추이

(단위: %)

연도	보험료율	일반 연방보조금	추가 연방보조금
1970	17.0	18.6	-
1975	18.0	18.3	-
1980	18.0	19.3	-
1985	18.7	18.0	-
1990	18.7	18.7	-
1991	17.7	19.7	-
1992	17.7	19.5	-
1993	17.5	19.2	-
1994	19.2	20.9	-
1995	18.6	20.0	-
1996	19.2	20.4	-
1997	20.3	21.6	-
1998	20.3	22.0	2.9
1999	19.5	20.0	4.6
2000	19.3	18.6	5.1
2001	19.1	18.3	6.6
2002	19.1	18.3	7.6
2003	19.5	18.7	9.0
2004	19.5	18.8	8.7
2005	19.5	18.9	8.7
2006	19.5	18.7	8.7
2007	19.9	18.9	8.9
2008	19.9	18.8	9.0
2009	19.9	18.6	9.0
2010	19.9	18.9	9.0
2011	19.9	18.7	9.0
2012	19.6	18.5	9.3
2013	18.9	17.7	9.6
2014	18.9	n.a.	n.a.
2015	18.7	n.a.	n.a.
2016	18.7	17.7	9.4

주: 추가 연방보조금은 부가가치세와 환경세에서 지원되며, 이는 각각 1998년과 2000년에 시작되었음.
자료: Deutsche Rentenversicherung 홈페이지(http://www.deutsche-rentenversicherung.de/).

위해 취한 조치였다.

국민연금 보험료는 보험료 산정상한액까지의 소득에 보험료율을 곱하여 산정하는데, 보험료 산정상한액을 2003년에 평균소득자 소득의 2배로 설정하였다. 이에 따라 2003년에 옛 서독지역에 월 5,100유로가, 그리고 옛 동독지역에 월 4,250유로가 적용되었다.

이어서 2004년부터 연방통계청이 발표하는 근로자 평균임금 상승률에 비례하여 매년 1월 1일에 보험료 산정상한액을 인상하며(동법 제159조), 2016년의 경우에는 옛 서독지역에 월 6,200유로를, 옛 동독지역에는 월 5,400유로를 적용했다.

재정방식으로 완전부과방식을 사용하고 있기 때문에 보험연도의 지출에 필요한 금액을 해당연도의 보험료 수입과 연방보조금으로, 그리고 필요한 경우에는 지속가능성준비금(Nachhaltigkeitsrücklage)으로 충당한다(동법 제153조). 기존의 보험료율을 1년 동안 적용하며, 기존의 보험료율을 유지할 때 보험연도의 12월 31일 기준으로 운영자금과 지급준비금으로 구성된 지속가능성준비금이 월 지출액의 0.2배 미만에 도달할 것으로 예상되면 보험연도의 1월 1일에 보험료율을 인상하도록 규정한다.

반대로 기존의 보험료율을 유지할 때 보험연도의 12월 31일 기준으로 지속가능성준비금이 월 지출액의 1.5배를 초과할 것으로 예상되면 보험연도의 1월 1일에 보험료율을 인하하도록 규정한다(동법 제158조). 예를 들면 2015년 12월 31일 기준으로 지속가능성준비금이 월 지출액의 1.91배에 해당할 것으로 예상됨에 따라 2015년에 적용할 보험료율로 0.2%p 인하한 18.7%를 적용하였다.

또한 2016년 12월 31일을 기준으로 보면 지속가능성준비금이 월 지출액의 0.2배 이상이면서 1.5배 이하의 범위에 해당할 것으로 예상됨에 따라 2016년에 적용할 보험료율은 2015년과 동일한 수치인 18.7%로 결정되었다(Deutsche Rentenversicherung Bund 홈페이지 참고).

6) 개혁동향과 시사점

'국민연금법 대개혁 1957'을 통해 가입자의 임금상승률에 따라 연금이 인상되도록 변경하였고(임금 슬라이드의 도입), 이에 따라 1957년부터 1969년까지 연금이 110.5% 대폭 인상되었다(김상호, 2014: 34). 이어서 '국민연금법 개혁 1972'를 통해 장기 가입자가 감액 없이 조기노령연금을 수급할 수 있게 하고 연금 인상 시점을 6개월 앞당겨 1972년에 1월 1일과 7월 1일에 각각 6.3%와 9.5%씩 인상하는 등의 급여 확대 정책을 실시하였다. 그러나 1970년대에 두 번에 걸쳐 발생한 석유파동에 의한 경제침체와 실업증가에 따른 보험료 수입 감소로 부과방식으로 운영되는 단기재정이 악화되었고, 동시에 고령화의 진행으로 장기재정이 더욱 악화될 것으로 전망되자 1980년대에 국민연금재정의 지속가능성에 대한 논쟁이 가열되었다. 기존 국민연금의 재정방식에 대한 대안으로 크게 두 가지가 제안되었다.

첫째, 부과방식에서 점진적으로 적립방식으로 전환하자는 근본적 개혁방안(*fundamental reform*)이며, 이는 주로 경제학자들이 지지하였다.

둘째, 부과방식에서 적립방식으로의 이행과정에서 발생하는 이중부담(*double burden*)의 문제 등을 고려하여 기존의 부과방식체계를 유지하면서 부족한 재원 문제를 해결하기 위해 가입자, 연금 수급자 및 연방정부가 공동으로 참여하자는 모수적 개혁방안(*parametric reform*)이었다. 국민연금 주무부처인 연방노동사회부의 블림(Nobert Blüm) 장관이 이 방안을 강력하게 지지하였으며, 오랜 논쟁 끝에 모수적 개혁방안이 채택되어 이후의 국민연금 개혁에 적용되었다.

국민연금의 급여를 삭감한 최초의 개혁은 '국민연금 개혁법 1992'를 통해 이루어졌다. 이 개혁에서 수지상등의 원칙(*equivalence principle*)을 강화하기 위해 17세 이후의 교육기간에 대해 최대 13년을 보험료 납부기간으로 인정하던 것을 7년으로 줄이고 인정급여의 수준을 평균임금의 100%에서

75%로 낮추었다. 아울러 62세에 조기노령연금을 수급하면 매달 0.3%씩 감액하고, 완전노령연금 수급개시 연령(65세)보다 늦게 수급하면 매달 0.5%씩 증액하도록 하였다. 또한 가족정책 요소를 강화해 양육크레딧 인정기간을 1년에서 3년으로 연장하고 인정급여의 수준을 평균임금의 75%에서 100%로 인상하였다. 아울러 연금 수급자와 연방정부의 '고통분담'을 강화하기 위해, 연금인상을 가입자 평균 총임금 변동률에서 가입자 평균 순임금 변동률로 변경하여 소득세율과 부가가치세율의 인상이 반영되도록 함으로써 연금인상이 억제되도록 하였고, 연방보조금 규모를 산정할 때 총임금 증가뿐만 아니라 보험료율 변동이 반영되도록 함으로써 보험료율이 인상되면 연방보조금을 증액하도록 하였다.

이어서 급여수준의 안정보다 재정안정을 우선시하도록 한 '국민연금법 개혁 2001'을 통해 패러다임 전환이 이루어졌다. 급여수준의 안정을 우선 시하던 기존의 정책에서 재정안정을 우선시하도록 획기적으로 변경된 것이다. 이 개혁에서 최고보험료율을 도입하여 보험료율이 2020년까지 20%를, 그리고 2030년까지 22%를 초과하지 않도록 하고, 이를 실행하기 위해 '국민연금 개혁법 1992'에서 도입한 순임금 변동률 기준의 연금 인상 규정을 폐지하고 앞에서 설명한 리스터요소를 기준연금액 산식에 도입하였다. 또한 공적연금인 국민연금의 재정안정을 위해 연금 인상을 억제할 수밖에 없었지만, 동시에 이에 대한 보완조치로 적립방식으로 운영되는 민영보험의 리스터연금제도를 도입하고 정부가 보험료의 일부를 지원함으로써 부족한 노후소득을 보충할 수 있도록 하였다.[23]

2003년에 산재보험을 제외한 사회보험 보험료율의 합이 42%를 초과(〈부록 1〉 참조)함에 따라 수출 촉진을 통한 경제 활성화를 위해 수출 업종의 임금 부대비용을 낮출 필요성이 사회적 이슈로 등장하였다. 2004년 6월

---

23) 리스터연금에 대한 상세한 내용은 김상호 외(2015)를 참조하라.

16일의 〈국민연금 지속가능성 법률〉(RV-Nachhaltigkeitsgesetz)을 통해 실시된 '국민연금법 개혁 2004'에서는 이러한 사회적 요구에 대응하여 지속가능성 요소가 도입되었다. 지속가능성 요소의 도입을 통해 인구구조와 노동시장의 변화를 연금 산정에 자동적으로 반영하는 자동조정 메커니즘(*automatic stabilizer*)이 구축되었다. 그 결과 국회를 통한 법률 개정 없이도 인구구조와 노동시장이 악화되면 연금액을 자동적으로 미세조정 할 수 있게 되었다. 이 규정은 이후 국민연금의 재정안정화에 기여하였다. 또한 17세 이후의 교육기간에 대해 최대 7년 인정하던 교육크레딧을 직업양성훈련을 받은 전문학교의 교육기간만 최대 3년 인정하는 것으로 축소하였다.

마지막으로 살펴볼 것은 '국민연금법 개혁 2007'이다. 2007년 4월 20일의 〈연금수급연령변경법〉(RV-Altersgrenzenanpassungsgesetz)을 통해 실시된 이 개혁은 기대여명의 지속적인 증가로 '국민연금법 개혁 2001'에서 설정한 보험료율 안정화 목표(2020년까지 20% 이내, 2030년까지 22% 이내)를 달성하기 어렵게 되자 완전노령연금 수급개시 연령을 2012년부터 기존의 66세에서 단계적으로 인상하여 2029년부터 68세를 적용하도록 했다. 이를 구체적으로 살펴보면 완전노령연금 수급개시 연령을 2012년부터 매년 1개월씩 연장하여 2023년부터 67세를 적용하고, 2024년부터는 매년 2개월씩 연장하여 2029년부터 68세를 적용하도록 했다(동법 제235조).

독일의 국민연금제도로부터 다음과 같은 시사점을 도출할 수 있다. 첫째, 독일은 '국민연금법 개혁 2001'에서 국민연금 개혁의 목표를 급여수준의 안정보다 재정의 안정으로 설정하고, 이를 실현하기 위해 최고보험료율 규정을 도입하였다. 이는 한국의 국민연금에서도 장기목표를 설정할 필요가 있음을 제시한다. 장기목표로는 급여의 보장수준 안정이나 재정안정화 등을 고려할 수 있을 것이다. 재정안정화를 장기목표로 설정할 경우에는 기간별 최고보험료율 및 적정 기금규모 등을 검토해야 할 것이다.

둘째, 국회의 법률 개정을 통해 국민연금 재정안정화를 달성하려고 하면 많은 정치적 비용이 수반되는 것을 우리는 여러 번 경험하였다. 따라서 법률 개정 없이 인구변화와 노동시장 상황의 변화를 반영하여 재정안정을 추구할 수 있도록 재원조달과 급여수준에 관한 내용을 조정할 수 있는 메커니즘을 구축하는 것이 바람직하다.

셋째, 출산크레딧처럼 사회정책 목적을 위한 급여에 소요되는 비용은 전액 정부의 일반예산에서 지원하는 것이 바람직하다. 독일에서는 보험연도에 인정하는 양육크레딧에 소요되는 모든 비용을 연방정부의 일반예산에서 해당연도에 지원한다. 따라서 한국의 국민연금에서도 출산크레딧에 소요되는 모든 비용을 출산크레딧이 발생한 연도에 일반예산에서 국민연금 기금에 지급하는 것이 바람직하다. [24]

---

[24] 한국 국민연금의 출산크레딧 명칭을 양육크레딧으로 변경하고 양육크레딧에 부합하게 양육 자녀별 가입인정 기간을 변경할 필요가 있다고 생각한다. 출산크레딧은 입양아를 양육하는 경우를 포괄하지 못하는 문제 등이 있다.

■ 참고문헌

국내 문헌

김상호(2010). 《특수직종근로자 실태 및 개선방안》. 국민연금연구원 용역보고서 2010-04호. 서울: 국민연금관리공단.

_____(2014). "독일 국민연금제도의 개혁과 시사점: 연금산식을 중심으로". 〈사회보장연구〉, 30권 4호, 31~55.

_____(2015a). "독일 공무원연금제도의 개혁과 시사점". 〈사회보장연구〉, 31권 1호, 1~26.

_____(2015b). "독일 국민연금제도와 공무원연금제도의 비교". 〈사회보장연구〉, 31권 3호, 25~47.

_____(2015c). "독일 미니잡 취업자의 사회적 보호". 〈동북아법연구〉, 8권 3호, 65~85.

김상호·김원섭·원종욱·우해봉·정해식·백혜연·장인수·손현섭(2015). 《노후소득보장 강화 방안 연구》. 세종: 한국보건사회연구원.

윤조덕·김상호·박정란(2008). 《사회보험과 노동조합의 역할: 한국·독일·일본 비교》. 서울: 한국노동연구원.

이정우(2012). "연금제도". 《주요국의 사회보장제도: 독일》. 서울: 한국보건사회연구원.

해외 문헌

BMAS(Bundesministerium für Arbeit und Soziales)(2012). *Alterssicherungsbericht 2012*. Belrin: BMAS.

_____(2014). *Soziale Sicherung im Überblick, Nürnberg*. Belrin: BMAS.

_____(2015). *Soziale Sicherung im Überblick, Nürnberg*. Belrin: BMAS.

Deutsche Rentenversicherung Bund(2015). *Rentenversicherung in Zeitreihen 2015*. Deutsche Rentenversicherung Bund: Berlin.

_____(2016). *Versichertenbericht 2016*. Deutsche Rentenversicherung Bund: Berlin.

Frerich, J. (1990). *Sozialpolitik: Das Sozialleistungssystem der Bundesrepublik Deutschland*. 2. Aufl. München: Oldenbourg.

Frerich, J. & Frey, M. (1993). *Handbuch der Geschichte der Sozialpolitik in Deutschland*. Band 3. München: Oldenbourg.

〈부록 1〉 사회보험 보험료율의 변화 추이

(단위: %)

연도		국민연금	의료보험	고용보험	노인장기요양보험	소계
1957		14.0	7.80	2.0	-	23.80
1960		14.0	8.40	2.0	-	24.40
1965		14.0	9.80	1.3	-	25.10
1970		17.0	8.20	1.3	-	26.50
1975		18.0	10.50	2.0	-	30.50
1980		18.0	11.40	3.0	-	32.40
1981		18.5	11.80	3.0	-	33.30
1982		18.0	12.00	4.0	-	34.00
1983	8월 31일 이전	18.0	11.80	4.6	-	34.40
	9월 1일 이후	18.5	11.80	4.6	-	34.90
1984		18.5	11.40	4.6	-	34.50
1985	5월 31일 이전	18.7	11.80	4.4	-	34.90
	6월 1일 이후	19.2	11.80	4.1	-	35.10
1986		19.2	12.20	4.0	-	35.40
1987		18.7	12.60	4.3	-	35.60
1988		18.7	12.90	4.3	-	35.90
1989		18.7	12.90	4.3	-	35.90
1990		18.7	12.78	4.3	-	35.78
1991	3월 31일 이전	18.7	12.36	4.3	-	35.36
	4월 1일 이후	17.7	12.36	6.8	-	36.86
1992		17.7	12.71	6.3	-	36.71
1993		17.5	13.22	6.5	-	37.22
1994		19.2	13.17	6.5	-	38.87
1995		18.6	13.15	6.5	1.0	39.25
1996	6월 30일 이전	19.2	13.48	6.5	1.0	40.18
	7월 1일 이후	19.2	13.48	6.5	1.7	40.88
1997		20.3	13.58	6.5	1.7	42.08
1998		20.3	13.62	6.5	1.7	42.12
1999	3월 31일 이전	20.3	13.60	6.5	1.7	42.10
	4월 1일 이후	19.5	13.60	6.5	1.7	41.30
2000		19.3	13.57	6.5	1.7	41.07
2001		19.1	13.58	6.5	1.7	40.88
2002		19.1	13.98	6.5	1.7	41.28

〈부록 1〉 사회보험 보험료율의 변화 추이(계속)

(단위: %)

연도		국민연금	의료보험	고용보험	노인장기 요양보험	소계
2003		19.5	14.31	6.5	1.70	42.01
2004		19.5	14.22	6.5	1.70	41.92
2005		19.5	13.73	6.5	1.70	41.43
2006		19.5	14.21	6.5	1.70	41.91
2007		19.9	14.80	4.2	1.70	40.60
2008	6월 30일 이전	19.9	14.86	3.3	1.70	39.76
	7월 1일 이후	19.9	14.86	3.3	1.95	40.01
2009	6월 30일 이전	19.9	15.50	2.8	1.95	40.15
	7월 1일 이후	19.9	14.90	2.8	1.95	39.55
2010		19.9	14.90	2.8	1.95	39.55
2011		19.9	15.50	3.0	1.95	40.35
2012		19.6	15.50	3.0	1.95	40.05
2013		18.9	15.50	3.0	2.05	39.45
2014		18.9	15.50	3.0	2.05	39.45
2015		18.7	15.43	3.0	2.35	39.48

자료: Deutsche Rentenversicherung Bund, 2015: 262.

09

고용보험제도 및 고용정책

1. 독일 고용정책 개요

1) 노동시장정책의 개념

독일에서는 고용과 관련된 정책 분야를 가리키는 용어 또는 개념으로 고용
정책(*Beschäftigungspolitik*) 보다는 노동시장정책(*Arbeitsmarktpolitik*)이 널리
사용된다. 노동시장정책이란 "모든 근로가능한, 근로의사가 있는 사람에
게 그들의 선호와 능력에 적합한 연속적인 고용을 최선의 조건으로 보장하
기 위한 목적으로 노동시장에 영향을 미치는 정책의 총합"이라고 정의할
수 있다(Althammer & Lampert, 2014: 191). 이러한 광의의 노동시장정책
개념은 노동시장 조정정책과 노동시장 질서정책 그리고 (완전) 고용정책을
포함하며, 협의의 노동시장정책은 노동시장 조정정책만을 의미한다. 1) 이

---

1) 노동시장 질서정책은 임금이나 근로시간 등 노동시장의 수요와 공급에 영향을 미치는 요
인을 결정하는 방식을 정책화하여 노동시장의 질서를 유지하려는 정책이다. 독일에서는
단체교섭 및 단체협약에 대한 사항, 최근 입법된 최저임금에 대한 사항을 예로 들 수 있다.

장에서는 협의의 노동시장정책에 초점을 두고 독일의 고용정책에 대해 소개하고자 한다.[2]

이 장에서는 독일의 노동시장정책 중 노동시장 조정정책을 중심으로 살펴본다. 〈사회법전〉 3편 '고용촉진'은 이 장의 2에서, 〈사회법전〉 2편 '구직자를 위한 기초보장'은 3에서 살펴보되, 대상자, 현금급여 및 서비스, 전달체계, 재정부담 등으로 구분하여 살펴본다. 3의 마지막 부분에서는 노동시장정책과 관련 있는 주요 개념을 살펴보고, 4에서는 한국에 대한 시사점을 서술한다.

2) 역사

독일에서는 1922년에 직업소개를 위한 중앙관서가 설치되었고, 이후 1927년에 직업상담 및 실업보험법이 도입됨으로써 직업상담, 직업소개 및 실업수당이 하나의 법률에 의해 규정되고, 동시에 제국고용청이 설립되었다 (Althammer & Lampert, 2014: 84). 이후 1969년에 〈고용촉진법〉이 입법

완전고용정책은 조세정책, 재정정책, 금리정책 등 거시경제정책을 고용의 양적 확대 및 질적 향상을 위해 사용할 경우 해당한다. 고용확대를 위한 경기부양책(공공부문 직접고용 포함)을 예로 들 수 있다. 노동시장 조정정책은 노동시장의 수요와 공급에 직접적 영향을 미치는 정책으로 독일의 경우 〈사회법전〉 3편 '고용촉진'의 사업들, 취업알선, 노동시장의 통합을 위한 사업(임금보조금 포함), 직업훈련에 대한 지원, 실업수당 등과 〈사회법전〉 2편의 노동시장 통합을 위한 사업이나 실업수당 II를 포함한다고 볼 수 있다(정연택, 2015: 289 참조).

2) 노동시장정책은 적극적 노동시장정책과 소극적 노동시장정책으로 구분되는데, 이는 노동시장에 대한 좀더 능동적인 개입을 강조하기 위한 것이다. 실업수당과 같은 소극적 대처보다는 직업훈련이나 적극적 임금보조금 사업을 통해 취업을 촉진하는 사업을 우선하기 위한 것이다. 현행 〈사회법전〉 3편에서는 실업수당이나 도산수당을 제외한 모든 사업을 3편에서 '적극적 고용촉진'으로 표시하는데, 일반적인 근로시간 단축 지원금은 적극적 노동시장정책이 아니라고 보는 연구자가 많다.

되어 직업훈련 지원의 확대 등 적극적 노동시장정책을 더 많이 반영했다. 1997년 말의 〈고용촉진개혁법〉에 의해 〈고용촉진법〉은 〈사회법전〉 3편으로 편입되었다. 이후 '어젠다 2010'으로 공포된 하르츠 개혁에 의해 다양한 변화가 시도되었다. 하르츠 개혁의 결과 2002년 말 노동시장에서의 근대적 서비스를 위한 1차 및 2차 법률이 제정되었으며, 3차 및 4차는 2003년 말 입법되었다.[3]

가장 최근의 노동시장정책 관련 입법은 2009년의 〈노동시장정책 도구의 개편을 위한 법률〉과 2012년의 〈노동시장에서의 통합기회 향상을 위한 법률〉이다. 2009년 법률에 의해 개별 노동시장정책 도구에 대한 규정이 '활성화와 직업적 통합을 위한 사업'으로 개편되어 알선, 민간 서비스기관, 훈련사업, 활성화 지원 등에서 제 3자에 대한 위임 사업이 정비되었다. 2012년의 입법에 의해 공적으로 지원되는 고용 관련 규정이 변경되었는데, 〈사회법전〉 3편의 집행기관인 연방고용기구와 〈사회법전〉 2편의 집행기관인 잡센터의 분권화된 결정권한이 강화되어 실업자에게 신속한 알선이 이루어지

---

[3] 하르츠 개혁의 1~4차에 걸친 입법내용을 간략하게 언급하면 다음과 같다. 1차 개혁법은 새로운 형태의 근로를 용이하게 하고, 연방고용청에 의한 직업계속훈련 지원 및 직업훈련 바우처 도입, 훈련 시 생계수당 지급 관련 변경, 고용기구의 한시적 고용 사업 (파견사업) 시행 등이 입법되었다. 2차 개혁법은 경미한 고용 (미니잡과 미디잡)에 대한 규정을 변경하였는데, 경미한 고용의 범위를 400유로로 하고 (기존 325유로, 2016년 기준 450유로), 주 15시간 이상의 경우도 (임금구간이 해당할 경우) 경미한 고용으로 구분하고, 의료보험료는 11%로 인상하며 (이전 10%), 사업주가 총액으로 2%의 세금을 납부한다. 이 외에도 1인 창업 (Ich-AG)에 대한 지원과 잡센터 설치를 규정했다. 3차 개혁법은 연방고용청을 연방고용기구로 변경하고, 지역의 고용청은 고용기구로 변경하였다. 4차 개혁법은 기존의 실업부조와 근로능력이 있는 수급자에게 주어지던 일반부조인 사회부조를 통합하여 실업수당 II를 신설하였다. 초기 실업수당 II의 급여는 사회부조보다 높게 책정되도록 의도되었지만 일회적 급여 등을 감안할 경우 낮은 수준의 급여가 지급되는 경우도 있었다. 아동이나 청소년의 가구균등화 지수도 이전보다 낮게 책정되었다. 실업수당의 수급기간은 최대 24월간 (58세 이상) 수급할 수 있도록 조정되었다 (https://de.wikipedia.org/wiki/Hartz-Konzept).

도록 하였으며, 경제위기 시 근로시간 단축지원 특별 프로그램이 폐지되고, 창업지원이 축소되고 의무가 아닌 재량사업으로 변경되었다(http://www. bpd. de/politik/innnenpolitik/arbeitsmarktpolitik/155378/einleitung) .

3) 협의의 노동시장정책과 현황

독일 노동시장정책의 가장 중요한 법률은 〈사회법전〉 3편인 '고용촉진'이다. 4) 독일에서는 이 법을 중심에 두고 개편을 위해 다른 법을 입법하기도 하는데, 이 법들은 〈사회법전〉 3편의 고용촉진 조항과 다른 법률의 조항을 수정하기 위해 입법된다. 앞의 〈노동시장정책 도구의 개편을 위한 법률〉과 〈노동시장에서의 통합기회 향상을 위한 법률〉도 이러한 법률에 속한다. 〈사회법전〉 3편 '고용촉진'은 실업보험제도에 기초하며, 그 사업은 크게 다음과 같이 구분된다.

- 직업소개(〈사회법전〉 3편 29~43조: 상담과 알선)
- 활성화와 직업적 통합(44~46조: 알선예산, 활성화 및 직업통합을 위한 조치)
- 직업선택과 양성교육 알선 및 지원(48~80조: 직업양성교육 촉진, 양성교육 지원)
- 직업계속교육(81~87조: 직업계속교육 지원)
- 경제활동 촉진(88~94조: 사업주에 대한 통합보조금과 창업지원)
- 고용유지(95~111조: 경기에 의한 단축근로, 계절적 단축근로, 전직관련급여)

---

4) 고용촉진(Arbeitsförderung)은 정확하게 번역하면 근로촉진이다. 우리나라에서 고용촉진으로 번역되었기 때문에 여기서는 고용촉진으로 번역한다. 엄밀하게 고용촉진은 독일어로 'Beschäftigungsförderung'인데, 1980년대 중반에 한시적 근로가 가능하게 하기 위한 입법의 제목이기 때문에 이 용어를 여기서는 일자리촉진으로 번역한다.

- 장애인의 근로생활에의 참여(112~129조: 장애인에 대한 특별 지원)
- 실업수당(136~164조)

〈사회법전〉 3편은 이 외에도 노동시장연구, 도산수당 지급, 외국인 근로 등에 대해 규정하지만 지면 사정으로 이 장에서는 다루지 않는다.

이 장의 3에서 다루는 '구직자를 위한 기초보장제도'는 〈사회법전〉 2편에 편입되었다. 이 제도는 이전에 〈사회법전〉 3편의 실업부조와 사회부조법에 의한 사회부조의 형태로 존재했으나 2003년 말에 입법되어(2005년 1월 시행)

〈표 9-1〉 노동시장 기초통계(2015년 11월 기준)

(단위: 명)

항목		수치
경제활동인구		43,490,000
사회보험 가입의무 고용		31,392,600
〈사회법전〉 3편에 의한 실업		2,633,157
	모든 민간 경제활동자 실업률	6.0%
	종속 민간 경제활동자 실업률	6.7% [1]
	〈사회법전〉 3편 대상(32.9%)	763,966
	〈사회법전〉 2편 대상(67.1%)	1,869,191
급여 수급자		
	실업에 의한 실업수당	747,373
	근로능력 있는 수급권자(실업수당 Ⅱ)	4,283,164
	근로능력 없는 수급권자(사회수당)	1,715,279
주요 적극적 노동시장정책 참가자		839,486
	활성화와 직업통합	167,532
	직업선택과 직업양성교육	201,457
	직업계속교육	172,833
	경제활동 촉진	116,761
	장애인 참여에 대한 특별사업	76,061
	고용관계 지원(〈사회법전〉 2편)	90,788
	자율적 지원/기타 촉진	14,054

주: 1) 계절조정 실업률은 6.3%이며, ILO 기준에 의한 실업률은 4.5%임.
자료: BA, 2016/1 Der Arbeits- und Ausbildungsmarkt in Deutschland - Monatsbericht.

〈사회법전〉 2편으로 개편된 것이다. 〈사회법전〉 2편의 기초보장은 근로능력이 있는 구직자에 대한 부조로서 노동시장에의 통합을 위한 사업과 현금급여인 실업수당 II(사회수당 그리고 수급자 아동에 대한 교육 및 참여 지원 포함) 등 크게 두 개의 사업으로 나눌 수 있다. 노동시장의 통합을 위한 사업은 〈사회법전〉 3편의 통합사업(상담 및 알선, 활성화와 직업적 통합, 직업양성교육 지원, 직업계속교육 지원, 사회보험의무가 있는 일자리 수용을 위한 급여 등)에 대한 규정을 준용하지만, 부조대상에서 빨리 벗어날 수 있도록 지원조건을 변경하기도 한다. 2015년 11월 기준 노동시장의 기초통계를 살펴보면 〈표 9-1〉과 같다. 개별사업에 대한 소개는 다음에서 서술한다.

2. 고용촉진: 〈사회법전〉 3편

고용보험료를 재원으로 하는 〈사회법전〉 3편의 사업들을 법령에 따라 대상자와 지원내용을 중심으로 구체적으로 살펴본 후 전달체계와 재원조달에 대해 살펴본다.

1) 대상자

고용촉진(*Arbeitsförderung*)의 대상자는 원칙적으로 종속 고용에 현재 종사하거나, 과거 종사한 경험이 있거나, 앞으로 종사할 예정이 있는 모든 사람이다. 자영 활동에 대한 지원은 1차적으로 경제정책의 대상이며, 소수의 예외만 〈사회법전〉 3편의 대상이 된다. 〈사회법전〉 3편의 일부 중요한 급여(예를 들어 실업 시 소득대체급여)는 보험가입의무를 성립시키는 고용을 전제로 하지만, 알선을 지원하는 급여 등 나머지 서비스는 이전 또는 장래의 근로자나 사업주를 대상으로 지급될 수 있다(BMAS, 2015a: 52).

〈사회법전〉 3편에 의한 가입의무는 기본적으로 임금을 받고 고용되는 모든 사람과 기타 사유에 의한 의무가입 대상자이다. 의무가입 대상자에는 직업양성교육을 받는 사람이 포함된다. 직업재활시설에서 '근로생활에의 참여' 급여를 받는 장애청소년, 청소년 부조시설에서 근로활동을 준비하는 자도 의무가입의 대상이다. 또한 〈청소년자원봉사법〉 또는 〈연방자원봉사법〉에 의한 장기 자원봉사자는 경미한 고용에 종사하더라도 의무가입 대상이다(BMAS, 2015a: 53).

의무가입 면제 대상은 실업급여 수급기간 동안 근로하는 자, 명예직으로 봉사하는 자, 1주 미만의 단속적 고용에 조사하는 자, 표준연금 수급권자, 근로능력 감소자, 일반 학교나 대학 재학 중 고용된 자(향상교육을 위해 교육받는 자 제외), 해외에 적을 둔 선사의 선원 등이다(BMAS, 2015a: 54).[5]

2) 급여와 서비스

고용촉진의 목적은 실업을 예방하고, 이미 발생했을 경우 최대한 신속하게 실업을 종료하는 것이다. 이를 위한 서비스를 정리하면 상담 및 직업소개, 노동시장으로의 통합을 위한 지원, 직업훈련 지원, '장애인의 근로생활에의 참여'를 위한 급여, 고용유지(근로시간단축 지원금) 등으로 나뉜다.[6] 이

---

[5] 이외에 임의가입제도가 있는데, 주 14시간 이상 간병을 하는 간병인, 주 15시간 이상 자영 활동을 하는 자영인, EU 이외의 국가에서 주 15시간 이상 근로하는 자 등이 고용 이후 3개월 이내에 신청하면 가입할 수 있다(BMAS, 2015a: 55).

[6] 이외에 연방고용기구는 〈고령자 파트타임지원법〉 규정에 근거하여 고령자 파트타임 촉진을 위한 급여를 지급한다(BMAS, 2015a: 55). 2010년 이후 더 이상 신규 지원되지 않는(현재는 그 이전 신청자만 지원) 〈고령자 파트타임지원법〉(1996년 이전에는 〈조기은퇴법〉)은 고령자(55세 이상)가 순조롭게 은퇴하는 것을 돕기 위해 입법되었으며, 노사가 단계적으로 근로시간을 (절반으로) 감축하는 조건을 전제로 했다. 이 규정은 임의규정이지만 사업주가 해당 파트타임 근로자에게 (2년 이상) 근로시간 감소에도 불구하고 임금을

서비스는 소득대체수당인 실업수당이나 부분실업수당에 우선한다.

(1) 상담 및 직업소개

청소년이나 성인 모두 알선과 별도로 근로생활과 관련되는 문제, 특히 직업선택, 직업과 직업상 필요한 조건, 직업교육 지원수단, 직업세계의 발전전망, 노동시장 상황과 변화, 직업교육 및 일자리 탐색에 대한 조언과 정보를 제공한다(직업상담, *Berufsberatung*).[7] 대학에 진학하려는 청년에 대해서 고용기구는 학과선택, 입학을 위한 지원조건, 학업에서 요구되는 사항, 고용전망 및 재원마련 등에 대한 특별한 상담을 제공한다. 사용자는 노동시장 상담을 통해 빈 일자리나 직업교육 자리를 지원받을 수 있으며, 노동시장 상황, 고용촉진의 지원, 근로조건이나 근로시간 형성에 대한 자문을 받을 수 있다. 독일에서는 구직자뿐만 아니라 양성교육 자리 탐색자도 직업소개의 대상이 된다는 점이 특이하다(물론 사업주도 구인자뿐만 아니라 양성교육 자리 충원대상에 대해 서비스를 제공받는다).

최소 20% 증액하여 지급한 후(사회보험료는 파트타임 근로임금에 대한 사업주 부담 보험료와 파트타임 근로소득의 80%에 준하는 보험료를 사업주 단독으로 추가 납부) 이로 인해 발생하는 일자리를 고용기구의 알선에 따라 충원하였을 경우 사업주는 고용기구의 지원에 대한 수급권을 갖는다. 지원금액은 임금 추가지급분인 임금의 20%와 추가납부한 보험료이다. 고령 근로자는 이에 따라 파트타임 근로 시에도 이전 임금의 80%로 사회보험에 가입한 것으로 되고, 지난 5년간 1,080일 이상 사회보험에 의무가입한 경우 실업 또는 고령자 파트타임에 따른 노령연금을 수급할 수 있다(BMAS, 2015a: 84).

7) 한국에서는 직업상담과 직업지도를 각각 성인과 청소년에 대한 것으로 주로 보는 데 반해 독일의 경우 직업상담을 두 가지로 구분하고 있다. 근로자의 직업상담(*Arbeitsberatung*, 엄밀하게는 근로상담)은 이미 직업경험을 가진 근로자에 대해 전직이나 향상교육 등에 대해 상담하는 것을 의미하고, 청소년에 대한 직업상담(*Berufsberatung*)은 아직 직업경험이 없는 자, 특히 청소년에 대해 여러 직업에 대한 소개나 직업생활과 관련된 정보와 조언을 제공하는 것을 말한다. 여기서 직업상담은 후자를 의미하며, 이 직업상담원은 전자의 직업상담원보다 높은 교육수준 및 상담능력을 필요로 한다.

공공 직업소개는 직업을 변경하고자 하거나 실업에 직면한 사람에게 조기에 구직자로 등록할 것을 유도한다. 실업을 피하거나 실업기간을 단축하기 위해서다. 직업훈련이나 고용관계가 종료된 사람은 실업발생 최소 3개월 전까지 고용기구에 구직자로 등록할 것이 의무화되어 있다(사업장 내 훈련의 경우에는 해당하지 않음).

고용기구나 잡센터의 알선은 보통 구직자의 직업적 및 개인적 특성, 기능, 적성을 확인한 후 시작되는데, 필요 시 사례관리자가 배정되고, 상담을 통해 구직자와 알선 전략을 수립하고 한시적 '통합협약'(개인적 활동계획)을 맺게 된다. 이에 따라 고용기구나 잡센터는 구직자에게 일자리를 제공하고, 구직자는 노동시장 통합을 위한 노력을 해야 한다. 통합협약은 정기적으로 검토된다(BMAS, 2015a: 56).[8]

(2) 활성화와 직업적 통합

활성화와 직업적 통합에는 크게 두 가지의 급여가 있다. 하나는 '알선예산'에 의한 지원이고 다른 하나는 '활성화 및 직업통합을 위한 조치'로 정형화되지 않는 사업을 포함한다. 이 사업은 또한 근로자에 대한 직접 지원과 수행기관에 대한 지원으로 나눌 수 있다.

알선예산에 의한 지원은 취업에서 어려움을 갖는 구직자(실업자나 실업에 직면한 자)나 직업훈련 자리 탐색자에게 유연하고, 목적지향적으로 욕구에 맞게 지원하기 위해 도입되었으며, 보험가입의 의무가 있는 고용을 용

---

8) 구직자는 공공 직업소개 이외에 민간 직업소개기관을 이용할 수 있다. 민간 직업소개기관은 사업 등록을 해야 하며, 원칙적으로 구인자에게뿐만 아니라, 취업시켰을 경우에 구직자에게도 알선수수료를 청구할 수 있으나 최대 금액은 정해져 있다. 또한 특정 구직자 그룹이나 직업(예술가, 운동선수, 사진모델 등)에 대해서는 알선된 활동의 보수에 따라 수수료를 받을 수 있다. 독일에서 민간 직업소개기관은 1994년 이후 허가되었다. 그 이전 시기에는 공공기관이 독점적으로 알선했다. 뒤의 알선 바우처는 민간 직업소개기관 이용 시 고용기구에서 민간에 수수료를 대신 지급하는 체계이다.

이하게 하거나 수용하게 하기 위한 목적을 갖는다.

대상자는 사회보험 가입의무가 있는 일자리나 직업훈련 자리를 준비하거나 수용하는 데 있어 구체적 장애를 가지고 있는 자이며, 알선예산에 의한 사업에서는 일자리를 수용할 경우 이행지원(첫 급여를 받을 때까지 1,000유로 범위에서 대부)과 장비(작업복 등을 위해 280유로까지 지원), 여비(300유로까지 지원), 별거(가족과 떨어질 경우 6개월 한도 월 260유로 지원), 이사(2시간 초과 통근 시 일자리 수용 후 2년 이내 이사 시 지원) 등이 지원된다(BpB, 2015).

활성화와 직업통합을 위한 조치에는 직업훈련 자리 탐색자, 실업에 직면한 구직자 및 실업자의 노동시장에 대한 통합전망을 높이기 위한 것으로 알선의 어려움을 확인, 축소 또는 제거하여 사회보험 가입의무가 있는 일자리에 알선하거나 자영 활동을 시작하거나 고용이 안정화되도록 하는 사업이 포함된다. 지원은 사업 참가에 대한 적절한 비용을 지원하고 (수급자격이 있을 경우) 실업수당에 대한 수급이 계속되도록 하는 것이다.

이 사업의 일환으로 고용기구는 수행기관에 직접 사업 수행을 위탁하거나 자격을 갖춘 지원 대상(예를 들어 노동시장 진입에 어려움이 있는 실업자)에게 활성화 및 알선 바우처(민간 직업소개기관이 알선하고 고용기구가 비용을 부담)를 교부한다. 활성화 및 알선 바우처는 사업의 목적 및 목적 달성에 필요한 내용을 담고 있으며, 바우처 사용자는 허가된 수행기관 중 (고용기구에서 제공하는 정보를 통해) 스스로 사업을 선택할 수 있다. 일반 근로자는 최대 2,000유로, 장애인이나 장기실업자는 최대 2,500유로까지 지원된다 (http://www.bmas.de/DE/Themen/Arbeitsmarkt).

(3) 직업양성교육과 계속교육 지원

직업교육은 더욱 수준 높은 일자리를 위한 직업양성교육과 경제적 변화와 기술의 발전에 따라 지속적 적응이 가능하도록 지식과 능력을 계속 발전시키도록 하는 계속훈련(*Weiterbildung*)으로 이루어지며, 개인에 따라 고용전망을 개선하기 위한 새로운 직업에 대한 교육(전직교육)도 합목적적일 수 있다. 직업교육은 우선 경제계의 과제이지만 〈사회법전〉 3편은 노동시장적 또는 사회정책적 이유로 개별 근로자가 직업훈련을 달리 받을 수 없을 경우 보완적으로 투입된다. 사회법전의 지원은 개별 근로자에 대한 급여와 직업훈련시설의 설치나 운영에 대한 지원을 포함한다(BMAS, 2015a: 57).

① 직업양성교육 이행을 위한 지원
독일의 직업양성교육은 보통 사업장 내에서 이루어지며, 부분적으로 사업장 외부의 교육장소에서 이루어진다. 양성교육 시 발생하는 비용은 보통 양성교육을 실시하는 사업장에서 부담한다. 사업장 내 교육이나 사업장 공동의 양성교육이 불가능한 일부 집단에 대해서는 특정 조건이 충족될 경우에 사업장 외부의 풀타임 양성교육이 고려된다(BMAS, 2015a: 57).

이 사업은 구체적으로 직업지도, 입직지원, 직업준비를 위한 교육사업(양성교육 부가 지원 및 사업장 외 직업교육), 입직훈련 지원, 직업양성교육 부조, 청소년기숙사 지원 등으로 나뉘며,[9] 근로자에게 직접 지원하는 부분과 수행기관이나 사업주에 대해 지원하는 부분이 있다.

입직지원은 졸업이 힘들어 직업양성교육을 성공적으로 시작하기 힘든, 수행능력이 낮은 학생을 대상으로 한다. 대상자는 일반교육기관의 학교에

---

9) 양성교육은 사업장에서 대상자를 선발한 후 보통 3년간 진행되는 이원교육으로 이루어진다. 1차 연도에는 직업학교에서 받는 이론교육의 비중이 높고, 3차 연도에는 보통 사업장에서 실습으로 진행된다. 이때 직업훈련생은 근로에 대한 대가로 일반 근로자 임금의 일부를 받게 된다. 이 직업교육은 별개의 법인 〈직업교육법〉에 근거하여 이루어진다. 〈직업양성교육촉진법〉은 명칭과 달리 직업양성교육 참가자가 아니라 일반교육기관(고등학교와 대학교)의 학생을 지원하는 근거가 된다. 〈사회법전〉 3편 '고용촉진'의 직업양성교육 지원은 〈직업양성교육촉진법〉의 대상자가 아닌 직업훈련에 참가하는 자를 대상으로 하며, 〈직업양성교육촉진법〉의 급여나 수급자격 등은 준용된다. 사업장 외에서 이루어지는 양성교육은 사업장 내 교육을 받지 못하는 자를 대상으로 한다.

서 중등교육의 졸업이 가능하도록 입직지원관(위촉직)을 통해 지원을 받으며, 직업훈련 후 6개월까지 지속된다. 대상자 선발은 직업상담 직원이 교사의 추천을 받아서 결정한다(http://www.bmas.de/DE/Themen/Aus-und-Weiterbildung/).

직업준비를 위한 사업은 일반 직업양성교육(사업 내 양성교육)을 받지 못하는 청년들에 대한 사업으로 고용기구의 위탁에 따라 직업교육 수행기관에서 보통 10~11개월 동안 전일제로 진행되며 실질적 경험을 통해 청년들이 다양한 직업 분야에 대한 지식을 갖도록 양성교육 1차 연도의 내용을 전달하며, 교과내용은 고용기구가 전문지식을 바탕으로 구성한다. 졸업장이 없는 청소년이 있다면 직업준비를 위한 교육사업에서 중학교 졸업장을 취득할 수 있으며 보통 12개월간 지원된다. 이 사업에 대해서는 수급권이 있다(BMAS, 2015a: 61).

입직훈련 지원사업은 학습이나 사회성에서 제약이 있는 청소년이 사업장에서 훈련을 통해 직업적 행동능력을 갖추기 위한 것이며 6개월에서 최대 12개월까지 지원가능하다. 이 사업에서 사업주는 임금보조금으로 최대 216유로와 사회보험료로 108유로를 추가 지원받는다(BMAS, 2015a: 60).[10]

직업양성교육 부조사업의 목적은 직업훈련 시 발생하는 경제적 어려움을 극복하도록 보조금을 지원하여, 직업적 이동을 보장·개선하는 것이다. 수급 요건은 18세 미만인 경우 교육기간 중 부모 집에서 교육기관까지 통근시간이 많이 걸려 부모와 동거하지 않을 때이다. 18세 이상이거나, 혼인하였거나, 사실혼 관계에서 동거하는 경우 또는 자녀와 동거하는 경우는 거리가 수급에 영향을 미치지 않는다. 급여는 사업장 내외의 직업양성교육

---

10) 독일의 직업양성교육은 보통 이원적(이론+사업장 내 실습) 교육과정에서 이루어지며, 종료 후 정상적 고용으로 연결될 가능성이 많지만 이원 교육과정의 교육자리를 갖지 못하는 청소년은 취업에서 어려움을 가질 가능성이 많다. 이 때문에 사업장 내 실습의 기회가 없는 청소년을 대상으로 사업장에서 직업경험을 얻게 하고자 이 사업이 시행된다.

이 가능하도록 양성교육 참가자(직업훈련생)에게 직업양성교육 지원금(생계비, 교통비, 기타 비용: 작업복, 사회보험료, 아동보육 그리고 직업준비를 위한 교육과정 참가비 및 필요할 경우 사회교육적 지원에 대한 비용)이 지급되는데, 생계지원금의 액수는 학생이나 대학생에게 지원되는 〈연방양성교육촉진법〉(BAföG)의 급여수준과 동일하며, 숙소의 종류, 훈련 시 본인의 소득, (동거) 부모나 배우자의 연간소득에 따라 결정되는데, 생계비는 최고 348유로, 주거에 대해 149유로(75유로까지 추가지급 가능)까지 지급된다(BMAS, 2015a: 58).

② 직업계속교육 지원

직업계속교육 지원은 1927년의 직업소개와 실업수당에 관한 법에 이미 도입된 사업이다.[11] 〈사회법전〉 3편의 고용촉진 중 교육훈련을 통해 고용기회를 개선하는 중요한 도구이며, 〈사회법전〉 2편의 기초보장 구직자에게도 적용된다. 실업자 및 실업에 직면한 근로자뿐만 아니라 고용관계에 있는 근로자도 특정 조건(학교졸업장이 없거나 중소기업 고용) 하에서 지원가능하다. 지원가능 여부는 고용기구(잡센터)가 개인적 조건과 노동시장 관련 조건을 고려하여 개별 상담 후 결정한다. 상담에서는 참여자와 함께 최적의 교육목적과 지원기간을 수립한다(http://www.bmas.de/DE/Themen/Aus-und-Weiterbildung/Weiterbildung/weiterbildung-art.html).

　지원조건을 충족할 경우 근로자는 고용기구나 잡센터에서 교육 바우처를 발급받는다. 교육 바우처에는 교육목적과 교육목적 달성을 위한 교육기간과 유효지역 등이 기재된다. 근로자는 본인이 선택한 (교육기관으로 허가

---

11) 1969년의 〈고용촉진법〉에서는 직업계속교육 지원은 개인 지원과 시설 지원으로 나누어져 있었으며, 개인 지원은 재량이 아닌 특정 조건 충족 시 지원해야 하는 의무사업이었다(BpB, 2015). '하르츠 I'에 의해 급여지급 조건이 강화되고 지원기간이 단축되었으며, 2003년 이후 수행기관은 평가를 받게 되었고 현재 재량사업으로 변경되었다.

된) 수행기관에 제출함으로써 교육훈련을 받게 되며, 교육훈련도 허가된 과정이어야 한다.[12] 교육 바우처에 포함되는 비용은 수강료(기능 등 검사료 포함), 교통비, 외부 숙식비, 아동보육비 등이다. 수강생은 수급요건을 충족할 경우 실업수당을 (계속해서) 수급할 수 있다(BMAS, 2015a: 63).

직업훈련을 제대로 받지 않고 고용된 근로자에 대해서는 직업훈련을 수료하기 위한 계속교육비용이 지원될 수 있다. 이미 직업양성교육을 받았으나 반숙련 또는 미숙련 작업에 고용되어 최소 4년간 교육받은 직종에 종사하지 않은 근로자, 45세 이상 중소기업 근로자 그리고 훈련비용의 절반을 사업주가 부담하는 45세 미만 중소기업 근로자도 직업계속교육의 대상이 될 수 있다.

(4) 경제활동 촉진: 사업주에 대한 통합보조금과 창업지원

① 통합보조금

사업주가 취업이 힘들어 직업통합이 필요한 구직자를 고용하면 임금에 대한 보조금이 지급된다. 이 사업도 1927년 〈직업소개 및 실업수당법〉에 의해 '임금보조금'의 명칭으로 이미 도입되었던 사업이지만 지원조건과 규모에서 차이가 있다. 1998년 당시에는 입직자, 알선이 어려운 자, 중고령자 등을 대상으로 하였으나 2000년부터 장애인도 대상에 포함되었다. 이 보조금은 장기실업이나 장애, 부족한 직업훈련 또는 연령으로 인한 근로성과의 부족을 보상하기 위한 것이다. 통합보조금은 임의 급여로서 이에 대한 수급권이

---

[12] 독일에서는 고용촉진사업 수행기관에 대한 허가제가 도입되었다. 또한 지원가능한 직업교육 분야는 (직업훈련) 인증기관에서 해당 과정의 성공적 수료가 가능하고 효율적으로 조직되어 있으며, 적절한 참여조건이 완비되어 있을 경우 인증을 한다. 이외에 계속훈련 분야는 기능이나 지식을 발전시키고, 직업교육 수료가 보장되며, 다른 직업 분야로의 활동이 가능하며 증명서가 발급되어야 한다는 조건을 갖추어야 한다(BMAS, 2015a: 63).

없으며 지원 여부는 지역 고용기구 또는 잡센터가 개별적으로 결정한다. 통합보조금은 산정에 포함되는 임금의 최대 50%(+ 사회보험료)까지 최대 12개월간 지원된다. 50세를 넘은 근로자에 대해서는 최대 36개월까지 지원가능하다. 사업주가 지원기간 중 또는 지원 후 12개월 이내에 근로관계를 종료할 경우 지원금은 최대 50%까지 환수된다(BMAS, 2015a: 66).

② 창업지원(93~94조)

창업보조금은 창업 초기 생계비와 사회보험료를 지원하기 위한 것이다. 지원을 받으려는 실업자는 고용기구에서 대상자가 되는지 상담을 받아야 하며 만약 대상자에게 적합한 일자리가 있으면 알선이 창업보조금 지원보다 우선한다. 창업보조금은 임의급여로서 두 단계로 나누어 지급된다. 첫 단계는 6개월간 지원하며 창업자에게 이전 실업수당 금액에 추가적으로 사회보험료 충당을 위해 매월 300유로가 지급된다. 두 번째 단계는 9개월간 지원하며 직업적 경영활동이 증명될 경우 월 300유로의 사회보험료 충당금이 지급된다. 창업지원 신청자는 자영업활동에 필요한 지식과 기술이 있음을 증명해야 하며, 실행 가능한 사업계획서를 만들고 이를 전문성 있는 기관(상공회의소나 세무사 등)에서 확인된 인정서를 받아야 한다(http://www.bmas. de/DE/Themen/Arbeitsmarkt/Arbeitsfoerderung/gruendungsfoer-derung. html).

(5) 고용유지(95~111조)

고용유지를 위한 급여는 근로시간단축 지원금과 특수한 형태인 계절적 근로시간단축 지원금 그리고 전직 관련 급여로 구분된다. 사업목적은 기존의 일자리를 유지하면서 다른 직장으로의 변경이 용이하도록 하는 것이다(BMAS, 2015a: 71).

① 근로시간단축 지원금

사업장이 경제적 또는 불가피한 사정으로 인해 근로시간을 일시적으로 축
소하고 단축근로를 신고한 후 법적 요건을 충족하는 경우 고용기구에서는
근로시간단축 지원금(konjunkturelle Kurzarbeitergeld)을 지급한다. 근로시간
단축 지원금의 주된 목적은 일시적 근로시간단축 시에 근로자의 계속고용
을 가능하게 하여 해고를 피하기 위한 것이다. 주요 수급조건은 한 명 이상
고용한 사업장에서 일하는 근로자 중, 해고가 예정되지 않은 사회보험 가입
자이면서 불가피하게 현저한 근로시간단축13)을 겪고 일시적으로 임금이
삭감되어 고용기구에 신고할 경우 충족된다.

　일반적 지원기간은 6개월이지만 연방노동사회부의 시행령에 의해 연장
될 수 있다. 현행 지원기간은 2015년 12월 31일까지 신청된 건에 대해 12
개월이다. 근로시간단축 지원금은 감소된 순임금에 따라 계산된다. 근로
시간이 단축된 근로자는 원칙적으로 근로시간 단축으로 인해 손실된 순임
금의 60%(아동이 있을 경우 67%)를 지급받는다.

② 계절적 근로시간단축 지원금

건설업에서는 겨울철에 근로시간단축이 자주 발생한다. 이러한 건설업의
근로시간단축에 대해서 12월부터 3월까지의 동절기에 계절적 근로시간단
축 지원금이 지급되어 감소된 임금을 보전한다. 건설업은 건설시장에서 건
설과 관련된 서비스를 제공하는 것을 말하며, 건설과 관련된 서비스란 건
축물의 설립, 보수, 유지, 개조 및 철거 등의 서비스를 의미한다. 지원 금
액은 일반 근로자의 근로시간단축 지원금과 동일하다. 14)

---

13) 현저한 근로시간단축은 경제적 원인, 특히 경기 상황이나 사건(예를 들어 홍수)에 기인
하고, 일시적인 동시에 불가피하며, 해당 사업장에서 1개월 동안 전체 근로자의 1/3 이
상이 근로시간단축으로 임금이 10% 이상 삭감되어야 수급조건으로 인정된다(http://
www.bmas.de/DE/Themen/Arbeitsmarkt/Arbeitsfoerderung/kug.html).

③ 전직 관련 급여(110~111조)

사업장의 구조조정으로 발생하는 해고에 대한 대비책으로는 전직 관련 급여(*Transferleistung*)가 제공된다. 전직 관련 급여는 사업주가 퇴직금의 지급 외에 적극적으로 근로자의 통합과정에 참여하도록 하기 위한 인센티브이며, 전직사업과 전직 근로시간단축 지원금으로 구성된다. 전직사업은 전직상담, 지원훈련, 단기훈련, 창업상담 또는 기술 확인을 위한 사업으로 구성된다. 전직사업의 지원범위는 적절하다고 인정되는 사업비의 50%이며, 지원 사례별로 최고 2,500유로까지 지원된다.

전직 근로시간단축 지원금은 전직사업에 참여하는 근로자를 위한 것이며 원칙적으로 사업장 내부나 외부의 전직 수행기관(또는 독립적 단위)에게 지급된다. 전직 근로시간단축 지원금은 일반 근로시간단축 지원금의 규모와 같으며 지원기간은 최대 12개월까지 가능하다(http://www.bmas.de/DE/Themen/Arbeitsmarkt/Arbeitsfoerderung/transferleistungen.html).

(6) 장애인에 대한 지원(112~126조)

장애인에 대해서는 〈사회법전〉 9장 '근로생활에의 통합'에 지원사항이 규정되어 있으며, 장애인에 대한 지원수준은 원칙적으로 담당 행정기관과 관계없이 동일하다. 〈사회법전〉 3편에서는 '근로생활에 대한 장애인의 참여'절에서 고용기구에 의한 지원조건을 규정한다. 고용기구는 원칙적으로 다른 재활기관이 담당하지 않을 경우에만 단독으로 지원하며, 다른 재활기관

---

14) 건설 근로자는 보충적 급여인 동계수당에 대한 수급권을 가지는데, 동계수당은 동계수당보조금(저축된 근로시간을 공제한 단축된 근로시간 1시간에 대해 2.5유로)과 추가비용 동계수당(12월 15일부터 2월 말까지 실제 근로시간당 1유로)으로 구성된다. 건설사업주는 근로시간 단축기간에 대해 사업주 부담의 사회보험료를 지원받을 수 있다. 이 보충적 급여들은 보험료가 아니라 건설업에서 이 수당을 목적으로 별도 부담한 부담금에 의해 충당된다. 이 보충적 급여는 악천후 때문에 해고가 가능하지 않은 고용관계에 대해서만 지급된다.

이 있을 경우 공동으로 지원한다. 지원은 사업으로 발생하는 비용(사업참 가 관련 비용), 생계 관련 급여와 기타 보충 급여로 구성된다. 사업참가 관련 비용은 수강료, 교재비, 장비, 차량 및 주거설비비, 주거 및 난방비 등이며, 생계 관련 급여는 직업양성교육부조, 양성교육수당, 직업 계속교육 시 실업수당, 전환수당 등이고, 보충 급여는 여비, 가사보조 및 아동양육비, 사회보험료 등이다(BMAS, 2015a: 69).

고용기구에서는 이러한 지원에 대해 일반 급여와 특별 급여(보충 급여 포함)로 구분하는데, 여기서는 간략하게 살펴볼 것이며 자세한 사항은 제17장에서 확인할 수 있다.

먼저 일반 급여는 '고용촉진'에 규정된 비장애인에 대한 급여로 앞에서 언급된 활성화와 직업통합, 직업양성훈련 부조와 지원 양성교육을 포함하는 직업준비 및 직업양성훈련 지원, 직업계속교육에 대한 지원, 자영 활동을 위한 지원 등이 포함된다. 활성화와 직업통합 급여는 실업하지 않은 장애인에게도 지원될 수 있으며, 직업양성교육이나 직업계속교육의 경우 일부 규정이 완화되며, 장애인을 위한 특수 형태로 진행될 수 있다. [15]

특별 급여는 직업교육 지원의 일반 급여가 충분하지 않을 경우 장애의 종류와 정도에 따라 지원된다. 근로생활 참여 보장이 장애인 특수기관 또는 장애인의 특수한 욕구를 위한 시설이 완비된 사업에 의해서만 가능한 경우와 일반 급여를 통해서는 장애의 종류와 정도에 따른 지원 정도를 충족할 수 없을 경우로 나뉜다. 특별 급여의 종류는 전환수당[16], 전환수당

---

15) 예를 들어 장애인의 양성교육이나 계속교육에 대해서는 대부나 보조금 형식으로 시설에 대한 지원이 가능하며(BMAS, 2015a: 64), 국가 공인직업이 아니거나 통상적 교육과 다른 형태로 직업양성교육이 진행되어도 장애인에 대해서는 지원가능하다(BMAS, 2015a: 69).
16) 독일에서 전환수당은 〈사회법전〉 9편 '장애인의 재활 및 참여' 중 '장애인의 근로생활에의 통합에 대한 급여'에서 규정된 것이며, 이를 준용하여 장애인의 통합사업 참여 시 의료보험(의료재활 시), 연금보험, 원호(전쟁피해자 구호) 또는 〈사회법전〉 3편에서(장애인의 근로생활에의 통합에 참여할 경우) 지급하는 현금급여이다.

이 지급될 수 없을 경우 양성훈련수당 그리고 사업주에 대한 지원 등이다.

전환수당은 수급자격을 위한 이전 고용기간에 대한 조건을 충족했고 장애로 인해 필요한 직업양성교육, 기초양성교육을 포함하는 직업준비 과정, 지원고용에 의해 개별적 사업 내 교육 또는 직업계속교육에 참여할 경우 지급된다(BMAS, 2015a: 70; www.arbeitsagentur.de). 전환수당의 금액은 아동이 있거나 돌봄으로 인해 배우자가 근로를 못할 경우 정기적 급여의 80% 또는 조세(보험료 포함) 공제 후 순소득 중 적은 금액을 기준으로 75%이며, 그렇지 않은 경우 68%가 지급된다(BMAS, 2015a: 70).

양성교육수당은 전환수당이 지원될 수 없는 경우에 지급된다. 직업양성교육 또는 직업준비를 위한 교육사업, 지원고용의 형태로 개별적 사업 내 훈련, 장애인 작업장의 입학절차 또는 직업교육 사업 등에 참여하면 지급된다. 양성교육수당은 직업양성교육 부조의 규정이 준용되지만 일부 급여는 장애로 인한 비용을 충당하기 위한 추가 금액을 고려한다(BMAS, 2015a: 71).

사업주에 대한 지원으로는 앞서 언급한 통합보조금 외에 추가적으로 교육비의 일부를 지원하는 양성교육보조금이 있다.

(7) 실업수당(136조 이하)

실업수당은 근로자가 일자리를 상실하거나 직업교육을 받을 때 임금을 보상하기 위해 지급되며, 근로자와 사업주의 보험료에 의해 충당된다(BMAS, 2015a: 77).

① 수급자격

수급권은 주 15시간 이상의 일자리를 상실했고, 고용기구에 실업자로 직접 방문하여 등록했고,[17] 대기기간을 충족했을 경우 주어지는데, 실업자는 일자리의 상실을 종료하기 위한 노력을 해야 하며(본인노력), 고용기구의 알선노력에 따라야 한다(근로가능성, *Verfügbarkeit*). 본인노력에는 스스로 직업적 통합의 모든 가능성을 이용할 것이 요구되며, 근로가능성이란 기대(요구)가능한(*zumutbar*) 일자리를 수용하고, 직업적 통합을 위한 사업에 참여하며, 이를 위한 고용기구의 제안을 따를 것을 의미한다(요구가능성에 대해서는 이 장의 3 마지막 부분 참조).18)

직업계속교육 시 수급요건은 직업계속교육을 받지 않는다면 실업수당의 수급요건을 갖추었을 경우이며, 근로자가 직업계속교육을 받을 경우에도 교육을 시작할 시점에 급여 수급요건을 갖추었다면 실업수당이 지급된다(BMAS, 2015a: 78).

② 실업수당의 금액과 수급기간

실업수당의 금액은 수급권이 발생하기 전년도의 총소득을 일 평균금액으로 환산한 금액을 기준으로 계산되며, 아동양육기간이나 요양기간 동안의 급여는 산정대상 소득에서 제외한다. 만약 제외기간으로 인해 150일 미만이 산정기간이 되거나 90일 미만의 한시적 고용이 포함될 경우 지난 2년간을 기준으로 총소득을 계산한다. 이렇게 계산된 총임금에서 원천징수되는

---

17) 1회 등록의 유효기간은 6주이다. 그 의미는 6주 동안 연속으로 주 15시간 이상의 일자리를 유지할 경우 실업등록은 취소되지만(취업을 신고하지 않았을 경우 당연히 등록취소), 만약 4주간의 고용을 등록한 후 다시 실업이 된다면 신규 등록이 필요하지 않다는 것이다(BMAS, 2015a: 80).

18) 근로가능성에 대한 판단 기준의 사례를 살펴보자. 상병이나 가족 상황으로 인해 일반 조건의 일자리에 종사하지 못하는 경우 근로가능성은 없다고 판단된다(다만 실업급여를 수급하다가 본인의 과실 없이 상병, 유산 등이 발생할 경우 근로가능성이 없더라도 최대 6주간 실업수당이 계속 지급된다). 파트타임 근로만 가능할 경우, 최소 15시간 이상의 근로가 가능하다면 예전과 달리 근로가능성이 인정된다. 활성화와 직업통합을 위한 사업에 참가하더라도 근로가능성은 인정된다. 만약 본인의 사회의 조리에 반하는 행동으로 인해 취업이 불가능한 경우 근로가능성이 인정되지 않는다. 학생이나 대학생의 경우 일반적으로 근로가능성이 인정되지 않으나 본인이 주 15시간 이상의 일자리에서 근로가 가능함을 증명하면 근로가능성이 인정된다. 또한 근로가능성을 확인하기 위해 근로자는 고용기구가 제출된 주소로 우편물을 발송할 경우 수취할 수 있어야 한다(BMAS, 2015a: 78).

<표 9-2> 독일 실업수당 수급기간

신고 전 5년간 보험가입기간(월)	연령(세)	최대기간(월)
12	-	6
16	-	8
20	-	10
24	-	12
30	50	15
36	55	18
48	58	24

자료: BMAS, 2015a: 80.

사회보험료(21%)와 종교세를 제외한 조세를 공제하여 순임금을 계산한다 (총소득의 약 60% 정도). 아동이 있는 실업자에게는 순임금의 67%, 나머지 실업자에게는 60%가 지급된다(BMAS, 2015a: 81).[19] 실업수당 수급자는 공공 의료보험, 간병보험, 연금보험에 의무가입하며 고용기구에서 보험료를 부담한다. 공공 연금보험에의 가입이 면제된 수급자가 임의로 의료보험에 가입하는 경우 고용기구에서는 의무가입에 해당하는 보험료만큼 부담한다(BMAS, 2015b: 104).

실업수당 수급기간은 실업 신고 전 5년간의 사회보험 가입의무가 있는 고용기간과 수급자의 연령에 의해 결정되는데, 50세가 넘지 않은 실업자는 지난 5년간 24개월을 보험의무가 있는 근로를 하였을 경우 최대 12개월간 수급할 수 있으며, 58세가 넘은 실업자는 지난 5년간 최소 48개월간 보험료를 납부하였을 경우 최대 24개월을 수급할 수 있다(표 8-2 참조).

주로 단기간 고용에 종사한 실업자의 경우 6, 8, 10개월의 가입기간에 대해 각각 3, 4, 5개월의 수급기간이 주어진다.

---

19) 실업자가 만약 15시간 미만의 경제활동(경미한 고용)에 의한 소득이 있을 경우 조세, 사회보험료 및 필요경비 그리고 165유로를 공제한 후 실업수당 금액에서 감액된다. 다만 실업 전 18개월 중 12개월 이상 사회보험에 가입되는 일자리 외에 다른 일자리가 있었거나 자영업을 하였을 경우, 해당 소득은 12개월 동안 공제된다.

보험가입의 의무가 있는 두 가지 고용 중 하나의 일자리를 잃어 새로운 일자리를 구직 중인 자로서 지난 2년간 최소 1년 이상 실직한 일자리에서 보험료를 납부하고 고용기구에 부분실업으로 신고한 경우 부분실업수당에 대한 수급권이 주어진다. 부분실업수당은 일반 실업수당에 대한 규정이 준용되며, 수급기간은 최대 6개월이다(BMAS, 2015b: 108).

③ 실업수당의 지급유예와 지급정지

실업수당에 대한 수급권은 근로소득 또는 휴가비가 발생하거나 발생하게 될 경우, 해당 기간 동안 유예된다. 또한 고용관계의 해지로 (해고예고에 대한) 보상을 받을 경우에도 해고예고에 해당하는 기간이 종료한 시점부터 수급권은 유예되며, 유예 기간은 해고에 대한 보상금액의 최소 25%에서 최대 60% 이내의 금액을 이전의 임금으로 환산한 기간만큼 지속되는데, 최대 1년이다.[20] 또한 다른 공적 급여(상병수당, 휴업급여, 전환수당, 출산수당, 장애연금 등)를 수급할 경우 수급권은 유예된다. 또한 노동쟁의(파업과 사업장 폐쇄)로 인해 근로소득이 발생하지 않을 경우에도(간접적 피해자 포함) 고용기구는 실업수당을 유예한다(BMAS, 2015a: 83).

정당한 이유 없이 보험에 반하는 행위를 한 실업자에게는 급여지급정지가 내려진다. 급여정지는 행위에 따라 1주부터 12주까지 내려지며, 급여가 지급되지 않으며, 그 기간만큼 수급기간이 단축된다(BMAS, 2015a: 81).[21]

---

20) 해고가 가능하지 않은 근로자의 경우 해고예고기간을 18개월로 보고, 해고에 대한 보상을 지급하여야 해고 가능한 경우 1년으로 본다. 또한 수급자격 중지 지속기간 산정을 위해 사용하는 25~60%의 비율은 연령과 사업장 근속기간에 따라 정해진다. 예를 들어 5년 미만의 근속기간을 가진 40세 미만 근로자는 60%, 35년 이상 근속기간을 가진 60세 이상 근로자는 25%로 계산한다(BMAS, 2015a: 82).

21) 보험에 반하는 행위란 실업자가 고용계약을 해지하였거나 근로계약에 반하는 행동으로 사업자의 근로계약해지 원인을 제공한 경우, 정당하게 제공된 일자리를 수용하지 않거나 시작하지 않거나 스스로의 행동으로 고용관계의 시작을 방해한 경우, 고용기구에서 요구

3) 집행기관: 연방고용기구

〈사회법전〉 3편의 집행기관인 연방고용기구는 자치행정권을 갖춘 공법상의 법인이다. 연방고용기구는 뉘른베르크에 본부가 있으며, 10개의 지방본부, 156개의 (지역) 고용기구, [22] 약 600개소의 출장소, 303개소의 잡센터(지방자치단체와 공동 설치한 경우만 해당) 등의 소속기관이 있다. 이외에 연방고용기구에는 노동시장 및 직업연구소, 외국 및 전문인력 중앙직업소개국, 연방고용기구의 지도자 과정과 대학, 아동수당금고 등이 설치되어 있다. 연방고용기구는 연방노동사회부의 법적인 감독을 받으며, 자치행정기관인 행정위원회(Verwaltungsrat)에 의해 통제를 받는다. [23] 행정위원회는 근로자, 사용자(사업주)와 공공기관의 대표 21명으로 구성되어 3인의 이사들을 감독하며 노동시장의 현안에 대해 자문한다. 이사에는 임기가 5년

한 본인의 노력을 증명하지 못할 경우, 거부할 경우 발생하는 법적 조치를 통보하였음에도 불구하고 활성화와 직업 통합을 위한 사업이나 직업양성교육 내지 직업계속교육 사업 또는 근로생활에의 통합 사업에 참가를 거부한 경우, 사업 참여를 중단하거나 사업 규정을 위반하는 행위로 사업으로부터의 배제 원인을 제공한 경우, 신고를 하거나 의료나 심리 검사를 받으라는 고용기구의 요구에 불응하거나 조기 탐색을 위한 신고의무를 따르지 않을 경우이다(BMAS, 2015a: 83).
[22] 지방본부는 개혁 이전의 주고용청과 달리 자율적 권한이 많이 주어졌는데, 독립적으로 지방 내 고용기구를 지휘하고 있다. 지방본부에는 연방고용기구와 같이 3인의 이사가 있지만 행정위원회는 구성되지 않아 이전의 주고용청 당시 행정위원회에 참여하여 운영에 관여한 주정부의 영향력이 감소되었다(BpB, 2015).
[23] 하르츠 개혁을 통해 연방고용청에서 연방고용기구로 명칭이 변경되었고, 자치행정기관인 행정위원회가 지방본부에서는 폐지되어 연방과 지역의 고용기구에만 설치된다. 연방고용기구의 자율성을 살리기 위해 연방고용부의 '지시권'이 폐지되었고, 목표설정에 대한 협의로 대체되었다(https://de.wikipedia.org/wiki/Bundesagentur_fur_Arbeit). 예산에 대한 권한은 행정위원회를 거치지 않고 이사회에서 결정하도록 되었다. 연방고용기구에는 행정위원회의 하부에 15명 이하로 구성되는 행정전문위원회(Verwaltungsausschusse)가 있다(BMAS, 2015a: 88).

인 이사장(연임 가능)과 2인의 상임이사가 있다. 이사장은 업무에 대한 지침을 만들고 상임이사는 담당영역에 대한 업무를 총괄한다. 이사는 행정위원회에 보고 및 정보제공의무가 있으나 이는 〈사회법전〉 3편 영역에만 해당한다. 연방고용기구에는 현재 10만 8천 명의 직원이 있다(BpB, 2015).

연방고용기구는 실업수당과 도산수당의 지급, 구인자와 구직자 간 알선, 청소년에 대한 양성훈련상담 및 직업상담, 〈사회법전〉 3편 및 연방정부의 특별프로그램에 의한 노동시장정책 사업의 지원, 비EU 시민에 대한 노동허가, 청소년, 중고령, 비숙련 근로자에 대한 기회균등 지원, 고용 통계·양성훈련시장 통계 작성, 노동시장연구, 직업연구 등의 기능을 한다. 이외 잡센터를 설치하여 〈사회법전〉 2편의 업무를 지방자치단체와 함께 수행하며, 나아가 아동수당의 지급업무도 담당한다(BpB, 2015).

연방정부는 노동시장정책에 참여하는 중요한 행위자로서 〈노사협의회법〉이나 〈단체협약법〉 등에 의해 협의의 노동시장정책에 간접적 영향을 미치며 주요 노동시장정책에 관한 법률을 만들기도 한다. 연방정부의 노동사회부는 연방고용기구에 대해 업무 및 법률 준수에 대한 감독권한을 갖는다(BpB, 2015).

4) 재원부담

〈사회법전〉 3편의 고용촉진은 주로 사용자와 근로자가 부담한 보험료로 충당되며, 결손이 발생할 경우 연방의 대부금과 보조금이 지급된다. 연방고용기구의 유동성(지불준비금)을 위해 연방정부는 무이자의 대부금을 제공하며, 1개월의 수입이 지출을 초과하고 다음 달에 예상지출을 제외한 자금의 여유가 있을 경우 상환되지만 회계연도 종료 시까지 대부금이 상환되지 않을 경우 보조금으로 변경된다. 연방정부는 연방고용청에 위탁된 업무(아동수당, 실업수당 II와 이 외 노동시장정책에 대한 특별사업)에 대해서도 당연히 재정을 부담한다(BpB, 2015).

2016년 기준 실업보험료율은 3%로, 노사가 절반씩 부담하며, 〈사회법전〉 4장(공통규정)의 규정에 따라 서독지역의 경우 월 6,200유로까지, 동독지역의 경우 월 5,400유로까지가 보험료 납부 상한선이다. 표준연금수급연령(65세에서 67세로 상향 중)의 근로자는 실업보험에 대해서는 보험료를 부담하지 않지만 사업주는 보험료의 1/2을 부담하여야 한다.

〈사회법전〉 3편에 의한 보험료 수입은 2015년(잠정) 354억 유로이며, 지출이 가장 큰 항목은 실업수당(148억 유로)으로 나타났다(〈표 9-3〉 참조).

〈표 9-3〉 〈사회법전〉 3편에 의한 보험료 수입과 지출

(단위: 천 유로)

구분	2015	2014
수입	35,159,108	33,724,645
보험료	29,940,669	28,714,462
〈사회법전〉 2편에 의한 행정비 부담	2,962,737	2,824,514
기타 수입(동절기 고용부담금, 도산수당, 유럽사회기금 등)	2,255,702	2,185,669
지출	31,438,942	32,147,093
1. 노동시장 통합 급여	2,337,128	2,289,164
• 지역 계획예산	1,805,492	1,803,350
- 통합사업	1,042,788	1,003,871
= 알선예산	61,089	65,686
= 활성화와 직업 통합	162,958	135,731
= 여비	2,480	2,393
= 통합보조금	278,561	261,693
= 직업계속교육 지원	537,816	537,986
= 임금보조금	376	517
= 재량 지원[1]	-492	-136
• 청년층 특별 지원	365,905	406,666
- 직업양성교육 불리한 교육 대상자	302,542	341,949
- 지원 양성훈련	3,606	-
- 입직 훈련	26,340	28,388
- 직업지도	33,417	36,329
• 입직 지원	88,116	77,737

<표 9-3> <사회법전> 3편에 의한 보험료 수입과 지출(계속)

(단위: 천 유로)

구분	2015	2014
- 창업지원	308,730	315,151
- 일자리 창출사업	-46	-76
• 혁신사업 시범	382	541
• 청소년 기숙사 지원	900	964
• 구조조정을 위한 훈련 지원(교육 바우처)	341,550	333,997
• 재직 근로자 훈련	187,925	150,312
• 난민 노동시장 통합	879	-
2. 직업교육과 장애인 등	5,553,692	5,936,173
• 직업양성교육 지원	512,716	566,430
- 직업양성교육 부조	309,873	356,144
- 직업준비를 위한 교육지원	202,759	208,856
- 직업양성교육 보너스	84	1,431
• 장애인의 근로생활 참여	2,277,765	2,265,581
- 의무급여	2,152,948	2,140,882
= 일반급여	70,405	73,893
= 특별급여	2,082,543	2,066,989
- 재량급여	113,947	114,819
- 개인별 예산	10,870	9,881
• 직업계속교육 시 실업수당	1,060,049	1,034,368
• 경기적 근로시간단축 지원	136,528	157,377
• 계절적 근로시간단축 지원	250,595	180,371
• 전직 급여	203,502	243,129
- 전직 근로시간단축	196,460	236,041
- 전직 사업	7,042	7,088
• 고령자 파트타임 지원	684,085	1,103,047
• 활성화 및 알선 바우처	20,334	24,890
• 별도 재정관리 지출	406,283	359,359
- 연간 계속고용 지원	321,519	275,663
= 동계수당	140,718	146,565
= 사회보험료 지원(사업주 부담)	180,801	129,098
- 중증장애인 지원	84,510	80,251
- 유럽사회기금의 훈련	48	3,326
- 국가 간 서비스	60	-
- 난민재활법에 의한 지출	147	119

<표 9-3> <사회법전> 3편에 의한 보험료 수입과 지출(계속)

(단위: 천 유로)

구분	2015	2014
• 3편의 기타 급여	1,834	1,620
- 중등학교 졸업을 위한 지원	150	137
- 사업주 지원 및 시범고용	1,684	1,333
- 중단된 급여	-	150
3. 보험료 및 타 부담금 지출	15,618,807	16,186,358
• 연금 및 간병보험에 대한 부담금	118,602	123,792
• 실업수당/외국 사회보험기관 부담금	14,846,365	15,368,152
• 도산수당	653,841	694,414
4. 행정비(<사회법전> 3편)	5,597,388	5,492,922
• 이사비 지원(직원)	449,517	463,478
• 고용기관(III)과 <사회법전> 2편의 행정비	5,147,812	5,029,445
- 인건비(행정지원 포함)	3,974,142	3,915,464
- 기타 행정지출	1,173,730	1,113,980
5. 행정비(<사회법전> 2편)	2,331,926	2,242,475
• <사회법전> 2편의 핵심사업 인건비 지출	2,301,283	2,199,185
• <사회법전> 2편의 초지역 지출	30,643	43,290
잉여금(손실금)	3,720,167	1,577,552
도산수당기금 전입	631,602	543,364
동계고용기금 전입	18,147	55,791
일반기금 전입	3,070,418	978,398

* 본문과 표의 사업구분이 부분적으로 다름. 특히, 청년에 대한 직업교육지원이 1과 2에 분산되어 있음.
주: 1) 자율적 지원은 <사회법전> 2편 16f조에 규정하며, <사회법전> 2편과 3편의 통합지원에서
　　　 장기실업자나 25세 미만 청년 등 필요한 경우 추가적인 지원을 할 수 있도록 규정한 것임.
자료: BA, 2016/1 Der Arbeits- und Ausbildungsmarkt in Deutschland - Monatsbericht.

3. 구직자를 위한 기초보장: 〈사회법전〉 2편

구직자를 위한 기초보장은 조세로 충당되는 국가의 부조로서 근로능력이 있는 대상자에게 노동시장의 통합이나 고용을 위한 급여를 제공한다. 2005년 1월 구직자를 위한 기초보장제도가 도입되기 전에는 근로능력이 있는 구직자가 〈사회법전〉 3편의 실업부조(연방정부 부담)와 〈연방사회부조법〉에 의한 사회부조(대부분 지방자치단체 부담)를 수급할 수 있었으나 기초보장제도 도입 후 근로능력이 있는 부조 대상자는 하나의 제도로 개편, 통합됐다.

새로운 기초보장제도는 이전과 달리 자기책임의 원칙을 강조하며 최후의 수단으로 활용된다.[24] 이에 따라 지원(*Förderung*)은 요구(*Forderung*)와 밀접하게 연계되며, 고용기구는 모든 그룹(청소년, 고령층, 여성, 장애인)에 적절한 지원을 할 의무가 있다(BMAS, 2015a: 21).

급여는 근로로의 통합 급여와 생계비 보장을 위한 급여 등 크게 두 부분으로 구성된다. 근로로의 통합 급여는 대부분이 〈사회법전〉 3편의 사업과 유사한 내용이기 때문에 여기서는 〈사회법전〉 3편의 내용을 보완하거나 차이가 있는 사항에 대해서 주로 서술한다.

---

24) 자기책임의 원칙의 대표적 개념이 '본인 노력'과 '요구가능성'이다. '본인 노력'이란 수급 대상자가 스스로 생계비를 마련하기 위해 최선을 다해야 한다는 개념이고, '요구가능성'은 실업수당 II의 수급자가 모든 '요구가능한' 일자리 제공을 수용해야 한다는 개념이다. 이는 〈사회법전〉 3편에서의 범위와 확연히 다르다(뒤의 '요구가능한 근로'에서 자세히 서술된다). 흥미로운 것은 실업수당 II의 수급자도 1년에 최대 3주간의 휴가기간을 가질 수 있다는 것이다(BMAS, 2015a: 28).

1) 대상자

기초보장의 대상자는 15세 이상이고 연금수급 연령에 도달하지 않은 자로서 근로능력이 있고, 욕구 충족의 필요성이 있으며, 독일에서 거주하는 자이다(예를 들어 실업수당을 받더라도 실업수당 II의 금액에 미달하는 경우 실업수당 II를 신청할 수 있다).[25] 이외에 대상자와 욕구공동체에서 생활하는 자(가구원)에게는 현금급여만 지급하지만, 대상자가 현물이나 서비스를 받지 못할 경우 이들에게 대신 지급될 수 있다.[26] 병원이나 요양소 또는 유사한 시설에 거주하는 자는 대상에서 제외되지만, 병원의 경우 입원기간이 6개월 미만으로 기대되는 자는 대상이 될 수 있다. 연령으로 인해 노령연금의 대상이 되는 자도 기초보장의 대상이 될 수 없다(BMAS, 2015a: 26).

---

25) '근로능력이 없는 자'란 질병이나 장애로 6개월 이상, 하루 3시간 이상의 근로를 할 능력이 없는 자이며, 아동 양육으로 근로를 못하는 경우는 여기에 포함되지 않는다. 후자의 경우 요구가능성에 대해 검토하게 된다. 근로능력은 고용기구에서 확인하며 필요할 경우 연금보험자의 평가를 받게 한다. 욕구충족의 필요성이란 본인과 욕구공동체에 속한 다른 가구원의 생계비를 본인의 힘과 수단으로 충당하지 못하는 경우 인정된다. 여기에는 요구가능한 근로와 소득 및 재산 그리고 다른 가구원(배우자나 파트너, 25세 미만 자녀의 부모 등)이나 타 사회보장기관에서의 급여를 포함한다(BMAS, 2015a: 24).

26) 욕구공동체에는 근로능력이 있는 수급자격자, 파트너로서 지속적으로 별거하지 않는 배우자나 등록된 동거자, 파트너로서 혼인과 유사한 생활공동체(가계를 같이하고, 지속적으로 동거하며, 상호 책임을 지는 관계), 가구에 속하는, 소득이 충분하지 않은 25세 미만의 아동, 부모 또는 25세 미만 아동의 부모로서 혼인상태에 있지 않은 경제활동능력이 있는 자 등이다. 독일에서는 이와 별도로 가구공동체를 규정하는데, 가구공동체는 25세 이상 혼인한 자녀, 조부모와 손자녀, 삼촌이나 조카, 양육아동이나 간병부모, 형제, 기타 친척 등이 실제 생활비를 공동 부담할 경우 해당한다. 이 경우 이들의 소득이나 재산도 욕구 산정에 고려된다(BMAS, 2015a: 23).

2) 급여와 서비스

(1) 근로에의 통합 급여

구직자를 위한 기초보장의 우선적 목적은 근로능력이 있는 수급자에 대한 (부조) 지원이 종결되도록 지원하는 것이다. 소득을 갖기 위해 노동력을 투입하는 것이 중심이 된다. 이 목적을 달성하기 위해 〈사회법전〉 2편에서는 대상자에게 〈사회법전〉 3편에 의한 급여를 제공하는 것을 원칙으로 하고(〈사회법전〉 2편 16조), 필요한 경우 추가지원에 대해 규정한다. 근로에의 통합 급여를 간략하게 살펴보면, 먼저 지방자치단체에서 제공하는 통합 급여에는 미성년 및 장애 아동에 대한 보호 또는 가족에 대해 가사보조, 채무상담과 사회심리적 지원 그리고 중독상담 등이 포함된다. 또한 〈사회법전〉 2편에서는 자영업을 하거나 사회보험가입의 의무가 있는 일자리를 수용할 경우 실업수당 II에 부가적으로 최대 2년간 지급되는 입직수당이 있고, 자영활동을 하고자 하는 자에 대한 대부와 보조금, 컨설팅 지원이 제공된다는 점에서 〈사회법전〉 3편과 차이가 있다.

(2) 고용창출과 관련되는 사업

근로능력이 있는 수급권자 중 일반 노동시장에의 직접적 통합이 불가능한 경우 여러 가지 지원조건을 둔 고용창출을 위한 사업이 존재한다. 먼저 근로기회 제공 사업이 있는데, '1유로 일자리'로 불리는 이러한 근로기회 제공 사업에는 보충적이고,[27] 시장의 경쟁에 중립적이며, 공공의 이해에 부합하는 일자리가 제공된다. 지원기간은 5년간 최대 24개월이며 보통 주당

---

27) 보충성(*Zusätzlichkeit*)은 지원 없이는 수행되지 않거나 늦게 수행되거나 지원받는 범위만큼 시행되지 않을 때 충족되며, 법적인 의무로 또는 공법상의 법인이 수행해야 하는 경우에는 지원이 없으면 2년 이후에 시행될 전망이 있을 때만 충족된다(〈사회법전〉 2편 16d조의 2항).

30시간을 원칙으로 한다. 지원금액은 실업수당 II에 추가적으로 근로로 인한 추가지출에 대한 보상으로 시간당 1유로에서 최대 2유로이며 이 소득은 실업수당 II의 급여산정에 포함되지 않는다(BpB, 2015). 이러한 일자리는 노동법적 고용관계가 아니며, 거부할 경우 실업수당 II의 수급자격이 제한된다(BMAS, 2015a: 30).

고용관계 지원사업은 한국의 사회적 일자리사업과 유사한 사업으로 이전에는 일자리 창출사업으로 칭해졌는데 하르츠 개혁으로 더 이상 〈사회법전〉 3편 고용촉진에 의한 사업이 아니라 〈사회법전〉 2편에 의한 사업으로 전환되었다. 이 사업은 2차 노동시장(공익이 있는 업종에 대해 근로자 개인에 대한 지원으로서 임금보조금을 지급하여 노동시장 문제 집단을 고용하도록 함)의 형성에 중요한 역할을 한다(BpB, 2015).

이 사업은 근로기회지원과 달리 보험가입의 의무가 있는 고용관계를 지원하기 위한 것으로 보완적으로 엄격히 지원되어야 한다(최소 6개월간 집중알선노력 이후 지원). 사용자에게 산정대상이 되는 임금의 75%까지 보조하며 최대 지원기간은 5년간 24개월이다(http://www.bmas.de/DE/Themen/Arbeitsmarkt/Grundsicherung/Vermittlung/leistungen-eingliederung-arbeit.html).

연방고용기구는 근로에의 통합서비스를 위한 예산 중 최대 10%를 자율적 지원에 사용할 수 있는데, 자율적 지원을 통해 법령에 상세하게 규정된 지원조건을 벗어나서 지역 상황에 맞게 사업을 지원하고 새로운 사업을 시도하여 통합서비스의 효과를 제고하기 위한 것이다. 다만 이 사업은 〈사회법전〉 2편의 목적과 기본원칙에 부합해야 하며, 법령에 규정되지 않은 새로운 서비스, 법령에 정해진 지원의 회피 또는 추가 또는 프로젝트에 대한 지원 등으로 나눌 수 있다(https://de.wikipedia.org/wiki/Freie_Förderung).

(3) 실업수당 II/사회수당(Sozialgeld)

실업수당 II는 근로능력이 있는, 소득이나 재산을 통해 자력으로 생계비를 마련하지 못해 부조를 필요로 하는 사람과 근로를 하더라도 불충분한 소득을 갖는 사람에게 지급된다. 사회수당은 부조를 필요로 하고 근로능력이 없는, 수급 대상자와 같은 가구에서 생활하는 사람에게 지급된다. 이 급여는 매월 사전에 지급되는데, 급여액은 근로능력이 없는 자에게 일반부조로 지급되는 사회부조와 같다.

실업수당 II의 수급자는 원칙적으로 의료보험과 장기요양보험에 대한 가입이 의무적이지만 상병수당은 지급되지 않으며(실업수당 II 계속지급), 보험료는 잡센터에서 부담한다(민간의료보험 가입자의 경우 의무보험 해당 보험료 지급). 2011년 이후 연금보험에 대한 가입의무는 없지만, 산정기간(*Anrechnungszeit*)으로 간주되는데, 노령연금의 급여에는 영향을 미치지 않지만 장애연금에 대한 수급권은 유지된다(BMAS, 2015a: 48).

실업수당 II와 사회수당은 표준욕구, 추가욕구, 주거와 난방에 대한 욕구, 일회적 급여, 추가적 급여 등으로 나누어 정기 또는 일회적으로 지급되는데, 그 수준은 12장에서 자세히 서술되어 여기서는 생략한다.

(4) 〈사회법전〉 2편의 집행 성과

〈사회법전〉 2편에 의한 지출을 살펴보면 2014년에는 412억 유로를 지출하였으며 실업수당 II/사회수당이 143억 유로, 주거 및 난방이 139억 유로 등으로 나타났다(〈표 9-4〉 참조). 2014년 수급 대상자를 살펴보면 욕구공동체의 수는 약 330만 가구이고 개인으로는 약 609만 명이 대상인 것으로 나타났다(〈표 9-5〉 참조).

<표 9-4> 사회법전 2편에 의한 적극적 및 소극적 급여지출

(단위: 유로, %)

	2014년		2013년	
	지출	비율	지출	비율
합계	41,286,194,172	100	40,657,360,324	100
실업수당Ⅱ/사회수당	14,398,586,081	34.9	14,242,247,461	35
주거 및 난방	13,954,708,988	33.8		
사회보험료	5,350,036,958	13.0		
통합급여[1]	2,856,423,593	6.9		
행정비용[2]	4,511,548,999	10.9		
기타 급여비	214,889,554	0.5		

주: 1) 교육과 참여에 대한 급여는 2011년 도입되었으나, 통계가 별도 집계되지 않아 통합급여에 포함됨.
　　2) 행정비용에는 주고용기구와 지방자치단체의 지출이 포함되지 않음.
자료: BA, 2015 Amtliche Nachrichten der Bundesagentur für Arbeit: Arbeitsmarkt.

<표 9-5> 기초보장 대상자 통계(2014년)

	욕구공동체	개인		
		합계	근로능력자	근로무능력자
독일	3,303,011	6,097,897	4,387,178	1,710,701
옛 서독지역	2,243,236	4,261,903	3,022,238	1,239,665
옛 동독지역	1,059,775	1,835,976	1,364,940	471,036

자료: BA, 2015 Amtliche Nachrichten der Bundesagentur für Arbeit: Arbeitsmarkt.

3) 집행기관과 재정부담

(1) 집행기관: 잡센터

처음 노동시장의 근대적 서비스를 위한 4차 법률의 입법안에서는 고용기구가 모든 업무를 수행하도록 되었으나 법률안의 심의 과정에서 아동보육, 채무상담, 사회심리적 지원, 중독 상담, 주거와 의복에 대한 최초구입, 교육 및 참여급여, 주거 및 난방에 대한 급여 등은 지방자치단체에서 수행하도록 되었다(BMAS, 2015a: 48).

신청자들이 동일한 법에 의한 급여를 두 군데에서 신청하는 것을 방지하기 위해 고용기구와 지방자치단체는 〈사회법전〉 2편의 집행을 위해 (하르츠 개혁 4차 법률에 따라) 잡센터를 설립하게 되었는데, 구직자를 위한 기초보장을 수행하는 잡센터는 현재 두 가지 유형으로 설치되었다. [28]

- 공동 시설: 408개소의 잡센터 중 303개소에 해당하며, 군과 시의 지방자치단체와 고용기관이 공동시설을 설치한다.
- 지방자치단체(*Optionskommune*)에 허가된 잡센터: 2015년 기준 기초 지방자치단체의 1/4의 지역(약 105개 기초단체)에는 고용기구에 의해 허가된 지방자치단체의 집행기관이 설치되어 기초보장과 관련되는 업무를 수행한다. 이 경우 운영에 대해 고용기구에서 관여하지 않는다.

(2) 재정부담

〈사회법전〉 2편의 급여는 고용기구와 지방자치단체가 수행하는데, 원칙적으로 수행하는 기관이 그 비용을 부담하도록 규정된다. 즉, 지방자치단체는 거주 및 난방, 아동보육, 채무 및 중독 상담, 근로생활에의 통합을 위해 필요한 사회심리적 지원, 아동 및 청소년에 대한 교육 및 참여 지원, 의

---

28) 잡센터는 ARGE(작업공동체; Arbeitsgemeinschaft SGB II)라는 명칭으로 이미 2000년부터 2010년까지 시범사업으로 설치된 고용사무소와 지방자치단체의 협업에서 비롯되었다(BMAS, 2015a: 22). 이와 별도로 2003년 연방고용기구는 시와 군에 대해 시험적으로 고용기구의 업무를 위탁받도록 독려하여 69개의 지방자치단체에 대해 허가하였으나, 2007년 연방헌법재판소에서 연방과 지방자치단체의 협업 형태의 행정기구가 위헌임을 판결했다. 이후 헌법 개정이 이루어지고 나서야 연방과 지방정부의 혼합체인 잡센터에 대한 법률이 2010년 입법되었고 2011년 잡센터라는 명칭이 공식적으로(이전에는 비공식) 사용되었다. 2012년에는 41개의 지방자치단체가 선택적 지방자치단체로 추가 허가되었다(BMAS, 2015a: 22). 2007년까지 제3의 형태가 있었는데, 고용기구와 지방자치단체가 합의하지 못하여 21개의 지방자치단체에서 두 기관이 협의 없이 독립적으로 급여를 지급하는 사례가 있었다. 이러한 사례는 2012년 이후 더 이상 존재하지 않는다(https://de.wikipedia.org/wiki/jobcenter).

복 및 주거에 대한 최초 제공 등에 대해 부담하며, 고용기구는 노동시장 관련 통합(상담, 알선, 근로에의 통합을 위한 지원), 생계비 보장(실업수당 II, 사회수당, 추가욕구), 공공 의료보험과 간병보험의 보험료 지급 등에 대해 부담한다. 고용기구에서 수행하는 사업에 대해서는 연방정부가 조세로 충당하며, 지방자치단체는 지방세로 충당하는 것이지만 일부 사업에 대해 연방정부가 추가 부담하는 부분이 있다. 즉, 교육 및 참여급여에 대한 사항은 비용조정을 통해 연방정부가 실질적으로 부담하며, 거주와 난방에 대한 비용의 일부에 대해서도 연방정부에서 부담한다(BMAS, 2015a: 50).

4) 노동시장의 주요 개념

(1) 실업률

독일 실업통계에서는 실업자는 ILO의 기준에 의한 실업에 대한 정의와 다르다. 독일에서 실업자는 연방고용기구 또는 기초보장 집행기관에 등록하여야 하며, 일자리 수용을 할 수 있으며, 모든 '정당한' 고용을 수용하여야 하며, 일하지 않거나 15시간 미만의 고용이 있으며, 65세 이상이 아니며, 직업훈련에 참가하지 않고, 학생이나 대학생이 아니며, 노령연금 수급자가 아니며, 근로능력이 없을 만큼 아프지 않아야 실업으로 인정받는다.

이로 인해 실업통계에 포함되지 않는(통계에서 실업자로 구분하지 않는) 사람은 고용기구에 실업자로 등록하지 않고 구직하는 사람(학교 졸업자, 경력단절여성 등), 직업훈련 자리를 찾는 자, 단기간 또는 경미한 고용을 탐색하는 자, 조기 퇴직수당을 받거나 실업수당을 받지만 더 이상 구직하지 않는 자 등이며, 노동시장정책의 사업 참가자(근로시간단축지원금, 훈련사업, 창업지원, 기초보장에 따른 근로기회 제공)도 실업자로 분류되지 않는다.

독일에서는 세 개의 실업률 통계를 공포하는데, ① 모든 종속민간 근로자(사회보험가입자와 경미한 근로자, 공무원 및 실업자) 대비 등록된 실업자 수의 비율, ② 모든 민간 근로자(종속민간 근로자, 자영자 및 가족 종사자) 대비 등록된 실업자 수의 비율, ③ ILO의 경제활동인구에 따른 미취업자 등이다 (⟨표 9-1⟩ 참조). 29) 독일 내에서는 보통 첫 번째 실업통계를 널리 사용하고 있다(Bäcker, 2010: 484).

(2) 요구가능성(Zumutbarkeit)

실업자는 본인의 희망에 따른 일자리에 알선되고 가능하면 소득 및 지위가 보장되도록 알선이나 노동시장 통합사업에 대한 참여를 원하지만, 보험료 나 조세 납부자의 이해관계도 고려하여 양자를 절충할 필요가 있는데, 독 일에서는 이 때문에 '요구가능한' 또는 '적절한' 일자리에 대한 기준을 설정 하고 있다. 예를 들어 근로자가 교대제 근로를 원하지 않는다고 해서 알선 을 거부할 수 있는가에 대한 규제의 기준이 필요하게 된다. 실업수당 수급 자에 대해서는 ⟨사회법전⟩ 3편 140조에서, 실업수당 II에 대해서는 ⟨사회 법전⟩ 2편 10조에서 '요구가능성'의 개념을 규정한다. 양자에 공통적인 것 은 일자리가 노동법령에 부합하지 않거나 사회통념에 반하는 경우 요구가 능하지 않으며, 직업활동이 이전 직업으로의 복귀를 어렵게 하거나 가족 간병이나 아동의 양육을 방해할 경우 요구가능하지 않다. 아동이 3세를 넘 은 경우 보육시설이나 다른 방식으로 보육될 경우 아동 양육이 방해받는 것으로 보지 않는다(BMAS, 2015a: 27).

⟨사회법전⟩ 3편의 실업수당 수급자에 대한 요구가능성에 대해 살펴보면

---

29) ILO 통계와 독일의 공식적 실업통계의 차이를 살펴보면, 조사방식에서 ILO의 경우 표본 에 대해 월평균에 대한 전화 조사 vs 전수조사와 특정일의 고용기구에서의 등록과 응답, 실업등록 여부의 중요성에서 별 의미 없음 vs 아주 중요, 적극적 구직활동에 대해 지난 4 주간 1주일에 한 시간 이상 vs 최소 15시간 이상 일자리 탐색과 모든 가능성 이용, 노동시 장에의 참여에서 향후 2주간 새로운 일자리 수용 vs 근로준비와 근로능력에서 즉시 수용, 취업 여부에서 전혀 일하지 않음(1시간 미만) vs 주 15시간 이상이 아님 등에서 차이가 있다(Bäcker, 2010: 486 참조).

기본적으로 제시되는 일자리의 근로시간이나 임금이 법률이나 단체협약, 취업규칙 등에 반하지 않는 경우 정당하다고 보며, 이전 직업에 대한 보호가 없으나, 다만 임금수준과 통근시간에 따라 차등적인 보호 규정이 있다.[30]

〈사회법전〉 2편에서는 〈사회법전〉 3편보다 더 강화된 요구가능성이 규정된다. 근로능력이 있는 수급자는 그들의 생계비 전체 또는 일부를 획득할 수 있는 모든 기회를 이용해야 하는데, 해당 기회를 수급자가 정신적, 심리적, 육체적으로 실현할 수 있는 능력이 있을 때 요구가능(정당)하다. 따라서 직업훈련의 수준이 낮은 일자리를 제공받았다고 해서 일자리를 거부해서는 안 되며, 협약임금이나 지역의 통상적인 임금수준에 못 미치는 일자리라고 해서 거부해서도 안 된다.

4. 요약 및 한국에 대한 시사점

이 장에서는 〈사회법전〉 3편의 고용촉진과 2편의 구직자를 위한 기초보장의 대상자, 현금과 서비스 등 급여, 집행기관, 재정부담 등에 대해 살펴본 후 독일 노동시장정책의 주요개념과 노동시장질서를 위한 정책의 일부를 살펴보았다. 〈사회법전〉 3편의 외국인 고용, 도산수당 등에 대한 사항은 지면관계로 인해 살펴보지 않았다.

하르츠 개혁으로 알려진 노동시장의 근대적 서비스를 위한 법률들은 독일

---

30) 실업 후 첫 3개월간은 총임금의 20%까지 감소가능하며, 그 다음 3개월간은 총임금의 30%까지 감소가능하고, 7개월째부터는 근로에 필요한 지출(예를 들면 교통비)을 제외한 순소득이 실업수당보다 낮지 않을 경우 가능하며, 6시간 이상 근로 시 두 시간 반이 넘지 않는 통근시간(근로시간이 6시간일 경우 두 시간)인 경우 요구가능하다. 또한 향후 3개월 동안 위에 해당하는 일자리를 구할 전망이 없다고 기대될 경우 이사도 요구가능하다. 일시적이거나 두 집 살림을 한다는 이유로 일자리를 거부해서는 안 된다(Bäcker, 2010: 527; BMAS, 2015a: 79)

의 전통적인 노동시장정책을 상당한 폭으로 변화시켰는데, 특히 근로능력자 중 실업수당의 수급기간이 끝난 실업부조의 수급자와 사회부조의 수급자 중 근로능력이 있는 자를 통합하여 실업수당 II/사회수당이라는 새로운 급여를 만들어 내고, 연방고용청을 연방고용기구로 개편하는 동시에 고용노동부의 정책에 대한 직접적 개입 여지를 상당히 축소하였다. 또한 고용기구의 사업들 중 계속교육을 포함하여 많은 서비스를 재량사업으로 전환하여, 효율성 및 효과성을 극대화하도록 변경하였다. 반면 독일의 노동시장정책은 그럼에도 불구하고 〈표 9-4〉의 통계에서 보듯이 〈사회법전〉 2편의 경우 의무사업인 현금급여가 지출 중 상당한 부분을 차지하고 있음을 볼 수 있다. 하르츠 개혁의 효과에 대해 찬반양론이 존재하지만 적어도 효율성의 제고라는 부분은 부분적으로 인정될 수 있을 것으로 보인다.

독일 노동시장정책의 틀에서 한국의 고용보험제도나 기초생활보장제도의 근로능력이 있는 자에 대한 지원에 대한 함의를 간략하게 살펴보면 다음과 같다.

첫째, 노동시장정책의 효과성을 높이기 위해서는 노동시장정책의 가장 기본적인 서비스인 직업소개와 상담의 역할이 강화될 필요가 있다. 한국에서도 공공 직업소개기관의 시장점유율을 확대하여 노동시장에 대한 정보를 보다 세분화하여 제공하고 알선을 통해 구인자와 구직자 간의 매치가 신속하게 이루어질 수 있도록 개선할 필요가 있다. 또한 한국에서도 도입되어 있지만 좀더 실효성이 있도록 실업등록 시 대상자에 대한 사정이 정확하고 객관적으로 이루어져야 하고, 개인의 행동계획(Individual Action Plan: IAP)이 실현가능하도록 설계되어야 하며, 사례관리자의 권한과 업무능력이 강화될 필요가 있다.

둘째, 직업훈련, 특히 직업훈련을 받지 않은 청소년을 위한 다양한 지원장치가 상호 보완적으로 존재한다. 일반 중등교육을 마치게 하거나 정규 직업양성훈련을 받지 못하는 청소년을 지원하는 제도는 한국에서도 폭넓게 사용될 수 있는 제도라고 생각된다. 독일에서는 훈련 시 수당을 현실화하고 있는데, 제도 활용의 유인을 위해서 한국에서도 훈련 시 지급되는 수당을 인상할 필요가 있다고 생각한다.

셋째, 한국의 고용안정사업 중 임금보조금 사업은 지원 후 계속 고용 요건이 존재하는 시기도 있었으나 현재는 없는데, 독일처럼 지원 후 일정 기간의 계속 고용 요건을 두어 사업 참여자의 고용기회가 늘어나도록 할 필요가 있는 것으로 보인다.

넷째, 〈사회법전〉 2편의 자율적 지원은 노동시장으로의 통합이 어려운 대상자에게 일자리를 수용하거나 수용할 여건을 만들어 주기 위해, 정형화하기 힘든 사업을 할 수 있도록 고용기구에 상당한 재량을 허용한다. 한국에서도 이러한 사업에 대한 재량을 주어 실험적 사업을 도입할 수 있도록 할 필요가 있다.

■ 참고문헌

국내 문헌

오정수·최해경·정연택(2015). 《사회복지학개론》. 파주: 양서원.

해외 문헌

Althammer, J. W. & Lampert, H. (2014). *Lehrbuch der Sozialpolitik*. Ingolstadt: Springer.

Bäcker, G., Naegele, G., Reinhard, B., Hofemann, K., Neubauer, J. (2010). *Sozialpolitik und soziale Lage in Deutschland*, Wiesbaden: VS Verlag.

BA (Bundesagentur für Arbeit) (2015). *Amtliche Nachrichten der Bundesagentur für Arbeit: Arbeitsmarkt 2014*. Nürnberg: BA.

BMAS (Bundesministerium für Arbeit und Soziales) (2015a). *Übersicht über das*

Sozialrecht. 12. Aufl. Nürnberg: BW Bildung und Wissen.

_____(2015b). *A-Z der Arbeitsförderung.* Leck: CPI Books.

기타 자료

BA(Bundesagentur für Arbeit)(2016). Der Arbeits- und Ausbildungsmarkt in Deutschland: Monatsbericht Dezember und Jahr 2016. https://statistik. arbeitsagentur. de/Statistikdaten/Detail/201612/arbeitsmarktberichte/monatsb ericht-monatsbericht/monatsbericht-d-0-201612-pdf. pdf.

BpB(Bundeszentrale für politische Bildung)(2015). Arbeitsmarkt. http://www. bpb. de/politik/innenpolitik/arbeitsmarktpolitik/55290/rahmenbedingungen. 2016. 6. 1. 인출.

http://www. bpd. de/politik/innnenpolitik/arbeitsmarktpolitik/155378/einleitung. 2016. 6. 1. 인출.

http://www. bmas. de. 2016. 6. 1. 인출.

https://de. wikipedia. org/wiki/Hartz-Konzept. 2016. 6. 1. 인출.

https://de. wikipedia. org/wiki/jobcenter. 2016. 6. 1. 인출.

10

산재보험제도

1. 독일 산재보험 개요

1) 산재보험 주요 특징

독일 산재보험은 〈사회법전〉 7편(〈산재보험법〉)에 편성되었다. 산재보험의 근본적 과제는 예방, 재활 및 보상으로 이루어졌다. 주요 특징으로는 독일 의료보험, 연금보험, 실업보험 등의 타 사회보험과 달리 예방과 재활에 대한 항목이 있다는 점을 들 수 있다. 독일 연금보험법(〈사회법전〉 6편)에서는 의료재활급여(제 15조) 및 직업재활급여(제 16조)를 지급(제28조)한다(윤조덕, 2011: 126). [1)]

　〈사회법전〉 7편 제 1조(예방, 재활, 보상)에는 "산재보험의 과제는 ① 모든 적절한 수단을 통하여 산업재해와 직업병 그리고 직무에 기인한 위험을

---

1) 이와 같은 독일 연금보험 직업재활급여 수급의 전제조건은 연금대기기간(납부기간)이 만 15년 경과한 동시에 소득활동능력 상실로 인한 연금수령자여야 한다(연금보험법, 〈사회법전〉 6편 제 11조 제 1항).

예방하고, ② 산업재해 또는 직업병이 발생한 후에 모든 적절한 수단을 통하여 피보험자의 건강과 직무능력을 회복시키고 그리고 현금급여를 통하여 피보험자 또는 그의 유족을 보상하는 것이다"라고 명시되어 있다. 예방, 재활, 보상의 세 가지 과제 중에 예방을 가장 우선시하며, 다음은 재활 그리고 마지막으로 보상으로 규정한다. 2)

산재보험은 인과관계원칙(*Kausalitätsprinzip*)에 근거한다. 산재보험은 피보험자가 직무에 기인하거나 기타 피보험 업무와 관련되어 당한 사고와 직업병만을 책임진다. 그 외에도 피보험자가 거주지에서 사업장으로 가는 길 또는 사업장에서 집으로 돌아오는 길에 당한 사고도 보호한다. 사고 또는 질병의 다른 경우는 의료보험 및 연금보험에서 보험급여의 의무를 진다 (BMAS, 2015: 561).

2) 간략한 역사

1884년 7월 6일 제정된 〈산재보험법〉은 그 기저에 그때까지 존속한 여러 요소들을 포함했다. 제도 도입 초기부터 보험료 부담의무를 사업주에게만 부여하는 대신 사업주는 민법적 책임의무에서 벗어나 재해 근로자에 대한 보상책임에서 자유로워졌다. 또한 보험료를 위험등급별로 차등화하여 부과하는 원칙이 산재보험조합의 설립과 동시에 도입되었으며,3) 기존에 존재하던 업종별 행정조직을 활용하여 설립한 산재보험조합이 보험관장기구가 되었다.

산재보험이 도입된 1884년에는 국가 및 지자체 기업에 대한 별도의 규정이 없었다. 1년 후인 1885년 5월 28일 첫 번째 〈산재보험확대법〉4)에 따라

---

2) 〈사회법전〉 7편 제26조(보험급여의 청구) (3) 요양과 재활을 위한 보험급여는 연금급여에 우선한다.

3) 필자는 "Berufsgenossenschaft"를 "산재보험조합"으로 번역하였다.

독일제국, 연방주, 우체국, 전신국 및 군대 종사자를 위한 별도의 산재보험이 만들어졌다. 5) 지자체와 지자체연맹은 처음으로 1887년 7월 11일 제정된 〈건축물에 취업한 자에 관한 산재보험법〉6)에 따라 가입 대상자에 포함되었다. 지자체 산재보험 관리운영기관은 단지 건설작업을 위해서만 설립될 수 있었으며, 1895년에 남부의 바이에른(Bayern) 지역에 가장 오래된 지자체 산재연맹이 설립되었다. 한편 농업인 대상 사회보험 중 가장 오래된 제도인 농업인 재해보험은 1886년 5월 5일 〈농림업 기업의 취업자를 위한 산재보험과 의료보험에 관한 법〉을 통해 탄생했다. 1888년과 1889년에 지역별로 관할영역이 결정되는 48개의 농업인 산재보험조합이 설립되었다.

1925년 직업병시행령(Berufskrankheiten-Verordnung)이 제정, 시행되어 직업병 목록에 의한 직업병 인정, 관리가 이루어지기 시작하였으며, 같은 해에 출퇴근재해를 산재보험 보호 범위에 포괄하였다.

제1차 세계대전과 제2차 세계대전을 거친 후 1949년 산재보험 제도개선으로 보험급여 부분의 개선이 있었으며 1963년 산재보험에 새로운 규정이 도입되었다. 이를 살펴보면 다음과 같다. 첫째, 취업자 20인 초과 사업장에는 안전담당자(Sicherheitbeauftragte)를 1인 이상 두도록 하였다. 둘째, 연방정부는 매년 산재예방보고서를 발간한다. 셋째, 직업병이 가장 최근의 의학적 지식에 의하여 근로를 함에 있어 특별한 영향을 미치는 경우 산재보험 운영기관은 이를 직업병시행령에 관계없이 인정한다. 넷째, 1964년부터 연금급여가 피보험자의 임금상승을 반영하였다. 1971년부터 초등·중등학교 학생, 대학생 그리고 유치원 원아에게, 그리고 1974년부터 재활 중에 있는 자에게 산재보험을 통한 보호가 이루어졌다(BMAS, 2015: 562).

---

4) Das Erste Ausdehnungsgesetz vom 28. Mai 1885.
5) in Form von "Ausfuherungsbehoerden für Unfallversicherung"(Leube, 1985: 114).
6) Gesetz über die Unfallversicherung der bei Bauten beschaeftigten Personen vom 11. Juli 1887.

1996년 〈산재보험편입법〉7)을 통해 〈제국보험법〉에 편입되어 있던 공적 산재보험이 〈사회법전〉 7편에 편입되었다. 이 과정에 유치원 원아뿐만 아니라 영유아 보호시설의 영유아에게까지 산재보험 보호가 확대되었다. 또한 옛 동독 사회보험의 산재연금이 〈사회법전〉 7편에 인계되었다. 이로써 〈외국인연금법〉(Fremdrentengesetz)에 의하여 인정되었던 산재보험 적용사례가 공적 산재보험법으로 인계되었다. 〈사회법전〉 7편의 EU 지침 (EU Directive)을 반영하기 위한 공적 산재보험법의 법문상 변화와 조정은 노동자 안전보건 증진에 기여하였다(Wurbs, 2009: 252).

2008년 〈산재보험현대화법〉8) 및 그 후 이어진 법률들을 통하여 포괄적인 산재보험 조직개혁이 있었다. 공적 산재보험이 새로이 정돈되고 현대화되었다. 산재보험 운영기관 수가 감소했고, 조직이 축소되었으며, 오늘날의 경제구조에 적응되었다. 동시에 산업부문 산재보험조합 간의 연대적 부채부담이 새로이 형성되었다. 또한 연방정부, 주정부 및 산재보험 운영기관 간의 산재예방부문에서 협력이 한층 강화되었다(BMAS, 2015: 563).

2. 독일 산재보험의 대상

1) 산재보험 적용대상 피보험자

(1) 피보험자

산재보험 가입대상은 〈사회법전〉 7편 제2조에 의한 강제가입, 제3조에 의한 개별 산재보험조합의 정관에 의한 강제가입, 제4조에 의한 보험가입 제외, 제5조에 의한 강제가입 대상 중 특수한 경우의 보험가입 제외, 제6

---

7) Unfallversicherungseinordnungsgesetz vom 7. August 1996.
8) Unfallversicherungsmodernisierungsgesetz vom 30. Oktober 2008.

조에 의한 임의가입으로 구분된다(윤조덕, 2011: 85). 제2조 제1항에 의한 법적 강제력에 의한 피보험자는 다음과 같다(윤조덕, 2011: 86~88).

1. 취업자
2. 사업장, 실습장, 교육과정 또는 이와 유사한 시설에서 직업훈련, 양성훈련 및 계속훈련 중인 피교육자
3. 피보험 업무행위의 취득을 위하여 또는 종료된 피보험 업무행위로 인하여 검진, 조사 또는 이와 유사한 조처 중에 있는 자(이 조처가 기업 또는 관청에 의하여 취해진 한에 있어서)
4. 〈사회법전〉 9편(장애인재활법) 제143조에서 의미하는 인증 장애자전용사업장에 종사하는 장애자 또는 인증 맹인전용사업장에 종사하는 장애자 또는 이와 같은 시설들을 위하여 가내공업에 종사하는 장애인
5. 다음 사항에 해당하는 자(다만, 당해 농업부문 산재보험조합이 이 사업을 관할하고 있는 경우)
   a) 농업부문 사업의 사업주 및 당해 사업에 같이 종사하는 사업주의 배우자
   b) 농업부문 사업에 계속적으로 종사하는 사업주의 가족
   c) 농업부문 사업에서 주식회사 또는 개인회사의 법적 형태로 정규적으로 사업주와 유사하게 종사하는 자영업자
   d) 농업부문 사업에서 직접 농업의 안전, 감독 또는 장려에 주로 기여하는 자
   e) 농업부문 직종연합에서 명예직으로 종사하는 자
6. 가내공업자와 중간관리자 및 그들과 같이 종사하는 배우자
7. 연안해역에서 선박을 소유하고 선박에 승선하는 자영 선주 및 어부 또는 선박을 자가 소유하고 있지는 않으나 상시적으로 4인 이하의 근로자를 고용하고 있는 연안어부 및 그들과 같이 종사하는 배우자
8. a) 운영에 있어서 운영권자가 〈사회법전〉 8편(어린이와 청소년보호법) 제45조에 의한 승인 또는 이와 상응하는 주정부 법령규정에 의한 공인을

필요로 하는 주간시설(유치원, 탁아소 등)에 머무르는 동안의 아이들

　b) 일반계 학교, 실업계 학교의 학생(학교에 있는 동안, 수업개시 전, 방과 후 학교 또는 학교와 공동협력하에 시행되는 대책의 대상인 학생)

　c) 대학에서 기초교육 또는 향상교육 중에 있는 대학생

9. 보건의료기관 또는 사회복지시설에 자발적으로 또는 무보수로, 특히 명예직으로 종사하는 자

10. 다음의 사항에 해당하는 자

　a) 공법에 의한 공공기관, 단체·재단 또는 이들의 연합체·사업팀을 위하여, 제2호 내지 제8호에 거론된 시설·계약·서면 허락에 근거를 두고 민법상의 조직을 위하여, 특별한 경우 지역 공공단체의 서면 허락에 의하여 명예직으로 종사하는 자 또는 이와 같은 업무를 위하여 교육훈련에 참여하고 있는 자

　b) 공법적 종교단체 및 그들의 시설 또는 공법적 종교단체의 계약 또는 서면 허락에 의하여 명예직으로 종사하는 자 또는 이와 같은 업무를 위하여 교육훈련에 참여하고 있는 자

11. 다음 사항에 해당하는 자

　a) 공법에 의한 공공기관, 단체, 재단의 업무를 협조하기 위하여 종사하고 있는 자

　b) 공공기관이 증거검증을 위하여 증인으로 불러들인 자

12. 불의의 사고 시 또는 시민 권리보호를 위한 사업에 무보수로, 특히 명예직으로 종사하는 자 또는 이들 사업의 교육훈련에 참가하고 있는 자

13. 다음 사항에 해당하는 자

　a) 불의의 사고, 공공의 위험, 기타 비상사태 시 조력하는 자 또는 현저한 건강위험에 처한 자를 구출하는 자

　b) 헌혈자 또는 신체의 장기, 장기의 일부 또는 조직을 기증한 자

　c) 범죄용의자를 추적 시 또는 체포 시 또는 불법적으로 습격 받는 피해자

를 보호하기 위해 개인적으로 조력하는 자

14. 〈사회법전〉2편(구직자 기초보장법) 또는 〈사회법전〉3편(고용촉진법)에 의하여 신고의무를 진 자로서 독일 연방고용청으로부터 〈사회법전〉2편 제6a조에 의하여 허가된 지자체 공공단체, 〈사회법전〉2편 제6조 제1항 제1문단 제2호에 의한 담당기관, 〈사회법전〉3편 제37조에 의하여 위 촉된 제3자의 업무부서를 방문하는 개별적 특별요청을 수행하는 자

15. 다음 사항에 해당하는 자

    a) 의료보험, 연금보험, 농업부문 노령연금보험의 비용으로 입원치료 또는 부분입원치료 중인 자, 입원의료재활 또는 부분입원의료재활 중인 자

    b) 연금보험 또는 연방고용청에 의하여 고용촉진대책의 재활 부분의 일환 으로 당해 업무처 또는 타 업무처를 방문하는 자

    c) 산재보험 운영기관 비용을 지원받아 직업병시행령(Berufskrankheiten- Verordnung) 제3조에 의한 예방대책에 참여하는 자

16. 〈제2차 주택건설법〉(Zweiten Wohnungsbaugesetz)에서 의미하는 '공적으 로 촉진하는 주거지 건축' 또는 〈주거지촉진법〉(Wohnraumförderungs- gesetz) 제16조 제1항 제1호 내지 제3호 또는 이에 상응하는 주정부 법령 에 의미하는 주거지 건축에 있어서 자력으로 주택을 짓는 자

17. 〈사회법전〉11편(개호인법) 제14조에서 정의하는 '개호가 필요한 자'를 간호하는 〈사회법전〉11편 제19조에 정의된 간호인: 산재보험이 적용되 는 간병행위는 환자에 대한 신체 부분의 간호와, 이 간병행위가 환자에게 도움이 되면 식사 시 조력, 활동 시 조력 및 가사 조력을 포함(〈사회법 전〉11편 제14조 제4항).

제2조 제2항에는 그 외에 제1항 제1호(취업자)에 의한 피보험자처럼 취업 중인 자도 법적 강제력에 의한 피보험자로 규정하고 있으며, 법률에 의하여 구금 중인 자 또는 형법, 검찰의 명령 또는 청소년관청의 명령에 의

하여 일반 취업자와 유사하게 취업 중인 자에게도 적용된다고 명시한다(윤조덕, 2011: 88). 제2조 제3항에서는 제1항 제1호(취업자)가 다음 각 호에도 적용됨을 규정한다(윤조덕, 2011: 89).

1. 외국에서 독일 연방 또는 연방주의 기관을 대표하고 있는 독일인, 또는 그 기관의 책임자, 독일 구성원을 위하여 고용된 독일인
2. 〈제3세계 지원자법〉(Entwicklungshelfer-Gesetz)에 의거하여 제3세계 지원기관 또는 준비기관에 종사하는 제3세계 지원자

제3조에 의한 개별 산재보험조합의 정관에 의한 강제가입은 해당 조합 관할영역의 사업주 및 그의 배우자, 사업장에 머무르고 있는 방문자 및 통행자, 국외에 위치한 독일 국가기관 종사자 등이 이에 해당된다. 제4조에 의한 산재보험가입 제외는 공무원법령에 의한 재해보호규정의 적용을 받는 사람(명예 공무원 및 명예 판사는 제외), 자영 의사·치과의사·수의사·심리치료사·어린이청소년 심리치료사 등이 이에 해당된다. 제5조에 의한 보험가입 제외는 농업기업주로서 0.25헥타르 미만의 농업기업주 및 그의 배우자로서 신청에 의하여 보험가입 제외된다. 제6조에 의한 임의가입은 사업주 및 그의 배우자, 정당에서 명예직으로 종사하는 자, 사업주단체 및 노동조합 연합단체에서 명예직으로 종사하는 자 등이 이에 해당된다(윤조덕, 2011: 102).

(2) 산재보험 적용 관련 통계

2016년 기준 산재보험 가입 사업장 수는 산업부문 산재보험 332만 2,947개소, 공공부문 55만 2,961개소, 농업부문 산재보험 150만 1,993개소, 학생 산재보험 가입 초등·중등·대학교, 영유아·유치원 시설 14만 3,560개소이다(〈표 10-1〉 참조).

〈표 10-1〉 산재보험 사업장 수 및 피보험자 수(2016년)

(단위: 개소, 명)

산재보험 구분	사업장 수	피보험자 수[1]			
		사업주	종속적 취업 피보험자	기타 피보험자	피보험자 계
Ⅰ. 산업부문 산재보험 합계	3,322,947	872,885	39,581,311	12,425,579	52,879,775
Ⅱ. 공공부문 합계	558,427	34	3,752,079	5,996,316	9,748,429
Ⅲ. 농업부문 산재보험[3] 합계	1,501,993				3,250,000[4]
총계 (Ⅰ + Ⅱ + Ⅲ)	5,383,367				65,878,204
Ⅳ. 학생 산재보험[2] (초등·중등·대학교, 영유아·유치원 시설)	143,560	-	-	17,327,432	17,327,432

주: 1) 피보험자 수는 산재보험 피보험 중복을 제거한 피보험자 숫자임.
　　2) 학생 산재보험은 피보험자에서 피보험 중복을 제거하지 못한 피험자 숫자임.
　　3) 농업부문 산재보험의 피보험자 수 내역은 관련 자료에서 밝히지 않아 게재하지 못함.
　　4) 자료[BAuA(2017: 159)]에 의하면 2016년도 산업부문 산재보험, 공공부문 산재보험 그리고 농업부문 산재보험의 전체 피보험자 수는 6,587만 8천 명으로 나타났음. 여기에 산업부문과 공공부문의 피보험자 수(6,262만 8,104명)를 뺀 농업부문 산재보험 피보험자 수는 약 325만 명으로 추정한 숫자임.
자료: DGUV, 2017: 9~11; SVLFG, 2017: 4; BAuA, 2017: 159.

　2016년 기준 산재보험 피보험자 수는 산업부문 5,287만 9,775명, 공공부문 974만 8,427명, 농업부문 325만 명으로 이들을 합한 피보험자 수는 6,587만 8,204명이다. 이는 독일 전체인구(2015년 기준 8,217만 6천 명)[9]의 80.17%에 해당한다. 산재보험 당연가입 피보험자인 초등·중등·대학교 학생과 영유아·유치원 시설의 원생은 1,732만 7,432명이다.

2) 산재보험 보험사고

산재보험 보험사고(Versicherungsfall)는 〈사회법전〉 7편의 제7~13조에서 규정하며, 산업재해와 직업병을 말한다(제7조 제1항).
　산업재해는 산재보험 강제적용 피보험자, 정관규정에 의한 피보험자,

---

9) Statistisches Bundesamt(2014), Statistisches Jahrbuch(2014: 26).

<表 10-2> 신고의무 산업재해 발생 현황(2016년)

(단위: 명, 천인율)

	2000	2005	2010	2013	2014
I. 산업부문 산재보험	1,154,447 (37.11)	810,637 (27.29)	852,532 (26.60)	791,319 (23.00)	802,016 (22.95)
II. 공공부문	225,842 (48.55)	121,295 (25.76)	101,927 (20.84)	74,737 (14.96)	75,055 (14.65)
합계 (I + II)	1,380,289 (38.60)	931,932 (27.08)	954,459 (25.84)	866,056 (21.98)	877,071 (21.89)
III. 학생 산재보험 (초등 · 중등 · 대학교, 영유아 · 유치원시설)	1,463,423 (84.28)	1,290,782 (74.30)	1,307,348 (76.35)	1,244,577 (72.48)	1,241,139 (71.63)

주: 산업재해로 인한 노동불능 상태가 3일을 초과할 경우, 신고의무 산업재해로 구분.
자료: DGUV, 2017: 17~18.

임의가입 피보험자의 보험보호를 근거하는 업무행위(피보험 업무행위)로 인한 사고이다. 사고는 외부로부터 피보험자의 신체에 영향을 미쳐 건강손상 또는 사망을 야기하는, 시간적으로 한정된 사건이다(제8조 제1항). 피보험 업무행위에는 피보험자의 거주지에서 사업장으로 도로상의 통행 및 사업장에서 거주지로 돌아오는 직접통행로, 우회통행로, 도로상의 통행뿐만 아니라 자녀들을 타자의 보호에 맡기기 위하여 피보험 업무행위를 행하는 장소로 가는 그리고 그곳에서 돌아오는 우회도로, 통행로상의 통행 등도 포함된다(제8조 제2항). 건강손상에는 신체보조구의 손상 또는 파괴도 포함된다(제8조 제3항).

직업병은 직업병시행령(Berufskrankheiten-Verordnung)에서 직업병이라고 명시한 질병들과 <사회법전> 7편 제2조, 제3조 및 제6조에 의한 피보험 업무행위로 인하여 피보험자의 건강상의 상해를 야기하는 질병을 말한다(제9조 제1항 제1문). 독일 연방정부는 의료과학 지식에 의하여 피보험 업무행위를 통하여 일반인들보다 훨씬 높은 정도로 어느 특정집단의 신체에 영향을 미쳐 야기되는 질병들을 법령 내에 직업병으로 명기할 수 있는 권한을 위임받는다(제9조 제1항 제2문). 임신 중에 임신모의 산재보험

보험사고로 인한 태아의 건강손상 또한 산재보험 보험사고이며, 이 한도 내에서 태아는 피보험자와 동등하다. 직업병에 있어서 임신모의 직업병을 유발시키기에 보편적으로 적당한 특별한 영향에 의하여 태아의 건강손상이 야기되었다면 산재보험 보험사고로 인정된다(〈사회법전〉 7편 제12조).

여기에는 보험사고의 간접결과도 포함된다. 예를 들면 요양, 직업재활급여 또는 직업병시행령에 대한 대책 시행에 기인한 건강 상해 또는 사망, 신체보조구의 재생산 또는 수리에 기인한 건강 상해 또는 사망, 산재보험 보험사고의 사실관계 규명을 위하여 명령된 조사로 인한 건강 상해 또는 사망 등이 있다.

2016년 한 해 동안 사업장에서 발생한 사고로 3일을 초과한 노동불능을 겪어 신고의무가 있는 산업재해는 산업부문 802,016명, 공공부문 75,055명으로 총 877,071명이다(〈표 10-2〉 참조). 같은 연도에 직업병 인정은 총 22,320명(산업부문 18,783명, 농업부문 1,807명, 공공부문 1,730명)이다.[10]

3. 독일 산재보험의 산업안전보건

1) 산재예방제도

산재보험의 산재예방은 〈사회법전〉 7편 제14~25조에서 규정한다. 산재보험제도에서 '보험사고'는 산업재해와 직업병을 가리킨다(제7조 제1항). 제14조(산재예방의 기본원칙)에서 산재보험 관리운영기관은 모든 적절한 수단을 동원하여 산업재해, 직업병 그리고 직무에 기인한 건강위험의 예방과 효율적인 응급조처에 노력하여야 함을 명시하고 있다. 아울러 직무에 기인한 건강위험의 예방에 있어 의료보험과 공동협력을 규정하고 있다.

---

10) BAuA(2016), Sicherheit und Gesundheit bei der Arbeit 2014: 91.

법에 명시된 사업으로는 ① 산재예방규정의 제정·공포, ② 사업장 감독과 자문, ③ 제3자와의 협력, ④ 안전담당자 선임 및 업무, ⑤ 교육훈련, ⑥ 사업장 밖의 산업보건 의료기관 및 안전공학기관의 설립 및 구성, ⑦ 연방하원에의 보고서 제출 등을 명시한다(제15조 제1항 제1문).

(1) 독일의 공동 산업안전보건 정책

연방정부, 주정부 그리고 공적 산재보험 운영기관이 산재예방 분야에서 효과적이고 효율적인 협력을 위해 국제적·EU적 협력원칙에 의거하여 독일 전역에서 적용되는 "독일의 공동 산업안전보건 정책"(GDA)[11]을 개발했다. 2008년에는 〈산재보험현대화법〉에 의하여 법적으로 〈산업안전보건법〉(Arbeitsschutzgesetz) 제20a조 및 20b조가 신설되었다. 목적은 연방정부, 주정부, 산재보험 운영기관이 효과적 산업안전보건을 위해 독일 공동 산업안전보건 정책을 발전시키며 취업자의 안전 및 건강상 위험의 예방 및 인간다운 형태의 노동을 위한 임무 수행에 기여함이다. 공동 산업안전보건 정책은 국가산업안전보건회의(NAK)[12]에서 개발하고 추진한다.

제1차 독일의 공동 산업안전보건 정책(2008~2012년)의 세 가지 목표는 ① 산업재해 빈도와 강도의 감소, ② 근골격계 부담 및 질환의 감소, ③ 피부질환의 빈도와 강도의 감소이다.[13] 제2차 독일의 공동 산업안전보건 정책(2013~2018년)의 세 가지 목표는 ① 사업장 안전보건조직의 개선, ② 근골격계 분야에서 노동에 기인한 건강위험성 및 질환 감소, ③ 노동에 기인한 심리적 부담 방지 및 건강 강화이다.[14]

---

11) GDA: Gemeinsame Deutsche Arbeitsschutzstrategie (〈산업안전보건법〉 제20a조).

12) NAK: Nationale Arbeitsschutzkonferenz (〈산업안전보건법〉 제20b조).

13) http://www.gda-portal.de/Ziel/Arbeitsschutzziele2008-12.html.

14) http://www.gda-portal.de/Ziel/Arbeitsschutzziele2013-18.html.

(2) 산재예방규정

산재보험 운영기관에서 단체의 자율운영권으로 제정하는 산재예방규정에는 ① 사업주가 산업재해, 직업병 그리고 직무에 기인한 건강위험을 예방하기 위하여 강구하여야 하는 시설, 명령 및 대책 내지는 이들 업무들을 타인에게 위임하기 위한 형식, ② 산업재해, 직업병 그리고 직무에 기인한 건강위험을 예방하기 위하여 피보험자가 취해야 하는 태도, ③ 피보험자 또는 제3자의 생명과 건강을 위협하는 직무에 기인한 위험과 연관되는 작업 전, 작업을 하는 도중 또는 작업이 끝난 후에 사업주에 의하여 이루어져야 하는 산업의학적 조사(건강진단)와 기타의 산업의학적 대책들, ④ 의학적 조사, 진단이 국가 법률상 규정되어 있지 않은 경우에 앞의 조사 또는 대책을 수행하는 의사가 갖추어야 할 전제조건들, ⑤ 사업주에 의한 효율적인 응급조치조직의 확보, ⑥ 〈사업장 안전보건조직에 관한 법〉(ASiG)에 의거하여 주어진 의무를 수행하기 위하여 사업주가 강구하여야 하는 대책들, ⑦ 〈사회법전〉 7편 제22조에 의거하여 사업장 내에 존재하는 피보험자의 생명과 건강을 위협하는 직무에 기인한 위험의 정도와 취업자 수를 고려하여 선임하여야 하는 안전담당자의 수와 같은 사항들이 포함된다(〈사회법전〉 7편 제15조 제1항).

(3) 사업장 자문 및 감독

사업장 안전보건 자문·감독은 정부와 산재보험 운영기관으로 이원화되어 있다. 정부의 산업안전보건 자문·감독은 주정부 사업장감독관청(Staatliche Gewerbeaufsichtsämter) 및 주정부 산업안전보건 관할관청(Staatliche Ämter für Arbeitsschutz)에서 사업장에 대하여 정부의 산업안전보건 법령의 준수 여부를 확인하는 것으로 이루어진다.

산재보험 운영기관은 산하의 기술적 산업안전보건 감독기구(Technische Aufsichtsdienste)에서 자체적으로 제정한 산재예방규정(Unfallverhütungsvorschriften) 의 준수 여부를 확인하여 사업장을 감독한다.

2016년 정부 차원의 산업안전보건 감독관은 3,185명, 사업장 감독 의사는 73명이며, 이들이 수행한 사업장 감독은 사업장 82,663개소에 대하여 220,564회이다. 감독 후 사업장에 취한 조처는 시정명령 9,688건, 경고 1,188건, 과태료 부과 2,471건, 형사입건 245건이다(BAuA, 2017: 133~137). 같은 기간에 산재보험 내에서 예방업무 종사자 5,501명15) 중 산업안전보건 감독관은 2,680명(이 중 감독보조자 545명)이며, 이들이 수행한 사업장 자문·감독은 사업장 282,779개소에 대하여 562,465회이며, 사고조사는 38,017건이다(BAuA, 2017: 138~141).

(4) 사업장 안전보건조직

독일의 사업장 안전보건조직은 〈사회법전〉 7편과 〈사업장 안전보건조직에 관한 법〉16)에서 규정한다.

〈사회법전〉 7편 제22조는 상시 취업자 20인 초과 사업장의 사업주가 사업장종업원평의회(Betriebsrat) 또는 직원협의회(Personalrat)의 참여하에 사업장에 현존하는 사고위험과 건강위험 그리고 취업자의 숫자를 고려하여 안전담당자를 선임해야 함을 명시한다(제1항 제1문). 그는 산업재해와 직업병을 예방하기 위한 대책의 시행에 있어서 사업주를 보좌하여야 하며, 특히 법령에 의한 안전장치와 개인보호구의 구비와 적법한 사용을 확인하여야 하며 사고위험과 건강위험을 피보험자에게 주지시켜야 한다(제2항).

---

15) 예방업무 종사자 5,501명의 구성은 산업안전보건감독관 2,135명, 감독보조자 545명, 측정기사/실험실종사자 139명, 예방교육 전임교수 115명, 그 외 예방전문인력 709명, 양성훈련 중인 예방인력 252명, 사무관리직 1,606명이다(BAuA, 2017: 138).

16) Arbeitssicherheitsgesetz(ASiG): Gesetz über Betriebsärzte, Sicherheitsfachkräfte und andere Fachkräfte für Arbeitssicherheit(직역하면, 산업보건의 및 산업안전전문인력에 관한 법률)

〈사업장 안전보건조직에 관한 법〉은 사업장 안전보건조직으로 산업보건의 및 산업안전 전문인력(안전관리자)의 업무와 요건, 이들 간의 상호협력, 이들의 전문지식의 적용에 있어서 독립성, 사업장종업원 평의회와의 협력 그리고 사업장 산업안전보건위원회의 구성 및 임무, 질서위반자에 대한 과태료 등을 규정한다. 또한 근로자 20명을 초과하는 사업장에는 산업안전보건위원회를 설치하여야 하며, 그 구성은 사업주 또는 사업주로부터 업무를 위임받은 자, 사업장종업원 평의회에 의해 지명된 2명의 근로자대표위원, 산업보건의, 안전관리자 그리고 안전담당자로 구성되며 최소한 분기별 1회 개최하며 산업안전보건 및 재해예방에 관한 사항을 협의한다.

2) 산재예방비용

독일 산업부문, 농업부문 및 공공부문 산재보험의 2016년 총 산재예방비용은 11억 6,892만 1천 유로이다(DGUV, 2017: 55). 이를 내역별로 살펴보면 사업장 감독 및 자문비용이 55.82%로 가장 많으며, 그다음부터는 안전보건담당자, 피보험자 및 사업주의 안전보건 양성교육 및 계속훈련비용(12%), 산재예방 관련 연맹·협회 지불비용(10.49%), 기타 검사·인증 등 산재예방비용(9.04%), 응급처치요원 교육비용(5.54%), 산업의학서비스기관 비용(4.37%), 안전공학서비스기관 비용(2.54%), 산재예방규정 제작비용(0.15%)의 순이다.

산재예방비용은 2005년 8억 6,428만 유로에서 2016년에 11억 6,892만 1천 유로를 기록하여 지난 12년간 35.2% 증가하였다. 독일 농업부문 산재보험의 2016년 총 지출비용은 9억 696만 유로이며, 이 중 산재예방비용은 6.61%(6,002만 유로)이다(SVLFG, 2017: 8).

4. 독일 산재보험의 급여제도

독일 산재보험 급여제도를 서비스(요양급여, 간병급여, 장제비), 재활(의료재활, 직업재활, 사회재활)과 재활기간 중 현금급여(휴업급여, 전환수당) 및 보상(장해급여, 유족급여 등)으로 구분하여 정리한다.

독일 산재보험의 요양·재활은 〈사회법전〉 7편에 ① 요양급여(〈사회법전〉 제7권 제27조~34조), ② 직업재활급여(제35조), ③ 사회재활급여(제39조~43조), ④ 간병급여(제44조), ⑤ 요양·재활급여기간 중 현금급여로 휴업급여(제45조~48조) 및 전환수당(제49조~50조, 52조)으로 규정한다.

1) 요양, 간병 및 장의비서비스

독일 산재보험의 요양, 간병 및 장의비서비스는 〈사회법전〉 7편에서 다루며, 여기에서는 요양급여(〈사회법전〉 7편 제27조~34조), 간병급여(제44조), 장제비(제64조)를 규정한다.

(1) 요양급여

요양급여는 현물급여 형태로 이루어지며 ① 응급조처, ② 의사의 진료, ③ 의치공급을 포함한 치과치료, ④ 의약품, 붕대, 약재, 보조기구의 공급, ⑤ 재가간병(*Häusliche Krankenpflege*), ⑥ 병원과 재활시설에서의 진료, 치료, 처치, ⑦ 〈사회법전〉 9편(SGB IX, 〈장애인재활법〉) 제26조 제2항 제1호, 제3호부터 제7호까지 및 제3항에 의한 의료재활급여와 같은 사항들이 포함된다(〈사회법전〉 7편 제27조 제1항).

재가간병(〈사회법전〉 7편 제32조)은 의사의 진료를 받으며 적절한 간호인에 의해 피보험자의 집 또는 가족의 집에서 간병을 받는 것을 말한다. 피보험자에게 입원치료가 요구되지만 실행할 수 없는 경우, 재가간병을 통하여 입원치료를 피할 수 있거나 단축할 수 있는 경우 그리고 이와 같은 재가 간병의 상황이 요양목적에 위배되지 않는 경우 재가간병을 받을 수 있다 (제1항). 재가간병은 의사의 진단을 근거로 한 개별적 경우에 필요한 기본적 간호 및 치료적 간호 내지는 가사일까지를 포함한다(제2항). 재가간병 청구권은 단지 피보험자의 가정에 같이 살고 있는 자가 간병을 할 수 없는 경우에만 성립한다. 간호인이 조달될 수 없거나 또는 조달될 수 없는 근거가 존재한다면, 피보험자 당사자가 채용한 간병인에 드는 비용은 그에 상응하는 액수만큼 지불되어야 한다(제3항).

(2) 간병급여

〈사회법전〉 7편 제44조(간병급여)에 따르면 피보험자가 산재보험 보험사고 발생의 영향으로 일상적·규칙적으로 반복되는 일상생활을 수행함에 있어 상당한 정도로 도움이 필요한 경우에 간병료가 지급되며, 간병인을 두거나 또는 가정에서 간호를 받을 수 있다(제1항). 간병료는 건강상해의 종류 또는 중증도 그리고 필요한 도움의 범위를 고려하여 월 300~1,199 유로 사이에서(2008년 7월 1일) 정해진다. 그때마다 공적연금보험의 연금이 조정되는 시점과 동시에 연간 노동소득에 종속된 현금급여의 조정을 위하여 표준이 되는 요인에 상응하여 조정된다. 간병인 사용비용이 부족할 경우에는 지급 간병료를 적절하게 인상할 수 있다(제2항). 피보험자의 입원치료기간 동안 또는 노동생활참여시설이나 장애인을 위한 사업장에서 피보험자가 기숙을 하는 동안 간병료는 피보험자가 입원, 기숙을 시작한 월말까지 계속 지급되고 퇴원, 퇴소한 첫날부터 다시 지급된다. 이 경우 간병료 지급중단이 피보험자의 생계보장을 위협한다면, 간병료는 전액 또는 부분적으로 계속 지급될 수 있다(제3항). 피보험자의 청구가 있으면 간병료 대신 간병인(가정간병)을 선정하거나 또는 적절한 시설에서의 숙식제공으로 필요한 도움을 줄 수 있다(제5항). 연방정부는 연방상원의 동의를 얻어서 제2항에 의한 새로운 간병료 범위 그리고 제4항에 의한 순응요소 (*Anpassungsfaktor*)를 〈공적연금보험 내에서 연금순응을 위한 표준적이고 현실적인 연금값에 대한 시행령〉[17] 내에서 정한다(제6항).

간병료는 옛 동독지역과 옛 서독지역에 각각 차등 적용된다. 이는 각 지역의 임금 차이 등에 기인한 것이다. 2016년 옛 서독지역의 간병료는 월 344~1,374유로이며, 옛 동독지역은 319~1,278유로이다(BMAS, 2017: 608).

(3) 장제비

〈사회법전〉 7편 제64조(장제비 및 장지까지의 운송비용 지불)에 따르면 피보험자가 산재보험 보험사고를 통하여 사망하면 유족은 일회성 장제비를 받는다. 장제비의 액수는 사망시점의 사회보험에서 적용되는 표준적인 금액 (*Bezugsgrösse*)의 7배이다〔(2017년 기준, 옛 서독지역 5,100유로, 옛 동독지역 4,560유로(BMAS, 2017: 614)〕. 피보험자의 사망이 일상적인 거주지 이외의 장소에서 발생한 경우에는 운반비를 지급한다.

2) 독일 산재보험 재활체계

사업장에서 산업재해를 당한 재해 근로자는 현장에서 응급처치요원 또는 비상대기의사의 응급처치를 받은 후 구급차 또는 헬기를 이용하여 병원으로 이송된다. 병원으로 이송된 환자는 산재보험에 의해 개발된 다양한 요양치료와 의료재활과정에 들어간다.[18] 요양치료과정 중 직업재활대책과

---

17) Rechtsverordnung über die Bestimmung des für die Rentenanpassung in der gesetzlichen Rentenversicherung.

18) 독일 산재보험이 산업재해와 직업병 발생 후 의료재활 시행에 대한 법적 책임을 갖게 된 것은 〈제국보험법〉(RVO)에서 발견되며, 이 사항은 제국보험청 규정(Best-immung des Reichsversicherungsamtes vom 19. 6. 1936)에서 찾을 수 있다(Hamacher, 1984: 56).

〈그림 10-1〉 독일 산재보험의 재활시스템

| 응급처치 | → | 병원으로 운반 | → | 요양치료 의료재활 | → | 학교·교육 재활 | 직업재활 | 사회재활 |

| ↓ | ↓ | ↓ | ↓ | ↓ | ↓ |

| 응급처치요원, 구급차요원, 비상대기의사 | 병원차, 구급차, 비상대기차, 구급헬리콥터 | 사고, 전문의사 치료, 특수 치료, 일반 치료, 중환자실 치료 | 병원 및 집에서 교육, 학교로 운반, 특수학교 입학 권유 | 원직복귀, 새로운 일자리 소개, 작업재배치, 전직훈련 | 차량보조, 주택보조, 일상생활의 보조구, 산재보험의 사후관리 |

| ↓ | ↓ | ↓ | ↓ | ↓ | ↓ |

| 생명위험요인, 긴급상황 제거 | 적합한 의사 또는 병원으로 최대한 신속히 운반 | 사고후유증의 조속한 제거, 기능손실 없이 원직복귀 | 학교입학준비, 학교진학, 학교교육 종료 | 노동시장에의 적합하고 지속 적인 재복귀 | 건강상실의 종류와 정도에 상응하여 지역 사회생활 참여 |

자료: HVBG, 2002: 29.

보험급여(어린이와 학생의 경우는 학교·교육학적 재활)가 필요한지 여부가 검토된다(윤조덕·이현주·한충현, 2004: 6). 이와 같은 직업재활대책의 적용이 불가능한 재해 근로자는 최종단계에서 사회재활대책과 보험급여가 준비된다(HVBG, 2002: 28~29). 독일 산재보험의 재활과정을 요약하면 〈그림 10-1〉과 같다.

(1) 의료재활급여

의료재활급여(〈사회법전〉 7편 제 27조 제 1항 제 7호)는 〈사회법전〉 9편(장애인재활법) 제 26조 제 2항 제 1호, 제 3~7호, 제 3항을 통해 규정된다. 제 2항은 특별히 다음과 같은 의료재활급여들, 즉 의사, 치과의사 및 타 요양 직업의 종사자를 통한 (의사의 감독 또는 지시로 이루어진) 처치(제 1호), 의약품 및 붕대(제 3호), 물리치료, 언어치료 및 취업치료를 포함한 처방수단(제 4호), 의료적 심리치료 및 심리치료적 처치(제 5호), 보조구(제 6호), 노동부하측정과 작업치료요법(제 7호)을 규정한다. 제 3항은 기존 질병을 포함한 장애의 예방, 제거, 감소, 유지, 악화 방지를 위하여 또는 제1항에 의한 의료재활급여의 목적인 노동능력 제한 및 간호필요성 감소 등의 달성을 위하여 필요하다면 의학적, 심리학적 및 교육학적 도움들도 의료재활급여의 요소로 규정한다. 특별히 다음과 같은 의료재활급여들, 즉 질병 및 장애의 종결에 있어 지원을 위한 도움, 자조잠재력의 활성화, 자격을 갖춘 자의 허락이 있는 파트너 및 종사원 내지는 직상급자 및 동료의 자문, 지역적으로 자조가능성 및 자문가능성 접촉자로부터의 교육, 정신적 안정 및 사회적 힘을 촉진시키기 위한 도움, 그중에서도 사회적 및 의사소통적 능력 훈련을 통한 그리고 위기상황 체험을 통한 생활실천적 능력 훈련, 의료재활급여 청구를 위한 안내 및 동기 관련 급여들을 규정한다.

2015년 한 해 동안 산재보험 의료재활서비스가 종결된 재활자는 총 22만 5,286명이다. 이 중 산업부문 산재보험 72.52%(161,388명), 공공부문 산재보험 8.7%(19,592명), 학생 산재보험 18.78%(42,306명)이다. 이들에게 취해진 의료재활대책은 총 30만 6,964건이다. 대책별로는 부분입원 또는 입원치료가 73%(224,073건)로 가장 많았으며, 다음은 통원수술치료(16.47%), 사업장 업무부담 테스트(*Belastungserprobung*, 5.12%)[19], 재활계획수립(4.52%), 가정간병(0.89%)의 순이다(DGUV, 2017: 135).

(2) 직업재활급여

산재보험 직업재활급여(노동생활참여급여)[20]는 〈사회법전〉 7편(산재보험법) 제35조에 명시되어 있다. 산재보험 운영기관은 〈사회법전〉 9편(장애인재활법) 제33~38a조에 의하여, 또는 제40~41조에 의한 장애인전용사

---

19) 사업장 업무부담 테스트는 재해자가 직업으로 다시 복귀하는 것을 목적으로 한다. 환자가 어떠한 종류의 업무부담에 장기간 노출될 수 있는가를 알아내는 것이 이 테스트의 과제이다(Nann, 2000: 618).

20) 노동생활참여급여(Leistungen zur Teilhabe am Arbeitsleben)를 '직업재활급여'로 쓴다.

업에 의하여 직업재활급여를 제공한다(제1항). 또한 직업재활급여는 교육준비를 포함한 학교에서의 정규교육, 의무교육 이전의 정신적·육체적 능력의 개발을 위한 도움을 모두 포함한다(제2항). 피보험자가 습득하고자 하는 더 높은 수준의 업무가 그의 능력, 적성, 취미 및 현재까지의 업무를 고려할 때 적합하지 아니하면 직업생활 참여대책은 적절한 조처에 소요되는 비용까지 권유될 수 있다(제3항). 법에 의해 구금된 동안에도 법집행절차에 대립되지 아니하면 직업재활급여가 이루어진다(제4항) (윤조덕·박수경·박정란·권선진·이현주·진혜랑, 2001: 239~240).

〈사회법전〉 7편 제35조 제1항에서 규정한 〈사회법전〉 9편 33~38a조의 내용은 다음과 같다. 〈사회법전〉 9편 제33조(직업재활급여)는 피보험자에게 제공되는 급여로, 장애인 또는 장애로 인하여 위협받는 자의 노동능력을 유지, 개선 및 생성하거나 또는 재생시키고 그의 노동생활참여를 가능한 한 오랫동안 안정시키기 위하여 필요한 직업재활급여가 제공된다. 장애여성은 소득생활에서 균등한 기회가 보장되며, 특별히 직업적 목표설정에서 적합하고 주거지 근처 그리고 또한 파트타임 근로에서 유용한 제안을 통하여 보장된다.

직업재활급여는 다음 사항들을 포함한다고 규정된다. 활동 및 직업복귀급여를 포함한 일자리 유지 또는 획득을 위한 도움, 장애로 인하여 필요한 기초교육을 포함한 직업준비, 지원된 취업의 범위에서 개별적으로 사업장에서 질(능력) 향상, 직업 적응·재훈련 또는 급여가 필요한 정규학교교육에 의한 졸업참여급여, 양성직업훈련 또는 시간적으로 너무 단절되지 않은 정규학교에서 교육적으로 진행되는 급여, 제6조 제1항 제2~5호에 의한 재활운영기관(연방고용청, 공적 산재보험 운영기관, 연금보험 운영기관, 전쟁희생자보호 운영기관)을 통한 〈사회법전〉 3편(고용촉진법) 제93조에 상응하는 창업보조금(Gründungszuschuss), 장애인이 적절하고 적합한 취업 또는 자영업을 가능케 하고 유지하기 위하여 기타 노동생활참여를 촉진하는 도움들을 직업재활급여의 예시로 들 수 있다.

직업재활급여의 선택에 있어서는 적성, 취미, 기존의 업무 및 노동시장의 상황 및 발전에 알맞은지 고려해야 하며, 필요한 경우 직업 적성을 명확하게 하거나 일자리 적응테스트(Arbeitserprobung)가 이루어진다. 이 경우 숙박비, 교통비, 가계보조비 및 어린아동돌봄비가 지원된다. 또한 직업재활급여에는 그 기간 동안 필요한 실습을 지원한다고 규정한다(제5항).

직업재활급여는 또한 의학적, 심리적 및 교육학적 도움을 포함한다. 특히, 질병 및 장애의 종결에 있어 지원을 위한 도움, 자조잠재력의 활성화, 자격을 갖춘 자의 허락이 있는 파트너 및 종사원 내지는 직상급자 및 동료의 자문, 지역적으로 자조가능성 및 자문가능성 접촉자로부터의 교육, 정신적 안정 및 사회적 힘을 촉진시키기 위한 도움, 그중에서도 사회적 및 의사소통 능력 훈련을 통한 그리고 위기상황 체험을 통한 생활실천적 능력 훈련, 의료재활급여 청구를 위한 안내 및 동기, 중증장애인 노동생활참여 대책 수행에

〈표 10-3〉 직업재활자 및 직업재활대책 종류별 현황(2015년)

산재보험조합	직업재활자 수		직업재활대책 (건)				
	종결자 수 (명)	비율 (%)	구직지원, 일자리 유지지원	직업탐색 및 일자리 경험	전직 (직업전환)	사전 직업촉진 (Vorförderung)	구직 훈련
I. 산업부문 산재보험 합계	6,930	93.74	5,154	1,785	655	588	490
II. 공공부문 산재보험 합계	219	2.96	152	24	20	9	3
III. 학생 산재보험 합계	244	3.30	117	30	1	77	-
총계	7,393	100.00	5,423	1,839	676	674	493

산재보험조합	직업재활대책 (건)					
	일자리 적응, 습득	양성훈련	전직훈련	재훈련/ 계속훈련	기타	대책 합계
I. 산업부문 산재보험 합계	179	120	819	266	53	10,109
II. 공공부문 산재보험 합계	6	11	15	8	-	248
III. 학생 산재보험 합계	5	15	31	10	1	287
총계	190	146	865	284	54	10,644

자료: DGUV, 2017: 137.

참가하는 통합전문서비스(Integrationsfachdienste) 기관의 업무 범위 내에서 이 기관에 의한 참여(제8호) 관련 급여들을 규정한다(제6항).

제7항에는 직업재활급여에 숙박에 필요한 비용, 직접적으로 급여 시행과 연관된 비용(강좌비, 시험비, 교재비), 활성화 및 직업통합 급여들이 포함된다고 규정한다.

제8항에는 제3항 제1호 및 6호에 의한 급여가 포함된다. 즉, 차량보조 시행령(Kraftfahrzeughilfe-Verordnung)에 의한 차량보조, 훈련대책 및 사업주에게 전시하기 위한 차량에 의한 여행 때문에 필요한 장애인 또는 동반자의 소득손실 보전, 일자리 획득을 위한 도움으로서 중증장애인을 위하여 필요한 노동보조비용, 장애의 종류 및 중증도로 인하여 직업훈련, 노동생활 참여급여에 참가를 위하여 또는 출퇴근길과 작업장에서의 안전 증대를 위하여 필요한 보조구비용, 장애의 종류 및 중증도로 인하여 직업훈련을 위하여 필요한 기술적인 보조구비용, 적당한 범위 내에서 장애인에게 적합한 주택의 조달, 설치 및 유지비용을 규정한다.

(3) 사회재활급여

산재보험 사회재활급여(사회생활참여급여)는 〈사회법전〉 7편 제39~43조에서 명시한다.

〈사회법전〉 7편 제39조(사회재활급여 및 보충급여) 제1항을 살펴보면, 산재보험 사회재활급여 및 보충급여는 〈사회법전〉 9편(장애인재활법) 제44조 제1항 제2호부터 제6호까지, 제2항 그리고 제53조 및 제54조와 나란히, 차량보조와 의료재활 및 참여의 성공 달성 및 보장을 위한 기타 급여들을 포함한다(〈사회법전〉 7편 제39조 제1항 제1호 및 제2호). 특별한 신체적 저항력의 균형을 위하여 피보험자 또는 그의 식솔은 별도의 지원을 보장받는다(제2항).

〈사회법전〉 7편 제40조(차량에 대한 보조 보험급여)를 살펴보면, 피보험자가 건강상해의 종류 또는 중증정도로 인하여 지속적으로 차량의 사용에 의지해야 할 때, 직업생활로의 복귀 또는 사회생활참여를 돕기 위해 산재보험에서는 차량에 대한 보조가 이루어진다(제1항). 차량에 대한 보조는 장애자를 위한 부수설비가 장착된 차량의 구입을 위한 보험급여와 이 차량 운행면허증을 취득하기 위한 보험급여를 포함한다(제2항). 차량에 대한 보조를 위해 〈직업재활을 위한 차량보조에 대한 시행령〉(Verordnung über Kraftfahrzeughilfe zur berufliche Rehabilitaion)에 명시된 규정들이 적용되며, 이 시행령은 사회재활을 위한 차량에 대한 보조에 있어서도 상응하여 적용된다(제3항). 산재보험 운영기관은 개별사례에 있어서 경제적 어려움을 피하게 하기 위하여 제3항에 의한 〈직업재활을 위한 차량보조에 대한 시행령〉 제6조와 제8조에 규정된 보조금을 인상해 추가 지급할 수 있다(제4항). 상세한 사항은 산재보험 운영기관연맹의 공동규정을 통해 정한다(제5항)(윤조덕·이은자, 1998: 53~54).

〈사회법전〉 7편 제41조(주거지에 대한 보조 보험급여)를 살펴보면, 건강상해의 종류 또는 중증 정도로 인하여 지속적으로 장애자에게 적합한 적응시설이 갖추어진 적합한 주거지가 마련되어야 할 경우에는 주거지에 대한 보조가 이루어진다(제1항)(윤조덕·이은자, 1998: 4). 그 이상으로 주거지에 대한 보조는 피보험자의 직업복귀 보장을 위하여 필요한 경우에도 이루어진다(제2항). 주거지에 대한 보조는 이사비용과 간호인을 위한 주거실(방)의 준비비용도 포함한다(제3항). 상세한 사항은 산재보험 운영기관연맹의 공동규정을 통하여 정한다(제4항).

〈사회법전〉 7편 제42조(가계보조 및 어린이돌봄 보험급여)에는 〈사회법전〉 9편(장애인재활법) 제54조 제1항 제1~3호에 의한 가계보조 및 어린이돌봄 보험급여는 물론 사회생활참여 보험급여에 대해 규정한다.

〈사회법전〉 7편 제43조(여행경비)를 살펴보면, 의료재활 또는 직업생활 참여 보험급여의 실행과 관련한 여행경비는 〈사회법전〉 9편 제53조에 의

<표 10-4> 사회재활자 및 사회재활대책 종류별 현황(2015년)

산재보험조합	사회재활자 수		사회재활대책 (건)				
	종결자 수 (명)	비율 (%)	학교교육적 대책	장애인 스포츠	중증장애인 사후돌봄	공동체생활 참여 도움	대책 합계
Ⅰ. 산업부문 산재보험 합계	10,411	88.30	18	158	9,237	4,396	13,809
Ⅱ. 공공부문 산재보험 합계	406	3.44	7	12	337	137	493
Ⅲ. 학생 산재보험 합계	974	8.26	651	5	254	144	1,054
총계	11,791	100.00	676	175	9,828	4,677	15,356

자료: DGUV, 2017: 138.

하여 산재보험에서 지급되며, 그 밖에 요양치료 시행을 위한 여행경비는 제2항부터 제5항까지에 의하여 산재보험에서 지급된다(제1항). 여행경비에는 피보험자를 위한 그리고 피보험자의 건강장해로 인하여 필요로 하는 동행인을 위한 차비 및 운송비, 음식비와 숙박비, 휴대용 화물운송비, 노정보상비 및 휴대품보상비가 포함된다(제2항). 여행경비는 통상적으로 매달 2회 피보험자의 귀가에 대해 또는 귀가 대신 피보험자의 가족이 매달 2회 피보험자가 체류하는 곳으로 가는 것에 대해 지급된다(제3항). 동행인의 상실된 임금에 대한 보상비가 간호인 사용 시의 소요경비와 비교하여 적당하다면 그 동행인의 손상된 임금이 보상된다(제4항). 상세한 사항은 산재보험 운영기관 연맹들의 공동규정을 통하여 정한다(제5항) (윤조덕·이은자, 1998: 55~56).

산재보험 사회재활급여는 <사회법전> 9편 제44조(보충 보험급여) 제1항 제2~6호, 제2항 및 제53조(여행경비) 및 제54조(가계·사업보조 및 어린이돌봄비용)에서 좀더 상세히 규정한다.

3) 요양·재활기간 중 현금급여

요양·재활기간 중 현금급여로는 휴업급여(제45~48조), 전환수당(제49~50조, 52조)이 규정된다.

(1) 휴업급여

산재보험 휴업급여(*Verletztengeld*)는 〈사회법전〉 7편 제 45조~48조에서 규정한다. 휴업급여는 피보험자가 산재보험 보험사고로 인하여 노동불가능 또는 요양으로 인하여 전일제 노동활동을 수행할 수 없는 경우 요양기간 중 받는다. 휴업급여는 이 기간 동안 상실된 노동임금을 대체한다 (BMAS, 2015: 577). 휴업급여의 전제조건은 피보험자가 직접적으로 노동불가능 또는 요양개시 이전에 임금, 급여 또는 임금대체급여[예를 들면, 상병급여(*Krankengeld*) 또는 실업급여]를 받았거나 또는 산재보험 적용사례의 결과로 재요양의 경우 휴업급여 청구권이 성립하는 경우이다.

노동불가능 최초 6주간에 대하여 노동자는 정규적으로 사업주에 대하여 계속적인 임금청구권을 가지며 이는 산업재해 또는 직업병에도 적용된다. 이 기간 동안 사업주가 임금지급의무를 다하지 않는다면 휴업급여가 지급되지 않는다. 피험자가 요양 개시 이전에 노동임금을 취득하지 않았다면 휴업급여도 역시 지급되지 않는다. 따라서 초등·중등학생 및 대학생은 단지 그가 산재보험 보험사고 이전에 임금을 취득한 경우에만 휴업급여를 받는다. 이와 같은 일은 초등·중등학생에 있어서는 때에 따라서(예를 들면, 방학 중 일자리 취업), 대학생에 있어서는 그럼에도 불구하고 상대적으로 자주 나타난다. 그 외에도 직업에 종사하는 부모가, 그의 부상당한 어린이의 산재보험사고(예를 들면, 학교에서의 사고)에 있어서 어린이 돌봄으로 인하여 당분간 그의 직업수행이 중지된 경우, 부모의 휴업급여 청구권을 갖는다.

휴업급여는 노동불가능이 의료적으로 확정된 날 또는 요양 개시일과 함께 지급된다. 휴업급여 청구는 규칙적으로 노동불가능 마지막 날 또는 피보험자가 요양대책을 통하여 노동불가능이 제거된 마지막 날에 종결된다. 그 외에도 휴업급여는 전환수당 청구 이전 마지막 날 종료된다(예를 들면, 피보험자가 전직훈련 직업재활급여를 받는 경우). 요양이 종료된 후 신속하게 대책이 시작되지 않는다면(예를 들면, 학교교육적 촉진대책 시작 전 대기기간) 휴업급여는 이 대기기간 동안 계속하여 지급된다. 지급의 전제조건은 피보험자가 이 기간 동안 그의 이전의 업무 또는 다른 적절한 업무를 다시 찾지 못했거나 또는 주요한 사유로 수행할 수 없는 경우이다. 휴업급여 청구는 원칙적으로 기간제한이 없다. 노동능력 회복을 기대할 수 없고 직업재활대책이 강구될 수 없으면 휴업급여 청구기간은 78주로 제한된다.

휴업급여 액수는 산업보험 보험사고 발생 이전 정규적으로 취득한 노동임금의 80%이며, 이는 이전의 순노동임금(세금 공제 후)을 초과해서는 안 된다. 피보험사업주 또는 그와 동등한 지위에 있는 자의 휴업급여는 그의 일일 연간 노동소득의 450분의 1이다. 산업보험 보험사고 발생의 결과로 또는 직업병으로 노동불가능이 발생하면, 휴업급여는 이전의 임금 대신에 피보험자가 질병재발 전에 취득한 임금에 상응하여 산정된다.

(2) 전환수당

산재보험 전환수당(*Übergangsgeld*)은 〈사회법전〉 7편 제 45~50조 그리고 제 52조에서 규정한다. 피보험자가 직업재활급여(예를 들면, 전직훈련)를 받으면 그는 전환수당 청구권을 갖는다. 전환수당은 직업재활급여 전체기간 동안 지급된다. 즉, 시간적으로 제한되지 않는다. 그 외에 피보험자는 전환수당 수급기간 동안 산재보험으로부터 연금을 받을 수 있다. 이를 통하여 중증 부상 피보험자는 오랜 재활시간을 확보하는 동시에 불이익을 면한다. 연금은 전환수당에 산정되지 않는다. 전환수당은 특별한 상황에서 직업재활급여 종료 후에도 계속하여 지급되는데, ① 전환수당 종료 후에 직업촉진대책이 필요한 경우, ② 피보험자의 직업재활급여가 건강상의 이유로 중단되고 그 후에 다시 청구할 수 있는 경우, ③ 피보험자가 직업재활급여 종료와 관련하여 고용기구(*Agentur für Arbeit*)에 실업신고를 하고 최소 3개월간 실업급여 청구를 하지 않은 경우가 여기에 해당한다.

〈사회법전〉 9편 제 46~51조는 산재보험 전환수당에 적용된다. 전환수당 산정은 산재보험 보험사고 전 기준보수(정규적 노동임금 및 노동소득)의 80%를 바탕으로 하며, 순노동임금(세금공제 후)을 초과할 수 없다. 전환수당은 피보험자 개인적 관계에 따라 다르게 산정된다. 예를 들면, 18세 이하의 어린이(특별한 전제조건의 경우 25세 이하)가 최소한 1명 있는 경우 전환수당은 산재보험 보험사고 전의 이 금액(기준보수의 80%)의 75%이다. 이 외의 일반적 피보험자의 전환수당은 이 금액(기준보수의 80%) 68%이다(BMAS, 2017: 609).

4) 산재보험의 피보험자연금 및 유족급여

독일 산재보험의 보상급여는 〈사회법전〉 7편에서 ① 피보험자 연금급여(제56~62조), ② 유족급여(제63~74조), ③ 일시금(제75~80조), ④ 농업부문 피보험자 연금급여의 전제조건 및 대기기간(제80a조)으로 구분한다.

(1) 피보험자 연금급여

피보험자 연금급여는 〈사회법전〉 7편 제56~62조에서 규정한다. 연금급여는 산재보험 보험사고를 통한 피보험자의 지속적인 노동능력 장애 내지는 무형의 손상을 보상한다. 연금은 소득손실에 대한 보상으로서 그리고 위로금으로서 이중의 역할을 한다(BMAS, 2015: 579). 연금청구의 전제조건은 피보험자의 노동능력 감소로, 산재보험 보험사고 발생 이후 26주를 경과하고 노동능력이 최소한 20% 감소해야 한다(농업 사용주 및 그와 함께 일하는 배우자의 경우 30%). 노동능력 상실도가 10% 이하면 수급대상이 아니다.

산재보험의 연금은 피보험자의 연간 노동소득(*Jahresarbeitsverdienst*)에 의하여 산정된다. 연간 노동소득은 세금과 사회보험료를 공제하기 전 산재보험 보험사고 발생 전 12개월간 노동임금과 노동소득의 총액이다. 연간 노동소득은 피보험자 연령에 따라 상한과 하한이 있다. 각각 사회보험에서 적용되는 표준적 기준금액(Bezugsgrösse)에 따라 만 18세 이상은 60%, 만 15~18세는 40%, 만 6~15세는 33.33%, 만 6세 이하는 25%이다. 이 사회보험에서 표준적으로 적용되는 2017년 기준은 옛 서독지역이 35,700유로이며 옛 동독지역이 31,920유로이다. 상한은 이 기준금액의 2배(2017년 기준 옛 서독지역 71,400유로, 옛 동독지역 63,840유로)이다(BMAS: 207: 611).

연금액은 피보험자가 완전노동불능이면 연간 노동소득의 2/3를 받는다(완전연금). 산재보험연금에는 세금이 없다. 연금은 노동능력 상실도에 따라 완전연금에 비례해 산정된다. 예를 들어 사고 전에 총 연간 노동소득이 36,000유로이고 노동능력 상실도가 100%면 연간 24,000유로(36,000유로 × 2/3 = 24,000유로, 월 1,200유로)를, 노동능력 상실도가 30%이면 연간 7,200유로(24,000유로 × 30% = 7,200유로, 월 600유로)를 받는다.

(2) 유족급여

피보험자의 배우자 및 자녀는 유족급여 청구권을 갖는다. 특수한 전제조건을 충족하면 전 배우자, 부모, 조부모도 청구권을 가질 수 있다.

미망인연금(남·여)의 수급권자는 매년 사망자의 연간 노동소득의 30%를 받는다(작은 미망인연금). 또한 미망인연금(남·여)의 수급권자가 ① 만 47세가 경과한 경우, ② 연금보험에서 의미하는 노동능력 상실 또는 고아연금 수급권을 가진 어린이를 양육하는 경우, ③ 육체적, 정신적 또는 심리적 장애로 인하여 고아연금 청구권을 가진 어린이를 돌보는 경우 중 한 가지 상황에 해당하면 사망자 연간 노동소득의 40%를 받는다(큰 미망인연금).

'작은 미망인연금'은 배우자 사망한 날의 다음 달부터 최장 24개월 또는 이전의 재혼까지 지급된다. '큰 미망인연금'은 별도의 전제조건이 없는 한 시간적 제한 없이 지급된다. '큰 미망인연금'의 연령제한은 2008년 1월부터 45세에서 47세로 확장됐다. 여기에는 물론 경과기간이 있다. 2011년 12월 31일까지 발생한 산재보험 보험사고는 지금까지 45세 연령제한이 적용된다. 2012~2029년까지 순차적으로 47세까지 증가한다.

사망자의 어린이들은 스스로 고아연금 청구권을 갖는다. 또한 의붓자식, 양자, 손자녀 및 조카는 피보험자의 가계 내에 일원이 되었거나 또는 피보험자에 의해 부양되었다면 연금급여 수급권자이다. 고아연금은 18세까지 지급되며, 학교교육 또는 직업훈련 중에 있거나 육체적, 정신적 또는 심리적 비정상 상태에 있으면 27세까지 지급된다.

고아연금은 매년 편부모고아인 경우 사망자 연간 노동소득의 20%, 완전고아인 경우 30%를 받는다. 사망자가 그의 노동소득으로 부모 또는 조부모를 부양했고 산재보험 적용사례가 없었을 경우 그들의 생계를 책임지었을 상황이라면, 부모 한편은 사망자의 연간 노동소득의 20%를, 부모 양편은 30%를 받는다. 여기에서 부모는 조부모보다 우선권을 갖는다.

(3) 산재보험 연금 관련 통계

산재보험 연금 수급자 추이를 살펴보면 〈표 10-5〉와 같다. 이에 따르면 산업부문 산재보험 연금 수급자는 1991년 총 90만 2,900명에서 2015년 71만 8,100명으로 지난 15년간 20.46%(18만 4,800명) 감소했다. 같은 기간 피보험자(부상자·질병자) 연금 수급자는 76만 2,600명에서 61만 5,900명으로 19.24%(14만 6,700명) 감소했다. 학생 산재보험 연금 수급자는 1991년 총 9,393명에서 2015년 18,173명으로 지난 15년간 93.47%(8,780명)가 증가했다. 같은 기간 동안에 피보험자(부상자·질병자) 연금 수급자는 9,316명에서 18,069명으로 93.96%(8,753명) 증가했다.

5) 산재보험의 지출

2016년 기준 산재보험의 지출총액은 157억 6,034만 6,734유로이다. 분야별로 차지하는 비중을 살펴보면 산업부문 산재보험이 82.8%를 차지하고,

<표 10-5> 산재보험 연금급여 지급현황

연도	산업부문 산재보험(천 명)				공공부문 산재보험(천 명)			
	계	부상자, 질병자	미망인 (남·여)	고아	계	부상자, 질병자	미망인 (남·여)	고아
1991	902.9	762.6	119.5	20.5	95.8	81.6	11.6	2.6
1995	896.5	758.9	117.5	20.0	108.7	93.5	12.7	2.5
2000	873.0	742.4	112.0	18.2	105.5	91.7	11.7	2.1
2005	827.8	705.6	105.7	16.5	96.9	85.0	10.2	1.7
2010	776.5	664.0	100.0	12.5	88.2	78.0	9.0	1.2
2011	764.3	653.7	98.9	11.7	86.4	76.8	8.7	1.1
2012	753.4	645.2	97.0	11.2	84.8	75.3	8.4	1.1
2013	742.0	635.6	95.6	10.8	83.2	74.0	8.2	1.0
2014	730.9	626.3	94.8	9.8	81.7	72.8	8.0	0.9
2015	781.1	615.9	92.9	9.3	79.5	70.9	7.7	0.9

연도	농업부문 산재보험(천 명)				학생 산재보험(명)			
	계	부상자, 질병자	미망인 (남·여)	고아	계	부상자, 질병자	미망인 (남·여)	고아
1991	188.2	170.9	15.1	2.2	9,393	9,316	31	46
1995	179.2	162.8	14.2	2.2	11,127	11,032	42	50
2000	164.7	150.3	12.5	1.9	13,590	13,495	47	46
2005	152.5	139.5	11.2	1.8	15,697	15,604	48	45
2010	100.1	89.5	9.4	1.2	17,030	16,923	57	50
2011	97.6	87.3	9.1	1.2	17,248	17,133	60	55
2012	94.9	85.0	8.8	1.1	17,504	17,390	60	54
2013	92.1	82.4	8.6	1.1	17,703	17,583	63	57
2014	89.6	80.2	8.4	1.0	17,916	17,802	64	50
2015	86.7	77.6	8.1	1.0	18,173	18,069	63	41

자료: BMAS, 2017: 613.

공공부문 산재보험(11. 44%), 농업부문 산재보험(5. 75%) 순이다(〈표 10-6〉 참조).

산업부문 산재보험, 공공부문 산재보험 그리고 농업부문 산재보험 각각의 지출비용 총액 중 산재예방 비용이 차지하는 비중은 산업부문 8. 05%, 공공부문 6. 55% 그리고 농업부문 6. 62%이다. 각각의 지출비용 총액 중 의료재활 비용이 차지하는 비중은 각각 산업부문 26. 84%, 공공부문

<표 10-6> 산재보험의 분야별 지출액(2016년)

(단위: 유로)

	회계코드 종류	산업부문 산재보험	공공부문 산재보험	농업부문 산재보험	계
산재예방	59	1,050,765,189 (8.05%)	118,155,872 (6.55%)	60,020,000 (6.62%)	1,228,941,061 (7.8%)
요양 및 의료재활 (휴업급여포함)	40~48	3,502,592,537 (26.84%)	776,081,963 (48.03%)	359,370,000 (39.62%)	4,638,044,500 (29.43%)
직업재활	49	165,514,090 (1.27%)	19,720,466 (1.09%)	7,280,000 (0.8%)	192,514,556 (1.22%)
현금보상	50~58	5,169,313,174 (39.61%)	625,125,900 (34.66%)	311,170,000 (34.31%)	6,105,609,074 (38.74%)
관리운영비	70~75	1,226,484,023 (9.4%)	206,093,817 (11.43%)	94,800,000 (10.45%)	1,548,540,711 (9.83%)
소송비용	76~79	18,081,149 (0.14%)	3,081,722 (0.17%)		
준비금, 기타	60~69 (690제외)	1,916,962,223 (14.69%)	55,414,609 (3.07%)	74,320,000 (8.19%)	2,046,696,832 (12.99%)
합계	-	13,049,712,385 (100%)	1,803,674,349 (100%)	906,960,000 (100%)	15,760,346,734 (100%)

자료: DGUV, 2017: 65~66; SVLFG, 2017: 8.

48.03%, 농업부문 39.62%이며, 직업재활 비용이 차지하는 비중은 각각 산업부문 1.27%, 공공부문 1.09%, 농업부문 0.8%이다.

5. 독일 산재보험의 행정기관과 전달체계

독일 산재보험 관리운영기관은 법적으로 독립된 자율운영 공공기관으로서 사업주와 근로자에 의해 자치적으로 운영된다〔〈사회법전〉 4편(사회보험 공통규칙) 제29조〕. 개별 산재보험조합은 자치운영조직으로 대의원총회와 이사회를 설치하고 상임이사장(Geschäftsführer)을 둔다(〈사회법전〉 4편, 제31조). 대의원총회는 정관을 정하고 개별 사항에 대한 규정을 정할 수 있다(제33조). 정관은 관할관청의 승인을 필요로 한다(제34조 제1항). 이사회는 산재보험 관리운영기관을 관리하고 법률상 대표하며 운영규정을 제정한다(제35조). 산재보험의 광범위한 적용범위에 비해 관리는 역사적으로 크게 산업, 공공, 농업의 3개 부문으로 나누어서 운영한다.

2008년 10월 30일 제정·공포된 〈산재보험현대화법〉(UVMG)은 변화한 경제구조에 맞추어 산재보험조합의 통폐합을 추진할 것을 요구했다. 그 결과, 2016년부터 산업부문은 9개의 업종별 산재보험조합(Gewerblichen Berufsgenossenschaften)으로, 공공부문의 산재보험(Unfallversicherungsträger der öffentlichen Hand)은 1개의 독일 연방·철도 산재보험, 15개의 지역별 산재보험조합, 4개의 지자체 산재보험조합, 4개의 소방 산재보험조합을 합하여 총 24개의 관련 기관으로, 농업부문은 2013년부터 농업 산재보험조합(Landwirtschaftliche Unfallversicherung) 하나로 통폐합되어 각각 자율운영한다(BMAS, 2017: 617~619).

6. 독일 산재보험의 재정부담

1) 보험료 산정

독일 산재보험의 보험료 조달 관련 사항은 〈사회법전〉 7편 제150~187조에서 규정한다. 산재보험 재정조달은 각 부문마다 차이가 있다. 산업부문 산재보험조합은 사업주의 책임보험으로서 보험료를 사업주에게만 부과한다. 보험료는 지난연도의 지출을 지급하고 사후에 청구한다(보험료 확정정산절차). 현존하는 지출의 재정조달을 위하여 산재보험조합은 사업주에게 개산보험료(*Vorschüsse*)를 청구한다.

보험료는 피보험자의 노동임금과 위험등급(*Gefahrklasse*)에 의하여 결정된다. 위험성등급은 개별 산업에서 발생한 산재보험 적용사례의 수와 중증도에 의하여 정해진다. 위험등급은 또한 개별 기업의 사고위험을 반영하는 것이 아니고 개별의 위험성등급에 함께 포함된 기업들의 산업특성적 위험을 반영한다. 위험성등급은 개별 산재보험조합에 의하여 각각 정해지며 최소한 6년마다 지급된 보험급여액과 노동임금의 변화를 고려하여 새로이 정해야 한다. 산재예방을 촉진하기 위하여 산업부문 산재보험조합은 발생한 산업재해 적용사례를 고려하여 보험료 할증·감면제도를 운영한다. 여기에 통근재해는 고려되지 않는다. 또한 기업에 속하지 않은 높은 폭력 또는 개인적 과실을 통한 직업병 또는 산업재해도 포함되지 않는다. 보험료 할증액과 감면액의 크기는 산업재해 발생 수, 중증도 및 비용 또는 다수의 이와 같은 특징들에 의하여 산정된다. 2015년 보험료 감면은 36억 8,700만 유로이며 보험료할증은 13억 600만 유로이다(BMAS, 2017: 619).

농업부문 산재보험에서 활용하는 보험료 산정 기초자료로는 분담금 예정액, 대지면적, 노동수요, 노동가치 또는 이와 대비할 수 있는 다른 기준을 활용한다. 이에 대한 상세한 사항은 정관에서 정할 수 있다. 정관은 사업장에서의 사고발생 위험률을 고려하여야 하며 이에 첨부하여 산정근거와 최저금액과 기본금액을 규정할 수 있다. 2014년 개산보험료부터는 2013년 1월 1일부터 독일 전역에 걸쳐 농업부문에 단일화된 사회보험을 통하여 보험료 표준을 적용하였다. 새로운 보험료 표준은 위험그룹의 구성을 통하여 개별 기업 내의 위험을 고려하였다. 연방은 매년 농업기업의 보험료 부담을 감소시키기 위하여 연방재정을 지원한다. 2016년에 연방재정 1억 7,800만 유로를 지원하였다.

공공부문 산재보험 운영기관은 비용을 일반적으로 공공단체 및 기관(지자체, 주정부)에서 지원받는다. 이들 기관은 보험료 징수를 위하여 위험과 연관된 보험료 및 위험공동그룹을 포함한 정관의 구성과 할증/할인절차를 제정한다. 민간 가계 내에서는 저소득 취업자를 위하여 2006년부터 일원화된 보험요율 1.6%가 적용된다. 이 보험료는 간편화를 위하여 관할 산재보험 운영기관이 아닌 타 사회보험부문 보험료들과 함께 연방광부조합 (Bundesknappschaft)의 미니잡센터에 납부해야 한다.

2) 보험료 공동부담

산업부문 산재보험조합은 그들의 연금급여 부담을 산업구조와 경제구조의 변화에 따라 2008년부터 새로운 규정에 의하여 공동으로 부담한다. 이 새로운 규정에 의하여 2013년까지 연금급여 부담의 일부를 타 업종에 떠넘긴 업종은 건설업, 철강업, 연안여객업 및 광업이며, 반대로 타 업종의 연금 부담을 일부 떠맡은 업종은 사무업, 기계업 및 전기업 분야이다. 이전의 공동부담액은 2013년 말까지 단계적으로 감소됐다. 2013년 말 기준으로는 새로운 공동부담절차에 의하여 90% 그리고 이전의 공동부담이 아직 10% 적용된다. 총 공동부담액은 7억 4,500만 유로이며, 이 중 6억 9,300만 유

〈표 10-7〉 산재보험의 수입·지출 추이

(단위: 100만 유로)

연도	수입	총지출	총지출의 구성				
			연금급여	요양급여	직업재활급여	산재예방	관리운영 및 소송비
1991	19,088	19,156	8,487	3,934	365	876	1,756
1995	24,128	24,370	10,861	4,363	597	1,257	2,349
2000	13,881	14,088	5,728	3,371	266	759	1,307
2005	14,448	14,803	5,848	3,397	238	864	1,383
2010	14,498	14,843	5,742	3,987	176	972	1,379
2011	14,815	14,776	5,683	4,138	184	1,010	1,405
2012	15,065	15,024	5,703	4,190	182	1,077	1,446
2013	15,114	15,137	5,704	4,328	180	1,101	1,430
2014	15,272	15,254	5,722	4,500	182	1,148	1,491
2015	15,481	15,494	5,759	4,631	183	1,148	1,518

주: 1991년부터 옛 동독지역과 옛 서독지역이 통계가 합하여 산출되었음.
자료: BMAS, 2017: 621.

로가 새로운 공동부담절차에 의하여 그리고 5,200만 유로가 예전 절차에 의하여 해소되었다(BMAS, 2015: 590~591). 2014년부터는 새로운 분담기준이 적용되고 있다. 2015년의 공동부담 총액은 7억 3,700만 유로이다(BMAS, 2017: 620). 독일 산재보험의 연간 총수입은 1991년 190억 8,800만 유로에서 2015년 154억 8,100만 유로로 변화했다. 지난 16년간 1995년을 정점으로 감소 추세를 나타내다가 2012년도부터 다시 증가 추세로 돌아섰다(〈표 10-7〉참조). 연간 총지출은 1991년 191억 5,600만 유로에서 2015년 154억 9,400만 유로로 변화했다. 총수입과 마찬가지로 1995년을 정점으로 이후 감소 추세이다가 2012년도부터 다시 증가 추세를 보였다.

7. 논의 및 한국에 대한 시사점

지금까지 독일 산재보험제도에서 살펴보았다. 이를 통해 확인할 수 있는 한국에 대한 시사점은 다음과 같이 정리할 수 있다.

첫째, 산재보험 적용 확대가 필요하다. 특히, 한국의 특수형태근로 종사자에 적용 확대가 우선적으로 필요하다.

둘째, 산재보험 재활사업의 개발 및 확장이 필요하다. 독일 산재보험의 재활사업과 달리 한국 산재보험에는 의료재활 및 사회재활에 대한 규정이 없다. 또한 직업재활도 제한적이어서 이 부분에 대한 사업확대가 필요하다.

셋째, 보험료 부담에 있어 업종 간 연대성의 강화가 필요하다. 독일 산업부문 산재보험에서는 업종 간에 보험료 부담을 연대하여 특정 업종의 과도한 보험료 부담을 해소시킨다. 그러나 한국은 평균보험료율의 20배가 넘는 업종의 보험료 중에서 20배가 넘는 부분의 금액만을 타 업종에서 공동으로 분담한다. 이 때문에 특정 업종(예를 들면, 광업)의 과도한 보험료 부담이 지속되는 상황이다.

■ 참고문헌

국내 문헌

윤조덕(2011). "2장 2절-산재보험 가입대상과 적용범위의 적절성 제고". 《산재보험 지속가능성 제고를 위한 정책과제와 미래구상》. 세종: 고용노동부. 72~105.

윤조덕(2012). "2장 3절-산재보험 적용대상자 적용범위의 적절성 제고". 《산재보험제도의 지속가능한 발전을 위한 정책과제 연구》. 세종: 고용노동부. 98~170.

윤조덕・박수경・박정란・권선진・이현주・진혜랑(2001). 《산재보험 재활사업의 중장기 발전전략》. 서울: 한국노동연구원,

윤조덕・이은자 역(1998). 《독일산재보험법》. 근로복지공단 연구자료(보관 97-라-11).

윤조덕・이현주・한충현(2004). 《산재보험 요양・재활 사례 비교연구: 독일과 한국》. 서울: 한국노동연구원.

해외 문헌

BAuA(Bundesanstalt für Arbeitsschutz und Arbeitsmedizin)(2007). *Sicherheit und Gesundheit bei der Arbeit Unfallverhütungsbericht 2005*. Dortmund: BAuA.

_____(2012). *Sicherheit und Gesundheit bei der Arbeit Unfallverhütungsbericht 2010*. Dortmund: BAuA.

_____(2014). *Sicherheit und Gesundheit bei der Arbeit Unfallverhütungsbericht 2013*. Dortmund: BAuA.

_____(2016). *Sicherheit und Gesundheit bei der Arbeit 2014*. Dortmund: BAuA.

_____(2017). *Sicherheit und Gesundheit bei der Arbeit – Berichtsjahr 2016*. Bönen: Druck & Verlag Kettler.

BMAS(Bundesministerium für Arbeit und Soziales)(2015). *Übersicht über das Sozialrecht*. 12. Aufl. Nürnberg: BW Bildung und Wissen.

_____(2017). *Übersicht über das Sozialrecht*. 14. Aufl. Nürnberg: BW Bildung und Wissen.

DGUV(Deutsche Gesetzliche Unfallversicherung)(2014). *Geschäfts- und Rechnungsergebnisse der gewerblichen Berufsgenossenschaften und Unfallversicherungsträger der öffentlichen Hand 2013*. Berlin: DGUV.

_____(2015). *Geschäfts- und Rechnungsergebnisse der gewerblichen Berufsgenossenschaften und Unfallversicherungsträger der öffentlichen Hand 2014*. Berlin:

DGUV.

_____(2017). *Geschäfts- und Rechnungsergebnisse der gewerblichen Berufsgenossen-schaften und Unfallversicherungsträger der öffentlichen Hand 2016.* Paderborn: Bonofatius.

Hamacher, E. (1984). Grundlagen der medizinischen Rehabilitation. *Die BG, Januar 1984,* 54~59.

HVBG (Hauptverband der gewerblichen Berufsgenossenschaften) (2002). *Reha 2000: Rehabilitation und Rehabilitations-Statistik in der gesetzlichen Unfallversicherung 2000.* Sankt Augustin: HVBG.

Leube, K. (1985). Der Bundesverband der Unfallversicherungsträger der öffentlichen Hand In HVBG, LUV, & BAGUV (Hrsg.) (1985). *100 Jahre gesetzliche Unfallversicherung.* Wiesbaden: Universum-Verlagsanstalt. 114~119.

Nann, HP. (2000). Belastungserprobung and Arbeitstherapie-Chancen und Grenzen, *Die BG, 2000.* 618~627.

Seidler, F. (1985). Anforderungen der gesetzlichen Unfallversicherungsträger für die Zulassung von Krankenhäusern zur Behandlung Schwer- Ufallverletzter (Verletzungsarten-Verfahren). *Die BG, Juni 1985,* 323~325.

Statistisches Bundesamt (2014). *Statistisches Jahrbuch 2014.* Wiesbaden: Statistisches Bundesamt.

_____(2017). *Statistisches Jahrbuch 2016.* Wiesbaden: Statistisches Bundesamt.

SVLFG (Sozialversicherung für Landwirtschaft, Forsten und Gartenbau) (2014). *Auf einen Blick Daten und Zahlen 2013.* Kassel: SVLFG.

_____(2017). *Auf einen Blick Daten und Zahlen 2016.* Kassel: SVLFG.

Wurbs, R. (2009). The Agricultural Accident Insurance in Germany. 《산재보험 발전과 사회안전망 구축》, 한·독·오 국제세미나 자료집. 221~277.

기타 자료

http://www.gda-portal.de/Ziel/Arbeitsschutzziele2008-12.html. 2016. 8. 1. 인출.
http://www.gda-portal.de/Ziel/Arbeitsschutzziele2013-18.html. 2016. 8. 1. 인출.

11

가족수당제도

1. 가족정책의 변화

1) 가족 생활방식 및 성 역할의 변화

오랫동안 독일에서 부르주아지 핵가족은 '정상적 가족'으로 인지되었으며, 남성 생계부양자 모델은 거의 보편타당한 규범으로 수용되었다(Bäcker, Naegele, Bispinck, Hofemann, & Neubauer, 2008). 가족생활은 이 지도원리에 따라 구조화되었다. 이에 따르면, 사람들은 결혼을 하고, 자녀를 출산, 양육하며, 평생 배우자와 살아간다. 여성은 결혼, 출산과 함께 가사 및 돌봄, 사적 생활영역을 단독으로 책임지고 남성은 유급노동을 통해 가족생계에 필요한 소득을 벌어온다.

그러나 1960년대를 거치면서 "사적 생활방식의 다원화"(*Pluralisierung*)로 묘사되는 변화가 혼인과 가족영역에서 진행되었고, 그와 함께 위계적인 성별 분업과 부르주아지 핵가족의 규범적 구속력은 점차적으로 약해졌다(Schneider, 2013). 자세한 사항은 다음과 같다.

첫째, 오랫동안 혼자 사는 사람들(1인 가구) 뿐만 아니라 혼인하지 않고 동거하는 사람들(비혼동거 가족)이 증가하였다. 특히, 젊은 연령층에서 비혼동거는 하나의 의미 있는 생활방식이 되었다. 혼인 이전에 동거하지 않고 직접 결혼하는 사람들의 비중이 감소했고, 평균 초혼연령이 높아지면서, 비혼동거는 하나의 생애국면으로 자리 잡았다.

둘째, 무자녀 가족이 증가하였다. 특히, 여성의 교육수준이 높을수록 무자녀 가족의 비중이 상대적으로 높은데 이것은 자녀로 인한 기회비용(즉, 근로 중단 및 감소, 그와 결합된 근로소득 상실/감소)이 결정적 요인으로 작용하였기 때문이다.

셋째, 그 외에 동성가족, 원거리가족, 싱글맘/대디 등 (부르주아지 핵가족에 대해) 비관습적 가족 생활방식이 생성, 확산되었다. 가족생활 방식의 다원화와 병행하여 출산율이 꾸준히 감소했고, 다자녀 가구의 감소와 함께 가구의 크기 역시 작아졌다. 이러한 현상들은 당연하게 여겨졌던 혼인과 부모됨의 국면이 선택사항이 되었음을 말한다. 물론, 개인들이 언제나 동일한 방식으로, 동일한 시점에서 이러한 옵션을 원하는 것은 아니다.

이러한 변화를 가져온 사회적 힘은 무엇인가? 크뤼거(Krüger, 2006)는 남성 생계부양자 모델을 지탱하던 다음 두 전제가 침식되었음을 지적한다.

첫째, 생존을 보장하였던 완전고용의 토대가 무너졌다. 포드주의 산업사회에서 남자들은 일반적으로 교육을 받은 후 노동시장에서 '정상적 근로관계'의 일자리를 갖고 그 일자리를 정년까지 유지했다. 그 일자리는 가족부양에 충분한 소득을 제공했으며 배우자로 하여금 가정사에 전념할 수 있게 하였다. 그러나 1980년대 이후 노동시장의 유연화와 함께 다양한 형태의 비정규직이 양산되었다. 그 결과, 근로생활의 불안정성(Prekarität)이 높아졌으며, (남성 배우자) 한 사람만의 유급노동에 의존하여 생존을 보장하는 것이 어려워졌다.

둘째, 성별 간 교육차이 역시 사라졌다. 1960년대까지 교육개혁을 통해 여성들에게 교육의 기회가 확대되었다. 여성의 교육상승은 경제활동 참가의 지속적 상승을 동반했으며 여성의 숙련된 교육은 직업활동에 대한 여성의 태도를 바꿨다. 이제 젊은 여성들은 자신의 직업활동을 더 이상 혼인과 모성 전의 생애국면으로만 한정하지 않는다. 한마디로 여성의 유급노동 접근과 이를 통한 경제적, 사회적 자립은 전기적 프로젝트(즉, 자신의 삶을 자립적 전기로 기획)를 위한 선택이 아닌 필수가 되었다.

이러한 맥락에서 볼 때 개인주의화(*Individualisierung*) 논의는 여성의 생애지향 변화를 강조한다. 개인주의화는 전통적 생활리듬이 점진적으로 해체되는 역사적 과정을 가리킨다고 볼 수 있다(Beck-Gernsheim, 2012). 개인주의화는 특히 여성에게서 뚜렷하게 나타났다. 교육, 직업, 법체계의 변화에 의해 점점 많은 여성들이 가족 결합으로부터 자유로워졌으며, 복지국가 지원과 유급노동에의 접근은 여성에게 가족 너머에서의 자립적 생활을 실현할 가능성을 열어 주었다. 주관적 차원에서 이것은 여성들이 스스로 자신의 생애계획을 전개할 수 있음을 뜻한다. 이제 여성들(특히, 젊은 여성들) 역시 삶을 자신 고유의 전기로서 기획하게 되었다. 이것은 오랫동안 남성에게만 유보되었던 것이었다. 전통적 가족지향 생애과정은 이제는 여성의 행위를 안내하는 의미구조를 만들지 못하고 있다. 결혼과 가족 형성은 더 이상 당연한 것이 아니며, 혼인과 부모됨은 불가피하게 주어진 생애전망이 아니라, 자의식적 생애기획과 결정의 대상으로 이해된다.

이와 같이 여성 생활이 현대화되면서 여성의 전기적 전망은 한편으로 유급노동을, 다른 한편으로 가족을 지향한다. 그러나 문제는 이 이중의 참여를 구체적으로 어떻게 형성할 것인가에 대한 전기적 모델도 없고, 가족과 직업의 병행을 위한 제도적 안전장치도 없다는 것이다(Beck-Gernsheim, 2012: 164). 여성들은 개인적 차원에서 삶의 옵션과 리스크를 예견해야만 한다. 이것은 여성들의 결혼과 자녀계획을 회피하게 만들고 있다.

2) 지속가능한 가족정책

독일의 가족정책은 전통적으로 남성 생계부양자 중심의 가족생활모델, 달리 말하면 유급노동과 돌봄노동을 각각 지향하는 남성과 여성의 생애과정에 맞춰져 있었다. 이것은 무엇보다도 독일 복지국가의 구조적 특징과 밀접히 관련된다. 독일 복지국가는 처음부터 노동자 사회보험국가로 구성되었고, 그와 함께 사회정책은 남성 생계부양자의 이해에 맞춰졌으며, 오랫동안 가부장적 성역할 이해에 의해 각인되었다(Lessenich, 2012: 94). 유급노동을 지향하는 여성의 생애계획은 장려되기보다는 억제되었다.

그러나 여성의 생애지향이 변화하였고, 독일 정부 역시 그 변화를 놓치지 않았다. 유럽의 다른 국가가 지나간 길을 보면서, 젊은 여성세대의 생활과 생애계획의 현대화를 촉진하기 위하여 독일 정부 또한 일·가정 양립 가능성 개선에 주목하기 시작하였다. 저출산이 지속되고 인구고령화가 일어나면서 여성의 경제활동 참가를 제고할 필요성이 제기되었기 때문이다.

저출산 문제 해소와 여성의 활성화를 위해 독일 정부는 2002년 "지속가능한 가족정책"(Nachhaltige Familienpolitik)을 의결, 가족정책 패러다임의 전환의 종을 울렸다. 그동안 가족정책적 조치와 수단이 남성부양자 모델을 지향하였다면, 지속가능한 가족정책은 다양한 선호와 생애기획을 배려하고 지원한다. 그에 따라 가족정책의 목표도 대체되었다. 과거 목표가 가족회복이었다면, 이제는 일·가정 양립, 가족의 경제적 안정이 가족정책의 중심에 위치해 있다.[1]

---

1) 지속가능한 가족정책 전략은 가족의 경제적 안전과 사회참여, 일·가정 양립, 아동의 복지와 촉진, 자녀출산의 실현을 기본적인 목표로 둔다(BMFSFJ, 2013). 이 목표는 가족정책이 (얼마나) 목표지향적이며 효과적인가를 평가하는 척도이기도 하다. 이 목표체계에서 일·가정 양립은 다른 목표의 달성을 촉진한다. 즉, 일·가정 양립을 개선하는 가족정책 급여는 가족을 경제적으로 지속적으로 보장하고, 아동이 잘 자라고, 부부가 자녀를 가지려는 소망을 충족하는 데 기여하고 있다.

지속가능한 가족정책은 가족을 지원하고, 생애과정에 걸쳐 일·가정 양립을 촉진하며, 자녀와 함께하는 생애기획이 실현될 수 있도록 지원하는 것을 목적으로 한다(BMFSFJ, 2006b). 지속가능한 가족정책은 가족발달을 개인의 전기 전체에 편입하는 것을 강조하고, 생애국면 간, 생활영역 간 양립에 역점을 둔다. 여기서 '지속가능성'은 "후세대 역시 자녀의 발달과 양육에 투자하고, 세대 간 연대 속에서 살아가며, 타인에 대한 돌봄이 자신의 생애전망의 부분으로 수용될 수 있도록 사회, 경제, 정치적 틀 조건을 마련하는 것"이다(BMFSFJ, 2006b: 25f).

　이러한 목적을 달성하기 위해 지속가능한 가족정책은 세 가지 정책믹스, 즉 ① 가족국면과 연계된 재정적 지원, ② 생애과정 전반에 걸쳐 가족, 교육, 시민활동과 유급노동을 양립할 수 있도록 하는 시간정책, ③ 신뢰적이고 유연한 보육서비스로 구성된다. 구체적 사항은 다음과 같다.

　첫째, 현금급여 관련 사항이다. 가족은 생애과정 속에서 매우 다른 욕구를 갖는다. 모든 가족이 모든 생애국면에서 스스로 생계를 유지할 수 있는 것은 아니다. 가족의 재정적 상황을 보면, 자녀 출산 이후 1년에 이전소득에 대한 욕구가 가장 크게 나타나고 있다. 또한 이혼, 실업, 거주이전 등과 같은 특정의 생활상태에서 역시 그 욕구가 크다. 이러한 생애과정 속에서의 소득상황 변화는 가족정책적 현금급여를 목표지향적으로 투입할 것을 요구한다. 지속가능한 가족정책은 현금급여의 영역을 단순화하여 보다 일관성을 높이고, 특정 생활상황(예: 부모수당에 의한 출산 후 1년 소득보장)과 특정 목표집단(예: 대가족, 한부모가족 등)을 목표지향적으로 지원한다.

　둘째, 시간 관련 사항이다. 가족은 경제적 자원과 더불어 동일하게 시간자원에 의해 살아간다. 가족구성원들이 서로에 대한 헌신과 돌봄, 공동 활동 등을 위해 충분한 시간을 가질 때, 가족은 만족스럽게 체험될 수 있다. 시간은 가족생활이 기능하기 위한 기본 조건이다. 따라서 가족을 위한 시간정책은 지속가능한 가족정책에서 독자적 정책영역을 이룬다(BMFSFJ,

2012a). 가족시간정책은 가족의 책임을 위한 충분한 시간을 창출함으로써 생애과정 전반에 걸쳐 가족, 교육, 시민활동과 유급노동을 양립하도록 하는 것을 과제로 삼는다. 이를 위해 가족시간정책은 가족의 시간주권 제고, 가족 일상과 관련된 모든 기관의 시간구조 동기화, 그리고 생애과정에서의 양성 간·세대 간 시간의 재분배를 주된 행위영역으로 삼는다.

셋째, 인프라 관련 사항이다. 지속가능한 가족정책은 다양한 인프라 공급을 포함하는데 아동보육이 그 중심에 서 있다. 질적으로 수준이 높고 이용시간이 근로시간에 유연하게 맞추어진, 모든 연령의 아동을 위한 욕구맞춤형 보육인프라는 가족의 생활조건 개선에 결정적으로 기여한다. 그것은 개인적 생애계획을 지원하며 부모들이 가족과 직업을 양립할 수 있도록 하는 토대이다. 보육인프라 구축은 단지 직업활동하는 부모의 부담을 줄이는 데 그치지 않는다. 그것은 보육과 교육서비스를 통해 아동의 (조기) 발달에 긍정적 영향을 미친다. 가족생활 방식의 변화, 아동 생활세계의 변화, 높은 교육수준 요구 등을 고려할 때, 적절한 보육공급은 아동의 사회화에 대한 사회적 책임을 표현하는 것이다.

3) 지속가능한 가족정책의 특징

독일의 지속가능한 가족정책 개념은 개인의 전기 속에 가족발전을 통합하는 것을 강조하고, 여러 생애국면과 생애영역 간의 양립에 초점을 맞춘다. 이 정책 개념은 기존의 가족정책 논의와 차별되는 특징을 보인다. 그것은 생애과정 관점을 강조하고 가족을 행위론적 관점에서 파악한다는 점이다 (BMFSFJ, 2006b: 248). 하나씩 살펴보면 다음과 같다.

첫째, 행위론적 관점에서의 가족 개념이다. 이 개념은 한편으로는 일상과 전기적 행위 속에서 가족이 하나의 공동체로서 계속하여 새롭게 만들어져 가는 과정("*Doing Famliy*"), [2] 다른 한편으로는 일상에서 가족을 체험하도록 하는 가족구성원의 구체적 실천에 초점을 맞춘다(Schier & Jurczyk, 2007: 10). 이 개념에 따르면 가족은 더 이상 역할과 지위, 그와 결합된 권리와 의무에 의해 특징지어지는 사회제도가 아니다. 이 개념은 현대화 과정에서 사회제도로서의 가족은 뒤로 물러나고, 그 자리를 "Doing Family"가 차지하였음을 강조한다(Schier & Jurczyk, 2007: 11f). 즉, 무엇이 가족이고, 어떻게 가족으로 체험되는가는 일상에서의 가족구성원 간의 상호작용을 통해, 가족에 대한 가족구성원의 의미부여에 의해, 그리고 가족에 미치는 사회제도의 영향을 통해 이루어진다(BMFSFJ, 2012a: 5). 이렇게 볼 때, 가족은 돌봄 관계를 중심으로 이루어진 세대 간, 양성 간 관계시스템으로 이해될 수 있다. 물론, 그 시스템의 구성, 성과, 시간사용, 의미는 개인의 생애과정 및 가족과정 속에서 계속 변화한다.

이 가족개념에 기초하여 지속가능한 가족정책은 가족을 그 자체 고유의 자원과 행위 잠재성을 가진 행위자로 본다(BMFSFJ, 2012a). 가족은 인적 자산을 생산하고, 사적·공적 돌봄을 수행하며, 사회결속을 다지면서 공동체를 위해 꼭 필요한 성과, 즉 "공익재"(*gemeinsame Güter*)를 창출한다 (BMFSFFJ, 2006b: 5f.). 물론, 이러한 성과는 자동적으로 이뤄지지 않으며, 계획가능하고 안정적이며 신뢰할 만한 조건을 필요로 한다(Schier & Jurczyk, 2007: 12).

둘째, 제7차 가족보고서의 부제를 보면 알 수 있듯이 지속가능한 가족정책은 생애과정 관점(*life course perspective*)을 따르고 있다. 생애과정 관점은 전체 생애기간을 기본 틀로 삼는다. 또한 순간촬영이 아니라 종단관찰

---

2) "Doing Family"는 사회구성주의의 "Doing Gender" 관점을 빌린 것으로, 공동소속의 집단으로서의 가족 형성, 가족의 자기인식, 가족집단으로서의 연출을 묘사한다(Schier & Jurczyk, 2007: 10. Anm. 3). Doing Family는 개인의 생활실천이 가족의 맥락에서 실천적, 상징적으로 결합되는 성과에 기초한다. 이 경우 가족의 일상적 행동, 가족 내에서 일어나는 합의과정이 전면에 선다.

(*Längschnittsbetrachtung*)에서 출발한다. 종단관찰을 통해 특정 생애국면에서의 위기적 생애사건과 결정이 개인과 집단에 어떤 누적된 결과를 가져오는지를 파악할 수 있다(BMFSFJ, 2013: 39). 카우프만(Kaufmann, 2002)의 정의에 따르면, 사회정책은 개인과 집단의 생애과정에 직접적 영향을 미친다. 이것은 개인의 생애과정 구조에 영향을 미치는 시간과 소득이 사회정책의 핵심 개입영역임을 의미한다(Krieger, 2007). 따라서 생애과정정책으로서의 사회정책은 생애과정 전반에 걸쳐 시간(근로시간과 비근로시간)과 소득(근로소득과 이전소득)의 (재)조직화를 다룬다.

생애과정 관점에서 지속가능한 가족정책은 가족모델의 현대화를 추구한다. 이는 과거 산업사회에서 생성된 가족모델의 구조는 유지하면서 직업과 가족의 병행을 용이하게 하는 방식이 아니다. 오히려 생애과정 지향의 가족정책은 전통적 생애과정의 3단계 구조(즉, 교육국면으로서 아동·청소년기, 직업 및 가족국면으로서 중년기, 여가국면으로서의 연금/은퇴국면)를 극복할 가능성을 찾는다(BMFSFJ, 2006b: 260). 달리 표현하면, 생애과정 지향의 가족정책은 전통적인 연령분절적(*alterdifferenziert*) 생애과정 모델을 연령통합적(*altersintegriert*) 생애과정 모델로 현대화하고자 한다. 이 토대 위에서 특정 생애국면에 생애과업이 과도하게 집중되고(즉, "인생의 러시아워"), 다른 생애국면은 사회참여가 없는 순수한 여가시간으로 조직화되는 것을 극복할 수 있다. 연령통합적 생애과정 모델로 나아가기 위해서는 가족, 교육, 직업에서의 일상 시간이 가족구성원의 돌봄, 인적자산의 개발, 경제활동의 양립을 보장하도록 조직화되어야 한다(BMFSFJ, 2006b: 260f). [3]

---

3) 현대사회의 생애과정은 복지국가제도의 영향 아래 노동시장을 축으로 교육-근로-은퇴(여가) 국면이 이어진 3단계 구조로 제도화되었다. 각 생애국면은 법적으로 규정된 연령경계(예: 의무교육, 연금수급연령 등)에 의해 경계 지어지며, 고유의 시간리듬을 갖고 있다. 생애과정 연구에서 이러한 경향은 "생애과정 제도화"로 설명된다(Kohli, 1992). 한편, 관련 연구(Riley & Riley, 1992)에서는 이렇게 연령에 따라 특정 생애국면에 특정 생애과업

2. 아동수당

1) 가족성과조정의 구성 원칙

독일의 가족정책은 가족성과조정(*Familienleistungsausgleich*)의 틀 속에서 부모의 부담 또는 성과를 금전적으로 보상한다.[4] 가족성과조정은 무자녀 가족과 (다)자녀 가족 간의 생활상태 차이를 보상하는 모든 가족관련 급여로서 아동수당과 자녀공제가 이 가족성과조정의 핵심요소를 이룬다.

독일의 가족성과조정은 이중의 트랙으로 구성된다. 이 구성은 가족성과조정과 결합된 목표설정의 차이, 즉 조세정의와 욕구정의의 차이에 기인한다(Bäcker et al., 2008: 296).

- 수평적 성과보상과 조세정의(*Steuergerechtigkeit*): 수평적 가족성과조정은 자녀로 인한 부모의 경제능력 감소를 소득세제 시스템을 통해 보상하며 이를 위해 세액공제를 적용한다. 자녀부양을 위해 사용된 소득

(교육, 근로생활, 가족형성, 자녀출산 등)이 집중된 형세를 "연령분절적" 생애과정으로 지칭하였다. 이 구조는 개인의 욕구와 선호에 부합하지 않는 구조지체를 보이는바, 라일리(Riley) 부부는 노인을 포함한 모든 연령층이 자기의 선호에 따라 언제든지 교육, 근로, 휴식/여가 등 사회참여의 기회가 제공되는 연령통합적 사회로 발전해야 한다고 주장했다.

4) 가족성과조정은 자녀 생계와 교육으로 인해 발생하는 초과비용을 보상하는 가족관련 급여를 의미하는 것으로 세금공제 또는 이전소득일 수 있다. 가족성과조정은 과거 가족부담조정(*Familienlastenausgleich*)으로 지칭되었으며, 두 용어는 같은 의미로 사용되기도 하였다. 그러나 연방가족·노인·여성·청소년부의 제7차 가족보고서는 두 용어를 다음과 같이 구분한다. "욕구정의 및 생활수준보장의 기준에서 도출되는 가족정책적 급여는 자녀 출산과 보육으로 인해 발생하는 부모의 부담을 보상하는 것을 목적으로 한다. 이러한 수단은 가족부담조정 개념으로 요약될 수 있다. 국가의 가족정책은 그 이상의 과제를 수행하는데, 그것은 자녀 생계부양, 돌봄, 교육을 통해 가족이 사회에 제공하는 성과이다. 이 성과는 시장에 의해 보상되지 않으며 가족성과조정으로 요약된다"(BMFSFJ, 2006b: 56).

은 세금감면 대신 공제를 통한 세금면제를 하는 것이 조세정의에 합당하다는 것이다. 수평적 성과보상으로서 자녀공제는 자녀의 최저생계비와 자녀보호·양육·교육(BEA: Betreuungs-, Erziehungs- und Ausbildungsbedarf)을 위한 비용의 공제로 이루어진다. 이때, 자녀 최저생계비는 연방재무부에서 2년마다 산정하는 최저생활수준을 기준으로 한다.

- 수직적 성과보상과 욕구정의(*Bedarfsgerechtigkeit*)：수직적 가족성과조정은 직접적인 현금수당 지불을 통해 저소득에서 중간소득의 (다)자녀를 둔 가족을 재정적으로 지원하는 것을 목적으로 한다. 즉, 수직적 가족성과조정은 자녀의 발달과 부모의 생활조건을 보장하기 위해 자녀비용을 사회적으로 부담하는 것이다. 국가의 자녀비용 부담은 욕구정의의 기준을 따르는 것으로 아동수당이 이에 해당한다. 아동수당은 고소득집단에서 저소득집단으로의 수직적 조정을 함의한다. 저소득 가족일수록 아동수당의 효과가 크기 때문이다. 물론, 자녀공제는 이 목적을 달성할 수 없다. 세액공제는 국가의 자녀비용 참여를 의미하지 않고, 세금을 지불할 수 있는 경우에만 효과가 있기 때문이다.

가족성과조정의 두 트랙은 연방정부의 정치적 성향에 따라 여러 방식으로 조합되었다. 사민당 정부는 아동수당을, 그리고 기민당·기사당 연합은 자녀공제를 선호하는 경향을 보였다. 조세정의와 욕구정의의 긴장관계는 1996년 헌법재판소의 판결에 의해 종식되었다(Gerlach, 2010: 294). 아동보육 욕구는 가족의 최저생활 필수 구성요소이며, 그 욕구는 어떤 방식으로 충족되는가에 관계없이 과세 대상이 되어서는 안 된다는 판결이었다.

이후 아동수당과 자녀공제는 대안으로 간주되어, 수급권자는 유리성 원칙(*Günstigkeitprinzip*)에 따라 아동수당의 수급 또는 자녀공제의 청구 중 하나를 선택할 수 있게 되었다. 하지만 자녀공제는 그 역진적 효과로 인하여 여전히 논란의 대상이다(Becker, 2012). 누진적 소득세율로 인하여 소득이 높을수록 세액공제의 혜택이 클 뿐만 아니라, 자녀공제에는 자녀보호·양육·교육과 관련된 비용, 즉 "비물질적 최저수준"이 포함되어 있기 때문이다. 하지만 이전소득에는 그에 상응하는 급여가 고려되지 않기 때문이다.

2) 아동수당 및 자녀공제

아동수당은 아동을 책임지는 모든 보호자(대개 부모)에게 지급되는 보편주의적 가족정책 급여이다. 독일의 경우, 아동수당은 세금환급의 성격을 갖는다.5) 연방헌법재판소는 이를 구체화했다. 소득이 인간다운 생활을 위한 최저 조건인 경우 그 소득은 과세되어서는 안 된다는 것이다. 이것을 가족단위 과세에 적용하면 전체 가족구성원의 최저생활을 고려하는 것이다. 즉, 가족단위 과세 시 부모뿐만 아니라 자녀의 최저생계비만큼 과세되지 않음을 뜻한다. 이 원칙은 부모에 대해서는 기본공제를 통해, 자녀에 대해서는 자녀의 최저생계비와 보호·양육·교육(BEA) 공제 또는 아동수당을 통해 실행된다.

　이원적 가족성과조정 틀 속에서 아동수급권자는 유리성원칙에 따라 아동수당과 세액공제 중 본인에게 더 유리한 하나를 선택하고, 연방재정부는 소득세 사정 시 사후 자동적으로 아동수당과 자녀공제를 청산하여 지급한다. 예를 들어, 세액공제가 아동수당보다 클 경우, 수급자는 연말정산에서 초과납부한 세금을 환급받는다.

---

5) 아동수당은 세금환급분과 사회급여분으로 구성된다. 소득이 높을수록, 그와 함께 세율이 높을수록 아동수당에서 세금환급분의 비중은 커지며, 사회급여의 비중은 작아진다.

(1) 역사적 발전

전후 독일의 아동수당은 1954년 〈아동수당법〉 제정과 함께 시작되었다. 6) 1975년 자녀공제가 폐지되면서 가족부담조정의 전환점을 이루었다. 그 전까지 수급권자는 아동수당과 자녀공제를 동시에 청구할 수 있었던 반면, 이제 순수 아동수당이 도입된 것이다. 그러나 1983년 연방헌법재판소의 판결에 반응하여 콜(Helmut Kohl) 정부는 다시 가족부담조정의 이원체계를 부활시켰다.

1996년 연방헌법재판소의 판결은 가족정책 현금급여의 구조개혁을 가져왔다. 법적으로 〈아동수당법〉은 〈소득세법〉에 포함되었고, 최저생계비의 공제는 세액공제 또는 아동수당을 통해 이루어졌다. 가족성과조정은 이제 옵션모델로 전환되었다. 2002년 수평적 조세정의를 실현하기 위해 자녀를 위한 BEA 비용을 도입, 아동수당과 자녀공제의 조정이 이루어졌다. 이후 가족성과조정은 아동수당과 자녀공제 중 유리한 것이 선택되는 대안 시스템으로 제공된다.

1990년대 이후 가족성과조정의 역사적 발전에서 특징적인 것은 그 수준과 구조가 연방헌법재판소에 의해 상당정도 규정되었고, 그와 함께 재정정책적 수단으로서의 역할은 퇴색되었다는 점이다. 1996년 아동수당 개혁은 제도의 새로운 목표설정을 보여 준다. 그 개혁에 의해 아동수당은 사회급여에 산입(Anrechnung)된다. 이 규정에 의해 실업수당 또는 실업부조 수급자는 아동수당을 추가적으로 지급받을 수 있지만, 사회부조 수급자의 경우 급여액은 아동수당 금액만큼 삭감된다. 독일 정부는 이를 통해 사회부조 수급자의 근로동기에 영향을 주고자 한 것이다. 이 새로운 목표설정은 2005년 도입된 아동특별수당(Kinderzuschlag)에서도 엿볼 수 있다. 7) 아동특별수당

---

6) 이하 역사적 서술은 관련 연구(Gerlach, 2010: 177ff.)를 참조하라. 여기서는 서독의 가족정책만을 서술하고 옛 동독지역의 가족정책에 대한 서술은 생략한다.

은 부모의 소득이 자녀를 양육하기에 충분치 않을 경우 2016년 7월 1일 기준으로 소득에 따라 최대 160유로까지 지급되는데, 부모가 고용관계에 있어야만 청구될 수 있다. 이러한 수단은 근로연계복지(*workfare*) 개념을 지향하는 것으로 평가된다.

(2) 법적 근거

아동수당은 두 가지 법률에 그 근거를 둔다. 우선 일반과세자는 〈소득세법〉(Einkommensgesetz: EStG) 제 31∼32조, 제 62∼64조에 의해 아동수당(또는 자녀공제) 청구권을 가진다.

반면, 독일에 거주하지 않지만 사회보험 의무가입자 또는 법적 연금 수급연령에 도달한 사람은 〈연방아동수당법〉(Bundeskindergeldgesetz)에 의거하여 독일 거주 자녀에 대한 아동수당을 청구하는 것이 가능하다. 여기에 상응하여 〈소득세법〉에 의거한 아동수당의 사안은 재정법원, 〈연방아동수당법〉의 사안은 사회법원이 관할한다.

(3) 수급자격과 조건[8]

아동수당(또는 자녀공제) 청구권자는 기본적으로 독일국적의 부모(친부모또는 양부모)이다. 의부모, 조부모 역시 의자녀 또는 손자녀가 동일 가계에서 생활하는 경우 아동수당을 청구할 수 있다. 물론, 아동수당을 청구하기위해서는 아동과 보호자의 관계가 증명되어야 한다. 아동수당 수급을 위해

---

7) 아동특별수당은 자녀가 있는 저소득 가족을 지원하는 제도이다. 취업활동을 하고 있는 부모 중 많은 사람들의 소득이 자녀의 생계를 보장하기에 충분하지 않기 때문에 추가적인 재정지원으로 아동특별수당이 제공된다. 아동특별수당은 〈연방아동수당법〉(BKGG) 6a조를 근거로 하며, 2005년 1월 1일 하르츠 IV와 함께 도입되었다. 아동특별수당은 이들 가족의 실업수당 II 수급을 면하게 하고, 근로의욕을 제고하기 위해 도입되었다.

8) 이하 내용 관련 자료(BZSt, 2016)를 참조하라.

서는 독일 국적을 갖고, 독일에 거주 또는 통상적으로 체류하고 있어야 한다. 그러나 외국에서 살고 있지만 독일의 일반 납세자인 경우 마찬가지로 수급자격을 갖는다. EU 또는 유로존의 회원국가 국민과 스위스 국민은 내국인과 같이 대우된다. 그 외의 외국인에게는 독일 거주권 또는 체류허가서를 소유할 경우, 수급자격이 주어진다. 아동수당(또는 자녀공제)은 자녀가 만 18세가 될 때까지 지급하는 것을 원칙으로 한다. 그러나 특정 조건하에서 아동수당의 지급은 18세 이상으로 연장될 수 있다. 9)

(4) 급여수준

가족성과조정의 대안 시스템에 따라 아동수당 수급권자는 아동수당 또는 자녀공제 중 유리한 것을 적용받는다. 2016년 아동수당은 첫 번째/두 번째 자녀에 대해서는 월 190유로, 세 번째 자녀 196유로, 네 번째/그 이상 자녀 221유로이다. 반면, 자녀공제는 2016년 자녀당 연 7,248유로(= 자녀 최저생계비 4,608유로 + BEA 2,640유로)에 달한다(〈표 11-1〉 참조).

---

9) 먼저, 21세까지 연장되는 경우이다. 이 경우는 자녀가 고용관계에 있지 않고 연방고용청에 구직자로 등록되었을 때이다. '미니잡'과 같이 월 450유로 이하의 낮은 소득으로 고용된 경우(geringügige Beschäftigung) 역시 이에 해당된다. 둘째, 25세까지 청구할 수 있는 조건은 자녀가 미래의 직업을 위해 교육을 받는 경우이다. 여기서 교육은 일반 학교에서의 학업, 사업장 직업훈련, 계속 직업훈련 등을 포함한다. 교육이 질병 또는 임신/출산으로 인해 일시적으로 중단된 경우 아동수당은 계속 지급된다. 그리고 자녀가 국내외에서 직업훈련을 받기를 희망하지만 자리가 없어 훈련을 시작하지 못하거나 중단된 경우 역시 25세까지 연장 가능하다. 기본적으로 아동수당은 최대 25세까지 지급되지만, 법적 기본 군복무 또는 공익근무를 마친 후, 또는 군복무나 공익근무 대신 저개발국가 자원봉사자로서 활동을 수행한 후 자녀가 학업이나 직업훈련 중에 있는 경우에는 25세 넘어서도 아동수당을 받을 수 있다. 이때, 연장 가능한 최대 기간은 법적 군복무 또는 공익근무 기간이다. 셋째, 자녀가 장애인인 경우, 연령제한 없이 아동수당이 지급된다.

<표 11-1> 아동수당과 자녀공제

[단위: 독일마르크(1992~1996년), 유로(2002~2016년)]

연도	아동수당				자녀공제
	자녀	2자녀	3자녀	4자녀 이상	
1992	70	130	220	240	4,104
1996	200	200	300	350	6,264
2002~2008	154	154	154	179	5,808
2009	164	164	170	195	6,024
2010~2014	184	184	190	215	7,008
2016	190	190	196	221	7,248

(5) 전달체계와 재원

아동수당은 매월 가족금고(Familienkasse)에 의해 지급된다(〈소득세법〉 제 67조). 가족금고는 연방고용청에 위치하지만, 〈연방아동수당법〉에 따라 연방가족·노인·여성·청소년부에 소속되어 있다. 한편, 아동수당은 연 방정부의 일반조세를 재원으로 한다.

3) 쟁점과 과제

독일의 가족정책에서 현금급여의 의미는 정부지출에서 알 수 있다. 2010년 아동수당과 자녀공제를 위한 비용은 약 410억 유로에 달하였으며, 이는 독 일 연방정부 예산의 약 13%를 차지하는 수치이다(Rainer et al., 2012: 10).

그러나 최근 독일의 아동수당과 자녀공제에 대한 비판이 강화되었다. 독일 가족성과조정의 핵심을 이루는 아동수당과 자녀공제는 사실 처음부 터 논쟁의 대상이었고, 수차례에 걸쳐 조정되었다. 비판의 포인트는 두 가 지이다(Becker, 2012). 하나는 높은 재정적 지출에도 불구하고 모든 아동 과 부모들을 재정적 궁핍으로부터 보호하지 못한다는 것이고, 다른 하나는 현 이원적 체계가 아동의 동등한 참여기회를 의심스럽게 한다는 것이다. 이 두 가지 문제점은 무엇보다도 아동수당과 자녀공제의 불균형에서 원인을 찾을 수 있다.

베커(Becker, 2012: 6f.)가 지적하듯이, 가족성과조정의 이원체계는 고소득 가족의 자녀비용이 저소득 및 중간소득 가족의 자녀비용보다 더 높게 산정한다. 자녀공제에 의한 부담경감이 일괄적으로 지급되는 아동수당보다 더 높기 때문이다. 자녀공제에는 자녀의 최저생계비와 더불어 BEA 비용(이른바 '비물질적 최저생계비')이 포함된다. 이에 반해, 저소득과 중간소득 가족에 유효한 아동수당은 BEA에 해당하는 급여항목이 없을 뿐만 아니라 아동의 최저생계비에 미치지 못한다. 물론 2005년 도입된 아동특별수당을 통해 아동수당을 보완하고는 있지만, 이것만으로 아동빈곤 문제에 대처하기에는 부족하다.

이러한 배경 아래에서 가족성과조정의 새로운 분배를 위한 다양한 대안이 논의 중에 있다. 아동특별수당 개선안이 그중 하나이고, 아동기초보장(Kindergrundsicherung)이 또 다른 대안으로 제시된다. 논의의 축은 가족성과조정의 이원체계 내에서 수직적 분배정의와 수평적 조세정의의 관계를 어떻게 형성할 것인가이다.

3. 부모수당 및 부모수당플러스

1) 부모수당 및 부모수당플러스의 개요

(기초)부모수당은 자녀 출산 후 스스로 육아를 하려는 부모에게 소득상실을 보상하기 위해 지급되는 가족정책의 이전소득이다. 부모수당의 가장 큰 특징은 이전의 가족정책적 급여와는 다르게 독일 가족정책 역사에서 처음으로 소득대체 급여로서 구성된 점이다. 즉, 부모수당의 급여수준은 자녀 출생 이전의 소득에 연계하여 결정된다. 부모수당은 2007년 1월 1일 〈연방부

모수당 및 부모시간법〉(BEEG: Bundeselterngeld- und Elternzeitgesetz)의 발효와 함께 시작되었다.

부모수당플러스는 부모수당의 유연한 적용을 통해 일·가정 양립을 강화하기 위해 도입, 2015년 7월 1일 출생아부터 적용되었다. 부모수당플러스는 부모수당과 파트타임 근로를 좀더 유연하게 결합할 수 있도록 돕는다. 특히, 조기에 직업으로 복귀하려는 부모를 지원한다. 부모수당플러스 도입과 함께 부모수당은 기초부모수당으로 명칭이 변경되었다. 부모수당플러스는 기초부모수당의 절반 액수이나, 수급기간은 2배이다(즉, 1개월 기초부모수당 = 2개월 부모수당플러스). 부모수당플러스와 함께 부모들은 자녀의 생후 14개월을 넘어 자신과 자녀를 위한 시간을 가질 수 있게 되었다.

부모수당은 또한 파트너보너스(*Partnerschaftbonus*)에 의해 보완되었다. 파트너보너스는 4개월 더 부모수당플러스를 활용할 수 있는 가능성을 제공한다. 즉, 부모가 4개월 연속으로 동시에 주당 25~30시간 취업활동을 할 경우 부와 모는 각각 4개월의 부모수당플러스를 추가적으로 획득한다. 파트너보너스는 부와 모가 공동으로 자녀와 직업을 관리하는 것을 촉진하고, 부부간의 시간배열을 지원하며, 양성평등을 도모하기 위해 도입되었다. 파트너보너스의 부모수당 수준은 부모수당플러스와 동일하다.

이로써 수급권자는 취업활동, 자녀양육, 재정적 보장 등과 같은 개인적 생활환경에 따라 기초부모수당 또는 부모수당플러스, 파트너보너스 또는 이 세 가지의 조합 중 더 유리한 것을 선택할 가능성을 갖게 되었다.[10]

(1) 역사적 발전과 도입배경

부모수당은 1986년 1월 1일 도입된 양육수당(*Erziehungsgeld*)을 대체한 것이다. 소득수준에 따라 차등지급된 양육수당은 자녀돌봄에 대한 사회적 보

---

[10] 이하 부모수당과 부모수당플러스에 관한 서술은 관련 자료(BMFSFJ, 2016)를 참조하라.

상의 성격을 가졌다(Bäcker et al., 2008: 304). 즉, 양육수당의 도입은 가사 및 자녀를 위한 활동이 직업적 유급노동과 동등하다는 인식을 반영한 것이다. 따라서 양육수당의 핵심적 관심사는 부모에게 가사활동과 유급노동의 선택자유를 제공하는 것이었다. 그러나 양육수당은 일·가정 양립에 충분하지 못하였다. 양육수당은 재정적 지원을 제공하였지만, 육아로 인한 근로소득의 상실을 보상할 수 없었기 때문이다. 여기에 더해 양육수당은 어머니가 직업활동을 장기간 중단하도록 유도하였다. 이것은 어머니의 경제적 독립성을 저해하면서 남성과 여성의 역할분담을 고착하는 결과를 야기하였다. 이 결과는 직업에 대한 전망을 잃지 않고 가족과 자녀를 생애과정에 포함하려는 여성의 생애희망에 부합하지 않는 것이었다.

이에 독일 정부는 일·가정 양립, 그리고 그와 밀접히 관련된 저출산 문제에 보다 효과적으로 대처하기 위해 2007년 부모수당을 도입하였다.

메르켈 수상은 2006년 11월 독일 경영자총연맹 총회의 연설에서 부모수당과 함께 사회정책의 패러다임 전환이 이루어진다고 평가하였다(Merkel, 2006). 기존의 가족정책적 재정지원과는 다르게 부모수당은 독일의 가족정책 역사에서 처음으로 이전의 소득에 연계되었기 때문이다. 그녀는 부모수당의 소득대체 구성은 생활수준과 경제적 독립성을 보장함으로써 부모들이 자녀출산을 결정하도록 하고, 부의 육아참여 또한 촉진할 것이라고 강조하였다. 특히, 고학력 여성의 무자녀 비중이 높은 점을 고려할 때, 부모수당의 소득대체 구성은 이들이 자녀를 갖도록 유도할 것이라고 메르켈 수상은 기대하였다.

그러나 부모수당은 수급기간 동안 파트타임 근로를 하는 부모를 충분히 보상하지 못하였다. 파트타임 근로로 인해 부모수당의 일부를 받지 못하고, 수급기간 동안 취업활동을 중단한 부모보다 급여가 적었다. 이 문제점을 해소하기 위해 메르켈의 3기 정부는 2013년 부모수당플러스를 의결, 2015년 7월 1일 출생아부터 적용했다. 부모수당플러스는 부모수당 수급과 파트타임 근로를 보다 잘 결합하고, 그를 통해 조기에 직업 복귀를 희망하는 부모를 지원하기 위해 도입된 것이다. 또한 부모수당플러스를 통해 부의 육아참여가 좀더 독려될 것으로 기대되었다.

(2) 법적 근거

부모수당은 〈연방부모수당 및 부모시간법〉에 근거를 두었다. 부모시간법은 2006년 12월 5일 제정, 2007년 1월 1일 발효되었다. 2015년 1월 부모수당플러스 및 파트너보너스와 유연한 부모시간 도입을 위한 법이 제정, 부모시간법이 개정되었다. 2015년 7월 1일 이후부터는 부모시간법의 새 규정이 적용되었다.

(3) 수급자격

부모수당을 청구하기 위해서는 다음의 조건이 충족되어야만 한다. 첫째, 독일에 거주 또는 통상적으로 체류하고, 둘째, 자녀와 같이 생활하며, 셋째, 자녀 출생 후 스스로 자녀를 보호·양육해야 하고, 넷째, 주 30시간 이하로 취업활동을 해야 한다. 부모수당은 자녀의 생후 개월 수로 지급되며, 매월 청구조건이 제출되어야 한다. 일반적으로 부모수당 청구와 부모시간 청구가 결합되어 있기 때문에 부모시간 신청 시 이 조건에 유의해야 한다.

부모수당은 노동시장에서의 지위와 상태와 무관하게 제공된다. 근로자, 공무원, 자영업자뿐만 아니라 실업자, 전업주부 역시 부모수당을 신청할 수 있다. 직업훈련과 학업 중에 있는 경우 또한 부모수당을 받을 수 있다. 근로소득이 없는 수급자는 최소 부모수당(월 300유로)이 지급된다.

수급기간 동안 취업활동은 평균 주 30시간 이하여야 한다. 그 이상의 경우는 정상적으로 취업활동을 하는 것으로 간주되어 부모수당을 청구할 수 없다. 또한 자녀 출산 전 과세대상 연소득이 50만 유로 이상인 부부(한부모 25만 유로) 역시 청구권이 없다.

외국인과 관련하여, EU 또는 EWR 회원국가, 스위스 국적의 부모는 독일에 거주하거나 취업활동을 하는 경우 청구권을 갖는다. 기타 외국인의 경우에는 거주허가서 또는 노동허가서를 소유한 경우 수급자격이 부여된다.

(4) 급여수준

기초부모수당은 자녀 출생 전 근로소득의 67%를 보장하며, 매월 최고 1,800유로로, 최저 300유로를 지급한다. 여기서 기준이 되는 소득은 세금과 사회보험료 등 사회보장부담금(Sozialabgabe)을 제외한 순소득이며, 그 값은 자녀 출생 직전 12개월을 평균한 값(월평균 순소득)이다.

소득대체율 67%는 월평균 순소득이 1,000~1,200유로 구간에 대해서만 해당하며, 그 외에 대해서는 예외가 적용된다. 1,000유로 미만의 경우에는 기초부모수당의 소득대체율이 67%에서 매 2유로당 0.1% 상승하여 100%까지 달한다.[11] 그리고 근로소득이 1,200유로 이상인 경우 소득대체율은 67%에서 매 2유로당 0.1% 만큼 65%까지 감소한다. 수급자가 자녀출생 이후의 달에 취업활동을 하여 소득이 발생하고 있는 경우 급여액은 자녀출생 전의 소득과 현재의 소득 간 차액에 대해 소득대체율을 적용하여 산정된다. 자녀출생 전의 순소득은 최고 2,770유로까지 고려된다.

부모수당플러스는 취업활동을 하지 않는 상태에서 주어지는 기초부모수당의 최대 1/2에 달한다. 즉, 1개월 기초부모수당은 2개월의 부모수당플러스에 해당한다.

부모수당플러스는 부모수당 수급과 파트타임 근로를 좀더 유리하게 결합할 수 있게 한다. 이전 규정에 의하면 부모수당은 수급기간 내 발생한 근로소득만큼 감소하여 산정되었다. 그러나 부모수당플러스를 선택하면 근로

---

11) 예를 들어, 자녀출생 전 월 순소득이 700유로인 경우 저소득 경계선 1,000유로와의 차이는 300유로다. 그러므로 소득대체율은 15% 높은(300유로/2 = 150유로, 150 × 0.1 = 15%) 82%(= 67% + 15%)가 되며 따라서 부모수당은 700유로의 82%인 574유로이다.

<표 11-2> 2016년 부모수당 급여수준

자녀 출생 이전의 순소득	소득대체율	기초부모수당
300유로 이하	최저 부모수당	300유로
300~1,000유로	67~100%	300~670유로
1,000~1,200유로	67%	670~804유로
1,200~1,240유로	65~67%	804~806유로
1,240~2,769유로	65%	806~1,800유로
2,769유로 이상	최고 부모수당	1,800유로

소득의 계상과 그에 상응하는 부분부모수당의 수급은 기초부모수당 청구
보다 더 긴 기간으로 분배한다. 물론, 이 경우 부모수당플러스로 지급되는
급여액은 계상될 소득이 없는 경우에 받을 수 있는 기초부모수당의 절반을
넘을 수 없다.

(5) 수급기간

부모수당은 자녀 생후 개월에 대한 월 급여로 지급된다. 기초부모수당은
자녀출생일로부터 생후 14개월까지 지급될 수 있다. 원칙적으로 부모는
최대 12개월의 기초부모수당에 대한 청구권을 갖지만, 여기에 2개월의 파
트너수급기간(*Partnermonate*)이 추가될 수 있다. 그 조건은 부와 모가 최소
2개월간 육아참여로 인하여 근로소득 감소가 발생하는 경우이다. 한부모
의 경우 자녀출생 전 취업활동을 하였고, 육아를 혼자 책임질 때 14개월 기
간 수급할 수 있다. 그러나 취업활동이 없는 부부에게는 12개월만 부모수
당이 지급된다.

물론, 수급권자는 기초부모수당 대신 부모수당플러스를 신청할 수 있다.
이 경우 수급기간은 두 배로 늘어나지만, 급여액은 기초부모수당의 최대 절
반치이다. 즉, 1개월 기초부모수당 = 2개월 부모수당플러스가 된다. 부모
수당플러스를 선택하면, 기초부모수당의 최저금액, 최저 형제자매수당,
다둥이보조금, 계상이 되지 않는 부모수당금액 역시 절반으로 감소된다.

만약 부모 모두가 동시에 4개월 연속하여 월평균 주당 25～30시간 취업활동을 하는 경우 추가적으로 4개월의 부모수당플러스에 해당하는 파트너보너스가 주어진다.

따라서 부와 모는 최소 2개월, 최대 12개월의 기초부모수당과 이에 덧붙여 4개월의 부모수당플러스를 수급할 수 있다. 부와 모는 수급기간을 자유롭게 서로 나누어 사용할 수 있다. 즉, 부와 모 또는 부모수당을 이어서 지급받을 수 있고, 동시에 받을 수도 있다. 부모가 동시에 기초부모수당을 받을 경우 매달마다 2개월분을 수급한 것으로 간주된다.

(6) 전달체계와 재원

부모수당은 연방정부의 급여이지만, 행정과 운영은 각 주의 소관이다. 주마다 부모수당 지급이 상이하게 조직되어 있는데, 시군단위(*Landkreis*) 또는 읍면단위(*Kommune*) 또는 특정 관청이 이를 담당하고 있다. 부모수당의 재원은 일반조세이다.

2) 의미와 쟁점

부모수당의 핵심적 의미는 육아로 인해 발생한 (자발적인) 근로생애의 비연속성을 하나의 정형적인 사회적 위험으로 인정한다는 것이다(Bäcker et al., 2008: 304). 부모 중 한 사람이(대개는 모) 자녀출산 후 취업활동을 중단하거나 단축할 경우, 가족의 소득상황이 나빠질 수 있다. 그러나 지금까지 독일의 사회보장체계에서 이 육아로 인한 근로생활의 중단·단축, 그와 결합된 소득상실은 근로생애의 표준적인 사회적 위험으로 인정되지 않았다. 이에 반해, 스칸디나비아반도의 국가는 이 소득상실을 사회적 위험으로 간주하고, 부모보험을 통해 소득을 보장하고 있다. 소득대체 급여로 구성된 부모수당은 바로 그 길로 나아가는 급여제도라고 하겠다.

독일 정부는 부모수당을 통해 다음의 세 가지 본질적 목적을 추구하였다 (BMFSFJ, 2012b: 5). 첫째, 부모됨의 초기 국면에서 부모들에게 보호공간을 제공하여 가족이 재정적 어려움 없이 새로운 생활에 적응하고 우선적으로 자녀의 양육에 전념하도록 돕는다. 둘째, 부모들이 빠른 직업 복귀를 통해 자신의 경제적 독립성을 중장기적으로 보장한다. 셋째, 부의 육아참여를 강화한다. 이러한 목표 설정은 독일 정부가 부모수당을 일·가정 양립을 위한 핵심적 수단으로 보고 있음을 가리킨다.

연방가족·노인·여성·청소년부의 조사(BMFSFJ, 2012b)에 의하면, 부모수당은 양육수당에 비해 생후 1년 미만의 자녀가 있는 가족의 소득상황, 자녀 생후 모의 취업활동, 부의 육아참여에 긍정적으로 작용하고 있다. 연방가족·노인·여성·청소년부는 이러한 긍정적 효과를 기반으로 부모수당이 출산에 긍정적 효과를 미칠 것으로 본다. 특히, 무자녀의 비중이 높은 고학력/고소득 부부에 대해 소득대체급여로서의 부모수당은 자녀의 기회비용을 낮추어 자녀출산을 위한 결정을 유도할 것으로 기대한다.

이에 반해 슈터와 첼레-엘재서(Schutter & Zerle-Elsässer, 2012)는 다른 결론을 내리고 있다. 부모수당이 모든 부모에게 선택자유와 생존보장을 제공하는 것이 아니라는 것이다. 자녀생후 1년에 대한 소득대체 급여로 개념화된 부모수당은 '취업활동을 하는 부모'라는 규범을 지향한다. 양육수당이 단지 육아에 대한 재정적 지원이었던 반면, 부모수당은 근로동기에 힘을 싣는다(Schutter & Zerle-Elsässer, 2012: 216).

연방통계청의 부모수당 통계를 토대로 슈터와 첼레-엘재서는 대부분의 수급자가 여성배우자이고, 노동시장 지위로 인하여 수급자 대부분이 최저금액을 받고 있다고 확인하였다. 이것은 부모수당에 '마태효과'(*Matthew effect*)가 작동함을 함의한다. 말하자면, 순소득의 2/3 수준으로도 충분히 생활을 할 수 있는 소수의 가족에게만 부모수당은 보호공간을 제공한다는 것이다. 이에 반해 소득이 낮고, 자녀보육시설의 부족 또는 노동시장의 지위로 인하여 수급기간 후 직업으로 다시 복귀할 전망이 낮은 여성은 부모수당의 이득을 취하지 못하고 있다. 오히려 가난한 부부의 경우 양육수당에 비해 재정적 자율성이 훨씬 더 제한된 결과를 보이고 있다. 따라서 슈터와 첼레-엘재서는 부모수당에 내재하는 취업활동지향의 규범이 특정 가족집단에 대해 선택자유와 생존보장을 제한하며, 이로 인하여 출산, 여성의 취업활동, 부의 육아참여 제고와 관련한 효과가 나타나지 않는다고 결론을 내린다.

　부모수당의 의미와 상반된 평가를 고려할 때, 향후 과제는 생존을 보장하는 최저금액, 부와 모의 개별적 청구, 좀더 높은 소득대체율에서 그 방향을 찾을 수 있다.

4. 가족과 직업 양립을 위한 가족시간정책

1) 가족시간정책의 개요[12]

(1) 가족의 시간문제

시간자원은 경제적 자원과 더불어 삶의 질을 규정하는 본질적 요소이다. 비노동시간의 형태로 적절한 수준의 시간을 소비할 수 있는 가능성, 자신의 시간을 스스로 결정할 수 있는 정도, 그리고 가족·친구와 함께할 수 있는 공동의 시간 등은 사회의 사회문화적 발전수준을 반영하며, 삶의 수준을 나타낸다(Rindenspracher, 2012: 15).

---

[12] 이하는 독일 정부의 제8차 가족보고서(BMFSFJ, 2012a)를 참조하라. 이 가족보고서는 가족을 위한 시간정책이라는 주제에 초점을 맞춘다. 정책적 행동을 도출하기 위해 제8차 가족보고서는 가족생활, 자녀출산 결정, 자녀양육, 가족구성원 간병 등에 있어 시간 요소의 영향을 고찰한다.

가족 역시 마찬가지이다. 시간은 가족의 삶의 질과 만족에 결정적으로 영향을 미친다. 가족으로서 서로 간의 관계, 결속, 돌봄을 체험하고, 사회적으로 필요한 과제를 수행하기 위해서는 질적으로 충분한 시간이 확실하게 보장되어야만 한다. 그러나 가족은 불가피하게 구조적 시간문제, 즉 시간예산의 부족, 시간동기화(*Synchronisierung*) 및 시간사용의 문제에 직면한다(BMFSFJ, 2012a: 3). 가족구성원들이 가족생활에 직간접적으로 영향을 미치는 사회부분체계에 통합되어 있는 반면, 그 사회부분체계의 시간구조가 서로 조화되지 못하고(예를 들어 근로시간과 보육시설의 이용시간), 행위자가 개인적 차원에서 그 시간갈등을 해결해야만 하기 때문이다(BMFSFJ, 2012a: 7).[13]

가족의 시간주권은 구조적 영향이나 제3자의 간섭에 좌우되지 않은 채 개인적으로 시간사용을 형성할 때 높게 나타난다. 시간주권을 체계적으로 제한하는 구조는 다양하다.

첫째, 근로시간은 가족의 시간사용을 좌우하는 가장 핵심적 요인이다(BMFSFJ, 2012a: 8f.). 근로시간의 길이, 배치, 분배와 관련한 유연화는 한편으로 가족-생활의 양립을 용이하게 하는 잠재성이 있지만, 다른 한편으로 가족생활에서의 시간부족과 시간주권의 결핍을 야기한다. 기업에 의

---

13) 시간문제 상황은 가족형태와 가족국면에 따라 다르다. 가족형성국면(신혼기), 적극적 가족국면(자녀양육기)과 그 이후의 가족국면에서 가용가능한 시간자원이 다르다(BMFSFJ, 2012a: 23ff.). 그리고 두 부부가 모두 취업활동을 하는 가족과 그렇지 않은 가족의 시간갈등이 다르고, 한 자녀 가족과 다자녀 가족, 자녀출산 직후의 가족이 직면한 시간갈등은 취약자녀를 둔 가족, 간병이 필요한 가족구성원이 있는 가족과 다를 수밖에 없다(BMFSFJ, 2012a: 41ff.). 또한 남성과 여성은 다른 방식으로 구조적 시간문제를 경험한다. 가족을 형성하고 가족-직업의 양립이 초점이 되는 생애국면에 이르면, 전반적으로 여성에게서 시간갈등이 두드러지게 나타난다. 생애과정에 걸쳐 시간예산의 부족 역시 다르다. 특히, 40대를 전후한 생애국면에서 직업적 커리어와 가족형성이 시간적으로 일치하면서, 이른바 "인생의 러시아워"(*Rush Hour des Lebens*)에서 시간병목이 크게 나타난다.

해 근로시간 유연화가 주도되며 기업의 비용과 효율성의 관점에 의해 그 발전이 규정되기 때문이다. 근로시간의 체계가 가족생활 영역에서의 적응을 요구하면서 가족의 시간압박과 시간 조정의 문제가 나타난다.

둘째, 공공 제도의 시간규정 역시 가족생활의 리듬에 영향을 준다 (BMFSFJ, 2012a: 9). 교육과 보육시설, 관청, 문화시설은 특정의 시간구조를 갖고 있고, 이것이 부모에게 시간결핍을 가져올 수 있다. 특히, 영유아 및 취학아동을 위한 시설이 일·가정 양립, 그리고 이를 통해 부모의 취업활동을 촉진한다는 사실은 이미 잘 알려져 있다. 이 경우 일일 이용시간뿐만 아니라 휴가기간 이용가능성 역시 시간동기화의 문제를 야기할 수 있음에 유의해야 한다. 가족의 구조적 시간부족을 감소시키기 위해서는 일·가정 양립을 촉진하는 기능에 대한 아동보육시설과 교육기관, 공공기관의 의식이 요구된다.

시간자원은 양성평등, 일·가정 양립가능성, 그와 함께 출산에 대한 결정, 자녀와의 관계, 가족 내의 돌봄에 지대한 영향을 미친다. 그러나 개인과 가족은 위에서 서술한 시간문제에 불가피하게 직면하고, 그것은 구조적 성격을 갖는다. 그러므로 일상생활과 생애과정의 시간적 조건은 정책적 대상이어야 한다. 즉, 가족을 위한 시간정책이 국가 및 지역차원에서 마련되어야 한다. 그 시간정책은 가족의 시간주권을 높이는 구조를 창출하고, 이와 병행하여 가족, 근로생애, 교육, 휴식 및 여가 등을 위한 최선의 시간사용을 저해하는 구조를 교정하는 것이어야 한다.

(2) 가족시간정책

지속가능한 가족정책의 틀 속에서 가족시간정책은 시간주권과 시간안녕 (Zeitwohlstand)을 제고하는 조치와 전략의 개발을 의미한다(BMFSFJ, 2012a: 4). 이 전략 개발은 두 차원에서 출발한다(BMFSFJ, 2012a: 5). 하나는 동시적(synchron) 차원으로 가족의 일상에서 시간자원과 시간의 조직을 개선하는 것이다. 가족시간과 가족의 시간배분에 직간접적으로 영향을 주는 기관 및 제도의 시간구조(예를 들어, 근로시간, 휴가시간, 오프닝 시간 등)를 동기화하는 것이 여기에 속한다. 또 다른 하나는 공시적(*diachron*) 차원이다. 이 차원은 특정 생애국면(예를 들어, 가족형성, 가족 돌봄 등)에서 나타나는 시간부족과 시간갈등을 완화하는 전략을 개발하는 것이다.

이 출발점 위에서 제8차 가족보고서는 가족시간정책의 전체 개념을 제시한다(〈그림 11-1〉 참조). 이 가족시간정책은 다양한 차원의 목적, 행위자, 도구를 포함한다.

먼저, 가족시간정책은 궁극적으로 가족의 책임을 위해 더 많은 시간을 창출해야 한다(BMFSFJ, 2012a: 10). 일상생활과 가족일상의 시간적 조건을

〈그림 11-1〉 가족시간정책의 개념

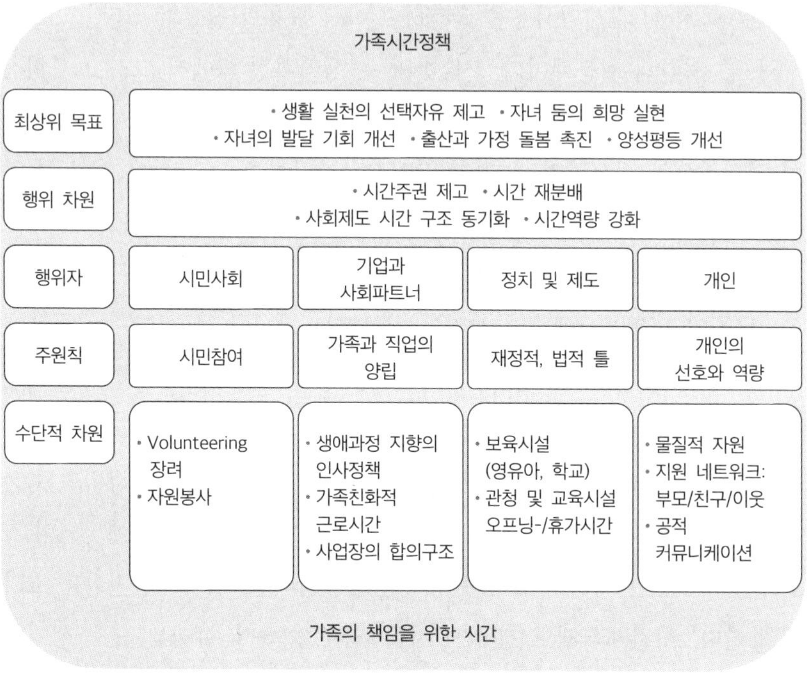

가족시간정책			
최상위 목표	•생활 실천의 선택자유 제고 •자녀 둠의 희망 실현 •자녀의 발달 기회 개선 •출산과 가정 돌봄 촉진 •양성평등 개선		
행위 차원	•시간주권 제고 •시간 재분배 •사회제도 시간 구조 동기화 •시간역량 강화		
행위자	시민사회	기업과 사회파트너	정치 및 제도	개인
주원칙	시민참여	가족과 직업의 양립	재정적, 법적 틀	개인의 선호와 역량
수단적 차원	•Volunteering 장려 •자원봉사	•생애과정 지향의 인사정책 •가족친화적 근로시간 •사업장의 합의구조	•보육시설 (영유아, 학교) •관청 및 교육시설 오프닝-/휴가시간	•물질적 자원 •지원 네트워크: 부모/친구/이웃 •공적 커뮤니케이션
가족의 책임을 위한 시간			

자료: BMFSFJ(2012a: 16)의 〈그림 1.1〉 수정.

정책적으로 형성하는 것은 생활실천(*Lebensführung*)의 선택자유를 상위 목표로 한다. 가족시간정책은 자신의 삶과 가족생활을 자신의 표상과 선호에 맞게 형성하는 구조를 개발해야 하며, 동시에 선택자유를 저해하는 구조를 변화시켜야 한다(BMFSFJ, 2012a: 11). 직업활동을 하는 남성이 가사에 참여하고자 하는데, 그로 인해 직업적 불이익을 경험한다면 이는 선택자유가 제한되는 것이다. 선택자유는 여성의 가사의무가 충분히 경감되지 않아 노동시장참여가 제한될 경우 역시 제한된다. 선택자유를 확보하는 목표는 4개의 행동영역을 통해 달성될 수 있다(BMFSFJ, 2012a: 11ff.).

첫째, 시간주권의 제고이다. 여기에서 핵심은 사람들이 보편적 기본원칙의 틀 속에서 가족의 삶을 살고, 자신이 원하는 방식으로 가족의 삶을 형성할 수 있는 조건을 제공하는 것이다. 시간부족과 시간갈등은 시간주권을 제약한다. 시간사용에 있어 효율성의 여지가 있는 곳에서 가족의 부담을 줄이는 목적 아래 시간사용을 규정하고 이를 활용할 필요가 있다.

둘째, 시간의 재분배이다. 시간자원은 생애과정 속에서 그리고 사회집단(성별, 연령별, 기타 사회집단) 간에 불평등하게 분배된다. 가사활동과 같이 사회적으로 필요하지만 그 가치가 저평가되어 있는 활동이 양성 간 불평등하게 분배된다. 이 불평등은 시간사용의 사회적 평가를 변화시킴으로써 완화될 수 있다. 이 맥락에서 유의할 것은, 시간정책의 주목적이 여성을 보다 더 노동시장에 통합시키는 것보다는 남성을 보다 더 가사노동에 참여시키는 것에 있다는 점이다. 그리고 특정 생애국면에서 나타나는 시간예산 부족은 가족 내, 사람 간(*interpersonal*), 시점 간(*intertemporal*) 재분배를 통해 완화될 수 있다. 오늘날 3단계(교육 - 근로 - 은퇴)로 정형화된 전통적 생애과정의 구조가 해체되고 있다. 현대의 시간정책은 생애국면의 기간, 생애국면 간 이행의 유형과 타이밍을 재정의함으로써 이 변화를 고려해야 한다. 시간계좌제도(생애근로시간계좌제, 가족시간계좌제 등)는 생애과정 전반에 걸쳐 시간을 재조직할 수 있는 조건을 제공하여, 생애국면별 선호와 욕구에 맞춰 시간을 형성할 수 있도록 한다. 또한 시간자원 확보는 사람 간 시간의 교환가능성을 개선함으로써 이루어질 수 있다. 〈간병시간법〉, 조부모시간제 등이 그 예이다.

셋째, 사용가능한 시간의 동기화 개선이다. 특정 시간사용 유형의 구속(예: 3교대 근무제)은 시간자원의 자유로운 사용을 제약한다. 사회구조의 시간박자와 시간리듬을 최적으로 동기화하는 것은 시간정책의 본질적 측면이다. 이 최적의 동기화는 인프라의 시간효율적 형성을 통해 달성될 수 있다(예: 공간적 인접 위치를 통해 이동시간 단축, 이용자 중심의 시간구조 형성).

넷째, 시간역량의 강화이다. 이것은 사람들이 특정 행위목적을 위해 자신의 시간을 만족스럽게 사용할 수 있는 능력을 향상시키는 조치를 개발하는 것이다. 시간역량은 언어, 사회역량 등과 같은 수준으로 간주될 수 있다. 가족 일상의 시간효율적 형성은 가족구성의 시간역량 제고를 통해 달성될 수 있다.

가족 자체에 남아 있는 시간잠재성과 추가적으로 획득된 가족시간예산을 보다 잘 활용하기 위해서는 어떤 행위자가 더 유리한지, 개별 행위자는 어떤 행위영역에 중점을 둘 것인지, 그리고 전체 연관 속에서 어떤 수단을 사용할 것인지에 대해 공동의 이해가 있어야 한다.

행위자 차원에서 시민사회, 기업과 사회파트너, 정치와 제도, 개인, 이 네 행위자가 가족시간의 정책적 인과 고리(수단 투입에서 가족을 위한 시간창출)에 따라 연결된다. 이 네 행위자에 상응하여 시민참여, 일·가정 양립, 재정적·법적 규정, 개인 선호 및 역량에 대한 간접적 영향 등 네 개의 주 원칙이 결합되어 있다.

수단적 차원은 가족정책적 도구의 투입을 가리킨다. 독자적 가족정책 영역으로서 가족시간정책은 이 수단을 전체 연관 속에서 결합, 조정하여야 한다. 행동영역에서의 목적을 추구하기 위해 행위자들은 다양한 도구와 투입가능성을 갖는다. 예를 들어, 시민사회는 자원봉사 등 지역사회활동을 통해 시간재분배를 위한 행위옵션을 제공한다. 기업과 사회파트너는 근로시간 규정에서부터 생애과정 지향의 인사정책에 이르는 다양한 가족-직업 양립조치를 통해 가족의 시간주권 제고에 기여할 수 있다. 정치와 제도는 법적 규정, 보육 및 지원 인프라 제공, 공공기관 이용시간정책, 교육/훈련 기관의 가족의식적 시간구조, 취업활동 부모를 위한 인프라정책 등 일련의 정책조치를 갖는다. 공공기관의 이용시간 조정을 통해 정부와 지자체는 시간의 동기화를 개선할 수 있다. 개인의 시간역량 강화는 특히 교육영역에서 함양된다.

2) 부모시간

부모시간은 자녀 출생 이후 무급의 휴직기간을 가리킨다. 모든 부모는 자녀가 만 3세에 이르기까지 보호와 양육을 위한 부모시간에 대한 청구권을 가진다. 부모시간은 사용자에 대한 근로자의 청구권이다. 부모시간은 자녀 출생 후 자녀양육을 위해 취업활동을 중단하고, 그 이후 불이익 없이 다시 복귀할 수 있는 가능성을 제공한다.

(1) 역사적 발전과 도입배경

자녀를 출산, 양육하는 동안 취업활동의 중단을 법적으로 보장하고, 그 기간 해고로부터 보호하는 것은 여성의 취업활동을 위한 기본전제에 속한다. 1986년 〈연방양육수당법〉(BErzGG)을 토대로 도입이 된 자녀양육휴가(Erziehungsurlaub)는 부모에게 자녀 나이 만 3세까지 자녀양육휴가를 청구할 수 있는 권리를 부여하였다. 자녀양육휴가는 부모 중 한 사람이 청구하거나 부모들 간에 나눌 수 있었다. 그러나 실제로는 대부분 여성이 청구했으며, 1990년대 말까지 남성의 자녀양육휴가 참여는 전체 수급자의 1.5%에 불과했다. 이러한 성별 청구의 차이는 노동시장에서 남성과 여성의 불평등을 야기하고, 강화하는 문제를 낳았다. 또한 3년의 긴 자녀양육 휴가와 제한된 파트타임 근로(주당 19시간까지)는 여성의 노동시장 복귀를 저해하였다.

이에 〈연방양육수당법〉의 규정이 개정되어 2001년 1월 1일 신생아부터 적용되었다(BMFSFJ, 2006a). 개정법에 따라 자녀양육휴가는 '부모시간'으로 명칭이 변경되었다. 이 명칭 변경은 자녀의 보호·양육이 휴가가 아니고 사회적으로 중요한 기여라는 점을 명확하게 하기 위함이었다. 〈연방양육수당법〉의 개정은 무엇보다도 육아에 대한 남성의 적극적 참여를 목적으로 하였다. 독일 정부는 젊은 부부의 남성배우자에게 공동으로 부모시간을 활용할 것을 호소하였고, 사용자에게 가족-직업 양립의 새 방식을 지원할 것을 요청하였다.

그러나 위에서 서술한 바와 같이, 양육수당제도는 부모 간의 전통적 역할분담을 고착화시키는 문제점을 일으킬 수 있다. 양육수당은 부모시간 기간의 소득상실을 보상하지 못하였기 때문에 여성배우자의 경제적 종속을 야기하였다. 게다가 장기간의 취업중단은 여성의 근로이력 형성에 불리하게 작용하였다.

이러한 배경에서 〈연방부모수당 및 부모시간법〉이 2007년 도입되었고, 양육수당 및 자녀양육휴가는 부모수당과 부모시간으로 대체되었다. 2015년 부모수당플러스 및 파트너보너스가 도입, 보충되면서 새로운 부모시간 규정이 2015년 7월 1일 신생아부터 적용되었다.

(2) 법적 근거

부모시간은 〈연방부모수당 및 부모시간법〉의 제 15~21조에 그 법적 근거를 두고 있다.

(3) 수급자격

고용관계에 있는 부모는 부모시간에 대한 청구권을 가진다. 근로자는 사업주에 대해 자녀의 보호와 양육을 위해 부모시간을 청구할 수 있다. 부모시간 청구를 위해서는 또한 다음의 조건이 충족되어야 한다.

- 수급권자는 자녀와 동일한 가구에서 함께 살고 있어야 한다.
- 스스로 자녀를 보호, 양육해야 한다.
- 수급권자는 부모시간 동안 월평균 주 30시간 미만으로 일을 해야 한다.
- 부모시간은 한시적 근로계약, 파트타임 계약 등을 포함한 모든 고용관계에 대해 유효하다.

(4) 부모시간 기간

부모시간은 자녀 나이 만 3세까지이다. 부모는 노동세계에서의 시간주권을 높이기 위해 부모시간을 유연하게 사용할 수 있다. 2015년 6월 30일까지 태어난 자녀에 대해서는 최대 12개월까지 부모시간의 부분을 자녀 나이 만 8세까지 이전하여 사용할 수 있다. 이 경우 사용주의 동의가 필요하다.

반면, 2015년 7월 1일 이후 출생아에 대해서는 24개월까지 부모시간의 부분을 자녀 나이 만 3세에서 만 8세까지 기간을 위해 청구할 수 있다. 이에 대해 사용주의 동의가 요구되지 않는다. 사용주는 긴급한 사업상 사유가 있다면 이 기간의 부모시간 사용을 거절할 수 있다.

(5) 부모시간 분할

부와 모는 각각 부모시간을 청구할 수 있다. 부와 모 중 누가 부모시간을 어떤 기간에 얼마만큼 사용할 것인가에 대한 결정은 청구권자인 부모에게 주어진다. 전체 3년의 부모시간 또는 그 일부분을 부와 모 중 한 사람이 청구할 수 있다. 또한 부와 모는 부모시간을 교대로 사용할 수 있다. 그리고 부모가 희망하는 경우, 부모시간의 일부분 또는 전체 3년을 온전히 공동으로 사용할 수 있다.

부와 모는 자신의 부모시간을 구간으로 나누어 이용할 수 있다. 2015년 6월 30일 이전 출생아에 대해서는 2구간, 2015년 7월 1일 이후 출생아에 대해서는 3구간으로 부모시간을 분배할 수 있다. 3구간 이상의 부모시간 분배는 사용자의 동의가 있어야만 한다. 부모시간의 3번째 구간이 자녀 나이 만 3세과 만 8세 사이에 배치되어 있는 경우 사업주는 사업상 정당한 사유에 근거하여 이 3번째 구간을 거절할 수 있다.

(6) 신청기한
부모시간은 사용주의 허가를 요구하지 않는다. 그러나 부모시간을 청구하는 사람은 사용주에게 서류로 다음의 기한 내에 신청해야 한다.

- 부모시간 개시 7주 전(출생일부터 자녀 나이 만 3세까지)
- 부모시간 개시 13주 전(자녀 나이 만 3세부터 만 8세까지)

신청기한 규정은 특히 대체인력을 찾는 데 있어 갖는 중소기업 사용주의 조직적 어려움을 고려한 것이다.

(7) 부모시간과 파트타임 근로
부모시간을 사용하는 부와 모는 부모시간 기간 동안 최대 주 30시간의 파트타임 근로를 청구할 수 있다. 부모 모두가 부모시간을 사용하고 있는 경우, 두 사람은 각각 주 30시간(합 60시간)의 근로활동을 할 수 있다. 이를 통해 부모는 파트타임 근로를 통해 가족소득을 확보하고, 근로활동 중단 없이 육아를 할 수 있는 가능성을 갖는다. 파트타임 근로에 대한 청구는 다음 조건하에서 이루어진다.

- 상시 근로자 15인 이상 사업장
- 동일 사업장에서의 6개월 이상의 근로관계 유지
- 최소 2개월 정규근로시간을 주 15~30시간으로 축소

파트타임 근로 신청 시 신청자는 희망하는 근로시간의 시작과 양을 기입해야 하며, 가능한 빨리 희망하는 근로시간 분배를 사업주에게 알려야 한다. 파트타임 근로는 동일 일자리의 풀타임 근로로의 복귀 권한과 결합되어 있다. 부모수당의 파트너기간 동안 파트타임 근로를 하기 위해서는 최소 2개월의 부모시간이 청구되어야 한다. 사용주의 용인이 있는 경우, 다른 사업주에게 또는 자영업으로 월평균 주 30시간까지 일을 할 수 있다.

(8) 해고보호

부모시간 기간 동안 고용관계는 유지된다. 사용주는 부모시간 기간 동안 근로관계를 해지할 수 없다. 물론, 특별한 예외적 경우 사용주는 노동보호 권한이 있는 관청이나 그 관청이 지정한 곳에 해고 허가를 신청할 수 있다. 부모시간 이후의 해고와 관련해서는 〈해고보호법〉(Kündigungsschutzgesetz)이 적용된다. 해고보호에 의한 근로관계 보장은 이전의 일자리 또는 그와 비견할 수 있는 일자리로의 복권을 담는다. 지위가 낮아지거나 보수가 적은 일자리로의 전환은 허용되지 않는다.

5. 한국에 주는 시사점

독일과 마찬가지로 한국 역시 출산제고와 여성의 활성화(activation)라는 도전에 직면했다. 2015년 한국의 합계출산율은 1.24명으로, 한국사회는 15년째 '초저출산' 상태에 머물고 있다. 그리고 한국의 여성고용률은 25~

29세 연령대를 제외한 모든 연령대에서 OECD 국가의 평균치를 밑돈다. 특히, 자녀양육에 묶인 30대의 고용률에서 차이가 크게 나타난다. 흥미롭게도 이러한 상황의 진단과 해법과 관련하여 일정 정도 암묵적 동의가 형성되었다. 그에 따르면, 여성 생애과정 지향의 변화는 저출산을 가져온 핵심 요인이며, 그 해법은 일·가정 양립이다. 예를 들어, 독일 정부는 가족정책의 목적을 달성하는 데 있어 일·가정 양립이 핵심적이라고 강조한다 (BMFSFJ, 2014: 63). 일·가정 양립을 개선하는 조치는 가족이 장기적으로 경제적 안정을 확보하도록 하고, 그를 통해 부모와 자녀의 안녕에 기여할 뿐만 아니라 부부가 자녀출산의 희망을 실현하도록 한다는 것이다. 같은 시각에서 한국 정부는 2008년 〈남녀고용평등과 일·가정 양립 지원에 관한 법률〉을 도입, 가족-직업 양립을 위한 정책을 강화했다. 그러나 그 지원정책의 효율과 효과는 제한적인 것으로 분석된다(김영숙·김난주·장윤선·김효진, 2014). 정책적 제한성의 결과는 초저출산의 지속으로 나타나는바, 가족정책적 전략의 변화가 요구된다.

미래지향적 가족정책의 방향을 도출하기 위해 독일의 가족정책이 우리나라에 주는 몇 가지 시사점을 정리하면 다음과 같다.

첫째, 가족정책의 효율성과 효과성을 높이기 위해서는 장기적인 목표체계를 세우고, 그 목표에 맞추어 관련 조치들을 통합적으로 투입해야 한다. 그렇지 않을 경우, 급여제공이 예산정책의 강제와 선호에 의해 좌지우지될 수 있다. 더구나 가족은 제도적으로 사회의 다양한 부분영역과 연결되어 있다. 그로 인해 가족정책적 급여가 다양한 영역에서 규정되어 상이한 제도에 의해 제공될 수 있다. 그리고 이들 제도는 다른 수급자격 및 조건, 급여수준을 규정하고 있고, 재원조달의 문제를 갖고 있을 수 있다. 이러한 구조는 정책의 일관성과 투명성을 보장하지 못하고, 가족정책적 목적과 다른 정책의 목적 간에 중복과 모순을 야기한다.

둘째, 생애과정 지향의 가족급여 지원이다. 연방가족·노인·여성·청소년부(BMFSFJ, 2006b, Kap. VI)의 분석에 의하면, 젊은 부모들의 소득이 가족발달의 다른 국면에 비해 상대적으로 낮다. 가족발달과정 전체의 경제적 상황은 바로 이 국면에 의해 크게 영향을 받는다. 특히 한부모 가족의 경우 더욱 그러하다. 따라서 생애과정 지향의 재정적 지원은 여러 종류의 조치를 가능한 한 압축하여 특별히 재정적 욕구가 높은 가족국면에 초점을 맞춘다(BMFSFJ, 2006b: 284).

셋째, 가족정책은 시간적으로 민감한 일상생활의 정책과 생애과정의 정책으로 이해해야 한다. 이 가족시간정책은 일상의 차원에서 일·가정 양립과 더불어 돌봄과 유급노동의 국면을 시간적으로 분리하는 조치이다. 이에 관한 독일의 지속가능 가족정책 개념은 옵션시간모델(Optionszeitenmodell)을 제안한다(BMFSFJ, 2006b: 266ff.). 지금까지 자녀양육을 위한 부모시간만을 정당한 근로생애 중단으로 간주하였다면, 옵션시간모델은 돌봄시간, 교육시간, 시민참여 시간을 위한 근로생애의 중단을 모두 정상화한다. 옵션시간모델은 가족의 일상생활에서의 시간조정을 통해 실현될 수 있는데, 일상에서의 시간조정은 무엇보다도 기업의 근로시간정책과 지역사회 시간정책 공조를 절대적으로 필요로 한다. 한국사회에서 이 새로운 생애과정모델을 중단기 목표로 삼는 것은 어렵겠지만, 적어도 지향점으로 생각해 볼 수 있을 것이다. 이미 북유럽의 국가는 이 생애과정모델을 지향하는 다양한 조치를 내놓고 있다.

넷째, 가족에서 행해지는 돌봄노동(care-work)의 사회적 위상을 새롭게 정립할 필요가 있다(Geissler, 2001). 여기서 돌봄노동은 가사, 자녀양육, 가족구성원 간병 그리고 가족관계의 형성을 포괄한다. 현대사회에서 이 돌봄노동은 사적 영역이나 무급노동으로 인식되며, 따라서 비노동으로 간주되고 국가제도와 노동시장에서 어떤 방식으로도 인정되지 않는다. 유급노동만이 노동으로 평가되고, 이 유급노동과 결부되어 물질적 자원, 사회적 지위, 사회권이 배분된다. 복지국가는 이 유급노동의 소득위험을 보장하는 것이다.

그러나 노동시장과 사회보장은 돌봄과제 완수에 기반을 두고 기능한다. 그럼에도 불구하고 지금까지 이 토대는 부정되었다. 돌봄노동을 담당하는 여성이 노동시장과 사회보장에서 주변화되는 이유이다. 물론 오늘날 여러 가족정책적 급여를 통해 어린 자녀를 둔 생애국면에 대한 지원이 제공된다. 하지만 돌봄노동은 자녀문제로 한정되지 않는다. 돌봄이 집중적으로 필요한 다른 생애국면(어르신 간병 등)에 대해서는 지금까지 적절한 지원이 부족한 상태이다.

돌봄노동의 사회적 위상에 대한 새로운 정립은 유급노동과 사회권의 연계를 극복하는 것을 의미한다. 이것은 돌봄노동을 위한 근로생애 중단과 그와 결합된 소득위험을 표준화된 사회적 위험으로 제도화할 것을 요구한다. 돌봄관계의 제도화는 사회권의 양성평등에 기여할 것이다. 양성평등은 여성이 직업적 불이익에 놓이지 않도록 하고, 남성이 경력형성에 불이익을 받지 않으면서 가족생활에 참여하는 것을 뜻한다. 돌봄관계의 제도화는 일·가정 양립을 단순히 여성의 문제로 보는 시각을 지양할 것이다.

■ 참고문헌

국내 문헌

김영숙·김난주·장윤선·김효진(2014).《일·가정 양립지원정책의 효과성 분석》. 서울: 국회예산정책처.

해외 문헌

Bäcker, G., Naegele, G., Bispinck, R., Hofemann, K., & Neubauer, J. (2008). *Sozialpolitik und soziale Lage in Deutschland*. Wiesbaden: VS-Verlag.

Becker, I. (2012). *Bedarfsgerecht statt pauschal- ein Konzept zur Reform des Kindergeldes.* Berlin: FES Forum Politik und Gesellschaft.

Beck-Gernsheim, E. (2012). Auf dem Weg in die postfamiliale Familie: Von der Notgemeinschaft zur Wahlverwandtschaft, In Beck, U. & Beck-Gernsheim, E. (Hrsg.) (2012). *Riskante Freiheiten.* 8. Aufl. Frankfurt: Suhrkamp. 115~138.

Bundesministerium für Familie, Senioren, Frauen und Jugend (BMFSFJ) (Hrsg.) (2006a). *Erziehungsgeld, Elternzeit: Das Bundeserziehungsgeldgesetz.* Berlin: BMFSFJ.

_____ (Hrsg.) (2006b). *Siebter Familienbericht: Familien zwischen Flexibilität und Verlässlichkeit. Perspektiven für eine lebensbezogene Familienpolitik,* Berlin: BMFSFJ.

_____ (Hrsg.) (2008). *Elterngeldbericht: Bericht über die Auswirkungen des Bundeselterngeld- und Elternzeitgesetzes sowie über die gegebenenfalls notwendige Weiterentwicklung.* Berlin: BMFSFJ.

_____ (Hrsg.) (2012a). *Zeit für Famile - Achter Familenbericht: Familienzeitpolitik als Chance einer nachhaltigen Familienpolitik.* Berlin: BMFSFJ.

_____ (Hrsg.) (2012b). *Elterngeld-monitor, Kurzfassung.* Berlin: BMFSFJ.

_____ (Hrsg.) (2013). *Neue Wege - Gleiche Chancen: Gleichstellung von Frauen und Männern im Lebensverlauf. Erster Gleichstellungsbericht.* Berlin: BMFSFJ.

_____ (Hrsg.) (2016). *Elterngeld, ElterngeldPlus und Elternzeit: Das Bundeselterngeld- und Elternzeitgesetz.* Berlin: BMFSFJ.

BZSt (Bundeszentralamt für Steuern) (Hrsg.) (2016). *Merkblatt Kindergeld.* Berlin: BZSt.

Gerlach, I. (2010). *Familienpolitik,* 2. Aufl. Wiesbaden: VS-Verlag.

Lessenich, S. (2012). *Theorien des Sozialstaats zur Einführung.* Hamburg: Junius.

Kaufmann, F. X. (2002). *Sozialpolitik und Sozialstaat: Soziologische Analysen.* Opladen: Leske+Budrich.

Kohli, M. (2012). Institutionalisierung und Individualisierung der Erwerbsbiographie. In Beck, U. & Beck-Gernsheim, E. (Hrsg.) (2012). *Riskante Freiheiten.* 8. Aufl. Frankfurt: Suhrkamp. 219~244.

Krieger, H. (2007). Lebenslaufpolitik als Element eines europäischen Sozialmodells: eine neue Organization von Zeit und Einkommen im Arbeits- und

Nichtarbeitsbereich. In Hildebrandt, E. (Hrsg.) (2007). *Lebenslaufpolitik im Betrieb: Optionen zur Gestaltung der Lebensarbeitszeit durch Langzeitkonten.* Berlin: Edition Sigma. 43~67.

_____(2010). Familienpolitik und Lebenslaufforschung miteinander verknüpfen: ein zweifacher Gewinn. In Naegele, G. (Hrsg.) (2010). *Soziale Lebenslaufpolitik.* Wiesbaden: VS-Verlag. 217~244.

Krüger, H. (2006). Geschlechterrollen im Wandel: Modernisierung der Familienpolitik, In Bertram, H., Krüger, H., & Spieß, C. K. (Hrsg.) (2010). *Wem gehört die Familie der Zukunft?: Expertisen zum 7. Familienbericht der Bundesregierung.* Opladen: Budrich. 191~206.

Rainer, H., Bauernschuster, S., Danzer, N., Hener, T., Holzner, C., & Reinkowsk, J. (2012). *Kindergeld.* München: ifo Institut.

Riley, M. & Riley, J. W. (1992). Individuelles und gesellschaftliches Potential des Alterns. In Baltes P. B. & Mittelstraß, M. (Hrsg.) (1992), *Zukunft des Alterns und gesellschaftliche Entwicklung.* Berlin/New York: de Gruyter. 437~460.

Rinderspacher, J. P. (2012). Zeitwohlstand: Kriterien für einen anderen Maßstab von Lebensqualität. *Wirtschafts- und sozialpolitische Zeitschrift*, 35(1), 11~26.

Scheele, A. (2007). Vereinbarkeit von Familie und Beruf als Theme der Lebensführung, In Hildebrandt, E. (Hrsg.) (2007). *Lebenslaufpolitik im Betrieb: Optionen zur Gestaltung der Lebensarbeitszeit durch Langzeitkonten.* Berlin: Edition Sigma. 81~98.

Schier, M. & Jurczyk, K. (2007). "Familie als Herstellungsleistung" in Zeiten der Entgrenzung. *Aus Politik und Zeitgeschichte*, 34, 10~17.

Schneider, N. F. (2013). Familie: Zwischen traditioneller Institution und individuell gestalteter Lebensform. In Hradil, S. (Hrsg.) (2013). *Deutsche Verhältnisse Eine Sozialkunde.* Frankfurt am Main: Campus. 94~120.

Schutter, S. & Zerle-Elsäßer, C. (2012). Das Elterngeld: Wahlfreiheit und Existenzsicherung für (alle) Eltern?. *WSI-Mitteilungen*, 3, 216~225.

기타 자료

Geissler, B. (2001). Die (Un-)Abhängigkeit in der Ehe und das Bürgerrecht auf care. Überlegungen zur gender-Gerechtigkeit im Wohlfahrtsstaat. http://www.unibielefeld. de/soz/we/arbeit/geissler/abhaengigk-2001. pdf. 2016. 4. 5. 인출.

Merkel, A. (2006. 11. 7). Rede von Bundeskanzlerin Dr. Angela Merkel beim Arbeitgebertag der Bundesvereinigung der deutschen Arbeitgeberverbaende am 7. https://www. bundesregierung. de/Content/DE/Bulletin/2001_2007/ 2006/11/111-3-bkin-arbeitgebertag. html. 2016. 5. 3. 인출.

12

공공부조제도

1. 독일 사회부조 개요

1) 사회부조 개념

사회부조는 사회보장제도의 하나로서 모든 국민이 인간다운 생활을 영위하도록 하기 위해 국가 및 지방자치단체의 책임하에 생활유지능력이 없거나 어려운 국민의 최저생활을 보장하고 자립을 지원하여 국민생활의 질을 향상시키기 위한 복지제도이다.

독일 사회부조의 기본은 "인간의 존엄성은(Menschenwürde) 어떠한 형태로든 위협받아서는 안 되며 국가는 이를 보호해야 할 의무를 가진다"는 독일 〈기본법〉 1조에서 기인한다. 모든 사람은 사고, 질병, 장애, 고령, 수발, 배우자 사망, 실업, 적은 수입, 다양한 형태의 불행 등으로 인해 위기에 처하거나 다른 사람들로부터의 지원이 필요한 상황에 처할 수 있다. 독일의 경우 다양한 사회적 위험을 독일 국민이 개개인의 개별적 위험에 대하여 개인의 능력에 따라 보험의 형식을 통해 위험을 벗어날 수 있게 제

〈표 12-1〉 사회부조의 과제와 목표

과제	목표	
인간의 존엄성을 유지	수급자는 가능한 한 빨리 수급상태를 벗어나도록 한다.	
• 긴급 상황에 대한 안정적 생계지원 • 삶에 대한 특별한 부담 경감 • 공동체 생활의 참여 권리	자조 가능성 타진	사회부조에 종속되지 않는 삶을 살아가 도록 유도

도적 보호를 한다. 대부분의 사람들은 이러한 위험에 대비하여 의료보험,
장기요양보험, 산재보험, 실업보험, 연금 등에 가입하여 미래에 발생할
수 있는 위험에 대비하고자 하며 이것을 사회보장체계에서 1차적 사회안전
망이라고 말한다.

하지만 1차적 사회안전망에서 ① 제도의 적용대상에 해당하지 않거나,
② 위험의 발생에 의해 지급되는 급부가 위험 상황을 충족시키지 못하는
경우, ③ 사회보장 프로그램이나 지원 프로그램이 예상치 못하였던 위험의
발생하는 경우와 같이 위험의 발생에 대해 지원되는 급부가 부족한 계층이
발생할 수 있다. 이렇게 1차적 사회안전망에 의해서 보장받지 못하는 국민
들에게 위험의 종류나 나이, 성별, 국적 등에 상관없이 위험에 대한 보호
를 그 목적으로 운용되는 것이 사회부조이다.

사회부조는 2차적 사회안전망으로서 다양한 위험에 대한 사회적 최종
안전망의 역할을 담당한다. 이는 최저생활보장에 대한 직접적 공격이며 마
지막 안전망이라고 볼 수 있다. 사회보험은 보험료 각출에 대한 권리로 급
여권을 보장하지만, 사회부조는 보험료를 각출할 경제적 능력이 부족한 특
수한 사람에 대한 생존권적 급여로서 시장경제체제 속에서 정상적으로 최
저생활을 유지할 수 없는 사람을 대상으로 하여, 이들의 경제시장에서의
능력과 상관없이 최저생활을 유지할 수 있도록 물질적·비물질적 급여를
제공한다.

사회부조는 국민 누구나가 정부에서 설정한 특정의 조건을(deserving
poor) 가지는 경우에 아동 수당이나 주거 수당처럼 신청할 자격을 가지고

있다. 즉, 모든 국민은 사회부조를 신청할 수 있는 법적으로 보장된 권리를 가진다.

2) 사회부조의 역사

역사적으로 사회부조는 사회급부 중 가장 오랜 역사를 가지고 있고 가장 변화가 많았다. 독일에서는 15세기까지 지속적이고 명문화되어 있는 가난한 자에 대한 지원은 없었다. 빈곤의 극복은 스스로 이루어 내거나 가족, 친인척 또는 주변의 도움을 통해 이루어졌다. 사회부조의 출발점은 중세 도시에서 수공업자 조직, 교회 또는 시에 의해 가난하고 병든 자에 대한 지원이 그 모태이다. 독일 최초의 빈곤에 대한 법적 지원은 1530년에 지역적 부조를 규정한 제국경찰규정(Reichpolizeiordnung)에서 나타나게 된다. 그리고 18세기 초에 프로이센제국은 청소년 기숙사와 빈곤수용소를 건설하여 빈곤층에 대한 지원을 강화한다. 하지만 당시까지 지역을 중심으로 이루어진 빈곤층 보호지원정책은 외지인에게는 해당되지 않았다.

산업혁명 이후 도시의 급속한 성장과 동시에 이전에 없었던 대량빈곤 현상이 나타났고, 산업화 과정에 형성된 프롤레타리아에 의한 지원요청이 법적 규정으로 만들어졌다〔1842년 프로이센제국의 〈빈민지원법〉(Preussische Armenpflegegesetz)이 그 예〕. 이는 산업화과정에서 빈곤계층의 불만이 '정치적 폭약'과 같은 성향을 가졌기 때문이다(비스마르크의 사회보험이 도입된 동기이며, 실제로 이를 통해 빈곤층의 요구는 약화되었다).

1871년 만들어진 제정 의회(Deutsche Reich)는 국가의 빈곤층에 대한 지원 업무를 지방자치단체로 이양하였다. 제정 단위의 규정은 바이마르공화국에서 1924년에 만들어진다〔〈제국 공공부조법〉(Reichgrundsaetze über die Vorraussetzung, Art und Mass der öffentliche Fürsorge)〕. 하지만 도움이 필요한 사람이 지원조직에 대해 요구할 수 있는 법적 권리를 갖지는 못했다.

1954년 6월 24일 연방행정법원(BVerGE 1, 159)은 인간의 존엄성을 지키기 위해(〈기본법〉 1조) 국가로부터 지원이 필요한 국민은 도움을 요청할 권리를 가짐을 결정하고 명문화했다.

독일연방공화국은 1961년 〈연방사회부조법〉(Bundessozialhilfegesetz)을 통해 사회부조에 대한 요구권리를 명시하게 된다. 여기에서 연방차원의 일반적 원칙을 동일하게 적용하도록 규정하고 있고, 사회부조급부의 상한선이나 수급액 그리고 지원 대상과 개별적 프로그램에 대해서는 주정부가 결정권을 갖도록 하였다. 주정부는 사회부조관청의 권고를 받아들여 독일부조협회(Deutsche Vereins für öffentliche und private Fürsorge e. V.)를 구성하고 주정부 상호 간의 협력을 통해 사회부조정책을 수행했다.

1976년부터 이미 〈연방사회부조법〉은 사회법의 특별한 일부분이었고, 2005년에는 하르츠 개념을(Hartz IV) 적용시킨 〈사회법전〉의 12번째 법전(SGB XII)으로 발전했다. 그와 동시에 2년 전부터 시행되었던 노년과 근로미약자에 대한 기초보장이 사회부조의 한 영역으로 들어왔다. 이러한 변화와 함께 독일 통일의 여파로 사회부조 수급자의 수는 지속적으로 증가했다. 다수의 사회부조 수급자가 일시적 어려움에 대한 정부의 지원으로서의 사회부조가 아닌 빈곤에 안주하는 빈곤의 덫(poverty trap) 현상이 증가했고 이는 정부 예산에 많은 부담이 되었다. 또한 높은 실업률은 사회 분위기 전반에 부정적 영향을 미쳐 사회부조체계의 근본적 변화를 시도하게 되었다.

그리고 신설된 실업수당 II(Arbeitslosengeld II)에서는 근로능력이 있으나[1] 일반적 노동시장에서 어려움이 있는 사람들에게 생계최저선을 보장해주는데 이 또한 사회부조에서 담당한다. 그리고 언급되지는 않았지만 특별한 상황에서 도움이나 지원을 원하는 사람에게도 사회부조는 지급된다.

---

1) 독일에서 근로능력의 보유 여부는 개인이 매일 규칙적으로 3시간 이상을 일할 수 있는 것을 전제로 한다. 추가적 조건으로 만 15세 이상이여야 하고 연금 수급개시 연령에 이르지 않아야 한다.

독일 사회부조는 근로능력이 없는 빈곤층에 대한 지원을 유지하는 대신 개인의 자조적 책임을 강화하는 것을 변화의 기본기조로 삼았다. 그리고 근로 유인을 강화하여 노동시장을 통한 문제의 해결을 시도했다. 이는 근로능력의 유무에 따른 대상층의 구분을 명확히 했으며, 근로능력을 소지한 사람들은 일자리를 통해 스스로 문제를 해결할 수 있는 방안을 모색하도록 하는 것이다.

〈표 12-2〉 사회부조의 법적 구조의 변화

2004년 12월 31일까지의 실업과 사회부조에 관한 사회법					
SGB III		BSHG		GSIG	AsylbLG
실업수당	실업부조	생계부조	특수 상황에 대한 부조	노령, 근로미약자에 대한 기초보장	난민신청자에 대한 지원
2005년 1월 1일 이후의 실업과 사회부조에 관한 사회법					
		생계부조 수급자의 분리			
		노동능력 소유자와 가족	노동능력 미소유자와 가족		
↓	↓	↓	↓	↓	↓
SGB III	SGB II	SGB XII			AsylbLG
실업수당 (ALG I)	구직자와 가족의 기초보장 (ALG II/사회부조)	생계부조	특수상황에 대한 부조	노령, 근로미약자에 대한 기초 보장	과도기적 물품지원과 매월 용돈지급
대상자					
실업보험 가입자	15~65세 사이의 근로능력자와 3~6시간 근로가 가능한 자	생계를 스스로 해결할 수 없는 상황에 있는 자로 사회법 II·III와 GSIG 신청 자격이 없는 자		65세 이상 고령자, 장기적 근로미약자, 근로능력이 없는 장애인	난민 신청 결과를 기다리는 자

자료: BMAS, 2014.

3) 사회부조의 법적 근거와 대상

사회부조는 사회구성원에 대한 최후의 사회안전망으로 규정된다(〈사회법전〉 12편 3장, 4장). 사회부조의 기본 원칙은 〈사회법전〉 12편 1조에 "사회부조의 과제는 급부를 받을 수 있는 근거를 가진 사람에게 인간의 존엄을 지킬 수 있도록 해주는 것"이라고 서술된다. 2조에는 사회부조가 기본적으로 개개인의 재산과 수입 및 다른 급부와 지원에 따라 지원된다고 서술한다. 이에 따라 사회청은 다른 급부를 지원하는 모든 기관, 즉 의료보험, 연금보험 또는 청소년청 등을 통해 개인의 재산 상황과 다른 지원의 수급 여부를 확인할 수 있다.

〈사회법전〉은 총 12권으로 이루어져 있으며 사회권리 전체에 대한 것을 총망라한다. 〈사회법전〉의 기본적 과업은 사회공정성과 사회보장을 실현하는 법적 근거를 제시하는 것으로 사회적 지원과 교육적 지원을 망라한다. 이를 통해 개인의 인격을 보호하고 개성을 존중하고, 가족을 구성하고 보호하며, 개인의 선택에 의한 직업을 선택하도록 하며, 삶의 특별한 부담을 지원을 통해 극복하고 자립하도록 하는 것을 목적으로 한다.[2] 〈사회법전〉은 일반론을 다루는 1편, 실업자의 기초보장에 관한 2편, 고용촉진에 관한 3편, 사회보험에 관한 4편, 의료보험에 관한 5편, 연금에 관한 6편, 산재보험에 관한 7편, 청소년 권리에 관한 8편, 장애인의 재활과 참여에 관한 9편, 행정에 관한 10편, 장기요양보험에 관한 11편 그리고 사회부조에 관한 12편으로 구성된다.

2005년부터 시행된 〈사회법전〉 2편과 12편은 기존의 〈연방사회부조법〉을 대체하게 되었다. 새로운 사회법은 사회부조에 있어서 〈연방사회부조법〉에서 운용되었던 욕구지향적 사회급부 원칙을 확대하여 적용했다.

---

[2] 독일 〈기본법〉 1조.

사회부조 수급 대상자는 도움을 필요로 하는 노년층 또는 심각한 질병으로 정상적 고용관계에 들어가지 못하고 근로미약자로 장기간 있는 경우로 그들의 만 15세 미만의 자녀를 포함하여 지급된다. 사회부조의 급부는 생계지원과 고령자 지원 그리고 근로미약자에 대한 지원으로 각기 상이하게 운영된다. 하지만 어떠한 경우에서든 〈사회법전〉 2편에 명시된 최저 생계는 보장된다. 사회부조의 '원조' 격인 생계 지원의 경우, 시설 거주자 이외의 대상자는 2005년 1월 1일자로 시행된 '하르츠 법안'(Hartz IV)에 의해 지원받는다. 자신의 능력으로 또는 다른 사회급부를 통해 생계를 유지할 수 없는 공동체 생활자와 과도기적으로 노동이 불가능한 경우, 장기 입원 환자, 조기연금 수급자와 낮은 금액의 연금 수급자가 대상으로 포함되었다.

〈그림 12-1〉 사회부조 적용 대상자 수에 따른 사회법

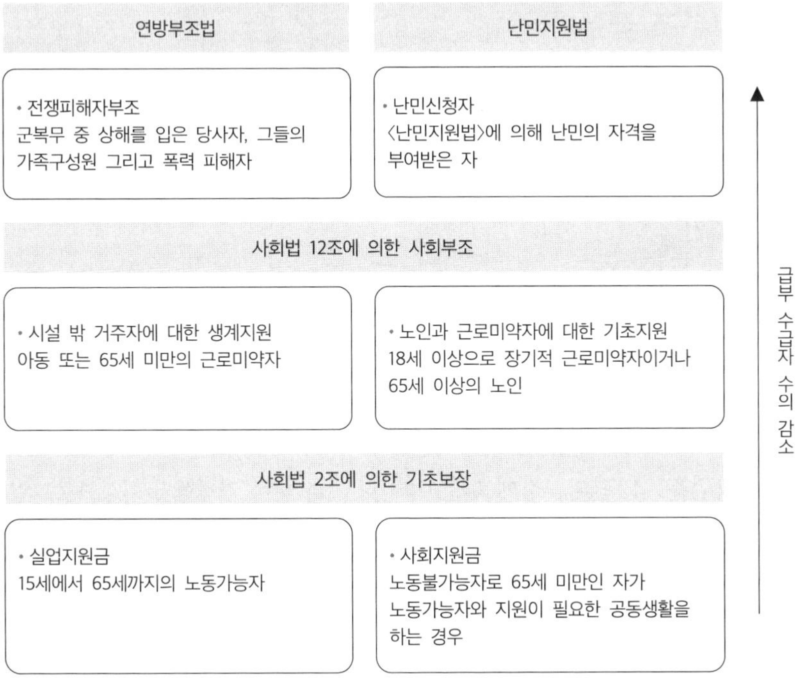

연방부조법	난민지원법
• 전쟁피해자부조 군복무 중 상해를 입은 당사자, 그들의 가족구성원 그리고 폭력 피해자	• 난민신청자 〈난민지원법〉에 의해 난민의 자격을 부여받은 자

사회법 12조에 의한 사회부조	
• 시설 밖 거주자에 대한 생계지원 아동 또는 65세 미만의 근로미약자	• 노인과 근로미약자에 대한 기초지원 18세 이상으로 장기적 근로미약자이거나 65세 이상의 노인

사회법 2조에 의한 기초보장	
• 실업지원금 15세에서 65세까지의 노동가능자	• 사회지원금 노동불가능자로 65세 미만인 자가 노동가능자와 지원이 필요한 공동생활을 하는 경우

급부 수급자 수의 감소

자료: Statistisches Bundesamt, 2013: 7.

4) 사회부조의 급부 종류

사회부조의 급부 종류는 크게 다음과 같이 나뉜다.

① 현금급여: 현금 또는 현금에 준하여 이용할 수 있는 다양한 지원을 일컫는 것으로 일반적인 경우에 매월 지급한다.
② 상품권 또는 직접 지급: 교육이나 참여에 대한 특정 필요를 충족시켜 주는 제공자에게 지급한다.
③ 현물급여: 현금으로 지급되지 않는 급부 전체를 이른다.
④ 서비스: 일반적으로 조언이나 컨설팅을 제공한다.

2. 사회부조 급부의 종류

1) 생계급여

(1) 수급조건

생계급여는 생활하는 데 있어서 꼭 필요한 생활비를 스스로의 힘으로 해결할 수 없거나(수입이나 재산) 또는 일할 수 있는 능력이 없거나 다른 누군가의 도움을 받아 생활비를 충당할 수 없는 사람은 누구나 생활비 부조를 요구할 수 있다. 여기에서 추가되는 조건은 기본보장인 나이에 따른 수급이나 〈사회법전〉 12편의 4장에 따른(병이나 기타 다른 건강상의 이상으로) 일할 수 없는 상황에 대한 중복 수급은 요구할 수 없다. 또한 〈사회법전〉 2편에 따라 구직자를 위한 기본보장에 대한 수급도 요구할 수 없다.

여기에서 말하는 "꼭 필요한 생활비"(*Notwendiger Lebensunterhalt*)란 한 인간이 사회구성원으로서 최소한의 사회문화적 존재를 유지할 수 있도록 하는 데 드는 비용을 말한다. 여기에 해당되는 것으로는 무엇보다 식량, 의복, 가재도구, 몸을 청결하게 하는 데 드는 비용, 연료비를 포함한 주거에 드는 비용과 일상에 꼭 필요한 것을 구입하는 데 드는 비용을 이야기한다. 개인이 최저생계비 이상의 소득을 가지고 있어도 일상생활을 유지하는 비용을 감당하기 어려운 경우에도 수급자격은 주어진다. 이것은 개별적 상황에 대한 판단을 기준으로 하는 것으로 사회부조의 세 가지 원칙에 해당하는 경우에는 수급권리를 부여하게 된다는 것을 의미한다.

사회부조의 첫 번째 원칙은 보충성의 원리(Ergänzungsprinzip)로, 개인의 소득과 재산을 평가하고 그것이 개인의 최저생계를 유지하는 데 부족한 경우에 그 부족분을 지원하는 것이다.

두 번째 원칙은 후순위의 원리(Nachrangprinzip)로, 개인의 자조 노력을 우선으로 하고, 거기에 개인의 소득과 재산을 생계에 우선적으로 운용하도록 하고, 그것이 부족한 경우에 차순위로 사회부조를 지급하는 것이다.

세 번째 원칙은 개별성의 원리(Individualitätprinzip)로, 최저생활의 기준은 개인에 따라 달리 적용하는 것이다. 보편적 기준으로서의 다양한 기준을 중앙정부나 지자체가 제시하나, 개인의 형편에 따른 차등화된 사회부조 수급을 기본 원리로 운영한다는 것이다.

여기서 드러난 개인의 총수요를 요구하기 위해서는 생계 부조를 통해 여러 가지 개별적인 수요를 일괄적으로 수급하거나 일정한 범위 내에서—적정 비용—구체적인 개별적 상황에 따라 지급한다.3)

최소한의 기초소득보장은 6개의 가구구성 유형에 따른 소비의 기준 차이를 반영하여 기초소득보장을 한다. 즉, 가구구성의 특성을 반영한 표준욕구

---

3) 개인의 욕구에 대한 조사에 따르면 대략 ① 식음료, 담배(37%), ② 의복과 신발(10%), ③ 주거와 전기(8%), ④ 가구 등(7%), ⑤ 건강비용, 약품, 보조제 등(4%), ⑥ 교통(4%), ⑦ 전화, 팩스(9%), ⑧ 여가와 문화(11%), ⑨ 호스텔 등(2%), ⑩ 기타 물품(8%)에 대해 욕구를 가진 것으로 조사되었다(2014년 연방통계청 조사).

에 따라 상이한 기준을 가지는데 이를 '표준욕구 가중치'(*Regelbedarfsstufe*, RBS)로 부르고 있다. 개별 경우에 있어서 지급되는 상세한 총액은 기초소득보장에 의해 정한 대로 이루어진다.

이 기초소득보장은 수입이 취약한 가계를 기준으로 하며 물질적 생활수준은 실제로 가용할 수 있는 수입(순소득)에 달렸고, 생활비에서 꼭 지출되는 사적인 가계비용에 따라서 생활수준이 드러난다. 사적으로 사용된 평균적 소비비용이 통계조사에 반영되는데 이러한 통계는 저소득 계층의 주요 소득과 소비 형태를 조사하여 그 결과를 발표하는 연방통계청의 자료를 통해 소득과 소비 기준치(*Einkommens- Verbrauchsstichprobe*, EVS)가 발표되며 이를 통해 다음 해의 사회부조 수급액을 결정한다. 연방통계청에서는 빈곤 계층 및 사회부조와 관련된 모든 자료를 매년 발표하여 사회부조의 성과와 함께 다음 해의 기준을 제시한다.

통계를 낼 때의 기준은 수입이 취약한 가계의 평균적 소비비용이다. 꼭 필요한 평균적 소비비용은 통계청이 노동사회부의 위탁을 받아 조사하고 새로운 결과가 나오면 그 평가를 소득과 소비 기준치에 반영한다. 이러한 평가는 대략 5년 단위로 이루어진다. 이러한 시간적 간격은 소득과 소비 기준치에 대한 통계를 단지 독일만이 아니라 유럽 전역을 대상으로 내기 때문이다. 통계의 근간과 그 결과로 나온 기본보장단계는 실업수당 II와 〈사회법전〉 2편에 의거한 사회수당에도 적용된다. 통계청의 조사에 의한 빈곤층의 소비, 지출 평균치 및 생계 최저선은 2009년 이후 매년 또는 격년으로 연방의회에 보고되며, 이를 바탕으로 연방의회의 빈곤 및 사회부조 정책의 큰 틀이 결정된다(Bundestag, 2015).

개인에게 필요한 총 생활비에는 주거비와 연료비는 물론, 개별 가구의 필요에 의한 더 많은 생활필수품과 교육에 드는 필수품과 같은 예외적 추가비용까지도 포함된다. 이들을 모두 포함한 금액이 한 달의 기초보장이 되며 이 금액은 독일 전역에 똑같이 적용된다.

<표 12-3> 표준욕구 가중치와 2016년 지급액

표준욕구 가중치 (Regelbedarfsstufe: RBS)	대상자 기준	지급액 (유로)
표준욕구 가중치1	비혼/미혼의 성인 1인	404
표준욕구 가중치2	배우자나 파트너 또는 수급권자인 다른 성인 한 명과 가구를 이루거나 공동으로 경제적인 부분을 담당하고 있는 사람	364
표준욕구 가중치3	성인 수급권자이지만 다른 사람의 가계에서 생활하여 개인 가계를 이룰 수 없는 사람	324
표준욕구 가중치4	만 15~18세의 청소년	306
표준욕구 가중치5	만 7~14세의 어린이	270
표준욕구 가중치6	만 6세까지의 어린이	237

자료: BMAS(2014: 96)의 표 재구성.

결과적으로 수입이 취약한 가계의 의식주 비용과 전기세, 기계, 건강관리에 드는 비용 그리고 기타 비용 등을 포함하여 소득과 소비 기준치의 조사 결과에 따라 평균적으로 드는 모든 소비비용을 기초소득보장에서 다루게 된다. 소비비용과 그와 관련된 필수품은 성인 1인 가구인가 또는 파트너와 함께 사는 2인 가구인가에 따라서도 달라지지만, 수입을 벌어들일 수 있는 가구인지 아닌지에 따라서도 다르게 결정된다. 성인을 위한 기초소득보장 형태에는 세 가지가 있으며, 어린이와 청소년에게 필요한 생활비는 성인의 기준과는 달리 적용한다. 가계 운영과 관련된 소비비용은 성인가구 구성원에게는 고려되지만 어린이와 청소년에게는 고려되지 않는다. 어린이와 청소년에게 배정되는 품목은 나이에 따라 상이하게 적용한다. 기초소득보장의 안정적 지원을 위하여 연방정부는 대상자의 신청서 내용에 특이사항이 없는 경우 내용을 수용하도록 한다.

<표 12-3>은 수급가중치(표준욕구 가중치)의 종류를 정리한 것이다. 혼자 살거나 비혼부/모이면 '표준욕구 가중치1'에 따른 기본보장비를, 파트너와 함께 공동으로 가계를 꾸려 가는 경우는 '표준욕구 가중치2'에 근거해서 성인 두 명에 해당하는 기본보장비를, 6세까지의 어린이는 '표준욕구 가중치6'에 따른 기본보장비를 지급받는다.

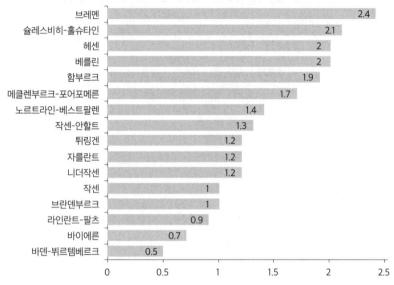

〈그림 12-2〉 독일 주(州) 인구 천 명당 사회부조 수급자 수(2012년)

주: 독일 전체 평균: 1.2명/천 명.
자료: BMAS, 2014.

생계 급부는 개별가구의 독자적 상황에 주안점을 두기 때문에 특별한 경우를 고려한다. 만약 특별한 경우가 발생하면 사회부조 수행기관은 현재 시점까지 지급된 사회보장비 총액의 지원을 중단하고 새로운 형태와 규모의 지원을 결정한다. 최근 1년 사이 새로운 소득과 소비 기준치의 특별한 평가를 근간으로 하는 기본보장비에 대한 새로운 조사가 없다면, 기본보장단계는 매년 혼합 인덱스에 근거해 갱신된다. 이때 독일 전역의 평균적 물가상승뿐만 아니라 개별업종 종사자의 순임금 상승도 등이 고려된다. 이는 기본보장의 소비와 지출을 고려한 물가상승과 순수임금 상승률을 매년 갱신하는 데 기본근간이 되며 상품과 소비에 대한 물가상승은 기초소득보장의 구매력을 유지하도록 한다는 것을 보여 준다. 순임금 상승을 고려하는 것은 독일 내에서 수입 증가의 척도로 사용 가능하다. 노동자가 월급과 수입의 증가로 구매력을 얻는다면 이는 기초소득보장의 상승에 영향을 미친다.

446

나이에 따른 기본보장을 받아 생활하는 사람과 최저임금으로 생활하거나 실업수당 II와 〈사회법전〉 2편에 따른 사회수당(Sozialgeld)으로 생활하는 사람 등과 마찬가지로 사회부조의 도움을 받지 않고 최소한의 수입으로 생활하는 사람도 〈사회법전〉 2편에 의거해 수급을 받을 권리가 있다. 이들에게는 제한적 한 달 예산 때문에 규칙적으로 발생하는 필수품(예를 들면, 식료품, 식음료) 뿐만 아니라 비정기적으로 발생하는 필수품(예를 들면, 냉장고, 가구)에 대한 지출에 대해서도 생활비로 지원된다. 이는 수급자 본인이 가용할 수 있는 예산 안에서 어떻게 사용할지 얼마가 필요한지를 스스로 결정할 것을 요구한다. 이를 위해서는 우선순위를 정해야 하며 규칙적으로 발생하는 지출과 불규칙적으로 발생하는 것을 고려해서 (물품) 지출신청 계획서를 만들어야 한다. 가계지출에 대한 계산은 상황에 따라 산정기준이 달라지는데, 〈사회법전〉 2편 제7조 제3항에 의하면 1년 이상 같이 생활한 가계 파트너가 있거나, 공동의 자녀와 생활하거나, 자녀 또는 가구 구성원을 돌봐야 하는 경우에 달라진다.

① 지원내용

㉮ 난방비와 주거비
일반적인 경우에는 꼭 필요한 생활비에는 주거가 포함된다. 그렇기 때문에 난방비를 포함한 주거에 드는 비용이 생활비 부조에 있어서 두 번째로 중요한 필수항목이다. 이 항목은 기초소득보장과 달리 일괄적으로 지원되지 않는다. 독일 내의 대도시와 소도시의 주거비 차이가 크고 주거 밀집지역과 지방 변두리지역의 주거비 차이가 크기 때문에 일괄적으로 지불하는 것은 불가능한 일이다. 주거 급여의 경우는 지역 간 그리고 도시와 지방의 지역적 특성을 고려하여 산정된다. 물론 집을 빌렸을 때 발생하는 주거비는 다 지불하지만 여기에는 합리적 한계가 있다. 주거비의 한계지원(얼마까지

지원이 가능한지)은 사회부조 수행기관이 결정할 수 있는 범위 내에서 결정한다. 이때 수행기관은 주거비용이 일반적 기준에 합당한지와 집의 크기와 집 안에 배치된 가구가 합리적인지 아닌지 등을 고려해야 한다. 무엇보다 집이 기준에 맞는지를 고려해야 한다. 특히, 집의 크기는 일반적으로 그 집에 거주하는 사람의 수에 따라 정해진다.

- 사회부조 수급자 또는 근로미약자는 적정한 정도의 주거 및 숙박비용과 난방비용을 지원받을 수 있다. 적정한 정도의 주거 크기 기준은 1인 가구의 경우 45~50제곱미터, 2인 가구의 경우 60제곱미터와 방 2개, 3인 가구의 경우 75제곱미터와 방 3개, 4인 가구의 경우 90제곱미터와 방 4개이며, 단독주택의 경우 최대 130제곱미터, 아파트의 경우 120제곱미터까지 가능하다. 비용지원은 이 기준을 바탕으로 하지만 특수한 개별상황에 한해서는 상한선을 상회하는 지원도 받을 수 있다. 다만 이때는 특수한 위기상황과 지원규모, 개인의 필요 여부가 입증·제시되어야 한다. 그 예로 가족 구성원 중 중증 장애인이 있는 경우에는 기준면적에 15제곱미터가 추가된다.

난방비는 한 달 비용이냐 일 년 비용이냐에 관계없이 그 비용이 합당하다면 지원받는다. 난방비도 일괄적으로 지원되지는 않고 연료의 종류(연료기름, 석유, 나무, 가스 등)에 따라 일반적으로 드는 비용을 고려해서 지원한다. 여기에는 건축 상태뿐만 아니라 건축물이 방한 차단재를 사용했는지도 고려 대상이 된다. 수급자가 다세대에 산다면 다세대가구의 온수 총사용료 등을 종합하여 지원하며 온수가 개별난방에 따른 것이라면 더 많은 지원을 받을 수 있다.

주거비용은 세비뿐만 아니라 개인 소유의 집이나 아파트에 드는 비용도 지원된다. 물론 현재 드는 비용만 지원하며 상환금의 할부는 지원받지 못

〈표 12-4〉 2016년 1월 1일부터 시행되는 실업수당 II/사회부조 적용 예시

(단위: 유로)

신청자	수급가중치	생활비 및 난방비 평균치	가계 수입
독신	404	308	712
부부 또는 동거	725	387	1,115
한부모와 4세 자녀	786	438	1,224
한부모와 4, 12세 자녀	1,056	511	1,567
부부와 4세 자녀	965	523	1,488
부부와 4, 12세 자녀	1,235	600	1,835
부부와 4, 12, 15세 자녀	1,541	671	2,212

자료: BMAS(2014: 97)의 표 재구성.

한다. 채무상환과 그에 따른 재산증식은 사회부조에 해당되지 않기 때문이다. 자가 소유자인 경우 집이 주택(토지가 포함되는)인지 아파트인지가 의미가 있다. 고가의 집이면 사회부조 수행기관이 그 집을 가용가능한 재산이나 토지로 볼 수도 있고, 집의 일부를 세놓을 수 있다고 볼 수도 있으며, 집을 담보로 잡을 수도 있다. 자가 소유자가 주거비와 난방비를 지원받기 위해서는 담당 사회청에 지원을 신청하고 관련 내용을 설명해야 한다. 생활비 부조, 주거비와 난방비에 대한 수급지원을 요구할 권리에서 주거지원법에 따른 주거수당(Wohngeld)은 제외된다. 생활비 부조와 주거비, 난방비를 사회청을 통해 지원받는 사람은 추가로 주거수당을 받을 수 없다.

⑭ 추가지원

기본보장과 그에 따른 일괄지원금은 개별 상태는 고려하지 않는다. 특별한 지병이 있거나 장애가 있는 사람에 대한 생활비지원은 고려되지 않는다는 의미이다. 그러므로 추가적 보장은 기본소득보장의 필요한 추가적 보장이다. 법에서 정한 조건에 따르면 추가보장을 받기위해서는 구체적인 상황을 제시해야만 한다. 그렇기 때문에 추가보장은 〈사회법전〉 12편에 따른 생활비만으로는 생활이 가능하지 않다거나 기본소득보장만으로는 생활비가

부족하다는 것을 증명해야만 한다.

- 만 65세가 지난 사람과 65세 이하지만 〈사회법전〉6편에 따른 최저임 금을 받는 사람이거나 G등급을 받은 중증지체장애인 또는 담당기관에 서 G등급 이상을 받은 사람은 추가보장을 지원받을 수 있다. 추가비 용은 지원되는 수급가중치(RBS)의 17%에 해당하는 금액이다. 다리 에 장애가 있는 수급권자의 추가지출은 추가보장을 통해 지원된다. 기 본보장의 금액은 수입이 빈약한 가구의 평균적 소비지출비용을 고려 해서 지급되는데 이러한 가계의 평균적 소비지출비용이 기본소득보장 금액을 책정하는 근간이 된다. 수급권자의 이동수단 중 가장 눈에 띄 는 것은 자전거를 이용하거나 먼 거리가 아닌 경우에는 걸어서 다니는 것이며 아주 가끔은 공공교통을 이용한다. 다리에 장애가 있는 사람에 게는 다른 조건으로 이동수단을 제공한다. 그들은 종종 공공교통을 이 용하거나 택시를 이용하기도 한다. 그래서 이들의 교통비는 다른 '평 균적 생활비'에서 차지하는 비율이 높다. 다리에 장애가 있는 사람에 지급되는 추가보장은 이런 이유 때문에 추가적으로 조정된다.
- 13주차의 임산부는 일반적으로 지급되는 수급가중치의 17%에 해당 하는 금액을 추가로 지원받을 수 있다. 이것으로 임부복, 출산준비물, 임신 때문에 늘어난 음식비를 감당할 수 있다. 임신으로 발생한 생활 의 변화를 기본보장금 내에서 일괄적으로 지원하는 것은 불가능하다.
- 미혼 부/모를 위한 특별한 추가비용도 있다. 이 추가비용은 무엇보다 성인 한 사람이 가계를 책임지는 데 드는 비용을 조정하는 것이다. 여 러 명이 생활하는 가계는 성인 두 사람이 가계비용을 책임진다. 수급 가중치 4에서 6까지는 어린이나 청소년을 위한 가계비용은 정해지지 않는다. 따라서 7세 이하의 어린이나 16세 이하의 어린 자녀 여러 명 을 돌보는 미혼 부/모는 육아와 교육에 드는 비용을 혼자서 감당하게

된다. 이들에게는 미혼 부/모를 위한 수급가중치 1의 36%를 추가적으로 지원한다. 자녀의 수나 연령 때문에 추가비용을 지원받지 못하는 미혼 부/모는 자녀 한 명당 수급가중치 1의 12%를 추가로 지원받고 최대 수급가중치 1의 60%까지 추가로 지원받는다.

ⓔ 일시적 지원

기본보장과 추가적 지원 외에도 단 한 번만 지원되는 도움이 있는데 이를 일시적 지원이라 한다. 이 일시적 지원은 기본소득보장을 보완하는 것이다. 산정기준과 저소득층의 평균적 소비기준에 의해 책정된 기본소득보장으로 수급권자는 단지 일상생활에 필요한 필수품만을 해결할 수 있다. 특별한 일에 따른 경제적 부분은 기본소득보장 산출에 포함되지 않는다. 하지만 삶의 과정에서 특별한 경우는 간혹 나타나며 그로 인해 발생하는 추가적인 평균적 소비비용은 측정 및 가산되지 않는다. 특히, 이러한 일회성의 지출은 대부분 많은 비용이 든다. 그래서 다음과 같은 세 가지 경우에는 기본소득보장 외에 추가로 일시적 지원을 받을 수 있다.

- 주거에 필요한 가구와 부엌 기계(예를 들면, 화재로 인한 가재도구들의 손실이 보험에 들지 않아서 보상받을 수 없는 경우)
- 임신에 따른 의복에 드는 첫 번째 비용과 임신과 출산에 필요한 첫 물품들(예를 들면, 유모차와 아기용품)
- 외과적 문제로 인해 구입해야 하는 신발의 첫 구입비와 수선비, 치료 장비의 수선비, 치료 장비를 빌렸을 경우에 드는 설치비용

일시적 지원은 총액으로 지원된다. 이때 중요한 것은 위에 언급한 세 가지 중 하나라도 발생한다면 필요한 금액을 사전에 알려야 한다. 우선 물건을 구입하고 계산서를 사회청에 가져간다면 그 비용을 지원받지 못한다.

② 소득산정

소득과 재산의 산정은 기본적으로 금전이나 금전적 가치가 있는 것을 대상으로 한다. 즉, 근로소득, 연금, 아동수당, 생활지원 등이 여기에 속한다. 소득에 해당하지 않는 것에는 〈연방부조법〉에 의한 기초연금, 1921년 이전에 출생한 어머니의 자녀 교육급부가 있다. 〈사회부조법〉에서는 ① 독립적 노동이 아닌 수입, ② 독립적 노동 수입(자영업), ③ 자본소득, ④ 임대료소득, ⑤ 정부지원금(아동수당 등), ⑥ 기타(로또 당첨금 등)를 소득의 범주에 포함한다. 소득의 범주에 포함시키지 않는 것은 다음과 같다.

- 〈사회법전〉 12편을 통한 수급
- 〈연방부조법〉 또는 기타의 법을 통해 지급되는 기초연금
- 〈연방상해법〉에 의한 연금 또는 지원
- 전기사용예정치의 연말 환급분
- 특정한 목적으로 규정된 공식적이고 법적인 급부
- 법적 상해보상금
- 노동능력이 있는 배우자의 실업수당 II

③ 자산평가

다음과 같은 경우는 자산의 범주에 포함하지 않는다.

- 개개인의 긴급한 욕구에 사용되어야 하는 수준의 현금
- 일상적 생활을 유지하기 위해 보유하는 주택과 가구
- 일정한 수준의 노후를 대비해 적립한 자산
- 직업활동이나 일상생활을 위한 이동수단(대표적인 예: 자동차)
- 가족 공동명의의 자산으로 처분이 현실적으로 어려운 경우

2) 고령자와 근로미약자의 기초소득보장

기초소득보장은 일정한 연령 이상이 된 고령자가 연령상의 이유로 새로운 업무능력을 가지고 물질적 어려움을 극복하기 어렵거나, 건강상의 이유로 장기적으로 물질적 어려움을 극복하기 어려운 사람에게 지급된다.

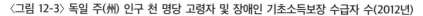

〈그림 12-3〉 독일 주(州) 인구 천 명당 고령자 및 장애인 기초소득보장 수급자 수(2012년)

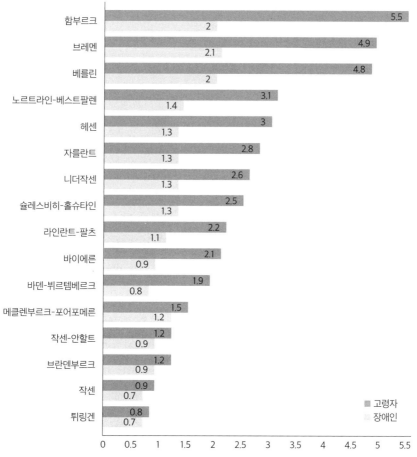

주: 독일 전체 평균: 고령자 2.4명/천 명, 장애인 1.2명/천 명.
자료: BMAS, 2014.

기초소득보장을 요구할 수 있는 조건은 ① 일정 연령(65세)에 이른 사람, ② 18세 이상이나 근로미약자인 경우이며, 여기에 해당하는 자가 스스로의 생계를 재산이나 수입을 통해 해결할 수 있는 힘이나 수단을 가지지 못한 경우 지급한다. 기본전제로 의학적 이유로 장기적 근로미약자인 경우, 일반적 노동시장에서 매일 3시간 이상의 노동을 하기가 쉽지 않은 경우에 해당된다.

기초소득보장제도는 여타의 사회부조 원리와 달리 부양의무자 적용을 받지 않는다. 자산의 평가는 배우자나 사실혼의 관계에 있는 배우자의 경우에 대해서만 적용된다.

3) 의료급여

의료급여는 생계비지원 대상자나 빈곤층의 의료지원을 목적으로 운영된다. 사회부조 수급 대상자가 법적 또는 사적 의료보험에 가입하지 않은 경우 의학적 조치를 사회부조 관련 기관을 통해 받을 수 있다. 대상자는 사회부조를 지속적으로 수급해 온 사람으로 한 달 이상 사회부조의 지급이 중단되지 않을 것 같은 사람으로, 법적 의료보험이 적용된다. 사회부조 수행기관을 통해 수급자가 선택한 의료보험회사의 의료보험카드를 받는다. 의료보험회사는 사회보험 수행기관과 비용을 정산하게 된다.

다른 경우로 사회부조를 지속적으로 수급해 온 사람으로 한 달 이상 사회부조의 지급이 중단되지 않을 것 같은 사람이나 부조금이나 조언에 대한 권한을 가진 경우에는 의료보험회사를 통한 질병 진료가 이루어지지 않고, 필요한 의료급부가 사회청의 조치를 통해 이루어진다.

임산부에 대한 지원은 법적 의료보험을 통해 이루어진다. 의료보험을 통해 정보를 얻을 수 있으며 산모의 다양한 출산에 대한 필요 지원은 만 20세까지는 의료보험에서 지원한다.

4) 장애인 통합지원

장애인에 대한 통합지원은 부모와 가족의 책임으로 여겨졌던 장애인의 소득보장을 위한 것으로, 국가가 장애인 개인의 독립적 경제생활을 지원하기 위한 제도다. 사회부조에 있어서 장애인 통합지원은 육체적, 정신적으로 장애를 가졌으나 다른 사회보장제도(의료보험, 연금, 고용센터)를 통해 지원받지 못하는 경우를 이른다.

통합지원의 목적은 장애인이 겪는 어려움을 해소하거나 어려움으로부터 보호하고 사회와 통합하도록 돕는 것이다. 달리 표현하면 장애인의 통합지원은 장애인이 자립 생활을 할 수 있도록 해야 한다. 그것을 위해 무엇보다 적정한 직업능력을 배양해야 하며 가능한 한 수발 받는 삶을 벗어나는 것이라고 말할 수 있다.

장애인 통합지원의 급부에는 다음과 같은 것들이 있다.

- 의료적 재활과 노동세계 진입을 위해 법적 의료보험 또는 고용센터를 통한 재활급부를 지원
- 미취학 아동에 대한 치료교육의 지원(예를 들면, 종일 유치원에서의 특수지원 조치)
- 개인의 특성 및 장애의 정도를 고려한 학교, 직업교육을 지원
- 장애인을 위한 작업장을 설치하여, 장애로 일반적 노동시장에 진입이 어려운 경우 최소한의 경제적 가치를 가지는 노동을 할 수 있도록 지원
- 공동체 생활지원, 의료적 지원이 아닌 일반지원(예: 자동차의 지원), 주변의 이해증진지원(수화 통역자 비용지원)과 같이 장애인의 자기 결정권을 보장하여 공동체의 일상생활이 가능하도록 지원(친지방문이나 문화관람 비용의 지원)

맹인의 경우에 맹인지원금을 사회청으로부터 별도로 받는다. 이것은 기본적으로 주정부에 따라 다르긴 하나 수입이나 재산과는 별개로 지급된다. 재택보호를 받는 맹인의 경우에는 〈장기요양보험법〉에 따라 지원을 받는다. 맹인지원금은 일반적으로 사회부조의 70%가 지급된다.

5) 수발지원

사회부조는 수발이 필요한 사람에게 비용의 전체 또는 일부를 지원한다. 개인이 질병이나 장애 때문에 규칙적이고 지속적으로 행하던 일상생활을 본인의 힘만으로 영위하기 어렵고, 타인의 도움을 통해 생활이 가능한 경우에 대해 '수발지원'을 요청할 수 있다. 하지만 수발이 필요하더라도 본인이 감당할 수 있거나 장기요양보험을 통해 지원을 받는 경우에는 지원하지 않는

〈그림 12-4〉 고령자 및 근로미약자의 평균 기초소득보장 수급액(2012년)

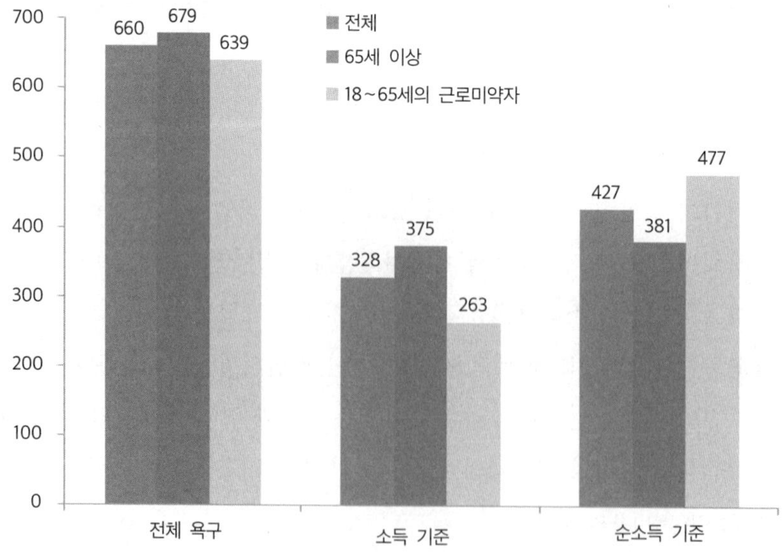

자료: BMAS, 2014.

다(〈사회법전〉 11편 15조 1항). 급부의 지원에 있어서는 사회부조보다 장기요양보험의 지원이 우선한다. 장기요양보험 도입 이후에는 제한적 장기요양보험의 급부로 부족한 주거, 요양 등의 비용에 대한 욕구가 있는 경우 지급될 수 있다. 개인이 사회부조 대상기준 이상의 소득이 없는 경우에는 장기요양보험의 부족분을 사회청에서 부담한다.

수발지원은 재가수발을 우선적으로 고려한다. 요양원에 거주하기 힘든 경우 친척, 친구 그리고 이웃에 의해 수발이 이루어지며 이들에 대한 지원에는 장기요양보험의 기준이 적용된다. 수발지원은 장애인의 직업지원에도 해당 항목이 있으나 개인의 선택에 따라 결정할 수 있다. 수발이 필요한 아동의 경우에는 건강한 아동 기준에 추가로 지원하는 방법을 적용한다.

6) 긴급지원

긴급지원은 개인이 특별한 혹은 사회적 어려움에 처해 일상생활의 유지에 심각한 영향이 있을 때 이러한 어려움을 줄이거나 제거하기 위해 지원된다. 특별한 경우는 노숙, 알코올중독, 마약중독, 출소와 같은 경우를 이른다. 지역사회는 노숙자에게 다양한 형태의 지원을 한다. 편안한 거주공간을 마련해 주거나, 부분적 시설입소 지원을 시작으로 시설입소가 가능하도록 유도한다. 사회부조는 개인이 주변의 어려움을 스스로 정리하기 어려운 상황에 대하여 지원한다. 안정적 숙박, 시설을 통한 지원, 따뜻한 음식, 다양한 형태의 상담 및 조언 지원을 한다.

긴급지원의 경우는 위의 것 이외에 개인에게 일상생활을 영위하는 데 부담을 주는 다양한 것에 대해 지원한다. 예로 노인지원, 시각장애인지원, 장의비용지원 등이 있다. 또한 가구구성원에 의한 가구운영에 어려움이 있는 경우, 예로 부모가 장기 병원입원 또는 휴양치료로 인해 가구운영이 어려운 경우에 필요한 지원을 한다. 임신의 경우에도 자녀가 12세 미만이거

<표 12-5> 사회법 관련 개정 주요내용

개정	주요내용	개정 시점
Hartz I	• 인력중재회사 임시직 중재 및 직업훈련기회 허용 • 고령 노동력을 위한 지원 • 서비스 제공기관 간의 경쟁 유도	2003년 1월 1일
Hartz II	• 미니잡과 미디잡 도입 • 자영업 창업지원	2003년 1월 1일
Hartz III	• 연방고용기구 구조조정 • One Stop 센터 설치 • 노동시장의 시장성 확대	2004년 1월 1일
Hartz IV	• 실업부조와 사회부조체계의 개혁과 재조정 • 잡센터(Job Center) 설치 • 1유로 일자리(Ein-Euro-Job)도입	2005년 1월 1일

자료: 유진성, 2014.

나 장애가 있을 경우 의료보험이 1차 지원을 하고 부족한 부분에 대해 사회부조에서 동일한 기준에 의한 지원이 있다.

장기적 질병, 장애 또는 특수한 상황에 대해서도 추가 지원을 할 수 있으며 이것은 수급자가 거주하는 지역 사회청의 결정사항이다.

3. 사회부조의 전달체계

사회부조의 수급자가 실제 거주하는 곳에서 사회부조 급부를 지원받을 수 있다(〈사회법전〉 12편 제98조 제1항).

사회부조의 수행기관은 사회부조를 받기 원하는 사람이 실제로 거주하는 지역의(시 또는 지역) 사회청이 담당한다. 특별한 경우에는 거주지 기준이 아닌 다른 지역의 사회청이 담당할 수도 있다. 이는 거주 신고를 한 경찰청이 있는 곳이 아닌 곳일 수도 있다는 것이다.

사회부조 수급희망자가 특정한 시점에 지원을 필요로 하여 사회부조를 신청하면 사회청에서는 신청자의 실제 거주지와 그 지역에 거주하는 이유

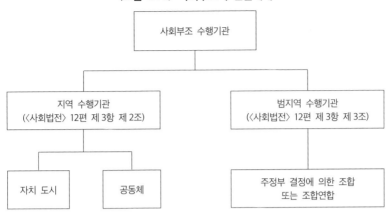

〈그림 12-5〉 사회부조의 전달체계

```
                    ┌─────────────────────┐
                    │   사회부조 수행기관    │
                    └─────────────────────┘
             ┌───────────────────┴───────────────────┐
   ┌─────────────────────────┐         ┌─────────────────────────┐
   │      지역 수행기관         │         │     범지역 수행기관         │
   │ (〈사회법전〉 12편 제 3항 제 2조)│         │ (〈사회법전〉 12편 제 3항 제 3조)│
   └─────────────────────────┘         └─────────────────────────┘
        ┌────────┴────────┐                        │
  ┌──────────┐   ┌──────────┐          ┌─────────────────────────┐
  │  자치 도시  │   │   공동체   │          │    주정부 결정에 의한 조합    │
  └──────────┘   └──────────┘          │       또는 조합연합        │
                                        └─────────────────────────┘
```

를 물어보고 대상자 선정을 할 수 있다. 이는 사회부조 수급대상자 중 많은 수가 거주가 불안정한 경우가 많기 때문이다. 이 경우에도 최근 2개월을 그 지역에 머물렀던 것을 기준으로 한다. 또한 독일 국적 소지자가 해외에 체류하는 경우에는 범(汎)지역센터를 통해 사회부조를 수급할 수 있다. 기초소득보장과 근로미약자에 대한 지원은 신고지역을 원칙으로 한다.

사회부조는 사회국가의 원칙에 입각하여(독일 〈기본법〉 제 1조 제 20항) 공식적이고 법적으로 그 역할을 국가가 수행하여야 한다. 즉, 국가는 사회부조의 지급을 통하여 국민의 인간 존엄성을 지키도록 하고 가능하다면 사회부조를 벗어나 자립적 삶을 살도록 지원하여야 한다.

국가는 이러한 의무를 수행하기 위하여 개인적 지원, 현금급부, 현물급부 등의 수단을 통해 사회부조 수급자를 지원한다. 이러한 업무를 수행하기 위해 공식적이고 단일화된 정부 조직 이외에도 다른 조직을 운용할 수 있는데, 여기에는 지역의 특성에 따라 교회, 지역사회조직, 사회복지법인 등이 포함된다(〈사회법전〉 12편 제 1조 제 5항).

1) 지역사회청/지역센터

지역사회부조 담당은 도시권역과 지역권역을 담당하며, 사회부조를 지자체의 업무로서 실행한다. 나이 때문에 혹은 일할 능력이 부족하여 근로를 할 수 없는 사람들을 위한 기초소득보장을 담당했던 이런 업무는 2014년부터 시행하지 않는다. 연방에서 모든 비용을 대고 지역센터는 그 비용에 일치하게 급부를 실행한다.

이때 실행되는 급부는 지역위탁의 조건에 맞게 이루어진다. 이를 위해서 주정부에서는 그 주에 속하는 공동체나 공동체연합 중 어떤 기관이 업무수행을 잘 해낼 수 있을지 선별해서 그 기관들을 결정하고 이들의 활동을 위한 지침을 제공한다.

2) 범지역센터

〈사회법전〉 12편 제99조에 따라 그때그때 사정에 맞게 지역단위들이 범지역센터를 지정한다. 이는 연방법에 의해 각 지역이 특색 있는 개별적 행정 업무로 기여하기를 바라는 것이다. 이 두 가지 종류의 센터가 만들어진 것은 사회부조 업무를 수행함에 있어서 서로 상이한 특성을 효과적으로 대처할 수 있게 하기 위함이다.

일반적 기본원칙에 입각해 범지역센터는 개별적 지역센터의 재정적 부담을 경감시키고 업무수행의 일관성을 유지하기 위하여 만들어진다. 베를린은 하나의 도시이면서 하나의 주가 되는 곳인데 이런 경우는 범지역센터와 지역센터가 동일하다.

4. 재 원

사회부조제도의 재원은 수급 대상자 별도의 재정부담 없이 세금으로만 운용된다. 사회부조의 기본적 운영원리를 살펴보면, 전체적 사회부조의 이념설정 및 정책의 기본방향과 법적 지원 및 재정의 일부를 연방정부에서 담당한다. 지역의 주정부는 운영과 방향성 결정에 대한 책임을 지고 개별 지방자치단체가 행정업무를 부담하는 형식을 취한다. 재정 또한 중앙정부와 주정부 그리고 지방자치단체가 함께 부담한다.

　사회부조는 지방분권적 형태의 제도로 운영한다. 사회부조제도의 운영을 위한 재원의 대부분은 지방정부가 충당한다. 급여 대상자 선정을 위한 자격기준은 중앙정부나 지방정부가 마련하고(통상 지방정부 75%와 중앙정부 25%) 관리 운영상의 책임은 지방정부가 진다. 급여의 수준은 개별 주나 지방마다 상이하다(김교성, 2009: 73).

〈표 12-6〉 2013년 사회부조 예산

(단위: 천 유로)

급부 종류	전체	구분	
		시설 외	시설
생계부조 전체	1,371,696	702,687	669,009
• 지속적 급부	1,342,787	685,135	657,652
• 수급자에 대한 일회성 지원	22,521	11,361	11,159
• 기타급부 수급자에 대한 일회성 지원	6,388	6,190	198
고령자와 근로미약자에 대한 기초보장	5,477,249	4,051,071	1,396,178
• 그중 일회성 지원	20,066	18,605	1,461
건강지원(장의지원 제외)	89,332	54,150	35,182
• 질병 예방	2,095		
• 질병 지원	84,231		
• 가족설계 지원	2,854		
• 임신, 출산 지원	123		
질병치료에 대한 의료보험비용 부담	663,727		

〈표 12-6〉 2013년 사회부조 예산(계속)

(단위: 천 유로)

급부 종류	전체	구분	
		시설 외	시설
장애인 통합 지원	15,575,297	2,555,449	13,019,848
• 의학적 재활 지원	34,589	18,918	15,671
• 직업활동 지원	33,052	13,947	19,105
• 장애인 작업장 지원	4,036,793	-	4,036,793
• 공동체 생활 지원	9,842,665	2,064,365	7,778,299
- 보조구 지원	4,466	4,466	-
- 자녀 재활교육 지원	1,148,672	356,345	792,327
- 직업에 대한 이해와 능력 지원	546,804	11,412	535,391
- 환경 이해 지원	4,950	4,040	911
- 주거지 확보와 미화 지원	8,201	8,138	63
- 안정적 거주지에서 자기결정적 삶 지원	7,816,734	1,545,353	6,271,390
- 공동체적이고 문화적 생활의 참여 지원	162,110	101,862	60,248
- 공동체 생활의 참여에 대한 급부	150,728	32,758	117,969
• 정규교육 지원	1,145,898	348,456	797,224
• 직업을 위한 정규교육 지원	9,091	4,257	4,835
• 개인의 능력향상을 위한 교육 지원	2,201	1,575	626
• 작업장 비교 지원	18,167	-	18,167
• 직업세계에 있어서 의학적 안전 지원	23,835	7,912	15,924
• 그 외 지원	429,006	96,020	332,986
수발(장기요양) 지원	3,824,313	885,031	2,939,282
• 가정 내 수발 지원			
- 간단한 수발지원금	44,250	44,250	-
- 중간 정도 수발지원금	34,390	34,390	-
- 중증 수발지원금	24,292	24,292	-
- 기타 지원	782,099	782,099	-
= 수발인력 비용	72,412	72,412	-
= 보조인력 비용	32,039	32,039	-
= 고령자를 위한 수발인력 비용	14,714	14,714	-
= 난방비와 특수 수발인력 비용	655,943	655,943	-
= 지원 도구	6,991	6,991	-
• 단기수용 수발비용	16,883	-	16,883
• 단기 수발비용	19,881	-	19,881
• 시설수용 수발비용	2,902,518	-	2,902,518
- 수발등급0	280,826	-	280,826

〈표 12-6〉 2013년 사회부조 예산(계속)

(단위: 천 유로)

급부 종류	전체	시설 외	시설
- 수발등급1	718,674	-	718,674
- 수발등급2	1,002,045	-	1,002,045
- 수발등급3	835,225	-	835,225
특수한 사회적 어려움에 대한 지원	470,039	241,627	228,412
• 특수한 사회적 위기에 대한 지원	320,813	130,240	190,573
• 가계 유지 지원	12,676	12,673	3
• 고령자 지원	9,663	9,379	284
• 시각장애인 지원	31,605	24,042	7,563
• 그 외 생활에 대한 지원	34,675	4,685	29,989
• 장의비용 지원	60,607	60,607	-
지출 전체	27,441,653	8,490,014	18,287,912

자료: Statistisches Bundesamt, 2015a.

〈사회법전〉 12편에 의한 사회부조를 통해 지급된 급부는 2013년 기준 274억 4천 만 유로였다. 이를 국민 전체 수로 나누면 1인당 278유로의 사회부조가 지급된 것으로 계산된다. 자세한 현황은 〈표 12-6〉을 통해 확인할 수 있다.

5. 논의 및 시사점

〈표 12-7〉에서 볼 수 있듯이 독일의 빈곤층에 대한 지원은 유럽 여타 국가에 비해 높은 편은 아니다. 또한 사회부조를 운용하는 대부분의 OECD 국가는 부양의무자 기준을 준용하지 않으나 독일의 경우는 직계혈족 기준을 설정하며 자산과 소득을 동시에 조사하여 적용한다. 그리고 세계경제의 흐름이 변화하면서 빈곤층에 대한 지원은 노동시장으로의 재진입을 기본 전제로 한다. 한국의 경우에도 노동시장으로의 재진입을 전제로 한 자활

〈표 12-7〉 유럽 국가의 최저생계 보장수준 비교

(단위: 유로/월)

	덴마크	독일	프랑스	영국[1]	네덜란드	오스트리아	스웨덴	스페인
개인 급부 상한액	1407	382	483.24	87/주	660.98	794.91	344	364.9
자녀 급부 상한액	438	274~289		80/주		143.08	203~383	
한부모가정 급부 상한액	1870		827.38		927.37	794.91		
배우자 급부 상한액		345						
가족 급부 상한액			자녀2: 1014 자녀3: 1208.14	137/주	1321.96	1192.36	무자녀: 621	
추가 주거지원	Y	Y	N	Y	Y	Y	Y	N
국적소유 여부	모두	독일, EU, 난민	모두	모두	모두	오스트리아, EU, 난민	모두	모두
노동시장 재진입 조건	Y	Y	Y	Y	Y	Y	Y	N

주: 1) 영국은 월 단위가 아닌 주 단위로 계산함.
자료: Kleinlercher, 2013: 37.

사업 프로그램이 있으나 대부분의 경우 공공근로나 지역 공익사업에 치우쳐 있어 노동시장으로의 연결이 쉽지 않고 탈수급에 대한 인센티브가 크지 않아 자활의 성과가 크게 나타나지 못했다.

2000년대에 접어들면서 독일은 사회부조의 성격에 변화를 시도하게 된다. 이는 기본적으로 과거의 수혜적 성격의 복지를 노동연계 복지로 전환하는 것을 의미하기는 하나, 실질적 수급 대상자에 대한 지원은 좀더 세분화되었으며 수급의 수준은 상향되었다. 그리고 각각 독립적으로 운영되던 기초소득 보장제도와 사회부조를 통합하여 운영하기 시작했다. 하지만 지자체의 재정 및 운영 결정권에 의해 생계급여와 기초소득보장제도의 수급률은 〈그림 12-2〉에서 볼 수 있듯이 큰 지역적 편차를 보인다.

이는 고령인구의 비중이 지속적으로 증가될 것이 분명한 독일 사회에서 노인의 기초소득보장에 많은 문제점으로 작용했다. 또한 본질적으로 실업자를 노동시장으로 끌어들이기 위한 개혁이나 제도도 시행 초기단계에서는 오히려 실업률이 증가했다. 이것은 실업부조 및 사회부조의 수급에 일자리를 찾기 위한 노력이라는 조건이 부과되면서 많은 장기 실업자들이 실업자등록을 한 결과이며 이들이 노동시장으로 쉽게 재진입하지 못하면서 실업률은 급속하게 증가했다. 장기적으로 실업률은 감소하였으나 비정규직을 양상하게 되어 고용의 불안정을 증대시켰고 소득의 감소로 인한 빈곤층의 빈곤을 강화한 것으로 평가받는다(*Spiegel Online*, 2016. 4. 8).

최근 독일은 사회국가의 기본 운용원리인 균형의 원칙(*Gleichgewichtprinzip*)에 의한 공경제와 사경제의 균형에 변화를 줬다. 이러한 변화를 불러온 이유는 크게 세 가지로 나눌 수 있다. 첫째, 독일이 EU의 탄생과 함께 확대된 자본주의 시장에 대한 개입이 증대함에 따라 성장을 위한 국가의 동력을 얻기 위한 조치로 볼 수 있다.

둘째, 독일의 통일에서도 그 이유를 찾을 수 있다. 통일 이후 옛 동독지역에는 매년 850억 유로에 달하는 투자가 이루어졌으나 소기의 성과를 이루지 못하면서 독일 정부가 동독지역에 대한 재정부담을 상당 부분 떠안았다. 때문에 독일의 변화는 복지에 대한 재정부담을 줄이기 위한 방법의 일환으로 볼 수 있다.

셋째, 옛 서독의 사회보장시스템을 옛 동독지역에 그대로 적용하면서 갑자기 늘어난 약 1,700만 명의 대상자에 대한 부담이 컸다는 점이다. 특히, 옛 동독지역 노동력의 상당수가 기술적응 실패나 노령화 등의 이유로 새로운 노동시장에 유입되지 못하고 장기 실업자로서 실업부조와 사회부조의 지원에 의해 생활을 유지하면서 독일 정부의 부담은 확대되었다. 이에 따라 실업부조를 실업수당 II로 전환시켜 사회부조로 통합했다. 장기실업자들에게는 노동의지에 따른 재정지원을 축소하고 최저생계비에 해당하는 실업수당 II로 격하했다. 이것은 실업자에 대한 지원을 축소시키고 이들의 재취업을 위한 지원과 촉구(*Fordern & Fördern*)를 정책적 목적으로 함을 보여준다. 복지와 노동의 연계전략은 대부분의 국가가 적용하고자 하며 한국의 경우도 이와 같은 전략을 구사한다.

독일의 사회부조가 가지는 장점은 제도 운용의 탄력성과 지자체의 자결권으로 볼 수 있다. 개별성의 원리(*Individualitätprinzip*)를 적용하여, 보편적 최저생활의 기준은 연방정부가 결정하나 개개의 사안에 대한 적용은 개인의 상황을 종합적으로 판단하여 운용한다는 것이다. 이는 개인의 욕구가 사회부조에 어느 정도 반영되는 것을 의미하는 것으로, 제도의 탄력적 운용과 지역적 특수성의 반영 및 이에 따른 수급자의 만족도 증진에 있어서 절대적 요소 중에 하나이다.

■ 참고문헌

국내 문헌

김교성 (2009). "사회부조제도의 유형과 빈곤완화효과에 관한 연구". 〈사회복지정책〉, 36권 1호, 61~87쪽.

유진성 (2014). 《독일근로복지연계제도의 특징과 시사점》. 서울: 한국경제연구원.

해외 문헌

Kleinlercher, E. (2013). *Mindestsicherung in der EU*. Wien: BA.

BMAS (Bundesministerium für Arbeit und Soziales) (2014). *Sozislhilfe und Grundsicherung und bei Erwerbsminderung*. Bonn: BMAS.

_____ (2015). *Übersicht über das Sozialrecht*. Bonn: BMAS.

_____ (2016). *Grundsicherung für Arbeitsuchende: Sozialgesetzbuch SGB II*. Bonn: BMAS.

Bundestag (2015). *Bericht über die Höhe des steuerfrei zu stellenden Existenzminimums von Erwachsenen und Kindern für das Jahr 2016*. Berlin: Bundestag.

Statistisches Bundesamt (2013). *Soziale Mindestsicherung in Deutschland 2010*. Wiesbaden: Statistisches Bundesamt.

_____ (2015a). *Ausgaben und Einnahmen der Sozialhilfe (Fachserie 13 Reihe 2. 1 - 2013)*. Wiesbaden: Statistisches Bundesamt.

_____ (2015b). *Sozialleistungen*. Wiesbaden: Statistisches Bundesamt.

Verwaltungsakademie Berlin (2014). *Sozialhilferecht, Lehrbrief*. Berlin: Verwaltungsakademie Berlin.

기타 자료

Spiegel Online (2016. 4. 8). Sanktion für Arbeitslose. http://www.spiegel.de/wirtschaft/soziales/hartz-iv-jeder-dritte-einspruch-gegen-sanktionen-hat-erfolg-a-1086078.html. 2016. 4. 21. 인출.

제 **3** 부   의료보장 및 사회서비스

13

보건의료제도

1. 개 요

모든 사람은 건강을 갈망한다. 그러나 건강욕구 충족에 필요한 재화와 용역의 생산과 소비과정은 시장실패, 분배의 형평성 왜곡 등 사회적으로 바람직하지 않은 상태를 수반한다. 이러한 점에서 각 나라는 건강욕구 충족에 필요한 재화와 용역의 수급을 조직화하고 운영하는 방식을 선택해 자국의 의료제도에 반영한다.

독일의 의료제도는 보험강제, 보험료 기반 재정조달, 연대원칙, 자치행정 등 4가지 원칙에 기초한다(IQWiG, 2016: 3~5). 첫째, 일정 소득수준 이하의 모든 국민은 공적 의료보험(Gesetzliche Krankenversicherung: GKV) 가입이 의무화되어 있다(보험강제 원칙). 둘째, 의료보장에 필요한 재정은 보험가입자의 보험료와 사용자의 기여금으로 조달되며, 재정의 일부는 국고를 통해 지원된다(보험료 기반 재정조달 원칙). 셋째, 질병으로 인한 근로소득의 상실과 진료비용 부담 위험을 모든 보험가입자가 연대하여 분담하며 질병이 발생하면 소득수준과 관계없이 동일한 진료를 받을 수 있다. 보험료는 소득수준에 따라 차등화하여 부과된다(연대 원칙). 넷째, 국가는 의료보장에 필요한 기본 조건을 정하지만, 구체적 사항은 의료서비스 공급자, 보험자, 보험가입자 대표자를 통한 자치행정이 결정한다(자치행정 원칙). 이때 연방보건부(Bundesministerium für Gesundheit)는 연방 차원의 의료정책 형성을 담당한다. 특히, 의료 분야에서 자치행정기관의 활동범위를 정하는 법 및 각종 규정을 관장한다. 이외에 연방의약품·의료기기원(Bundesinstitut für Arzneimittel und Medizinprodukte: BfArM)은 의약품 및 의료기기의 인허가를 담당하며, 예방 백신의 인허가는 파울 에어리히 연구원(Paul-Ehrlich-Institut: PEI)이 담당한다.

독일 각 주의 의료 분야 환경을 조성하고 행정적으로 조정하는 업무는 주정부 외에 공적 의료보험협회, 공적 의료보험최고협회(GKV-Spitzenverband der Krankenkasse: GKV-KK), 연방보험의사협회(Kassenärztliche Bundes-vereinigung: KBV), 보험의사협회(Kassenärztliche Vereinigung: KV), 병원협회(Krankenhausgesellschaft), 공동연방위원회(Gemeinsame Bundes-ausschuss der Ärztinnen, Ärzte und Krankenkasse: G-BA) 등이 담당한다. 지금부터는 외래진료, 입원진료, 의약품 수급 등 의료제도 중 공급 측 제도를 중심으로 살펴보고자 한다.

2. 외래진료

1) 개요

외래진료는 병원 이외의 장소에서 이루어지는 모든 진료를 포괄한다. 외래진료는 주로 개원의(*Niedergelassene Arzt*)가 담당하며, 의원, 공동체의원(*Gemeinschaftspraxis*) 또는 의원공동체(*Praxisgemeinschaft*)를 통해 이루어진다. 독일에서 공적 의료보험 가입자에 대한 외래진료는 보험의사협회와 주 보험회사가 체결한 종합계약(*Gesamtvertrag*)을 통해 규율된다.

보험의사협회에 가입한 개원의는 공적 의료보험 환자에 대한 진료 독점권을 가지며, 보험의사협회가 인정하는 경우에 한해서 병원은 외래환자를 진료할 수 있다. 개원의는 보험의사협회에 등록하여 계약의사 면허를 받아야 비로소 계약의사가 될 수 있다. 계약의사 면허 발급은 의사로서의 자격뿐만 아니라 지역의 의사 수급상황을 고려하여 이루어진다. 이른바 계약의사 공급계획은 보험의사협회와 의료보험협회의 대표자로 구성된 연방공동위원회가 수립한다.

2) 개원의 및 외래진료 현황

(1) 외래부문 의원 현황

2015년 독일 내 의사 총수는 48만 5,818명으로 이 중 37만 1,300명만이 현역으로 활동한다. 의사 총수는 계속 증가 추세에 있다. 외래진료를 담당하는 의사도 꾸준히 증가하여 1990년 9만 2,289명(의사 총수: 28만 9,170명)에서 2015년 약 15만 106명으로 약 62.6% 증가했다.[1]

의사는 진단과 치료 등 진료를 하고, 의약품 및 의료재를 처방하며, 필요한 경우 병원에 진료의뢰를 한다(Penter & Augurzky, 2015: 79~87). 〈의약품법〉에 따라 의사는 의약품을 처방만 할 수 있으며, 백신은 예외적으로 판매할 수 있다. 의사유보(*Arztvorbehalt*) 원칙이 적용되어 의사면허와 전문지식을 갖춘 사람만이 환자를 진료하고 진료비용을 정산받을 수 있다. 따라서 의사가 아닌 인력에 의사업무를 위임하는 경우에 대해서는 보험의사협회와 공적 의료보험 최고협회가 계약을 통해 그 구체적인 내용을 규율한다.

---

[1] 의원 현황 기술은 연방보험의사협회의 "Gesundheitsdaten" 항목(http://www.kbv.de/html/sitemap.php #dfn4_4)에서 기초했다.

독일의 의사들은 엄격한 〈직업법〉(Berufsrecht)의 적용을 받는다. 개원의에게 중요한 규정은 〈연방의사 규정〉, 〈개업면허 규정〉, 〈계약의사허가 규정〉, 각 주의 〈직업 규정〉, 〈심층교육(Weiterbildung, Fortbildung) 규정〉 등이다.

독일은 인구의 90% 정도가 공적 의료보험에 가입되어 있으므로 대다수의 의사는 보험계약의사이다. 2015년 기준으로 보면 150,106명의 의사 중 144,769명(96.5%)이 보험계약의사이고, 나머지 3.5% 정도만이 비급여 환자만을 담당하는 민간의사이다. 계약의사는 공적 의료보험 급여 환자뿐만 아니라 비급여 환자도 진료할 수 있다.

계약의사 중 가정의는 54,385명, 나머지 90,384명은 전문의다. 지난 10여 년(2006~2015년) 동안 외래진료에서 가정의의 비중은 40.8%에서 37.5%로 감소했다. 전문의 분야는 총 33개 진료 분과가 있으며, 거주지역 인근에 위치한 전문의원을 통한 기본 진료와 병원부문 전문의 진료의 형태로 이루어진다. 독일의 특색인 전문의의 이중구조로 외래부문의 전문의는 차별화한 전문진료를 담당하고 있다.

개원의 분야의 특징 중 하나는 1999년에 발효된 〈심리치료법〉에 따라 계약의사뿐만이 아니라 심리학과 교육학을 전공한 심리치료사도 외래진료를 담당한다는 점이다(Robert Koch-Institut, 2015: 304). 2015년 총 2만 8,631명(의사: 6,084명, 심리치료사: 2만 2,547명)이 심리치료 분야에서 진료를 담당한다.

의원뿐만이 아니라 의료센터(Medizinisches Versorgungszentrum: MVZ)에서도 외래진료가 이루어진다. 의료센터는 진료 분과가 서로 다른 2명 이상의 의사가 공동으로 운영하는 시설이다. 의료센터당 평균 4~5명의 의사가 고용되며 가정의학과, 내과, 외과가 가장 빈번하게 참여한다. 2014년 총 2,073개의 의료센터(의사 총수 13,465명) 중 계약의사가 운영하는 의료센터는 총 893개이다.

자신의 환자를 병원에 입원시켜 진료할 수 있는 계약의사를 특임의사 (Belegarzt) 라고 한다. 2015년 기준 총 5,203명의 특임의사가 있으며 이들은 병원과 병상사용, 그리고 간병과 관련한 계약을 체결하고 병원에서 진료를 한다. 이비인후과 계약의사가 특임의사의 3분의 1을 차지하며, 여성 질환 전문의도 약 15%를 차지한다. 전체 특임의사의 4분의 3은 10개 병상 이하를 운영하며 특임의사의 약 8%가 20개 이상의 병상을 운영한다. 현재 특임의사 수는 감소 추세에 있다.

1993년에 60세 이상인 계약의사의 수가 계약의사 총수에서 차지하는 비율은 8.8%였으나 인구 고령화 추세에 따라 2015년에는 그 비율이 27.6%에 이르렀다. 외래진료를 담당하는 의사 중 특히 일반의의 고령화(33%)가 두드러진다. 또한 여성 의사 비율의 증가도 두드러지는 현상으로, 1993년 29.3%에서 2015년 44.1%로 늘어났다.

외래진료의 접근성을 판단하는 주요기준은 의사집중도와 지역적 분포이다. 인구 10만 명당 계약의사의 수는 지난 십수 년 동안 급격한 변화를 보였다. 10만 명당 전문의 수는 1993년 86명에서 2013년 107명으로 24.4% 증가했다. 반면 같은 기간 인구 10만 명당 일반의는 66명에서 64명으로 미미한 감소를 보였다. 전문의 수의 증가와 같은 구조적 변화는 지난 25년 동안 지속적으로 나타나는 현상이다.

지역별 분포를 살펴보면 각 주의 인구 10만 명당 가정의 수는 비교적 균등하게 분포한다. 가장 높은 곳이 70명이었고 가장 낮은 곳은 60명이었다. 그러나 일반의와 전문의 모두 농촌보다는 도시 지역에 더 많이 분포한다. 의사 집중도 외에 환자의 의사 선택권 및 전문의에 대한 접근성도 외래진료에서 주요한 기준이다. 의료보험 가입자는 모든 의료보험과 진료계약을 맺은 의원을 자유로이 선택할 수 있으며, 이것은 일반의원과 전문의원 모두 해당된다.

연방보건부는 주치의를 진료의 시발점으로 삼아 향후 진료를 조절하려는 계획을 갖고 있다. 〈사회법전〉 제76조는 보험가입자에게 주치의를 선정할 것을 권고하며, 보험회사는 주치의를 중심으로 한 진료를 할 수 있도록 조치를 취할 것을 의무화했다. 그러나 주치의의 선정은 아직까지 보험가입자의 재량에 맡겨져 있으며 2014년 의료보험 가입자 중 약 5%만이 주치의 프로그램에 참여했다. 독일에서 일반의든 전문의든 외래진료에는 본인부담금이 없다.

(2) 외래진료 현황

2014년 외래환자 수는 약 752만 명으로 10년 전인 2004년 750만 명과 거의 비슷한 수준이다. 같은 기간 외래진료 건수는 5억 3,600만 건에서 총 6억 8,800만 건으로 약 28.3% 증가하였다. 외래진료서비스 공급 추이를 환자 1인당 진료 건수로 보면 2004년 7.1건에서 2014년 9.1건으로 약 28% 정도 증가했다. 국제비교에서 흔히 사용하는 국민 1인당 평균 내원일수는 2013년 9.9일로 2004년 7.4일에서 약 2.5일 증가하였다.[2]

이상 외래진료 추이를 의료보험 외래진료를 중심으로 설명하면 다음과 같다. 지난 10년간 환자의 외래진료를 위한 총 내원일수는 감소했다. 의료보험의 외래환자 진료에 대한 정산방식의 변화가 그 원인 중 하나로 분석된다. 2008년 공통평가기준(EBM)의 개혁으로 가정의와 일부 전문의 분야 진료에 대해 포괄수가제가 적용되면서 내원 환자당 지급되던 정액수가가 분기별 1회로 제한되어 의사 측에서 환자의 내원을 권유할 동기가 사라지게 되었다. 이와 동시에 60세 이상 환자의 전문의 방문이 크게 증가하는 추세를 보인다. 특히, 외래부문에 전문의가 증가하는 추세와 가정의의 전문의 진료의뢰 증가와도 관련이 있는 것으로 분석된다(Robert Koch-Institut, 2015: 307).

---

[2] 외래진료 현황은 스태티스타(Statista, https://de.statista.com)의 통계에 기초했다.

〈표 13-1〉 외래진료 현황

(단위: 건, 명, 일)

구분	2004	2011	2012	2013	2014
총 진료 건수(100만)	536	673	672	693	688
총 내원환자 수(100만)	75	75.6	75.5	76.5	75.25
환자당 진료 건수	7.1	8.9	8.9	9.1	9.1
1인당 평균 내원일 수	7.4	9.7	9.7	9.9	-

자료: Statista, 2016. 6. 12. 인출.

한편 공적 의료보험의 외래진료환자를 대상으로 한 정산 건수는 1993년 에서 2013년 기간 중 급증하였다. 전문의 진료의 증가에서 비롯된 것이지 만, 2003년 의원방문료제도가 도입되고 본인부담금이 인상되면서 정산 건 수가 현저하게 줄어들기도 하였다. 그러나 소득이 낮고 실업상태에 있는 피보험자의 경우 외래진료를 포기하거나 진료를 연기하는 경우가 다른 경 우보다 2배나 높았고, 2005년 폐지되었다.

독일의 외래진료 건수는 다른 국가들과 비교해 볼 때 비교적 높은 편이 다. 2013년 OECD 34개 회원국 인구 1인당 평균 내원일수는 6.7일인 반 면, 독일은 9.9일이었다(OECD, 2015). 그 이유는 다른 나라에서는 전문 의의 진료가 병원에서 이루어지는 반면 독일에서는 외래진료를 통해 이루 어지는 등 의료체계의 차이에서 비롯된 것으로 지적된다.

3) 주요정책

(1) 외래진료 수급계획

개원의 진료에 대한 수급관리는 공동연방위원회가 정한 의료수급계획지침 (Bedarfsplanungs-Richtlinie)을 기초로 보험의사협회와 공적 의료보험협회 (주 의료보험협회와 대체보험협회)의 합의로 이루어진다(Penter & Augurzky, 2014: 87). 공동연방위원회의 지침은 외래진료수급계획, 계약의사 진료의 공급과잉 및 부족 상태 확인기준을 포함하며 연방 차원에서 결정된다.

수급계획은 가정의, 일반 전문의, 세부 전문의, 별정 전문의 등 4개 분야로 나누어 이루어진다. 수급 상태는 연방 건축·도시·공간 연구소(BBSR)가 정한 중범위 지역을 기준으로 인구 수 대비 분야별 의사 수로 측정하며, 지역별 인구요소 가중치를 적용한 기준치로 측정하여 판단한다(Penter & Augurzky, 2014: 88). 주 의사협회와 공적 의료보험협회로 구성된 주 위원회는 관련 기준을 적용하여 개원의의 부족(가능성)을 파악하며, 이것이 확인되는 경우 외래진료 현황(수급 구조 및 상태)에 대한 조사를 실시한다(Penter & Augurzky, 2014: 89~91). 개원의의 부족이 최종 확인되면 주 위원회는 부족이 확인된 지역 이외의 지역에서 개원의 허가를 제한하며, 6개월 간격으로 개원의 허가제한의 지속 여부를 검토한다. 이와 같이 계약의사의 외래진료 수급상태를 관리한다.

2015년 발효된 〈의료보험-의료보장강화법〉은 계약의사제도를 통해 주 거지역에서 의료욕구가 충족되도록 의사수급계획 지침을 더 발전시킬 것을 규정한다. 특히, 이때 지역사회 및 이환율 구조를 반영하도록 명기한다.

(2) 진료수가 제도

개원의는 다양한 수입원이 있다. 개원의는 총 수입의 72.5%를 계약의사 활동에서 얻으며, 비급여 수입이 24.4%, 기타 수입은 3.1%이다(Penter & Augurzky, 2014: 92). 계약의사 활동 수입의 기초가 되는 진료수가제도는 수가 결정과정과 수가체계로 나누어 설명할 수 있다(Penter & Augurzky, 2014: 93~94).

개원의의 계약의사 활동에 대한 보수는 복잡한 과정을 통해 결정된다. 앞에서 언급한 것처럼 ① 계약의사는 공적 의료보험 가입자를 진료할 의무가 있으며, 연방 기본보수율 계약에 의료보험 가입자의 진료권이 강조되어 있다. ② 보험환자는 〈사회법전〉 5편 제 2조 1, 2항 현물급여 원칙에 근거

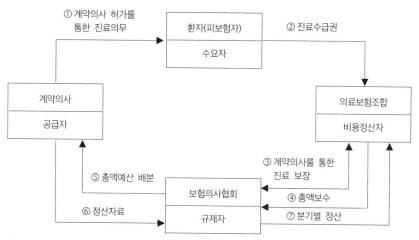

〈그림 13-1〉 계약의사 보수 결정과정

자료: Penter & Augurzky, 2014: 93.

하여 의료보험에 대해 현물형태의 진료 요구권을 가진다. ③ 계약의사와 의료보험조합은 공동으로 보험가입자의 외래진료를 보장할 의무가 있다. ④ 각 보험조합은 각각의 계약의사협회에 총액보수를 납입한다. 총액보수의 기초는 점수화한 진료량과 점수당 가치로 이루어진다. 연방보험의사협회와 공적 의료보험 최고협회는 매년 연방에서 공통으로 적용될 수 있는 점수당 가격에 대해 합의한다. ⑤ 각 계약의사협회는 합의한 총액보수를 가정의 진료와 전문의 진료 분야로 나누어 의사에게 분배한다. ⑥ 계약의사와 의료기관들은 계약의사협회에 정산자료를 제출한다. ⑦ 각 보험의사협회는 분기별로 의료보험조합에 정산을 요청한다. 보수정산은 지역별 의원보수분배기준(HVM)에 따라 이루어진다. 지역별 의원보수기준은 지역별 의원수가 규정과 연방 공통 점수가치를 적용하여 작성된다. 개원의의 수입의 흐름을 나타내면 〈그림 13-1〉과 같다.

계약의사의 보수체계는 매우 복잡하다. 보수체계는 기본적으로 총액보수, 공통평가기준(EBM), 보수분배기준으로 구성된다. 총액보수는 공적

〈그림 13-2〉 계약의사의 총액보수 구성요소

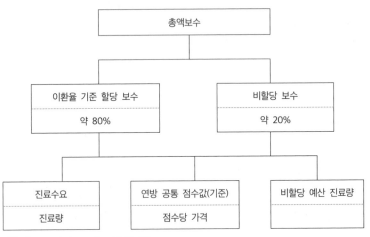

자료: Penter & Augurzky, 2014: 94.

의료보험조합이 정해진 기간 동안 계약의사의 모든 진료행위에 대해 보험의사협회에 지불하는 정액예산이며, 보험조합은 더 이상의 정산의무가 없다. 공통평가기준은 계약의사 진료 중 정산 가능 진료항목으로 각 항목별로 개별 점수가 부여되어 있다. 계약의사는 각 분기 말에 수가규정 항목별로 진료내역을 기록하여 보험의사협회에 제출하면, 보험의사협회가 그 적합성을 검토한다. 개원의가 의료행위를 늘려 점수의 가치가 떨어지는 것을 막기 위해 정부는 총액보수의 배분에 특별한 요구를 한다. 이 중 하나가 법정 진료량제도이다. 이 제도는 각 의사그룹별로 환자의 진료수요에 상응하는 특정 진료량을 정하는 제도이다. 이 진료량에 대해서 보험의사협회와 보험회사협회는 점수의 가치를 확정하고, 법정 진료량에 추가적으로 행해지는 진료에 대해서는 낮은 가치를 적용하도록 한다.

외래진료 의사의 총액보수는 이환율을 고려한 할당보수와 비할당 보수로 구성되며, 이때 할당보수는 법정진료총량제에 따라 정산 가능한 보수 총액이다. 2013년부터는 과도기 규정으로 지역 보험의사협회가 정한 각

지역 고유의 의원보수배분기준이 적용된다. 반면 비할당 보수총액은 진료량 제한을 받지 않으며, 〈사회법전〉에 규정된 진료모델, 가정의 중심의 진료, 특정 외래진료, 만성질환자를 위한 진료프로그램, 통합진료, 조기진료, 피부암 스크리닝 등 진료를 대상으로 정산한다.

민영 의료보험 환자에 대한 수가는 의사수가규정(GO)에 정해져 있다. 의사직업규정에 따르면 의사는 의사수가규정에 따른 정산이 의무화된다. 수가규정에는 개별 진료항목별 수가가 수록되어 있으며, 연방보건부가 수가규정을 관리한다. 의사들은 난이도, 소요시간, 진료환경 등을 고려하여 규정 수가의 최대 3.5배까지 청구할 수 있다. 민영 의료보험회사는 이러한 수가구조는 민영 의료보험이 의료보험을 보조하는 셈이라고 불평하며 계약의사협회도 이 견해에 동의한다.

3. 입원진료

1) 개요

독일의 입원진료의 특징은 병원진료와 (의료적) 재활진료의 분리 운영이다 (BpB, 2016b). 입원진료는 급성기 병원에서, 재활진료는 재활병원에서 이루어진다.[3] 병원 입원진료는 원칙적으로 개원의의 진료 의뢰를 통해서만 가능하며, 응급이거나 공적 의료보험환자가 아닌 경우에만 예외가 인정된다. 대학병원, 계획병원, 계약병원 등 의료보험이 지정한 병원의 진료만이 공적 의료보험의 급여대상이 된다.

병원 입원진료는 의료보장뿐만 아니라 국가경제 차원에서도 중요하게

---

[3] 이하 소제목 1), 2), 3)에서 먼저 병원 입원진료를 다루고, 4)에서 재활진료를 다루었다.

취급된다. 그 중요성 때문에 1970년부터 병원의 비용절감, 효율성 제고, 품질 제고를 위한 다양한 개혁조치가 취해졌다. 시설 및 병상계획, 서비스 품질보장, 수가 등이 다양하고 복잡하게 규제되는 영역이기도 하며 또한 최근에는 산업구조 변동이 급격히 이루어지는 영역이기도 하다. 병원 입원 진료와 관련된 정책은 연방, 주, 개별 병원 차원으로 나뉘어 정책의 대상 과 권한이 배분되었다(BpB, 2016b).

첫째, 연방 차원에서는 병원 수가와 입원진료의 적격성 문제를 주로 다룬다. 공적 의료보험최고협회와 민영의료보험협회가 함께 독일 병원협회 (DKG)와 포괄수가(*Diagnosis-Related Group*: DRG)에 기초한 수가체계에 대해 합의한다. 병원협회와 공적 의료보험최고협회는 병원운영의 경제성 과 역량 원칙 및 기준에 관한 권고안을 작성한다. 병원위원회(Ausschuss Krankenhaus)는 의료보험최고협회, 독일 병원협회, 연방병원 운영주체협 회(Bundesverband der Krankenhausträger)가 신청하면 보험급여로서 진단 및 치료방법의 적격성에 대해 조사하며 합당한 이유가 있는 경우 보험급여 에서 제외할 수 있다.

둘째, 주 차원에서 충분하고, 경제적이며, 의료욕구에 적합한 입원진료 가 보장되도록 주정부는 병원계획을 수립하여 의료시설의 유형과 수 등을 결정한다. 한편 주 공적 의료보험협회와 민영 의료보험협회는 주 병원협회 와 공동으로 주 지역에 적용할 포괄 수가, 특별 수가를 정하기 위한 점수가 치(*Punktzahlwert*)와 기준 수가가치(*Basisfallwert*)를 정한다. 외래진료와 입원진료 간의 빈틈없는 연계를 위해 보험의사협회와 계약을 체결한다. 또 한 입원 전과 퇴원 후의 진료를 위한 수가협상을 한다.

셋째, 병원 입원진료에 대해서는 주 의료보험조합협회와 대체의료보험 조합협회가 공동으로 병원과 계약을 체결한다. 이들 이해관계자는 각각 병 원에 적용할 수가와 관련한 세부사항(상대가치, 기준수가가치, 기타보수, 병 원의 과소·과다수입 조정 등)에 대해 협상한다. 또한 수가협상의 틀 안에서

예산, 일일수가, 차감액, 추가액 등을 정한다. 주 의료보험조합협회, 대체의료보험조합협회, 민영보험협회는 병원 측과 만장일치로 합의한 회계감사일에 병원의 진료서비스 질과 경제성에 대한 회계감사를 의뢰한다.

2) 병원 및 입원진료 현황

병원 총 수는 지속적으로 감소하는 추세이다. 1991년 총 2,411개에서 2005년 2,139개, 2014년에는 1,980개로 약 17.9% 감소하였다. 병원의 감소는 단순 폐쇄로 인한 것이라기보다는 폐쇄와 병원 운영형태의 변화가 동시에 작용하여 나타난 현상으로 볼 수 있다(Robert Koch-Institut, 2015: 311). 병원 수와 병상 수의 감소는 또한 의료기술의 발달과 입원진료의 외래진료로의 대체가 일어나면서 나타나기도 한다. 또한 2004년 이래로 적용되는 병원 수가제도인 DRG의 영향도 상당히 있는 것으로 분석된다. 즉, 더 이상 병원 입원일수가 아니라 병원 진료의 질에 따라 수가가 결정되므로 병원 입원일수를 줄이는 것이 더욱 바람직해졌기 때문이다.

병원은 공공병원, 비영리병원, 민영병원으로 구분된다. 공공병원은 1991년에서 2014년 기간 중 46.9% 감소한 596개이며, 같은 기간 비영리기관 26.2%가 감소하여 2014년에는 696개였다. 이와는 대조적으로 같은 기간 민영병원은 94.1% 증가한 695개이다. 1991년 공공병원은 46.0%를 차지했으나 2014년에는 29.7%에 불과하였다. 비영리병원의 수는 같은 기간 39.1%에서 35.2%로 미미한 변화를 보였다. 한편 민영병원은 이 기간 중 14.8%에서 35.1%로 급격히 증가했다.

독일에서 총 병상 수는 지난 10년 동안 감소 추세에 있다. 2014년 총 병상 수는 500,680개로 1991년 대비 24.8%(164,885개) 감소하였다. 한편 2014년 평균 병상 수는 253개이며, 병원 유형별로 큰 차이를 보인다. 공공병원의 평균 병상 수는 408개로 병상 수 규모가 가장 크다. 민간병원의 평

<표 13-2> 운영주체별 병원 수 및 병상 현황

(단위: 개)

연도	병원 총수 (병상 수)	공공	민법상 공공병원	공법상 공공병원	법적 비독립	법적 독립	비영리	민영
1991	2,441 (665,565)	1,110 (-)	- (-)	- (-)	- (-)	- (-)	943	358
2009	2,084 (503,341)	648 (244,918)	383 (137,800)	265 (107,118)	117 (39,375)	148 (67,743)	769 (174,711)	667 (83,712)
2010	2,064 (502,749)	630 (244,254)	368 (138,535)	262 (105,719)	119 (38,766)	143 (66,953)	755 (173,457)	679 (85,038)
2011	2,045 (502,029)	621 (242,769)	364 (137,887)	257 (104,882)	114 (35,684)	143 (69,198)	746 (172,219)	678 (87,041)
2012	2,017 (501,475)	601 (240,180)	354 (136,344)	247 (103,836)	108 (34,344)	139 (69,492)	719 (171,276)	697 (90,019)
2013	1,996 (500,671)	596 (240,632)	353 (137,222)	243 (103,410)	106 (34,166)	137 (69,244)	706 (170,086)	694 (89,953)
2014	1,980 (500,680)	589 (240,195)	350 (136,668)	239 (103,527)	104 (33,312)	139 (70,215)	696 (169,477)	695 (91,008)

자료: Statistisches Bundesamt, 2015a.

<표 13-3> 입원진료 현황

연도	병원 총수 (개)	병상 총수(개)		입원 환자(명)		입원일수 (1,000일)	평균 입원일수 (일)	평균 병상가동률 (%)
		총수	인구 10만 명당	총수	인구 10만 명당			
1991	2,441	665,565	832	14,576,623	18,224	204,204	14.0	84.1
2009	2,084	503,341	615	17,817,180	21,762	142,414	8.0	77.5
2010	2,064	502,749	615	18,032,903	22,057	141,942	7.9	77.4
2011	2,045	502,029	626	18,344,156	22,870	141,676	7.7	77.3
2012	2,017	501,475	624	18,620,442	23,152	142,024	7.6	77.4
2013	1,996	500,671	621	18,787,168	23,296	141,340	7.5	77.3
2014	1,980	500,680	618	19,148,626	23,645	141,534	7.4	77.4

자료: Statistisches Bundesamt, 2015a.

균 병상 수가 131인 것을 보면 3배 정도 규모가 크다. 비영리 병원의 평균 병상 수는 244개였다. 병상 규모 중 50병상 미만의 소형 병원은 8.1% 증가한 반면 병상 수 200~300개의 병원은 3.3% 감소했다.

총 병원 입원일수는 2014년 1억 4,150만 일로 1991년 2억 420만 일에비해 총 30.7% 감소했다. 환자 일인당 평균 입원일수 역시 지속적으로 감소했다. 1991년에는 평균 14일이었으나 2014년에는 7.4일에 불과했으며, 이 기간 동안 총 47.1% 감소했다. 병원 체류일수의 감소는 최소 침습 치료 등과 같은 의학 및 의료기술의 발달과 병원 수가제도의 개혁에 힘입었고, 또한 외래진료와 재활의료 등 다른 의료 분야에서의 서비스 증가와 밀접한 관계가 있기도 하다(Robert Koch-Institut, 2015: 313~315).

독일에서는 85%를 적정 병상가동률로 본다(Robert Koch-Institut, 2015: 312). 예외적으로 아동 및 청소년 병상의 경우 70~80%, 정신과, 심리치료 등은 90%를 정상 가동률로 본다. 1991년 독일 평균 병상가동률은 84.1%였으나, 2014년에는 8% 감소한 77.4%를 보였다. 이 수준은 2002년부터 유지되고 있어 추가적인 병상 폐쇄가 필요하다는 것이 전문가들의 의견이다.

3) 주요정책[4)]

(1) 병원계획

〈병원재정법〉(Krankenhausfinanzierungsgesetz: KHG)에 따르면 병원 입원 진료 보장책임은 주정부에 있다. 주정부는 자체적으로 병원을 운영할 필요는 없으나, 책임 운영기관적 성격을 가진 병원을 통해 지역주민의 진료욕

---

4) 입원진료의 주요정책은 연방 정치교육센터(Bundeszentrale politische Bildung)가 제공한 자료에 기초하였다.

구를 충족시키도록 해야 한다. 주정부의 병원진료 보장은 병원계획 수립을 통해 추진된다. 주정부는 병원진료 수요를 예측하여 목표를 설정하고, 의료 적합성, 실적 그리고 경제성 기준에 따라 선정된 병원을 병원계획에 포함시켜, 〈병원재정법〉에 따른 지원을 한다.

한편, 〈주병원법〉(Landeskrankenhausgesezt: LKHG)은 자치지역 내 병원 운영권에 대해 규정한다. 주정부는 보조(*subsidiäre*) 원칙에 따라, 다른 운영주체를 통해서 충분한 병원진료가 불가능할 경우에만 자체 병원을 설립하여 운영할 수 있다. 병원 운영은 주 지자체가 자유롭게 결정할 수 있는 사안은 아니다. 진료 적합성에 따라 꼭 필요하지만 다른 운영주체가 나서지 않는 경우 지자체는 손익분기점을 넘지 못하는 병원을 운영하는 경우도 생긴다. 병원계획은 지역, 의료분과 유형, 병원당 총 병상 수 등으로 이루어진 기본계획의 형태로 수립되며, 실수요를 충족할 수 있도록 정기적으로 수정·보완된다. 지금까지 여러 차례 병원의 의료분과의 폐쇄와 병상 수의 감축 등이 있었지만 병원 자체의 폐쇄까지는 이루어진 적이 없고, 병원의 과잉공급이 해소되지 않아 병원계획의 실효성에 대한 의문이 제기된다.

(2) 병원 재정조달 이원화정책

독일 병원부문의 재정조달은 이원화되어 있다(*Duale Finanzierung*). 즉, 병원의 투자비용은 주정부가 지원하되, 병원 운영과 관련한 경상비용은 병원이 자체 수입으로 부담하는 구조로 되어 있다.

주정부의 병원계획에 포함되면 병원은 진료실적에 따른 진료수입과 주정부의 투자보조금을 받을 수 있다. 정부 투자보조금은 정액 보조금과 개별 지원금으로 나눌 수 있다. 병원부문에 대한 정부의 역할은 매우 크며 특히 주정부는 국민들이 병원 입원진료를 받을 수 있도록 할 책임이 있다. 이를 위해 병원계획을 수립하며, 필요한 병원과 병상을 계획한다. 공적 의료보험은 이들 병원과 계약을 맺을 의무가 있다.

동시에 주정부는 병원부문의 투자에 책임을 진다. 주정부는 투자총액 또는 개별 지원금의 형태로 병원부문의 투자를 지원해 왔다. 정액 투자보조금은 병원당 병상 수를 기준으로 지원되며, 각 병원은 규정 내에서 자유로이 지출할 수 있다. 주정부는 병원 투자계획 수립 시 각 병원이 신청한 개별적 투자프로그램이 투자계획에 반영되는 경우 개별지원을 한다. 개별지원은 단기적으로 대형 투자를 가능하게 하지만 다른 한편으로는 투자대상 선정 등에 있어서 자의적일 수가 있는 등의 폐해도 있다. 이 때문에 일부 주정부는 정액 지원제로 전환 중이다.

2008년 〈병원재정개혁법〉(Krankenhausfinanzierungsreformgesetz: KHRG)이 제정되면서, 투자지원을 포괄수가와 연계할 수 있는 성과중심의 정액지원도 가능해졌다. 투자지원은 포괄수가에 가산금(Zuschlag)의 형태로 이루어지게 되었으며, 이로써 단일 재정제도의 기틀이 마련되었다.

한편 정부의 병원투자 지원정책에 대한 평가는 좋지 않다(Reifferscheid, Thomas, Pomorin, & Wasem, 2015: 6). 지금까지 주정부의 병원투자 지원 규모가 불충분하다는 비난이 있다. 또한 향후에도 이 추세는 〈부채억제법〉 때문에 개선될 전망이 불투명하다. 1992년에서 2012년까지 병원 총투자율은 9.3%에서 3.5% 수준으로 감소했다. 반면 경제 총투자율의 경우 같은 기간에 23.2%에서 17.6%로 감소했다. 병원투자율이 각 주별로 최고 5.5%에서 2.3%로 큰 차이가 있다.

또한 주정부의 병원계획 정책은 병원수가 정책과 모순적인 측면이 존재한다. 포괄수가의 도입과 원가보상의 원칙이 폐지되면서 경쟁원리에 기초한 병원재원 조달이라는 새로운 방향에 기존의 병원계획 정책은 부합하지 않는다는 주장이다. 실제로 주정부는 투자지원의 의무를 충실히 이행하지 않고 있다.

병원의 자체수입은 수가와 진료 양에 의해 결정된다(BpB, 2014). 병원수가는 의원수가와 마찬가지로 규제의 대상이다. 병원수가는 일일입원비와 진료수가인 DRG로 구분된다. 일일입원비는 병원과 의료보험조합협회 간 협상을 통해 결정되는데, DRG의 상대가치는 연방 차원에서 결정되며 모든 병원에 구속력을 가진다. 독일의 DRG 시스템은 환자분류체계와 가치체계로 구성되어 있다. 환자분류체계는 각각의 환자를 특정 질병군에 배치하는 기준체계이며, 가치체계는 질병군의 비용 가중치를 중심으로 하는 체계이다.

질병군은 주 진단과 부 진단, 주 진료와 부 진료의 특성에 따라 구분된다. 일부 질병군은 진료비용의 차별성을 고려하기 위해 연령, 성별, 퇴원유형 등도 고려된다. 진단은 국제질병통계분류(ICD-10)를 따른다. 수가협상에서 의료보험과 병원 측은 정부의 지침(예산, 보험료 안정화) 등에 의해 제약 받으며 관할 주정부는 감독권한의 범위 내에서 계약의 합규성을 점검하여 계약승인 요구를 거부할 수 있다. 수가유형에 대한 규제는 더욱 강하다. 정부가 적용할 수 있는 수가유형을 지정하며, 수가의 구체적 체계 개발은 계약당사자에게 그 권한이 위임되었다. 독일의 병원수가는 1990년 이래 급격한 변화를 겪는 중이다.

병원수가에서 간병비는 주요 이슈가 된다(Schröder & Wieteck, 2010: 4~6). 인구고령화로 병원에서 간병서비스 수요가 증가하였으나, 현재의 수가체계로는 간병인력의 확보가 어려울 것이라는 우려가 높았기 때문이다. 이러한 배경 속에서 간병위원회(Pflegerat)는 DRG에 간병비를 제대로 반영시키기 위한 조치를 취하기 시작하였다. 2009년 〈병원재정개혁법〉이 발효됨으로써 병원재정 개선 및 1만 7천 명의 간병인 신규고용과 3년간의 간병인 인건비 지원의 기초가 마련되었다. 연방보건부(BMG)는 이 즉시지원 프로그램의 틀에서 병원 수가연구소(Institut für das Entgeltsystem im Krankenhaus GmbH: InEK), 독일 병원협회, 독일 간병위원회에 DRG에 간병수가를 반영할 수 있는 권고안 개발을 위탁하였다. 이를 통해 4단계와 3개의 복합간병조치 스코어로 이루어진 OPS 9-20이라는 고비용 간병을 위한 수가체계가 개발되었다. 즉시지원 프로그램이 끝나는 2012년부터는 OPS 9-20을 통해 신규 간병인력 고용비용을 지원한다.

4) 재활의료

독일 입원진료의 특징 중 하나는 병원진료와 (의료적) 재활진료의 분리 운영이다. 재활은 질병 또는 사고로 생계, 경제활동참여나 사회생활을 위협하는 건강상 문제의 제거, 완화를 목표로 한다. "은퇴에 앞서 재활", "요양에 앞서 재활"이라는 기본 원칙을 따른다(Penter & Augurzky, 2014: 94).

2014년 재활의료기관 총수는 1,158개이며, 이 중 민영기관이 628개, 비

<표 13-4> 운영주체별 병원 수 및 병상 현황

(단위: 개)

구분	재활 의료기관 총수 (병상 수)	공공	민법상 공공기관	공법상 공공기관	법적 비독립	법적 독립	비영리	민영
1991	1,181 (144,172)	250 (32,220)	-	-	-	-	224 (21,894)	707 (90,058)
2009	1,240 (171,489)	224 (29,534)	69 (7,176)	155 (22,408)	117 (18,478)	38 (3,930)	324 (27,410)	692 (114,495)
2010	1,237 (171,724)	222 (29,535)	69 (7,238)	153 (22,297)	116 (18,579)	37 (3,718)	321 (27,215)	694 (114,974)
2011	1,233 (170,544)	233 (30,613)	78 (8,242)	155 (22,371)	118 (18,793)	37 (3,578)	320 (26,692)	680 (113,239)
2012	1,212 (168,968)	232 (30,633)	78 (8,189)	154 (22,444)	114 (18,203)	40 (4,241)	321 (27,136)	659 (111,199)
2013	1,187 (166,889)	229 (30,925)	76 (8,435)	153 (22,490)	114 (18,212)	39 (4,278)	317 (27,181)	641 (108,783)
2014	1,158 (165,657)	229 (30,884)	76 (8,542)	153 (22,342)	115 (18,314)	38 (4,028)	301 (25,575)	628 (109,198)

자료: Statistisches Bundesamt, 2015a.

〈표 13-5〉 운영주체별 재활의료비 추이

(단위: 100만 유로)

구분	1992	2002	2013
재활 총지출	5,741	7,699	8,732
독일 연금보험	2,780	2,957	3,429
공적 의료보험	1,643	2,784	2,710
공적 산재보험	94	106	138
국고	708	1,061	1,160
사용자	334	599	1,022
민간	109	125	147

자료: Statistisches Bundesamt, 2015a.

영리기관이 301개, 공공기관이 229개이다. 2000년 이후 꾸준히 감소 추세에 있으며, 특히 250병상 미만의 재활의료기관 수의 감소가 두드러진다. 재활의료기관의 총 병상 수는 1991년 14만 4,172개에서 증가하여 1998년 19만 967개를 정점으로 감소하기 시작하여 2014년 16만 5,657개였다.

재활의료기관 근무자는 2014년 기준 총 11만 8,496명으로 근무인력의 대부분은 요양인력, 의사가 아닌 치료인력, 심리치료, 작업치료(*Ergotherapie*)와 그 밖의 의료인력으로 구성된다. 이 중 의사는 8.4%인 1만 11명에 불과하다(Robert Koch-Institut, 2015: 319).

재활진료비용은 독일 연금보험(Deutsche Rentenversicherung: DRG), 공적 의료보험(GKV), 공적 산업재해보험(Gesetzliche Unfallversicherung: GUV), 보훈, 공적 청소년 지원기관, 기초생활보장제도 등 다양한 사회보장주체가 분담한다. 2013년 재활의료비는 총 87억 유로 규모로 지난 20년간 약 52.1% 증가했다. 독일 연금보험이 약 34억 유로로 가장 많은 부분(39.3%)을 부담하였다. 공적 의료보험도 27억 유로를 부담하였으며, 공적 의료보험의 부담비중은 2002년부터 지금까지 다소 감소 추세다.

독일의 공적연금보험은 재활진료의 지출에 필요한 재활예산을 가진다. 예산은 근로자 예상 평균임금 변화에 따라 조정된다. 2014년부터 발효된

〈표 13-6〉 재활진료 추이

구분	병원 총수 (개)	병상 총수(개)		재원 환자(명)		재원일 수 (1000일)	평균 재원일 수 (일)	평균 병상가동률 (%)
		총수	인구 10만 명당	총수	인구 10만 명당			
1991	1,181	144,172	180	1,473,427	1,842	45,729	31.0	86.9
2009	1,240	171,489	209	2,005,491	2,449	51,126	25.5	81.7
2010	1,237	171,724	210	1,974,731	2,415	50,219	25.4	80.1
2011	1,233	170,544	213	1,926,055	2,401	48,981	25.4	78.7
2012	1,212	168,968	210	1,964,711	2,443	50,094	25.5	81.0
2013	1,187	166,889	207	1,953,636	2,422	49,455	25.3	81.2
2014	1,158	165,657	205	1,972,853	2,436	49,837	25.3	82.4

자료: Statistisches Bundesamt, 2015a.

〈연금서비스개선법〉은 연금예산 조정에 인구요소를 추가해 2017년까지는 예산의 증액이, 2018~2040년까지는 재활예산 감액이 이루어지도록 하여 인구연령구조의 변화에 따른 운영주체의 재정부담을 완화하도록 하였다.

2014년 197만 명의 환자가 재활진료기관에서 치료를 받아, 인구 10만 명당 4만 9,837명이 재활진료를 받았다. 재활환자 1인당 평균 재원일 수는 25.3일로 안정적인 추세에 있으며, 병상 가동률은 최근 상승 추세에 있어 2014년 82.4%의 가동률을 보였다.

재활진료를 받는 가장 큰 원인은 남녀 공통으로 근골격 및 관절질환으로 나타났다(Robert Koch-Institut, 2015: 320). 최근 남녀 모두에게서 증가한 정신질환은 2013년 재활진료의 원인 중 두 번째로 큰 비중을 차지했다. 여성은 우울증 등 정서장애가 정신질환의 주요 원인인 데 반해, 남성은 향정신성 물질이 정신질환의 주요 원인으로 나타났으며 알코올중독 등 중독치료가 주로 이루어졌다. 세 번째로 비중이 큰 재활진료 원인은 암이었다. 18~79세 성인 중 10.3%가 지난 3년 동안 적어도 1회 재활진료를 받았으며 재활진료의 수요는 연령에 따라 차이가 있었다. 재활진료를 받은 사람

중 4분의 3이 입원진료를 받았고, 나머지 4분의 1은 외래진료를 받았다.

재활의료는 지난 1990년 초부터 커다란 변화를 겪었다(Robert Koch-Institut, 2015: 321). 근골격, 심장-순환계통 질환은 감소하는 반면에 암, 정신질환, 중독 등이 증가하면서 재활환자의 상병이 바뀌었다. 이로써 서비스 품질관리와 증거기반 재활의학의 중요성이 강조된다. 동시에 의학적 관점에서의 재활뿐만 아니라 직업활동이라는 관점에서의 재활도 강조된다. 한편 입원재활 이전에 외래진료를 통한 재활이 주목받고 있으며, 재활의료기관과 타 진료기관과의 연계도 강조된다. 현재 재활진료는 인구고령화, 질병구조의 변화 및 노동환경 변화에 따라 새로운 도전에 직면했다.

4. 의약품 수급

1) 개요

독일에서 의약품 판매는 약국을 통해 이루어진다. 약국은 약사면허를 가진 약사가 관할관청의 허가를 받아 운영하며, 허가는 약사 면허권자와 개설지역이 명시되어 발급된다. 약사는 여러 명이 민법상의 조합 또는 합명회사의 형태로 공동으로 약국을 개설할 수 있으며, 2004년부터 약사 1인이 3개의 분점 약국을 운영할 수 있다(Penter & Augurzky, 2014: 120). 이때 본점과 분점 약국은 허가받은 지역과 인접지역에서만 추가로 개설 가능하다. 지점 운영은 이 제도의 도입 이래 계속 증가해 2014년 전체 약국 20,441개 중 18.4%인 4,172개가 분점의 형태로 운영된다(ABDA, 2015: 9). 약국 전용판매 의약품의 통신판매는 엄격한 규제를 받아 제한적으로만 가능하다. 병원은 약사의 감독 아래 병원약국을 운영할 수 있다.

2) 의약품 수급 현황

2014년 기준 20,441개의 약국이 있으며, 현재 인구 10만 명당 약국 수는 약 25개로 EU 회원국 평균인 31개보다는 적다.[5] 약국 중 300여 개의 약국은 의약품 통신판매 허가를 받은 약국이며, 이 중 절반만이 실제 통신판매를 겸한다. 의약품 시장 규모는 1992년 258억 유로 규모에서 2013년 478억 유로 규모로 성장해 왔다. 2013년 독일의 의료비 총지출은 3,149억 유로였으며, 약제비는 478억 유로로 의료비 총지출의 15.2%를 차지함으로써 외래진료, 요양에 이어 3번째 큰 의료비 항목이었다.

의료보험 약제비는 341억 유로 규모로 의약품 시장의 71.4%에 해당한다. 공적 의료보험 약제비는 공적 의료보험 급여비 지출총액의 16.58%를 차지하였으며, 2번째 지출규모가 큰 항목이 되었다. 의료보험 약제비 중 소매 의약품 매출액은 1992년 171억 유로에서 2013년까지 84% 증가했다. 동시에 처방 건수는 같은 기간 39% 감소했다. 이 기간 중 판매액의 증가는 상대적으로 고가의 의약품 처방 증가에 기인하며, 이외에 부가가치세 증가, 백신 비용 급여화에 기인하는 것으로 분석된다.

의약품 판매 중 37.5%는 대중약(*self medication*)이 차지한다. 대중약의 매출은 2001년에서 2013년까지 증가했다. 가장 흔한 대중약 분야는 기침과 감기, 통증, 위장 및 소화 관련 분야이다. 독일은 일반의약품 지출액이 가장 높은 나라에 속한다.

독일의 약제비는 지난 40년 동안 계속 증가했다. 1980년 국민 1인당 약제비는 131달러였으나 2013년에는 678달러로 증가했다. 이는 OECD 평균인 527달러를 상회하는 수준으로, 미국, 캐나다, 그리스, 스위스, 일본

---

5) 의약품 수급현황 기술은 ABDA(2015)의 Die Apotheke Zahlen Daten Fakten 2015와 Schwabe & Paffrath(2015)의 Arzneimittelverordnungs-Report를 기초로 한다.

등과 더불어 1인당 약제비 상위국에 속한다.

약제비가 의료보험 급여총액에서 차지하는 비중은 비교적 안정적이다. 1980년 13.9%에서 2013년 14.1%으로 0.2%p 증가에 그쳐 OECD 국가 평균인 16.7%보다 낮다.

독일 국민의 약제비 본인부담률은 2011년 총 약제비의 17.2%로 국제비교로 볼 때 낮은 수준이다. OECD 국가 평균 본인부담률은 34.4%이며,

〈표 13-7〉 OECD 국가 인구 1인당 약제비

(단위: 미국 달러, 구매력 평가기준)

연도	1980	1990	2000	2004	2008	2010	2011	2012	2013
독일	131	254	368	444	600	654	646	665	678
미국	96	251	540	789	961	994	1,013	1,014	1,034
일본	115	239	352	453	569	656	718	756	-
한국	18	66	174	276	397	449	462	450	470
OECD 평균	76	160	297	402	485	526	531	532	527

자료: OECD. 2015.

〈표 13-8〉 OECD 국가 약제비의 의료비 지출 비중

(단위: %)

연도	1980	1990	2000	2004	2008	2010	2011	2012	2013
독일	13.9	14.7	14.1	14.3	15.4	15.0	14.3	14.2	14.1
미국	9.3	9.3	11.8	12.9	12.9	12.5	12.4	12.0	11.9
일본	21.2	21.4	18.4	19.5	19.9	20.5	21.0	21.1	-
한국	21.0	21.3	24.1	25.6	23.9	22.8	22.6	21.0	20.6
OECD 평균	13.9	14.7	17.7	19.0	17.5	17.1	17.5	17.0	16.7

자료: OECD. 2015.

〈표 13-9〉 OECD 국가 인구 일인당 약제비 본인부담금 비율

(단위: %)

구분	독일	룩셈부르크	프랑스	일본	한국	OECD 평균
비율	17.2	12.8	17.3	28.4	38.4	34.4

자료: SVR, 2014.

룩셈부르크의 12.8%에 이어 두 번째로 낮은 국가에 속한다. 낮은 약제비 본인부담률은 공적 의료보험과 민영 의료보험의 포괄적 급여정책 덕분인 것으로 분석된다. 그러나 민영 의료보험의 급여정책은 피보험자의 가격탄력성을 낮추기 때문에 의약품 소비에 있어 도덕적 해이 문제를 야기할 것으로 우려된다. 이러한 문제는 특히 의원방문료가 폐지되면서 더 커졌다.

공적 의료보험의 급여비용 억제정책에 따라 보험급여 대상 의약품은 제네릭 시장과 특허보호 신약시장으로 나뉜다. 정부의 의약품 시장 규제로 의료보험의 의약품 처방이 제네릭(복제약) 시장에서 차지하는 비중은 처방건수와 매출액 규모로 볼 때 1987년에서 2012년까지 급증했다. 제네릭 시장에서 의료보험을 통한 의약품 소비가 차지하는 비중이 1987년에는 처방 건수와 매출액 규모로 볼 때 각각 45.7%와 31.4%에 지나지 않았으나, 참조가격제의 실시로 2012년에는 처방 건수 기준으로는 87%, 매출액 기준으로는 73.3%로 증가하였다.

공적 의료보험 총 급여비용에서 약제비가 차지하는 비중을 처방 건수로 살펴보면 같은 기간 17.2%에서 74.5% 증가하였으나, 매출액으로 측정한 비중은 같은 기간 13.2%에서 37%로 소폭 증가에 그쳤다.

의료보험의 약제비 증가는 시기별로 그 원인이 다른 것으로 분석된다(SVR, 2014: 46~51). 2000년 이전까지는 주로 처방 건수와 구조적 요인의

〈표 13-10〉 의료보험 약제비 증가의 요인별 구조

(단위: %, 전년 대비 변화율)

구분	매출액	처방 건수	가격	구조 구성		
				합계	의약품 간 대체 효과	의약품 내 대체 효과
1987	6.8	3.7	0.7	2.3	0.4	1.9
1992	9.8	3.2	2.0	4.3	1.8	2.5
2002	6.5	0.2	-0.3	6.6	5.4	1.1
2012	2.4	1.3	-1.3	2.3	0.7	1.6

자료: SVR, 2014.

동시작용에 따른 것으로 분석된다. 구조적 요인 중 의약품 간 대체재 효과는 저가 의약품에서 고가 의약품으로 전환되면서 나타나는 효과이며, 의약품 내 효과는 같은 약품이라도 의약품 포장 크기, 복용방법의 차이, 효능 강도 등이 다른 것을 선택함으로써 발생한 효과이다. 2000년 이후부터는 구조적 효과가 무엇보다도 약제비 증가의 원인인 것으로 분석된다.

3) 약제비 관리정책

약제비는 공적 의료보험 급여비용을 통제하려는 정책당국이 선호하는 관리 대상이다. 주요 약제비 관리정책으로는 약가 정책, 판단기준제도 (*Richtgrösse*), 본인부담금제도 등이 사용된다(BpB, 2012a). 먼저 의약품의 가격에 영향을 미치는 정책은 최고가격 설정, 약가 할인, 수입 허용 등 3가지 방향에서 이루어진다.

첫째, 독일에서는 전통적으로 의약품의 가격이 시장에서 자유로이 결정됐고, 세계적으로 독일은 고가 의약품 시장에 속했다. 참조가격제는 〈보건의료개혁법〉(Gesundheitsreformgesetz: GRG)에 근거하여 1989년 도입된 의약품 가격통제 수단으로 제네릭과 대체 의약품에 대해서 고정가격이 정해졌다. 고정가격의 의미는 의료보험이 의약품당 부담하는 최대 급여비용이며, 처방 의약품 가격과 의료보험이 부담하는 금액의 차이는 소비자가 부담한다. 따라서 고정가격은 사실상 의료보험이 지불하는 최대가격인 셈이다. 참조가격은 연방공동위원회가 참조가격 대상 의약품을 정하면, 공적 의료보험최고협회가 통일적으로 각각의 의약품에 대한 최고가격을 정한다. 현재 치료상의 진전이 있는 특허로 보호된 의약품을 제외하고는 모든 의약품은 참조가격제의 적용을 받는다.

독일은 〈의약품 시장 신질서법〉(Arzneimittelmarktneuordnungsgesetz: AMNOG)을 2011년 제정하여 처음 특허로 보호되는 신약들에 대한 편익

평가 제도를 도입하였다. 2011년 1월 이후 출시되는 모든 신약들은 사전적으로 비교군 치료제를 능가하는 추가 편익을 평가해야 한다. 희귀질환 치료를 위한 의약품의 경우에만 사전편익평가에서 제외된다. 추가적 편익은 건강상태 개선, 질환기간 단축, 생존 연장, 부작용 감소, 삶의 질 개선 등 환자의 편익 개선에 초점을 맞춘다. 사전편익평가는 시장출시와 함께 이루어진다. 우선 제약사가 시장출시와 동시에 편익을 입증할 자료를 제출하면 연방공동위원회에서는 의료품질·경제성 연구원(Institut für Qualität und Wirtschaftlichkeit im Gesundheitswesen: IQWiG)의 도움을 받아 추가 편익존재 유무를 판정한다. 추가적인 편익이 입증되면 의료보험회사와 수가협상을 하며, 그렇지 않은 경우는 참조가격 적용 의약품 그룹으로 분류된다.

둘째, 법률에 규정된 약가 할인제도는 의료보험의 약제비 비용억제의 중요한 수단으로 역사가 깊다. 1914년에 이미 〈제국보험법〉(Reichsver- sicherungsordnung: RVO) 중 의료보험이 발효되면서 도입되었다. 최근 판례에 따르면 약국할인제도는 의료보험재정 안정화라는 공익 실현 목적으로 정당화되며, 대량 구매자에 대한 할인의 성격을 가진다. 1989년 〈사회법전〉이 발효될 때 할인율은 5%였으나 2002년에 〈약제비억제법〉이 발효되면서 할인율은 6%로 인상되었고, 다시 〈보험료율안정화법〉(Beitrags- satzsicherungsgesetz)이 발효되면서 10% 수준으로 인상되었다. 그러나 이러한 의약품에 대해 제약회사는 공적 의료보험에 생산자 가격을 6% 할인한 가격을 적용해야 하며, 2010년에서 2013년까지 법 개정에 따라 할인율이 6%에서 16%로 증가했다. 현재 가격통제정책은 2017년까지 연장되어 법정 생산자 가격 할인율은 7%이다.

셋째, 독일은 약제비를 관리하는 방안으로 재수입과 병행무역을 허용한다. 재수입이란 독일 제약회사가 약가가 낮은 국가에 판 의약품을 도매상이 재수입하여 약국을 통해 낮은 가격으로 유통하는 것을 말한다. 이미 앞에서 언급한 것처럼 독일은 비교적 의약품 가격이 높은 편이기 때문에 가격이 낮은 국가에서 의약품을 수입하여 수입 의약품의 비중을 높여 가면 가격차만큼 약제비의 절감효과가 발생하기 때문이다. 재수입 의약품 판매는 〈의료보험-보건의료개혁법 2000〉(GKV-Gesundheitsreformgesetz 2000)이 제정되면서 허용되었고, 저가 수입약품의 약국판매가 의무화되었으며, 법원 중재를 통해 그 비율은 총 매출액의 7%로 정해졌다. 병행무역은 의약품의 가격이 낮은 국가의 생산자로부터 의약품을 수입하여 유통시킴으로써 재수입과 유사한 가격효과를 얻을 수 있는 제도이다.

약제비를 관리하는 다른 수단은 외래진료를 담당하는 계약의사의 행태를 통제하는 방식이다. 판단기준 제도는 완화된 형태의 총액약제비제도이다. 계약의사가 담당하는 외래진료에서 약제비 총액이 사전에 정해 놓은 예산총액을 초과하면 계약의사의 진료비 예산총액으로 그 초과분을 부담하도록 되어 있으며 각 계약의사 별로도 약제비가 관리되었다. 약제비 예산총액제는 〈보건의료구조개혁법〉(Gesundheitsstrukturgesetz)에 따라 1993부터 2001년까지 실시하였으나 의사협회의 반대로 폐지되었다.

약제비 총액제 대신 도입된 제도가 판단기준제도이다. 총량제는 연방기본협약(Bundesrahmenvereinbarung)에 기초하여 주의 의료보험회사가 계약의사협회와 의사 그룹별로 합의한 의약품 처방 총량이다. 이 총량을 초과한 의사의 경우 경제성 감사를 받아야 하며 감사결과에 따라 반환요구가 이루어진다. 이때 의사협회와 의료보험은 구제책을 강구해야 하며 의사에게 처방총량 초과시점을 알려주어야 한다.

이 밖에 환자의 약제비 비용 부담을 증가시켜 합리적인 의약품 사용을 유도하는 본인부담금제도가 있다. 본인부담금은 도입 이래 지속적으로 인상되었으며 현재 환자는 약제비의 10%를 본인이 부담해야 한다. 처방전당 최소 5유로에서 최대 10유로를 부담하며, 최근 약제비 본인부담 총액은 감소하는 추세다.

의료보험의 처방약제비를 중심으로 한 분석결과에 따르면 지속되는 약제비의 증가는 구조적 요인에 의해 유발된다(SVR, 2014: 20~23). 연간 처방 건수가 매년 조금씩 증가하는 것도 약제비 상승의 원인이 될 수 있지만 처방 건당 평균약제비의 급격한 증가가 약제비 상승의 중요한 원인으로 분석된다. 1998년 처방 건당 평균 약제비는 16.11유로였으나, 2008년에는 43.87유로로 약 2배 반이나 급증하였다. 이와 같은 증가는 시장에서 이미 판매되고 있는 의약품의 가격 상승 때문이 아니라 신약과 고가 의약품에 대한 처방이 증가했기 때문이다. 특히, 처방 건당 약제비 증가는 새롭게 시장에 진입하는 의약품 가격이 급등했기 때문이다.

독일에서 병원이송 환자의 5%는 의약품의 부작용에 원인이 있으며 이 중 40%는 사전예방이 가능하다고 한다(Robert Koch-Institut, 2015: 344). 또한 입원진료에서 환자의 5~15%가 약물치료와 관련한 부작용을 경험한다. 독일 공보험 과학연구소의 의약품처방보고서에 따르면 부작용 관리를 통해 2013년 한 해 절약 가능한 의료비는 13억 유로 규모였다.

5. 독일 의료제도의 도전과제와 시사점

각국의 의료제도는 현재 지속적인 변화를 겪는다. 이것은 인구구조 변화와 의료기술의 진보 등 각국의 의료제도가 공통적으로 직면한 도전과제와 각국의 제도의 고유한 특성에서 비롯된 것이기도 하다.

1) 외래진료

외래진료에서는 의료자원 배분의 불균형을 해결하는 것이 주요 이슈로 부각되었다(KBV, 2014: 1). 특히, 인구고령화로 계약의사의 연령구조 또한 고령화되면서 2021년에는 5만 1천여 명의 의사가 은퇴할 것으로 예상되기 때문이다. 동시에 도시·농촌 간 의료자원의 배분 불균형이 심각하고, 전문의와 가정의의 수에 있어서도 불균형이 발생했다. 이미 농촌지역에서 나타나는 공급부족 현상은 외래진료 수가 등 재정적 인센티브를 통해서도 완전한 해결이 어려운 것으로 평가된다. 반면 의료자원이 과잉공급된 도시지역에서는 진료상의 편익이 그다지 크지 않은 신 의료기술이 확산될 위험이 큰 것으로 분석된다.

독일은 외래진료부문의 도전과제를 다음의 3가지 방향에서 해결하고자 노력하고 있다. 첫째, 보건의료 전문위원회(Sachverständigenrat: SVR)는 외래진료의 도시·농촌 간 수급 불균형을 먼저 수가 조정을 통해 해결할 것을 요구한다. 외래진료 과소공급 위험지역에는 수가의 50%를 가산금으로 지급하는 등 합당한 경제적 유인을 제공하여야 하며, 이 가산금 제도를 10년 동안 유지함으로써 개원의의 안정적 투자 결정이 이루어지도록 환경을 조성할 것을 요구한다(SVR, 2014: 400).

둘째, 수가 조정 이외에 수급 조정을 위한 주정부의 권한을 강화할 것을 요구한다. 즉, 가정의와 전문의의 공급이 목표치의 75%에 미치지 못하는 경우 더 이상 보험의사협회에 조정을 맡기지 말고 주정부가 직접 조정권한을 행사하는 것이다. 과소공급을 해소하는 데 필요한 재원을 의원의 총액보수, 주정부의 조세 수입, 기초지자체에 대한 투자지원금 등을 통해 마련하도록 함으로써 재정부담 역시 주정부와 계약의사 측이 분담하는 방안이 고려된다(SVR, 2014: 401).

셋째, 수급 불균형의 해소는 단지 과소공급의 해소만을 통해서 이루어지는 것이 아니므로 과잉공급의 해소 역시 중요하다. 이에 따라 개원의의 공급이 목표치의 200%를 초과하는 과잉공급지역에서는 지금까지 권유 조항이었던 개원의 매수를 의무화할 예정이다(SVR, 2014: 401~402).

2) 입원진료

병원부문의 가장 일반적 문제는 오래 전부터 관측된 주정부의 병원에 대한 투자지원 부족이다. 2012년 기준으로 전체 병원 중 35% 이상이 자금 부족에 시달리며, 전체 병원 중 13%는 파산 위험에 처해 있다(Reifferscheid et al., 2015: 6). 특히, 운영주체별로 그 상황은 상당히 차이가 난다. 민영병원의 경우는 3% 정도가 파산 위험에 처해 있는 반면 공공병원의 경우는 병원의 약 25%가 파산 위험에 처해 있다. 필요한 기술 장비에 대한 투자를 위해서는 운영비용을 투자 목적으로 전용해야 하는 경우도 생겨났다. 그러나 이와 같은 비용의 전용이 생기는 경우 환자진료에 차질을 유발할 수도 있어 병원의 투자재원 부족은 심각한 문제로 부각되었다. 보건의료 전문위원회는 병원 분야의 이원화되어 있는 재정조달 방식을 일원화할 것을 이미 여러 차례 권고했다(Reifferscheid et al. 2015: 6).

지난 25년 동안 병원부문의 병상 수는 약 16만 5천 개가 감소했지만 여전히 독일의 병상 수는 2013년 기준 OECD 평균인 인구 1천 명당 4.8개보다 현저하게 많은 8.3개이다. 그리고 동시에 병상가동률은 77.3%로 OECD 평균수준에 이른다. 공급자 유인에 따른 과잉 입원 진료에 대한 우려가 높다. 이미 연방정부와 주정부는 전담팀을 구성하여 병원부문의 개혁안 작업에 착수하였다. 다음은 전담팀이 제시한 병원개혁 2015년의 내용이다(BMG, 2014: 1~2).

첫째, 주정부의 병원계획 수립에 질 관리를 법제화할 예정이다. 주정부는 질관리 계획을 효과적으로 지원하고, 이를 위해 공동연방위원회는 품질관리 지수를 개발하여 이를 병원계획 수립에 활용할 수 있도록 할 예정이다. 환자가 병원의 질에 대해 더 잘 파악할 수 있도록 질 보고서는 이해하기 쉽고 투명하게 발간할 예정이다. 또한 서비스의 질에 따라 차등(가산액/차감액)하여 수가를 지급할 예정이다. 한편, 희귀질병 진료를 위한 시설 또는 기술적, 인적 조건 때문에 진료가 집중되어야 하는 경우에는 이에 대한 기본 수가에 가산액을 지급할 예정이다.

둘째, 연방과 주정부는 공동으로 병원의 운영비용을 합리적으로 재정지원하는 방안을 모색 중이다. 운영원이 조사 대상 대표 병원그룹의 재선정, 재료비 산정 재검토 등 DRG에 실제 운영원가를 반영하기 위한 조치를 취하고 있다. 또한 적정 진료량 및 진료의 질을 확보하기 위한 각종 수단을 개발하여 수가에 반영하는 조치를 취하고 있다.

셋째, 병원에서의 간병 수요를 충족시키기 위해 이미 6억 6천만 유로 규모의 간병인력 지원프로그램(3년)을 결정하였다. 치매, 장애, 기타 간병 욕구 증대에 따른 병원에서의 간병 수요 증가를 충족시키기 위해 연방 보건부 소속의 전문위원회를 통해 2017년까지 DRG, 또는 추가 수가 개발을 추진 중이다.

넷째, 주정부는 앞으로도 병원 투자지원을 계속 맡는다. 현재 임박해 있는 병원부문 구조조정이 효과적으로 이루어지도록 하기 위해 의료보험기금(Gesundheitsfond)에서 5억 유로를 출연하고, 각 주에서 5억 유로를 출연하여 총 10억 유로 규모의 구조조정 펀드를 조성할 예정이다. 이 구조조정 펀드는 입원진료부문의 구조를 개선하기 위해 공급과잉을 축소하고, 병원의 집중화, 병원의 비급성기 시설로의 전환 촉진을 목적으로 한다.

3) 의약품 수급

독일은 약제비 지출의 지속적인 증가 현상이 의약품정책과 밀접한 관련이 있다고 보고 약제비를 더욱 효과적으로 관리할 수 있는 방안을 고민 중이다. 즉, 전문가들은 약제비 지출 중에서도 유사신약에 대한 지출 비중이 높다는 데 의견을 모은다. 의료기술의 발달로 향후에도 신약의 출시는 계속 증가할 것으로 예상되므로 이에 대한 지출관리 방안이 모색되고 있다

(SVR, 2014: 39~43).

특히, 공적의료보험 급여 결정에서 신약에 대한 비용-편익 분석 정보 활용의 필요성이 강조된다. 따라서 2011년부터 실시 중인 신약에 대한 추가 편익 사전평가제도를 보완 중이다. 보건의료 전문위원회는 의약품에 대한 비용편익 분석을 의약품 가격 결정에도 활용할 것을 권고한다. 또한 비용편익 분석을 의료품질·경제성 연구원(IQWiG)에 독점적으로 맡길 것이 아니라 분석의 다양화도 시도할 것을 권고한다. EU 차원에서 비용편익 평가의 조화를 시도하는 것도 고려된다. 나아가 현재 2011년 이후 시판되는 신약에 적용하는 사전평가제도를 그 이전에 시장에 진입한 신약들에 대해서도 적용할 것, 입원진료에 사용되는 의약품에 대해서도 적용할 것을 권고한다.

둘째, 계약의사의 의약품 처방행태는 약제비 관리에 있어 중요한 이슈이다. 특히, 약제비 상승의 주요 원인으로 분석되고 있는 동일 의약품 내 처방행태(의약품 포장 중 대형 크기와 대형 용량 처방 등)를 통제하기 위한 경제성 감사(Wirtschaftlichkeitsprüfung) 제도와 관련하여 많은 논란이 있다. 보건의료전문위원회는 의사그룹별 산정기준을 조정할 것을 권고한다. 그룹 평균을 10% 초과하거나 미달한 개원의를 제외하고 각 의사그룹별 대표집단을 구성하여 산정기준을 마련하며, 개원의의 운영을 위태롭게 하지 않는 수준으로 반환청구금액의 상한선을 정할 것을 권고한다. 또한 의사의 처방행태를 양적보다는 질적이고 의학적 기준에 기초하여 관리할 것을 권고한다.

셋째, 의약품 공급에서의 병목현상에 대응 방안을 마련하는 일이다. 의약품 부족 현상은 이미 그 발생 빈도가 많아지고, 그 범위도 확대되는 추세에 있다. 제약회사의 생산기반이 저임금 국가로 이동한 것도 여기에 한몫을 한 것이 분명하지만 이 외에도 의약품 수요·공급 차원의 다양한 요인들이 복잡하게 얽혀 병목현상을 일으키는 것으로 알려져 있다. 항암제와 항생제의 공급 부족 위험은 특히 높은 것으로 평가된다. 독일의 연방의약품·의료기기원은 이미 2013년 공급자의 자발적인 정보 제공에 기초하여 공급이 부족한 13개 의약품 목록을 발표한 바 있다.

지금은 의약품 공급이 이루어지지 않을 경우 제약회사와 맺은 할인계약에서 합의한 벌칙의 적용이 가능하다. 그러나 전문가들은 의약품의 안정적인 확보를 위해서는 추가적인 조치가 필요하다는 입장이다. 보건의료 전문위원회는 이러한 의약품 공급 병목 위험에 대비한 다양한 조치들을 제안하고 있다. 현재 연방의약품·의료기기원이 관리 중인 위험 의약품 목록을 의무신고 목록으로 발전시킬 것을 권고한다. 즉, 병목현상이 이미 발생하였거나, 발생 중이거나 또는 예상되는 경우 신고하도록 하여 이를 점검하며, 개원의 병원 등 의사에게 통지하도록 할 필요가 있다는 것이다. 또한 전문의 의사협회와 합동으로 법 규정에 근거하여 생산과 재고용량의 증대를 요구할 수 있는 임상 필수 의약품 목록의 작성도 필요하다는 입장이다. 그리고 지속적인 수급 불균형 위험을 관리하기 위해 연방의약품·의료기기원이 예방적 조치를 위한 위험관리를 담당할 것도 권고한다.

■ 참고문헌

해외 문헌

ABDA(Bundesvereinigung Deutscher Apothekerverbände)(2015). *Die Apotheke:* *Zahlen · Daten · Fakten 2015.* Berlin: Blueprint.

BMG(Bundesministerium für Gesundheit)(2014). *Eckpunkte der Bund-Länder-AG zur Krnakenhausreform 2015.* Berlin: BMG.

_____(2015). *Daten des Gesundheitswesens 2015.* Berlin: BMG.

Kassenärztliche Bundesvereinigung(2015). *Ambulate Versorgung: Herausforderungen und Ziele.* Presseseminar der Kassenärztlichen Bundesvereinigung.

Penter, V. & Augurzky, B. (2014). *Gesundheitswesen für Praktiker System, Akteure, Perspektiven.* Wiebaden: Springer Gabler.

Reifferscheid, A., Thomas, D., Pomorin, N., & Wasem, J. (2015). Strukturwandel in der stationären Versorgung. In Klauber, J., Geraedts, M., Friedrich, J., & Wasem, J. (Hrsg)(2015). *Krankenhaus-Report 2015: Schwerpunkt — Strukturwandel.* Berlin: Schattauer. 3~12.

Robert Koch-Institut(Hrsg)(2015). *Gesundheit in Deutschland. Gesundheitsberichterstattung des Bundes.* Berlin: RKI and Destatis.

Schröder, L. & Wieteck, P. (2010). Pflege im DRG-System Mit PKMS erlösrelevant abrechnen. *Der Newsletter der Deutscher Pflegerat,* 2010(4).

Schwabe, U. & Paffrath, D. (2015). *Arzneiverordnungs-Report 2015.* Berlin-Heidelberg: Springer.

Statistisches Bundesamt(2015a). *Statistisches Jahrbuch 2015.* Wiesbaden: Statistisches Bundesamt.

_____(2015b). *Fachserie 12 Reihe 6.1.1.* Wiesbaden: Statistisches Bundesamt.

_____(2015c). *Fachserie 12 Reihe 6.1.2.* Wiesbaden: Statistisches Bundesamt.

Wild, F. (2011), Gesetzliche Arzneimittelrabatte und ihre Auswirkungen auf die Arzneimittelausgaben. *WIP-Diskussionspaper,* 4/2011.

기타 자료

BMG(Bundesministerium für Gesundheit)(2012. 6. 11). Um jeden Preis? wie Arzneimittelpreise entstehen und wie man sie senken kann. http://www.

bmg. bund. de/themen/krankenversicherung/arzneimittelversorgung/wie-arzneimittelpreise-entstehen. html. 2016. 6. 11. 인출.

BpB(Bundeszentale politische Bildung) (2012a. 3. 1). Arzneimittelpolitik und Arznei-mittelversorgung in Deutschland. http://www. bpb. de/politik/innenpolitik/gesund-heitspolitik/72749/arzneimittelpolitik-und-arzneimittelversorgung. 2016. 6. 11. 인출.

_____(2012b. 3. 1). Das Gesundheitswesen in Deutschland─Ein Überblick. http://www. bpb. de/politik/innenpolitik/gesundheitspolitik/72547/gesundheits-wesen-im-ueberblick. 2016. 6. 11. 인출.

_____(2012c. 3. 1). Die wichtigsten Akteure im deutschen Gesundheitswesen. Teil 2: Verbände und Körperschaften der gemeinsamen Selbstverwaltung. http://www. bpb. de/politik/innenpolitik/gesundheitspolitik/72575/verbaende-und-koerperschaften. 2016. 6. 11. 인출.

_____(2012d. 3. 1). Finanzierung und Vergütung vertragsärztlicher Leistungen in der gesetzlichen Krankenversicherung. http://www. bpb. de/politik/innen politik/gesundheitspolitik/72616/verguetung-vertragsaerztlicherleistungen. 2016. 6. 11. 인출.

_____(2014. 9. 17). Strukturen und Versorgungsformen. http://www. bpb. de/politik/innenpolitik/gesundheitspolitik/170901/ambulante-aerztliche-versorgung. 2016. 6. 11. 인출.

_____(2016a. 6. 11). Ambulante ärztliche Versorgung. http://www. bpb. de/politik/innenpolitik/gesundheitspolitik/170901/ambulante-aerztliche-versorgung. 2016. 6. 11. 인출.

_____(2016b. 6. 11). Stationäre Versorgung. http://www. bpb. de/politik/innen politik/gesundheitspolitik/170902/stationaere-versorgung. 2016. 6. 11. 인출.

Das Informationssystem der Gesundheitsberichterstattung des Bundes(2016. 6. 1). Gesundheitsberichterstattung des Bundes: Gemeinsam getragen von RKI und DESTATIS. http://www. gbe-bund. de/gbe10/pkg_isgbe5. prc_isgbe?p_uid=gastg&p_aid=33096296&p_sprache=D. 2016. 6. 11. 인출.

Statista(2016. 6. 11). Anzahl ambulanter arztlicher Behandlungsfalle und behandelter Personen in Deutschland in den Jahren 2004 bis 2015(in Millionen). https://de. statista. com/statistik/daten/studie/75608/umfrage/von-aezten-behandelte-personen-und-aerztliche-behandlungsfaelle. 2016. 6. 11. 인출.

IQWiG (2016). Das Deutsche Gesundheitssystem. https://www.gesundheitsinf ormation.de/das-deutsche-gesundheitssystem.2698.de.html?part=einleitung-co. 2016. 6. 11. 인출.

KBV (2016). Gesundheitsdaten Zahlen, Trends und Analysen http://www.kbv.de/ html/sitemap.php#dfn4_4/dptj. 2016. 6. 11. 인출.

OECD (2015). OECD Health Statistics 2015 - Frequently Requested Data: Current expenditure on pharmaceutical and other medical nondurables. http://www. oecd.org/els/health-systems/oecd-health-statistics-2015frequently-requested-data.htm. 2016. 6. 11. 인출.

Statistisches Bundesamt (2016. 6. 1). Gesundheit. https://www.destatis.de/DE/ ZahlenFakten/GesellschaftStaat/Gesundheit/Gesundheit.html. 2016. 6. 11. 인출.

SVR (Sachverständigenrat zur Begutachtung der Entwicklung im Gesundheitswesen) (2014). Gutachten 2014 Bedarfsgerechte Versorgung: Perspektiven für lä ndliche Regionen und ausgewählte Leistungsbereiche. http://www.svr-gesundheit.de/index.php?id=465. 2016. 6. 11. 인출.

14

의료보장제도

1. 독일 의료보장체계의 개요

1) 독일 의료보장체계 이해의 필요성

1884년 12월 1일 "생산직노동자를 위한 공적 의료보험"이 도입된 이후 독일의 의료보장체계는 공적 의료보험제도를 중심으로 확립되기 시작하였다. 그 이후 약 130년 동안 독일의 의료보장체계는 공적 의료보험제도의 가입자와 급여 확대, 경쟁과 통합을 통한 조합방식 관리운영체계의 효율화, 재정안정화를 위한 국가 역할 강화 및 민간 의료보험제도에 대한 국가의 관리감독 강화 등의 방향으로 다양한 조정과 개혁을 지속적으로 실시하였다. 그 결과 독일의 의료보장체계는 전 세계에서 가장 오래되었지만, 환경변화에 적극적으로 적응하는 공적 의료보험제도 및 의료보장 차원에서 국가의 관리감독을 받는 민간 의료보험제도 등으로 지속가능한 체계로 구축되었다.

공적 의료보험제도를 중심으로 한 독일의 의료보장체계는 19세기 말 도입 당시부터 관련 국가들에게 영향을 주었다. 1977년 7월 이후 사업장 및 기초지자체를 기준으로 복수의 의료보험조합으로 구성된 한국의 의료보험 제도도 일본을 거쳐 독일의 영향을 받았다. 또한, 2000년 7월 수백 개 의료보험조합을 통합하여 전국 차원에서 1개의 국민건강보험으로 구조개혁을 실시하는 과정에서 발생한 재정안정화 문제를 단기·중기적으로 해결하고자 독일의 다양한 개혁사례를 참고한 것은 이미 잘 알려진 사실이다.

이러한 의미에서 우리나라 의료보장체계의 지속가능성을 논의함에 있어 지난 40여 년 동안 실시된 독일 의료보장체계의 지속적인 개혁과정을 분석하고 우리나라에 적용될 수 있는 시사점을 찾는 것은 의미 있는 작업이라고 할 수 있다. 이를 위하여 이 장에서는 먼저 공적 의료보험과 민간 의료보험으로 구조화된 독일의 의료보장체계 전체 구조를 분석하고, 지난 1970년대 후반부터 실시된 독일의 공적 의료보험제도를 중심으로 한 의료보장체계의 개혁과정을 논의한 후, 우리나라 의료보장체계의 지속가능성을 모색하는 데 독일 사례가 주는 시사점을 찾고자 한다.

2) 독일 의료보장체계의 구조

독일 의료보장체계의 중심축인 '공적 의료보험'(GKV)은 1884년 도입시기부터 현재까지 독일의 전체 국민, 또는 독일에 거주하는 모든 사람들을 대상으로 한 보편적 공적 의료보험제도는 아니다. 국가가 의료보장 차원에서 공적 의료보험제도를 통해 사회적으로 보호해야 할 대상자는 일정소득 미만의 임금 근로자와 그 가족이라는 것이 오늘날까지 고수하는 독일 의료보험제도의 기본 원칙 중 하나이다. 이러한 의미에서 독일에서 국가가 공적 의료보험제도로 보호하고자 하는 대상자는 법률로 규정한 연간 일정소득 미만의 생산직 근로자 및 산업화 추진을 위하여 국가가 전국차원에서 관리하고 보호해야 하는 철도 종사자와 광부에서 시작하여 그 다음으로는 도시

지역 수공업자, 일정소득 미만의 사무직 근로자, 농어업인, 노령연금 생활자, 대학생 등으로 확대되었다.

반면에, 법률로 규정된 연간 일정소득 이상의 고소득 근로자, 자영업자인 전문직 종사자, 예술가와 언론인, 도시지역 자영자, 공무원은 공적 의료보험제도의 대상자가 아니다. 이들은 공적 의료보험에의 강제가입이 면제되기 때문에, 직종별로 자체 공제조합 방식의 의료보험제도를 조직하여 운영하거나, 각 개인이 개별적으로 혹은 고용관계를 기반으로 '민간 의료보험'(PKV)에 단체가입함으로써 의료보장체계에 편입된다.[1] 민간 의료보험은 공적 의료보험과 달리 피부양자를 인정하지 않기 때문에, 가입자의 비경제활동 배우자와 자녀도 민간 의료보험에 개인으로 가입해야 한다. 이러한 의미에서 독일 민간 의료보험은 금융산업의 차원뿐만 아니라, 공적 의료보험과 대체적 및 보완적 관계로 연결된 의료보장차원에서 국가의 관리감독을 받는다.

또한, 공적 의료보험이나 민간 의료보험에 가입되지는 않았으나, 의료보장체계에서 공공부조 수급자, 연방원호법에 의한 전쟁피해보상연금 수급자, 교도소 수감자 등과 같은 인구집단이 있다.

이에 따라, 독일 의료보장체계는 대상자를 기준으로 다음과 같은 세 가지 축으로 구성된다(VDEK, 2015). 첫 번째 축인 '공적 의료보험'(GKV)은 2014년 말 기준 약 8,129만 8천 명의 독일 전체 거주민 중에서 86.9%인 7,064만 6천 명에게 의료보장을 제공한다. 두 번째 축인 '민간 의료보험'은 독일 거주민의 10.9%인 883만 4천 명에게 의료보장을 제공한다.[2] 개

---

[1] 의사나 약사들은 자체적으로 의료보험제도를 운영하는 반면, 예술가와 언론인들은 국가의 보호와 관리감독을 받는 예술가언론인 사회보험(KSV)을 구성하여 의료보험과 노령연금보험을 운영한다. 반면에, 연방정부 및 주정부 공무원은 연방정부와 주정부가 고용주로서 자신이 고용한 공무원을 민간 의료보험(PKV)에 단체로 가입시켜 의료보장을 제공한다. 그 외에 고소득 근로자나 자영자들은 개인적으로 민간 의료보험에 가입한다.

〈표 14-1〉 독일의 의료보장체계(2014년)

구분	I. 공적 제도		II. 민간 제도
	1. 공적 의료보험[1]	3. 기타 공적 의료보장	2. 민간 의료보험[2]
대상자	• 의무가입 소득상한선 미만의 연간 근로보수를 받는 다양한 직종의 근로자 • 노령연금생활자 • 대학생 • 임의가입자 등	• 공공부조 수급자 • 연방원호법에 의한 전쟁피해보상연금 수급자 • 교도소 수감자 • 징병제에 의한 의무 군복무자 등	• 공적 의료보험 의무가입 소득상한선을 초과하는 소득을 가진 민간 경제활동 종사자, 연금생활자 및 그들의 피부양자 • 연방정부 및 주정부 일반 공무원 및 국방·치안담당 특수직역공무원 등
프로그램	• 1차 의료보험조합(125개 조합) - 지역 의료보험조합: 11개 - 직장 의료보험조합: 106개 - 수공업자 의료보험조합: 6개 - 광산-철도-해운 보험조합: 1개 - 농업인 의료보험조합: 1개 • 2차 의료보험조합(6개 조합) BARMER GEK, TK, DAK, KKH, HEK, hkk	(개별 법률에 근거) **연방정부, 주정부,** **기초지자체가 비용 부담**	• 49개 민간 의료보험업체 - 18개 상호보험조합 (가입자 51.9%) - 31개 주식회사 (가입자 48.1%)

주: 1) 2014년 기준 독일 전체인구 8,129만 8천 명, 약 13만 명(0.1%)의 무보험자.
  2) 공적 의료보험은 BMG(2016) 및 VDEK(2015), 민간 의료보험은 PKV(2015) 참조.

별 법률에 근거한 연방정부·주정부의 다양한 의료보장 프로그램인 세 번째 의료보장체계 축은 2014년 말 기준 독일 거주민의 2.1%인 168만 8천 명을 보호한다.

---

2) 민간 의료보험 가입자들은 2개의 범주로 구분된다. 첫 번째 집단은 공적 의료보험 의무가입 소득상한선을 초과하는 소득을 가진 민간 경제활동 종사자, 연금생활자 및 그들의 피부양자들인 456만 5천 명이다. 두 번째 범주는 연방정부 특수직 공무원 및 공무수행자를 위한 연방·주정부의 공적 의료보장제도 대상자들의 약 50~80%가 민간 의료보험에 가입하고 있으며, 그 규모가 나머지 426만 9천 명이라고 할 수 있다(GKV-Spitzenverband, 2016; PKV, 2015). 이에 따라, 2014년 민간 의료보험 가입자 규모는 공적 의료보험제도를 기준으로 한 잔여범주 개념의 통계상으로는 독일 거주민의 5.6%인 456만 5천 명이지만, 공무원 등이 가입하면서 실제 가입자는 전체 독일 거주민의 10.9%인 883만 4천 명이 된다.

2. 독일 공적 의료보험제도

1) 공적 의료보험의 가입자 범주

1884년 공적 의료보험제도가 처음 도입된 이후 누가 어떤 공적 의료보험 조합의 강제가입 대상자가 되는가는 1911년에 사회보험에 관한 기존의 다양한 법 규정들을 하나로 정리한 〈제국보험법〉(RVO)이라는 법률에 따라 '지역', '사업장' 및 '직종'을 기준으로 구분된다. 먼저, 공적 의료보험에 강제로 가입해야 하는 의무가입자를 규정하는 가장 중요한 기준은 근로자들을 대상으로 매년 연방보건부가 결정하여 고시하는 이들의 연간 근로소득의 규모, 즉 연간 근로보수 금액을 기준으로 공적 의료보험의 강제적용 대상 여부를 결정하는 '의무가입 소득상한액'(Versicherungspflichtsgrenze)이다. 2016년 공적 의료보험의 '의무가입 소득상한액'은 가입자의 세전 연간 소득 56,250유로, 월 소득 4,687.5유로이다. [3]

2014년 7월 기준 6개 범주의 공적 의료보험조합은 7,032만 4천 명에게 의료보장을 제공한다. 이 중에서 보험료를 납부하는 가입자는 75.2%인 5,290만 8천 명이다. 가족보험으로 보험료는 납부하지 않지만, 가입자와 동일한 의료보장이 제공된 피부양자는 나머지 24.8%인 1,741만 5천 명이다. [4] 가입자 중 공적 의료보험 '의무가입 소득상한선' 미만의 연간 근로보수를 받으며 현재 경제활동을 하고 있는 의무가입자는 58.1%인 3,075만

---

[3] 또한, 이들 가입자들이 매월 납부해야 하는 보험료 규모는 미리 정해진 보험료율로 산정된다. 하지만 모든 근로보수가 보험료 산정 대상이 되는 것이 아니라 '보험료 산정상한액'(Beitragsbemessungsgrenze)까지의 근로보수가 보험료 부과대상이 된다. 2016년 1월 1일부터 적용되는 공적 의료보험의 '보험료 산정상한액'은 '의무가입 소득상한액'의 약 90% 수준인 세전 연간 근로소득 50,850유로, 월 근로소득 4,237.5유로이다.

[4] 2014년 말 기준 한국 국민건강보험의 가입자와 피부양자 비율의 경우, 전체 직장 피보험자는 3,560만 2천 명 중 가입자는 42.5%, 피부양자는 57.5%이다.

<표 14-2> 공적 의료보험의 조합, 피보험자, 가입자 및 피부양자 규모

(단위: 개, 천 명, %)

구분	의료보험 조합	피보험자		가입자	피부양자
		규모	비율		
전체 공적 의료보험 전체	132	70,324	100.0	52,908	17,415
1차 의료보험 조합	126	43,919	62.4	32,797	11,122
지역 의료보험(AOK)	11	24,361	34.6	18,320	6,041
직장 의료보험(BKK)	107	11,653	16.6	8,502	3,152
수공업자 의료보험(IKK)	6	5,448	7.7	4,021	1,426
광산-철도-해운 보험조합(KBS)	1	1,734	2.5	1,423	311
농업인 의료보험(LKK)	1	723	1.0	531	192
2차/대체 의료보험(EK)	6	26,405	37.5	20,111	6,293

주: 2014년 7월 기준 자료.
자료: VDEK, 2015.

1천 명이며, 노령연금 수급자인 의무가입자는 31.4%인 1,662만 4천 명, 나머지 10.5%인 553만 4천 명은 임의가입자이다.

공적 의료보험 가입의 두 번째 단계는 수백 개의 공적 의료보험조합들 중 어떤 조합에 가입해야 하는가이다. 공적 의료보험은 6개 범주의 의료보험조합들이 보험자로서 관리운영을 담당하고 있다. 6개 범주의 의료보험조합은 먼저 2개의 범주로 구분된다. 1884년 '생산직 근로자를 위한 공적 의료보험'이 도입될 당시 '사업장', '직종', '지역' 등을 기준으로 결성된 의료보험조합들은 '1차 의료보험조합'이며, 이 범주에 해당되지 않지만, 조합원들에게 의료보험을 제공하는 공제조합들을 1차 의료보험조합들을 대신한다는 의미에서 '대체 의료보험조합', 또는 '2차 의료보험조합'이라고 부른다. '2차/대체 의료보험조합'은 1911년 '사무직 근로자 사회보험'이 도입되면서 확대되었고, 가입자, 보험료, 급여, 운영지역의 범위 등에서 '1차 의료보험조합'과는 다른 규정들이 적용되었다. 하지만, 1980년대 이후 공적 의료보험조합들 간 경쟁 강화를 통한 관리운영의 효율화를 추구하는 일련의 개혁과정에서 특정 공적 의료보험조합으로의 의무가입을 해제하는

1993년 개혁에 따라 1997년부터는 제한적이나마 가입자의 공적 의료보험 조합 선택의 자유가 보장되었다. 또한, 2009년부터는 서로 다른 범주의 공적 의료보험조합 간 합병이 가능하게 됨으로써 1차/대체 및 사업장/직종/지역으로 구분되는 의무가입이 공식적으로는 완전히 폐지되었다.[5]

이에 따라, 현재 1차/대체 및 사업장/직종/지역 등에 따른 공적 의료보험조합 범주 구분은 과거와 달리 큰 의미는 없지만, 공적 의료보험조합의 6가지 범주는 원칙적으로 다음과 같은 기준으로 의무가입자를 구분한다. 첫째, '일반 지역 의료보험조합'(AOK)의 가입자는 의료보험조합을 구성하지 못하는 소규모 사업장의 근로자, 지역 주민 및 공적 의료보험 의무가입 대상자들 중 다른 공적 의료보험조합의 미가입자이다. 둘째, '직장 의료보험조합'(BKK)의 가입자는 상시 1천 명 이상을 고용하는 일반 사업장의 근로자들이다. 셋째, '수공업자 의료보험조합'(IKK)의 가입자는 상시 1천 명 이상을 고용하는 수공업 사업장의 근로자들이다. 넷째, '농민 의료보험조합'(LKK)의 가입자는 자영농민 및 그 가족종업원이다.[6] 다섯째, '광산-철도-해운 보험조합'(KBS)은 해상선박 승무원을 위한 '선원 사회보험', 광산

---

5) 공적 의료보험조합들은 연방정부·주정부의 보건의료담당 부서 및 연방보험청(BVA)의 감독을 받지만 가입자, 보험료, 급여 등에서 독자적으로 관리운영을 담당하는 공법인이다. 공적 의료보험조합의 규모는 관리운영의 효율화와 합리화 과정을 겪으면서 점차 감소했다. 공적 의료보험조합 전체 규모는 1931년 6,985개에서 1970년 1,815개, 1980년 1,319개, 1990년 1,147개로 지속적으로 감소하다가, 1997년부터 가입자의 보험자 선택의 자유가 보장되면서 1995년 960개, 1996년 642개, 1997년 554개로 급격하게 감소했다. 또한 2009년부터는 서로 다른 범주의 공적 의료보험조합 간의 합병도 가능해지면서 감소가 지속적으로 이루어졌다. 그 결과, 2016년 1월 기준으로 118개의 공적 의료보험조합이 존재한다. 1994년부터 2016년 1월까지 범주별 공적 의료보험조합의 규모는 '일반 지역 의료보험조합'은 236개에서 11개, '직장 의료보험조합'은 706개에서 93개, '수공업자 의료보험조합'은 165개에서 6개, '농민 의료보험조합'은 21개에서 1개, '광산-철도-해운 보험조합'은 3개에서 1개, '대체 의료보험조합'은 15개에서 6개로 감소했다.
6) 자영농민이 고용한 농업노동자는 지역 의료보험조합(AOK)에 가입된다.

업에 종사하는 생산직과 사무직 근로자들을 위한 '연방 광산 근로자 사회보험' 및 '독일 철도 종사자들을 위한 사회보험'이 2005년 10월 1일자로 합병하여 탄생했으며 공적 의료보험 분야의 업무도 수행한다. 여섯째, '대체의료보험조합'(EK)은 공적 의료보험 강제가입 기준인 '의무가입 소득상한액' 미만의 근로소득을 가진 근로자들 중 상대적으로 고소득 근로자를 대상으로 한다. '생산직 근로자' 및 '사무직 근로자'를 분리하여 각각의 의료보험조합으로 구분되었던 대체 의료보험조합은 현재는 생산직 및 사무직 근로자 모두를 포괄하는 6개 '대체 의료보험조합'으로 집단화되었다.

독일의 공적 의료보장을 제공받는 전체 피보험자는 2014년 7월 1일 기준 7,032만 4천 명이다. 조합별로 차지하는 비중을 살펴보면, 6개 대체 의료보험조합은 37.5%, 11개 지역 의료보험조합은 34.6%, 107개 직장 의료보험조합은 16.6%, 6개 수공업자 의료보험조합은 7.7%, 1개 광산-철도-해운 보험조합은 2.5%, 1개 농업인 의료보험은 1%를 차지한다.

2) 공적 의료보험제도의 재원

공적 의료보험의 재원은 일반적으로 다음과 같은 세 가지이다. 첫 번째 재원은 조합방식의 관리운영체계에 따라 보험자인 개별 공적 의료보험조합들이 자율적으로 결정한 보험료율에 따라 매월 가입자와 고용주가 동일한 규모로 납부하는 '보험료'이다. 2008년까지 보험료율은 보험자인 개별 공적 의료보험조합들이 독자적으로 결정한 후, 감독관청인 주정부·연방정부 보건담당 부처의 승인을 받았기 때문에, 이론적으로는 공적 의료보험조합 수만큼 서로 다른 보험료율이 존재한다. 이에 따라, 공적 의료보험제도에서 보험료율은 모든 공적 의료보험조합의 보험료율들에 대한 '평균보험료율'로 제시된다. 1970년 8.2%였던 독일 공적 의료보험조합의 '평균보험료율'은 2004년 14.3%까지 증가했다.

공적 의료보험제도에서 보험료와 관련된 기전은 2000년대 중반에 세 차례 변화했다. 먼저, 2005년 7월부터는 가입자와 고용주가 공적 의료보험의 모든 지출에 대한 보험료를 각각 50%씩 부담하던 원칙이 질병 때문에 일을 하지 못하는 기간 동안 임금보전을 위하여 지불하는 현금급여인 '상병

〈표 14-3〉 독일 공적 의료보험의 보험료율 변화

(단위: %)

시기	평균 보험료율	보험료 분담	
		고용주	근로자
1970	8.2	각각 4.10	
1975	10.5	각각 5.25	
1980	11.4	각각 5.70	
1985	11.8	각각 5.90	
1990	12.5	각각 6.25	
1995	13.2	각각 6.60	
2000	13.5	각각 6.75	
2001	13.6	각각 6.80	
2002	14.0	각각 7.00	
2003	14.3	각각 7.15	
2004	14.3	각각 7.15	
2005. 1.~2005. 6.	13.8	각각 6.90	
2005. 7.~2005. 12.	13.8	6.45	7.35
2006	13.4	6.25	7.15
2007	14.0	6.55	7.45
2008	14.0	6.55	7.45

시기	단일 보험료율		보험료 분담[1]	
	일반 보험료율	할인 보험료율	고용주	근로자
2009. 1.~2009. 6.	15.5	14.9	7.3	8.2
2009. 7.~2010	14.9	14.3	7.0	7.9
2011~2014	15.5	14.9	7.3	8.2
2015~2016	14.6	14.0	각각 7.3 근로자 부담의 '추가보험료'[2]	

주: 1) '일반 보험료율' 기준.
　　2) 연방정부가 결정하는 '추가보험료'의 평균 보험료율은 2015년은 0.9%, 2016년은 1.1%.
자료: https://de.wikipedia.org/wiki/Gesetzliche_Krankenversicherung, 2016. 4. 11. 인출.

수당'을 위한 보험료는 가입자가 전액 부담하는 방식으로 변화하였다. 그 결과, 가입자인 근로자가 고용주보다 많이 납부하는 형태로 보험료의 분담 방식이 변경되었다.

두 번째 변화는 2008년 개혁에 따라 2009년부터는 연방보건부가 전국의 모든 공적 의료보험조합들에 적용되는 하나의 보험료율, 즉 '일반 보험료 율'을 법률로 결정하게 된 것이다. '일반 보험료율'은 2005년 7월부터 적용 되던 근로자와 고용주 간 보험료 분담방식이 그대로 적용된다.

〈표 14-4〉독일 공적 의료보험제도의 수입 출처 및 규모

(단위: 억 유로)

연도	전체 수입 총액	보험료 수입			연방정부 보조금[3]	위험균등화 프로그램
		총액	보험료[1]	RSA 제외 기타 금액[2]		
2004	1,468.9	1,442.7	1,401.1	41.6	10	16.2
2005	1,496.6	1,457.4	1,402.5	54.9	25	14.2
2006	1,565.5	1,499.3	1,421.8	77.5	42	24.2
2007	1,608.0	1,560.6	1,499.6	60.9	25	22.4
2008	1,673.7	1,625.2	1,558.8	66.3	25	23.5
2009	1,794.0	1,722.0	12.0	1,710.1	72	
2010	1,913.0	1,756.0	17.5	1,738.5	157	
2011	1,990.7	1,837.7	17.5	1,820.2	153	
2012	2,036.9	1,896.9	11.9	1,885.0	140	
2013	2,073.5	1,958.5	10.5	1,948.0	115	
2014	2,147.4	2,042.4	9.6	2,032.8	105	
2015[4]	2,239.2	2,124.2	9.8	2,114.4	115	

주: 1) 2009년부터 보험료는 연방보험청으로 이전되어 '의료보험기금'으로 각 의료보험조합으로
   이전됨. 이에 따라, 2009년부터의 보험료 수입은 의료보험기금으로부터 이전되는 보험료 수입이
   아니라, 각 의료보험조합이 독자적으로 부과하는 추가적인 보험료의 수입임.
   2) 공적 의료보험조합 간 가입자 구성의 차이에 따른 '위험균등화 프로그램'(RSA)에 의한 공적
   의료보험조합 간 재정이전이 2009년부터는 거의 유사한 원리에 기초하여 '의료보험기금'
   (Gesundheitsfonds)에 의한 재정이전으로 전환됨.
   3) 연방정부 보조금 관련 법률은 2011년 〈예산법〉, 〈사회보험안정화법〉, 경기부양 패키지 II, 〈공적
   의료보험 경쟁력강화법〉, 〈보건의료현대화법〉, 2013년 〈예산법〉, 2014년 〈예산법〉임.
   4) 2015년 3월 당시 잠정치.
자료: BMG, 2016.

세 번째 변화는 2009년부터 공적 의료보험제도에서 상병수당 자체를 급여항목에서 제외한 보험료율인 '할인된 보험료율'이 도입된 것이다. 이에 따라 상병수당이 급여로 제공되는 '일반 보험료율'의 경우 가입자가 고용주보다 많은 보험료를 부담하지만, 상병수당이 급여로 제공되지 않는 '할인된 보험료율'의 경우에서는 가입자와 고용주의 보험료 분담비율은 동일하다.

　이와 같은 세 가지 변화 이외에 독일 공적 의료보험제도에서 보험료와 관련한 재정수입기전 근간을 변화시킨 것은 2009년부터 도입된 공적 의료보험제도 보험료 수입 전체에 대한 전국단위의 배분기전인 '의료보험기금'(Gesundheitsfonds)이다. 2008년까지는 개별 의료보험조합이 보험료를 징수하여 지출에 바로 사용하였다면, 2009년부터는 개별 의료보험조합은 연방정부가 결정한 일반보험료율에 따른 보험료를 징수한 후 보험료 수입 전체를 연방정부 부처인 연방보험청(BVA)이 운영하는 '의료보험기금'으로 이전하고, '의료보험기금'은 전국 단위에서 개별 의료보험조합 가입자들의 건강위험을 중심으로 보험료를 분배하게 된다.

　만약, 의료보험기금으로부터 분배받은 보험료수입이 급여비 지출에 충분하지 않은 경우, 공적 의료보험조합은 가입자에 대한 소득조사 없이 월 8유로까지 정액의 '추가보험료'를 가입자에게만 자율적으로 부과할 수 있게 되었다. 하지만, 이와 같은 개별 공적 의료보험조합에 의한 독자적 '추가보험료' 부과는 공적 의료보험조합의 효율적 운영을 통해 '관리된 경쟁'(managed competition)을 유도하는 장치로서, '추가보험료' 부과 시 가입자들이 다른 공적 의료보험조합으로 보험자를 즉시 변경할 수 있는 보험자 선택 자유의 보장과 연계되는 조치이다. 때문에 경쟁이 강화된 상황에서 개별 공적 의료보험조합들이 '추가보험료'를 부과하는 것은 현실적으로 대단히 어려운 상황이다. 7)

---

7) 2014년의 경우, 전체 131개의 공적 의료보험조합들 중 '추가보험료'를 부과한 조합은

'추가보험료' 부과를 둘러싼 개별 공적 의료보험조합의 효율적 운영 및 관리된 경쟁, 가입자의 보험자 선택자유 보장 등이 현실에서는 제대로 작동되지 못하자 독일 연방정부는 새로운 법률 규정으로 이 문제를 해결하고자 했다. 2015년부터 모든 공적 의료보험조합에 동일하게 적용되는 '추가보험료율'을 2015년에는 0.9%, 2016년에는 1.1%로 결정하였고, 이와 함께 '일반 보험료율'에서 가입자와 고용주 간의 보험료 부담 차이를 폐지하였다. 그 결과, 공적 의료보험조합 전체의 '일반 보험료율'은 2015년에는 15.5%, '추가보험료' 0.9% 포함 시 근로자 8.2%, 고용주 7.3%, 2016년의 '일반보험료율'은 15.7%, '추가보험료' 포함 시 근로자 8.4%, 고용주 7.3%가 된다. 이에 따라, 2015년 기준 독일 공적 의료보험의 수입 총액에서 보험료, 즉 공적 의료보험조합이 독자적으로 가입자에게 부과하여 징수하는 추가보험료는 0.43%에 불과하다.

공적 의료보험제도의 두 번째 재원은 공적 의료보험조합 간 가입자의 건강위험에 따른 진료비 지출의 차이를 사전에 보전하는 '위험균등화 프로그램'(RSA)에 의한 '조합들 간 보험료이전'이다. 각 공적 의료보험조합의 가입자는 법률에 따라 특정한 범주의 공적 의료보험조합 가입이 강제되기 때문에 발생하는 개별 의료보험조합 간 진료비 지출의 차이를 사전에 보전하고자 지난 1994년부터 공적 의료보험조합 간 가입자의 위험균등화 프로그램이 시작되었다.

이 프로그램은 가입자의 '성', '연령', '처방의약품 사용' 및 '만성질환관리 프로그램 참여'라는 네 가지 객관화된 지표를 기준으로 실시되었다. 공적 의료보험제도 전체 수입에서 '위험균등화 프로그램에 의한 보험료 이전'의 비율은 대단히 낮다. 2008년 전체 공적 의료보험조합의 수입 총액 중

13%인 17개에 불과하며, 나머지 87%인 114개 조합은 '추가보험료'를 부과하지 않았다 (VDEK, 2015).

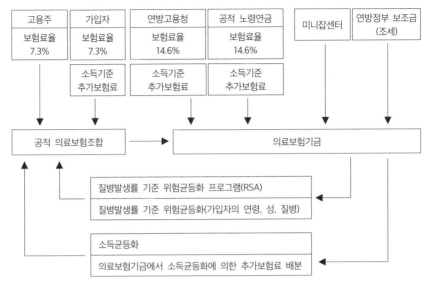

〈그림 14-1〉 독일 공적 의료보험제도의 재원조달체계(2015년)

자료: VDEK, 2015.

'보험료' 수입의 비율이 95.9%이고, '조합들 간 보험료이전' 수입의 비율
은 1.4%에 불과하다.

하지만, 연방보건부가 2008년부터 보험료율을 법률로 결정하고, '의료
보험기금'이 2009년부터 운영하면서 '위험균등화 프로그램에 의한 보험료
이전'은 공적 의료보험제도 전체 수입의 거의 대부분을 차지하게 된다.

즉, 2008년 개혁에 따라 '일반 보험료율'에 기초하여 개별 의료보험조합
이 가입자에게 보험료를 부과하고, 징수한 보험료 수입 전체를 전국 단위
의 기금인 '의료보험기금'으로 이전하고, '연방보험청'는 개별 의료보험조
합에 가입자의 유병률 등 건강/질병상태를 기준으로 하는 '건강위험 기준
위험균등화 프로그램'(Morbi-RSA)을 실시하며, 그 결과와 개별 공적 의료
보험조합의 가입자 규모를 기준으로 하여 '의료보험기금'에 모인 보험료 수
입을 배분하게 된다.[8)]

그 결과, 2008년 공적 의료보험제도 전체 수입에서 95.9%였던 보험료

의 비율이 2015년에는 '추가보험료'만 산정되면서 0.5%로 하락하고, '의료보험기금'이 '건강위험 기준 위험균등화 프로그램'(Morbi-RSA) 결과를 기준으로 개별 공적 의료보험조합에 배분한 금액이 2015년 기준 전체 수입의 94.43%가 된다.

세 번째 재원은 '연방정부 보조금'이다. 독일 공적 의료보험제도에서 모성보호와 관련된 다양한 보건의료서비스는 국가의 보건의료정책 차원에서 제공되어야 했지만, 공적 의료보험이 대신 제공하기 때문에 이를 국가가 조세로 보전해 주는 방식이다. '연방정부 보조금'의 성격과 규모는 2009년 이후 완전히 변화하였다. 즉, 공적 의료보험제도에 지원되는 연방정부 보조금은 협의의 모성보호 관련 급여비 지출에서 가족보험으로 그 성격이 바뀌었다. 피보험자 자격을 갖는 미성년 자녀들에게 광의의 지원을 하기 위한 재원으로 전환된 것이다.

2007~2008년까지 25억 유로였던 '연방정부 보조금'은 2009년 72억 유로로 크게 증가하고, 2010년에는 사상 최고치인 157억 유로로 증가하였으며, 그 후 지속적으로 감소하다가 2013년 예산법 및 2014년 예산법에 의하여 다시 증가하기 시작하였다. 그 결과, 독일 연방정부가 공적 의료보험제도에 지원하는 보조금의 규모는 2016년에는 140억 유로이며, 2017년에는 145억 유로로 예상된다. 이에 따라, 2015년 기준 독일 공적 의료보험제도의 수입 총액 중 연방정부 보조금의 비율은 5.14%가 된다.

---

8) 이에 따라, 개별 공적 의료보험조합 간 가입자의 건강위험을 기준으로 한 위험균등화 프로그램은 기존의 "내부적 위험균등화 프로그램에서 외부적 위험균등화 프로그램으로 전환"(Wassem, 2007)된다. 그 결과, 2009년 기준으로 독일 공적 의료보험제도는 관리운영 관점에서는 조합방식이 형식적으로 계속 유지되지만, 보험료율 결정과 보험료 수입의 배분 등에서는 보험자의 권한이 연방정부로 이전되었다.

3) 공적 의료보험제도의 급여비 지출

독일 공적 의료보험의 급여비 지출은 2004년 총지출액의 93.6%인 1,311억 6천 만 유로에서 2015년에는 94.6%인 2,020억 7천 만 유로로 54.1% 증가했다. 전체 급여비 지출부문 중 비중이 상대적으로 크고, 증가율이 높았던 부문은 병원입원, 외래진료 처방의약품 및 의과 외래진료이다. 이 세 부문을 보다 자세히 분석하면, 먼저 1991년부터 2013년까지 독일 전체에서 병원의 규모는 2,411개소에서 1,996개소로 17.2%, 병상규모는 66만 6천 병상에서 50만 1천 병상으로 24.8%, 전체 입원진료일도 2억 400만 일에서 1억 4,100만 일로 30.9% 감소했다. 반면에, 같은 기간 동안 병원 입원진료의 규모는 1,400만 건에서 1,900만 건으로 35.7%, 병원 입원진료의사

〈표 14-5〉 독일 공적 의료보험제도의 급여비 지출

(단위: 억 유로)

연도	지출총액	급여비 지출										
		총액	의과외래진료	치과진료[1]	처방의약품	치료제·보조제	병원입원진료	상병수당	환자이송료	재활	모성보호	예방,자조활동
2004	1,401.8	1,311.6	218.6	112.6	211.3	88.9	471.7	63.7	26.1	24.0	22.4	10.9
2005	1,438.1	1,348.5	219.5	99.3	246.7	89.0	485.3	58.7	28.4	23.8	22.0	12.1
2006	1,480.0	1,386.8	226.9	103.6	251.0	90.2	495.3	57.1	29.1	23.4	23.9	13.6
2007	1,539.3	1,444.3	235.5	106.9	270.4	94.3	504.2	60.2	30.4	24.5	24.7	21.4
2008	1,609.4	1,509.0	246.5	109.3	283.9	98.6	521.4	65.8	32.6	24.8	27.5	23.0
2009	1,707.8	1,604.0	263.9	112.2	300.0	102.8	554.1	72.6	35.0	24.4	30.2	23.3
2010	1,759.9	1,649.6	270.9	114.2	301.8	105.9	581.3	78.0	36.0	23.9	29.6	16.0
2011	1,796.1	1,687.4	276.3	116.5	289.8	111.7	599.5	85.3	38.1	23.6	29.9	17.3
2012	1,842.5	1,731.5	282.5	117.5	292.0	114.6	616.6	91.7	40.1	24.2	20.4	16.9
2013	1,944.9	1,827.5	314.3	126.2	300.9	120.6	641.9	97.6	43.4	25.0	32.3	16.2
2014	2,055.4	1,936.3	334.3	130.3	333.6	131.3	678.6	106.2	45.1	25.7	33.6	17.7
2015[2]	2,135.3	2,020.7	349.6	134.8	348.7	136.6	703.8	112.3	49.1	26.0	34.6	26.0

주: 1) 의치 비용 포함.
　　2) 2016년 3월 기준 잠정치.
자료: BMG, 2016.

규모도 11만 8천 명에서 18만 1천 명으로 53.3% 증가하면서, 공적 의료보험에서 입원진료비 지출액은 계속 큰 폭으로 증가하고 있다(VDEK, 2015).

의약품 처방규모는 1992년 10억 6,300만 건에서 2013년 6억 4,500만 건으로 39.3% 감소했지만, 처방 1건당 의약품 금액은 같은 기간 동안 16.1유로에서 2013년 48.9유로로 203.7% 증가하면서, 전체 처방의약품비 지출규모는 1992년 171억 유로에서 2013년 315억 유로로 84.2% 증가했다(VDEK, 2015). 또한, 의과 외래진료의사의 규모가 2004년 13만 3천 명에서 2014년 14만 8천 명으로 11.3% 증가했지만, 의과 외래진료비 지출액은 같은 기간 동안 218억 6천 만 유로에서 2014년 334억 3천 만 유로로 더 큰 폭인 52.9%가 증가했다.

반면에 의과 외래진료의사 1명당 외래진료를 받는 전체 인구규모는 같은 기간 동안 269명에서 221명으로 17.8% 감소하였다(KBV, 2015). 이에 따라 병원 입원진료의 경우 의사와 진료건의 증가, 외래진료 처방의약품의 경우 처방전 1장당 처방의약품비의 증가, 의과 외래진료의 경우 의사와 진료 1건당 진료비의 증가가 공적 의료보험 전체 급여비 지출증가를 유도했다.

전체 급여비 중 각 부문 지출비율은 2015년 기준 병원 입원진료 34.8%, 의과 외래진료와 처방의약품 각각 17.3%, 치과진료 6.7%, 치료제・보조제 6.8%, 상병수당 5.6%로 지난 10년간 큰 변화가 없었다. 이는 그동안 국가와 의료보험조합이 각 부문별 지출액과 증가율을 전체 급여비 지출금액과 증가율을 기준으로 사전 및 사후에 조정・관리한 결과라고 할 수 있다.

4) 민간 의료보험

독일 의료보장체계의 두 번째 축인 민간 의료보험(PKV)은 크게 '대체형'과 '보충형'으로 구분된다. 첫 번째 범주인 '대체형 민간 의료보험'은 의료보장 차원에서 공적 의료보험에 가입하지 못하거나, 또는 가입하지 않은 거주민을 위한 민간 의료보험이다. '대체형 민간 의료보험'의 가입자는 1975년 417만 6천 명에서 1990년 661만 4천 명, 2000년 719만 4천 명, 2014년 말에는 전체 거주민의 10.9%인 약 883만 4천 명으로 증가하였다(PKV, 2005; PKV, 2015).[9]

'대체형 민간 의료보험' 가입자 규모가 1975년부터 2014년까지 40년 동안 약 111.5% 증가한 것은 공적 의료보험제도에 대한 두 차례 가입자범위 개혁의 결과이다. 첫째, 1971년 1월 1일부터 공적 의료보험 '의무가입 소득 상한선'이 공적 노령연금보험의 75% 기준으로 하향 조정되면서 활성화되기 시작했다. 즉, 사회보장의 관점에서 공적 노령연금 보험제도보다는 공적 의료보험제도에서 국가의 책임대상자 범위가 의무가입 대상자 범위의 상대적 축소로 하향 조정되면서, 공적 의료보험 의무가입 소득상한선을 초과하는 근로소득을 가진 고소득 근로자들은 '대체형' 민간 의료보험에 가입할 수 있게 된 것이다. 둘째, 1989년 1월 1일부터 자영자 및 공무원(연방정부·주정부)은 소득수준과 관계없이 '대체형' 민간 의료보험에의 가입이 가능해지면서, 공무원의 경우 거의 민간 의료보험에 가입되었다.

민간 의료보험의 두 번째 범주인 '보충형 민간의료보험'은 공적 의료보험이나 '대체형 민간 의료보험'이 일반적으로는 제공하지 않는 급여를 제공받고자 하는 공적 의료보험 피보험자 및 '대체형 민간 의료보험' 가입자가 추가적으로 가입하는 민간 의료보험이다.[10] '보충형 민간 의료보험'의 경우 '대체형'과 달리 누구나 복수로 가입할 수 있기 때문에, 중복으로 산정된

---

9) 민간 의료보험은 공적 의료보험과 달리 피부양자를 인정하는 가족보험이 아니라 '개인'보험이기 때문에 가족구성원 한 명이 각각 한 명의 가입자로서 민간 의료보험에 가입해야 한다. 2014년 말 당시 약 883만 4,000명의 '대체형 민간 의료보험' 가입자들을 구분하면 다음과 같다(PKV, 2015). 먼저, 일반 민간인 가입자는 51.7%이며, 연방 및 주정부의 민간 의료보험 보험료를 지원받는 공무원 등이 48.3%이다. 또한, 전체 '대체형 민간 의료보험' 가입자들 중 성인 남성은 50.7%, 성인 여성이 31.3%, 미성년자인 어린이와 청소년이 18%이다.

<표 14-6> 독일의 민간 의료보험 가입자

(단위: 천 명)

구분		2004	2014
'대체형' 민간 의료보험		8,259	8,834.4
'보충형' 민간 의료보험		16,141	24,342.4
	외래진료	6,181	7,731.7
	병원 입원진료	4,804	5,870.8
	치과진료	-	14,411.0

주: '보충형' 민간 의료보험은 한 개인의 복수 가입이 가능하기 때문에 중복 산정된 규모임.
자료: PKV, 2005, 2015.

가입자 규모는 1980년 366만 3천 명, 1990년 517만 8천 명, 2000년 750만 명, 2014년 2,434만 2천 명이다(PKV, 2005; 2015). '보충형 민간 의료보험' 가입자들을 구분하면, 2014년 말 당시 외래진료 보충보험 가입자는 773만 2천 명, 병원 입원진료 보충보험 가입자는 587만 1천 명, 치과진료 보험 가입자는 1,441만 1천 명이다. 11)

2014년 독일 민간 의료보험의 급여비 지출총액은 239억 1천 만 유로로, 공적 의료보험의 급여비 지출총액의 약 12.3% 수준이다. 2005년부터 2014년까지 공적 의료보험의 급여비 지출총액이 43.6% 증가한 것과 유사하게, 같은 기간 동안 민간 의료보험의 급여비 지출도 42.7% 증가하였다. 이 기간 동안 민간 의료보험의 급여비 지출증가를 부문별로 구분하면, 외래진료비는 38.9%, 외래진료 처방의약품비는 50.7%, 일반 병원 입원진료는 53.4%가 증가하였다. 지난 10년 동안 공적 의료보험의 부문별 급여

10) 2014년 기준으로 49개 민간 의료보험사들은 '대체형' 및 '보충형' 민간의료보험'을 동시에 제공하며, 법적 형태는 '상호보험조합' 및 '주식회사'로 구분된다. 18개 상호보험조합에 대체형 민간의료보험 가입자의 51.9%, 31개 주식회사에 나머지 48.9%가 가입했다 (PKV, 2015).

11) 지난 40여 년 동안 지속되는 의료보장체계 개혁의 결과 공적 의료보험의 다양한 급여항목, 특히 치과진료 항목들은 계속적으로 제한되는 상황에서 '보충형' 민간 의료보험의 가입자는 지속적으로 증가했으며 앞으로도 증가할 가능성이 있다(PKV, 2005; 2015).

<표 14-7> 민간 의료보험의 급여비 지출현황

(단위: 100만 유로)

구분	2005	2010	2014
총액	16,750.4	21,216.7	23,910.4
의과 외래진료	7,382.8	9,556.7	10,742.3
의사진료 보수	4,164.0	5,238.9	5,783.8
처방의약품	1,798.0	2,406.3	2,709.9
병원 입원진료	5,203.8	6,425.8	7,084.9
일반 병원 입원진료	2,628.5	3,458.2	4,031.9
진료의사 선택	1,942.2	2,293.0	2,322.7
1~2인실 병실 선택	506.9	525.9	554.4
추가 병원 입원일당 수당	58.7	51.1	53.3
치과진료	2,436.9	3,214.4	3,935.9
상병수당	717.9	840.2	874.5
병원 입원일당 수당	508.9	504.3	487.2

자료: PKV, 2015.

비 지출증가와 비교할 경우, 공적 의료보험은 의과 외래진료, 민간 의료보험은 일반 병원 입원진료의 급여비 지출규모가 다른 부문보다는 상대적으로 컸다고 할 수 있다.

3. 독일 의료보장체계의 지속적인 개혁

1) 독일 의료보장체계 개혁의 기본 방향

1970년대 후반부터 현재까지 독일은 공적 의료보험제도의 재정불안정성 문제를 해결하고 지속가능한 의료보장체계를 재정립하기 위해 다차원적·복합적이고 상호 연결된 연속적 개혁을 진행 중이다. 공적 의료보험을 중심축으로 구조화된 독일 의료보장체계의 개혁은 결국 공적 의료보험제도의 개혁이며, 이는 '비용 억제', 또는 '보건의료체계 개혁'이라는 용어가 포함된 법률의 제·개정으로 구현된다. 법적 차원에서 지난 40여 년 동안 실시된 다양한 의료보장체계 개혁은 1977년 〈비용억제법〉부터 시작하였으며, '보건의료 개혁'이라는 용어가 등장한 것은 1989년 〈보건의료 개혁법〉부터이다. 그 이후 독일에서 의료보장체계 개혁은 일반적으로 급여제한을 통한 보험료율 및 인건비의 안정화, 본인부담금 인상 및 진료보수체계 개혁 등을 통한 공적 의료보험제도의 비용증가 억제를 의미한다.

독일의 의료보장체계 개혁에 대한 분석은 다음과 같은 두 가지 사항을 고려해야 한다. 첫째, 1974년 제1차 석유위기가 초래한 경제위기 상황을 극복해야 했던 1970년대 후반부터 시작된 독일 의료보장체계의 개혁은, 독일만의 고유한 특성도 있지만 그 기본방향이나 목표 및 구체적 조치에서 주변 서유럽 국가가 실시한 의료보장체계 개혁과 크게 차이난다고 할 수는 없다.[12] 둘째, 독일 의료보장체계 개혁은 연방정부 구성에 참여하는 정당들의 성격에 따라 차별적이었다. 즉, 보수우파 '기독교민주당'(기민당, CDU) 및 전 세계 사회민주주의정당의 시조인 '사회민주당'(사민당, SPD), 전통적으로 경제 자유주의 정당인 '자유민주당'(자민당, FDP), 1980년대 이후 환경보호와 시민참여를 주장하면서 등장한 '녹색당'(Die Grüne)이 누구와 연립정부를 구성하느냐에 따라 의료보장체계 개혁의 기본 방향과 구체적 사항들이 달랐다.[13]

---

[12] 서유럽 국가에서 실시된 의료보장체계 개혁의 기본적 경향은 1970년대 후반부터 1980년대 중반까지는 국가의 직·간접 통제에 의한 보건의료비 지출(증가) 억제, 1980년대 중반부터 1990년대 중반까지는 보건의료 분야에서 비용지출(증가) 억제를 위한 예산제 강화, 1990년대 중반부터 2000년대 초반까지는 급여제공에서 근거기반성 확립이었다. 2000년대 중반 이후 현재까지의 경향은 네덜란드와 독일 사례에서 보는 바와 같이 관리운영체계 개혁 및 국가역할 강화, 병원 입원진료의 효율성 강화 등이라고 할 수 있다 (Mossialos & Le Grand, 1999; Saltman, Figuera, & Sakellarides, 1998; Saltman, Busse, & Figuera, 2004; Riesberg & Busse, 2004).

2) 독일 의료보장체계 개혁의 주요 흐름

(1) 지출증가 억제를 위한 본인부담금 인상 중심 개혁: 1977~1983년

1977년 〈비용억제법〉에 의한 개혁은 처음 시작된 독일의 의료보장체계 개혁이었다. '사민당'과 '자민당'이 실시한 1977년 개혁은 외래진료 처방의약품 및 치과 보철 등에서 본인부담금 인상 등과 같은 부수적인 분야에서 비용지출의 증가를 억제하고자 하였다.

그 후 1982년 〈비용지출억제 보완법〉 및 1983년 〈예산관련법〉도 외래진료 처방의약품이나, 병원 입원진료에서 본인부담금 인상을 통한 비용지출증가를 억제하고자 한 기존 개혁을 지속하는 것이었다.

(2) 재정안정화를 위한 개혁의 시작: 1989년

1982년 10월부터 1998년 10월까지 집권한 '기민당'과 '자민당'이 실시한 개혁은 먼저, 공적 의료보험에 대한 기본 법률을 기존의 '1912년 〈제국보험법〉'에서 1989년 1월 1일부터 사회보장에 관한 전체 법률을 하나의 독립 법전으로 편찬하는 '〈사회법전〉의 제 5편 공적 의료보험'(SGB V, GKV) 으로 정비한 것이다. [14]

---

13) 여러 정당이 연립정부를 구성하더라도 의료보장체계를 담당하는 연방정부 부서인 '연방보건부'는 일반적으로 거대정당인 '기민당'이나, '사민당'이 담당하면서, 연방정부를 구성하는 다른 정당과의 타협을 통해 개혁을 실시했다. 그럼에도 불구하고, 민간 의료보험의 활성화와 관련된 개혁들은 '자민당'의 요구가 수용된 결과다. 특히, 민간 의료보험 가입을 장려하는 2011년 개혁 당시 연방보건부는 '자민당'이 담당했다. 또한, 공적 의료보험에 제한적이지만 관리된 형태의 경쟁을 도입하는 2008년 개혁이나, 형식적으로는 사회연대성, 실질적으로는 본인부담을 강화하는 2015년 개혁은 '기민당'과 '사민당'이 거국연립정부를 구성하여 타협한 결과라고 할 수 있다.
14) 이에 따라, 1989년부터 실시된 모든 의료보장체계 개혁은 법적으로는 '〈사회법전〉 제 5편'의 개정을 필요로 한다.

1989년 〈보건의료개혁법〉은 비경제적, 또는 효과가 불분명한 의약품의 급여 제한, 외래진료 처방의약품·병원 입원진료·치과 보철치료에서 본인부담금 인상, 처방의약품 참조가격제 도입 및 장기요양환자를 위한 재가요양급여 도입 등을 강제한다. 이러한 조치들은 가입자의 본인부담을 강화하는 것이지만, 비용증가의 억제를 중점으로 둔 기존의 개혁과는 달리 수요억제와 보험료율 안정화 등 공적 의료보험제도 전체 상황을 고려한 종합적·다차원적 개혁이 시작된 것이다.

(3) 통일 이후 급증한 급여비 지출증가 억제 개혁: 1993~1997년

1990년 10월 통일 이후 옛 동독지역 주민들의 의료서비스 이용 급증, 짧은 기간의 경제호황 이후 발생한 경기침체 및 실업증가 등이 유발한 공적 의료보험의 재정적자 문제 악화상황에서 실시된 1993년 〈보건의료구조 개혁법〉(GSG)은 두 가지 목적으로 실시되었다. 의료서비스 공급자에 대한 관리 강화를 위하여 1993년 개혁은 '병원 입원진료비', '외래진료 보수총액', '외래진료 처방의약품'이라는 3개 부문에 대한 부문별·지역별 총액예산제, 외래진료에서 전문의 진료를 억제하고자 주치의 진료보수의 인상, 외래진료의사 68세 정년제 도입, 병원 입원진료에서 고난이도·고가 진료에 대한 진료 1건당 정액제 도입 등을 실시하였다. 또한, 1993년 개혁은 보험자 간 경쟁을 통해 보험료율 인상을 억제하고자 1차/대체 및 사업장/직종/지역 등을 기준으로 제한된 공적 의료보험 가입 구조를 구축했다. 1997년부터는 가입자가 보험자를 자유롭게 선택할 수 있도록 하였다.

1995년 이후 공적 의료보험의 재정이 다시 적자로 전환됨에 따라 연방정부는 1997년 〈공적 의료보험 재정비법〉(GKV-NG)을 실시했다. 이 개혁은 본인부담금 인상 이외에도 다양한 분야에서 다음과 같이 진행되었다.

첫째, 보험료율 인상을 억제하기 위하여 '보험료율 인상-환자부담 인상-가입자의 보험자 선택자유 보장'을 상호 연계하였다. 이에 따라 보험료율

0. 1% 인상에 따른 본인부담금의 경우 정액으로 1마르크(DM) 혹은 정률로 1%로 인상폭이 제한되었고, 유예기간 없는 가입자의 보험자 자유선택 보장이 의무화됐다.

둘째, 1997년 개혁은 법정 급여의 일부를 임의 급여로 전환하고, 보험료

〈표 14-8〉독일 공적 의료보험의 재정현황

(단위: 10억 유로, %)

연도	수입		보험료율	지출 총액	재정수지
	총액	보험료			
1992	103	99	12.7	109	-4.80
1993	114	110	13.2	108	5.30
1994	119	115	13.2	117	1.40
1995	120	116	13.2	124	-3.70
1996	124	120	13.5	126	-3.60
1997	126	122	13.6	125	0.90
1998	128	124	13.6	128	0.30
1999	131	127	13.6	131	0.30
2000	134	130	13.6	134	-0.02
2001	136	132	13.5	139	-3.00
2002	140	136	14.0	144	-3.30
2003	141	137	14.3	145	-4.30
2004	144	140	14.3	140	4.00
2005	146	140	13.8	144	1.70
2006	150	142	13.4	148	1.60
2007	156	150	14.0	154	1.70
2008	163	156	14.0	161	1.40
2009[1]	172	172	15.5	171	1.40
2010	176	175	14.9	176	-0.39
2011	184	183	15.5	180	4.20
2012	190	189	15.5	184	5.40
2013	196	195	15.5	194	1.40
2014	204	204	14.6	206	-1.30
2015	212	212	14.6	214	-1.10

주: 1) 2009년부터는 의료보험기금에 의한 보험료 배분액 및 개별 조합이 징수한 추가보험료 합산액.
자료: 1992~2003년은 Statistisches Bundesamt(2004), 2004~2015년은 BMG(2016) 참조.

환불, 본인부담금 인상, 부가급여에 대한 특별 보험료 징수, 시범사업 등 보험자의 자체사업을 대폭적으로 인정하는 등 공적 의료보험조합 자치운영과 책임의 폭을 확대하여 의료보험조합 간 경쟁을 강화하였다.

(4) 독일경제 경쟁력 강화를 위한 개혁: 1998~2004년

1998년 10월 선거 결과에 따라 집권한 '사민당'과 '녹색당' 연방정부의 1999년 〈공적 의료보험-연대성강화법〉(GKV-SSG)은 공적 의료보험제도의 사회적 연대를 다시 강화하고자 1997년 개혁이 도입한 보험료 환급, 환자 본인부담금 인상 및 부가급여 도입 가능성 등 보험자 간 경쟁을 촉진하는 민간 의료보험의 요소를 폐지하였다. 또한, 1999년 개혁은 공적 의료보험제도의 급여비 지출총액의 증가율을 공적 의료보험 가입자의 소득인상률과 연계하여 지출증가 억제를 총괄적으로 관리하고자 했다.

그럼에도 불구하고 악화되는 재정적자 문제를 해결하고자 2000년에는 '공적 의료보험-보건의료 개혁'(GKV-GR)이 실시되었다. 이 개혁을 통해 외래진료에서 주치의 역할 강화, 가입자의 건강증진활동 지원 강화 및 외래진료/처방의약품/병원 입원진료로 구분된 부문별·지역별 총액예산제에서 전국 단위 예산상한제 도입, 병원 입원진료에 대한 진료비 지불제도로 질병군별 포괄수가제(DRG) 도입, 빠르면 2002년부터 외래진료 처방의약품에 대한 처방허용의약품 목록(positive list) 도입 등을 결정하였다. [15]

1999년과 2000년의 개혁에도 불구하고 계속된 공적 의료보험의 재정적자 문제를 해결하고자 실시한 2002년 11월의 〈보험료율안정화법〉(BSSichG)은 2002년 11월 7일부터 2003년 12월 말까지 공적 의료보험 보험료율 인상을 금지하였다. 〈공적 의료보험 현대화법〉(GMG)에 의한 2004년 개혁은

---

15) 의도와 달리, 2000년 개혁의 주요내용인 병원 입원진료에 대한 포괄수가제(G-DRG)는 2008년에야 처음 도입되었고, 외래진료 처방의약품에 대한 처방허용의약품 목록(positive list)은 관련 이해당사자 및 국민의 반대로 결국 도입되지 못하였다.

독일 경제의 경쟁력 강화를 위하여 2004년부터 외래진료 방문 시 환자는 동일 외래진료 의사에게 분기당 10유로의 정액 방문료(Praxisgebühr) 지불, 출산수당과 장제비 등 현금급여 폐지, 2005년부터 치아대체 100% 본인부담으로 전환 등의 정책을 통해 2003년 당시 평균 14.3%인 공적 의료보험 평균 보험료율을 2004년에는 13%까지 인하하고자 했다. 또한, 2004년 개혁은 독일 경제의 경쟁력 강화를 위하여 고용주의 보험료 부담분을 경감시키고자 했다. 이에 따라 일반적으로 질병 발생 7주째부터 가입자가 일을 하지 못함에 따라 발생한 소득상실분을 공적 의료보험이 현금급여로 보전하고자 제공하는 '상병수당'(Krankengeld)은 2007년부터는 가입자의 보험료 부담분으로만 지급하게 되었다.[16]

(5) 조합방식의 유지 및 국가개입 강화 개혁: 2008년

2005년 10월 연방정부를 구성한 기민당과 사민당의 두 번째 연립정부가 실시한 2008년 개혁은 다음의 네 가지 주요사항을 통해 살펴볼 수 있다.

첫째, 2009년 1월 1일부터 모든 독일 거주민을 '공적 의료보험', 또는 '민간 의료보험'에 의무적으로 가입시켜 의료보장체계로 편입시키고자 했다. 이에 따라, 과거 공적 의료보험의 가입자였던 당시의 미가입자는 2007년 4월 1일부터 공적 의료보험에의 가입이 의무화되었으며, 과거 민간 의료보험의 가입자였던 당시 미가입자는 2007년 7월 1일부터 민간 의료보험에의 가입이 의무화되었다. 이를 위하여 공적 의료보험조합에 대해서는 미가입자들에 대한 가입거부 금지, 민간 의료보험에 대해서는 기준/표준보험료를

---

16) 그 결과, 가입자와 고용주가 반분하던 보험료는 2007년부터는 가입자가 고용주보다 많이 부담하게 됨으로써 지난 20세기에 그 누구도 의문을 제기하지 않았던 가입자와 고용주의 보험료 공평부담 원칙이 붕괴했다. 이는 독일 공적 의료보험제도가 지향하는 건강한 사람-아픈 사람, 부양가족이 없는 사람-부양가족이 있는 사람, 젊은 사람-노인, 근로자-고용주 간의 보험료 분담에서의 사회연대성을 훼손하는 결과를 초래했다.

법적으로 강제하였다. 17)

둘째, 모든 공적 의료보험조합의 전체 보험료 수입을 전국 단위로 분배하는 '의료보험기금'의 도입이다. 앞서 설명한 바와 같이, ① 연방정부가 결정한 일반보험료율에 기초하여 개별 의료보험조합이 부과·징수한 보험료 수입의 '의료보험기금'으로의 이전, ② 의료보험기금에 대한 '연방보험청'의 '건강위험 기준 위험구조균등화 프로그램'에 의한 개별 의료보험조합으로의 배분, ③ 가입자에 대한 추가 보험료 부과 및 가입자의 보험자 선택 자유 확대가 연계되는 새로운 관리운영체계는 결국 공적 의료보험조합 간 '관리된 경쟁'(managed competition)을 유도하여 효율적 관리운영을 목표로 하는 것이다.

셋째, 공적 의료보험에 대한 연방정부 보조금을 2008년 15억 유로, 2009년 30억 유로 등 중장기적으로 증액시키는 것이다. 연방정부 보조금의 증액은 임신·출산 등 모성보호 지원에서 가족보험으로 피보험자 자격을 갖는 비경제활동 배우자 및 미성년 아동·청소년들에 대한 보험료 재원으로 그 성격이 변화됐다.

넷째, 보험료를 좀더 세분화하여 가입자의 선택 및 건강에 대한 자기책임을 강화했다. 기존의 보험료는 '상병수당'의 지급유무 및 지급 대기기간에 따라 다양하게 구분되어 있었다. 하지만, 2008년 개혁은 이외에 '주치의' 선택, '통합진료 및 구조화된 진료프로그램' 선택, '공제액' 선택, '비용상환 방식의 의료서비스 이용방법' 선택, '자영자의 상병수당' 선택과 같이 건강에 대한 가입자의 자기책임과 연계하여 보험료의 종류를 더 세분화했다.

2008년 개혁은 이외에도 급여 분야에서 다양한 변화가 있었지만, 18) 지난 40년 동안 시행된 개혁 중 가입 대상자, 관리운영체계, 재원조달 및 민

---

17) 또한, 민간의료보험은 2009년 1월 1일부터 가입희망자에 대하여 '새로운 기본 보험료'에 기초하여 가입을 수용할 의무를 가지게 된다.

간의료보험에 대한 관리감독 등의 근본적 변화를 유도한 개혁이었다. 19)

(6) 민간 의료보험 가입 장려 개혁: 2011년

2009년 10월부터 2013년 10월까지 집권한 '기민당'과 '자민당' 연방정부가 실시한 2011년 개혁은 고소득 근로자의 민간 의료보험 가입을 보다 쉽게 하는 2가지 정책을 실시하였다. 먼저, 2011년 개혁은 2011년 공적 의료보험 제도의 '의무가입 소득상한액'을 2010년 대비 0.9% 인하하여 고소득 근로자들의 민간 의료보험 가입을 위한 법적 근거를 확대하였다. 20)

이와 함께 2011년 개혁은 공적 의료보험 가입자의 보험자선택의 자유를 보장하는 일반적인 유예기간을 3년에서 1년으로 단축하여 공적 의료보험 가입 고소득 근로자가 1년의 유예기간 후 민간 의료보험에 가입할 수 있도록 했다. 21)

---

18) 재활, 건강증진을 위한 자조활동, 호스피스 급여뿐만 아니라, 중증·희귀질병 환자에 대한 병원 외래진의 허용 등 급여를 확대하였다. 또한, 의약품의 경우 의약품 허가 시 비용효과 분석 도입과 고도의 혁신 의약품 처방 시 전문가 동료의사의 2차 소견서 첨부를 강제하여 공적 의료보험의 처방의약품에 대한 비용지출 증가를 억제하고자 하였다.

19) 연방 차원에서 공적 의료보험의 의사결정과정을 합리적으로 단순화하기 위하여, 직종과 직역으로 구분된 7개의 공적 의료보험조합 연합회를 연방 차원에서 '공적 의료보험 최고 협회'(GKV-Spitzenverband)라는 하나의 조직으로 통합하였다. 민간 의료보험에도 제한적이지만 경쟁환경을 조성하고, 민간 의료보험사 간 가입자 유치 및 유지를 둘러싼 경쟁 강화를 위하여 현재 가입자가 보험사를 변경하는 경우 기존 보험사에 적립한 해당 가입자의 '노후의료비 적립금'을 새로운 보험사가 인수하게 하여 가입자의 보험자선택의 자유를 보장했다.

20) 이에 따라 공적 의료보험제도의 '의무가입 소득상한액'은 2010년 연 49,950유로, 월 3,750유로에서 2011년 1월 1일부터 연 49,500유로, 월 3,712.5유로로 인하되었다.

21) 2011년 개혁은 1971년 1월 1일부터 공적 의료보험 의무가입 소득상한선 및 보험료 산정 상한액이 공적 노령연금보험의 75% 기준으로 하향 조정되면서 '대체형' 민간 의료보험이 활성화되기 시작하는 것과 같은 결과를 유도했다고 할 수 있다. 이러한 의미에서 1971년 및 2011년 개혁은 그 당시 연방정부를 함께 구성하던 시장, 경제자유주의, 탈규제 등을 지향하는 '자민당'의 이념이 그대로 반영된 결과라고 할 수 있다.

(7) 형식적으로는 사회연대성 강화,
실질적으로는 가입자 부담 인상 개혁: 2015년

2013년 10월부터 다시 거국 연립내각을 구성한 '기민당'과 '사민당'의 연방정부는 2015년 1월 1일부터 전국의 모든 공적 의료보험 가입자들에게 적용되는 '일반보험료율'을 2014년 15.5%에서 2015년 14.6%로 인하하고, 가입자와 고용주의 분담을 2014년 각각 7.3%와 8.2%에서 2015년 각각 7.3%로 인하했다. 그 결과, 2005년 7월 1일부터 시작된 상병수당 지급을 위한 보험료는 가입자가 전액 부담하게 되면서 가입자가 고용주보다 더 많이 납부하는 보험료 부과방식은 폐지됐다. 이로써 보험료 부담에서 형식적으로는 가입자와 고용주 간 형평성이 재확립되고 사회연대성은 강화되었다.

하지만, 2015년 개혁에 따라 2008년부터 개별 공적 의료보험조합이 가입자에게만 부과할 수 있는 월 8유로의 '정액 추가보험료'가 2015년부터는 모든 공적 의료보험조합이 가입자의 '소득비례 정률 추가보험료'로 전환되었고, 연방정부가 그 추가보험료율을 결정했다. 추가보험료는 가입자만 부담하는 보험료이기 때문에 2015년의 추가보험료율이 0.9%면 가입자가 8.2%, 고용주가 7.3%의 보험료를 납부해야 하며, 2016년의 추가보험료율이 1.1%이라는 것은 가입자가 8.4%, 고용주가 7.3%의 보험료를 납부해야 한다. 이에 따라, 2015년 보험료 부과방식의 변화는 재정안정화를 위한 개혁과정에서 사회연대성의 강화와 가입자 부담강화가 시기적으로 서로 전환되는 것을 보여 주는 사례이다. 독일 공적 의료보장체계 개혁에서 2015년의 사례는 사회연대성의 강화가 형식적일 뿐이며, 실질적으로는 가입자 부담강화가 여전히 지속되었음을 보여준다.

4. 시사점 및 맺음말

1977년부터 지난 40여 년 동안 인구구조의 변화, 세계경제의 변화, 실업률의 증가, 독일 통일 등 환경변화에 따라 심화되는 공적 의료보험의 재정안정화 문제를 해결하기 위한 독일 의료보장체계 개혁의 기본방향은 다음과 같이 요약할 수 있다.

- 첫째, 예방·재활 서비스의 축소와 부활의 반복, 현금급여 지급의 축소와 폐지, 치과진료 급여 축소, 다양한 종류의 본인부담금 인상, 외래진료 의약품 처방의 엄격화, 외래진료 의사의 진료 제한, 병원 구조조정, 진료비 지불제도의 개혁 등
- 둘째, 2008년 개혁 이후 국가의 전국 단일 일반보험료율 결정, 의료보험기금에 의한 개별 보험자로 보험료 수입 분배, 피부양자·저소득계층을 위한 연방정부 보조금 증액 등 국가의 개입 및 관리가 더욱 강화되었으며 형식적으로 조합방식의 보험자–실질적으로는 국가관리라는 공적 의료보험의 이중구조화
- 셋째, 공적 의료보험조합 간 경쟁강화를 통한 관리운영의 효율화
- 넷째, 독일경제의 경쟁력 강화를 위한 고용주 보험료 부담의 경감에 따른 가입자/고용주 간 보험료 부담의 형평성 및 사회적 연대성의 훼손
- 다섯째, 법률 개정을 통한 중산층의 민간 의료보험 가입 유도로 의료보장체계에서 민간 의료보험 역할 확대

2000년 7월 의료보험이 통합된 결과 국민건강보험제도가 도입되면서 독일과 한국의 공적 의료보험제도의 유사성은 많이 감소했음에도 불구하고, 독일 의료보장체계 개혁이 한국에 주는 시사점은 다음과 같이 다양하다.

첫째, 관리운영뿐만 아니라, 재정에서도 국가의 개입과 책임이 강화되

었다는 것이다. 2008년 개혁 이후 연방정부 보조금이 피부양자와 저소득계층을 위한 보험료 지원으로 전환하면서 금액을 지속적으로 증가시킨 독일 사례는 보험료 납부가 어려워 의료서비스를 이용하지 못하는 저소득취약계층에 대한 의료보장 강화를 위해서는 보험료 대납을 위한 국가의 재정부담 강화가 필요하다는 것을 보여 준다. 22)

둘째, 보험료 부과와 관련한 일관성 있는 국가정책의 확립이다. 독일 공적 의료보험제도에서 연방정부는 매년 물가상승률과 소득증가율을 고려하여 공적 의료보험 '의무가입 소득상한액'과 '보험료 산정상한액'을, 2008년 개혁 이후에는 전국 차원에서 단일하게 적용되는 '일반보험료율', 2014년부터는 '추가보험료율'을 확정하여 발표한다. 한국의 국민건강보험도 독일의 보험료율과 보험료 산정상한액 확정·발표와 유사하게 매년 직장가입자의 '보험료율'과 '직장표준 월급여액', '지역보험료 부과점수당 금액'을 고시한다. 하지만, 한국의 국민건강보험제도는 2000년 통합 이후 현재까지 직장가입자 및 지역가입자로 이원화된 보험료 체계에 따라 산정·부과·징수가 이루어진다. 따라서 보험료 부과체계 단일화가 사회적 이슈이다. 이에 따라, 국가가 가입자 간 형평성 보장 차원에서 수백 개의 공적 의료보험조합 및 수십 개의 민간 의료보험사의 보험료 부과에 관한 기준을 법으로 규정하고, 적용을 강제하는 독일의 사례는 직장가입자와 지역가입자로 이분된 국민건강보험 보험료 부담의 형평성을 둘러싼 사회적 논란을 해결하는 방향을 제시할 수 있다.

셋째, 의료보장체계 개혁에 대한 명확한 방향설정이다. 다섯 가지로 요

---

22) 이와 관련하여 한국 국민건강보험에서 가장 시급한 과제는 2015년 말 기준 약 17조원의 적립금의 사용처를 결정해야 하는 문제이다. 1년 단위 단기 사회보험인 공적 의료보험제도에서 연간 급여비 지출총액의 약 36% 정도가 적립금으로 존재한다는 것은 보험료 미납에 따른 의료보장 사각지대 발생의 해소, 보험료 인상의 억제, 또는 급여확대 등에 관한 사회적 논의가 필요하다고 할 수 있다.

약할 수 있는 지난 40여 년간 독일 의료보장체계 개혁의 기본 방향과 달리, 한국의 국민건강보험은 아직까지 의료보장 사각지대 해소, 보장성 강화 등이 주요 논의주제이지만 정부의 정책방향이 명확하게 제시되는 경우는 많지 않다. 또한, 정부의 정책방향에 대한 각 정당, 관련 이해당사자 집단, 가입자 대표단체, 고용주 단체, 시민사회 단체 등 다양한 사회세력 간 공개된 사회적 논의가 지속되는 경우도 많지 않다.23) 정부의 결정 및 이에 대한 찬성과 반대만이 있을 뿐이다. 독일의 사례는 정당뿐만 아니라 다양한 사회세력이 지속가능한 의료보장체계 구축방안에 참여하여 사회적 논의를 공개적으로 계속해야 하며, 이를 기반으로 한 정부의 결정과 책임이 필요하다는 것을 보여 준다.

넷째, 관련한 모든 이해당사자들이 제도의 지속가능성을 위하여 단기적으로 고통분담을 감수하고, 중장기적으로 혁신을 지향하는 것에 대한 사회적 공감대 및 합의가 필요하다는 것이다. 독일 사례는 의료보장체계 개혁의 전체 과정에서 개별 이해당사자가 같은 시기에 동일한 정도의 부담을 갖는 것은 아니지만, 차이는 있어도 각각 어느 정도의 비용을 부담한다는 것을 보여 준다.24) 한국 국민건강보험의 지속가능성을 보장하기 위한 계속되는 개혁과정에서도 관련 이해당사자 집단 간 부담의 단기 및 중장기적 형평성에 대한 사회적 논의와 합의가 필요하다.

---

23) 국민건강보험을 둘러싸고 지난 10여 년 동안 논란이 되는 주제는 '의료민영화'이다. 정부의 공개적 문제제기도 없었고 사회적으로도 논의는 진행되지 않고 있지만, 시민사회단체 및 야당이 지속적으로 문제를 제기하는 등 사회적 반발이 계속되는 상황이다.
24) 물론 지난 40여 년 동안 계속된 의료보장체계 개혁에서 공적 의료보험의 가입자들은 보험료 부담 증가, 급여 축소 등으로 부담이 가장 확실하고, 지속적으로 증가한 집단이다.

■ 참고문헌

국내 문헌

국민건강보험공단(2016). 《건강보험 주요통계》. 원주: 국민건강보험공단.

문성웅·김진수·이용갑·황라일·최인덕·서수라(2008). 《2008년도 외국의 보건의 료체계와 의료보장제도 연구》. 서울: 국민건강보험공단.

이용갑(2009). "지난 20년간 독일 공적 건강보험 개혁과 시사점: 경쟁적 다보험자 체계에서 공적 건강보험제도에 대한 국가의 역할과 책임강화". 〈보건사회연구〉, 29권 2호, 186~212.

이준영(2012). "의료보장". 《주요국의 사회보장제도: 독일》. 서울: 한국보건사회연구원.

해외 문헌

BMG(Bundesministerium für Gesundheit) (2015a). *Daten des Gesundheitswesen 2015.* Berlin: BMG.

_____(2015b). *Ratgeber zur gesetzlichen Krankenversicherung.* Berlin: BMG.

_____(2016). *Gesetzliche Krankenversicherung: Kennzahlen und Faustformeln.* Berlin: BMG.

BMGS(Bundesministerium für Gesundheit und Soziale Sicherung) (2005). *Übersicht über das Soziales Recht.* Nürnberg: BMGS.

GKV-Spitzenverband(2016). *Kennzahlen der gesetzlichen Krankenversicherung, zuletzt aktualisiert: März 2016.* Berlin: GKV-Spitzenverband.

_____(2017). *Kennzahlen der gesetzlichen Krankenversicherung, zuletzt aktualisiert: März 2017.* Berlin: GKV-Spitzenverband.

KBV(2015). *Arzt Statistik 2014.* Berlin: KBV.

Mossialos, E. & Le Grand, J. (1999). *Health Care and Cost Containment in the European Union.* Aldershot: Ashgate.

PKV(2005a). *Die private Krankenversicherung: Zahlenbericht 2004/2005.* Köln: PKV

_____(2015b). *Zahlenbericht der Privaten Krankenversicherung 2014.* Köln: PKV.

Riesberg, A. & Busse, R. (2004). *Health Care Systems in Transition: Germany.* Copenhagen: European Observatory on Health Care Systems.

Saltman, R., Busse, R., & Figuera, J. (2004). *Social Health Insurance System in Western Europe.* Berkshire: Open University Press.

Saltman, R., Figueras, J., & Sakellarides, C. (1998). *Critical Challenges for Health Care Reform in Europe.* London: McGraw-Hill Education.

Statistisches Bundesamt (2004). *Gesundheit: Ausgaben und Personal 2003.* Wiesbaden: Statistisches Bundesamt.

VDEK (2015). *2014/2015 VDEK-Basisdaten des Gesundheitswesens.* Berlin: VDEK.

Wasem, J. (2007). Die Weiterentwicklung des Risikostrukturausgleichs ab dem Jahr 2009. *Gesundheit und Gesellschaft Wissenschaft, 7*(3/07), 15~22.

기타 자료

http://de.wikipedia.org/wiki/Gesetzliche_Krankenversicherung. 2016. 4. 11. 인출.

http://www.aok-bv.de/politik/reformaktuell/reformdatenbank. 2016. 4. 12. 인출.

장기요양보장제도

1. 개 요

인구고령화와 저출산, 핵가족화와 가족에 대한 인식 변화, 여성의 노동참
여 증가와 가족수발능력의 감소 등은 20세기 선진국에서 나타나는 대표적
인 인구사회학적 변화이다. 노인의 수발 책임은 오랜 기간 전적으로 가족에
게 전가되었으나 이러한 인구사회학적 변화에 따라 점점 사회문제로 인식되
었다. 이에 선진국은 각각 자국의 사회보장체제에 적합한 유형의 장기요양
보장 제도를 실시하였으며, 전통적 사회보험국가인 독일은 독립적 사회보
험체제를 선택하여 1995년부터 장기요양보험 제도를 시행했다.

1) 장기요양보험의 도입 배경 및 발전 방안

(1) 도입 배경

독일에서 장기요양보장 개혁에 대한 논의는 1970년대 중반부터 시작됐는
데 논의의 배경에는 다음의 몇 가지 사회적 문제의식이 작동했다.

첫째, 장기요양보험 도입 이전 수발의 책임은 전적으로 본인과 가족이 떠맡아야 했다. 이는 본인은 물론 가족에게 커다란 부담이 될 수밖에 없었다.

둘째, 수발 부담을 감당할 수 없을 경우 사회부조(Sozialhilfe)에 의지할 수밖에 없는데, 사회부조는 노인의 장기요양에 대한 욕구를 충족시키는 데 한계가 있었다. 사회부조의 목적은 사회적 위험을 대처하기 위한 전형적 급여가 아니라 예외적인 급여를 지급하는 것이다. 사회부조는 자신의 소득과 재산, 다른 사회보장급여와 타인의 도움으로 국가에서 정한 최저생계조차 유지할 수 없는 사람들에게 국가 차원에서 인간다운 삶을 보장하도록 지원하는 제도이기 때문이다. 따라서 사회부조는 독일 노인의 장기요양에 대한 욕구를 근본적으로 충족시키는 대안이 될 수 없었다. 또한 노인들은 사회부조의 수급을 위해 소득, 자산, 부양의무자 조건을 충족시켜야 하며, 평생 열심히 노동해서 받게 된 노령연금을 모두 본인의 수발을 위해 써야 했다. 이에 독일에서는 노인들을 이처럼 사회부조 수급자로 전락하게 해서는 안 된다는 사회분위기가 조성되었다.

셋째, 고령화가 심각해지면서 장기요양의 대상자 수는 급격히 늘어났으며, 급기야 전체 사회부조 지출액의 1/3을 장기요양급여의 지출이 차지하는 상황에 이르렀다. 사회부조재정의 책임주체인 지방정부는 이를 감당하기 어려웠고, 결국 독일의 사회보험 전통에 부합하는 사회적 장기요양보험 제도가 도입되었다(Sieveking, 1998: 37~39).

(2) 발전 과정

독일 장기요양보험은 약 20여 년의 준비과정을 거쳐 1994년 5월 연방의회가 〈장기요양보험법〉을 〈사회법전〉 11편(SGB XI)으로 제정하면서 공식적으로 시행되었다. 이로서 장기요양보험은 독일 사회보험의 '다섯 번째 기둥'으로서 국민의 장기요양에 대한 욕구를 사회적으로 해결하는 역할을 담당했다. 장기요양보험은 1995년 4월 1일부터 시행되었다. 1차적으로는 재가서비스와 부분시설서비스(*teilstationäre Pflege*)를 시작했고, 1996년 7월 1일부터는 2차적으로 양로원 거주자(*Altenheimbewohner*)와 요양원 거주자(*Pflegeheimbewohner*)를 대상으로 시설급여를 제공하면서 보험급여 범위를 확대하였다.

이후 다양한 관련법 제정으로 크고 작은 개혁이 진행됐다. 2002년에는 〈장기요양급여보완법〉(Pflegeleistungsergänzungsgesetz), 2008년에는 〈장기요양지속발전법〉(Pflegeweiterentwicklugnsgesetz), 2013년에는 〈신(新)장기요양이행법〉(Pflegeneuausrichtungsgesetz)이 제정됐다. 이후 2014년에는 비공식 수발자(비공식 장기요양서비스 제공자)에 대한 지원을 강화하기 위해 〈장기요양강화법 I〉(Pflegestärkungsgesetz I)이 제정되었고, 2015년에는 기존의 3등급 체제를 5등급 체제로 변경하는 내용을 담은 〈장기요양강화법 II〉(Pflegestärkungsgesetz II)가 제정되어 2017년부터 시행될 예정이다(BMG, 2016c).

2) 제도의 특징

독일 장기요양보험은 일반 근로자뿐만 아니라 공무원, 자영업자, 연금 수급자 등 의료보험에 가입된 모든 국민을 의무가입 대상으로 하는 보편적 보장제도이다. 장기요양보험은 재정적인 측면에서 독립적이지만, 장기요양의 특성상 의료보험과 밀접한 관계를 갖는다. 부과방식으로 운영되는 장기요양보험은 의료보험이나 연금보험과 달리 국가의 재정지원에 관한 법적 근거를 갖지 않는다.

장기요양보험의 관리주체는 장기요양조합(Pflegekasse)이다. 한국의 노인장기요양보험급여 수급자와는 달리 독일 장기요양보험급여 수급자는 등급과 상관없이 시설급여, 재가급여, 현금급여 중 선택할 수 있기 때문에 '소비자 선택권'이 보장된다. 수급자격으로 연령이나 원인은 포함되지 않고 장애인도 수급 대상자이다. 또한 독일 장기요양보험은 의료보험과 마찬가지로 공적 장기요양보험(gesetzliche Pflegeversicherung)과 민간 장기요양보험(private Pflegeversicherung)으로 구분된다. 공적 장기요양보험에는 일정 소득 이하의 국민이 가입할 수 있으며, 민간 장기요양보험에는 임의 가입자와 일정 소득 이상의 국민이 가입한다.

3) 장기요양보험의 원칙

(1) 재가급여 우선의 원칙

이 원칙은 독일 장기요양보험의 근본원칙 중 하나이다. 실제로 장기요양 대상자 중 70% 이상이 재가급여를 받고 있으며, 이들은 최대한 오랫동안 가족과 이웃의 도움을 받으며 본인에게 익숙한 지역에서 살기를 원한다.

　재가급여 우선의 원칙은 〈사회법전〉 11편 제3조에서 명시한다. 이 원칙을 시행하기 위하여 정부는 재가서비스의 범위와 급여를 확대할 뿐만 아니라 가족이나 친구, 이웃과 같은 비공식 수발자의 연금과 산재보험료를 지원하고 가족수발 휴가제도 등을 활용한다.

(2) 예방과 재활 우선의 원칙

예방과 의료적 재활을 장기요양보험 급여에 우선하도록 하는 원칙은 〈사회법전〉 11편 제5조에서 명시한다. 장기요양이 필요한 시점을 최대한 늦추고 장기요양의 필요 정도를 줄일 수 있도록 의료보험조합과 연금보험공단 등 관련 급여주체는 예방·의료적 치료와 재활서비스를 활용하여야 한다. 원칙적으로 장기요양보험 가입자는 의료적 통원재활서비스에 대해 의료보험에 급여청구권을 갖는다(Schmidt, 2010: 169).

(3) 예산원칙

독일 장기요양보험은 욕구충족의 원칙(*Bedarfsdeckungsprizip*)이 아니라 예산
원칙(*Budgetprinzip*)이 적용되는 제도이다(Rothgang, 1996: 931). 예산원칙
에서는 사용가능한 재정규모를 일정 금액이나 수입의 일정 부분으로(예컨
대 보험료율) 먼저 확정한다. 이 총액에 맞춰 급여를 제공하도록 하기 때문
에 급여는 제도의 종속변수에 불과하다. 이러한 이유로 독일 장기요양보험
은 가입자의 욕구를 충족시키는 의료보험과는 달리 부분보장(*Teilkasko*)형
사회보험제도에 속한다. 따라서 등급별 정해진 월 한도액까지만 급여를 제
공하고 초과하는 금액은 수급자가 부담한다.

2. 주요 내용

1) 피보험자

독일 장기요양보험은 의료보험과 마찬가지로 공적 장기요양보험과 민간
장기요양보험으로 구분된다. 2014년 12월 31일 기준으로 공적 장기요양보
험가입자는 약 7,066만 명이며, 민간 장기요양보험 가입자는 약 942만 명
으로 전체 장기요양보험 가입자의 12%에 불과하다(BMG, 2016b: 1).

(1) 의료보험 가입자

모든 의료보험 의무가입자, 의료보험 임의가입자, 그리고 의료보험에 가
입된 피부양자는 "장기요양보험은 의료보험에 따른다"(Pflegeversicherung
folgt Krankenversicherung)는 기본원칙에 입각하여 장기요양보험에 가입하
여야 한다(〈사회법전〉11편 제20조). 피부양자인 가족은 월 소득, 연령 또
는 장애여부 등의 조건을 충족할 경우, "가족보험"(*Familienversicherung*)에

가입할 수 있다(〈사회법전〉 11편 제25조).

공적 의료보험의 임의가입 대상이 될 경우, 3개월 내에 공적 장기요양보험과 민간 장기요양보험 중 선택할 수 있다.

(2) 민간 의료보험 가입자

장기요양보험 가입의무가 있는 자가 민간 의료보험에 가입한 경우, 민간 의료보험의 가입자는 동일한 의료보험회사의 장기요양보험에 본인뿐만 아니라 자신의 피부양자를 가입하여야 한다. 이때 민간 보험회사는 보험계약을 거부할 수 없다("Kontrahierungszwang", BMG, 2010: 24).

민간 보험회사의 보험료는 원칙적으로 개인의 위험성에 따라 산출되지만, 독일은 가입자를 보호하는 차원에서 보험료 산출과 보험계약의 조건을 규정한다. 예를 들어 보험가입자의 성과 건강상태에 따라 보험가입을 거부해서는 안 되며, 보험료 또한 차등을 두거나 공적 장기요양보험의 최고 보험료보다 더 높은 보험료를 요구해서는 안 된다. 이는 이윤을 추구하고자 하는 민간 보험회사로부터 민간 보험가입자를 보호하기 위한 조치라 할 수 있다. 또한 급여종류와 급여한도액에 있어서도 민간 의료보험회사는 공적 장기요양보험과 동일한 급여를 제공하여야 한다.

2) 수급요건 및 급여절차

(1) 장기요양필요성의 개념

〈사회법전〉 11편 제14조에서는 육체적 · 정신적 · 정서적 질병이나 장애 때문에 규칙적으로 반복되는 일상활동을 수행하는 데 최소 6개월 이상 지속적으로 타인의 도움을 상당히 필요로 하는 자를 장기요양이 필요한 상태에 있다고 규정한다. 2017년부터 시행된 〈장기요양강화법 II〉는 새롭게 정의된 장기요양필요성 개념을 장기요양의 법적 근거로 삼는다. 이 개념에서 관건이 되는 것은 무엇보다 건강상의 이유로 발생하는 자립성의 제약 또는 능력의 손상이다. 즉, 자립성의 제약 또는 능력의 손상으로 인하여 타인의 도움을 필요로 하는 자를 장기요양 대상자로 규정하는 것이다.

(2) 등급판정체계

장기요양필요성이 발생할 경우, 대상자나 부양가족은 대상자 본인이 가입한 장기요양조합에 등급판정을 신청해야 한다. 이에 장기요양조합은 공적 의료보험 소속 의료지원단(Medizinischer Dienst der Krankenversicherung: MDK)에 요양인정과 등급판정을 위한 도움욕구(Hilfebedarf) 조사를 의뢰한다. 2017년 1월 1일부터는 자립성의 제약 또는 능력의 손상 정도를 판단하기 위하여 새로운 영역이 규정되었다. 6개의 새 영역에는 이동성, 인지능력 및 의사소통능력, 행동방식과 정신적 문제상황, 자기돌봄, 질병 및 치료 관련 요구사항들과 그 부담을 스스로 감당할 수 있는 능력, 일상생활 영위와 사회적 접촉이 포함된다. 장기요양욕구의 핵심적 측정기준은 수발에 필요한 시간소비량에서 '활동을 수행하거나 생활영역을 형성하는데 있어서 자립성의 정도'로 바뀌었다(〈사회법전〉 11편 제14조 제2항). 평가판정 도구를 통해 실시한 도움욕구 조사결과를 토대로 MDK가 인정등급과 급여종류를 장기요양조합에 권고하면, 이를 근거로 장기요양조합은 등급판정 신청자에게 최종 판정결과를 통보한다.

판정결과의 통보는 장기요양 급여신청 후 5주 이내에 이루어져야 한다. 대상자가 병원이나 호스피스 또는 재활시설에 있거나 재가 호스피스서비스를 받고 있을 경우, MDK는 급여신청 후 1~2주 이내에 등급판정을 하여야 한다. 장기요양조합이 5주 내에 등급판정 결과를 통보하지 못할 경우 지연된 매주마다 70유로씩 신청자에게 지불해야 한다(BMG, 2016c).

민간 장기요양보험가입자는 본인이 가입한 보험회사에 등급판정 신청을 하고 메딕프루프(MDICPROOF) 소속 의료진이 등급판정을 한다.

(3) 장기요양등급

2017년 1월부터 사용되는 장기요양등급 판정도구는 새로운 자립성 제약과 능력손상 정도를 판단하기 위한 새로운 6개의 영역에 따라 6개의 모듈로 나누며, 모듈마다 자립성 제약과 능력손상에 따라 0~4의 점수를 배정한다. 이때 0점은 자립성 손상이 없음을, 4점은 자립성 손상이 매우 심각한 상태임을 의미한다. 6개의 모듈에는 이동성 10%, 인지능력 및 의사소통 능력, 행동방식과 정신적 문제상황 15%, 자기돌봄 40%, 질병 및 치료 관련 요구사항들과 그 부담을 스스로 감당할 수 있는 능력 20% 그리고 일상 생활 영위와 사회적 접촉에 각각 15%의 비중을 둔다(〈사회법전〉 11편 제15조 제2항).

〈표 15-1〉 독일 장기요양등급 판정기준

등급	장기요양등급 판정기준 점수	자립성 또는 능력 정도
1	12.5~27점	미미한 손상
2	27~47.5점	경증정도의 손상
3	47.5~70점	중증정도의 손상
4	70~90점	최중증정도의 손상
5	90~100점	특별한 요구 상황

자료: 〈사회법전〉 11편 제15조 제3항. 필자 정리.

〈표 15-2〉 장기요양급여 등급별 수급자 수

(단위: 명, %)

등급	재가		시설		합계	
	수급자 수	비율	수급자 수	비율	수급자 수	비율
1	75,607	3.2	3,027	0.4	78,634	2.5
2	1,211,569	52.0	191,811	24.7	1,403,380	45.2
3	651,122	28.0	231,233	29.8	882,355	28.4
4	280,731	12.1	222,075	28.6	502,806	16.2
5	108,770	4.7	127,894	16.5	236,664	7.6
합계	2,327,799	100	776,166	100	3,103,839	100

자료: BMG, 2017.

2016년 12월 31일 기준으로 공적 장기요양보험 수급자 수는 총 274만 9,201명이다. 이 중 71.8%가 재가급여를, 나머지 28.2%가 시설급여를 받았다. 전체 수급자 중 1등급 판정을 받은 비율은 58.7%로 가장 높으며, 2등급은 30.4%, 3등급은 10.9%였다(BMG, 2017). 2017년 1월 1일 이후 새로운 등급 판정도구를 사용하여 판정한 장기요양보험급여 수급자의 등급별 현황은 2017년 6월 30일 기준 〈표 15-2〉와 같다.

2017년 장기요양보험료율은 2.55%이며 자녀가 없는 24세 이상 피고용자는 0.25%를 추가로 납부하여야 한다.

(4) 급여이용체계

MDK의 조사결과를 근거로 최종 등급판정을 받은 수급자는 현물급여, 현금급여 또는 혼합급여를 선택할 수 있다. 수급자가 현물급여를 선택할 경우 장기요양기관과 개별로 서비스 계약을 체결하여 본인이 선택한 장기요양서비스를 받게 된다.

〈그림 15-1〉 독일 장기요양보험 급여이용체계

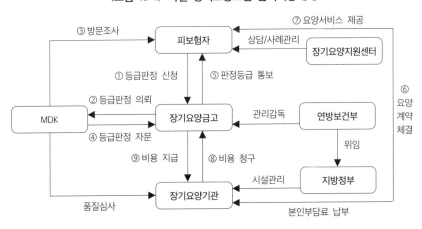

3) 급여 종류

장기요양보험의 급여는 크게 시설급여, 재가급여 그리고 현금급여로 구분된다. 등급판정을 받은 수급권자는 등급별로 정해진 상한액 내에서 본인이 원하는 급여를 선택할 수 있다.

그러나 독일 장기요양보험은 부분보장이 원칙이기 때문에 급여상한액을 초과한 경우 본인이 전액 부담하거나 필요한 경우 사회부조제도를 통해 지원받을 수 있다. 〈장기요양강화법 I〉이 시행되면서 모든 급여액이 2015년 1월 1일부터 상향조정되었다(BMG, 2016a).

(1) 시설급여

시설급여는 원칙적으로 재가서비스 이용이 불가능하거나 사례별로 특별한 이유가 있어 주거시설에 입소할 수밖에 없는 불가피한 경우에만 이용할 수 있다(〈사회법전〉 11편 제43조). 시설급여는 완전주거(*vollstationär*) 시설과 부분주거(*teilstationär*) 시설에서 제공된다.

2017년 6월 30일을 기준으로 시설급여를 받고 있는 수급자는 전체 수급자의 약 25%이다.

① 완전주거시설

완전주거시설은 노인공동주택(*Altenwohnheim*), 양로시설(*Altenheim*), 요양원(*Pflegeheim*) 등 크게 세 가지 유형으로 구분된다. 여기서는 주로 장기보호(*Dauerpflege*) 서비스를 제공한다. 그러나 완전주거시설이 단기보호서비스도 제공할 수 있다(BMG, 2016c). 독일 장기요양보험 급여 대상자에는 장애인도 포함되기 때문에 장애인을 위한 완전주거시설도 있으며, 이를 위해 매달 최고 266유로가 지원된다.

<표 15-3> 장기요양기관 수 현황

(기준: 개소)

	재가	시설	주거 유형		
			완전주거	단기	부분주거
2001	10,594	9,165	8,331	1,436	1,570
2005	10,977	10,424	9,414	1,529	1,779
2009	12,026	11,634	10,384	1,588	2,277
2015	13,323	13,596	11,164	1,674	3,880

자료: Statistisches Bundesamt, 2017.

㉮ 장기보호

장기보호서비스를 제공하는 완전주거시설의 개요와 특징을 하나씩 살펴보면 다음과 같다.

노인공동주택은 일상생활을 하는 데 큰 어려움이 없는 노인이 부엌이 딸린 작은 주거공간에서 독립적으로 생활하는 완전주거시설이다. 그러나 본인이 원할 경우 식사는 다른 거주자들과 함께 할 수 있다.

양로시설에는 스스로 가사를 돌볼 수 없어 돌봄과 가사지원이 필요한 노인이 생활한다. 양로시설의 경우에도 노인들은 욕실과 취사시설이 갖춰진 독립된 작은 주거공간이나 아파트에서 거주한다.

요양원에서는 한국의 요양원과 마찬가지로 모든 요양서비스와 돌봄서비스가 제공된다. 요양원은 주로 1~2인실로 구성되며, 거주자는 요양원에서 본인의 가구를 사용할 수 있다.

최근에는 이 세 가지 유형의 완전주거시설이 혼합된 형태로 운영된다. 장기적으로 완전주거시설에서 생활하는 경우 1등급은 125유로, 2등급은 770유로, 3등급은 1,262유로, 4등급은 1,775유로, 5등급은 2,005유로가 지급된다. 1등급은 수발지원금(Entlastungsbetrag)을 신청하면 월 125유로까지 지원받을 수 있다.

장애인 주거시설은 주로 소득활동과 공동체생활 참여, 장애인 훈련과 교육을 주된 목적으로 하는데, 이러한 장애인 주거시설에 장기요양 대상자가 생활할 경우 장기요양조합은 기숙사비의 100분의 10을 부담하되 그 금액은 매월 266유로를 초과할 수 없다(〈사회법전〉 11편 제 43a조).

④ 단기보호

장기요양 대상자 중에는 특별한 위기상황이나 병원퇴원 후 단기간 동안 완전주거시설에서 수발을 필요로 하는 경우가 많다. 2015년 이후부터는 0등급을 포함한 모든 수급자가 연 4주 동안 1,612유로의 한도에서 단기보호(Kurzzeitpflege) 서비스를 이용할 수 있다. 수급자가 사용할 수 있는 대리수발기간을 다 사용하지 않으면 남은 기간을 단기보호로 최고 8주까지 전환하여 사용할 수 있다. 따라서 단기보호를 위하여 장기요양조합은 매년 최고 3,224유로까지 지원할 수 있다.

② 부분주거시설

비공식 수발자는 하루 중 일정 시간 돌봄서비스를 제공한다. 부분주거시설에서의 보호는 가정에서 수발이 충분히 보장되지 않거나 이 시설을 이용함으로써 재가보호를 보충 또는 강화할 수 있을 경우 제공된다.

장기요양조합은 부분주거시설에서 제공하는 장기요양서비스, 사회돌봄(soziale Betreuung) 그리고 의료 차원의 수발서비스(medezinische Behandlungspflege)와 관련한 비용을 부담한다. 이 비용에는 아침·저녁 송영(이동) 서비스도 포함된다. 식음료 비용은 개인이 부담한다.

주·야간보호는 다른 재가급여, 현금급여와 연계하여 사용할 수 있다. 이때 재가급여와 현금급여를 동시에 함께 받을 수도 있고, 둘 중 하나만 선택하여 받을 수도 있다. 2017년 주·야간보호의 상한액은 2등급 125유로, 3등급 1,298유로, 4등급 1,612유로, 5등급 1,995유로이다.

㉮ 주간보호

가족수발자가 주간에 소득활동을 하는 경우 대부분의 장기요양 수급자는 주간보호(*Tagespflege*) 서비스를 이용한다. 주간보호는 치매환자를 돌보는 가족수발자의 부담을 덜어 주는 중요한 역할을 한다.

㉯ 야간보호

야간보호(*Nachtpflege*) 서비스는 잠자리에 들거나 아침에 일어날 때, 그리고 신체청결에서 도움이 필요할 때 제공되며, 주로 낮과 밤의 생체리듬이 불규칙한 치매환자가 이용한다. 야간보호서비스를 이용함으로써 온종일 돌보던 가족수발자는 밤에 충분한 수면을 취할 수 있다.

(2) 재가급여

재가급여의 종류에는 방문요양, 보장구 지원금, 현금 · 현물 연계급여, 대리수발, 주거환경개선 지원금 등이 있다. 2017년 6월 30일 기준으로 재가급여 수급자의 비율은 전체 수급자의 약 75%에 이른다.

① 현물급여로서 방문요양

독일 장기요양보험에서 "현물급여로서 방문요양"(Pflegesachleistung)[1]은 기초수발(*Grundpflege*)과 가사지원서비스를 말한다(〈사회법전〉 11편 제 36조). 2017년부터 적용된 새 장기요양필요성 개념에 대비해서 2013년 1월부터 가정 내 돌봄(häusliche Betreuung) 서비스가 잠정적 규정에 따라 추가

---

[1] 독일어 "Pflegesachleistung"은 통상적으로 "현물급여"로 번역된다. 우리나라에서 현물급여라고 하면 방문요양뿐만 아니라 수발보장구 등 현금급여가 아닌 모든 급여를 의미한다. 그러나 독일 〈사회법전〉에서 정의하는 "Pflegesachleistung"은 내용적으로 볼 때 우리나라에서 통용되는 "방문요양"을 의미한다. 따라서 여기서는 용어의 혼란을 피하고 내용을 정확하게 전달하기 위하여 "현물급여로서 방문요양"이라 번역한다.

로 제공된다 (〈사회법전〉 11편 제 124조).

가정 내 돌봄서비스는 서비스 제공을 통해 장기요양 대상자와 그 가족이 사회관계를 유지하거나, 하루 일상을 낮과 밤의 리듬 혹은 그들의 욕구에 맞춰 생활하도록 한다. 방문요양 급여액은 2017년 기준으로 2등급 689유로, 3등급 1,298유로, 4등급 1,612유로, 5등급 1,995유로가 매월 지급된다.

② 수발보장구

수발보장구 (Pflegehilfsmittel) 중 일회용 장갑과 같은 소모품 구매에는 매월 최고 40유로의 지원금이 지급된다. 요양급여 수급자는 보장구 비용의 최소 10%를 부담해야 하지만, 개인의 부담액은 구매하는 보장구마다 최고 25유로를 넘지 않으며 본인부담의 상한액이 정해져 있다. 18세 이하 요양급여 수급자는 본인부담에서 제외된다.

③ 현금 · 현물 연계급여

방문요양을 위해 지급된 급여를 전액 사용하지 않은 경우, 나머지 금액은 현금급여와 연계하여 사용할 수 있다. 현물급여와 현금급여를 연계해서 받으면 남은 현물급여에 해당하는 현금급여의 금액은 남은 현물급여액 그대로가 아니라 현금급여 수급 시 적용비율에 맞춰 축소된 금액이 지급된다. 2015년 이후부터는 추가로 주 · 야간 보호서비스도 동시에 이용할 수 있다.

④ 대리수발

장기요양 수급자가 가족수발자를 포함하여 사적으로 고용한 수발자가 휴가나 질병으로 단기간 수발을 못할 경우 매년 6주까지 대리수발 (Ersatzpflege) 이용이 가능하다. 가족수발자를 대체하는 수발비용은 장기요양 수급자가 받고 있는 현금급여액의 1.5배까지 지급가능하며, 고용한 수발자의 경우 단기보호급여액의 최고 50% (806 유로) 까지 대리수발에 사용할 수 있다.

⑤ 주거환경 개선

수급자가 주거환경을 개선함으로써 가정에서 수발이 가능할 경우 모든 장기요양 수급자는 개별적으로 최고 4천 유로까지 지원금을 받을 수 있다. 공동생활가정과 같은 환경에서 여러 명의 수급자가 함께 거주할 경우 최고 1만 6천 유로의 지원금을 받을 수 있다.

⑥ 기타

시니어주거공동체(Senioren-Wohngemeinschaften) 혹은 요양주거공동체 (Pflege-Wohn-Gemeinschaften)와 같은 새로운 주거유형에서 0등급 이상의 등급판정을 받은 2명 이상 13명 이하의 남녀노인이 함께 생활하는 경우, 사생활과 독립적 삶을 유지하도록 매월 최고 214유로의 추가 지원금을 받을 수 있다(〈사회법전〉 11편 제 38a조).

(3) 현금급여

현금급여의 경우 2017년 기준으로 2등급 316유로, 3등급 545유로, 4등급 728유로 그리고 5등급 901유로가 매월 지급된다. 재가급여 수급자의 경우 현금급여 혹은 현금급여와 현물급여를 연계한 혼합급여를 선택할 수 있다.

(4) 비공식 수발자를 위한 급여

〈사회법전〉 11편 제 19조에서는 비공식 수발자(Pflegeperson)[2]를 "매주 14시간 이상 한 명 이상의 장기요양보험 수급자를 그의 가정에서 비직업적으로 수발하는 자"로 규정한다. 비공식 수발자는 수발교육, 사회보험료 지원, 대리수발, 가족수발자를 위한 단기휴직과 단축근무 등의 혜택을 받을 수 있다(〈사회법전〉 11편 제 4장 제 44, 44a, 45조).

---

[2] "Pflegeperson"는 우리말로 "수발자"를 의미한다. 그러나 〈사회법전〉 11편 제 19조에 정의하는 내용에 따르면 "비공식 수발자"라고 번역하는 것이 내용에 부합한다.

① 수발교육

가족수발자는 장기요양조합이 비영리기관이나 다른 교육기관과 함께 제공하는 수발교육에 무료로 참여할 수 있다. 이 교육에서는 수발하는 방법, 정신적·심리적 부담 해소방법, 죽음에 대처하는 방법 등을 배울 수 있다.

② 사회보험료 지원

〈사회법전〉 11편 제44조에 의하면 한 명 이상의 장기요양보험 수급권자를 매주 14시간 이상 수발하면 사회보험에 가입할 수 있다. 장기요양보험은 비공식 수발자들의 연금보험, 산업재해보상보험, 실업보험 등을 지원하며 의료보험은 부분적으로 지원한다.

㉮ 연금보험

비공식 수발자들이 수발로 인하여 소득활동을 단축하거나 중단하여 이들 스스로의 노후보장이 어려울 경우를 대비하여 연금보험의 가입을 의무화한다. 연금보험에 가입하기 위해서는 수발 대상자가 장기요양보험 급여 수급자여야 하며, 수발자가 매주 14시간 이상 수발해야 한다. 연금가입을 위한 최소 수발시간은 수발자가 한 명이 아닌 여러 명을 수발할 경우 합산한 시간도 인정한다(〈사회법전〉 6편 제3조 제2항 제1a호). 그러나 수발자가 자영업자나 연금 수급자이거나 매주 30시간 이상 소득활동을 할 경우 수발자로서 연금에 가입할 의무는 없다.

연금보험료는 수발자가 매주 수발하는 시간과 수발 대상자의 장기요양 등급에 따라 매년 새로 책정되며 장기요양조합에서 지원한다.

㉯ 산업재해보상보험

수발자가 매주 14시간 이상 한 명 이상의 요양급여 수급자를 그의 가정에서 비직업적으로 수발할 경우 장기요양조합은 수발자를 지역 내 산재보험자(*kommunale Versicherungsträger*)에게 신고하여야 한다. 수발자의 산재보 험료는 세금으로 전액 지원된다(BMAS, 2015: 8). 수발자가 영양, 이동, 가사, 신체수발 등의 영역에서 수발하는 중 상해가 발생하면 산재급여를 받게 된다(〈사회법전〉 7편 제2조 제1항 제17호).

㉰ 실업보험

2006년부터 가족수발자가 원할 경우 실업보험에 가입을 신청할 수 있다. 가족수발자가 실업보험에 가입하기 위해서는 가족을 수발하기 시작한 시 점으로부터 최근 24개월 이내에 12개월 이상 실업보험의 의무가입자 상태 를 유지했거나 〈사회법전〉 3편에 따라 실업수당을 받았어야 한다. 2016년 기준으로 가족수발자의 실업보험료는 옛 서독지역의 경우 8.72유로이고, 옛 동독지역은 7.56유로이다. 보험료는 본인이 전액 부담한다.

③ 가족수발자 단기휴직

15인 이상 근무하는 사업장의 근로자가 1등급 이상의 판정을 받은 가족이나 가까운 친척을 매주 최소 14시간 이상 수발할 경우 최장 6개월의 무급휴가 를 신청할 법적 권리가 보장된다. 고용주는 사업상 특별한 사유 없이 단기 휴직 신청을 거절할 수 없으며, 이 기간 동안 고용주는 근로계약을 해지할 수 없다(〈사회법전〉 11편 제44a조, 〈가족수발시간법〉 제3, 4조).

④ 가족수발자 단축근무

25인 이상 근무하는 사업장의 근로자가 가족을 수발할 경우 〈가족수발시 간법〉(*Familienpflegezeitgesetz*)에 근거하여 최고 2년까지 근로시간을 단축 할 권리가 보장된다. 이때 삭감된 급여는 무이자 대출로 충당할 수 있다.

⑤ 단기수발휴가

가까운 친척이 위급한 상태에 처한 경우, 근로자는 적절한 장기요양서비스를 계획하고 조정하기 위해 단기수발휴가(Kurzzeitige Arbeitsverhinderung)를 최고 10일까지 신청할 수 있다. 단기휴가는 고용된 근로자의 수와 상관없이 모든 사업장의 근로자들이 신청할 수 있다.

(5) 장기요양지원센터의 상담서비스

2008년 개혁 이후 도입된 장기요양지원센터(Pflegestützpunkt)는 장기요양보험과 관련된 각종 정보와 상담을 장기요양의 대상자뿐만 아니라 그의 가족 또는 장기요양보험에 관심 있는 일반인에게 제공해야 한다. 모든 장기요양보험 가입자는 이에 대한 법적 권리를 갖는다(〈사회법전〉 11편 제 7a조).

장기요양지원센터의 관리주체는 공적 의료보험과 장기요양보험, 민간 의료보험과 장기요양보험, 주정부의 노인보호(Altenhilfe) 및 사회부조 담당기관이다. 3) 모든 장기요양지원센터에는 장기요양상담사(Pflegeberater)가 상근하며 장기요양지원센터가 아직 설립되지 않은 지역에서는 장기요양조합이 대신 상담서비스를 제공할 의무가 있다.

장기요양지원센터는 장기요양의 대상자와 상담을 통해 욕구를 분석하고 대상자의 수발을 위해 개별 케어플랜을 작성하고, 개별적으로 고려해야 할 보건증진적·예방적·치료적·재활적 그리고 기타 의료적·장기요양적·사회적 도움과 지원서비스를 조정하고 연계한다(BMG, 2016c).

4) 급여의 품질

재가급여와 시설급여를 제공하는 기관의 서비스 품질평가는 MDK와 민간 의료보험평가단(PKV-Prüfdienst)이 매년 실시한다. 의료보험조합 총연합회 소속 의료지원단(Medizinischer Dienst des Spitzenverbandes Bund der Krankenkassen: MDS)은 평가결과를 3년마다 보고서로 작성하여 발표할 의무가 있다(〈사회법전〉 11편 제114a조 제6항). 평가단은 MDK와 민간 의료보험평가단의 전문요양보호사로 구성된다. 4)

모든 평가는 원칙적으로 사전 예고 없이 시행된다. 서비스 이용자의 만족도도 중요하게 반영되기 때문에 이용자를 대상으로 추가설문을 실시하며 이에 대한 결과는 따로 표시한다(BMG, 2016c).

품질평가 결과가 좋지 않을 경우 장기요양조합 주연합회는 공공부조 관리운영 주체와 합의하여 평가결과가 좋지 않은 기관과의 요양서비스 제공 계약을 완전히 또는 부분적으로 해지할 수 있으며, 계약위반 정도가 특별히 심각하다고 판단될 경우 유보기간 없이 바로 계약을 해지할 수 있다.

평가결과는 인터넷이나 다른 매체를 통해 무료로 투명하게 공개되며, 지역 내 장기요양지원센터에서도 확인이 가능하다. 모든 장기요양기관은 최근 평가날짜를 명시한 품질평가 결과를 기관의 입구와 같은 누구나 볼 수 있는 공간에 공개하여야 한다.

현금급여 수급자의 경우 1등급과 2등급은 6개월마다, 3등급은 3개월마다 장기요양주연합회 또는 장기요양지원센터에서 가정방문을 실시한다. 비공식 수발자가 제공하는 서비스의 품질이 충분하지 않다고 판정될 경우, 장기요양조합은 현금급여를 중단하고 전문 재가서비스 기관을 통해 서비스를 제공하거나 시설급여로 전환할 수 있다.

---

3) 2008년 7월 1일 제도가 도입된 이후 2015년 기준 14개 주에 약 500개의 센터가 설립되었다.
4) 2014년 발표된 품질평가 자료에 따르면 마지막 평가 때 777명의 평가자들이 평가를 시행하였으며 이 중 97%가 전문요양보호사였다(MDS, 2014: 8).

5) 행정기관

(1) 장기요양조합

장기요양조합은 "장기요양보험은 의료보험에 따른다"는 원칙에 따라 의료보험조합 안에 조직되어 있으나, 장기요양보험과 관련된 업무를 수행함에 있어서는 독립된 주체이다. 장기요양조합은 피보험자의 욕구를 반영하여 일반적으로 인정되는 의료적 장기요양지식에 부합하는 장기요양서비스를 제공해야 하는데, 이를 "장기요양보장의 수임"(Sicherstellungsauftrag)이라 한다(〈사회법전〉 11편 제69조). 이를 위하여 장기요양조합은 장기요양급여의 제공자와 장기요양계약, 급여 및 품질협약, 그리고 비용지급합의를 체결한다. 이때 장기요양시설의 관리운영 주체가 그 임무의 목표를 설정하고 집행하는 데 있어 다양성, 독립성, 독자성 및 자명성은 존중되어야 한다(〈사회법전〉 11편 제69조).

또한 장기요양조합은 장기요양급여 제공자와 급여의 종류, 범위 및 비용지급에 관한 계약을 체결하는 데 있어서 급여비 지출이 보험료 수입을 초과하지 않도록 하여야 한다(보험료율 안전성의 원칙). 따라서 "보험료율 안전성의 원칙"(Beitragssatzstabilität)에 어긋나는 비용지급 합의는 무효이다(〈사회법전〉 11편 제70조).

(2) 공적 의료보험 소속 의료지원단

MDK(Medizinischer Dienst der Krankenversicherung)는 공적 의료보험과 장기요양보험에 사회의료적 자문과 판정서비스를 담당한다. 장기요양조합으로부터 위임받은 MDK는 장기요양등급판정을 신청한 피보험자가 장기요양 대상자의 조건을 충족하는지 여부와 어떤 등급에 속하는지를 판정한다. 또한 MDK는 장기요양기관의 품질평가를 매년 실시한다.

(3) 민간 장기요양보험협회 산하 의료지원단

민간 장기요양보험에 가입한 피보험자들의 등급판정과 장기요양기관의 품질평가는 메딕프루프(MEDICPROOF)가 담당한다. 메딕프루프는 42개의 민간 의료보험회사가 소속되어 있는 민간 의료보험협회 산하 의료지원단(Der medizinische Dienst der Privaten)이다.

메딕프루프는 42개의 민간 의료보험회사 외에 장기요양보험을 의무적으로 제공해야 하는 우체국 직원 의료보험조합(Postbeamtenkrankenkasse)과 연방철도직원 의료보험(Krankenversorgung der Bundesbeamten) 그리고 사회부조 주체인 여러 지자체로부터 위임을 받아 장기요양 등급판정서비스를 제공하기도 한다(MEDICPROOF, 2016).

(4) 사회의료지원단

사회의료지원단(Sozialmedizinischer Dienst: SMD)은 독일 광산-철도-해운 보험조합(Knappschaft-Bahn-See: KBS) 산하 의료지원단으로 KBS의 위임을 받아 등급판정서비스를 제공한다. SMD는 다양한 전문의와 장기요양 전문가, 의료기술 분야 전문가 그리고 행정직 담당자로 구성된다(KBS, 2016. 5. 18).

6) 재정부담

(1) 원칙

독일 장기요양보험은 고용주와 피고용자가 절반씩 부담한 보험료가 급여의 주요 재원이며, 부과방식으로 운영된다. 독일 장기요양보험은 '부분보장'을 원칙으로 하기 때문에 보험자가 지급하는 보험급여로는 수급권자가 이용하는 금액을 전액 충당할 수 없어 결국 수급자나 그의 가족이 같이 부담하여야 한다. 재정구조는 이원화되어 있어 경상운영비와 급여지출비는 장기요양조합이 보험료 수입 내에서 책임지고, 주정부는 시설유지와 투자를 책임지도록 되어 있다.

(2) 보험료

장기요양보험료는 2017년 기준 2.55%이며, 자녀가 없는 피고용자는 0.25%를 추가로 납부하여야 한다. 매년 조정되는 장기요양보험의 최고부담 상한소득은 2017년 기준으로 월 4,350유로이다. 매월 최고 보험료는 110.93유로이며, 자녀가 없는 경우 121.8유로이다.[5]

(3) 장기요양준비기금

〈장기요양강화법 I〉이 2015년부터 시행되면서 매년 장기요양보험료 수입의 0.1%(연 약 12억 유로)를 '장기요양준비기금'(Pflegevorsorgefonds)으로 20년 동안 적립하기로 했다. 이는 2034년경에 장기요양의 대상자 수가 가장 많아질 것을 전망하면서 저출산과 고령화로 인하여 보험료 인상이 불가피해질 미래를 미리 대비하여 준비하는 것이다(BMG, 2016c).

3. 논의

1) 제도에 대한 평가

1995년 도입 이후 독일 장기요양보험은 전반적으로 긍정적 평가를 받는다. 그럼에도 여러 문제점이 지적되었고 이러한 지적들은 쟁점화되어 그동안 여러 차례 크고 작은 개혁과정을 거치면서 정책에 반영되기도 하였다.

---

5) 월 450유로 이하 소득의 '미니잡'의 경우 고용주가 보험료 전액을 부담하며, 본인이 원할 경우 장기요양보험에 가입하지 않아도 된다. 월 소득이 450.01~850유로 사이인 미디잡의 경우 감액된 보험료를 납부한다(BMG, 2016c).

지금부터는 2015년에 시행된 〈장기요양강화법 I〉과 함께 2017년부터 시행된 〈장기요양강화법 II〉까지 장기요양보험에 관한 주요 쟁점을 짚어보고자 한다.

(1) 장기요양필요성에 대한 개념

1995년 장기요양보험이 도입되면서부터 끊임없이 제기된 문제는 "장기요양필요성"(*Pflegebedürftigkeit*)의 개념에 관한 것이다. 이 개념은 등급판정의 기준이 되는 개념이다. 그동안 이 개념에 근거하여 수발빈도와 수발시간대를 감안한 수발시간소비량을 판정기준으로 삼는, 이른바 "시간기준에 의한 수발"(*Minutenpflege*)의 개념은 인간존엄성에 부합하지 않는다는 비판을 받아 왔다. 특히, 신체기능 상태에만 집중한 지금까지의 장기요양필요성 개념은 치매나 지적 장애인, 수발을 필요로 하는 어린이 등의 도움욕구를 등급판정에 반영하지 못하는 한계가 있었다(남현주, 2012: 36).

2017년부터 시행된 〈장기요양강화법 II〉에서는 이러한 한계를 극복하고 장기요양의 법적 근거를 새롭게 정립하는 차원에서 장기요양필요성의 개념이 새롭게 정의되었다.

(2) 평가판정도구에 대한 비판

독일의 평가판정도구는 실행 초기부터 적지 않은 비판에 직면하여 그동안 여러 차례 수정보완이 이루어졌다(남현주, 2012).

판정도구에 대해 지적된 것은 평가의 객관성과 신뢰성의 문제이다. 독일 평가판정도구에서는 수발빈도, 수발시간대, 수발시간량을 평가자가 직접 결정하여 값을 부여하기 때문에 평가자의 재량이 작용할 여지가 많다. 물론 '수발기준값'을 도입하여 평가도구의 객관성을 제고하고자 하였으나, 평가자가 평가소견을 직접 기술하도록 되어 있어 여전히 객관성에 관한 지적을 받는다.

평가판정 결과의 신뢰성에 대한 문제의 핵심은 MDK의 등급판정 결과가 경험적 데이터와 과학적 방법을 토대로 행해졌다기보다는 하나의 사회적 상호작용의 결과라는 것이다. 이 때문에 등급판정 결과는 필연적으로 평가자의 가치판단과 기대 및 해석틀 그리고 평가 참가자들의 상호작용의 영향을 받을 수밖에 없다는 비판에서 벗어나기 어렵다(Maidhof et al., 1999; Simon, 2004). 이러한 기존의 평가판정도구에 대한 비판에 근거하여 2017년부터는 새로운 평가판정도구가 적용되었다.

(3) 급여 보장

2002년 이른바 "0"등급이 도입되고 2008년 〈장기요양지속발전법〉이 시행되면서 치매환자에 대한 급여가 지급되기는 하였으나 여전히 상징적 정도의 수준에 그친다는 비판이 지배적이었다(Heintze, 2012: 18). 그러나 급여의 보장 측면에서 2015년 〈장기요양강화법 I〉이 시행되면서 전체적으로 괄목할 만한 급여인상이 이루어졌다. 이는 재정의 측면에서 함께 평가해야 하지만 급여보장수준의 개선이란 차원에서는 확실히 긍정적 발전이라 평가할 수 있다.

반면 비공식 수발자들을 위한 지원을 살펴보면 그동안 이들의 소득활동과 가족수발의 병행을 돕기 위하여 가족수발자 단기휴직제도와 가족수발자 단축근무제도를 도입했지만, 소득활동을 하는 가족수발자의 부담은 여전히 해소되지 않았다는 평가가 그동안 있었다. 가족수발로 인해 소득활동을 포기할 경우 연금보험료가 지원되지만 이 또한 금액이 너무 낮아 충분한 노후보장이 어렵다는 비판이 있다. 이처럼 비공식 수발자의 처우 문제가 근본적으로 개선되지 못하는 이유로는 독일은 보수주의 국가적 특징을 들 수 있다. 독일은 연대감을 근거로 가족의 수발책임을 여전히 당연히 여기며, 노동문화에서도 남성 중심의 가부장적 특성이 잔존해 기업 내에서 가족수발문제를 해결하고자 하는 의지가 크지 않다고 해석할 수 있다.

(4) 재원 확보

2008년 장기요양의 개혁을 통한 급여인상은 장기요양보험의 지출을 늘리는 결과를 가져올 수밖에 없었다. 부과방식으로 운영되는 장기요양보험은 저출산과 고령화뿐만 아니라 가족의 수발능력 저하로 인해 재정적으로 큰 압박을 받을 수밖에 없다(Holzkämper, 2014: 33~37). 특히, 베이비붐 세대가 고령자가 되는 2035년 이후를 대비하여 2015년부터 장기요양준비기금 운영을 시작했지만 결국 가까운 미래에 기금은 고갈될 것이며 미래 세대가 그 부담을 안고 가야 한다는 부정적 시각이 다수 존재한다(Deutsche Bundesbank, 2013).

2) 최근 동향과 전망

독일 정부는 2016년부터 장기요양을 집중적으로 개혁할 예정이다. 특히, 장기요양보험 급여를 확대하기 위하여 〈장기요양강화법 I〉을 이미 2015년부터 시행했으며, 〈장기요양강화법 II〉는 2017년 1월 1일부터 시행되었다.

(1) 〈장기요양강화법 I〉

〈장기요양강화법 I〉이 2015년 1월 1일부터 시행되면서 모든 장기요양보험 급여가 4%p 상향조정되면서 비공식 수발자를 위한 급여 또한 인상되었다. 또한 기존 완전주거시설의 대안으로 100만 유로를 새로운 주거유형에 지원하기로 했다(〈사회법전〉 11편 제45f조). 이로 인하여 주거시설에서 근무하는 요양전문인력의 수도 명백하게 증가했다.

(2) 〈장기요양강화법 II〉

〈장기요양강화법 II〉가 2017년부터 시행되면서 장기요양필요성 개념이 새롭게 정립되었고 이를 근거로 등급판정도구와 등급구분에 새로운 변화가 일어났다. 지금까지의 3등급 체제는 5등급으로 더 세분화되었고 이로 인하여 장기요양기관의 상황은 개선될 것으로 전망된다.

2017년 이 법이 시행되면서 장기요양보험료가 0.2%p 상향조정되어 2015년 〈장기요양강화법 I〉이 시행되면서 누적된 보험료와 합산하면 약 50억 유로의 기금이 추가로 모일 전망이다. 추가 납부된 보험료로 보험급여를 지금보다 약 20% 이상 인상할 예정이다.

(3) 간호·요양전문인력 양성과정의 변화

최근 국회에서 새로운 〈간호수발직종법〉(Pflegeberufsgesetz)에 대한 논의가 진행 중이다. 핵심 내용은 간호·아동간호·노인요양 교육을 통일하되 개별 전문 분야는 강화하는 공통교육과정을 개발하는 것이다. 교육과정의 변화를 통해 간호·요양인력은 앞으로 변화할 새로운 환경에 적응할 수 있을 것이며, 지금보다 더 다양한 직업에 종사하고 승진할 기회도 갖게 될 것이라 전망된다. 새 교육과정 참여자들은 등록금을 면제받는 것은 물론이고 오히려 교육보상금(Ausbildungsvergütung)을 지급받게 된다. 또한 새로운 연방법을 근거로 요양 관련 대학과정을 신설할 예정이다(BMG, 2016c).

4. 한국에 대한 시사점

1) 장기요양필요성 개념에 대한 사회적 합의

제도 도입 이후 그동안 많은 비판적 지적을 받아 온 장기요양필요성 개념은 이후 꾸준히 연구되고 사회적으로 활발히 논의되어 왔다. 그리고 2017년에 드디어 본격적으로 전 국민을 대상으로 제도에 적용될 예정이다.

한국의 장기요양 등급판정기준은 엄격하게 규정되어 급여 대상자의 비율과 급여수준은 낮고 본인부담금은 상대적으로 높다는 평가를 받는다. 2008년부터 시행되었음에도 불구하고 제도에 대한 인지도는 여전히 낮으며 등급판정에 대한 만족도 또한 그리 높지 않다. 이러한 문제가 한국에서 지속될 경우 갈등이 지속되고 신뢰가 형성되지 않아 장기요양제도 자체의 성공적 안착을 기대하기 어렵다. 따라서 국민이 만족하고 동시에 효율적인 장기요양정책을 장기적으로 수립하기 위해서는 등급판정의 기준인 장기요양필요성 개념부터 합리적이고 충분한 학문적·정치적 논의과정을 통해 재정립할 필요가 있다.

2) 재가급여 강화

'재가급여를 시설급여에 우선한다'는 원칙은 한국에도 유효하다. 독일의 재가급여 수급자는 현금급여와 현물급여, 또는 현금급여와 주간보호·야간보호 이용 등 매우 다양한 연계방식을 통해 본인의 욕구에 맞는 급여를 선택할 권리를 갖는다. 또한 가정에서 수발 받는 대상자들에게 필수인 수발보장구의 종류도 일회용 장갑부터 전동리프트까지 매우 다양하다. 특히, 이러한 다양한 수발보장구를 지급받을 때 본인부담의 상한 총액이 정해져 있어, 이를 초과할 경우 장기요양조합은 초과액을 감액해 준다. 이러한 제도는 수발 대상자는 물론 가족의 수발 부담을 크게 덜어 줄 수 있다. 이러한 재가급여 강화정책은 한국에 시사해 주는 점이 크다.

3) 비공식 수발자 지원

한국에서는 자녀의 부모수발을 당연한 것으로 여길 뿐만 아니라 자녀의 부모부양이 법적으로 의무화되어 있기 때문에 비공식 수발자의 역할은 축소되지 않을 것으로 예측된다. 그렇다면 가족구조 유지는 물론 재가복지의 활성화에 기여할 수 있는 비공식 수발자들이 독일에서처럼 직·간접적인 사회적 보상체계 안에 편입될 수 있도록 할 필요가 있다. 특히, 한국의 비공식 수발자 대부분이 부모의 수발로 인하여 소득활동을 포기하는 점을 감안할 때 이들을 위한 노동정책적·사회보험적 지원에 대한 방안을 적극적으로 검토하여야 한다.

4) 노인주거시설의 다양화

독일에서는 최근 매우 다양한 주거시설을 발견할 수 있다. 예를 들어 양로보호거주(Betreutes Wohnen), 호화로운 타입의 노인주택(Seniorenresidenz), 시니어주거공동체, 공동가정(Hausgemeinschafen), 요양주거공동체, 양로보호가정(Betreute Hausgemeinschaften) 등은 전통적 노인공동주택을 대체하며 거주자에게는 지원금도 지급된다.

　우리나라에는 노인장기요양보험 도입을 통해 자립적이지 못한 노인을 위한 '입소시설'의 수는 늘었으나 상대적으로 '건강한' 노인을 위한 주거시설은 거의 찾아볼 수 없다. 특히, 한번 거주하기 시작한 곳에서는 노인들에게 익숙한 환경에서 최대한 오래 생활할 수 있도록 다양한 재가서비스를 신청하고 장기요양급여를 받을 수 있도록 제도를 개선하는 논의가 시작되어야 한다.

5) 사례관리제도 도입

독일에서 2008년 첫 장기요양 개혁을 시작하면서 새로 도입한 사례관리제도는 한국에 시사하는 바가 크다. 한국에서는 노인장기요양보험이 시행되기 전에는 사례관리자 또는 케어매니저 도입에 대한 논의가 활발하게 진행되었으나, 정작 노인장기요양보험이 시행된 이후에는 학계에서조차 이에 대한 논의가 거의 이루어지지 않았다.

사례관리는 국민의료보험공단이 주체인 노인장기요양보험과 지자체가 책임지고 있는 노인돌봄서비스가 체계적으로 운영되기 위해서도 필요한 제도이다. 또한 장기요양보험의 수급권자는 물론 앞으로 수급자가 될 가능성이 높은 등급 외 대상자와 이들 가족의 욕구를 파악한 후, 이에 기초한 요양서비스 제공계획을 수립하고 요양기관과 연계하여 요양서비스를 제공받게 한 후 제공된 요양서비스에 대한 사후점검까지 하는 통합적 사례관리를 제공하는 전문가가 요구된다.

■ 참고문헌

국내 문헌

남현주(2009). "비공식수발자들을 위한 사회정책적 지원에 관한 비교연구: 독일, 오스트리아, 영국을 중심으로". 〈사회복지정책〉, 36권 2호, 307~331.

남현주(2012). "독일의 현행 장기요양 평가판정도구에 대한 고찰". 〈한·독 사회과학논총〉, 22권 4호, 31~68.

남현주(2014). "독일의 새 장기요양 평가판정도구 시안에 관한 고찰". 〈보건사회연구〉, 34권 1호, 207~238.

해외 문헌

Barmer GEK(Hrsg.)(2012). *Barmer GEK Pflegereport 2012: Schriftenreihe zur Gesundheitsanalyse Band 17*. Wuppertal: Barmer GEK.

BMAS(Bundesministerium für Arbeit und Soziales)(2015). *Zu Ihrer Sicherheit. Unfallversichert bei häuslicher Pflege von Angehörigen*. Bonn: BMAS.

BMG(Bundesministerium für Gesundheit)(2010). *Ratgeber Pflege: Alles, was Sie zur Pflege wissen müssen*. Berlin: BMG. Siegburg: Asgard-Verlagsservice.

Deutsche Bundesbank(2013). *Monatsbericht Dezember 2013*. Frankfurt/Main: Deutsche Bundesbank.

Heintze, C. (2012). *Auf der Highroad: der skandinavische Weg zu einem zeitgemässen Pflegesystem. Ein Vergleich zwischen fünf nordischen Ländern und Deutschland.* Bonn: Friedrich-Ebert-Stiftung.

Holzkämper, H. (2014). Reformoptionen der Pflegeversicherung: Eine ordnungstheoretische Analyse. *Arbeitspapire der FOM, 45,* 1~63

Maidhof, R., Oirk, O., Winkel, M., & Hartung, J. (1999). Es geht auch anders: Ein neues Instrument zur Beguntachtung der Pflegestufen. *Gesundheitswesen, 61,* 380~384.

MDS (Medizinischer Dienst des Spitzenverbandes Bund der Krankenkassen) (2009). *Richtlinien des GKV-Spitzenverbandes zur Begutachtung von Pflegebedürftigkeit nach dem XI. Buch des Sozialgesetzbuches.* Essen: MDS.

_____(2014). *Qualität in der ambulanten und stationären Pflege: 4. Pflege-Qualitätsbericht des MDS nach § 114A ABS. 6 SGB XI.* Köln: Asmuth Druck + Crossmedia.

Nordmann, H. (2015). Flexibler Pflegemix. Betreuungs- und Entlastungsdienste: Herausforderungen für die Praxis nach dem ersten Schritt des Pflegestärkungsgesetzes. *ProAlter, Januar/Februar 2015,* 12~17.

Penzlien, M. (2008). Streitfall Pflegestützpunkte. *Der Pflegebrief, 103,* 2~4.

Rothgang, H. (1996). Vom Bedarfs- zum Bedgetbetrieb?: die Einführung der Pflegeversicherung und ihre Rückwirkung auf die Gesetzliche Krankenversicherung. In DGS (Deutsche Gesellschaft für Soziologie) (Hrsg.) (1996). *Gesellschaften im Umbruch: Verhandlungen des 27. Kongresses der Deutschen Gesellschaft für Soziologie in Halle an der Saale 1995.* Frankfurt am Main: Campus Verl. 930~946.

Schmidt, M. (2010). Grundlagen der Pflegeversicherung in Deutschland. In Langsdorf, S., Traub-Mery, R., & Ding, Ch. (Hrsg.) (2010). *Altenpflege und Pflegeversiherung. Modelle und Beispiele aus China, Deutschland und Japan.* Shanghai: Shanghai Academy of Social Sciencs Press, 165~189.

Sieveking, K. (Hrsg.) (1998). *Soziale Sicheurng bei Pflegebedürftigkeit in der Europäischen Union.* Baden-Baden: Nomos.

Simon, M. (2004). Die Begutachtung im Rahmen der sozialen Pflegeversicherung. Kritische Anmerkungen zu Validität der Ergebnisse. *Public Health, 12,* 218~228.

Statistisches Bundesamt(2017). *Pflegestatistik 2015. Pflege im Rahmen der Pflege-versicherung Deutschlandergebnisse.* Wiesbaden: Statistisches Bundesamt.

기타 자료

BMG(Bundesministerium für Gesundheit)(2016a). Pflegeleistungen ab 1. Januar 2015. Berlin: BMG.

_____(2016b). Zahlen und Fakten zur Pflegeversicherung. Berlin: BMG.

_____(2016c. 5. 28). Themen Pflege. http://www.bmg.bund.de. 2016. 5. 28. 인출.

_____(2017). Zahlen und Fakten zur Pflegeversicherung. Berlin: BMG.

MEDICPROOF(2016. 5. 28). Der medizinische dienst der Privaten. http://www.medicproof.de/index.php?id=13. 2016. 5. 28. 인출.

KBS(Knappschaft-Bahn-See)(2016. 5. 28). Pflegeversicherung. https://www.knappschaft.de/DE/1_navi/02_pflegeversicherung/node.html. 2016. 5. 28. 인출.

16

고령자 및 장애인 복지서비스

1. 개요: 독일 사회서비스[1]의 역사와 특징[2]

1) 독일 사회서비스의 발전논리

독일에서 현금지원 프로그램과 대인서비스 프로그램은 서로 상이한 발전
과정을 통해 제도화(*institutionalization*)되었다. 현재 고령자와 장애인을
대상으로 하는 서비스는 전통적으로 '가족'을 통해 제공되던 것으로 이런
가족의 역할은 경우에 따라 지역사회의 교회나 성당의 지원을 통해 보완되
었다. 1789년 프랑스 혁명 이후 유럽사회에서 종교조직의 정치·경제적

---

1) 독일에서 'soziale Dienste'(*social service*), 즉 사회서비스는 협의의 사회서비스로 공공에
서 직·간접적으로 개입하는 대인서비스(*personal service*)를 의미한다. 국제기준(OECD
보고서 등)에서 돌봄서비스(*care service*)는 혼자 스스로 일상생활활동을 영위하기 힘든
자를 지원하는 서비스로 정의된다. 이와 관련하여 독일의 사회서비스(*soziale Dienste*)는
국제기준에서의 돌봄서비스와 상담, 응급서비스 등 대인서비스를 모두 포괄하는 개념으
로 보아야 할 것이다.
2) 박수지의 연구 일부(2009: 57~159, 162~163)를 발췌하여 수정하였다.

입지가 약해지면서, 가족이 제공하는 서비스에 개입하는 교회나 성당 이외의 다양한 지역사회조직과 공공부문이 나타나기 시작한다.

1900년대 초반까지 지역사회가 관여하는 대인서비스는 주로 부조 개념으로 빈민을 대상으로 하여 제공되었다. 이러한 초기의 형태는 1900년대를 거치며 영역별로 분화되어 각 분야별로 서로 상이한 제도화 과정을 겪는다. 이러한 대인서비스 발전과정에서 지역별 혹은 각 영역별로 일반화된 역사나 통일된 전달기구를 찾기는 힘들다. 단지 독일에서 빈민구제책이나 노인 입소시설과 관련된 복지서비스는 19세기 말 국가의 현금지원 프로그램인 소득보장제도가 도입되기 훨씬 이전부터, 청소년이나 아동을 대상으로 하는 서비스는 1960년대 이후부터, 노인 수발서비스나 장애인 대상의 복지서비스는 비교적 최근에 제도화된 영역이라고만 언급할 수 있을 뿐이다.

한편 '시장'은 독일의 사회서비스(soziale Dienste) 제도화 과정에서 그다지 주목할 만한 역할을 수행하지 못했다. 시장은 주로 개개인의 소득 근원지로 작동했을 뿐이고, 그렇다 보니 그 역할은 사회서비스 영역보다는 국가의 소득보장제도와 관련이 깊다. 19세기 말부터 독일은 시장에서 개인의 소득 손실을 야기할 수 있는 사회적 위험에 개입하고자 사회보험으로 대표되는 소득보장제도를 발전시켰다.

사회서비스와 관련하여 '국가'의 역할 또한 1900년대 초반까지 상당히 제한적이었다. 당시 국가는 사회서비스를 비영리 민간기관이 수행하는 지역사회사업으로 간주하고 지방 정부를 통해 단순히 위임하거나 제한적으로 개입했을 뿐이다. 그러나 1900년대 중반에 들어서면서 공공부문은 본격적으로 고령자 및 장애인 대상의 사회서비스 공급 및 생산체계에 개입하기 시작한다(Bahle, 2007: 33). 즉, 사회서비스의 공급 및 생산과 관련된 다양한 행위자들의 관계에 개입하기 시작하였다. 특히, 이와 관련된 논의는 1980년대 복지국가 위기담론 이후 국가-민간비영리-시장의 역할분담 논의와 관련이 깊다.

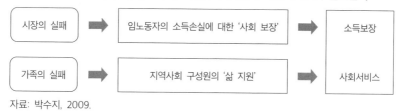

〈그림 16-1〉 사회보장제도의 두 축인 소득보장과 사회서비스의 발전논리

자료: 박수지, 2009.

사회서비스와 관련된 '가족', '시장', '국가'의 전통적인 역할을 종합하여
볼 때 독일의 사회서비스제도가 현금지원 프로그램과는 전혀 다른 논리 속
에 발전했음을 알 수 있다(Bahle, 2005: 19). 첫째, 사회서비스제도는 '가
족'의 역할을 보완하는 데에서 출발한 반면 사회보장제도는 '시장'의 역할
을 보완하는 데서 출발했다. 둘째, 사회서비스제도는 지역 내 고령자 및
장애인 등 구성원이 누려야 할 일상적인 "삶을 지원"(Daseinvorsorge) 하기
위해 시작된 반면, 소득보장제도는 시장 임노동자의 소득 손실에 대한 '사
회보장'으로 발전하기 시작했다. 셋째, 사회서비스는 복지국가 이외에 다
양한 지역사회조직과의 관계 속에서 발전한 반면 사회보장은 국가의 주도
적 활동을 통해 발전하였다. 결국 이런 특성으로 인해 사회서비스와 관련
된 기구는 그 통합성이 낮고 이를 통합적으로 주관하는 중앙집권기관이 거
의 발달하지 않았으며 그 결과 소득보장에 비해 상대적으로 오랜 제도화
과정을 필요로 하였다.

2) 독일 사회서비스체계의 특징

현재 독일 사회서비스체계에서 다양한 행위자들은 서비스 제공의 법적인
책임을 갖고 그 실행을 위해 서비스 내용과 대상자 조건 등을 구체화하는
'공급주체'와 서비스를 생산하고 직접 수요자를 만나 이를 제공하는 '생산주
체'로 구분된다. 그리고 최종적으로 생산자를 선택하여 그 서비스를 소비

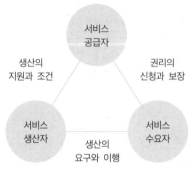

〈그림 16-2〉 사회서비스 공급자, 생산자, 수요자의 관계: 사회시장

자료: 박수지, 2009.

하는 '수요주체'가 존재한다. 이들의 관계를 통해 고령자 및 장애인을 대상으로 하는 서비스 체계인 독일의 '사회시장'(*Sozialmarkt*)이 형성된다. 이와 관련하여 사회서비스 전달체계란 사회서비스를 공급 및 생산하는 주체들을 '공급주체', '생산주체', '수요주체'라는 순차적 관계 때문에 일 방향으로 배열한 체계라고 할 수 있다.

서비스 수요자 입장에서 '사회시장'이란 사회서비스가 교환되는 시장인데, 여기서 '시장'이란 서비스의 생산과 수요가 존재한다는 의미일 뿐 보이지 않는 손이라는 자동조절기제까지 포괄하는 개념은 아니다. 일반시장에서 상품과 서비스의 교환관계, 특히 가격은 생산자와 수요자의 자율적 상호작용에 의해 결정되지만 사회시장에서 사회서비스는 생산자와 수요자의 자율적 상호작용이 아닌 '집단적 의사결정과정'을 통해 결정된다. 여기서 집단적 의사결정이란 사회시장에서 '공급자'와 '생산자', '공급자'와 '수요자' 그리고 '생산자'와 '수요자' 간의 다층적 의사결정을 의미한다.

이러한 다층적 의사결정구조와 관련하여 독일의 사회서비스 공급체계에는 다음의 3가지 원칙이 존재한다. 첫째, 서비스 공급자(*provider*)로서 지자체의 책임, 둘째, 서비스 생산자(*producer*)로서 지역사회 민간조직의 활동 보장, 셋째, 서비스 수요자 요구에 대한 보족성(*subsidiarität*)이 그것이다.

우선, 독일 〈기본법〉은 주정부의 관할권이 기초자치단체의 '지역공동체에 대한 사회적 관심'을 지원하기 위해 보장됨을 명시한다(독일 〈기본법〉 2장 28조). 이를 통해 지역주민의 '삶을 지원'할 1차적 책임이 기초자치단체에 있음을 명시한다. 또한 〈사회법전〉 1편에는 이것이 더욱 구체적으로, 사회급여의 핵심 전달주체인 기초자치단체가 사회급여 제공과 관련하여 사회서비스를 충분히 제공할 책임이 있으며 이는 지역사회의 다양한 비영리단체와의 협력 속에서 이루어져야 한다고 명시된다(Bäcker, Naegele, Bispink, Hofmann, & Neubauer, 2008: 527).

한편, 서비스 생산자로서 지역사회 내 민간조직인 민간 사회복지기관 (Verbände der Wohlfahrtspflege)의 활동은 법적으로 보장된다. 이들 민간부문의 비영리조직은 연방보조금을 통해 그 조직의 운영이 보장되며 전국적 연합체를 구성하여 지역사회의 이익을 주정부, 연방정부, EU 차원에서 대변한다.

마지막으로 보족성의 원칙은 사회서비스의 생산에서 민간 사회복지기관의 역할이 공공부문에 우선한다는 원칙이다. 이에 대한 전반적인 책임은 기초지자체가 가지며 기초지자체의 재정적, 법적 역량을 넘어서는 사회적 욕구가 발생할 경우에는 연방 차원의 개입이 이뤄진다.

2. 고령자 및 장애인 대상의 사회서비스 개관

1) 독일 사회서비스의 개념

독일에서 사회서비스는 상대적으로 긴 시간 동안 다양한 주체의 역학 관계 속에서 제도화된 영역이다. 따라서 어느 특정 시점, 특정 지역에서의 기능적 분류(케어, 상담, 직업훈련서비스 등)를 통해 개념화하는 것보다는 그 발전논리 속에서 관찰되는 뚜렷한 사회적 요소를 통해 개념화하는 것이 적합하다. 한국의 사회서비스 개념은 영국의 사회서비스 개념과 유사하게 주거, 문화, 환경까지 포괄한다. 반면 독일의 사회서비스 개념은 개인과 개인이 동일한 시공간을 공유하며 전달하는 대인서비스(personal service)만으로 국한되어 있다. 독일의 사회서비스 연구자인 발레(Bahle, 2007: 34~36 요약 및 수정)는 사회서비스 개념을 다음의 세 가지 특징으로 규정한다.

첫째, 사회서비스는 가족구성원 간의 서비스를 출발점으로 제도화된 '대인서비스'이다. 즉, 인간과 인간이 직접 만나 시·공간을 공유하며 제공하는 서비스이다. 이런 의미에서 예를 들어 방송을 통해 제공되는 교육프로그램 혹은 공중파를 통해 전달되는 대국민 홍보프로그램 등은 사회서비스에 포함되지 않는다고 본다.

둘째, 사회서비스는 서비스 생산자와 수요자 간의 관계가 제 3자, 즉 공공부문의 개입으로 조절되는 특성을 갖는다. 예를 들어 민간기관과 개인이 거래하는 대인서비스는 사회서비스가 아니다. 왜냐하면 서비스 생산자와 수요자의 관계가 제 3자에 의해 조절되지 않는 개인적·일시적 관계이기 때문이다.

셋째, 사회서비스는 개별화된 사회적 목적을 지향한다. 앞에서 살펴봤듯이 소득보장이 개인의 소득 손실에 대한 '사회보장'을 위해 발전한 반면 사회서비스는 공동체 구성원의 '삶을 지원'하기 위해 발전했다. 여기서 '삶의 지원'이란 개개인의 '삶의 영역'에서 각자의 '사회적 능력'을 최대한 발휘할 수 있도록 돕는 '개별화된 지원'을 의미한다. 이런 의미에서 사회구성원 전체를 대상으로 보편적 인지력 향상을 목적으로 하는 의무교육이나 예방을 목적으로 하는 보건의료서비스는 사회서비스에 포함되지 않는다고 보는 것이 일반적이다.

이러한 세 가지 특성을 고려할 때 독일의 고령자 및 장애인 대상의 사회서비스는 '고령자 및 장애인 개인이 속한 삶의 영역에서 각자의 사회적 기능을 지원하기 위해 공공부문에 의해 계획되고 공공 및 민간부문을 통해 직접 제공되는 개별화된 대인서비스'로 정의될 수 있다.

2) 고령자와 장애인 대상 사회서비스의 영역[3]

(1) 사회보장서비스

사회보장(*soziale Vorsorge*) 서비스란, 〈사회보험법〉에 의해 제공되는 현금급여 이외의 모든 서비스를 가리키는 말이다. 특히, 사회보장서비스의 대부분은 〈고용촉진법〉(〈사회법전〉 3편), 〈의료보험법〉(〈사회법전〉 5편) 그리고 〈장기요양보험법〉(〈사회법전〉 11편)에 의거해 제공된다. 고령자와 장애인 대상 사회서비스의 가장 큰 영역은 연방 차원에서 (고령자 포함) 장애인의 일상생활(*Activities Daily Living*: ADL)을 지원하는 수발서비스이다.[4] 〈장기요양보험법〉은 입소식 혹은 이동식 수발서비스 시설 및 서비스 제공을 법률적·재정적으로 지원한다. 〈의료보험법〉과 〈장기요양보험법〉에 의한 서비스 비용은 공적 의료보험 조합이 지불한다.

그 밖에 〈고용촉진법〉에 의해 고용기구(Arbeitsagentur)는 실업자의 노동시장 통합을 목적으로 실업부조 이외에 적극적 노동시장정책을 계획 및 실행할 의무를 지닌다. 이를 통해 지역사회 특성에 맞게 고령자나 장애인을 대상으로 하는 일자리 창출사업, 직업훈련, 노동시장 통합 프로그램, 장기실업자 지원사업이 구체화된다. 고용청은 〈고용촉진법〉에 의한 서비스를 직접 제공할 수도, 간접적으로 지역사회 타 민간시설의 서비스 제공을 지원할 수도 있다.

---

3) 《사회서비스 공급의 역할분담 모형개발과 정책과제》 중 필자가 집필한 '독일 사회서비스 공급체계'의 내용 일부(강혜규 외, 2007: 254~256)를 발췌하여 수정하였다.

4) 이와 관련된 내용은 15장의 '장기요양보험'에서 다룬다.

(2) 사회촉진서비스

〈아동 및 청소년 복지법〉(〈사회법전〉 8편), 〈장애인의 재활과 참여에 관한 법〉(Rehabilitation und Teilhabe behinderter Menschen, 〈사회법전〉 9편), 〈연방양성교육촉진법〉(Bundesausbildungsförderungsgesetz) 과 〈주거생활법〉(Wohngeldgesetz) 은 모두 사회촉진법이다.

이들 중 〈장애인의 재활과 참여에 관한 법〉은 고령자를 포함한 장애인, 즉 "신체적 기능, 정신적 능력 또는 정서적 건강상태가 일반적 상태로부터 6개월 이상 벗어나 있고, 이 때문에 사회적 삶에서 불이익을 받는 사람"의 재활과 사회참여를 촉진한다. 그리고 이러한 사회촉진법에 의한 서비스는 장애인이 비장애인과 동일하게 사회에 통합되는 것이 목적이다. 이러한 목적하에 장애인서비스는 다음의 3가지로 구성된다(백인립, 2012: 580).

첫째, 의료재활(*medizinische Rehabilitation*) 서비스이다. 이는 장애를 극복 또는 완화하고, 장애의 악화를 예방하는 것이 목적이다. 의료재활에는 의사에 의한 치료, 약물 및 도구 지급, 심리치료 등이 포함되며 경우에 따라서는 생활비 지급(예를 들어 질병수당, 상해수당 등) 까지 이루어진다.

둘째, 근로 참여(*Teilhabe am Arbeitsleben*) 를 지원하는 서비스이다. 이는 장애인의 생업능력을 유지·증진·회복시키고, 근로에 참여하는 경우에는 그 참여를 지속시키고자 하는 목적을 지닌다. 해당되는 서비스 종류는 매우 다양한데, 대표적인 것으로는 직업훈련 및 재훈련, 직업훈련 시 생활비 지원, 취업 촉진(상담, 알선, 작업장비 및 이동장비에 대한 보조 등), 보호고용 등을 꼽을 수 있다.

셋째, 사회생활 참여(*Teilhabeam Leben in der Gemeinschaft*) 를 지원하는 서비스이다. 이는 일상의 사회생활 참여를 가능케 하고, 타인에 의한 수발로부터 최대한 벗어나 독립적으로 생활하도록 하는 목적을 지닌다. 해당되는 서비스로는 장애에 적합한 거주지 마련 지원, 비장애인과의 만남 등을 촉진하는 문화생활 지원, 주변 환경과의 의사소통 촉진(예를 들어 수화통역사

대동), 취학 전 아동을 위한 치료교육 프로그램 등이 있다.

이와 같은 장애인을 위한 서비스는 장애등급 20 이상의 모든 장애인(고령자 포함)을 대상으로 한다.

(3) 사회부조서비스[5]

독일 정부는 2001년 종전 사회부조(*Sozialhilfe*) 제도의 적용대상으로 포함되었던 노인 및 장애인을 분리하여 이들의 기초소득보장을 위한 별도의 독립적 법률인 〈부조방식에 기초한 노인과 장애인의 기초소득보장에 관한 법률〉(Gesetz über eine bedarfsorientierte Grundsicherung im Alter und bei Erwerbsminderung, 이하 〈노인과 장애인에 대한 기초소득보장법〉)을 제정하고 2003년부터 실시했다. 이후 2005년 전체 사회보장제도의 법전화 과정을 거치면서 다시 〈사회법전〉 12편의 '사회부조제도'로 통합됐다.

〈사회부조법〉(Bundessozialhilfegesetz, 〈사회법전〉 12편)은 실업자 기초소득보장(〈사회법전〉 2편), 아동 및 청소년 부조(〈사회법전〉 8편), 망명신청자 기초생활보장법(〈사회법전〉 20편)과 함께 사회부조의 근간이 되는 연방법이다. 특히, 〈사회법전〉 12편에 의한 사회부조는 빈곤한 사람의 생계지원뿐만 아니라, 노인, 장애 등 특수한 상황에 있는 사람에 대한 도움까지를 포괄하고 있어 지자체 고령자 및 장애인을 대상으로 한 서비스의 법적 근거를 제공한다. 〈사회법전〉 12편은 총 16장으로 구성되고, 그중 실질 사업에 대한 내용, 즉 사회서비스와 관계된 것은 다음의 6장부터 9장까지이다.

---

[5] 현재 사회부조제도와 별개로 독일 연방정부는 〈노동시장서비스의 선진화를 위한 제4차 법률〉(Viertes Gesetz für moderne Dienstleistungen am Arbeitsmarkt, 약칭 하르츠법: Hartz IV)의 일환으로 종전의 장기실업자들을 대상으로 했던 부조제도(Arbeitsosenhilfe)를 폐지하고 구직자 기초보장제도(Grundsicherung für Arbeitsuchende)를 2005년 도입하였다. 이 제도의 도입으로 종전 사회부조제도의 생계급여를 받고 생활해 왔던 근로능력자와 그 부양가족은 실업자 기초소득보장제도의 지원을 받게 되었다.

- 6장: 장애인(고령자 포함)의 사회통합에 대한 부조급여 및 지원
- 7장: 수발(고령과 장애 시)에 대한 부조급여 및 지원
- 8장: 특수한 사회적 상황에 처한 사람(노숙자, 알콜중독자 등)에 대한 지원
- 9장: 기타 위기에 처한 자에 대한 지원

이와 관련된 사회부조의 제반서비스 사업들은 주정부의 책임하에 개별 지자체의 의무과업으로 수행되고 있다. 그리고 그 운영방식이나 운영기구에 대한 선택권 또한 주정부에 그 권한이 있다. 통상적으로 사회부조제도의 운영주체는 기초지자체 소속부서인 사회청(Sozialamt)이다. 그러나 경우에 따라서는 별도 조직의 행정기구를 설치하는 경우도 있다.

3. 서비스 공급의 주요 주체: 위상과 재원을 중심으로[6]

1) 기초 지방자치단체

(1) 위상
지방자치단체는 연방정부와 주에 이어 세 번째 차원의 자치단위로서 주정부에 속한다. 지자체 운영에 대한 법률은 주에 입법권한이 부여되어 주 헌법으로 지정한다. 따라서 독일에서 지자체에 대한 감독은 실질적으로 주정부에 의해서 이루어지며, 연방국가의 특성상 중앙의 지자체 감독은 인정되지 않는다.[7]

---

[6] 《사회서비스 공급의 역할분담 모형개발과 정책과제》중 필자가 집필한 '독일 사회서비스 공급체계'의 내용 일부(강혜규 외, 2007: 257~260, 264~268)를 발췌하여 수정하였다.

〈그림 16-3〉 독일 지방자치단체의 일반적 구조

자료: http://www.bpb.de/politik/grundfragen/deutsche-demokratie/39377/gemeinden?p=all. 2017. 11. 4. 인출.

기초지자체(Kommune, 코뮌)가 수행하는 업무는 성격상 크게 '임의과제', '주정부의 지침이 없는 의무과제', '주정부의 지침이 있는 의무과제', '주정부의 과제'의 네 가지로 나뉜다.[8] 지자체의 사회서비스 업무는 이 중

---

7) 독일은 행정적으로 볼 때, 크게 연방(Bund), 주(Land) 그리고 지방자치단체(Kommune, Gemeinde)로 구분된다. 연방에는 중앙정부가 형성되고, 주와 지방에도 자치기구가 형성된다. 연방은 독일의 헌법인 〈기본법〉을 통해 지방이 민주적 대표기구를 구성할 것을 명문화한다(28조 1항). 이 자치기구는 한국의 광역지자체, 기초지자체와 유사한 위상을 지닌다. 통상적으로 독일의 중앙정부를 연방정부(Bundesregierung), 주의 지자체를 주정부(Landesregierung), 지방의 지자체를 지방자치단체(Kommunale Selbstverwaltung)라 부른다. 또한 주정부와 지자체를 함께 거론할 때는 지방정부라고 칭한다. 독일은 연방제 국가로, 16개의 주정부로 구성되어 있다. 연방정부는 연방법에 의거 주정부와 지자체의 지위 및 권한과 의무를 규정한다. 그러나 연방주의 원칙에 따라 지자체는 연방에 속한 것이 아니라 기본적으로 주에 속한 것으로 간주된다. 전통적으로 지방 분권화가 잘 이루어진 독일은 각 주마다 차별화된 행정구조를 갖는 것이 특징이며, 각 주는 입법 행정·사법 행정을 자치적으로 행사하는 고유권한을 갖는다. 즉, 각 주들은 서로 다른 지방법을 가지고 자신의 주에 속한 지자체의 행정단위를 나누고 지자체 행정부와 의회의 명칭, 역할, 임기를 규정한다.

8) '임의 과제'란 그 실행 여부와 실행방식이 모두 지자체에 의해 결정되는 과제를 의미한다. 예를 들어, 지역사회 내 공공 박물관, 극장, 공원의 설립과 그 설립방식은 지자체가 주정부의 관여 없이 스스로 결정하고 실행한다. '주정부의 지침이 없는 의무과제'란 주정부가 지자체에 부여한 의무과제로서 그 구체적 실행방식은 규정되지 않은 업무를 의미한다. 예를

'주정부의 지침이 있는 의무과제'에 해당하고, 이 업무는 주로 '사회 및 보건행정부'를 통해 '사회청' 주관으로 실행된다.

(2) 재원

지자체의 사업수행 내용은 실질적으로 지자체의 재정규모에 따라 달라진다. 사실 지자체의 재정능력은 그다지 크지 않을 뿐더러 지역마다 편차가 무척 크다. 그렇다 보니 사업 수행에 부족한 재원을 보충하기 위해 주 내에서 각 지방의 재정을 일정 편차 이내로 균등화시키는 '재정균등화제도' (Finanzausgleich)가 발달했다.

연방정부, 주정부, 지자체는 재정분리 원칙에 의해 각각 자신에게 할당된 세금을 관리한다. 예를 들어, 담배세나 물세는 연방에 할당된 세금이고, 자동차세, 맥주세, 상속세는 주정부에 할당된 세금이며, 영업세와 토지세는 지자체에 할당된 세금이다. 규모가 큰 소득세와 법인세는 연방정부, 주정부, 지자체가 법률에 정해진 비율에 따라 세금을 분할한다. 지방정부의 수입은 주정부 법에 따라 개별 지자체를 대상으로 균등화된다. 구체적 재정 균등화 방식은 주마다 다양한데, 이를 크게 다음의 두 가지로 요약할 수 있다(Scherf & Hofmann, 2003: 321).

첫째, 세입 재분배 방식으로, 이는 지자체가 주정부에 동률로 납부한 수입의 일부분을 주 차원에서 통합한 후 다시 각각의 지자체에 누진적으로 재분배하는 방식이다. 이때 재분배율은 지자체가 수행해야 할 업무와 관련된 지역여건에 따라 달라진다. 예를 들어, 사회부조 관련 서비스 수요가

들어, 지자체는 주정부에 의해 정규교육시설을 지역사회에 구축할 의무를 갖지만, 구체적으로 어떻게 학교를 만들고 운영할지는 스스로 결정한다. '주정부의 지침이 있는 의무과제' 란 지자체가 이를 실행해야 할 뿐만 아니라 주정부로부터 업무의 종류와 이를 위한 구체적 실행지침이 하달되는 과제를 의미한다. '주정부의 과제'란 지자체가 주정부의 하부 조직으로 기능하는 과제를 의미한다. 대표적으로 경찰업무가 여기에 속한다(BpB, 1998: 6).

많은 지역의 재분배율은 높을 수 있다.

둘째, 재정보조 방식으로, 이는 '사업과 연결된 재정보조'와 '전반적 재정보조'로 구분된다. '사업과 연결된 재정보조'는 말 그대로 지역사회 특정 사업의 지원을 통해 재정이 부족한 지자체를 보조하는 방식이다. 한편, '전반적 재정보조'란 지자체의 수입과 지출의 격차가 심할 경우 그 재정을 전반적으로 보조하는 방식을 의미한다. 이때 보조액수는 지역사회의 욕구 수준에 따라 결정된다. 예를 들어, 지역주민 수 등을 기준으로 산출될 수도 있고 지자체의 수입과 지출의 격차에 일정 지수를 곱해 계산될 수도 있다. 재정보조 방식에 있어 '사업에 연결된 재정보조'가 '전반적 재정보조'에 우선하는 것이 원칙이다.

(3) 주요 역할: 고령자 및 장애인서비스 공급자

기초지자체는 고령자 및 장애인서비스와 관련하여 지역사회의 서비스 욕구를 조사하고 이를 구체화하여 서비스의 양, 종류, 대상 등을 결정하는 공급자의 역할을 주로 담당한다. 즉, 기초지자체가 수행하는 가장 중요한 역할은 지역사회 내 고령자 및 장애인 대상의 서비스를 구체화하기 위한 방안 등을 종합하여 '사회보고서'(sozialbericht)로 작성하여 주정부에 제출하는 것이다.

이는 기초지자체의 의무사항으로 각각의 지자체가 제출한 계획안을 바탕으로 하여 지역사회 특성에 맞는 사회보장서비스, 사회촉진서비스, 사회부조서비스에 속하는 고령자 및 장애인 대상의 구체적 사회서비스 프로그램이 설계된다. 이와 관련하여 기초지자체는 직접 서비스를 제공하기도 하는데, 대부분의 코뮌은 고령자 및 장애인 대상 서비스의 상담기구와 응급개입조직을 구성하여 자체적으로 운영한다. 이는 지자체별로 서로 상이하게 운영된다.

한 사례로 노르트라인-베스트팔렌(Nordreihein-westfalen) 주의 기초지자체 귀터슬로(Gütersloh)를 살펴보도록 하자. 기초지자체 귀터슬로는 수발서비스가 필요한 자, 장애인, 만성질환자 대상으로 지역사회에 존재하는 복잡한 정보(기관, 서비스 가격, 위치 등)를 지역사회 조직 및 주민과 공유하고자 정보서비스를 제공한다. 귀터슬로가 자체 운영하거나 위탁 운영하는 고령자 및 장애인 대상 상담서비스 기구를 개괄하면 다음과 같다. 9)

① 고령자 및 장애인 수발서비스상담소(Pflegeberatungsstellen) : 무료로 기초지자체 귀터슬로 지역의 공공 혹은 민간 수발서비스 기관, 내용, 가격 등의 정보 제공

② 심리치료 응급상담소(Gerontopsychiatrische Ambulanz) : 심리적으로 불안정한 노인과 장애인 및 그 가족을 대상으로 하는 상담서비스 제공, 전문적인 심리치료에 대한 정보 제공

③ 위기개입서비스 등록협회(Krisendienst e. V.) : 지역사회 비영리조직인 위기개입서비스 등록협회에 가내 고령자 및 장애인 수발서비스 담당자를 대상으로 하는 상담 프로그램을 위탁

④ 귀터슬로 시민사회의 건강자조를 돕기 위한 상담소(Bürgerinformation Gesundheit und Selbsthilfekontaktstelle im Kreis Gütersloh : BIGS) : 지역사회 내・외부의 건강 및 보건 시스템과 이와 관련된 자조조직에 대한 서적, 브로슈어, 인터넷 사이트 등의 정보를 제공함. 특히, 고령자와 장애인을 대상으로 적절한 자조조직에 대한 정보를 개인 상담을 통해 구체화

---

9) www. guetersloh. de/Z3VldGVyc2xvaGQ0Y21zOjc2ODk=. x4s. 2010. 1. 10. 인출.

2) 민간 사회복지기관

(1) 위상

독일에서 사회서비스의 제공은 지자체가 직접 하기보다는 비정부 민간 조직, 즉 민간(비영리) 사회복지기관(*freie Wohlfahrtspflege*)에 위임할 것을 사회법 전반에서 언급한다. 일례로, 〈사회법전〉 12편 5조에서는 지자체와 민간 사회복지기관과의 관계에 대해 규정하는데, 이에 따르면 지자체가 민간 사회복지기관과 협력하고 그들의 활동을 지원해 줄 것을 법적으로 규정한다. 〈사회법전〉 12편 75조 2항에서는 이를 더욱 구체화시킨다. 이 조항은 민간기관의 활동과 지자체의 활동이 겹치는 경우 민간 사회복지기관의 활동이 우선임을 명시한다. 이런 조항의 성립이 가능했던 것은 지역사회의 민간 사회복지기관이 전국적 연합체(*Spitzenverbände*)로 조직화하여, 1961년 독일 〈연방사회부조법〉이나 〈아동 및 청소년 복지법〉의 입법과정에 지대한 영향을 미쳤기 때문이다. 민간 사회복지기관 연합체는 EU, 연방, 지방정부의 구조에 상응하는 자체조직을 갖고 개별 민간 사회복지기관과 그 서비스 수혜자의 이익을 대변한다.

민간 사회복지기관의 발달은 19세기 독일 〈사회보험법〉과 빈곤령이 성립되기 이전부터 빈곤 문제를 맡아 오던 지역사회의 종교단체, 그리고 19세기 초 시작된 지역 시민 자치기구, 특히 협회(*Verein*)의 발전과 밀접한 관련이 있다.[10] 이주권 제한과 같은 지역차원 빈곤 구제책의 한계를 극복해 보기 위해, 19세기 빈곤령을 시작으로 공공기관의 빈곤 구호책들이 생기기 시작했는데, 당시 이러한 개입은 이전의 종교 단체의 활동과 비교되면서 빈민을 기계적으로 통제하는 비인간적 시책으로 비난받곤 했다. 이런

---

10) 프로이센의 도시조약은 재정을 절감하고 교회 중심의 사회연대를 약화시킬 목적으로 시민 조직을 전략적으로 활성화시켰다.

상황에서 19세기 후반 지자체는 종교단체와 협회를 그 설립의도, 목표, 지향성과 연관해 다양한 지역사회의 공공사업과 연결하기 시작했다. 이후 바이마르공화국 때 사회서비스 제공에 정부기관과 비정부기관이 함께 참여하기로 사회적 합의가 이뤄진다.

그 결과 가톨릭 교회만의 개념이었던 보족성이, 민간 사회복지기관의 서비스가 공공서비스에 우선한다는 구체적 보족성 원칙으로 1924년 법률화된다. 이후 1926년에는 민간 사회복지기관과 그 연합체의 지위가 법적으로 보장된다. 이를 통해 민간 사회복지기관 연합체는 매해 연방조세의 일정 부분을 보조금으로 지원받을 권리를 인정받았고, 정부의 사회서비스 입법화와 정책화 과정에서 로비활동도 가능해졌다. 현재 민간 사회복지기관 연합체(Spitzenverbände für freie Wohlfarhtspflege)는 다음의 6개이다.

- 노동자 복지단체(Arbeiterwohlfahrt)
- 독일 카리타스(Deutshche Caritasverband) : 가톨릭 복지사업기구
- 독일 평등 복지연합(Deutsche Paritätischen Wohlfarhtsverband)
- 독일 적십자(Deutsches Rotes Kreuz)
- 독일 디아코니(Diakonische Werk) : 개신교 복지사업기구
- 유대교 중앙복지기구(Zentralwohlfahrtsstelle der Juden) : 유대교 복지사업기구

민간 사회복지기관의 활동을 통해 독일 사회서비스 전달체계는 ① 사회서비스 전달주체로서 공공기관과 민간기관, 즉 민간 사회복지기관이 공존함(Dualität), ② 민간 사회복지기관의 서비스는 공공기관의 서비스에 우선함(Subsidiarität), ③ 개별 민간 사회복지기관은 전국 조직망을 갖는 연합체의 일부분으로 활동함(Verbändedominanz), ④ 공공기관은 민간 사회복지기관 및 그 연합체를 재정적으로 지원함(Subventionierung), ⑤ 사회서

비스 전달 주체로서 공공기관과 민간기관은 보족성 원칙에 따른 협력적 조합 관계를 유지함(*subsidiärer Wohlfahrtskorporatismus*)과 같은 구조적 특징을 갖는다(Boessenecker, 2005: 11).

(2) 재원

민간 사회복지기관 연합체는 연방보조금으로 운영된다. 이 보조금은 연방이 조세로 매년 지원하며 연방예산 18분과 1702항목 68408번(Einzelplan 18, Kapitel 1702, Titel 68408)으로 책정된다. 이는 순전히 조직 운영만을 위한 지원금으로, 여기에 연방정부의 특별 사업이나 프로그램과 관련된 한시적 지원금은 포함되지 않는다. 이러한 연방보조금을 통해 민간 사회복지기관 및 그 연합체 운영이 실질적으로 보장된다. 민간 사회복지기관 연합체와 마찬가지로 각각의 민간 사회복지기관 또한 그 수입의 대부분을 공공재원에 의존한다. 한 조사에 따르면, 민간 사회복지기관 전체 수입금의 약 85% 정도가 공공재원으로 이뤄지고 나머지 약 15%만이 자체 재원으로 조달된다(Boessenecker, 2005: 257). 민간 사회복지기관의 재원은 구체적으로 지자체, 주정부, 연방정부의 예산기획 및 실행 그리고 각각의 민간 사회복지기관 고유의 재산관리 방식에 따라 다양해진다. 이러한 민간 사회복지기관의 재원은 크게 다음의 다섯 가지로 요약 가능하다.

① 할당금: 기관지원 형식으로 제공되는 할당금, 특정 프로그램과 연관해 지원되는 할당금, 민간 사회복지기관 연합체에서 배정한 할당금
② 서비스 요금: 비용 주체의 서비스 요금, 개개인이 지불한 서비스 요금
③ 기부 및 펀드라이징: 기부금, 조직원 회비
④ 복권기금: 방송사 ARD와 ZDF 그리고 비영리단체들이 설립한 복권 수입의 일정 부분[11]
⑤ 자산관리를 통한 수익금: 건물 임대 등 단체의 자산을 통해 생긴 수입

〈그림 16-4〉 법인 조세혜택의 네 단계

가치의 영역		경영의 영역	
가치추구활동	재산관리	목적기업활동	영리추구활동
조세법규 51~53조	조세법규 14조	조세법규 65~68조	조세법규 14조
기부금 공공지원금 조직원 회비	임대 유가증권	노인입소시설 직업훈련 정보지 발간	상품화계획 바자회

주: 여기서 법인이란 조세법규(Abgabenordnung: AO) 51조 2항에 의한 광의의 법인임. 따라서 재단도 이에 속함.

이러한 민간 사회복지기관의 수입은 조세법상 세금 혜택을 받을 수 있다. 원칙적으로 민간 사회복지기관은 일반 법인과 같이 재산세, 소득세 그리고 토지취득세의 의무를 갖는다. 그러나 이와 관련해 민간 사회복지기관의 수입금은 조세법상 "목적기업"(*Zweckbetrieb*) 의 활동으로 구분되어 조세혜택을 받는다. 12)

목적기업의 조세혜택은 비영리조직에 기부된 재원과 기부자의 의도가 정부의 과도한 조세로 인해 훼손되는 것을 방지하고자 하는 의도에서 시작되었다. 이러한 혜택을 통해 민간 사회복지기관은 사회시장 내 영리조직과의 경쟁에서 근본적으로 우위를 점한다. 그러나 비영리조직이 영리사업을 할 경우, 그 수입은 조세법상 영리기업의 사업과 동일하게 취급된다.

비영리단체가 조세법상 법인으로서 받을 수 있는 조세혜택은 면세대상인 가치활동 관련 수입부터 조세혜택이 전혀 없는 영리활동 관련 수입까지 네 단계로 구분되며 〈그림 16-4〉와 같이 정리할 수 있다.

---

11) ARD 방송 복권은 "Die goldene Eins", ZDF 방송 복권은 "Aktion Mensch", 비영리단체들의 복권은 "Glückspirale"와 "Spiel77"이다. 각각의 복권은 1956년, 1964년, 1977년부터 시작됐다.

12) 목적기업(Zweckbetrieb) 이란 공공의 목적을 위해 사업을 수행하는 기업으로 조세법상 영리기업과 구분된다.

(3) 주요 역할: 고령자 및 장애인서비스 생산자

민간 사회복지기관은 고령자 및 장애인서비스와 관련하여 지역사회에서 필요로 하는 서비스를 직접 공급하는 역할을 담당한다. 서비스기관으로서 민간 사회복지기관은 고령자서비스 영역에 총 18,051개, 장애인서비스 영역에 16,446개 기관을 설치하여 운영한다(Bundesarbeitsgemeinschaft der Freien Wohlfahrtspflege, 2012: 32, 36).

고령자 및 장애인서비스 기관은 크게 생활시설, 이용시설, 상담 및 응급시설의 세 유형으로 구분된다. 고령자 및 장애인서비스 기관의 현황은 〈표 16-1〉, 〈표 16-2〉와 같으며, 이들 기관의 비중은 〈그림 16-5〉와 같다.

〈표 16-1〉 고령자서비스 기관 현황

서비스 구분	기관 수	수용가능 인원
생활시설	7,361	499,719
고령자 요양기관	2,177	104,778
- 고령자 생활공동체	564	43,217
- 노인 장기요양시설	3,986	343,050
- 노인 단기요양시설	634	8,674
이용시설	1,544	21,008
- 노인 주간보호시설	1,544	21,008
상담소/응급서비스	9,146	-
- 응급 수발서비스 기관	3,887	-
- 노인 주간보호시설	2,034	-
- 쉼터/대안적 생활공동체	27	-
- 노인상담소	872	-
- 식사서비스 기관	554	-
- 응급 식사서비스	877	-
- 응급 재가방문서비스	711	-
- 기타 서비스	184	-
합계	18,051	520,727

자료: Bundesarbeitsgemeinschaft der Freien Wohlfahrtspflege, 2012.

〈표 16-2〉 장애인서비스 기관 현황

서비스 구분	기관 수	수용가능 인원
생활시설	6,432	187,633
- 장애인 요양시설 [1]	3,312	134,667
- 장애인 중간단계 요양시설	154	3,278
- 장애인 생활공동체 [1]	2,564	32,042
- 장애인 재활기관	101	3,805
- 장애인 및 가족의 휴양시설	29	645
- 직업교육을 위한 작업장 기숙사	47	7,889
- 중복장애인을 위한 요양시설	225	5,307
이용시설	4,369	321,762
- 장애인 주간보호시설 [1]	706	12,533
- 주야간 클리닉	36	654
- 유치원	453	13,072
- 장애아동을 위한 방과후 학교 [1]	513	43,474
- 직업훈련소	70	10,849
- 작업장	23	3,762
- 청소년 직업훈련기관	78	5,198
- 전문작업장	1,182	190,171
- 성인 주간 보호작업장	431	10,682
- 기타 장애인 보호작업장	373	10,197
- 장애노인을 위한 돌봄서비스	48	744
- 치료교육을 위한 통합 유치원	401	15,857
상담소/응급서비스	5,645	-
- 장애인과 가족부담 경감을 위한 상담 기관	1,176	-
- 장애 조기발견과 조치를 위한 기관	606	-
- 정신장애인을 위한 응급서비스 기관	717	-
- 응급 치매서비스 기관	115	-
- 장애보조기구 대여점	57	-
- 장애인 이동지원서비스	636	-
- 만남의 장소	428	-
- 장애인 쉼터	1,492	-
- 장애인 응급수발서비스	413	-
- 장애인 직업훈련센터	5	-
합계	16,446	509,395

주: 1) 장애특성별로 세분화됨.
자료: Bundesarbeitsgemeinschaft der Freien Wohlfahrtspflege, 2012.

〈그림 16-5〉 고령자 및 장애인서비스 기관 유형

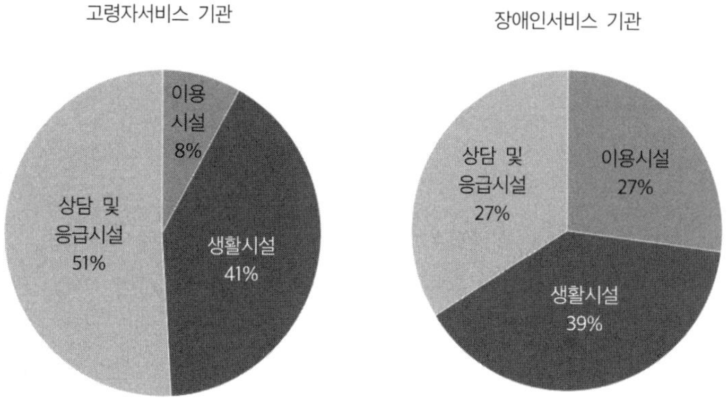

자료: Bundesarbeitsgemeinschaft der Freien Wohlfahrtspflege, 2012.

4. 사회서비스 공급계약[13]

지금까지 살펴본 민간부문, 그중에서도 민간 사회복지기관의 고령자 및 장애인서비스 기관이 서비스를 전달할 때 그 기관은 지자체 및 서비스 관련 공공기관과 공급계약을 맺는다. 여기서 관련 공공기관으로는 지자체와 주정부 이외에 고령자 및 장애인서비스 영역에 따라 사회보장 및 사회촉진법상의 중앙기관이 존재한다.

서비스기관은 우선 서비스 제공의 조건을 해당지역의 지자체와 협상해야 한다. 이 협상으로 이뤄진 공급계약은 지자체 입장에서 보면, 자신의 관할영역에 거주하는 주민들을 위해 사회서비스 전달자와 계약을 맺는 형식이다. 이 공급계약에는 서비스기관이 제공할 서비스의 종류, 내용 그리고 범위에 대한 규정과 이에 상응하는 지자체의 의무, 즉 서비스 비용지불과 관련된 규정이 포함된다. 또한 공급계약을 통해 지자체는 서비스기관을

13) 박수지의 연구 일부(2009: 166~168)를 발췌하여 수정하였다.

평가할 권리를 갖게 되고, 이에 따라 서비스기관은 평가에 필요한 자료를 매월 혹은 매년 지자체에 제출할 의무를 갖는다. 공급계약과 관련해 중요한 점은 관련법에서 규정한 기본적 조건을 구비한 조직이나 시설만이 서비스 공급자로서 공공기관과 계약을 체결할 수 있다는 것이다. 공급계약은 정기적으로 지자체의 평가결과에 따라 갱신된다.

한편, 서비스기관은 지자체와의 공급계약과 별도로 공적 사회보험조합 및 사회촉진법 관련 기관과 계약을 맺을 수 있다. 이 계약 또한 지자체의 경우와 유사하게, 공공기관이 사회보험법 및 사회촉진법상의 권리를 보장하기 위해 서비스 제공자와 계약을 맺는 형식이다. 이 계약에도 서비스의 종류, 내용 및 범위에 관한 규정과 서비스의 가격 및 그에 준하는 공적 할당금 산정방식 등이 포함된다. 이 계약 또한 지자체의 조율과 동의 속에서 이루어진다.

지자체는 공급계약을 통해 지역사회서비스를 계획하고 그 전달 네트워크를 조율한다. 지자체는 공급계약의 비용 지불 조건이나 기타 공급 지원 여건을 조정하여 지역사회에 불충분한 서비스 공급자를 육성할 수 있고 불필요한 서비스 공급자의 감소도 꾀할 수 있다. 또한, 필요할 경우에는 지자체가 직접 비영리부문의 서비스 공급기관 설립에 개입하기도 한다.

한편, 이러한 독일의 복지혼합 시스템에 최근 변화가 있다. 주요한 변화를 살펴보면, 우선 공급주체와 민간 생산주체 간의 '생산계약'의 내용 변화가 있다. 2000년 연방 차원에서 새로운 계약방식으로 추천되어 지자체의 사회서비스 생산계약에 추가로 작성되는 "할당금 계약"(Zuwendungsvertrag)이 대표적이다. 할당금 계약이란 생산주체에 할당된 공공 자금에 서비스 생산자의 수요자 관련 결과물을 수치화하여 대비하는, 즉 할당금의 효율성 분석에 합의하는 문서 계약이다. 이를 통해 개별 서비스 생산자의 효율성은 합의된 수치로써 타 생산자 혹은 타 기초지자체와 비교 가능해질 수 있다. 이는 기초자치단체가 지역사회 욕구에 기초하여 서비스 생산주체와 어떤 내용의 사회서비스를 제공할지 합의하고 이에 대한 비용을 차후에 지불하는 이전의 생산계약과는 전혀 다른 접근이다. 이는 상품시장에서 상품 자체의 평가보다 상품을 구매하는 고객 중심의 평가가 보다 효율적이라는 영리기업의 경영방식과도 일맥상통한다.

동시에 이러한 생산계약의 변화는 서비스기관, 즉 생산주체 간의 변화 또한 유도한다. 이 변화는 '보족성 원칙의 해체'와 '조정양식의 강화'로 요약될 수 있다. 우선 연방 차원의 법 개정을 통해 사회서비스 생산주체에 대한 '보족성 원칙'이 일부 해체되었다. 1990년대 중반 이후 사회법 개정을 통해 이전에 비영리단체가 사회서비스 제공에서 가졌던 우선권이 점차 사라지는 것이다. 1994년 고령자와 장애인 대상의 〈장기요양보험법〉(〈사회법전〉 11편)을 시작으로 1996년 〈연방사회부조법〉까지 각 법률의 개정을 통해 민간 사회복지기관이 공공부문과 계약 시 가졌던 우선권이 공식적으로 사라졌다. 또한 수발서비스 제공에서 민간 사회복지기관에 인건비 보조금으로 지원되던 공공부문의 재정보조가 1990년대 중반 이후 사라졌다. 이처럼 비영리부문 사회서비스 생산자가 누리던 혜택이 사라짐으로써 그동안 사회시장에서 거의 활동하지 못했던 민간 영리기업의 시장 진출이 늘어났다. 아울러 최근 독일 사회시장에 서비스 생산주체가 양적으로 늘어나고 그 경쟁이 가속화되면서 사회서비스 생산자 간 조정양식도 다양화됐다.

서비스 생산자의 양적 증가와 다양성은 서비스 수요자에게 선택의 폭을 넓혀 줄 수도 있으나 한편 수요자의 서비스 선택에 혼란을 가져다 줄 수 있으며 또한 그로 인해 수요자가 서비스 선택을 포기할 수도 있다. 따라서 서비스 수요자와 생산자 각각의 측면에서 사회서비스 생산자의 조정은 불가피하다. 사회서비스 공급자는 사례관리(*case management*), 서비스 생산주체 간의 협의회 구성(*Träger- und gebietsübergreifende Koordination*), 사회적 공간관리(*Sozialmanagement*) 등의 조절 기제를 활용하여 이를 지원한다(Bäcker et al., 2008: 548~550). 하나씩 살펴보면 다음과 같다.

첫째, '사례관리'를 통해 서비스를 필요로 하는 개인은 사회서비스 코디네이터의 지식에 의존하여 자신에게 적합한 서비스 생산자를 선택할 수 있다. 여기서 전문가의 지역사회서비스 생산 주체에 대한 이해와 조정능력은 결정적이라고 할 수 있는데 이는 주로 기초자치단체 사회서비스 종합센터(allgemeine Soziale Dienste: ASD, kommunale Sozialdienst: KSD)의 전문요원을 통해 이루어진다.

둘째, '서비스 생산 주체 간의 협의회'는 동일한 사회서비스를 생산하는 기관 간의 지역사회 혹은 주정부 차원에서의 네트워크라고 할 수 있다. 이와 관련해 독일 연방은 예외적으로 고령자와 장애인을 대상으로 수발서비스를 제공하는 생산자 간의 지역사회 협의회 구성을 〈사회법전〉11편을 통해 의무화하고 중앙차원에서 통제한다.

셋째, '사회적 공간 관리'는 비교적 새로운 조정양식으로서 이전에 사용되던 사회서비스 영역별 관리를 통합하여 기초지자체 구역별로 서비스 생산 주체를 선정하는 방식을 일컫는다. 예를 들어 사회부조에 의한 고령자와 장애인서비스, 보건서비스를 통합하여 시 구역별로 서비스 생산자를 선정하고 지원할 수 있다. 이럴 경우 서비스 생산자의 구역별 협력과 조정이 촉진된다. 사회서비스의 욕구가 상대적으로 많은 취약계층이 일정한 지역에 집중되어 있는 경우 유용한 것으로 평가된다.

5. 맺음말

독일의 고령자 및 장애인서비스는 대인서비스 위주의 접근으로 기초지자체(코뮌)의 주기적 사회계획을 바탕으로 지역사회 욕구를 반영하여 특성화된 서비스 패키지라고 할 수 있다. 이러한 지역사회 맞춤형 서비스의 발전은 지역사회 내 비영리기구인 민간 사회복지기관의 활동을 통해 가능했다.

그리고 이러한 민간 사회복지기관의 활동은 연방 차원의 법적, 재정적 지원으로 보장받았으며 공공부문과 상호협력적 관계를 형성하면서 독일 특유의 복지혼합 시스템을 구축하였다.

그러나 이러한 시스템은 최근 변화를 겪는 중이다. 특히, 서비스기관으로서 민간 사회복지기관의 위상이 변한다는 점은 가장 주목받는 점이다. 앞에서 살펴봤듯이 이전에 이러한 민간 비영리조직이 가졌던 서비스기관으로서의 우위가 일련의 사회법 개정을 통해 점차 사라진다. 즉 민간 영리기업의 진출이 증가하는 것이다. 이와 함께 비영리단체가 사회시장에서 포괄해야 하는 영역이 급속하게 넓어졌고, [14] 더 이상 이익을 추구하지 않는 비영리단체 본연의 모습으로 사회시장에서 영리기업과의 경쟁이 쉽지 않아졌다. 역설적이게도 과거 사회시장의 주요 생산자로 사회시장기구와 동일시되던 비영리단체가 현재 사회시장의 구조적 변화 속에서 비영리기구의 한계를 극복한 '현대적' 사회시장기구로 거듭나기를 요구받는 것이다.

이전부터 제 3섹터 비영리단체의 제 1섹터 및 제 2섹터와의 교류 가능성 및 필요성은 독일 사회시장 논의의 주요 테마였다. 제 1섹터인 정부와 제 2섹터인 시장의 구성원 활동이 각각 '권력'과 '돈'을 매개로 상호 연관되고 조정된다면, 제 3섹터 비영리단체의 구성원 활동은 조직 구성원 간에 합의된

---

14) "마케팅"을 경제 및 사회조직의 합리적이고 체계적인 운영과정이라고 광범위하게 이해할 때, 비영리단체의 마케팅은 이제 제 3섹터에서의 마케팅(비영리단체와의 관계), 사회시장에서의 마케팅(정부와의 관계), 사회적 마케팅(기업과의 관계)의 범위로 확장되었다 (Arnold, 2003: 281~283). 여기서 사회적 마케팅은 독일의 신진 중도파가 내놓은 기업의 '사회적 책임'(soziale Verantwortung)의 또 다른 측면이라고 할 수 있다. 기업의 '사회적 책임'이란, 기존의 기업의 사회공헌에 대한 논의, 즉, 국제적으로 통용되는 '기업시민'(corporate citizenship), '기업의 사회적 책임'(corporate social responsibility) 그리고 독일식 '기업의 사회에 대한 책임' 논의를 '시민사회' 논의 속에 재정립하여 기업의 다양한 시민조직과 더욱 긴밀한 파트너십을 강조하는 개념이다. 이 개념 속에서 기업 또한 비영리기구의 관계자(Stakeholdr)로 존재한다.

공동의 '가치'를 매개로 연관되고 조율된다. 현재 추진되는 민간 비영리조직의 '현대적' 사회시장기구로의 변화 요구가 독일 사회서비스 공급구조에 제3섹터의 기본 원칙을 뛰어넘는 새로운 기회를 제공할 수 있을지, 아니면 제3섹터의 기본 원칙 위에서 성립 가능했던 사회서비스 공급구조의 존재 자체를 위협하는 위기로 작용할지 의문이다. 특히, 사회경제적으로 취약한 고령자와 장애인을 대상으로 하는 서비스의 경우 민간 영리기관의 참여가 어떤 결과를 가져올지 좀더 살펴볼 필요가 있을 것이다.

■ 참고문헌

국내 문헌

강혜규 · 김형용 · 박세경 · 최현수 · 김은지 · 최은영 · 황덕순 · 김보영 · 박수지 (2007).
《사회서비스 공급의 역할분담 모형개발과 정책과제》. 서울: 한국보건사회연구원.
박수지 (2009). "복지국가의 사회서비스 제도화 및 재구조화에 대한 고찰: 독일 사례를
중심으로". 〈한국사회복지학〉, 61권 3호, 155~177.
백인립 (2012). "고령자 및 장애인 복지서비스". 《주요국의 사회보장제도: 독일》. 서울:
한국보건사회연구원. 562~599.

해외 문헌

Arnold, U. (2003). Sozialmarketing. In Arnold. U. (Ed.) (2003). *Lehrbuch der
Sozialwirtschaft*. Baden-Baden: Nomos-Verl.-Ges. 276~333.
Bahle, T. (2005). The changing institutionalization of social services in England
and Wales, France, Germany: Is the welfare state on the retreat?. *Journal
of European Social Policy*, *13*(1), 5~20.
Bahle, T. (2007). *Wege zum Dienstleistungsstaat: Deutschland, Frankreich,
Grussbritanien im Vergleich*. Wiesbaden: VS Verlag für Sozialwissenschaften.
Bäker, G., Naegele, G., Bispinck, R., Hofmann, K., & Neubauer, J. (2008).

Sozialpolitik und soziale Lage in Deutschland: *Gesundheit, Familie, Alteer und Soziale Dienste*. 4. Aufl. Wiesbaden: VS Verlag für Sozialwissenschaften.

Boeßenecker, K. H. (2005). *Spitzeverbände der Freien Wohlfahrtspflege*. Weinheim, München: Juventa.

Bundesgemeinschaft der freien Wohlfahrtspflege (2012). *Gesamtstatistik*: *Einrichtungen und Dienste der Freien Wohlfahrtspflege*. Berlin: BAFGW.

BpB (Bundeszentrale für politische Bildung) (1998). *Kommunalpolitik*: *Informationen zur politischen Bildung 242*. Bonn: BpB.

Scherf, W. & Hofmann, K. (2003). Die kommunale Finanzverfassung: in Kommunalpolitik in den deutschen Landern. In Kost, A. & Wehling, H. G. (Hrsg.) (2003). *Kommunalpolitik in den deutschen Ländern*. Wiesbaden: Westdeutscher Verl. 313~334.

기타 자료

http://www.bmfsfj.de. 2016. 4. 20. 인출.

http://www.bpb.de/politik/grundfragen/deutsche-demokratie/39377/gemeinden?p=all. 2017. 11. 4. 인출.

http://www.guetersloh.de/Z3VldGVyc2xvaGQ0Y21zOjc2ODk=.x4s. 2010. 1. 10. 인출.

17

장애인 복지서비스

1. 독일의 장애인정책 개요

1) 장애인정책 관련 주요 법률

(1) 〈사회법전〉 9편

독일은 사회보장(*Soziale Sicherheit*)과 관련된 기존의 개별 법률을 주요 영역별로 통합하여 〈사회법전〉을 제정해 왔다. 〈사회법전〉의 제정을 위한 시도는 1969년부터 시작되어 1975년 〈사회법전〉 1권(총칙)이 제정되었고, 이후 영역별로 개별 〈사회법전〉들이 제정되었으며, 2001년 "장애인의 재활과 참여"(Rehabilitation und Teilhabe behinderter Menschen)에 대해 명시한 〈사회법전〉 9편이 제정되었다.

　〈사회법전〉 9편은 일반규정, 공동서비스센터, 의료지원, 근로생활 참여를 위한 지원, 생계보장 및 기타 보충적 지원, 사회 참여를 위한 지원 등의 내용을 담은 제1부(장애인과 장애 위험이 있는 사람에 관한 규정)와 중증장애인의 고용과 관련된 내용을 주로 규정한 제2부(중증장애인[1])의 참여에 관한 특별한 규정, 중증장애인 권리)로 구성되었다. 〈사회법전〉 9편의 제정 이전까지 장애인 관련 기본법의 역할을 하던 〈중중장애인법〉[2]은 〈사회법전〉 9편이 제정되면서, 〈사회법전〉 9편의 제2부로 편입되었다.[3]

〈사회법전〉 9편의 제1부는 일반규정(제1~16조)과 참여를 위한 지원(제17~21a조), 공동서비스센터(제22~25조), 의료재활 지원(제26~32조), 근로생활 지원(제33~43조), 생계보장 및 기타 보충적 지원(제44~54조), 사회 참여 지원(제55~59조) 및 참여 보장과 조화(제60~67조) 등을 주요 내용으로 담았다.

〈사회법전〉 9편 제2부는 보호되는 인적 범위(제68~70조), 고용주 고용의무와 기타 의무(제71~84조), 해고보호(제85~92조), 경영·인사·법관·검사·대통령위원회, 중증장애인 대표 및 고용주 대표(제93~100조), 중증장애인 참여 관련 특별규정(제101~108조), 통합전문가서비스(제109~115조), 통합프로젝트(제132~135조), 장애인작업장(제136~144조), 공공교통 중증장애인 감면(제145~154조), 벌칙·벌금규정 및 부칙(제155~159조) 등의 내용으로 구성되었다.

---

1) 뒤에 자세히 언급하겠지만, 독일의 경우 장애인정책의 주요 대상은 중증장애인이다.
2) 〈중증장애인법〉의 정식 명칭은 〈중증장애인의 노동, 직업 및 사회로의 진입 보장을 위한 법〉(Gesetz zur Sicherung der Eingliederung Schwerbehinderter in Arbeit, Beruf und Gesellschaft)이다.
3) 독일에서는 2016년 〈연방참여법〉이 제정되어 2017년부터 단계별로 시행되기 시작했다. 〈연방참여법〉은 UN장애인권리협약에서 정한 장애인의 완전하고 효과적인 사회 참여와 통합을 이루기 위해 독일 정부가 제정한 법률이다(BAR, 2017). 〈연방참여법〉의 시행에 따라 〈사회법전〉 9편도 일부 개정이 이루어져 2018년 1월 1일부터 새로운 규정들이 적용된다. 새로 개정된 〈사회법전〉 9편은 2018년 1월 1일과 2020년 1월 1일, 두 단계에 걸쳐 시행된다. 현재 2부로 구성된 〈사회법전〉 9편은 2018년 1월 1일부터 3부 241개 조항으로 구성체계가 변경된다(BIH, 2017).

(2) 〈장애인평등법〉

독일은 〈장애를 가진 사람들의 평등을 위한 법〉(Gesetz zur Gleichstellung behinderter Menschen, 약칭 Behindertengleichstellungsgesetz 또는 BGG, 이하 〈장애인평등법〉)을 2002년에 제정하여 5월 1일부터 시행 중이다. 〈장애인평등법〉의 제정은 독일 〈기본법〉에 명시된 장애인에 대한 차별금지 조항[4]을 실현하고, 장애인의 자기결정권을 보장하는 동시에 사회에 대한 장애인의 평등한 참여를 촉진시키기 위한 초석을 놓았다고 할 수 있다(신옥주, 2014; 윤석진, 2008; 남용현, 2009a).

〈장애인평등법〉은 15개의 조항으로 구성된다. 구체적 내용을 살펴보면, 먼저 제1조는 장애인에 대한 차별을 제거·예방하고 장애인의 사회생활에 대한 평등한 참여를 보장하여 장애인 당사자가 스스로 자율적 삶을 영위할 수 있도록 보장하는 내용을 담았다. 제2조에서는 여성장애인의 권리를 강조한다. 여성 및 남성장애인의 동등한 권리실현을 위해서는 여성장애인의 특별한 요구가 고려되어야 하며 기존에 존재하는 여성장애인에 대한 불이익이 제거되어야 함을 강조한다. 제3조는 '장애(Behinderung)가 있는 사람'(이하 장애인)의 개념을 정의한다. 〈장애인평등법〉의 장애인 개념은 〈사회법전〉 9편과 동일하며, 이에 관해서는 뒤에 자세히 살펴보고자 한다.

〈장애인평등법〉에서 가장 중요한 개념은 배리어프리(Barrierefreiheit, 장벽제거)이다. 이 법에서 의미하는 배리어프리란 건축시설 및 기타의 시설, 교통수단, 기술적 이용시설, 정보작업체계, 음향적 및 시각적 정보원(情報源) 및 의사소통(커뮤니케이션) 시설, 기타 생활영역을 장애를 가진 사람이 특별한 어려움 없이 그리고 기본적으로 외부 지원 없이 접근(이용)이 가능하고 사용이 가능한 것을 의미한다(제4조).

---

4) 독일은 1994년 〈기본법〉 제3조 제3항에 '누구든지 장애로 인하여 차별 받아서는 안 된다'라는 장애차별 금지 관련 규정을 처음으로 명문화하였다.

〈장애인평등법〉은 목표합의(*Zielvereinbarung*, 제5조)에 대한 내용도 담는다. 장애인 관련단체와 사업주 또는 사업주연합체는 사회 전반의 영역에서 장애인의 평등 실현을 방해하는 각종 장벽의 제거를 위한 공동의 목표합의를 도출하고 이를 이행하도록 하는 구체적 내용을 규정한다. 제6조에서는 독일 수화를 고유한 언어로 공인하며, 제7조는 공공기관의 장애인에 대한 불이익 금지 규정을 담았다. 제8조는 건축과 교통 영역, 제11조는 정보기술 영역에서의 배리어프리를 규정한다. 제9조와 제10조는 청각장애인, 언어장애인 및 시각장애인이 각종 행정절차 과정에서 장애 때문에 불편함을 겪지 않도록 하기 위한 다양한 방법의 의사소통 지원 또는 정보전달 방법에 관한 내용을 담았다. 또한 제12조는 장애인 당사자의 동의하에 연방노동사회부로부터 인정된 관련단체가 소송과정에 참여하여 해당 장애인을 대리할 수 있음을, 제13조는 장애인에 대한 권리가 침해를 받은 경우 장애인 관련단체가 소송을 제기할 수 있음을 명시한다. 제14, 15조는 '장애인의 요구를 위한 연방정부 대표'에 관한 내용을 규정하는데, 이에 관해서는 장애인 복지서비스 전달체계 부분에서 살펴보고자 한다.

2) 장애인 복지서비스 전달체계

(1) 연방노동사회부

독일의 연방정부에서 장애인과 관련된 업무를 주로 담당하는 기관은 연방노동사회부(Bundesministeriun für Arbeit und Soziales: BMAS)이다. BMAS는 7개의 실(*Abteilung*, 室)을 설치·운영하고 있으며, 각 실의 담당업무를 살펴보면 다음과 같다. I실에서는 사회국가(*Sozialstaat*)의 기본원칙, 사회적 시장경제 및 노동세계와 관련된 업무를 담당한다. II실은 노동시장정책, 외국인고용, 실업보험 및 구직자 기초보장 업무를 담당한다. III실은 노동권 및 노동보호, IV실은 사회보험 및 노인보장과 관련된 업무를 담당한다. V실은 장애인의 참여, 사회적 원호 및 사회부조, VI실은 유럽 및 국제적 고용정책과 사회정책과 관련한 업무를 주로 담당한다. 한편 인사, 예산 및 조직에 관한 업무는 Z실(Abteilung Z)에서 담당한다.

장애인 관련업무는 주로 V실(Abteilung V) 산하의 Va국(Unterabteilung Va)에서 담당한다. 주요 업무는 예방(Prävention), 재활(Rehabilitation) 및 장애인정책(Behindertenpolitik)과 관련한 것이다. Va국은 5개의 과(課)로 구성된다. Va1은 장애인 평등 및 국제 장애인정책, Va2는 중증장애인의 참여, 장애인작업장, 중증장애인 권리 및 사회적 원호, Va3은 예방, 재활 및 장애인의 참여, Va4는 재활정책 평가 및 분석, Va5는 UN 장애인 권리협약 이행 및 독일의 국가이행계획 등의 업무를 수행한다.

(2) 장애인을 위한 연방정부대표

연방노동사회부에는 '장애인의 요구를 위한 연방정부 대표'(Beauftragte 또는 Beauftragter der Bundesregierung für die Belange behinderter Menschen, 이하 장애인 대표)가 임명되어 장애인, 장애인 가족 또는 장애인 단체를 위해 연방정부 차원에서 중요한 역할을 수행한다. 장애인 대표는 장애인, 장애인 가족, 장애인 단체, 행정기관, 재활 담당기관 및 기타 관련기관 사이에서 장애인과 관련된 주요 현안에 대해 중재자 혹은 조정자 역할을 수행한다(〈장애인평등법〉, 제14~15조). 즉, 장애인 대표는 장애인과 관련된 현안이 발생하면 각각 입장이 다른 이해당사자 사이에서 그들의 욕구를 적절하게 조정하는 역할을 수행한다. 또한 장애인 대표는 장애인에 대한 사회의 편견 제거를 위한 대국민 인식개선사업 등을 수행하기도 한다.

장애인 대표는 정부에서 법률을 제·개정하거나 새로운 제도를 도입할 경우 해당 법률이나 제도가 장애인에게 불합리하거나 불리하지 않도록 법률 제정을 위한 논의의 초기단계부터 개입한다. 장애인 대표는 조직체계 상으로는 연방노동사회부에 설치되어 있으나 부처를 초월하여 장애인과 관련된 현안을 조정하는 역할을 수행한다. 장애인 대표의 임기는 연방의회의 임기(4년)와 같다. 장애인 대표는 연방정부뿐만 아니라 각 주정부에도 1인씩 임명되어 있으며 대도시를 중심으로 시 차원에서도 장애인 대표가 임명되어 활동한다. 대표직에는 일반적으로 장애인 당사자가 임명되나 때로는 비장애인이 임명되는 경우도 있다.

(3) 연방고용기구

연방고용기구(Bundesagentur für Arbeit)는 직업상담, 취업알선, 직업훈련 촉진, 일자리 창출, 실업수당 지급 등 고용과 관련된 전반적인 업무를 담당한다. 연방고용기구는 장애인, 그중에서도 중증장애인 고용과 관련하여 다양한 업무를 수행한다. 구체적으로는 중증장애인에 대한 직업상담 및 자문, 훈련알선 및 취업알선 업무를 비롯하여 고용주 자문 및 지원, 준중증장애인 인정 및 취소, 중증장애인 고용의무 관리, 장애인작업장 선정 및 취소, 통합전문가(서비스)의 선정 및 재정적 지원 등의 다양한 업무를 수행한다(〈사회법전〉 9편 제104조).

연방고용기구는 각 주별로 지방본부(Regionaldirektion)를 설치·운영한다. 독일은 16개의 주로 구성되지만, 작은 주의 경우 몇 개의 주를 묶어 1개의 지방본부를 설치하여 전국적으로 총 10개의 지방본부가 운영된다. 이외에도 156개의 (지역)고용기구(Agentur für Arbeit)와 600개의 출장소(Depenancen)를 운영한다(www.arbeitsagentur.de).

독일은 고용기구 이외에도 하르츠 개혁을 통해 장기실업자 및 사회부조 업무를 담당하는 303개의 잡센터를 설치하여 운영한다. 잡센터는 연방고용기구의 지역조직인 고용기구 및 출장소와 더불어 고용지원의 일선조직 기능을 담당한다. 고용기구는 단기실업자를 대상으로 주로 실업수당 I 지급업무를, 잡센터는 장기실업자를 대상으로 실업수당 II 지급업무를 주로 담당한다.

(4) 통합청

통합청(Integrationsamt)은 한국의 장애인고용공단과 유사한 기능을 수행하는 기관으로, 〈사회법전〉 9편에 명시된 재활담당기관 가운데 (중증) 장애인 고용과 관련한 업무만을 전담하는 기관이다. 구체적으로는 중증장애인 고용의무를 이행하지 않은 고용주로부터 조정금(Ausgleichsabgabe, 한국의 장애인고용부담금에 해당)을 징수하고 중증장애인에 대한 해고보호 업무를 담당하며 고용주와 장애인근로자에 대한 각종 지원업무 등을 수행한다(〈사회법전〉 9편 제 102조).

통합청은 중증장애인의 근로생활에 필요한 각종 재정적 지원업무도 담당한다. 중증장애인을 위한 일자리 창출과 확대를 위한 지원, 장애인 자영업 지원, 장애에 적합한 주거를 위한 지원, 직업능력 향상을 위한 각종 지원업무도 수행한다. 또한 중증장애인이 일하는 데 어려움이 없게 시설·장비를 설치하거나 개조할 수 있도록 고용주 지원업무도 담당한다. 여기에 더하여 장애인 고용 관련기관에 대해서도 필요한 경우 비용을 지원하고 중증장애인을 다수 고용하는 통합기업(Integrationsfirma)에 대한 지원업무도 담당한다.

통합청은 독립행정의 원칙에 따라 독립적·자율적 행정을 펼치며, 각 주의 통합청에서는 '장애인을 위한 자문위원회'(Beratender Ausschuss für behinderte Menschen)가 구성된다. 이 위원회는 중증장애인 고용촉진을 지원하며 조정금으로 조성된 재원을 사용하는 업무를 관리·감독한다(〈사회법전〉 9편 제 103조). 이 위원회는 일반적으로 10명으로 구성되는데 남녀 근로자를 대표하는 2명의 위원, 민간 및 공공 고용주를 대표하는 2명의 위원, 장애인 단체를 대표하는 4명의 위원, 주(州)를 대표하는 1명의 위원 그리고 고용기구를 대표하는 1명의 위원으로 구성된다.

(5) 〈사회법전〉 9편에 따른 장애인 재활담당기관

〈사회법전〉 9편은 장애인 재활을 담당하는 대표적 기관을 명시한다. 앞서 언급한 연방고용기구와 통합청을 비롯해 의료보험(Krankenversicherung), 산재보험(Unfallversicherung), 5) 연금보험(Rentenversicherung), 전쟁희생 자에 대한 원호 및 부조(Kriegsopferversorgung, Kriegsopferfürsorge), 청소년 부조(Jugendhilfe), 사회부조(Sozialhilfe) 담당기관 및 공동서비스센터 등 9곳 이 여기에 속한다(〈사회법전〉 9편 제6조 제1항 제1~7호, 제22~25조).

각 기관의 주요 기능을 살펴보면 다음과 같다. 먼저 의료보험은 주로 의료 재활을 담당하고, 연방고용기구는 주로 직업재활을 담당한다. 산재보험은 의료·직업 및 사회재활을 담당하고, 연금보험은 주로 의료 및 직업재활을 담당한다. 전쟁희생자 원호 및 부조 담당기관, 청소년부조 담당기관 및 사회부조기관은 의료재활, 직업재활 및 사회재활을 모두 담당한다(BMAS, 2016a). 통합청은 장애인 고용과 관련된 업무만을 전담한다.

2014년 기준 독일의 대표적 재활담당기관의 장애인 재활을 위한 지출규 모를 살펴보면, 사회부조가 163억 5,800만 유로로 지출규모가 가장 크며, 이어 연금보험 60억 3,100만 유로, 산재보험 41억 5,200만 유로, 의료보험 29억 6,100만 유로, 연방고용기구 22억 6,600만 유로의 순으로 나타났다 (BMAS, 2016a).

한편 2002년 〈사회법전〉 9편의 개정을 통해 기존의 재활정책 수행기관 들이 공동으로 운영하는 공동서비스센터(Gemeinsame Servicestellen für Rehabilitation)가 재활담당기관으로 새롭게 추가되었다(〈사회법전〉 9편 제 22~25조). 공동서비스센터는 관할지역에 상관없이 장애인에 대한 다양한 정보 제공, 자문 혹은 각종 지원업무 등을 담당한다. 공동서비스센터는 장 애인들에게 각종 서비스 신청을 위한 지원요건, 근로생활에서의 특별지원

---

5) "Unfallversicherung"을 직역하면 "사고보험"이지만 편의상 "산재보험"으로 번역하였다.

및 이와 관련한 행정절차, 재활 관련기관 업무에 대한 정보 제공, 각종 신청서 작성에 대한 도움, 재활 절차 등에 대해 자문하는 기능을 수행한다.

3) 장애인, 중증장애인, 준중증장애인의 개념 및 장애인 판정 · 등록제도

독일의 장애인에 대한 개념 정의는 〈사회법전〉 9편과 〈장애인평등법〉에서 동일하게 규정한다. 〈사회법전〉 9편에서 "장애가 있는 사람"(*Behinderte Menschen*)이란 신체적 기능, 지적 능력 또는 정신적 건강상태가 6개월 이상 그 연령대의 전형적 상태와 차이가 상당하고 사회생활 참여에 지장이 있는 사람을 의미한다(〈사회법전〉 9편 제2조 제1항). 이와 더불어 이러한 제한(*Beeinträchtigung*)이 예상되는 경우 장애의 위험이 있는 사람으로 간주한다(제2조 제1항). 〈장애인평등법〉도 장애인 개념을 〈사회법전〉 9편과 동일하게 제3조에서 정의한다.

독일에서는 장애정도(*Grad der behinderung*: GdB)가 20 이상이면 장애인으로 인정을 받는다. 중증장애인(*Schwerbehinderte Menschen*)이란 〈사회법전〉 9편 제2조 제2항에 따라 장애정도가 50 이상인 장애인으로서 담당기관(원호청, Versorgungsamt)에 의하여 중증장애를 인정받은 사람이다(〈사회법전〉 9편 제2조 제2항). 독일의 경우 고용서비스를 비롯하여 장애인 복지서비스의 정책대상이 주로 중증장애인이다. 중증장애인으로 인정을 받아 중증장애인 증명서를 발급받을 경우 중증장애인 고용의무 인정, 장애인 주차증 발급, 각종 세금 감면, 대중교통요금 및 TV 시청료 면제 · 할인 등의 다양한 중증장애인 감면 및 할인서비스의 지원 대상이 된다.

〈사회법전〉 9편은 고용주의 중증장애인 고용의무와 관련하여 준중증장애인(*Gleichgestellte behinderte Menschen*)을 인정한다. 준중증장애인이란 장애정도가 30~50인 장애인 가운데 장애로 인하여 노동시장에서 일자리를 구하거나 일자리를 유지할 수 없는 경우 중증장애인에 준하는 자격을 가질 수 있도록 고용기구의 인정을 받은 사람을 의미한다(〈사회법전〉 9편 제2조 제3항). 중증장애인 고용의무제도와 관련하여 고용주가 장애정도 50 미만인 준중증장애인을 채용하여도 중증장애인 1인을 고용한 것으로 인정한다.

독일은 2008년까지 장애판정의 기준으로 '장애의 의학적 판정을 위한 기준'(Anhaltspunkte für die ärztliche Gutachtertätigkeit) 을 사용했다. 그러나 2009년 1월 1일부터는 '원호의료: 원호의료 원칙에 대한 규정'(Versorgungs-medizin: Verordnung mit den Versorgungsmedizinischen Grundsätzen, 이하 원호의료규정) 을 토대로 장애를 판정한다. 원호의료규정은 세부 장애유형별로 장애정도에 따라 10부터 100까지 10 단위로 구분된다. 독일에서는 이전까지 '경제활동능력의 상실'(*Minderung der Erwerbsfähigkeit*: MdE) 이란 용어를 사용했으나 1986년 〈중증장애인법〉을 개정하면서 이 개념의 부정적 의미를 제거하기 위해 '장애정도'라는 용어로 변경하였다.

앞서 언급했던 것처럼 독일에서 중증장애인 여부를 판정할 때 판정기준은 원호의료규정에 따른 장애정도이다. 장애정도 50을 넘는 경우 중증장애인으로 인정받으며 중증장애인 증명서(*Schwerbehindertenausweis*) 를 신청할 수 있다. 중증장애인 증명서에는 장애정도가 기재되며 경우에 따라서 기능적 제약을 나타내는 인식표시(*Merkzeichen*) 가 표기된다. 중증장애인 증명서의 유효기간은 5년이며, 특별한 변화가 없을 경우 유효기간을 2번까지 연장할 수 있다. 그러나 유효기간을 2번 연장한 경우 더 이상 연장이 불가능하며 증명서를 새로 신청하여 발급받아야 한다. 독일에서 장애의 판정 혹은 중증장애인 증명서를 받기 위해서는 전쟁희생자·군인·대체복무자, 의사(義士)자 및 중증장애인에 대한 각종 지원과 관련한 업무를 담당하는 원호청을 방문해야 한다. 원호청은 의사의 진단서를 토대로 일정 요건을 충족할 경우 중증장애인 증명서를 발급한다.

4) 중증장애인 현황

연방통계청은 2년 주기로 중증장애인 현황에 관한 통계자료를 발표한다. 독일에는 2013년 기준으로 754만 8,965명의 중증장애인이 있는 것으로 나타났다. 전체인구 가운데 중증장애인 비율은 9.4%에 이른다(Statistisches Bundesamt, 2015). 한편, 2013년 기준 장애인의 수는 약 1,020만 명으로 추정된다.

연도별로 중증장애인 수의 변화 추이를 살펴보면 다음과 같다. 2001년 671만 1,797명이던 중증장애인의 수는 2003년 소폭 감소하였다가 이후 지속적으로 증가하는 추세인데, 2013년 기준 754만 8,965명으로 2001년과 비교하여 83만 7,168명 증가하였다. 중증장애인의 성별비율은 2013년 기준으로 남성이 51%(385만 1,568명)로 여성(369만 7,397명)보다 조금 많은 것으로 나타났다(Statistisches Bundesamt, 2015).

연방통계청 자료를 토대로 중증장애인의 연령대별 현황을 살펴보면 해가 갈수록 고령화현상이 심화되는 것으로 나타났다. 55세 이상 중증장애인의 수는 2001년에는 501만 9,728명, 2013년에는 572만 7,394명으로 나타나 70만 7,666명 증가하였다. 한편 2013년 기준 전체 중증장애인 중 75.9%가 55세 이상인 데 반하여, 25세 미만의 비율은 불과 3.8%에 그치는 것으로 나타났다. 25~34세는 3.1%, 35~44세는 4.8%, 45~54세는 12.3%로 나타났다(Statistisches Bundesamt, 2015).

장애유형별로 살펴보면 내부기관의 기능제한이 24.8%로 가장 많은 것으로 나타났고, 이어 하반신마비, 뇌병변장애, 지적장애, 정서장애, 중독장애 등이 20.4%로 나타났다. 팔다리 기능장애는 13%, 척추·몸통장애 및 흉부계 기형은 12%로 나타났다. 시각장애는 4.7%, 언어장애, 청각장애, 평형감각장애는 4.2%로 상대적으로 낮게 나타났다.

장애정도별로 살펴보면 전체 중증장애인 가운데 24.1%(181만 5,807명)

가 장애정도 100으로 나타났다. 장애정도 90은 5.1% (38만 5,292명) 로 나
타났다. 반면에 31.9% (241만 406명) 는 장애정도가 상대적으로 가벼운 장
애정도 50으로 나타났다.

장애원인별로 살펴보면 85%가 질병으로 인해 장애를 갖게 되었으며 선
천적 장애는 4%로 나타났다. 산업재해나 직업병으로 인한 장애는 0.9%,
교통사고로 인한 장애와 전쟁, 군복무 및 대체복무 과정에서 생긴 장애는
각각 0.5%로 나타났다. 가정 내 사고로 인한 장애는 0.1%, 기타 사고는
0.3%로 나타났다.

2. 장애인 소득보장제도

1) 법적 사회보험을 통한 장애인 소득보장

독일은 장애인 소득보장을 위한 1차 안전망으로 공적 사회보험 (Gesetzliche
Sozialversicherung) 을 활용한다. 즉, 의료보험, 연금보험, 실업보험, 산재
보험 및 요양보험 등 5대 공적 사회보험을 통해 장애인의 소득보장이 이루
어진다. 1차 안전망을 통해 기초보장이 어려운 장애인을 위해서는 조세를
바탕으로 하는 2차 안전망인 노인·근로능력감소 기초보장제도를 통해 소
득을 보장해 준다.

연금보험 (Rentenversicherung) 은 장애인의 소득보장을 위한 1차 안전망
가운데 중요한 역할을 담당한다. 연금보험 중 근로능력감소연금은 65세 이
전에 발생한 장애로 연금 수급조건에 해당하는 만큼의 근로능력감소가 있
을 때만 수급이 가능하다. 근로능력감소 정도는 완전 근로능력감소 (Volle
Erwerbsminderung) 와 부분 근로능력감소 (Teilweise Erwerbsminderung) 로 구
분한다 (〈사회법전〉 6편 제 37조, 제 43조). 근로능력감소 정도는 근로능력을

기준으로 판정하며 '근로가능시간'이 하루 3시간 미만일 경우에는 완전 근로 능력감소연금(Volle Erwerbsminderungsrente), 하루 3~6시간 미만일 경우에는 부분 근로능력감소연금(Teilweise Erwerbsminderungsrente)을 받는다 (〈사회법전〉 6편 제43조).

또한 연금보험에 대한 최소 가입기간요건(5년 이상 가입)과 최근의 보험료 납부요건(근로능력 감소 이전 최근 5년 동안 3년 이상 가입)을 충족해야 연금을 받을 수 있다. 그러나 학업 및 근로불능 등의 기간은 '5년' 기간에서 제외해 주며, 산재로 인한 장애나 군복무 중 발생한 장애 또는 학업종료 후 장애 등 특수한 경우에 대해서는 위의 두 요건을 완화하는 규정을 적용한다(〈사회법전〉 6편 제53조). 이러한 가입요건을 충족하지 못한 후천적 장애인 또는 장애요건을 원천적으로 충족하지 못하는 선천적 장애인의 경우에는 20년 이상 가입한 경우 근로능력감소연금을 지급하는 특례제도를 운영한다(www. betanet. de).

연금 수급자가 소득활동을 통해 전체 가입자의 평균소득 이상의 수입이 있는 경우 연금지급이 중단되며 개인소득이 전체 가입자 평균소득 미만일 경우에도 연금액이 일부 감액될 수 있다. 근로능력감소연금의 지급수준을 살펴보면 완전 근로능력감소의 경우 기본 연금액의 100%, 부분 근로능력 감소의 경우 50%를 지급한다. 근로능력감소연금은 노령연금 지급연령인 65세까지만 지급되고 이후에는 노령연금으로 자동 전환되도록 설계되었다.

기본연금액은 가입기간과 가입년당 지급률을 반영하여 산정되는데, 가입기간은 장애 직전까지 실제 가입기간과 장애시점부터 60세까지의 '가상 가입기간'을 100% 고려하여 산정한다. 단, 가상가입기간에 대한 소득은 장애 이전 취득한 생애평균소득을 적용한다(신화연 외, 2012).

장애인에 대한 공적 소득보장제도에 있어서 독일의 경우에는 연금보험의 근로능력감소연금이 중심적인 역할을 담당하며, 이하 내용에서 살펴볼 사회부조 영역의 기초보장제도인 GAE는 보완적 역할을 수행한다.

2) 사회부조를 통한 장애인 소득보장

노령과 근로능력감소(Erwerbsminderung)로 어려움을 겪는 사람을 대상으로 시행되는 기초생활보장은 〈사회법전〉 12편의 노인·근로능력감소 기초보장(Grundsicherung im Alter und bei Erwerbsminderung: GAE) 규정에 따라 다양한 지원을 한다. GAE에 따른 사회부조를 크게 구분하면 건강 지원, 노령 및 근로능력감소 기초보장제도, 장애인을 위한 진입지원금, 간병지원, 특별한 사회적 어려움의 극복을 위한 지원, 기타 생활환경 지원 등으로 나눌 수 있다(〈사회법전〉 12편 제47~74조).

2005년 1월 1일부터 시행된 GAE는 이전의 사회부조(Sozialhilfe) 제도에서 노인과 근로능력감소자를 분리하여 이들의 욕구에 부응할 수 있도록 개선한 제도이다. 장애인의 경우 18세 성년이 되고 완전히 직업불능일 때 기초생활보장에 대한 수급권을 갖는다(〈사회법전〉 12편 제19조 제2항). 이들은 질병 혹은 장애로 인해 일반적인 노동시장에서 하루에 3시간 이상 근로생활을 할 수 없는 사람들이다. GAE는 독립 거주하는 장애인뿐만 아니라 거주시설이나 부모와 함께 살고 있어도 지원받을 수 있다.

GAE는 사회청(Sozialamt)을 통해 신청하며, 신청양식에는 신청자의 수입과 재산 상태에 대해 기록하도록 되어 있다. 일반적으로 GAE는 1년간 인정되며 인정기간이 지나면 새로 신청서를 제출해야 한다. 장기간 완전한 직업불능은 모든 신청자 개인별로 조사된다. 그러나 완전한 직업생활불능으로 인한 장기연금자, 장애인 작업장(WfbM)에서 일하는 장애인의 경우는 개별조사를 필요로 하지 않는다(BMAS, 2016c). 또한 주간보호센터, 장애인 작업장 내에서 훈련을 받는 장애인도 신청할 필요가 없다. 그 외 모든 GAE 수급권에 대해서는 연금지급을 담당하는 기관에서 장기간으로 직업불능 상태에 있는지를 조사한다.

GAE의 지원금액과 관련하여 2016년 1월 1일부터 배우자가 없는 장애인은 매월 404유로, 배우자가 있는 장애인은 매월 364유로를 지원받는다 (BMAS, 2016c). GAE를 위한 지원에는 앞서 언급한 지원금 외에도 실제 주거비용과 난방비용, 의료보험과 요양보험 보험료, 중증장애인증명서에 'G' 또는 'aG' 표시가 있는 중증장애인은 추가지원을 받을 수 있다.

근로능력이 지속적으로 감소하거나 근로능력을 상실한 18~65세 사이의 장애인과 65세 이상 노령자가 자신의 소득이나 자산을 통해 생계를 정상적으로 유지하기 어려운 경우 GAE에 따른 지원을 우선적으로 받을 수 있다. 그러나 GAE를 통한 지원이 최저생계 유지에 부족할 경우 다른 사회부조제도를 통하여 보충할 수 있다.

한편, 〈사회법전〉 12편 제53~60조에는 장애인을 위한 진입지원금 (Eingliederungshilfe für behinderte Menschen)을 규정한다. 이 지원금은 근로능력이 감소된 신체적, 정신적 또는 지적 장애를 가진 장애인 또는 장애를 가질 위험이 있는 사람들에게 장애로 인한 불리함을 예방하거나, 제거 또는 완화시켜 장애인의 사회적 참여와 진입을 지원하고 지속적으로 자기결정적인 삶을 살 수 있도록 하는 목적으로 지원된다.

장애인을 위한 진입지원금은 〈사회법전〉 9편의 제26조, 제33조, 제41조 및 제55조에 따른 지원, 즉 의료재활을 위한 지원, 근로생활 참여를 위한 지원, 근로영역 지원, 사회생활 참여를 위한 지원 등을 포함한다. 장애인을 위한 진입지원금 지급과 관련하여 시군구의 사회부조 담당기관인 사회청은 장애인 당사자는 물론 담당의사, 보건청(Gesundheitsamt), 주(州) 의사, 청소년청(Jugendamt) 및 연방고용기구 등과 긴밀히 협력하여 중요사항을 결정한다. 지원금의 지원은 개인의 욕구에 따라서 달라지며 소득제한(Einkommensgrenze)을 초과하지 않는 범위 내에서 지급된다.

장애인을 위한 진입지원금은 장애인과 거주인의 소득과 자산을 조사하여 지원금액을 결정하며 때로는 뒤에 자세히 살펴볼 "개인예산"(Persönliches Budget)의 형태로 제공되기도 한다. 2014년 기준 사회부조 수급권자는 총

1,396,938명이다. 이 중 장애인을 위한 진입지원금을 지원받은 장애인은 총 860,489명으로 나타났다(Statistisches Bundesamt, 2016). 2014년 기준 독일의 경우 사회부조를 위해 지출한 총액이 265억 유로인데, 장애인을 위한 진입지원금을 위한 지출금액은 150억 유로(57%) 수준으로 사회부조 총 지출금액의 절반을 넘는 것으로 나타났다(Statistisches Bundesamt, 2015).

독일의 경우 한국과 달리 장애인만을 대상으로 하는 보편적 장애수당제 도는 운영하지 않지만, 주 차원에서 시각장애인수당(Blindengeld)을 지급하는 경우가 있다. 매월 지급되는 시각장애인수당의 지급수준은 270유로(튀링겐)부터 562유로(헤센)에 이르기까지 각 주별로 차이를 보인다.

한편 시각장애인수당 이외에도 사회부조 차원에서 지원하는 시각장애인 부조(Blindenhilfe)가 있다. 시각장애인부조는 사회부조의 지원요건처럼 〈사회법전〉 12편에서 정하는 소득과 자산수준에 따라서 지급여부가 결정된다. 시각장애인부조 지원금액은 각 주별로 차이가 있다. 지원요건에 해당되는 경우 2016년 6월 30일까지는 18세 미만의 경우 매월 327.54유로, 18세 이후는 매월 653.94유로를 지원한다. 2016년 7월 1일부터는 지급금액이 조금 인상된다. 18세 미만의 경우 매월 341.44유로, 18세 이후는 매월 681.7유로를 지원한다(www.bmas.de). 시각장애로 인한 추가지출에 대해 요양보험으로부터 지원을 받는 경우 간병단계(1~3단계)에 따라 시각장애인급여의 지원금액이 일정 비율 차감되며, 해당 주에서 시각장애인수당을 지원받는 경우에는 차액만큼만 지원받을 수 있다(www.betanet.de).

한편 독일의 일부 주에서는 청각장애인에 대한 수당(Gehörlosengeld)을 지원한다. 지원금액은 시각장애인수당 또는 시각장애인부조에 비해 상대적으로 적은 편이다. 청각장애인수당을 지급하는 주의 월별 지원금액은 작센-안할트 41유로, 작센 103유로, 노르트라인-베스트팔렌 77유로, 브란덴부르크 98.4유로, 베를린 136.34유로 수준이다(www.betanet.de).

3) 장애인을 대상으로 하는 각종 감면 및 할인제도

독일에서는 장애인을 대상으로 하여 소득세 감면, 자동차세 감면, 교통요금 감면 및 할인, 방송수신료 감면 등 다양한 영역에서 감면 및 할인제도를 운영하여 장애인의 경제적 부담을 줄이기 위한 여러 정책을 펼친다.

〈표 17-1〉 독일의 장애인 감면 및 할인제도

장애정도	장애인 감면 및 할인제도
30~40	• 소득세 추가공제: 장애정도 30은 310유로, 장애정도 40은 430유로 • 준중증장애인으로 인정받으면 해고보호 대상으로 인정
50	• 중증장애인으로 인정 • 해고보호 대상으로 인정되며 5일간의 유급휴가 추가 인정 • 초과근무 면제 • 공무원의 경우 조기연금 수급 가능 • ADAC(독일자동차클럽) 가입비 할인 • 소득세 추가공제: 570유로 • 주택수당 산정 시 1,200유로 추가공제 • 방송수신료 할인: 청각장애인 5.83유로 할인 • 자동차 이용비용 일부 지원 • 요양지 택시비용 할인
60	• 소득세 추가공제: 720유로 • 방송수신료 할인: 시각장애인 5.83유로
70	• 소득세 추가공제: 890유로 • 자동차 이용비용 지원: 중증장애인증명서에 G표시가 있는 경우 차량운행비용에 대해 연 3천 킬로미터(1킬로미터당 0.3센트, 총 900유로) 공제
80	• 소득세 추가공제: 1,060유로 • 주택수당 산정 시 1,500유로 추가공제 • 사회주택(월세가 상대적으로 저렴함) 관련 4,500유로 추가공제 • 이동통신요금 할인 • 자동차 이용비용 지원: 장애로 인하여 발생하는 차량운행비용(치료 및 병원방문, 학교방문 등)에 대해 연 3천 킬로미터(1킬로미터당 0.3센트, 총 900유로) 공제
90	• 소득세 추가공제: 1,230유로 • 주택수당 산정 시 1,500유로 추가공제 • 사회주택(월세가 상대적으로 저렴함) 관련 4,500유로 추가공제 • 이동통신요금 할인 • 통신요금 할인: 시각, 청각 및 언어장애인, 장애정도 90 이상인 경우 매월 8.71유로까지 할인 가능 • 자동차 이용비용 지원: 장애로 인하여 발생하는 차량운행비용(치료 및 병원방문, 학교방문 등)에 대해 연 3천 킬로미터(1킬로미터당 0.3센트, 총 900유로) 공제

장애정도	장애인 감면 및 할인제도
100	• 소득세 추가공제: 1,420유로 • 주택수당 산정 시 1,500유로 추가공제 • 이동통신요금 할인 • 특별한 경우 상속세 면제 • 사회주택(월세가 상대적으로 저렴함) 관련 4,500유로 추가공제 • 자동차 이용비용 지원: 장애로 인하여 발생하는 차량운행비용(치료 및 병원방문, 학교방문 등)에 대해 연 3천 킬로미터(1킬로미터당 0.3센트, 총 900유로) 공제
기타	• 중증장애인증명서에 H 또는 BI표시가 있는 경우 소득세 추가공제: 3,700유로 • 중증장애인증명서에 RF(방송수신료 면제)표시가 있는 경우 방송수신료 완전 면제, 일부 통신회사 요금 감면 • 방송수신료 할인: 시각 및 청각 중복장애인, 사회부조 대상 시각장애인은 방송수신료 완전 면제 • 자동차 이용비용 지원: 중증장애인증명서에 G표시가 있는 장애정도 70 이상 경우 연료비용, 정기검사비용, 수리비용 및 차고지 임대비용, 자동차 보험비용 등 지원. 장애정도 80 이상의 경우에는 장애로 인하여 발생하는 차량운행비용(치료 및 병원방문, 학교방문)에 대해 연 3천 킬로미터(1킬로미터당 0.3센트, 총 900유로) 공제. aG, B 또는 H표시가 있는 경우 총 1만 5천 킬로미터(총 4,500유로) 공제 • 각종 교통수단(버스, 전철, 철도, 선박 및 항공 등)과 관련하여 다양한 감면 및 할인제도 운영 • 장애인용 차량 구입 및 개조비용 지원 • 문화생활 지원: 박물관, 공원, 동물원, 극장, 스포츠 관람 등 문화 및 체육 분야 입장료 감면

자료: Beta Institut gemeinnutzige GmbH, 2016.

3. 장애인 고용정책 및 주요제도

1) 장애인 고용정책 및 고용의무제도 발전과정

독일의 중증장애인 고용정책은 중증장애인 고용의무제도(Beschäftigungs-pflicht von schwerbehinderten), 해고보호제도 그리고 직업재활과 관련된 고용촉진정책으로 구분할 수 있다. 먼저 중증장애인 고용의무제도(이하 고용의무제도)를 중심으로 정책 발전과정을 살펴보려 한다. 고용의무제도는 시대에 따라 주요 내용이 조금씩 변화했는데 독일의 경우 고용의무제도를 전

국적 차원에서 체계적으로 시행하기 시작한 것은 20세기 초반부터이다. 6)

1919년 1월 9일 제정된 중증상해인의 고용에 관한 규정은 모든 민간 및 공공부문(중앙행정기관 및 지방자치단체 포함)의 고용주가 고용인원 100명당 적어도 1명의 중증상해인(*Schwerbeschädigter*)을 고용할 것을 명시했다. 이때 중증상해인이란 군인으로서 업무수행 중 발생한 상해로 경제활동능력의 50% 이상을 상실한 사람이다. 농업부문의 경우 예외적으로 고용인원 50명당 1명의 중증상해인을 고용해야 했다. 이후 여러 차례에 걸친 법률 개정을 통하여 중증상해인 및 중증장애인의 개념이 새로 정의되었고 시기별로 고용의무 대상, 법정 의무고용률 및 조정금의 조정 등이 이루어졌다.

독일에서 중증장애인 고용의무제도가 큰 변화 없이 지속되었던 시기가 두 번 있었는데 먼저 1924~1945년까지 그리고 1974~2000년까지의 기간이다. 1924~1945년 기간에는 상시근로자의 수가 20~50인 규모인 모든 민간 및 공공부문의 고용주에게 최소한 1명 이상의 중증상해인 고용의무를 부과했다. 50인 이상인 경우 2% 이상의 의무고용률을 부과했다.

1974년부터 2000년 법률 개정이 이루어지기 전까지는 상시근로자 16인 이상의 모든 민간 및 공공부문 고용주에게 6%의 의무고용률을 부과했다. 앞서 이미 언급했듯이 독일은 중증장애인 고용의무를 이행하지 않는 민간부문은 물론 중앙행정기관 및 지방자치단체를 포함한 공공부문의 고용주에게도 조정금 납부의무를 부여한다.

독일의 조정금 제도는 납부금액이 한국처럼 해마다 인상되는 시스템이 아니다. 독일은 조정금 제도를 시행한 이래 2001년 〈사회법전〉 9편이 제정될 때까지 조정금의 인상은 단 몇 차례에 불과했다. 조정금 제도가 전국적인 단위에서 최초로 시행된 1953년에는 조정금의 수준이 미고용된 중증장애인 1인당 월 50마르크(Deutsche Mark, 독일마르크)였다. 이후 1974년

---

6) 중증장애인 고용정책 발전과정은 남용현(2009a)의 연구를 토대로 수정·보완하였다.

에는 100마르크, 1986년에는 150마르크로 인상됐다. 이후 독일 통일이 이루어진 1990년에는 200마르크로 인상되었고 2000년 〈중증장애인법〉이 개정되면서 중증장애인 고용률에 따라 200, 350, 500마르크로 차등 부과되기 시작했다.

2) 장애인 고용서비스 전달체계

〈그림 17-1〉은 (중증) 장애인 고용과 관련해 중요한 역할을 수행하는 대표적 기관 및 해당기관의 주요 담당업무를 정리한 것이다. 개별기관의 주요 역할에 대해서는 "1. 독일의 장애인정책 개요" 부분에서 소개하였다.

3) 중증장애인 고용의무제도 및 고용 현황

독일은 우리나라와 달리 장애인 고용의무제도의 정책대상을 중증장애인으로 한정한다. 즉, 〈사회법전〉 9편에 따라 원호청(Versorgungsamt)을 통해 장애정도 50 이상의 중증장애인만을 고용의무제도의 정책대상으로 인정한다. 한편, 앞서 언급했듯이 독일에서는 중증장애인 고용의무 대상과 관련하여 고용기구로부터 인정받은 '준중증장애인'(Gleichgestellte)을 채용할 경우 중증장애인 1명을 고용한 것으로 인정한다.

중증장애인의 경우 당사자가 원하는 경우 초과근무로부터 면제를 받을 수 있으며(〈사회법전〉 9편 제124조), 1년에 5일의 유급 휴가를 추가로 받을 수 있다(〈사회법전〉 9편 제125조).

한편 독일의 중증장애인 고용의무제도를 살펴보면, 2001년부터 상시근로자 20인 이상을 고용한 민간 및 공공부문(중앙행정기관 및 지방자치단체 포함)의 고용주는 5% 이상 중증장애인을 고용해야 한다. 2000년까지 법정 의무고용률은 6%이었고, 상시근로자 16인 이상의 고용주에게 중증장애인

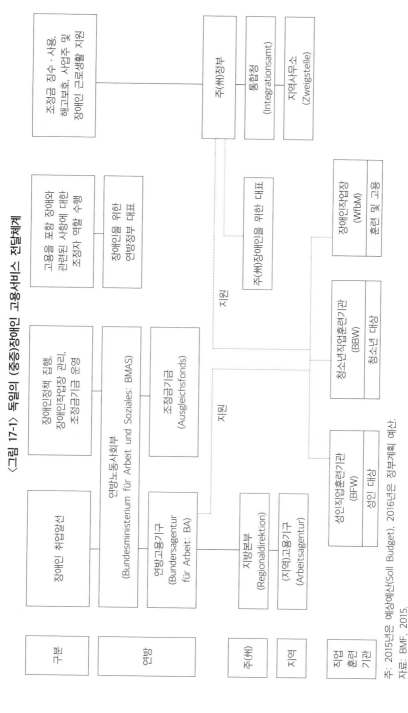

〈그림 17-1〉 독일의 (중증)장애인 고용서비스 전달체계

구분				
연방	장애인 취업알선	연방노동사회부 (Bundesministerium für Arbeit und Soziales: BMAS) 연방고용기구 (Bundesagentur für Arbeit: BA)	장애인정책 집행, 장애인직업장 관리, 조정금기금 운영 조정금기금 (Ausgleichsfonds)	고용을 포함 장애와 관련된 사항에 대한 조정자 역할 수행 장애인을 위한 연방정부 대표
주(州)		지방본부 (Regionaldirektion)		주(州)장애인을 위한 대표
지역		(지역)고용기구 (Arbeitsagentur)		
직업 훈련 기관		성인직업훈련기관 (BFW) 성인 대상	청소년직업훈련기관 (BBW) 청소년 대상	장애인직업장 (WfbM) 훈련 및 고용

조정금 징수·사용,
해고보호, 사업주 및
장애인 근로생활 지원

주(州)정부

통합청
(Integrationsamt)

지역사무소
(Zweigstelle)

지원

주: 2015년은 예상예산(Soll Budget), 2016년은 정부계획 예산.
자료: BMF, 2015.

고용의무를 부과했었다. 중증장애인 고용의무와 관련하여 독일은 복수(複數) 산정제도(Mehrfachrechnung)를 운영하는데, 중증장애인 가운데 취업하기 어려운 장애정도가 더욱 중(重)한 중증장애인 1인을 고용할 경우, 중증장애인 2인 혹은 최대 3인을 고용한 것으로 인정해 주고 있다.

독일의 조정금 제도에 대해 좀더 자세히 살펴보면, 2000년까지는 법정 의무고용률에 미달할 경우 중증장애인 실고용률에 상관없이 일률적으로 중증장애인 미고용 1인당 월 200마르크(DM)의 조정금을 납부해야 했다. 그러나 2001년 1월 1일부터 중증장애인 실고용률에 따라 조정금을 차등부과하기 시작했으며 동시에 조정금의 수준을 대폭 인상했다. 즉, 중증장애인 고용률이 3~5% 미만인 경우 중증장애인 미고용 1인당 월 105유로의 조정금을, 2% 미만일 경우 조정금은 이전보다 약 2.5배 인상되어 월 260유로를 납부하도록 했다.

독일의 조정금은 2016년 1월 1일부터 인상되어 중증장애인 고용률이 3~5% 미만인 경우 중증장애인 미고용 1인당 월 조정금은 125유로이며, 2~3% 미만은 220유로로, 2% 미만인 경우에는 320유로의 조정금을 납부해야 한다. 한편 독일은 소규모기업에 대해 조정금 부담을 일정 정도 감면해주고 있다. 독일의 경우 조정금을 납부했다고 해서 고용주가 중증장애인 고용의무를 이행한 것으로 간주하지 않는다. 2014년 기준 독일 전국에서 납부된 조정금의 규모는 5억 4,300만 유로로 나타났다(BIH, 2015).

장애인 고용과 관련한 지원사업의 재원(財源)과 관련하여 독일은 정부의 일반회계를 비롯하여 실업보험, 산재보험 및 의료보험, 중증장애인 고용의무를 이행하지 않은 고용주로부터 징수하는 조정금, 사회부조 등의 다양한 재원으로 사업을 펼치고 있다. 조정금 사용 관련내용을 살펴보면, 2008년부터 징수된 전체 조정금 중 80%를 각 주의 통합청에 배분하고 나머지 20%를 BMAS로 이관했다. BMAS는 이관된 조정금 20% 가운데 4%는 산하의 조정금기금(Ausgleichsfonds)으로, 나머지 16%는 연방고용

〈표 17-2〉 중증장애인 고용률 변화 추이

(단위: %)

구분	2001	2002	2003	2004	2005	2006	2007	2008	2009	2010	2011	2012	2013	2014
전체	3.8	3.8	4.0	4.1	4.2	4.3	4.2	4.3	4.5	4.5	4.6	4.6	4.7	4.7
민간	3.4	3.4	3.6	3.7	3.7	3.7	3.7	3.7	3.9	4.0	4.0	4.1	4.1	4.1
공공	5.1	5.2	5.4	5.6	5.7	5.9	6.0	6.1	6.3	6.4	6.5	6.6	6.6	6.6

자료: BA, 2016.

기구로 이관하여 법률에 명시된 장애인 고용촉진을 위해 사용하도록 한다 (www. einfach-teilhaben. de).

2001년 이후 중증장애인 고용의무가 있는 상시근로자 20인 이상 민간 및 공공부문의 중증장애인 실고용률 추이를 살펴보면 민간 및 공공부문 모두 지속적으로 상승한 것으로 나타났다. 2001년부터 2014년 기간 동안 민간부문 중증장애인 고용률은 3.4%에서 4.1%로 상승했고 공공부문은 5.1%에서 6.9%로 대폭 상승했다. 민간 및 공공부문을 모두 포함한 전체 중증장애인 고용률의 변화를 살펴보면 2001년 3.8%이던 고용률은 2014년 4.7%로 0.9%p 상승하였다.

민간 및 공공부문의 중증장애인 고용 현황을 비교해 보면 공공부문의 경우 중증장애인 고용에 대한 공공성 및 사회적 책임성의 강조 등으로 인해 연방의 정부기관은 물론 대부분 공공기관의 중증장애인 고용률이 6%를 넘어서고 있다[이하 내용의 출처는 연방고용청(BA, 2016)의 자료 참조].

중증장애인 고용 현황을 산업별로 살펴보면 2014년 기준 공공행정 및 사회보험(7%), 광업(6.9%) 분야에서 중증장애인 고용률이 가장 높게 나타났다. 그밖에 수도사업 분야 5.9%, 에너지 산업 5.8%, 보건, 사회부문 및 공공서비스부문 5.2%로 비교적 높은 중증장애인 고용률을 보이고 있다. 고용인원이 가장 많은 제조업의 경우 중증장애인 고용률이 4.6%로 평균 고용률 4.7%에 조금 못 미치고 있다. 반면 농업·임업·어업·양식업(2.8%), 숙박업(2.8%) 및 도·소매업, 자동차 판매 및 수리업(3%)의 중

장애인 복지서비스 625

증장애인 고용률은 상대적으로 낮게 나타났다.

　상시근로자 규모별로 살펴보면 한국과 달리 독일은 상시근로자 규모가 큰수록 중증장애인 고용률이 높았다. 2014년 기준 상시근로자 20~40명 규모 기업체, 정부 및 공공기관의 중증장애인 고용률은 2.9%였다. 이에 비해 250~500명은 4.3%, 500~1천 명은 5.1%, 5천~1만 명은 5.4%에 이르렀다. 상시근로자 1만~5만 명은 6.3%, 5만~10만 명 미만은 6.1%, 10만 명 이상의 경우 6.4%의 고용률을 기록했다.

　중증장애인 고용현황은 개별 주에 따라 3.6%에서 5.5%까지 상대적으로 큰 차이를 보인다. 베를린(5.5%), 헤센(5.3%), 노르트라인-베스트팔렌(5.2%), 메클렌부르크-포어포메른(5.1%)의 경우 중증장애인 고용률이 5%를 넘는 것으로 나타났다. 반면 작센-안할트는 3.6%, 라인란트-팔츠는 4.1%, 함부르크, 니더작센 및 작센은 각각 4.2%로 상대적으로 낮게 나타났다.

　고용률에 따라 중증장애인의 고용실태를 살펴보면 독일에서도 대부분의 고용주가 법정 의무고용률을 지키지 않는 것으로 나타났다. 2014년 기준 중증장애인 고용의무를 가진 전체 고용주(152,538명)의 76.2%(116,218명)가 법정 의무고용률을 지키지 않는 것으로 나타났다.

4) 고용주 및 중증장애인 지원제도

독일의 경우에도 중증장애인을 채용한 고용주와 중증장애인 근로자를 위해 다양한 지원제도를 운영한다.[7] 독일의 고용주 및 중증장애인 근로자에 대한 각종 지원금은 기간에 있어 일반적으로 영구적이지 않고 지급기간이

---

7) 독일의 고용주 및 중증장애인 지원제도와 관련한 내용은 연구자가 공동연구자로 참여한 심진예·곽정란·김위선·남용현·변영환·윤경인(2016)의 《OECD 주요국 장애인 고용 사업주 지원제도 비교 연구》의 자료를 토대로 요약·정리하였다.

<표 17-3> 독일 통합청의 지원사업 지출현황(2014년)

(단위: 100만 유로)

전체	노동시장 프로그램	중증장애인 지원	사업주 지원	통합 프로젝트	기관 지원	교육 및 홍보	연구	기타
507.08	43.11	43.45	187.45	76.45	134.48	7.35	11.67	3.11

자료: BIH, 2015.

제한된다. 독일의 고용주 지원제도 운영방식을 살펴보면, (무상)지원금 혹은 융자금 지급신청이 있을 경우 지급여부는 고용기구나 통합청에서 판단한다. 고용기구나 통합청은 고용주로부터 지원금 또는 융자금 신청을 받으면 고용주의 중증장애인 고용의무 준수(율), 투자의 종류, 고용기구의 임금지원 여부, 중증장애인 근로자의 장애정도·유형·연령·실업기간, 고용주의 경제적 상황 등을 고려하여 지원여부, 지원기간 및 지원수준을 결정한다.

현재 독일에서 운영하는 고용주에 대한 주요 무상 지원금 및 융자금 지원제도로는 직업훈련시설·장비 지원금, 직업훈련연계 진입지원금, 자격시험 원서접수비 등 직업훈련과 관련된 각종 비용 지원금, 청년장애인 직업훈련 지원금, 시험고용 지원금, 신규 일자리 및 훈련 지원금, 진입지원금, 기업 내 작업보조를 위한 지원금, 작업장 시설·장비 지원금 등이 있다. 이 밖에도 기술 및 장비 지원, 보조공학기기 지원, 장애인용 자동차 지원 등의 기술 및 보조공학기기 지원제도를 운영하며, 기업체나 사업주에 대한 다양한 상담과 자문을 위한 지원을 한다. 한편, 중증장애인 근로자를 대상으로는 주거지원금, 자영업 창업지원금, 근로지원인 및 지원고용 지원, 직업적 지식 및 소양 향상을 위한 지원 등 다양한 지원제도를 운영한다. 또한 중증장애인 근로자를 위한 상담 및 자문과 관련하여 직업 자문, 직업 오리엔테이션 지원, 취업 및 직업훈련 알선 및 통합전문가서비스를 지원한다.

2014년 기준 통합청을 중심으로 (중증) 장애인 고용정책 수행을 위해 지출한 총 규모는 5억 700만 유로 수준이며, 이 가운데 사업주 지원을 위해 지출한 규모는 1억 8,700만 유로(약 2,400억 원)에 이른다(BIH, 2015).

통합청에서 사업주 지원을 위해 지출한 금액을 개별 지원사업별로 살펴보면, 가장 많은 비용을 지출한 부분은 특별한 부담(중증장애인 임금지원금 등)에 대한 지원으로 1억 2,900만 유로(37,659건)를 지원하였다(BIH, 2015). 장애편의시설 설치 등을 위한 개조비용은 3,400만 유로(10,253 건), 일자리 및 훈련자리 창출을 위한 비용 지원은 2,300만 유로(2,412건) 수준에 이른다(BIH, 2015).

5) 해고보호제도 및 중증장애인 대표제도

독일은 해고보호제도(Kündigungsschutz)를 통해 중증장애인 근로자의 노동권을 보호한다(〈사회법전〉 9편 제85~92조). 중증장애인을 해고하고자 하는 고용주는 〈사회법전〉 9편에 따라 해고신청에 대해 통합청의 사전동의를 받아야 한다. 해고에 대한 예고기간은 적어도 4주가 되어야 하며(〈사회법전〉 9편 제86조), 고용주는 해당 사업장이나 관청의 소재지를 관할하는 통합청에 해고하고자 하는 중증장애인에 대한 해고 동의를 문서로 신청해야 한다. 통합청은 관할 고용기구, 해당 기업 또는 기관의 경영위원회나 인사위원회 및 중증장애인 대표의 의견을 들어야 하고 중증장애인 당사자의 의견도 수렴해야 한다. 통합청은 각 단계에서 유효한 합의를 위해 노력해야 하며 접수일로부터 1개월 이내에 구두심사의 바탕 위에서 최종 결정을 내려야 한다. 해고에 대한 동의 여부 결정사항은 고용주와 중증장애인 당사자에게 송부되며, 고용기구에는 해당 결정사항의 사본이 송부된다.

해고보호제도가 갖는 중요한 의미는 장애를 이유로 하는 해고를 예방하는 본연적 기능뿐만 아니라 해고가 예고된 장애인의 일자리를 유지하거나 새로운 일자리를 찾는 데 큰 도움이 된다는 점이다. 즉, 해고동의가 신청되면 통합청 또는 고용기구 등은 해고동의를 신청한 사업주에 대해 재정적 지원, 시설 및 장비의 구매·개조 지원 등을 통해 해고가 예고된 중증장애인의 일자리를 계속 유지토록 하거나, 다른 일자리에 대한 취업알선을 통하여 실업을 겪지 않고 일자리를 유지할 수 있도록 다양한 노력을 기울인다. 이런 일련의 노력을 통해 2014년 기준 해고 동의가 신청된 전체 사례 (25,233건) 중 22.4%(5,661건)는 일자리를 계속 유지하는 성과를 도출하였다(BIH, 2016).

한편, 독일에서는 (중증) 장애인 근로자 권익보호를 위해 중증장애인 대표제도(Schwerbehindertenvertretung)를 운영한다(〈사회법전〉 9편 제93~100조). 중증장애인 대표는 중증장애인들의 고용을 촉진하며, 자신이 속한 기업 또는 (정부) 기관에서 장애인들의 이해를 대변하고 조언하는 역할을 수행한다. 〈사회법전〉 9편에 따라 상시근로자 5명 이상의 중증장애인이 고용되어 있는 기업이나 기관에서는 각 1인의 중증장애인 대표와 부대표를 선출하도록 하고 있다.

중증장애인 대표의 임기는 4년이며, 중증장애인 대표의 주요 임무는 다음과 같다(〈사회법전〉 9편 제95조). 고용주는 중증장애인 대표에게 중증장애인과 관련된 모든 전반적 사안에 대해 적시에 보고를 해야 한다. 중증장애인 대표는 명예직으로서 무보수로 그 직무를 수행한다. 중증장애인 대표는 장애인 근로자가 담당기관에 장애판정 혹은 장애정도에 대한 판정을 신청할 경우 이 일에 대한 자문을 해줄 수 있다. 고용주는 중증장애인에 대한 채용과정, 즉 중증장애인이 기업이나 (정부)기관에 고용될 수 있는지에 관한 채용과정에서 중증장애인 대표를 참여시켜야 할 의무를 갖는다. 한편 중증장애인 근로자의 수가 200명을 넘을 경우 이 사업장의 중증장애인 대표는 자신이 원하는 경우 중증장애인 대표직만을 수행할 수 있다(〈사회법전〉 9편 제96조 제4항).

6) 장애인 직업능력 개발훈련

독일은 중증장애인을 위한 별도의 직업훈련기관을 설립하여 운영한다. 대표적으로 청소년장애인을 위한 직업훈련원(Berufsbildungswerk: BBW)과 성인장애인을 위한 직업훈련원(Berufsförderungswerk: BFW)이 있다. 다른 한편으로는 연령 구분 없이 직업훈련 기회와 취업 기회를 제공하는 장애인 작업장(Werkstatt für beinderte Menschen: WfbM)이 있다.

독일에서 청소년장애인의 직업훈련은 BBW가 수행한다. 현재 전국적으로 총 52개의 BBW가 운영되며 이곳에서 약 1만 3천여 명의 청소년장애인이 다양한 직종에 대한 직업훈련을 받는다. 개별 BBW의 훈련인원 수는 각각 다르지만 일반적으로는 200~300명 규모이며 일부 500명이 넘는 규모가 큰 직업훈련원도 있다. 일반적으로 직업탐색 과정 후에 이루어지는 직업훈련은 보통 36개월이지만 때로는 42개월까지 연장되기도 한다. BBW는 직업훈련과 동시에 의료적, 심리적 및 사회적 서비스를 제공하고 스포츠와 여가활동을 할 수 있는 시설을 갖췄으며 대부분 기숙사를 구비했다. 운영에 필요한 비용은 대부분 연방고용기구를 통해 지원된다.

독일에서 산재장애인을 포함한 성인장애인의 직업훈련은 BFW가 수행한다. 현재 총 28개의 BFW가 있으며 이곳에서 약 1만 5천여 명의 성인장애인이 다양한 종류의 직종에 대한 직업훈련을 받는다. BFW의 훈련인원 규모는 다양하지만 원칙적으로 400명을 넘게 되어 있어 규모가 큰 BFW의 경우 2천여 명을 훈련시킨다. 훈련기간은 일반적으로 12~24개월이나 일부 직종의 경우 짧게는 3~4개월, 길게는 36개월 동안 교육이 이루어지기도 한다. 운영에 필요한 비용은 대부분 연방고용기구를 통해 지원받는다.

BBW 및 BFW와 더불어 장애인 직업훈련에서 중요한 역할을 담당하는 기관으로 WfbM이 있다. WfbM은 한국의 장애인 직업재활시설과 유사한 기관으로 장애의 유형이나 정도 때문에 일반 노동시장에서 취업하기 어려운 중증장애인을 위해 설치·운영된다. WfbM은 중증장애인에게 훈련 기회와 일자리를 제공한다(BMAS, 2013; 〈사회법전〉 9편 제 136~144조).

WfbM에서 일하는 중증장애인을 장애유형별로 살펴보면 주로 지적장애인이 많고 정신장애인도 다수 종사한다. WfbM에서 일하는 중증장애인은 사회보험에 가입되어 있고 〈사회보험법〉 특별규정에 따라 임금에 비례하여 사회보험료를 납부하며 수입이 낮은 경우 국가에서 대납한다.

WfbM의 중증장애인에 대한 임금과 관련하여 먼저 연방고용기구 규정에 따른 기초금액이 있는데 2016년 기준 월 80유로 수준이다. 이 기초금액에 고용촉진장려금(*Arbeitsförderungsgeld*)이 추가되고, 개인별 성과에 따른 상승금액(*Steigerungsbetrag*)이 추가된다. 상승금액은 중증장애인의 개인적 노동능력에 따라 다르다. 특히, 노동의 양과 질을 고려하여 측정한다.

WfbM에서 종사하는 중증장애인의 월 평균임금은 약 200유로 수준이다(BAG WfbM, 2014). WfbM의 기본 인건비와 건물유지비 등의 운영비는 연방정부 또는 주정부에서 지원하며, 세제지원 측면에서 부가가치세를 경감받는다. 2014년 9월 기준으로 독일 전역에는 685개의 WfbM이 운영되며 총 30만 3,443명의 (중증) 장애인이 일하고 있다(BAG WfbM, 2015).

7) 통합전문가서비스

〈사회법전〉 9편의 시행을 통해 새로 도입된 제도 가운데 하나가 통합전문가서비스(Integrationsfachdienste: IFD) 제도이다(〈사회법전〉 9편 제 109~115조). IFD는 통합청, 연방고용기구 혹은 재활담당기관의 위임을 받아 중증장애인의 고용 촉진을 위해 제공되는 제 3의 서비스이며 동시에 이를 수행하는 전문인력을 의미한다(〈사회법전〉 9편 제 109조 제 1항). 통합청, 연방고용기구 및 재활담당기관은 IFD와의 협의를 통해 IFD의 활동 종류, 활동 범위 및 기간 등을 확정하고 보수를 결정한다. 통합청 등이 IFD에게 업무를 위탁할 경우 발생하는 IFD에 대한 재정지원의 재원(財源)은 조정금이다. IFD의 서비스와 관련하여 중증장애인 당사자나 고용주의 비용 부담은 없다.

IFD는 (중증) 장애인 졸업생·구직자·재직자, 장애인 작업장에서 종사하는 (중증) 장애인 그리고 (중증) 장애인을 이미 고용했거나 고용하려는 고용주를 위해 활동한다. IFD의 주요 역할을 살펴보면, (중증) 장애인 구직자 능력에 대한 평가·사정, 취업한 (중증) 장애인에 대한 사후지도, 위기 시 개입과 각종 상담 및 자문, 일반 노동시장에서 (중증) 장애인을 위한 적합한 일자리 개발 등의 업무를 수행한다. 이와 더불어 (중증) 장애를 가진 학생 및 졸업생에 대한 자문과 부모 상담, 고용주 및 동료근로자에 대한 상담과 교육, 장애인 작업장에 종사하는 중증장애인이 일반 노동시장에서 취업하기를 원하는 경우 이를 지원하는 업무도 수행한다.

2014년 기준 IFD 활동을 통해 69,576명의 중증장애인에게 서비스를 지원했으며 지원예산 규모는 같은 시점 기준 9,700만 유로에 이른다. 전국적으로 195개소의 IFD에서 1,546명의 전문상담가가 활동 중이다(BIH, 2016). IFD에 서비스를 위탁하는 기관은 주로 통합청인데 2014년 기준 총 6만 9,585건의 사례 가운데 5만 9,543건(85.6%)이 통합청의 의뢰에 의한 것으로 나타났다.

IFD의 서비스 대상 장애인을 장애유형에 따라 구분하면 정신장애인이 36.6%로 가장 높게 나타났고, 지적장애인 20.4%, 지체장애인 11.7%, 청각장애인 11.5%, 시각장애인 3.7%로 나타났다. IFD의 취업알선 결과를 살펴보면 긍정적 성과를 내는 것으로 나타났는데, 2014년 기준 취업알선 사례에 대한 분석결과, 총 13,604명의 실업자 가운데 3,711명(27.3%)의 취업을 성공시킨 것으로 나타났다(BIH, 2016).

4. 개인예산제도

1) 개인예산제도 도입

개인예산제도(Persönliches Budget)[8] 란 현물형태로 지원되던 장애인 복지서비스를 현금으로 전환하여 장애인 당사자에게 직접 지급함으로써 복지서비스 제공기관에 의해 일괄적으로 지원되던 복지서비스를 장애인 당사자가 직접 선택하고 결정한 후 구매하는 제도이다(BMAS, 2012).

　개인예산제도는 국가가 지원하던 각종 장애인 복지서비스의 제공방식을 전환함으로써 장애인의 자기결정권을 실현하기 위한 제도라 할 수 있다. 개인예산제도는 장애인에게 필요한 복지서비스는 장애인 당사자가 가장 잘 알고 있다는 데서 출발한다. 장애인이 처한 상황이 각자 다르기 때문에 장애인 각 개인이 필요로 하는 복지서비스도 각기 다르다. 장애인에게 어떤 서비스가 가장 필요하지, 그리고 언제 누구에 의해 어떤 서비스를 제공받기를 원하는지를 가장 정확히 판단하고 결정할 수 있는 사람은 장애인 당사자이다. 이런 배경에서 개인예산제도는 장애인 개인의 서비스 선택권 결정을 보장함으로써 최적의 복지서비스 제공을 추구하는 제도라 할 수 있다(BMAS, 2012).

　독일은 장애인 복지서비스 제공과 관련하여 2004년 6월 30일자로 〈사회법전〉 9편을 개정함으로써 개인예산을 복지서비스의 한 종류로 인정하기 시작했고, 2004년 7월 1일부터 2007년 12월 31일까지 독일의 8개 주의 시에서 개인예산제도 시범사업을 실시했다. 그러나 시범사업이 실시되지 않은 지역에서도 개인예산제도를 이용할 수 있었다(BMAS, 2012).

---

8) 독일의 개인예산제도에 대한 내용은 남용현(2014)의 연구에 나타난 주요 내용을 토대로 수정·보완하였다.

2004년 개인예산제도의 도입 이후 2008년 1월 1일부터는 장애인이 개인예산에 대한 법적 청구권을 갖기 시작했다. 현재 개인예산제도는 법적 근거를 〈사회법전〉 9편 제 17조에 둔다. 제 17조 제 1항은 관할 재활담당기관이 장애인의 참여(Teilhabe)를 위한 지원을 여러 가지 방법으로 수행할 수 있도록 규정한다. 먼저 재활담당기관은 단독으로 또는 다른 지원기관과 공동으로 장애인을 지원할 수 있고, 혹은 아예 다른 지원기관을 통해 지원하도록 할 수도 있으며, 비영리 또는 민간의 재활지원시설을 이용해서 지원할 수도 있다.

개인예산 지급 시 개별적으로 정해진 필요 기준에 따라 재활담당기관, 사회보험기관 및 통합청이 참여한다. 개인예산은 참여하는 지원기관이 각 개별 기관을 초월하여 복합적 지원의 형태로 지급한다. 〈사회법전〉 9편(제 17조 제 1문)에 따라 필요한 경우 의료보험 및 요양보험 지원 이외에도 간병이 필요한 경우 지급되는 산재보험 담당기관의 지원, 일상생활에서의 정기적 및 반복적으로 필요한 간병의 현금지원 또는 현금등가물로 지급될 수 있는 간병지원의 경우에도 개인예산 형태의 지원이 가능하다. 개인예산은 일반적으로 현금지원으로 지급되며 경상지원의 경우 매월 지급된다. 이유가 있는 경우에는 현금등가물이 지급된다.

한편 개인예산의 지원금액은 개인예산을 지급하지 않았을 때의 기존 지원비용을 초과할 수 없다(〈사회법전〉 9편 제 17조 제 3항). 개인예산이 여러 지원기관의 지원을 포함하는 경우 〈사회법전〉 9편(제 14조)에 따라 참여한 지원기관들 가운데 어느 한 기관이 다른 지원기관들의 위촉을 받아 이들 기관의 명의로 행정업무를 담당하며, 이 경우 참여기관들이 수급권자와 협의하여야 한다.

2) 개인예산제도 운영 현황 및 의의

독일의 장애인 지원서비스는 개인예산제도 도입 이전까지는 각각의 고유
목적과 상황에 따라 현금 또는 현물로 지급되었다. 생활비 보조와 상해급
여, 질병급여, 교육훈련급여 등은 원칙적으로 현금으로 지급되었다. 장애
인 요양보호를 위한 지원, 의료적 지원서비스, 직업활동과 관련된 지원서
비스 및 일상생활 지원을 위한 활동보조서비스 등은 통상적으로 현물급여
로 지원되었다. 이 가운데 현물급여는 개인예산제도 시행 이후 모두 현금
급여로 신청이 가능하게 되었다.

독일의 장애인정책, 그중에서도 장애인 고용정책은 중증장애인을 정책
대상으로 하지만 개인예산제도는 중증장애인이 아닌 장애인(장애정도 20
이상)도 신청이 가능하다. 개인예산을 신청할 수 있는 기관은 의료보험,
요양보험, 연금보험, 고령보험 및 농민보험(Träger der Alterssicherung
und Landwirte), 전쟁희생자부조, 청소년 지원기관, 사회부조기관, 통합
청, 연방고용기구 및 공동서비스센터이다(BMAS, 2016b).

개인예산을 신청한 장애인은 복지서비스 비용을 지원할 기관과 필요한
경우 후견인이 함께 참여한 가운데 상담을 통해 장애인 당사자가 필요로
하는 복지서비스 종류와 범위를 결정하고, 이에 따른 개인예산 규모를 산
정하고 담당기관은 이를 지급한다. 상담 결과에 따라 장애인에게 지원되는
예산의 규모에는 원칙적으로 제한이 없다. 예를 들어 장애 정도가 심각해
서 많은 도움이 필요한 경우 더 많은 개인예산이 지급되고 그렇지 않은 경
우 지원규모가 줄어든다. 지원되는 개인예산의 수준은 일반적으로 1인당
월 200~800유로 수준이다. BMAS의 자료를 보면 개인예산은 연간 최소
36유로부터 최대 13,000유로까지 지급된 것으로 나타났다(www.einfach-
teilhaben.de). 개인예산은 일반적으로 한 달에 1회 지급되고, 한번 정해진
예산은 최대 2년을 넘지 않으며, 주기적 재(再) 산정을 통해 개인의 욕구와

환경의 변화를 반영한다.

한편 독일에서 개인예산제도를 이용하는 장애인의 수는 점차 증가하는 것으로 나타났다(BMAS, 2016b). 개인예산제도가 처음으로 실시되던 2007년에 총 4,500여 건의 개인예산제도 이용실적이 보고되었다. 이후 연방정부 및 지방정부의 개인예산제도 관련 프로젝트의 추진과 홍보 강화 등의 적극적인 노력을 통하여 개인예산제도 이용실적이 2010년에는 1만 4,000여 건으로 증가하였다. BMAS에 따르면 2015년 연말시점을 기준으로 개인예산제도 이용실적이 5만 건을 넘은 것으로 추정한다(BMAS, 2016b).

독일은 개인예산제도의 도입을 통해 장애인과 관련된 사회서비스 지원방식을 기존의 3각형 구조(비용담당기관, 장애인, 재활담당기관) 형태에서 장애인 당사자를 중심으로 간소화했다. 이를 통해 장애인의 자기결정권(*Selbstbestimmung*)과 선택권(*Wahlrecht*)이 더욱 강화되는 방식으로 서비스 지원이 개선되었다. 제도의 도입 배경에서 언급했듯이 독일 개인예산제도의 의의는 장애인 당사자의 선택권을 보장함으로써 자기결정권을 실현시켰다는 데 있다.

개인예산제도를 통해 장애인 당사자는 어떤 종류의 복지서비스를 언제, 어디서, 어떻게 그리고 누구에 의해 제공받을 수 있는가에 대해 스스로 결정할 수 있다. 또한 장애인 당사자가 구매한 복지서비스나 복지서비스 제공자에 대해 만족하지 못할 경우에는 언제든지 새로운 복지서비스를 받거나 복지서비스 제공자를 새로 고용할 수 있다. 개인예산제도를 통해 장애인 당사자는 복지서비스의 구매자, 고용인, 고객이 되어 자신이 이용할 서비스에 대해 이전과 비교하여 더욱 큰 영향력을 발휘할 수 있게 되었다. 이런 배경에서 개인예산제도를 통한 장애인의 선택권 보장은 결과적으로 장애인 복지서비스의 질 향상에도 기여를 한다.

독일의 개인예산제도가 갖는 의미는 장애인들이 "돌봄의 대상" 혹은 "타인이 결정하는(*fremdbestimmt*) 삶"에서 벗어나, "참여와 자기결정권이 있는 삶"으로 변화하도록 돕는데 있다. 앞으로 해결해야 할 과제도 적지 않지만, 개인예산제도의 도입은 장애인정책의 패러다임 변화를 보여 주는 대표적 사례라고 할 수 있다.

5. 한국에 대한 시사점

독일의 장애인 복지서비스에 대한 고찰을 통해 한국에 시사하는 함의를 간략히 제시하면 다음과 같다.

첫째, 독일의 〈사회법전〉 9편처럼 한국에서도 장애인과 관련한 기본법의 제정에 대한 체계적 검토가 필요하다. 한국도 이미 오래전부터 장애인계를 중심으로 현행 〈장애인복지법〉을 비롯하여 장애인과 관련한 다양한 법률들을 통합한 이른바 〈장애인복지법〉 제정이 필요하다는 의견들이 제기되고 있다. 이는 현행 〈장애인복지법〉이 자립생활 이념을 제대로 반영하지 못하고 주거, 소득, 자기결정권 등에서 사각지대가 많아 이를 해결할 새로운 기본법이 필요하다는 이유에서다. 특히, 현행 〈장애인복지법〉은 여전히 인권이 아닌 시혜적 관점에 머물러 있다는 비판을 받는다. 향후 UN 장애인 권리협약에 담겨 있는 철학과 목적, 내용을 한국 상황에 맞게 적용함으로써 장애인 관련 법률들이 추구하는 기본이념을 반영하고 관련 법령 간 체계화의 기틀을 마련할 장애인 기본법 제정에 대해 더욱 심층적인 검토가 필요하다.

둘째, 장애인 관련 정책, 그중에서도 고용정책의 경우 정책대상을 중증장애인으로 조정할 필요성이 있다. 한국의 경우 장애인 복지서비스의 총량이 OECD 주요 국가와 비교하여 상대적으로 낮은 편이어서 중증장애인은 물론 경증장애인의 삶도 녹록지 않은 것이 현실이지만, 장애인 관련 정책을 독일의 사례처럼 중증장애인 중심으로 개편할 필요성이 있다. 특히, 장애인 고용의무제도와 관련하여 한국도 독일처럼 향후 중증장애인을 정책 대상으로 인정하는 제도개선을 검토할 필요가 있다.

셋째, 장애인 인정기준의 재조정이 필요하다. 장애인 인정기준은 국가마다 달라 각국의 장애인 출현율이 각각 다르지만 한국의 장애인 출현율은 OECD의 평균 장애인 출현율과 독일의 중증장애인 출현율(9.4%, 2013년 기준)과 비교하면 상당히 낮은 수준이다.[9] 이런 현상이 나타난 데는 여러 원인이 있겠지만, 한국의 장애인 인정기준이 의료적 관점 중심이고 OECD 다른 국가들과 비교하여 상대적으로 협소한 것이 주요 원인이라 판단된다. 이에 장애인 인정기준에 대한 종합적·체계적 검토를 통해 새로운 기준의 마련이 필요하다.

넷째, 독일은 장애인의 소득보장과 관련하여 1차 안전망인 연금보험을 통해 지원되는 근로능력감소연금과 2차 안전망인 사회부조 영역의 노인·근로능력감소 기초보장제도를 통해 장애인의 일정 소득을 보장한다. 한국에서도 일정 요건을 충족할 경우 장애인 연금을 지급하지만, 전체 장애인 가운데 소수만이 장애인 연금을 받기 때문에 연금이 갖는 보편성이 결여되었고 연금 지급금액이 낮다. 때문에 열악한 상황에 놓인 장애인의 기본적 생활을 보장해 주지 못하는 한계가 지적된다.

또한 〈장애인복지법〉에 따라 일부 장애인에 대해 장애수당을, 장애아동의 경우 경제 상태에 따라 장애아동수당을 차등 지원하지만 지급금액의 수준이 매우 낮다는 비판이 제기된다. 이에 장애인 연금(기초급여 및 부가급여)과 장애수당 지급대상의 확대와 더불어 지급금액의 인상을 통해 장애인의 빈곤을 완화하고 중증장애인과 경증장애인 간 경제적 격차를 줄일 방안을 마련할 필요성이 있다.

---

9) 고용개발원(2015)의 자료에 따르면 2000년대 중반 20~64세 인구를 대상으로 자가 판정을 통해 조사한 장애인출현율을 살펴보면, 한국은 6%로 나타난 반면, OECD 평균은 13.8%로 나타났다.

다섯째, 고용정책과 관련하여 독일의 해고보호제도, 중증장애인 대표, 통합합의제도처럼 장애인 근로자의 노동권을 보장하는 제도적 장치의 마련이 필요하다. 이와 더불어 통합전문가와 같은 장애인 고용 전문가의 양성과 배치 및 지원 확대가 필요하다.

여섯째, 복지서비스 제공기관에 의해 일괄적으로 지원되던 복지서비스를 장애인 당사자가 직접 선택하고 결정한 후 구매하도록 하는 개인예산제도의 도입에 대한 검토가 필요하다. 개인예산제도의 의의는 장애인 당사자의 선택권을 보장함으로써 앞서 살펴본 것처럼 장애인의 자기결정권을 크게 강화시킨 데 있다. 독일 사례에 대한 면밀한 검토를 통해 향후 한국의 관련 제도 발전에 의미 있는 시사점을 도출하여 이를 검토할 필요성이 있다.

■ 참고문헌

국내 문헌

고용개발원(2015). 《EDI 2015 장애인 통계》. 성남: 한국장애인고용공단.

남용현(2009a). "독일 장애인 고용정책의 성과와 한계: 〈사회법전〉 제 9권을 중심으로". 성남: 한국장애인고용공단 고용개발원.

_____(2009b). 《독일 통합합의제도 연구》. 성남: 한국장애인고용공단 고용개발원.

_____(2014). "장애인 복지정책에서의 이용자 참여 강화: 독일의 개인예산제도를 중심으로". 〈한국콘텐츠학회논문지〉, 14권 11호, 732~742.

신옥주(2014). "독일의 장애인 통합을 위한 법제연구". 〈유럽헌법연구〉, 16호, 293~337.

신화연·이용하·윤석명(2012). 《장애인 소득보장제도 간 급여의 형평성 제고방안 연구》. 서울: 한국보건사회연구원.

심진예·곽정란·김위선·남용현·변영환·윤경인(2016). 《OECD 주요국 장애인 고용 사업주 지원제도 비교 연구》. 성남: 한국장애인고용공단 고용개발원.

윤석진(2008). "독일의 장애인평등법". 〈최신외국법제정보(10월)〉. 서울: 한국법제연구원. 76~84.

해외 문헌

BA(Bundesagentur für Arbeit) (2016). *Arbeitsmarkt in Zahlen Beschäftigungsstatistik schwerbehinderter Menschen.* BA: Nürnberg.

BAG WfbM(2014). *Werkstätten für behinderte Menschen.* Frankfurt am Main: BAG WfbM.

_____(2015). *Jahresbericht.* Frankfurt am Main: BAG WfbM.

Beta Institut gemeinnützige GmbH(2016). *GdB - abhängige Nachteilsausgleiche.* Augsburg: Beta Institut gemeinnützige GmbH.

BIH(Bundesarbeitsgemeinschaft der Integrationsämter und Hauptfürsorgestellen) (2015). *BIH Jahresbericht 2014/2015 Arbeit & Inklusion.* Münster: BIH.

_____(2016). *BIH Jahresbericht 2015/2016 Arbeit & Inklusion.* Münster: BIH.

BMAS(Bundesministerium für Arbeit und Soziales) (2006). *Bericht der Bundesregierung über die Ausführung der Leistungen des persönlichen Budgets nach §17 des Neunten Buches Sozialgesetzbuch.* Belrin: BMAS.

_____(2008). *Anhaltspunkte für die ärztliche Gutachtertätigkeit.* Belrin: BMAS.

_____(2012). *Das trägerübergreifende persönliche Budget.* Belrin: BMAS.

_____(2013). *Jahresbericht.* Belrin: BMAS.

_____(2015). *Versorgungsmedizin: Verordnung mit den Versorgungsmedizinischen Grundsätzen.* Belrin: BMAS.

_____(2016a). *Rehabilitation und Teilhabe behinderter Menschen.* Belrin: BMAS.

_____(2016b). *Ratgeber für Menschen mit Behinderung.* Belrin: BMAS.

_____(2016c). *Sozialhilfe und Grundsicherung im Alter und bei Erwerbsminderung.* Belrin: BMAS.

기타 자료

BAR(Bundesarbeitsgemeinschaft für Rehabilitation) (2017). Bundesteilhabegesetz Kompakt. Die wichtigsten Änderungen im SGB IX.

BIH(Bundesarbeitsgemeinschaft der Integrationsämter und Hauptfürsorgestellen) (2017). Das neue SGB IV. Die wichtigsten Änderungen.

BMF(Bundesministerium der Finanzen) (2015). Finanzbericht 2016.

Statistisches Bundesamt(2015). Pressemitteilung Nr. 168 vom 11. 05. 2015.

_____(2016). Pressemitteilung Nr. 136/16 vom 19. 04. 2016.

_____ (각 연도별 자료). Schwerbehinderte Menschen.

http://www. betanet. de.

http://www. bmas. de.

http://www. arbeitsagentur. de.

http://www. einfach-teilhaben. de.

아동 및 보육서비스

1. 아동 및 보육서비스 개요

1) 아동 및 보육서비스의 개념

독일의 아동과 청소년 지원의 개념은 1991년부터 시행된 〈사회법전〉 8편
(SGB VII), 즉 〈아동과 청소년 지원법〉(Kinder- und Jugendhilfe)의 규정
을 통하여 이해할 수 있다. 이 법은 독일의 아동과 청소년 지원의 기본법이
되었으며 최근까지 사회적 수요에 따른 아동과 청소년 지원내용을 보완 또
는 수정하면서 지속적으로 변화했다. 그리고 이 법의 내용에 의거하여 독
일의 아동 및 보육서비스는 아동과 청소년 지원의 차원에서 이루어진다.

　〈아동과 청소년 지원법〉을 통해 보면 독일에서 아동과 청소년을 위한 지
원은 아동과 청소년뿐만 아니라 그들의 가족을 위한 지원까지 포괄하는 개
념으로, 이는 젊은 연령층과 그들의 가족을 위해 공적 또는 사적 주체들에
의해 수행되는 기능과 과제들을 모두 망라하는 광의의 개념이다. 따라서
독일의 아동과 청소년 지원정책은 아동의 양육과 교육에 대한 책임이 있는

부모를 국가가 지원하고 아동과 청소년이 사회에 어려움 없이 편입되도록 도와주고자 하는 목적을 담았다.

이와 같은 맥락에서 아동과 청소년 지원은 한편으로는 보편적 차원에서 아동 및 청소년의 양육과 교육 그리고 사회로의 진입을 지원한다는 의미로 이해된다. 그런데 다른 한편으로는 아동과 청소년에 대한 지원은 위와 같은 보편적 차원뿐만 아니라 선별적 차원으로도 이해된다. 선별적 차원에서의 지원이란 예를 들어 부모가 부재하여 아동을 위한 양육의 대리가 필요하거나 또는 이혼이나 기타의 사유로 인해 양육이 불가한 상황, 그리고 부모와 자녀 간의 갈등이 첨예화되어 해결에 대한 지원이 요구될 때 등의 특수한 상황에 대한 정책적 개입을 의미한다. 이러한 경우의 예를 들자면 부모가 자녀의 양육을 수행하지 못할 경우에 공적인 차원에서 아동을 위한 위탁가정(*Pflegefamilie*)이나 복지시설(*Heim*)에서의 양육가능성을 제공함으로써 아동과 청소년의 발달과업의 수행이 지속될 수 있도록 지원하는 것 등이 여기 포함된다(Brueggemann, Diekmann, Oberloskamp, Schueter, Simon, Willutzki, & Zarbock, 1995: 445; 이상오, 1997: 97~98).

2) 아동과 청소년 지원의 역사

역사적으로 보면 아동·청소년 정책은 고아를 위한 구호와 국가적 빈민지원(*Armenfürsorge*), 사회부조(*Sozialhilfe*), 기초보장(*Grundsicherung*의 전신) 및 강제교육[〈청소년법원법〉(*Jugendgerichtsgesetz*)의 전신] 등, 주로 빈곤아동 및 문제아동을 중심으로 이루어진 정책에 그 뿌리를 둔다.

이 정책들은 현대적 의미의 아동과 청소년 정책이 도입되기 전까지는 수백 년 동안 주로 교회나 복지기관에 의해 시행되었다. 그러다가 중세 말에 이르러서야 시(*Städte*) 정부들이 아동과 청소년 문제를 공적 책임영역으로 인식하기 시작했다. 이는 무엇보다도 정부들이 아동과 청소년 문제를 공공의 안전과 질서를 지키기 위한 과제의 하나로 이해하는 인식의 전환이 있었기 때문이다(BMAS, 2015: 594~595).

1922년 제정된 〈제국청소년복지법〉(Reichsjugendwohlfahrtgesetz)은 청소년과 관련하여 독일 전체를 아우르는 공적 지원에 대해 법적으로 명시한 첫 번째 법이었다. 늘어난 도시의 고아 문제를 사회적으로 해결해야 할 필요성이 대두되고 위협적 청소년 문제현상도 늘어나면서, 당시의 청소년 지원은 무엇보다도 이들을 국가가 강제로 교육해야 한다는 사회적 인식이 형성되면서 주로 이러한 문제현상을 해결하는 데 초점이 맞춰졌다. 그리고 교육학이 청소년과 관련된 주된 학문적 원칙을 제시하는 학문으로써 청소년 지원에 대한 영향력을 키우면서 아동과 청소년의 복지에 대한 관심이 증가한 것도 〈제국청소년복지법〉이 제정된 배경 중의 하나라고 할 수 있다.

그런데 이상과 같은 사회적 차원의 변화뿐만 아니라 아동과 청소년이 일상생활 속에서 경험하게 된 환경의 변화는 청소년과 관련된 법규정이 시대에 맞게 개정되어야 한다는 당위성을 제공했다. 예를 들어 가족의 변화로 인한 부모들의 부담 가중과 모든 아동들은 신체적, 정신적, 사회적 덕목을 교육받을 권리가 있다는 사회권적 이해의 확장은 청소년에 대한 지원이 강화되어야 한다는 인식을 형성하는 데 중요한 요인으로 작용했다. 이 때문에 〈제국청소년복지법〉에 의거한 지역사회에서의 실천은 갈수록 예방적이고 가족지지적 경향으로 변화해야 한다는 요구와 직면할 수밖에 없었다.

이러한 변화는 급기야 〈제국청소년복지법〉의 존폐논란을 야기했다. 결국 이런 맥락 속에서 1990년 6월 20일에 아동 청소년권의 신규정법(Gesetz zur Neuordnung des Kinder- und Jugendhilferechts)이 제정되었으며 〈사회법전〉 8편을 통해 "아동과 청소년 지원"(Kinder- und Jugendhilfe)에 대한 새로운 법적 규정들이 명시되었다.

이상과 같이 독일에서 아동과 청소년에 대한 기본법이 변화한 배경을 살펴보면, 아동과 청소년을 위한 지원에 대한 이해를 새롭게 하는 것을 법적으로 명시하고, 아동과 청소년의 상이한 생활환경·양육환경 및 부모에게 집중되었던 정책적 지원과 과제의 스펙트럼에 대한 이해를 새롭게 규정하고자 하는 목적을 확인할 수 있다. 기존의 정책은 아동과 청소년을 위험요소와 통제대상으로 보고, 이들이 야기하는 공적인 안전과 질서의 위협을 정책적 통제와 간섭을 통해 방어하기 위한 기제로 인식되었다.

그러나 〈사회법전〉 8편의 제정 이후에는 정책이 아동과 청소년들에 대해 예방적 차원에서부터 개별적으로 접근하는 것이 가능한 것으로 이해되고, 아동과 청소년 그리고 젊은 성년 및 그들의 부모에게까지 지원을 하는 도구로 이해되었다. 또한 종전의 〈청소년복지법〉에서는 시설서비스가 우선됨으로써 아동과 청소년의 소외문제가 발생했다면, 이제는 새로운 법을 통해 포괄적 지원을 함으로써 아동과 청소년들이 일상 속에서 건강한 사회 성원으로 성장해 가도록 하기 위한 지원의 토대가 마련되었다. 그리고 이러한 맥락에서 정책적 지원의 범위도 아동과 청소년의 개별적·교육적 욕구에 대응하기 위한 주간보육시설과 주간돌봄서비스의 제공을 통해 보편적으로 아동과 가족을 지원하는 것에서부터 응급구호, 부분적인 시설서비스 지원, 전적인 시설서비스 지원에 이르기까지 광범위하게 확장되었다.

〈사회법전〉 8편의 아동·청소년 지원 관련 법 규정은 독일이 통일되면서 옛 동독지역에는 1991년 1월부터 효력을 발휘하기 시작했다. 1992년 7월에는 〈임신부와 가족지원법〉(Schwangeren- und Familienhilfegesetz)이 개정되었는데, 이는 〈사회법전〉 8편에도 영향을 미쳐서 1996년에는 아동보육시설에 대한 아동의 권리를 명시하는 내용이 추가되었다. 2004년 12월 27일에는 〈주간돌봄시설확충법〉(Tagesbetreuungsausbaugesetz)에 따라 한편으로는 수요에 적합한 공급을 목표로 하여 주간돌봄시설과 주간돌봄서비스에 대한 지원내용을 구체화했다. 그리고 다른 한편으로는 주간돌봄시설과 주간돌봄서비스를 이용하는 아동을 지원하기 위해 지역공동체의 참여를 강화하고, 주정부에게 시설확충과 재정적 책임을 주의 관련 법률체계에 반영하도록 요구하는 내용들이 추가되었다.

이 법의 제정 이후 3년 만에 독일 사회에서는 3세 미만 아동의 주간돌봄 문제가 가장 중요한 정치적 어젠다 중의 하나로 부상하였다. 2013년 7월 31일에는 〈아동장려법〉(Kinderförderungsgesetz, 2008. 12. 10 제정)에 명시되어 있었던 시설확충의 목표를 달성하기 위해 연방과 주 그리고 지역사회의 다양한 단체들이 〈아동보육시설확충법〉의 실행을 공동의 목표로 이해하고, 모든 1세 미만 아동의 보육서비스 이용에 대한 권리를 실현시키기 위한 법적 요구를 명문화하기에 이르렀다. 이후에도 〈사회법전〉 8편은 가족의 양육을 지원하기 위한 규정을 지속적으로 추가하고, 여러 차례의 개정을 거쳐 아동과 청소년에 대한 보호를 강화하면서 오늘날까지 아동과 청소년 지원정책의 근거로 존속했다(BMAS, 2015: 595~598).

3) 아동 및 보육서비스의 목표

〈사회법전〉 8권 제 1조 제 3항에서는 독일의 아동과 청소년 지원의 과제에 대해 다음과 같이 규정한다.

- 개별적 그리고 사회적 발달과정 중에 있는 아동과 청소년을 장려하고, 차별을 철폐하는 데 기여한다.
- 부모나 기타 양육권자에게 양육에 대한 조언과 지원을 한다.
- 아동과 청소년의 안녕을 지킬 수 있도록 위험으로부터 보호한다.
- 아동 및 청소년 그리고 가족을 위해 긍정적 생활조건을 조성하고, 아동과 청소년에게 우호적인 환경을 유지하고 만들어 나가도록 기여한다.

사회적 그리고 사회교육학적 실천으로서의 아동과 청소년에 대한 지원정책의 과제와 목표는 〈사회법전〉 8편 제 1조 제 3항에 명시된 법적 목적과 가치지향성에 따라 규정된다. 이에 따르면 아동과 청소년을 위한 지원 정책은 아동과 청소년이 그들의 발전을 촉진하고, 주체적으로 책임질 줄 알며, 사회적 능력이 있는 인성을 가진 개인으로 교육되기 위한 권리를 실현하는 데에 기여해야 한다. 그리고 이러한 정책은 여기에서 더 나아가 아동과 청소년이, 그리고 그의 가족들이 사회적 차별을 철폐하고 긍정적 생활환경을 창조 또는 유지할 수 있도록 지원을 해야 한다. 또한 부모와 양육권자에게 양육에 대한 상담을 제공하고 지원하며 아동과 청소년을 위해서는 이들을 위험으로부터 보호해야 한다.

이 밖에 연방 〈기본법〉(Grundgesetz) 제6조는 아동과 청소년을 양육하고 돌보는 것에 대한 권리와 책임이 기본적으로 부모에게 있으며 국가공동체는 아동과 청소년의 권리가 보장되도록 주시하여야 함을 명시한다.

〈아동과 청소년 지원법〉 및 연방 〈기본법〉의 내용을 포괄적으로 정리하면 위와 같은 아동 및 청소년 정책의 목표를 실현하기 위해 독일 정부가 시행하는 정책적 과제의 영역(〈사회법전〉 8편 2조)은 다음과 같이 구분된다.

- 일반적 지원 과제(fördende Aufgaben) : 일반적으로 모든 아동·청소년 그리고 그들의 가족과 관련된 과제를 말한다. 예를 들자면 유치원, 청소년 사업, 아동·청소년의 개별적 장려(예: 학습지원) 등이 있다.
- 직접적 원조 과제(helfende Aufgaben) : 선별적이고 특수한 요구, 그리고 문제상황에 직면한 목표집단을 초점대상으로 하는 과제를 말한다 (예: 상담, 개별돌봄, 주거서비스 제공, 청소년 보호, 후견).
- 정책적 과제: 구체적인 정책 개입과 관련된 고제영역을 말한다(예: 계획에 대한 책임, 개입).

지금까지 1에서는 독일의 아동 및 보육서비스에 대한 개념과 역사적 발전과정 그리고 포괄적 정책목표에 대해 살펴보았다. 독일의 아동 및 보육서비스의 개념이 타 국가들의 관련서비스와 기본적으로 차별화되는 지점은 크게 두 가지를 들 수 있다. 첫째, 아동에 해당되는 대상범위를 보육서비스의 대상이 되는 영유아에서부터 성인기에 진입하는 청소년까지 포괄하여 광범위하게 이해를 한다는 점이다. 둘째, 독일은 아동과 청소년에 대한 정책의 출발이 주로 사회교육학적 관심에서 시작이 되어 일반적 보육서비스까지 포괄하는 보편주의적 정책으로 확장되었다는 점이다.

이제 다음 2부터는 독일의 아동 및 보육서비스에 대한 구체적 내용을 살펴보고자 한다. 이를 위해 가장 일반적으로 보편화된 정책분석틀에 따라 아동 및 보육서비스의 급여대상, 급여내용들, 재원 및 재정, 그리고 전달체계에 대해 심층적으로 살펴보고자 한다. 그런 다음, 마지막으로 3에서는 독일의 아동 및 보육서비스에 대한 내용을 살펴본 결과를 토대로 하여 관련서비스의 성과와 한계를 살펴보고, 이를 통해 독일의 아동 및 보육서비스가 한국의 아동 및 보육서비스에 시사하는 함의를 도출해 보고자 한다. 그리고 이를 바탕으로 한국의 관련 서비스 발전을 위해 제언하고자 한다.

2. 아동 및 보육서비스의 대상

독일에서 아동을 위한 가장 대표적 제도인 아동수당(Kindergeld)은 기본적으로 만 18세 미만의 아동(경우에 따라서는 만 25세 미만)에게 주어진다. 독일에서 아동의 정책적 개념은 만 25세 미만이다. 즉, 일반적인 아동뿐만 아니라 청소년과 초기 성인까지 포함하는 광범위한 개념임을 의미한다. 그러므로 독일에서 정책적 대상으로서의 아동은 청소년을 포괄하는 것으로 이해되어도 무방하고, 실제로 아동과 관련된 정책들은 영유아 등의 아동뿐 아니라 청소년도 동시적으로 포괄함을 확인할 수 있다(www.kindergeld.org/kindergeld-fuer-volljaehrige-kinder.html).

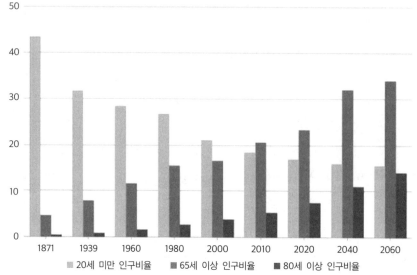

〈그림 18-1〉 독일의 연령별 인구구조의 변화

(단위: %)

■ 20세 미만 인구비율   ■ 65세 이상 인구비율   ■ 80세 이상 인구비율

자료: BMFSFJ, 2013: 11.

실제로 〈사회법전〉 8편에서 규정하는 아동 및 청소년 정책의 지원 대상에는 27세 미만의 모든 인구가 포함된다. 14세 미만은 아동(Kinder), 14∼17세는 청소년(Jugendliche), 18∼20세는 성장기 청소년(Heranwachsende), 18∼26세는 젊은 성인(Junge Volljährige)으로 구분이 된다. 그리고 친권자(Personensorgeberechtigte)에는 일반적으로는 부모, 경우에 따라서는 후견인 또는 돌봄제공자가 포함된다. 이러한 법적 연령규정에 의거하여 일반적으로 아동과 청소년 지원은 국적이나 장애여부와 상관없이 독일에 거주하는 모든 미성년자와 젊은 성인에게 해당이 된다.

〈그림 18-1〉에서 볼 수 있듯이 독일 인구구조의 변화양상을 연령별로 구분하여 살펴보면 20세 미만의 아동연령층은 수적인 면에서 지속적으로 감소 추세를 보인다. 2010년 기준으로는 전체 인구의 약 18% 정도를 차지하는 것을 확인할 수 있다.

3. 아동 및 보육서비스의 세부내용과 급여

독일의 아동과 청소년서비스 및 보육서비스는 아동과 청소년의 다양한 삶의 실태와 양육상황을 고려하여 다양한 영역으로 구성된다. 여기에는 일반가정 내에서의 양육 및 교육의 지원과 주간돌봄지원 등 아동의 발달촉진을 위한 지원, 일반 청소년을 대상으로 하는 청소년사업, 위기청소년을 대상으로 하는 청소년 사회사업, 사회교육적 차원에서의 아동 및 청소년 보호에 초점을 두고 아동과 청소년을 지원하기 위한 각종 개별사회사업 등이 포함된다(이상오, 1997: 89). 여기에서는 주로 아동과 청소년 및 보육서비스를 통해 아동과 청소년에게 제공되는 서비스의 내용과 급여에 대해 구체적으로 살펴보고자 한다.

1) 아동보육

독일의 연방 〈기본법〉 16조는 아동의 양육과 교육에 대한 1차적 책임이 부모에게 있다고 본다. 그러므로 부모들은 자녀들이 성인이 될 때까지 양육과 교육에 대한 책임을 수행해야 한다. 부모가 이러한 책임을 수행할 수 있는 상황이 되지 않을 경우에는 국가가 아동에게 최대한 가족과 같은 환경을 제공하기 위해 노력해야 한다. 이러한 정책적 기조 때문에 독일의 아동보육정책은 전통적으로 부모에게 현금이나 세금공제를 통해 보조해 주는 방식으로 이어졌다. 그러나 가족구조의 변화와 돌봄부담의 심화로 인한 저출산문제의 등장은 정부가 보육정책의 핵심을 시설돌봄 중심으로 확장하는 요인으로 작용했다.

독일의 보육정책은 영아와 유아 그리고 취학 전 아동을 연령에 따라 엄격히 구분하거나, 장애가 있는 아동과 장애가 없는 아동을 분리시켜 돌보기보다는 통합적 성격의 일반 보육시설에서 상이한 발달단계에 있는 아동들을 모두 포괄하여 보육하는 경향이 강하다. 이러한 특징 때문에 보육시설유형 내에서 탁아소와 유치원 간의 구분이 희미해지면서 이들을 함께 포괄하여 '아동보육시설'(Kindertagesstätte)로 통칭하는 경우도 있다(이상오, 1997: 44). 아동돌봄을 위한 주간보육시설은 하루 시간 중 일부 동안만 문을 여는 시설과 하루 종일 문을 여는 시설로 구분된다. 하지만 부모의 돌봄 부담을 덜어주기 위해 갈수록 전일제 시설이 늘어나고 시설유형도 다양화되는 추세이다.

2) 방과 후 돌봄서비스

독일에서 방과 후 돌봄서비스(Hort)는 대략 130년 전부터 시행되었다. 방과 후 돌봄서비스가 제공되기 시작한 초기에는 주로 한부모 가정의 아동이나 문제아동을 위한 서비스로 잘못 인식되어 서비스를 이용한 아동의 수는 매우 제한적이었다. 그러나 1920년대부터 1930년대 초까지 의무교육대상 아동들의 복지 증진을 위한 관련 프로그램의 강화 차원에서 방과 후 돌봄서비스도 중요한 아동복지서비스의 하나로 기틀을 다졌다.

오늘날 독일에서 방과 후 돌봄서비스는 일반적으로는 12세까지, 그러나 경우에 따라서는 14세까지의 학령기 아동을 대상으로 제공된다. 그리고 이 서비스는 돌봄욕구가 상대적으로 클 수밖에 없는 한부모 가정의 자녀나 맞벌이부모의 자녀 그리고 저소득 가정의 아동에게 우선적으로 제공된다(정기섭, 2001: 131~156; 김재인 · 이향란, 2004).

2011년 3월 기준으로 46만 명의 학령기 아동이 방과 후 돌봄서비스를 이용했고 이들 중 55%는 옛 동독지역 거주자였다. 최근에는 부모의 취업, 불규칙한 학교 수업시간, 학교의 부족한 전일제서비스 때문에 방과 후 돌봄서비스에 대한 수요는 지속적으로 상승하는 경향을 보인다(BMFSFJ, 2015: 26). 이러한 경향은 독일 전역에서 유사하게 나타난다.

3) 아동과 청소년 사업

독일에서 아동 및 청소년 (지원) 사업 (Kinder- und Jugendarbeit) 은 〈아동과
청소년지원법〉 (〈사회법전〉 8편 제 11조) 에 따라 독일의 아동과 청소년 전체
를 대상으로 신체적·정신적 성장과 발달 그리고 사회적 능력을 장려하기
위해 교육, 여가활동, 봉사활동, 문화영역 등에서 시행하는 사업을 의미
한다. 여기서 청소년 사업을 좀더 구체적으로 살펴보면 이는 청소년의 발
달을 촉진하기 위한 서비스와 시설을 기획하는 청소년 지원의 한 영역으로
볼 수 있다. 이 사업은 청소년이 자신의 흥미와 부합하고, 주체적 결정능
력을 키우며, 사회에 대한 책임을 가진 인간으로 자라나도록 지원한다.

〈사회법전〉 8편의 제 11조와 제 12조에서는 청소년 사업과 관련된 행위주
체인 청소년 단체의 사업을 진흥하고, 청소년 사업의 공식적 형태에 관한 것
을 규정한다. 청소년 사업을 통해 제공하는 서비스는 아동 및 청소년의 일상
을 구성하는 중요한 부분이 된다.

예를 들면 스포츠 청소년 (*Sportjugend*), 적십자 청소년과 소방 청소년
(*Rotkreuz- und Feuerwehrjugend*) 등이 청소년이 구성원으로 활동하는 가장
전통적 봉사활동이다. 이외에도 교회와 노동조합 또는 지역사회의 청소년
센터에서 수행되는 청소년 사업은 지역공동체 내에서 구성원을 이어 주는
연결고리 역할을 한다. 이러한 청소년 사업을 수행하는 단체는 집단서비스
나 여가활동 등의 프로그램을 제공한다.

2008년에는 공적인 아동과 청소년 사업에 330만 명의 아동과 청소년이
참여했으며 참여자 가운데 49％가 여성이었다. 이들이 참가한 사업의 대다
수는 비영리 청소년 단체가 실행했다. 아동 및 청소년 사업과 관련된 전체
시설은 2010년 기준 약 16,700개소에 달했으며 약 45,100명의 인력이 업무
를 수행했다. 이 중 가장 큰 인력 비중을 차지하는 시설은 청소년 센터
(Jugendzentren) 와 청소년 여가시설 (Jugendfreizeitheimen) 또는 열린 문의

집(Häusern der offenen Tür)으로, 이러한 시설에 종사하는 인력이 전체 종사자의 절반을 차지했다. 그밖에 유스호스텔 등의 여가시설에는 약 15%의 인력이 배치되었다(BMFSFJ, 2015: 15).

4) 교육상담

교육상담(*Erziehungsberatung*)은 학령기 아동과 가족의 학교적응과 사회적응을 위해 매우 중요한 지원프로그램이다. 2012년에는 전체 독일에서 청소년 지원과 관련해서 약 448,102건의 상담이 수행되었으며 이 중 여학생에 대한 것이 46%였다. 상담의 사유를 보면 가장 주된 것은 가족 내 갈등, 발달적 특성과 관련된 것이었다(BMFSFJ, 2015: 16).

5) 교육에 대한 응급지원

청소년의 학교적응과 사회적응을 돕기 위해서 제공되는 응급지원서비스(Ambulante Hilfen zur Erziehung, 〈사회법전〉 8편 제27~40조)는 어려움에 노출된 청소년의 문제해결과 안정을 돕기 위한 서비스이다. 2012년 말에 약 8,600명의 청소년과 청년이 응급지원 차원에서의 집단사업(*Gruppenarbeit*)에 참여했고 이 서비스의 제공을 위해 27,800명이 인력이 투입되었다. 서비스 수급자 중 남성은 62%를 차지해 여성보다 많았다(BMFSFJ, 2015: 16).

6) 사회교육학적 가족지원

사회교육학적 가족지원(sozialpädagogische Familienhilfe: SPFH)은 〈사회법전〉 8편 제36조에 근거를 둔다. 이 프로그램은 일상생활상의 문제와 갈등에 대한 통제의 어려움으로 위기에 처한 가족과 청소년을 지원하기 위해 심층상담과 문제해결기간 동안의 가족동반서비스를 주로 제공한다. 사회교육학적 가족지원은 〈사회법전〉 8편 제31조에 따르면 전문인력이 가족에게 양육이나 일상생활의 문제해결 또는 타인들과의 어려움을 해결할 수 있도록 지속적으로 도움을 제공하는 것을 의미한다.

이 서비스의 목적은 가족의 갈등해결과 갈등해소 능력을 강화하는 것이고 이를 통해 궁극적으로는 다가올 문제들을 스스로 극복해 나가도록 하는 것이다. 일반적으로 사회교육학적 가족지원서비스는 1~2년에 걸쳐서 제공된다. 이 서비스를 필요로 하는 가족들은 신청서를 제출하면 되는데 신청서에는 문제해결의 목표와 실행에 대한 계획을 명확하게 설정하여 제시해야 한다.

약 6만 5,600가족이 2012년 말에 사회교육학적 가족지원서비스의 도움을 받았다. 이 가족들의 약 68%는 서비스를 받던 시기에 실업수당이나 사회부조 등의 복지지원을 받는 수급가족이었다(BMFSFJ, 2015: 16).

7) 위탁아동과 입양아동

위탁가정(*Pflegefamilie*)은 〈연방아동보호법〉(Bundeskinderschutzgetz)에 따라 가족의 보호를 받을 수 없는 아동에게 최대한 가정과 유사한 환경을 제공하는 서비스이다(〈사회법전〉 8편 제37조). 위탁아동과 입양아동(Pflege- und Adoptivkinder)은 부모가 부재하거나 부모가 존재해도 부양능력의 결핍 때문에 다른 가정에 의해 양육되는 아동을 말한다.

독일에서는 2012년 말 기준으로 약 6만 4,900명의 아동과 청소년이 위탁가정의 돌봄을 받았고, 3,886명의 미성년 아동이 입양되었다. 입양아동의 약 49%는 6세 미만 아동이었다(BMFSFJ, 2015: 16).

8) 청소년 복지시설과 기타 주거지원 형태

2012년 말 기준으로 약 66,700명의 아동과 청소년들이 청소년 복지시설 (Heime)과 기타 주거시설에서 거주했다. 이들의 약 44%는 부모의 경제적 상황 이외의 부가적 사유 때문에 입소했다.

〈기본법〉 제6조 제2항에 의하면 돌봄과 교육은 부모의 자연권이고 책임이지만 국가적 공동체는 부모의 책임과 권한에 대해 지켜보아야 한다. 그러나 독일 〈민법전〉(Bürgerliches Gesetzbuch: BGB) 제1666a조에 의해 만약 아동의 복지가 위협되거나(방임, 추행 등) 부모가 그러한 위험상황을 종료시킬 준비가 안 되었거나 또는 종료하지 않는다면 부모의 친권 (Sorgerednt)은 제한될 수 있다.

9) 청소년 사회사업

학교생활에 적응이 어려운 청소년이나 노동시장으로의 진입에 문제가 있는 청년처럼 생애주기상에서 나타날 수 있는 개별적 문제의 해결을 위한 서비스를 제공하는 것이 청소년 사회사업(Jugendsozialarbeit)의 배경이다. 그러므로 청소년 사회사업은 단순히 청소년을 대상으로 하는 사회사업이 아니라 특히 노동과 직업교육 또는 교육에 대한 삶의 계획과 삶의 구성과 관련된 사회사업이라고 할 수 있다. 간략히 말하자면 청소년 사회사업은 사회적 차별 또는 개별 소외로 인해 고도의 지원이 요구되는 청년들을 돕기 위한 것이다.

청소년 사회사업의 주요 과제는 사회로의 출발조건이 열악한 청소년과 청년들에게 문제해결의 목표에 부합하는 서비스를 제공(대표적 프로그램: "fit zu machen")하여 그들이 자신의 삶과 미래를 스스로 이끌어 나갈 수 있도록 지원하는 것이다. 이러한 과제를 해결하기 위해 정부는 상담, 개별사회사업, 구직, 다양한 활동프로그램, 능력과 인성강화를 위한 서비스, 직업탐색, 사회통합과 관련된 지원을 한다. 경우에 따라서는 주거지원도 이루어진다.

일반적으로 기업이나 학교의 역할은 청년을 위한 교육과 훈련이지만, 이를 통해 청년이 충분한 능력을 갖추지 못한 경우 청소년 사회사업은 사회교육학적 측면에서 교육과 다양한 조치들을 제공한다. 그런 맥락에서 청소년 사회사업은 고용기구(Agentur für Arbeit), 고용센터(Jobcenter), 학교, 민간단체 그리고 사업주와 긴밀한 협업관계를 형성한다.

10) 아동과 청소년 보호

독일에서 아동과 청소년 보호정책(Kinder- und Jugendschutz)은 일반적으로는 15세 미만 아동의 음주와 주류구매 금지 및 유흥업소 출입 금지 등의 내용을 서비스의 기본적 틀로 구성하지만, 여기에서 그치지 않고 더 나아가 아동, 청소년 그리고 부모들에게 예방적 차원의 개입과 서비스를 제공하는 것까지 포함한다(〈사회법전〉 8편 제14조).

이에 대한 예로는 청소년청(Jugendamt)이 제공하는 청소년 보호를 위한 정보, 성, 에이즈, 성폭행, 마약, 중독, 종교 등에 대한 계몽과 상담서비스를 들 수 있다.

11) 집단사회사업

집단사회사업(soziale Gruppenarbeit)은 〈사회법전〉 8편 제29조에 의하면 생활환경과 관련된 문제에 노출되어 있거나 발달과업상의 어려움을 극복하는 데 있어서 도움이 필요한 고연령 아동들과 청소년에게 집단 속에서 집중적으로 사회적 학습이 가능하도록 하기 위한 서비스이다. 형법적 처분

⟨표 18-1⟩ 연령별 분리처분 받은 아동과 청소년

(단위: 명)

	3세 미만	3~6세	6~9세	9~12세	12~14세	14~16세	16~18세	18세 미만 총인구
전체 사례 수								
1995	1,280	1,380	1,298	1,817	4,129	8,082	5,446	23,432
1997	1,514	1,434	1,506	2,419	5,110	11,451	8,373	31,807
1999	1,747	1,425	1,469	2,416	5,147	10,956	8,485	31,645
2001	1,781	1,347	1,390	2,309	4,901	11,381	8,320	31,438
2003	1,852	1,329	1,259	1,964	4,378	9,230	7,366	27,378
2005	1,811	1,343	1,277	1,831	3,665	8,694	7,043	25,664
2007	2,630	1,813	1,667	2,113	3,500	8,326	8,143	28,192
2008	3,233	2,310	2,152	2,346	3,950	9,351	8,911	32,253
2009	3,334	2,241	1,883	2,414	4,031	9,824	9,983	33,710
2010	3,438	2,331	2,085	2,752	4,556	10,530	10,651	36,343
2011	3,714	2,464	2,377	3,083	4,766	11,158	10,897	38,456
2012	4,030	2,553	2,476	3,004	5,164	10,789	12,211	40,227
2013	4,132	2,380	2,272	3,017	5,257	11,371	13,694	41,123
만 명당 사례 수								
1995	5.4	5.2	4.6	6.7	22.8	44.0	31.3	14.7
1997	6.4	5.9	5.5	8.5	28.5	62.6	45.0	20.0
1999	7.4	6.0	5.8	8.4	27.3	60.8	46.0	20.2
2001	7.8	5.6	5.9	8.7	25.5	60.0	45.7	20.4
2003	8.5	5.7	5.2	8.0	23.8	47.7	38.5	18.2
2005	8.6	6.0	5.3	7.7	22.0	47.2	36.3	17.6
2007	12.8	8.5	7.3	8.8	22.3	50.0	44.1	20.2
2008	15.8	11.0	9.6	9.8	25.0	58.0	51.7	23.6
2009	16.3	10.8	8.7	10.3	24.9	62.6	59.8	25.0
2010	16.9	11.3	9.8	12.0	28.3	66.4	65.8	27.2
2011	18.4	11.9	11.2	13.8	30.3	68.6	69.0	29.1
2012	19.8	12.3	11.8	13.8	33.1	66.6	76.3	30.6
2013	20.2	11.4	10.9	13.9	34.4	71.8	83.3	32.1

자료: Statistisches Bundesamt: Statistiken der Kinder- und Jugendhilfe - Vorläufige Schutzmaßnahmen, versch. Jahrgänge; Zusammenstellung und Berechnung Arbeitsstelle Kinder- und Jugendhilfestatistik. BMAS(2015: 612)에서 재인용.

을 받아야 하는 청소년에게도 청소년 재판의 지시에 따라 집단사회사업에의 참여가 명령되기도 한다.

이와 관련하여 위기청소년에 대한 분리처분(Inobhutnahme)도 살펴볼 필요가 있다. 분리처분은 독일의 법률 시스템에서 〈사회법전〉 8편 제 42조에 명시되어 있는데, 청소년청을 통해 긴급상황에 있는 어린이나 젊은 성년을 스스로의 요구나 주변의 요구에 의해 임시적으로 다른 공간에 거주시키는 것을 의미한다. 분리처분의 대상이 된 아동과 청소년들의 실태는 〈표 18-1〉과 같다.

12) 가족양육지원

청소년청은 가족의 양육을 지원하기 위해 젊은 부모에게 다양한 상담과 지원서비스를 제공한다(〈사회법전〉 8편 제 16조). 그리고 만약 부모 중의 한 사람이나 한부모 가정의 양육자가 건강문제로 양육을 수행할 수 없고, 조부모나 그 밖의 친척 또는 지인들이 양육을 대리할 수 없을 경우에는 아동이 재가돌봄서비스를 받을 수 있도록 지원한다. 이를 통해 아동이 가능한 한 부모와 함께 있을 수 있도록 환경을 조성해 주고, 경우에 따라서는 가사서비스도 제공한다. 이 경우에 관련 서비스는 공적 의료보험을 통해 신청이 이루어진다(〈사회법전〉 8편 제 38조).

〈사회법전〉 8편 제 33~35조에 의거하여 독일에서 아동과 부모의 집 외의 장소에서 양육되거나, 제 35a조에 의거하여 사회참여지원을 받은 정신장애가 있는 18세 미만 아동과 청소년을 각 주별로 구분하여 살펴보면 그 수는 〈표 18-2〉와 같다.

이와 같은 양육지원 외에도 부모가 관계상의 갈등과 위기를 경험하고, 더 나아가 별거나 이혼 등의 상황에 있을 경우에는 지역사회 내의 아동과 청소년 및 부모를 위한 공적 또는 사적 상담소들을 통해 상담을 받을 수 있

〈표 18-2〉 양육지원 및 사회참여지원을 받은 정신장애 아동·청소년 현황

(단위: 명)

연방주	양육지원(33~35조)								사회 참여지원 (35a조)
	전체	상시적 돌봄 (Vollzeitpflege, 33조)			시설양육 (34조)			집중적인 사회 교육적 개별 돌봄 (35조)	
		합계	거주유형별 구분		합계	거주유형별 구분			
			조부모나 친척	위탁 가정		시설	청소년 그룹홈		
전체 사례 수									
바덴-뷔르템베르크	10,844	6,142	1,392	4,750	4,368	4,323	41	334	5,617
바이에른	12,587	7,129	1,529	5,600	5,277	5,201	73	181	9,426
베를린	4,531	1,321	183	1,138	3,159	3,088	61	51	2,182
브란덴부르크	4,564	1,912	362	1,550	2,608	2,597	10	44	2,074
브레멘	1,869	785	204	581	1,057	998	56	27	163
함부르크	3,626	1,186	444	742	2,233	2,231	2	207	230
헤센	8,273	3,681	720	2,961	4,437	4,392	29	155	3,338
메클렌부르크-포어포메른	3,333	1,643	368	1,275	1,664	1,656	8	26	457
니더작센	13,302	7,089	1,450	5,639	5,996	5,904	59	217	5,313
노르트라인-베스트팔렌	35,597	19,263	5,449	13,814	15,738	15,450	172	596	10,874
라인란트-팔츠	6,593	3,526	796	2,730	3,022	2,950	40	45	2,923
자를란트	2,040	973	285	688	1,024	991	31	43	695
작센	5,801	2,652	646	2,006	3,134	3,126	7	15	1,326
작센-안할트	4,277	2,029	283	1,746	2,228	2,219	6	20	559
슐레스비히-홀슈타인	5,319	3,303	777	2,526	1,957	1,924	25	59	1,371
튀링겐	2,867	1,421	247	1,174	1,429	1,427	2	17	713
독일 전체	**125,423**	**64,055**	**15,135**	**48,920**	**59,331**	**58,477**	**622**	**2,037**	**47,861**
옛 서독지역 1)	104,581	54,398	13,229	41,169	48,268	47,452	589	1,915	42,732
옛 동독지역 2)	20,842	9,657	1,906	7,751	11,063	11,025	33	122	5,129

주: 1) 베를린을 포함한 옛 서독지역.
   2) 베를린을 미포함한 옛 동독지역.

<표 18-2> 양육지원 및 사회참여지원을 받은 정신장애 아동·청소년 현황(계속)

(단위: 명)

연방주	전체	양육지원(33~35조)							집중적인 사회 교육적 개별 돌봄 (35조)	사회 참여지원 (35a조)
		상시적 돌봄 (Vollzeitpflege, 33조)			시설양육 (34조)				
		합계	거주유형별 구분		합계	거주유형별 구분			
			조부모나 친척	위탁 가정		시설	청소년 그룹홈		
18세 미만 전체 인구 중 만 명당 사례 수									
바덴-뷔르템베르크	59.4	33.6	7.6	26.0	23.9	23.7	0.2	1.8	30.8
바이에른	60.1	64.1	7.3	26.7	25.2	24.8	0.3	0.9	45.0
베를린	85.4	24.9	3.5	21.5	59.6	58.2	1.2	1.0	41.1
브란덴부르크	128.1	53.7	10.2	43.5	73.2	72.9	0.3	1.2	58.2
브레멘	186.7	78.4	20.4	58.0	105.6	99.7	5.6	2.7	16.3
함부르크	129.3	42.3	15.8	26.5	79.7	79.6	0.1	7.4	8.2
헤센	82.5	36.7	7.2	29.5	44.3	43.8	0.3	1.5	33.3
메클렌부르크-포어포메른	146.9	72.4	16.2	56.2	73.4	73.0	0.4	1.1	20.1
니더작센	100.4	53.5	10.9	42.6	45.3	44.6	0.4	1.6	40.1
노르트라인-베스트팔렌	120.7	65.3	18.5	46.8	53.4	52.4	0.6	2.0	36.9
라인란트-팔츠	102.2	54.7	12.3	42.3	49.6	45.7	0.6	0.7	45.3
자를란트	141.6	67.5	19.8	47.7	71.1	68.8	2.2	3.0	48.2
작센	99.4	45.5	11.1	34.4	53.7	53.6	0.1	0.3	22.7
작센-안할트	141.2	67.0	9.3	57.6	73.5	73.2	0.2	0.7	18.4
슐레스비히-홀슈타인	113.2	70.3	16.5	53.8	41.7	41.0	0.5	1.3	42.0
튀링겐	94.8	47.0	8.2	38.8	47.3	47.2	0.1	0.6	23.6
독일 전체	**95.5**	**48.8**	**11.5**	**37.2**	**45.2**	**44.5**	**0.5**	**1.6**	**36.4**
옛 서독지역 [1]	92.0	47.9	11.6	36.2	42.5	41.8	0.5	1.7	37.6
옛 동독지역 [2]	117.6	54.5	10.8	43.7	62.4	62.2	0.2	0.7	28.9

자료: Statistisches Bundesamt: Statistiken der Kinder- und Jugendhilfe - Teil I: Erzieherische Hilfen, Eingliederungshilfen für seelisch behinderte junge Menschen, Hilfen für junge Volljährige - Hilfen am 31. Dezember 2012, Wiesbaden 2013(www.destatis.de). BMAS(2015: 609)에서 재인용.

다(〈사회법전〉 8편 제17조). 이러한 상담서비스는 돌봄지원, 테라피 등의 형태로 제공된다. 여기에 더하여 주간집단서비스도 있다. 주간집단돌봄 (Tagesgruppen)은 〈사회법전〉 8편 제32조에 의하면 아동과 청소년이 가족과 헤어지지 않고 계속해서 함께 살 수 있도록 문제에 노출된 가정의 아동과 청소년에게 주중에만 돌봄을 제공하는 것으로, 사회적 학습과 학교능력의 장려 그리고 부모와 관련된 사회사업이 이 서비스의 핵심적 영역이다.

독일 전체적으로는 아동 세 명 중의 한 명(대도시에서는 두 명 중 한 명)이 부모의 이혼으로 계부나 계모 그리고 그들이 데려온 이복형제가 있는 것으로 나타났다. 상담서비스는 부모들이 이혼하거나 별거한 경우에 아동의 양육문제가 잘 해결될 수 있도록 하는 것을 목표로 한다(BMFSFJ, 2015: 37).

지금까지 3에서는 독일에서 아동과 청소년의 양육과 교육 그리고 성장을 지원하기 위해 이들과 가족을 대상으로 하여 제공되는 복지서비스를 서비스의 내용별로 구분하여 살펴보았다. 이상의 서비스들을 정리해 보자면 〈표 18-3〉과 같이 세 가지 지원유형으로 구분된다.

〈표 18-3〉 아동과 청소년을 위한 양육·교육지원과 갈등상담지원의 유형

사업유형	서비스 내용	주 대상집단
가족지원적 도움들 (Familienunter-stützende Hilfen)	양육상담	전 연령의 아동과 부모
	사회교육학적 가족지원	저연령 아동이 있는 가족
	사회적 집단사업	고연령 아동과 청소년
	양육지지	고연령 아동과 청소년
가족보충적 도움들 (Familienergänzende Hilfen)	부/모와 아동을 위한 공동의 주거형태들	6세 미만 아동이 있는 한부모
	주간 집단	14세 이하의 아동
	사회교육학적 주간돌봄	초등학생까지의 아동
가족대체적 또는 보충적 도움들 (Familienersetzende/-ergänzende Hilfen)	전일제 돌봄	주로 저연령 아동
	시설양육이나 기타의 주거형태	아동, 청소년, 청년
	집중적 사회교육적 개별돌봄	청소년

자료: BMFSFJ, 2015: 41.

4. 아동 및 보육서비스의 전달체계

독일에서 아동 및 보육서비스의 전달체계는 크게는 공적 전달체계와 민간 전달체계로 구분된다. 여기에서 공적 전달체계는 연방정부와 주정부 그리고 지방 청소년청으로 구성되어 있다. 민간 차원의 전달체계는 아동 및 보육서비스와 관련된 영역에서 활동하고 있는 다양한 비영리 사회단체들이 주를 이룬다. 여기에서는 주로 공적 전달체계를 중심으로 독일의 전달체계에 대해 설명해 보고자 한다.

1) 연방정부의 전달체계

강력한 중앙집중적 정부구조의 특성을 지닌 한국과 달리 연방국가인 독일은 강력한 지방자치제를 시행한다. 각 주정부는 정책적 측면에서 자율적 통치와 결정에 대한 권한을 보장받는다. 아동 및 보육서비스에서도 마찬가지로 공적 차원에서는 연방(Bund) 정부 및 지방(Land) 정부 그리고 기초자치단체(Kreise) 간 책임과 역할이 뚜렷이 구분되고 이들 간의 협치(governance)를 바탕으로 정책이 결정되며 집행된다.

　　연방(Bund)은 〈기본법〉 74조 제1항 제7호에 의거하여 아동과 청소년 지원을 위한 입법권한을 가진다. 연방정부의 아동 및 청소년 정책 그리고 보육정책은 가족·노인·여성·청소년부(Bundesministerium für Familie, Senioren, Frauen und Jugend: BMFSFJ, 이하 가족부)에서 담당한다. 가족부는 연방정부의 정책에 따라 아동과 청소년 지원을 위한 범국가적 차원의 업무를 장려한다. 가족부는 노동부나 외무부 등 연방정부의 주요 부서보다는 조직의 규모가 상대적으로 작은 편으로, 장관을 중심으로 3명의 차관(정무차관 2명, 행정차관 1명)과 세부업무를 담당하는 5국 그리고 부속기관으로 조직된다(〈그림 18-2〉 참고).

〈그림 18-2〉 연방가족 · 노인 · 여성 · 청소년부 내의 아동청소년국 조직도와 담당업무

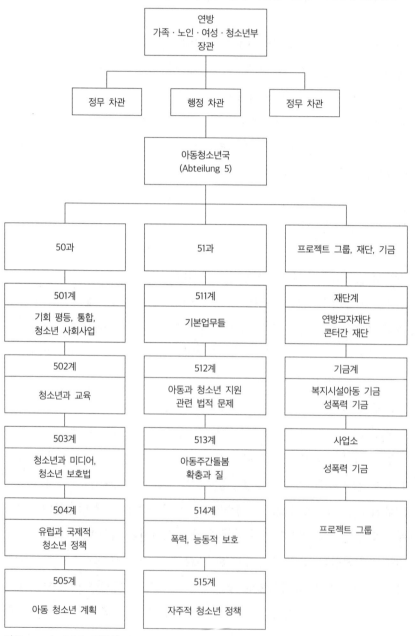

연방
가족 · 노인 · 여성 · 청소년부
장관

정무 차관 | 행정 차관 | 정무 차관

아동청소년국
(Abteilung 5)

50과	51과	프로젝트 그룹, 재단, 기금
501계 기회 평등, 통합, 청소년 사회사업	511계 기본업무들	재단계 연방모자재단 콘터간 재단
502계 청소년과 교육	512계 아동과 청소년 지원 관련 법적 문제	기금계 복지시설아동 기금 성폭력 기금
503계 청소년과 미디어, 청소년 보호법	513계 아동주간돌봄 확충과 질	사업소 성폭력 기금
504계 유럽과 국제적 청소년 정책	514계 폭력, 능동적 보호	프로젝트 그룹
505계 아동 청소년 계획	515계 자주적 청소년 정책	

자료: www.bmfsfj.de 재구성.

2015년 10월 15일 기준으로 가족부 내에 있는 5국 중 하나로서 아동 및 청소년서비스를 담당하는 아동청소년국(Abteilung 5)은 3개의 과와 12개의 계 그리고 1개의 사업소와 1개의 프로젝트 그룹으로 구성된다.

2) 청소년청

청소년청(Jugendamt)은 1922년의 〈제국청소년복지법〉에 의해 그 이전까지는 각기 분리되어 있던 아동과 청소년 그리고 가족에 대한 업무를 하나로 통합하기 위한 목적으로 설치된 기관이다. 〈제국청소년복지법〉에 따라 모든 지방 정부는 자체적으로 청소년청을 설치했으며 이 지방 청소년청의 명칭은 각 주마다 다르게 명명되어 있다. 지방 청소년청은 다음과 같은 업무를 수행한다.

- 청소년 사업과 청소년 사회사업
- 일반적인 상담과 가족지원
- 부부 또는 사실혼 배우자의 갈등, 별거, 이혼 및 자녀양육에 대한 상담
- 보육시설과 주간돌봄서비스를 통한 아동돌봄지원
- 장애아동과 청소년의 양육지원
- 청소년 형사처분 관련 양육권상 문제에 대한 지원(BMFSFJ, 2015: 53~54)

〈사회법전〉 8편은 시(Städte)와 기초자치단체(Landkreise)에 청소년청을 설치하고 지방의 자체적 책임하에 아동과 청소년 지원을 수행할 것을 명시한다. 청소년청은 사회교육적 전담관청으로서 〈사회법전〉 8편 제71조에 따라 지역 차원에서 청소년 지원정책의 기본 틀을 기획하고 운영한다(BMFSFJ, 2015: 48). 아동과 청소년들이 응급한 위험상황에 직면하면 이에

대한 개입은 청소년청을 통해 이루어진다(〈사회법전〉 8편 제42조 1항).
2012년에 청소년청의 개입서비스는 40, 200건 정도로 나타났다. 청소년청
은 위기에 처한 아동을 후견하고 적절한 개입조치를 취해야 하며, 가정법원
에서의 조치(〈사회법전〉 8편 제50조)에서도 아동과 청소년을 위한 상담과
지원을 제공한다(BMFSFJ, 2015: 17~18).

아동 및 청소년의 지원서비스를 위해서는 전담인력이 필요한데, 이 인
력으로는 전문인력과 자원봉사자들이 활용된다. 2010년 말을 기준으로 독
일에는 8만 4천 개소의 아동과 청소년 지원기관(관청들 포함)이 있으며 이
들 기관에는 약 63만 9천 명이 업무를 담당한다. 이들 인력 가운데 88%는
여성 종사자이다. 이들 영역에서 활동하는 자원봉사자의 수는 약 600만 명
으로 추산된다. 자원봉사자는 주로 청소년단체에서 봉사활동을 하지만,
아동이나 청소년들을 위한 후견인으로나 위탁부모로서도 활동을 하는 것
으로 나타났다(BMFSFJ, 2015: 20~21).

지금까지 살펴본 공적 정책주체 외에도 디아콘(Diakonisches Werk), 카
리타스(Caritas), 독일적십자(DRK), 노동자복지회(Arbeiter Wohlfart), 동
등한 복지회(Der paritaetische Wohlfartsverband), 독일 유대인 중앙복지회
(Zentralwohlfartsstelle der Juden in Deutschland) 등 민간 주체들도 공적 주
체의 지원을 받으며 아동 및 청소년서비스를 위해 협업한다(김민, 2015).

5. 아동 및 보육서비스의 재원 및 재정

여기에서는 앞에서 언급된 독일의 아동 및 보육서비스의 실행을 위한 재원
및 재정은 구체적으로 어떻게 구성되고 변화되었는지 살펴보고자 한다.

2012년의 경우를 보면 아동과 청소년의 지원을 위해 독일에서 소요된 예
산은 총 3억 2, 200만 유로로, 2012년 독일 예산의 4. 1%에 달했다. 아동과

〈그림 18-3〉 아동 및 청소년 지원을 위한 공적 지출 재정구조

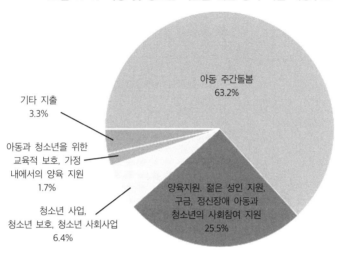

자료: BMFSFJ, 2015: 18~19.

청소년을 위한 예산의 약 63%는 아동을 위한 주간돌봄에 지출되었고, 약 26%는 양육지원, 젊은 성인 지원 등으로 지출되었다(BMFSFJ, 2015: 18~19). 아동 및 청소년 정책의 재원을 보면 92.4%는 조세, 3.4%는 판매와 임대수입을 통해 충당되었고, 4.2%는 비용부담이 가능한 소득계층에 있는 수급자들의 부담금으로 충당되었다(BMFSFJ, 2015: 19).

전달체계 간의 재정분담구조를 살펴보면, 공적 재원으로 한정할 경우 2011년 기준으로 전체재정 중 지방 정부 차원에서 68%가 지출되었고, 주 정부 차원에서는 29%, 연방정부 차원에서는 1%가 지출되었다. 그리고 나머지 2%는 특별회계를 통해 연방에서 3세 미만 아동을 위한 서비스의 인프라를 구축하기 위해 지출되었다(BMFSFJ, 2015: 20).

6. 논의 및 한국에 대한 시사점

지금까지 이 장에서는 독일의 아동 및 보육서비스에 대해 살펴보았다. 독일의 아동 및 보육서비스의 특징을 요약해 본다면 다음과 같다.

첫째, 독일은 아동 및 청소년 관련 정책의 대상범위를 보육서비스의 대상이 되는 영유아에서부터 성인기에 진입한 초기 성인까지 포괄하여 광범위하게 이해한다는 점이다.

둘째, 독일의 아동과 청소년에 대한 정책은 주로 관련된 사회문제를 해결하기 위한 사회교육학적 관심에서 시작이 되었지만, 사회구조와 가족구조의 변화를 경험하면서 이를 일반적 보육서비스까지 포괄하는 보편주의적 정책으로 확장시켰다는 점이다.

셋째, 전달체계의 구성에 있어서 중요한 정책과정은 주로 공적 전달체계에 의해 수행되지만, 실천적 과정에서는 청소년청을 중심으로 한 민간전달체계와의 협치하에 다원주의적 구조를 형성한다는 점이다.

넷째, 독일의 아동 및 보육서비스의 재정은 주로 공적 재정으로 구성되어 있는데, 세부내용을 보면 서비스 영역 중에서 보편주의적 보육서비스를 위한 재정이 매우 빠르게 증가되었고 그 구성비 또한 타 국가들에 비해 상대적으로 크다는 점이다.

이상과 같은 독일의 아동 및 보육서비스에 대한 개관을 통해 한국의 아동 및 보육서비스에 시사하는 함의를 제시해 보자면 다음과 같다.

첫째, 독일의 아동 및 보육서비스의 대상이 되는 연령층은 상당히 폭이 넓게 규정된다. 그리고 서비스의 내용 또한 영유아보육에서부터 가족에 대한 지원까지 매우 포괄적으로 확장되었다. 이에 비해 한국의 아동 및 청소년서비스는 대상이 주로 미성년자로 제한되어 젊은 성인들을 위한 복지서비스는 사각지대에 방치되는 상황이 발생한다. 그리고 서비스의 급여도 주로 선별주의적 차원에서 위험에 직면한 아동과 청소년을 대상으로 설정한 경우가 대다수여서 일반 아동과 청소년들의 복지욕구는 주로 부모를 통해 해결될 수밖에 없는 구조가 형성되었다. 이를 볼 때, 향후에는 한국의 아동 및 보육서비스의 대상은 젊은 성년자까지 포함할 수 있도록 확장할 필요가 있으며 서비스의 내용도 다양화되는 것이 바람직하다.

둘째, 독일의 보육서비스는 최근 들어 주로 영유아를 위한 시설서비스의 확대를 위해 매우 빠른 속도로 확충되었다. 물론 독일에서도 아직은 시설보육 욕구를 가진 아동의 수와 실제 시설이용실태 간에는 괴리가 있어, 수요자 중심의 이상적 보육 인프라를 형성했다고 보기에는 무리가 있다. 그러나 법 규정의 정비를 통해 최근에는 시설확충을 가장 중요한 아동보육 정책의 과제로 인식하고 이를 위한 재정확보 등의 노력을 시행한다. 이러한 시도는 한국에도 매우 필요할 것으로 보인다.

셋째, 독일의 전달체계의 독특성은 연방과 주정부 그리고 지역마다의 청소년청을 중심으로 공적 전달체계들이 지역사회의 민간단체와 매우 긴밀한 협치구조를 이룬다는 점이다. 그런데 한국의 경우에는 아동 및 청소년 대상의 서비스를 위한 공적 전달체계가 매우 미약하게 구성되어 있어서 정책의 발전이 어렵고 공적 전달체계와 민간단체 간 협치도 실질적으로는 잘 이루어지지 않았다. 따라서 공적 전달체계와 민간 전달체계 간의 공조를 위한 노력이 요구된다.

■ 참고문헌

국내 문헌

김 민(2015). "유럽 청소년복지정책과 사업이 우리나라에 주는 시사점: 프랑스와 독일을 중심으로". 〈미래청소년학회지〉, 12권 1호, 169~191.

김재인 · 이향란(2004). 《외국의 방과후 아동보육제도 연구》. 서울: 한국여성개발원.

이상오(1997). "통독후 독일의 청소년복지사업에 대한 일 고찰: 새로 제정된 아동 및 청소년 지원법과 그의 실시현황을 중심으로". 〈사회복지리뷰〉, 2권, 85~103.

정기섭(2001). "독일의 방과후 교육활동". 〈비교교육연구〉, 11권 1호, 131~156.

해외 문헌

Brueggemann, D., Diekmann, A., Oberloskamp, H., Schueter, W., Simon, D. V., Willutzki, S., & Zarbock, W. H. (Hrsg.) (1995). *Zentralblatt fuer Jugendrecht. Jugend und Famile, Jugendhilfe, Jugendgerichtshilfe.* Koeln: Carl Heymann.

BMAS (Bundesministerium für Arbeit und Soziales) (2015). *Übersicht über das Sozialrecht.* Nürnberg: BW Bildung und Wissen.

BMFSFJ (Bundesministerium für Familie, Senioren, Frauen und Jugend) (2013). Daten zum Demografischen Wandel in Deutschland. Bevölkerungsentwicklung und-struktur, Geburten, Lebenserwartung und Pflege.

BMFSFJ (Bundesministerium für Familie, Senioren, Frauen und Jugend) (2015). *Fünfter Bericht zur Evaluation des Kinderförderungsgesetzes.* Rostock: Publikationsversand der Bundesregierung.

Statistisches Bundesamt (2014). Statistiken der Kinder- und Jugendhilfe. Kinder und tätige Personen in Tageseinrichtungen und Kindertagespflege 2008 - 2014. Wiesbaden: Statistisches Bundesamt.

기타 자료

http://www.kindergeld.org/kindergeld-fuer-volljaehrige-kinder.html.
http://www.bmfsfj.de.

주택 및 주거서비스

1. 머리말

독일의 주택형태는 주로 사회임대주택(*soziale Mietwohnungen*), 독립채산방식의 민간임대주택(*freifinanzierte Mietwohnungen*), 자가주택(*selbstgenutzte Wohnungen*)으로 구분된다. 과거에는 임대주택의 비율이 더 높았으나, 최근 들어서 임대주택의 비율과 자가주택의 비율이 비슷해졌다. 사회임대주택의 임대료와 임차인에 대한 자격은 정부에 의하여 통제된다. 그 대신 사회임대주택의 건축자는 정부로부터 장려금(*Foerderung*)을 지원받는다.

지방자치단체 주택건설 회사, 기타 공공 주택기업, 민간 주택기업, 주택조합, 개인 등 모든 유형의 주택건축자가 사회임대주택을 건축할 수 있으며, 이때 정부가 제공하는 장려금을 받을 수 있는 것이 독일만의 특징이다. 독립채산방식의 민간 임대주택의 임대료와 임대기간은 민법에 의하여 통제된다. 따라서 독립채산방식의 민간 임대주택이라 할지라도 완전하게 시장가격에 의하여 임대료가 결정되는 것이 아니며, 임대인이 임의대로 임대차계약도 해지할 수도 없다.

이 같은 독일 주거정책의 특성이 어떻게 형성되었고, 어떤 주거정책이 있는지 지금부터 구체적으로 살펴볼 것이다.

2. 역사적 배경

18세기와 19세기에 걸쳐서 산업화가 진행된 유럽의 다른 국가들과 같이 산업화와 도시화는 독일에서도 주택부족과 열악한 주거환경의 원인으로 작용했다. 특히, 고도산업화의 시기인 1870년부터 1914년까지 급속한 도시화와 폭발적 인구성장으로 주거문제는 더욱 심각한 상태에 놓여 있었다 (Häußermann & Siebel, 2012/2014: 79). 이 기간 동안 전체 인구는 25%나 증가했으며, 베를린 같은 대도시의 등록거주민은 5배나 증가했다.

인구성장과 도시화는 주택부족을 야기했다. 주택부족은 다시 땅투기, 집세상승, 거리에서 생활하는 사람들의 증가를 불러일으켰다. 주거문제로 가장 고통을 받은 계층은 젊고, 아직 결혼하지 않은 미숙련 남성노동자였다. 당시 노동자의 임금은 대부분 독립적인 주거를 마련할 만한 수준이 되지 못했다. 그들은 작고 좁은 방에 여러 명이 거주했으며 상·하수도 및 난방과 같은 주택부대시설도 열악한 곳에서 거주했다. 심지어 주거비용 절약을 위해 낯선 사람에게 침대를 임대하는 가구도 20%가 넘었다(Häußermann & Siebel, 2012/2014: 95).

이와 같은 주택난은 1900년대가 지나면서 조금씩 나아지기 시작했다. 주택공급이 늘어났기 때문이다. 하지만 그 혜택은 소득이 증가한 계층에게 돌아갔고 저임금을 받는 대부분의 노동자는 여전히 주택문제에 고통을 받아야 했다. 이 기간 동안 공급된 주택은 대부분 국가가 아닌 시장에서 제공했다. 따라서 비용을 지불할 능력이 없었던 대부분의 노동자들이 처한 주거문제는 크게 개선되지 않았다.

제 1차 세계대전이 끝난 후 주택문제는 다시 확대되었다. 그러나 바이마르공화국(1918~1933) 시기에 주택문제를 대처하는 행태는 이전 시기와는 달랐다. 민주주의의 성장으로 확대된 선거권이 무산자들의 정치적 영향을 확대했다. 반면에 전후 대자본의 경제적, 정치적 영향력은 약화되었다. 이러한 정치적, 사회적 변화가 바이마르 시기의 주택정책에도 영향을 미쳤다. 주택의 건설 및 운영을 위한 다양한 형식들이 자조집단에 의하여 실험되었고, 새로운 건설기술, 새로운 주택형식, 새로운 주거단지형식이 실현되고 새로운 금융형식이 고안되었다. 무엇보다도 이 시기에 주택보급을 위한 국가개입의 수단들이 발전되었다. 이 수단들은 20세기가 끝날 때까지 독일 주거정책에 영향을 미쳤다(Häußermann & Siebel, 2012/2014: 136). 이런 모든 실험들은 시장을 통한 주택보급에 대한 대안적 방법이었다.

바이마르공화국 시기에 스스로 집을 지으려는 목적으로 주택건설조합의 설립이 매우 활성화되었다. 1900년 361개였던 조합은 1926년 3,915개로 늘어났다. 국가도 조합에게 건설비용 보조금과 대출금을 지급해 주었고, 지방자치단체도 가격이 싼 주택건설용 토지를 제공했으며 할당된 몫의 건설비용 보조금과 대출금을 지급했다. 아울러 제 2차 저당을 위한 보증, 저축은행의 차입금과 자금을 통해서 자조조합을 지원했다. 이 시기 새롭게 건설된 주택 가운데 18% 정도는 건설조합주택이 건설한 것으로 추정된다(Häußermann & Siebel, 2012/2014: 145).

무엇보다도 바이마르공화국 시기에 진행된 주택정책이 이전 시기와 다른 점은 주택공급에 있어서 국가의 적극적 개입이 나타났다는 점이다. 종전까지 주택공급은 시장에 의하여 주도되었으나 이후부터는 국가의 개입이 약속되었다. 〈주택부족법〉〔Wohungsmangelgesetz(1920)〕과 〈임차인보호법〉〔Mieterschutzgesetz(1923)〕 제정으로 주택재고의 공공행정관리를 의미하는 주택강제경제(Wohungszwangswirtschaft)가 도입되었다(Häußermann & Siebel, 2012/2014: 149). 임대료는 1914년 7월의 "평화시 임대료"로 동결되었고 소유자의 주택처분권은 사실상 박탈되었다.

건설비용과 임대료를 낮추기 위한 건설금융에 대한 보조금 조성, 주택건설을 위한 공공보조금을 청구하는 경우 충족되어야 할 주택건설을 위한 규칙들, 주택의 질과 가격이 모두 국가의 영향을 받게 되었다. 주거용 집을 새롭게 짓는 건축주는 국가로부터 무이자 혹은 매우 낮은 이자로 재정적 지원을 얻을 수 있었다. 그 대신에 소유자들은 국가나 지방자치단체에 원가계산을 공표해야 했다. 이에 기초하여 소유자는 규정된 수준으로 임대료를 고정해야 했고, 소득상한선에 의거하여 임차인 선발에 대한 국가의 영향력을 수용해야 했다. 이로써 저소득가구가 적은 비용으로 질 좋은 주택을 사용할 수 있는 길이 열렸다. 이런 형태는 오늘날 사회임대주택건설(*sozialer Wohungsbau*)의 기본구조와 유사했다. 아울러 국가도 직접 주택을 공급하는 공급자 역할을 하기도 했다. 다만 그 비중은 크지 않았다. 이 시기에 지어진 주택 중에 10% 정도만이 지방자치단체에 의하여 건설되었다(Mesecke, 2010: 68).

바이마르 시기에 약 900만 명을 위한 250만 호의 주택이 새롭게 건설되었다. 1930년 국민의 14%가 새롭게 지어진 주택에 거주했다. 공공자금으로 건축된 주택의 비율은 1920년 79.4%에서 1930년 90%까지 증가했다(Häußermann & Siebel, 2012/2014: 168). 하지만 1930년대 초 세계경제공황과 함께 바이마르공화국 주택정책의 황금시대는 끝났다. 국가는 주택건설을 위한 자본을 상실했고, "주택강제경제"는 긴급명령에 의하여 기능을 상실했다. 주택건설을 위한 국가 장려금의 재원이 감소했다. 결과적으로 주택공급은 다시 시장에 맡겨졌다. 1930년대 들어서서 주택부족 문제가 다시 확대되었다.

3. 제 2차 세계대전 이후 주거정책의 흐름

전후 독일(옛 서독)의 주택정책 분야에서 국가의 역할은 세 가지로 구분될 수 있다. 첫째, 공적자금이 투입되는 사회주택건설에 있어서 국가의 지속적인 역할을 규정하고 있다. 1950년대 국가는 낮은 이자로 주택건설자금을 대부해 주고, 사회주택을 건설하도록 장려하는 정책을 폈다. 둘째, 개인적인 내 집 마련을 지원해 주는 역할이다. 토지세, 취득세, 각종 수수료 등의 감면을 통해서 내 집을 갖도록 장려하는 정책이다. 이 분야에서 국가의 통제 정도는 사회주택 분야보다는 작았다. 셋째, 부족한 소득 때문에 주거문제에 어려움을 겪고 있는 가구에게 주거수당을 제공하는 역할이다.

1) 1945~1960년의 주거정책

제 2차 세계대전은 주택문제를 심화시켰다. 전쟁으로 주택의 25%가 폐허가 되었다. 그 규모는 1,800만 가구에 달했다. 더욱이 1,200만 명의 전쟁난민이 주택을 필요로 했다. 따라서 주택공급은 국가의 큰 과업이 되었다. 우선 여전히 사용할 수 있는 주택들은 지방자치단체에 의하여 배분되었다. 임대료는 1936년 나치 정부가 정한 수준으로 동결되었다.

1950년 〈주택건설법 I〉(I. Wohnungsbaugesetz)의 제정으로 주택건설장려금에 대한 연방 차원의 통일적 규정이 마련되었다. 이 법은 연방정부, 주정부, 지방자치단체를 장려금의 제공주체로 규정했다. 이 법의 목적은 광범위한 계층들을 위해서 적절한 크기와 적정한 임대료로 주택을 공급하는 것이었다. 국가에 의해 제공된 장려금은 이자 없는 대출금이었다. 가장 길었던 대출금의 상환기간은 100년이었다. 주택건설비용에서 장려금이 차지하는 비율은 40%에서 50% 정도였다(Mesecke, 2010: 68).

주택건설장려금을 받고 지어진 주택면적은 가구규모에 따라서 32제곱미터에서 65제곱미터를 넘지 않아야 했고, 임대료와 임차인의 입주자격 (Belegungsbedingung)도 국가의 통제를 받았다. 이 통제는 장려금이 전부 상환될 때까지 유효했다. 장려금이 투입된 주택의 임대료는 주정부에 의하여 기준율(Richtsaetze)이 정해졌다. 이 주택에 거주할 수 있는 가구는 가구소득이 사회보험의 가입이 강제되는 사무직노동자의 소득한계보다 낮아야 했다. 그러나 사무직노동자의 소득이 육체노동자의 소득보다 높았기 때문에 이 기준은 그렇게 엄격한 기준이 아니었다. 따라서 대부분의 가구가 이 주택에 거주할 수 있는 자격을 가질 수 있었다.

또한 이 법에 따라 비영리 주택건설 회사, 영리 주택건설 회사, 개인 등 모든 종류의 주택공급자가 장려금을 신청할 수 있었을 뿐만 아니라 동등하게 대우를 받게 되었다. 이 법이 제정되기 전에는 비영리 주택건설 회사에게 장려금의 규모, 이자율, 강제의무 규정 등에 있어서 특혜가 주어졌다. 그러나 이 법의 제정 이후 공급자의 성격에 따른 장려금의 차별은 사라졌다.

1956년까지 210만 호의 주택이 〈주택건설법 I〉이 정한 장려금을 받고 지어졌다. 이 시기에 새롭게 건축된 주택의 60%가 이 장려금을 받고 지어졌다. 새롭게 건설된 주택 중에서 사회주택의 비율은 60%에 달했고, 새롭게 건설된 사회주택 중에서는 58%가 임대주택이었다.

1950년대 중반 기민당과 자민당 연합정부는 주택시장을 규제하는 조치를 완화했으며 1956년 〈주택건설법 II〉(II. Wohungsbaugesetz)가 제정되었다. 이 법의 목적은 〈주택건설법 I〉의 목적과 같이 광범위한 계층에게 주택을 공급하는 데에 있었지만 〈주택건설법 I〉보다는 자가주택 소유를 장려하는 대책이 강조되었다. 1950년에서 1956년까지 승인된 장려금 중에서 자가주택 분야가 평균적으로 42%였지만 1957년부터 1962년 이 수치는 47%로 상승했다.

〈주택건설법 II〉의 제정으로 사회임대주택의 정률임대료(Richtmiete) 방식이 비용임대료(Kostenmiete) 방식으로 전환되었다. 이 조치는 임대인(건설업자)에게 유리한 조치였다. 기존의 정률임대료 방식은 임대인에게 경제적으로 불리한 방식이었다. 이 방식에서 임대인은 자본이자, 건물의 감가상각비, 수선비, 행정비용 등에서 발생하는 사회임대주택 비용 때문에 적자를 감수해야 했다. 왜냐하면 지금까지 임대인은 사회임대주택에서 발생하는 비용에 상관없이 국가가 정한 정률임대료 이상을 받을 수 없기 때문이었다. 그러나 비용임대료 방식의 도입으로 임대인은 적어도 비용의 손해는 없게 되었다. 당연히 비용임대료 방식의 도입은 임대료 상승을 의미했고, 임차인의 경제적 부담이 정률임대료 방식 때보다 커졌다는 의미였다.

〈주택건설법 II〉의 제정으로 주택건설업자를 보조하는 방식도 다양해졌다. 그동안 주정부와 기초자치단체는 저리의 이자가 붙은 주택건설자금을 주택건설업자에게 대출해 주었다. 하지만 주와 기초자치단체는 시간이 흐를수록 이런 특혜가 있는 자금을 지원할 재정적 능력이 줄어들었다. 그래서 〈주택건설법 II〉는 주와 기초자치단체에게 재정적으로 덜 부담이 되는 새로운 지원방법을 가능하게 했다. 사회임대주택에서 지속적으로 발생하는 비용을 보조해 주는 방식이었다. 이 방식은 사회임대주택의 임대료를 간단하게 올릴 수 있다는 장점도 있었다. 그러나 잦은 임대료 상승으로 사회임대주택 임차인에게는 경제적 부담이 발생했다.

2) 1960~1980년의 주거정책

전쟁으로 발생한 주택부족 문제를 빠른 시간 안에 해결하기 위하여 한동안 주택 분야에서 시장을 통한 주택의 분배는 제한되었다. 주택강제경제와 임대계약 해약보호(Kuendigungsschutz), 임대료 규정(Mietpreisvorschrift)과 같은 규제들이 주택 분야에서 계약의 자유를 제한했다.

그런데 주택부족 문제가 점차 개선되면서 주택시장을 규제하는 국가의 조치에 대한 저항이 커졌다. 더욱이 주택 분야에 국가의 개입으로 부정적 결과가 나타나면서 이러한 규제의 철폐 요구는 더욱 커졌다. 예를 들면 서독의 경우, 1948년 6월 20일 이전에 임차인의 입주가 완료된 주택을 의미하는 기존 건설주택(Altbauwohungen)은 임대료 제한을 받아서 임대인이 마음대로 임대료를 올릴 수 없었다. 그 결과 임대인은 너무 낮은 임대료 때문에 주택수선 비용을 마련할 수 없었다. 또한 낮은 임대료 덕분에 독신자가 큰 주택을 이용할 수 있었는데, 이 때문에 가구구성원이 많은 저소득가구는 면적이 큰 임대주택을 찾는 데 어려움이 있었다. 더욱이 큰 주택으로 이사 갈 수 있을 정도로 소득이 상승한 가구가 계속해서 임대료가 낮은 옛 건설주택에 머무르면서 빈곤한 가구가 저렴한 주택을 찾는 것을 더 어렵게 했다.

이런 문제들 때문에 주택 분야에 국가개입을 폐지하는 법(Abbaugesetz)이 1960년에 제정되었다. 이 법의 제정으로 주택시장을 규제했던 〈임차인 보호법〉, 〈주거공간경제법〉(Wohnraumbewirtschaftungsgesetz), 〈연방임대법〉(Bundesmietengesetz)은 폐지되었다.

그러나 주택시장을 규제했던 법이 모두 폐지되었다고 해서 주택시장이 완전히 자유화된 것은 아니었다. 민법의 개정을 통해서 임대인의 불공정한 해약에 대한 이의제기를 할 권리가 임차인에게 주어졌다. 아울러 임차인은 임대료 폭리규정(Mietwuchervorschriften)에 의하여 과도한 임대료 상승으로부터 보호될 수 있었다.

아울러 사회주택에 대한 국가의 통제는 여전히 유지되었다. 1965년 〈주택의무구속법〉(Wohnbindungsgesetz)의 제정을 통해서 임대료와 임차인 입주자격을 제한하는 규정이 여전히 유효하게 되었다. 사회임대주택에 입주하려는 자는 일정한 소득 이하인 경우에만 받을 수 있는 입주자격 증명서를 제출해야 하고, 임대인은 신청인 중에서 자유롭게 임차인을 선택할 수 있다. 또한 지방자치단체도 임차인을 지명할 수 있으나 3명만을 지명할 수 있고, 그중에서 한 명을 임대인이 선택해야 한다. 임대료는 비용임대료

방식이다.

〈주택의무구속법〉은 저소득층을 보호하려는 목적을 달성하기 위해 여러 차례 개정됐다. 일정 시점 이전에 건설되어 저렴한 임대료만 지불해도 되는 주택들에 대한 입주권을 소득 20% 이하의 계층에게 우선적으로 제공했다. 이 소득 기준은 1973년 〈주택건설변경법〉(Wohungsbauaenderungsgesetz)의 개정으로 더 완화되어 더 많은 저소득 가구가 싼 임대료를 지불해도 되는 사회임대주택을 이용할 수 있게 되었다.

다른 한편, 임차인을 보호하는 법들이 1960년 폐지되면서 임차인에게 발생할 수 있는 임대료 상승 부담을 줄이려는 목적으로 1965년 〈주거수당법〉(Wohngeldgesetz)이 제정되었다. 그럼에도 주거수당은 임차인이나 자가주택 소유자가 모두 신청 가능한 급여이다. 특히, 소득수준 때문에 사회부조 급여를 받을 수 없지만 여전히 소득이 낮은 저소득층에게 도움이 되는 제도로 평가된다.

〈주택건설변경법〉(Wohnungsbauaenderungsgesetz)은 1965년에 제정되었으며 사회임대주택을 신청할 수 있는 소득상한 기준보다 40%까지 높은 소득을 갖고 있는 계층의 주거문제를 다루고 있다. 이 계층은 상대적으로 소득 상태가 극빈층보다는 낫기는 하지만 여전히 주택시장에서 스스로 주택문제를 해결할 능력이 없는 계층으로 인식되었다. 그래서 〈주택건설변경법〉은 이 계층을 장려하는 것을 목적으로 제정되었다. 특히, 이 계층이 자가주택을 소유하도록 정책이 시행되었다. 실제로 법 제정 후 2년 동안은 자가주택에만 장려금이 지급되었고, 1968년부터 임대주택 거주자도 장려금을 받을 수 있게 되었지만 이후에도 장려금의 70%정도는 자가주택의 소유자에게 제공되었다. 결국 이 법의 목적은 상대적으로 소득 상태가 나은 계층이 주택을 소유하는 것을 장려하는 데에 있었다.

그런데 1968년 사민당과 자민당의 연합정부가 집권한 후 임차인을 이전보다 더 강력하게 보호하는 규정이 새롭게 만들어졌다. 이와 같은 조치들은 임대계약이 임대인에 의하여 일방적으로 해지되거나 임대료가 상승한 다는 비판에 대한 대응책이었다. 1971년과 1974년에 〈주거공간해지보호 법〉(Wohnraumkuendigunsschutzgesetz)이 제정되었고, 이 법의 기본 틀은 현재까지 여전히 유효하다.

이 법에 의하면 임대인은 정당한 사유가 있는 경우에만 임대계약을 해지 할 수 있다. 예를 들면 임차인이 임대계약을 훼손했거나 임대인의 불가피 한 필요에 의한 경우이다. 물론 임대료를 올리려는 이유에서 임대계약을 해지하는 것은 정당화되지 않는다. 다만 임대인의 권리도 보호하는 차원 에서 임대인은 해당 주택이 속한 지역의 임대료 수준의 범위 내에서 임대 료를 올릴 수 있다. 비교 가능한 임대료라는 것은 비교대상이 되는 주택이 동일한 기초자치단체에 속해야 하고, 또한 유사한 크기이며 과거 몇 년 사 이에 새롭게 계약한 주택의 임대료를 의미한다. 다른 한편 임대인에게 주 택개량비용의 11%에서 14% 정도를 임대료에 추가할 수 있는 권한도 주 어졌다.

3) 1980년 이후의 주거정책

사회임대주택과 같이 국가의 장려금을 받고 건설된 주택들에 입주하려는 사람들에게는 소득조사를 통해서 입주자격이 주어진다. 그런데 입주 후 소 득이 상승해도 이들은 강제퇴거조치를 받지 않는다. 그 결과 저소득층을 보호하려는 정책의 목적과는 다르게 상대적으로 소득이 높은 계층이 수혜 를 입게 되었다. 동시에 상대적으로 임대료가 저렴한 주택이 필요한 저소 득층은 오히려 시장가격을 지불하고 임대료가 높은 주택에서 살아야 하는 문제가 발생했다. 그래서 1981년 이런 잘못된 사회임대주택 배분정책을 수정하기 위한 사회주택 가(假)입주부담금(Fehlbelegungsabgabe) 제도가 시 행되었다. 사회주택의 임대료가 지역의 비교대상이 되는 주택의 임대료와 비교했을 때 뚜렷하게 낮은 주와 기초자치단체에게 사회주택 입주자격의 소득한계선의 20% 넘는 소득을 갖는 가구에게 추가비용을 부과할 권한을 부여했다.

1990년 1월 1일부터 협동조합, 협회, 자본회사(Kapitalgesellschaft), 재단, 공단과 같은 공익적인 주택건설 회사의 공익성은 폐지되었다. 〈공익법〉(Gemeinnuezigkeitsrecht)에 따르면 언급한 주택건설 회사들은 120제곱미터 이상의 주택을 건설할 수 없었고, 임대료는 비용임대료 이상 받을 수 없었고, 자기자본의 이자율은 4%로 제한해야 했으며, 재산은 지속적으로 목적에 맞게 주택건설에 투자되어야 했다. 물론 그 대가로 법인세와 재산세는 면제되었다. 그런데 이 회사들의 공익성이 폐지되면서 이들에 대한 구속은 사라졌고 아울러 면세혜택도 폐지되었다.

이들 회사들의 공익성의 폐지는 독일의 특수한 상황과 관련된 것이었다. 제2차 세계대전 후 제정된 〈주택건설법 I〉에 따르면 비영리 주택건설 회사, 영리 주택건설 회사, 개인 등 모든 종류의 주택공급자들이 정부가 제공하는 장려금을 받을 수 있었다. 이 회사들에 제공되는 장려금을 폐지하여 국가재정을 늘릴 필요가 있었다. 더욱이 이 회사들이 세제혜택을 받는 것은 경쟁을 왜곡시킨다고 인식되었다.

1950년 〈주택건설법 I〉에 기초한 장려금정책은 연방 차원에서 강하게 통제되었다. 예를 들면, 주정부는 장려금을 받은 주택에 대한 입주자격과 정부의 규제기간, 임대료 등에 대한 통제권한이 있었지만 연방법인 〈비용임대법〉을 준수해야 했다. 이 법이 제정된 후 규제기간 조건을 충족한 사회임대주택이 증가하면서 장려금을 받고 지어진 주택의 수는 감소했다. 그런데 1980년 후반 주택부족 현상이 다시 발생하면서 사회주택의 필요성이 다시 증가했다. 1960년대의 베이비붐 세대가 1980년대 후반 독립적 가계를 형성하는 시기가 되었고, 독일 통일로 옛 서독지역으로 이주하는 사람들이 갑자기 증가했기 때문이다.

1989년 시행된 협약된 장려금(vereinbarte Foerderung) 정책은 장려금을 받은 주택에 대한 입주자격과 정부의 규제기간, 임대료, 장려금 총액 등에 대한 자유로운 결정권한을 주에게 부여했다. 주는 더 이상 연방법인 〈비용임대법〉을 준수하지 않아도 되었다. 따라서 장려금을 받은 주택에 대한 정부의 규제기간은 계약의 형식으로 협의되면서 이전보다 짧아졌다. 장려금도 대부분 일괄적으로 지급되었다. 이러한 정책의 영향으로 1990년대 전반부 동안 사회임대주택의 건설은 다시 늘어났다. 1980년대 후반부터 1990년대 전반부까지 늘어난 사회임대주택 중에서 50%가 협약된 장려금(vereinbarte Foerderung)의 지원을 받았다.

국가장려금을 지원받은 주택에 사는 동안 소득이 입주자격 이상으로 상승한 가구는 사회주택 가(假) 입주부담금을 지불해야 했다. 그런데 이 부담금은 1989년 시행된 협약(vereinbart)된 장려금이 지원된 주택에는 부과될 수 없다. 이 문제를 해결하기 위해서 1994년 소득에 기반한 장려금정책이 시행되었다. 1989년에 결정된 것과 같이 주에서 여전히 입주자격, 임대료, 해당 주택의 정부의 규제기간(Bindungszeitraum)을 결정할 수 있었다. 그렇지만 기본장려금과 추가장려금이 구분된 것은 새로운 것이었다. 기본장려금 분야에서 임대인은 임대료와 임차인 입주자격에 대해서 규제받는 것에 상응해서 최대한 보상받았다. 추가장려금 분야에서는 임대인이 법적으로 최고로 부과할 수 있는 임대료와 실제 임차인이 지불하는 임대료와의 차이만큼 보상받았다. 이때 임차인이 지불하는 임대료는 그의 소득수준에 의하여 결정된 것이다. 따라서 임차인의 소득이 변동되면 임대인에게 지급되는 추가장려금도 변동된다.

또한 1994년 주택개량(Modernisierung)에 대한 새로운 장려금 대책이 시행되었다. 이 대책은 의무구속기간을 채운 사회임대주택들이 점점 줄어드는 상황 속에서 사회임대주택의 공급을 유지하는 데 목적이 있었다. 따라서 주택개량을 위한 장려금을 지원받은 사회주택은 정부의 추가적 규제를 받아야 했다. 주정부가 이 장려금의 지급주체였다.

2001년에 제정된 〈주거공간장려금법〉(Wohnraumsfoerderungsgesetz)은 1956년에 제정된 〈주택건설법 II〉를 대치하는 법이었다. 이 법의 제정 목적은 〈주택건설법 II〉의 문제점을 해소에 있었다. 〈주택건설법 II〉의 문제점으로는 잘못된 거주자 자격범위, 주택건설에 한정된 장려금 지급, 장려금 지급대책의 비효율성이 지적되었다.

〈주택건설법 II〉의 목적은 가급적 폭넓게 많은 계층에게 주택을 공급하는 것에 있었다. 이 법의 목적은 전쟁 직후 부족한 주택 상황과 제대로 작동하고 있지 않았던 자본 및 주택시장 상황을 반영한 것이었다. 그러나 그 사이 주택공급은 시장에 의하여 조절될 수 있게 되었다. 따라서 〈주거공간변경법〉은 변화된 현실을 반영할 필요가 있었다. 장려금을 지원받은 주택에 거주할 수 있는 대상은 시장에서 스스로 주택을 구입할 수 없는 계층으로 한정되어야 했다. 예를 들면 저소득가구, 다자녀가구, 한부모가구, 임신부, 노인, 장애인, 무주택자, 기타 도움이 필요한 가구들로 한정했다. 입주자격이 있는 가구의 소득은 1950년 제정된 〈주택건설법 I〉에서 규정한 장려금을 받을 수 있었던 가구소득이어야 한다.

또한 앞서 기술했듯이 사회주택의 공급을 유지하기 위해서 주택개량에 대한 장려금을 지급하고 이 사회주택에 대한 정부의 통제를 지속하는 대책이 시행되었다. 점차 줄어드는 사회임대주택의 수를 유지하기 위하여 주택을 취득하여 임대료와 입주자 자격에 대한 정부의 통제를 받으면 장려금이 지급되는 방안도 새롭게 시행되었다. 또한 이 법의 제정으로 임대료, 장려금, 정부의 규제기간은 더 이상 〈비용임대법〉에 의하여 규제되지 않는다.

4. 지원 분야와 정책수단

1) 주거정책의 통제수단들

앞서 살펴보았듯이 독일의 주거정책을 통제하는 정책수단(Instrumente)으로는 법 규정과 현금지원의 방법이 있다. 1920년 제정된 〈주택부족법〉과 1950년 제정된 〈주택건설법〉은 주택공급자를 지원하는 대표적인 법이다. 한편 임차인 보호를 위한 규정도 있다. 1923년 이미 〈임대인보호법〉이 제정되었으며, 제2차 세계대전 이후에는 〈연방임대법〉, 〈임차인보호법〉, 〈주거공간경제법〉(Wohnraumbewirtschaftungsgesetz) 등이 임차인을 보호하는 법으로 기능했다. 이 법들이 폐지된 1960년대 이후에는 민법을 통해서 임차인의 권리가 보호된다.

법을 통한 규제는 임차인의 임대료 부담을 간접적으로 지원하는 성격이다. 반면에 주거수당 제도는 임차인에게 현금을 직접적으로 제공하여 임대료 부담을 경감하는 기능을 한다. 주거수당은 자가주택 소유자도 신청할 수 있다. 아울러 자가주택 취득 시 대출과 이자 및 세금감면 혜택이 주어진다.

주택에 대한 장려금 제도도 있다. 사회주택을 건축, 개량, 취득하는 경우 장려금이 지급된다. 장려금은 여러 종류가 존재한다. '장려금1'과 '장려금2'는 〈주택건설법 I〉, 〈주택건설법 II〉에 근거해서 주택건축자에게 지급되는 장려금이다. 장려금1은 임차인을 지원하지만 장려금2는 임차인뿐만 아니라 자가주택 취득자도 지원한다. 자가주택 취득자를 집중적으로 지원하는 특징이 있다. 장려금1과 장려금2를 지원 받은 임대주택은 연방 차원에서 임대료와 사회임대주택 입주자격에 대한 통제를 받는 것이 특징이다. 1970년대까지 이 장려금들이 집중적으로 지원되었다.

'장려금3'은 1989년 협의의 장려금 정책으로 도입되었다. 장려금3을 지원받은 주택에 대한 임차인 자격과 징부 규제기간, 임대료, 장려금 총액 등에 대한 자유로운 결정권한을 주에게 부여한 점이 특징이다. 주는 더 이상 이 사항들에 대해서 연방법을 준수하지 않아도 된다.

'장려금4'는 1994년 소득에 기반한 장려금정책의 시행으로 지급된다. 이 방식은 장려금3 방식의 변형이다. 주택건축자가 장려금4를 지원받게 되면 최고 임대료는 일반적으로 해당 주택이 속한 기초자치단체의 비교 가능한 주택의 임대료로 결정된다.

2) 독립채산주택

독립채산주택(*Der freifinanzierte Wohungssektor*)은 임대료와 임차인의 입주 자격에 대한 정부의 통제를 받지 않는 주택을 의미한다. 이렇게 정부의 장려금을 지원받지 않는 독립채산주택에는 이전에는 장려금을 지원받아서 정부의 규제를 받던 사회주택이 일정기간이 지나서 더 이상 규제를 받지 않게 된 주택으로 전환된 경우도 포함된다. 당연히 기초자치단체가 운영하고 있는 주택 중에서 입주자격 제한 규정에 더 이상 구속되지 않는 주택들도 독립채산주택에 포함된다.

(1) 소유현황

정부는 공적 장려금이 투입된 임대주택에 대해서만 통계를 수집하기 때문에 독립채산방식의 임대주택의 규모가 어느 정도인지 정확한 수치는 알 수 없다. 더욱이 공적 장려금을 받고 건설된 주택에 대한 통계도 1993년 이후로는 수집되지 않았다. 그래서 이전에는 정부의 규제를 받는 주택이었으나 법적으로 정해 놓은 의무구속기간을 지나서 독립채산주택으로 전환된 주택의 규모가 어느 정도인지 정확하게 알 수 없다.

〈표 19-1〉은 키르히너(Kirchner, 2006)가 1993년 수집된 공식통계를 기반으로 추정한 옛 서독지역의 임대주택 현황이다. 사회임대주택의 비율은

줄고, 독립채산방식의 임대주택 비율은 꾸준히 증가하는 경향을 보인다. 1978년 독립채산방식의 임대주택은 1,010만 가구로 전체 가구의 44.3%를 차지했다. 이때 사회임대주택은 420만 가구로 18.3%만을 차지했다. 2002년에는 독립채산방식의 임대주택은 1,400만 가구로 증가했고 전체 가구 중에서 차지하는 비율도 48.4%로 증가했다.

옛 동독지역에서는 1990년부터 장려금이 지급되었기 때문에 사회임대주택의 비율은 1%정도밖에 되지 않는다. 다만 기초자치단체나 주택조합이 소유한 주택 중 50% 정도는 채무와 관련해서 정부의 지원을 받았기 때문에

〈표 19-1〉 옛 서독지역의 주택 현황

(단위: 100만 가구, %)

	1968년		1978년		1993년		1998년		2002년	
	가구 수	비율	가구 수	비율	가구 수	비율	가구 수	비율	가구 수	비율
사회임대주택	3.7	19.4	4.2	18.3	2.9	10.9	2.5	8.9	2.1	7.1
독립채산임대주택	8.5	44.1	10.1	44.3	12.7	47.5	13.4	48.1	14.0	48.4
자가주택	7.0	36.4	8.5	37.4	11.1	41.6	12.0	43.0	12.9	44.4
총계	19.2	100	22.8	100	26.7	100	27.9	100	28.9	100

자료: Kirchner(2006: 120).

〈표 19-2〉 임대주택의 소유구조(1993년)

(단위: 천 호, %)

	옛 서독지역						옛 동독지역	
	공적인 장려금 투입 주택		그 이외		총계		총계	
	주택 수	비율	주택 수	비율	주택 수	비율	주택 수	비율
사적 소유	628	23	9,907	77	10,535	68	956	21
기초자치단체	574	21	580	4	1,154	7	1,736	37
연방, 주, 기타 법인	40	1	241	2	281	2	231	5
조합	479	18	610	5	1,089	7	1,111	24
교회, 비영리 단체	39	1	148	1	187	1	24	1
주택건설회사	937	35	854	7	1,791	11	338	7
기타	-	-	579	4	579	4	236	5
총계	2,693	100	12,923	100	15,616	100	4,631	100

자료: Kirchner(2006: 121).

임차인 입주자격 등에 대하여 정부의 통제를 받는다.

추정된 수치일지라도 〈표 19-1〉에서 볼 수 있는 것과 같이 독일에서는 사회임대주택과 비교했을 때 독립채산방식의 임대주택의 규모가 크고, 점점 더 차지하는 비중이 증가하는 경향을 보인다.

〈표 19-2〉는 1993년 마지막으로 수집된 공식통계 자료로, 이에 따르면 임대주택의 68%를 사적인 소유자가 보유한다. 공적 장려금이 지급되지 않는 임대주택 중에서는 사적인 소유자의 비율이 무려 77%에 이른다. 이와 같이 사적인 소유자가 임대주택의 대부분을 소유하는 경향은 현재까지 크게 바뀌지 않은 것으로 추정된다. 여기서 사적인 소유자는 개인적 소유자뿐만 아니라 민법이 규정하는 자가주택연합(Eingtuemergemeinschaft)도 포함된다.

다른 한편 공적인 장려금이 지급되는 임대주택에서는 상대적으로 사적인 소유자의 비율이 공적인 소유자의 비율보다 낮다는 것을 알 수 있다. 반면에 옛 서독지역과는 다르게 옛 동독지역에서는 기초자치단체나 조합의 소유비율이 사적인 소유자의 소유비율보다 더 크다는 것을 알 수 있다.

〈표 19-3〉은 옛 서독지역의 주택의 종류 및 크기에 대한 정보를 제공하는데, 통계수집 때 장려금을 받은 주택과 그렇지 않은 주택을 구분하여 조

〈표 19-3〉 옛 서독지역 소재 주택의 종류 및 크기(2002년)

| | | 총계 | 자가주택 | 건축연도에 따른 임대주택 | | |
				총계	1949년 이전	1949년 이후
주택종류 (%)	1~2인 주택	47.7	78.9	23.3	28.7	21.5
	3인 이상 주택	51.2	20.1	75.4	69.5	77.4
	이외 가구	1.2	1.0	1.3	1.8	1.1
주택크기 (%)	40제곱미터 이하	4.8	0.6	7.4	7.3	7.4
	40~79제곱미터	39.8	15.7	59.4	55.9	60.5
	80~99제곱미터	18.4	18.0	19.0	18.7	19.1
	100제곱미터 이상	36.9	65.7	14.3	18.2	13.0
주택크기 평균(제곱미터)		92.9	118.1	72.3	74.4	71.6

자료: Kirchner(2006: 122).

사하지 않았기 때문에 〈표 19-3〉에서는 이와 같은 구분을 볼 수 없다. 자가주택에서는 1인이나 2인 주택의 비율이 압도적인 반면에 임대주택에서는 3인 이상 주택의 비율이 압도적이다.

임대주택 사이에서도 차이가 발생한다. 1949년 이전에 건축된 주택에 사는 1인이나 2인 주택의 거주비율이 높다. 이것은 앞서 기술했듯 1949년 이전에 건축된 임대주택의 임대료가 그 이후에 건축된 주택보다 더 저렴해서 자녀가 성장해서 출가한 경우에도 부부가 1인이나 2인 주택에 지속적으로 살기 때문에 나타나는 현상이다. 평균면적도 1949년 이전에 건축된 임대주택이 더 크면서도 임대료는 더 저렴하다. 따라서 더 큰 거주면적이 필요한 다자녀 가구는 저렴한 사회임대주택을 찾는 데 어려움을 가질 수 있다. 다른 한편으로는 임대주택과 자가주택의 평균크기의 차이가 매우 크다는 것을 알 수 있다.

(2) 임대료 책정과 임차인보호

〈표 19-2〉에서 볼 수 있는 것과 같이 임대주택의 대부분은 사적인 소유자가 소유한다. 이런 임대주택의 소유구조는 임차인에게 유리한 상황이 아니다. 그래서 민법에는 임차인을 보호하기 위한 많은 규정이 포함된다. 원칙적으로 임대인과 임차인의 임대계약은 자율에 맡긴다. 하지만 임대인은 민법의 규정에 따라서 임대료와 임대기간 등을 정해야 한다.

임대기간은 제한이 있는 것과 제한 없는 것으로 구분된다. 임대기간이 제한된 임대계약은 임대인이 향후 주택을 직접 사용할 계획이 있거나 철거계획이 있거나 대대적 개량계획 등이 있는 경우에만 성립된다. 일반적으로 임대기간은 제한이 없다. 다만 임차인이 임대계약을 훼손한 경우, 임대인이 해당 주택을 사용할 것이 확실한 경우, 현 계약관계가 임대인에게 경제적 손실을 가져오는 경우에는 임대계약이 종료될 수 있다. 물론 임대료를 올리려는 목적으로 계약을 해지하는 경우는 금지된다. 계약해지 고지시점은 거주기간에 달려 있다. 거주기간이 5년 이내인 경우에는 최소 3개월 전에 임대인이 임차인에게 고지해야 한다. 거주기간이 8년 이상인 경우에는 최대 9개월 전에 고지해야 한다. 임차인은 3개월 전에 임대인에게 계약해지를 고지해야 한다. 이때 임차인은 임대인에게 계약해지의 이유를 밝히지 않아도 된다.

임대료는 임대인과 임차인의 합의로 결정될 수 있지만 임대주택이 속한 지역의 임대료 수준을 20% 이상 넘어서는 안 된다. 임대료 조정과 관련해서 두 가지 형태의 임대차계약이 존재한다. 임대료 조정 규정이 없는 임대차계약이 일반적이다. 이런 계약에서 임대인은 임대료가 지난 15개월 동안 변동이 없었던 경우, 향후 3년 동안 임대료 상승이 20%로 제한되는 경우, 임대주택이 속한 지역의 임대료 상승률을 초과하지 않는 경우만 임대료를 올릴 수 있다.

기준이 되는 지역의 임대료는 임대주택이 속한 기초자치단체에서 유사한 크기의 임대주택의 임대료로 산정된다. 아울러 실제적 임대료 수준을 정확하게 반영하기 위해서 지난 3년 동안 새롭게 임대차계약이 성립된 임대주택의 임대료나 임대료 변동이 있었던 임대주택의 임대료만 반영된다. 이런 임차인을 보호하는 규정 때문에 임대료는 급작스럽게 상승할 수 없다. 다만 임대주택이 속한 지역의 임대료가 전반적으로 높다면 임차인은 높은 임대료를 지불할 수밖에 없다. 2015년 기준 145만 명 정도 사는 뮌헨의 임대료는 50만 명이 조금 넘게 사는 하노버의 임대료보다 두 배 정도 더 비싸다.

앞서 기술한 내용은 임대료 조정규정이 없는 임대차계약에서 임대료를 올릴 수 있는 조건에 관한 것이다. 그런데 임대료 조정규정이 있는 임대차계약도 있다. 임대차계약이 성립될 때 이미 계약서에 임대료 상승에 대한 조항이 있는 경우이다. 임대료를 올리는 방식으로는 임대인과 임차인의 합의하에 결정하는 총액방식이나 물가상승률을 반영하는 방식이 있다. 어떤 방식이라도 임대료를 올린 후 1년이 지나야 다시 임대료를 올릴 수 있다.

임대인은 임대계약서에 기술된 것과 같은 상태로 주택을 임차인에게 임대해야 한다. 만일 계약서에 기술된 것과 달리 주택의 상태에 결함이 있다면 임차인은 임대료를 그에 상응하여 적게 지불할 수 있다. 더욱이 이 결함이 적절한 시간 안에 보수되지 않으면 임차인은 보상을 요구할 수도 있다. 반대로 임차인은 주택개량 비용이 발생하면 이 중에서 11%를 임대료에 반영할 수 있다는 것을 수용해야만 한다.

(3) 세금 부과

주택을 취득하는 경우 건물과 토지 비용의 3.5%에 해당하는 토지취득세를 지불해야 한다. 반대로 주택을 파는 경우에는 부가가치세를 지불하지 않아도 된다. 주택을 임대하는 경우에도 부가가치세는 지불하지 않아도 된다. 그러나 임대소득에 대한 소득세는 부과된다. 개인은 소득세를 지불해야 하고 조합이나 주식회사는 법인세를 지불해야 한다. 임대수입이 영업적인 목적으로 발생한 경우에는 영업세를 지불해야 한다. 모든 주택에는 토지세가 부과되는 반면 재산세는 부과되지 않는다.

3) 사회임대주택

독일에서 사회임대주택(Der sozial vermietete Wohungssektor)은 정부 장려금이 지급된 주택으로 임대료와 임차인의 결정 때 정부의 규제를 받는 주택을 의미한다. 그런데 독일 사회임대주택의 특성은 일정 기간이 지나면 더 이상 정부의 통제를 받는 않는 독립채산방식의 민간주택으로 전환될 수 있다는 점이다. 이렇게 되면 원칙적으로 임대료나 임차인의 자격에 대한 정부의 통제를 받지 않아도 된다. 아울러 정부 장려금을 받을 수 있는 사회임대주택의 공급자는 개인, 조합, 주택건설회사, 기초자치단체 건설회사 등이 모두 포함된다.

1993년 마지막으로 수집된 공식통계에 의하면 사회주택을 공급하는 주택건설회사의 비율은 35%, 개인이 23%, 기초자치단체 건설회사가 21%, 조합이 18%를 차지한다. 기초자치단체 건설회사와 같은 공적 주택공급자라 할지라도 이들이 소유한 주택이 법적 구속기간이 지났다면 더 이상 이 주택들은 사회임대주택이 아니다.

(1) 주택재고 현황

〈표 19-1〉에서 볼 수 있는 것과 같이 사회임대주택의 비율은 시간의 흐름에 따라서 점차 감소했다. 옛 서독지역의 경우, 1978년 전체 주택 중에서 사회임대주택이 차지하는 비율이 18.3%였으나 2002년에는 7.1%로 감소했다. 확인할 수 있는 공식통계가 없어서 최근 통계치를 알 수 없지만 그 비율이 훨씬 감소했을 것으로 추정된다. 왜냐하면 법적 구속기간이 지나면 사회임대주택은 독립채산방식의 민간주택으로 전환될 수 있기 때문이다. 한 연구에 의하면 사회임대주택의 수는 2002년 210만 가구였으나, 2020년에는 125만 가구로 감소할 것으로 추정된다(Kirchner, 2006: 135).

〈표 19-4〉는 제2차 세계대전이 끝난 후 2001년까지 옛 서독지역에서 정부의 승인을 받고 건축된 사회주택의 수를 정리한 것이다. 시간이 흐를수록 사회임대주택의 비율은 줄어드는 추세를 보인다. 1950년대 동안 신축주택 중 사회임대주택이 차지하는 비율은 36%나 되었다. 그런데 2000년대에 들어와서는 그 비율이 5%정도 밖에 되지 않았다. 2001년까지 건축된 사회임대주택은 486만 5천 채 정도인데, 〈표 19-1〉에서 볼 수 있는 것처럼 남아 있는 사회임대주택의 숫자는 210만 채 정도이다. 그사이 건축된 사회임대주택의 절반 이상이 더 이상 공적기관의 통제를 받지 않는 주택으로 전환된 것이다. 장려금1과 장려금2를 지원받았던 주택은 연방 차원에서 임대료와 사회임대주택 입주자격에 대한 통제를 받는다. 이 장려금의 지원은 1970년대까지 집중적으로 투입되었음을 알 수 있다. 장려금3은

<표 19-4> 옛 서독지역에서 승인되어 건축된 사회주택의 수

(단위: 천만 채, %)

연도	신축주택	사회주택 전체									
		사회주택		사회임대주택		장려금 종류에 따른 구분					
						장려금1		장려금2		장려금3	
		주택 수	비율	주택 수	비율	합계	임대주택	합계	임대주택	합계	임대주택
1950~1959	5,198	3,272	63	1,869	36	3,272	1,869	0	0	0	0
1960~1969	5,696	2,357	41	1,257	22	2,221	1,209	137	48	0	0
1970~1979	4,976	1,468	29	833	17	905	660	563	173	0	0
1980~1989	3,069	739	24	356	12	385	271	338	69	16	16
1990~1999	3,940	826	21	524	13	333	230	154	50	339	243
2000~2001	605	69	11	28	5	33	15	3	1	34	11
총계	23,483	8,731	37	4,865	21	7,149	4,255	1,195	341	388	270

자료: Kirchner, 2006: 136.

1990년대 중반부터 시행된 것인데 임대료와 입주자격에 대한 통제는 연방이 아닌 주가 주체이다.

옛 동독지역에서는 통독 이후에 장려금이 지급된 사회주택들이 건설되었다. 따라서 건축된 사회주택의 수는 옛 서독지역에 비하여 매우 적다. 더욱이 2000년대 이후에는 사회임대주택의 신축비율이 1% 정도로 떨어졌다. 다만 옛 동독지역에는 기초자치단체 건설회사와 조합이 소유한 주택의 약 50% 정도는 연방정부로부터 도움(Altschuldenhilfe)을 받았는데, 이 주택들은 임대료와 입주자 자격 조건에 대해서 정부의 통제를 받는다.

1993년 마지막으로 수집된 공식통계에 따르면 사회주택의 평균 크기는 63.6제곱미터이다. 독립채산방식 주택의 평균크기는 71.2제곱미터이기 때문에 사회주택의 크기가 독립채산방식 주택보다 작다는 것을 알 수 있다. 더욱이 사회주택의 80% 가량이 40~70제곱미터에 몰려 있다. 다자녀 저소득 가구가 사회주택에 사는 경우에는 상대적으로 좁은 공간을 이용할 수밖에 없다는 것과 더 넓은 공간이 필요해서 독립채산방식 주택에 사는 경우에는 더 비싼 임대료를 감수해야 한다는 것을 의미한다.

(2) 입주자격과 주택배정

사회임대주택 입주자격은 소득에 의하여 제한된다. 소득기준은 장려금의 종류에 따라서 다르다. 한편, 노인, 장애인, 다자녀 가구와 같은 사회적 약자 계층은 더욱 완화된 입주자격 기준이 적용된다. 입주자격을 갖춘 가구에게는 기초자치단체가 발급하는 입주자격 증명서가 부여된다. 이 증명서에는 입주신청 가구가 지원할 수 있는 주택의 크기가 기록되어 있다. 만일 입주 후 가구소득이 상승해서 사회임대주택의 자격기준인 소득기준을 넘었을지라도 입주자격은 유지된다. 사회임대주택의 자격기준인 소득기준을 완화하면 그만큼 많은 가구가 사회임대주택을 이용할 수 있고, 반대로 독립채산방식 주택에 대한 수요는 감소한다.

장려금1을 지원받은 사회주택에 입주할 수 있는 가구의 소득기준은 1인 가구의 경우 연간 1만 2,000유로 이하, 2인 가구는 1만 8,000유로 이하, 3인 이상인 경우는 1인당 4,100유로가 더해진다. 아동 한 명당 추가적으로 500유로가 더해진다. 중증장애인, 젊은 부부 같은 계층에게는 추가적으로 완화된 기준이 적용된다. 여기서 기준소득은 사회보험료와 세금을 지불하고 남은 소득이다. 각 주정부는 주 시행령으로 위에 제시한 기준과는 다른 소득기준을 제시할 수 있다.

장려금2를 지원받은 사회주택에 입주할 수 있는 가구는 가구소득이 장려금1의 소득기준의 60%를 초과하거나 사회임대주택에 더 이상 거주하지 않는 가구이다.

장려금3을 지원받은 사회주택에 입주할 수 있는 가구의 기준은 연방법으로 규정되지 않는다. 다만 각 주가 해당 조건들을 규정한다. 따라서 장려금3은 매우 다양하게 존재한다. 각 주마다 장려금1의 소득기준의 20, 40, 60, 80%를 반영한 다양한 소득기준을 보여 준다.

사회임대주택에 입주할 수 있는 소득기준은 시간이 흐름에 따라서 점점 엄격해지는 경향을 보인다. 1978년에는 옛 서독지역의 전체 가구의 47%

가 사회임대주택 입주자격을 가졌지만, 1999년에는 이 비율이 37%로 줄었다(Kirchner, 2006: 142). 반면 1999년에는 1,200만 가구가 입주자격을 가졌지만 이용할 수 있는 사회임대주택은 250만 채 밖에 되지 않았다(Kirchner, 2006: 142). 따라서 1990년대 사회임대주택 입주자격을 가진 가구의 비율이 줄어든 이유는 가구소득의 증가보다는 엄격해진 소득기준 때문이라고 봐야 한다.

사회주택의 임대는 세 가지 방법에 의하여 성립될 수 있다. 첫 번째 방법은 단순구속(*einfache Bindung*) 형태이다. 이 방법에서는 임대인이 임차인을 자유롭게 결정할 수 있다. 두 번째 방법은 추천권(*Bennennungsrecht*) 형태이다. 이 방법에서는 대체로 기초자치단체가 3명의 임차인 후보를 임대인에게 추천하고, 그중에서 한 명을 임대인이 선택해야 한다. 세 번째 방법은 지명권(*Besetzungsrecht*) 형태이다. 이 방법에서는 기초자치단체가 임차인을 일방적으로 결정할 수 있다.

따라서 첫 번째 방법은 임대인에게 유리한 방법이고, 세 번째 방법은 기초자치단체가 임대주택이 필요한 가구들의 상황을 고려하여 임대주택을 할당할 수 있는 가장 유리한 방법이다. 두 번째 방법은 이 둘의 절충형태이다. 첫 번째 방법이 일반적 방법이다. 하지만 두 번째와 세 번째 방법이 필요한 이유는 임대주택이 필요하지만 소득상태가 좋지 않은 가구가 첫 번째 방법일 경우에 주택을 찾는 데 어려움이 있기 때문이다. 기초자치단체는 임대주택 건축자(임대인)에게 싼 토지 등과 같은 이점을 제공하면서 두 번째나 세 번째 방법을 건축자가 수용하도록 유도한다.

〈표 19-5〉는 한부모 가구, 다자녀 가구, 다자녀 외국인 가구, 실업자, 공공부조 수급자, 빈곤 노인과 같이 사회적 약자 계층이 사회임대주택에 거주하는 현황을 보여 준다. 자료가 오래된 것이기는 하지만 시간이 흐를수록 사회임대주택에 사회적 약자 계층이 집중하는 경향은 분명해 보인다. 1978년 사회임대주택에 거주하는 사회적 약자 계층의 비율은 21.9%였지

<표 19-5> 사회적 약자 계층의 사회임대주택 거주 현황

(단위: %)

	총계		사회임대주택	
	1978년	1993년	1978년	1993년
한부모 가구	3.5	3.7	4.6	5.4
다자녀 가구	3.9	2.3	4.4	2.9
다자녀 외국인 가구	3.7	4.2	3.0	5.3
실업자, 공공부조 수급자	1.5	5.6	2.0	8.0
빈곤노인	8.6	7.0	8.0	8.5
총계	21.2	22.9	21.9	30.1

자료: Kirchner, 2006: 145.

만 1993년에는 이 비율이 30.1%로 상승했다. 특히, 실업자와 공공부조 수급자의 비율이 눈에 띄게 증가한 것을 알 수 있다. 그다음으로 다자녀 외국인 가구와 한부모 가구가 증가했다.

(3) 임대료 결정

사회임대주택의 임대료 규정은 매우 다양하다. 해당 주택이 어떤 법령에 의하여 장려금이 지급되었는가에 따라서 임대료 규정이 다르다. 또한 장려금의 종류에 따라서도 다르다. 옛 법령인 <주택건축법 II>에 따른 장려금1에서 임대료는 비용임대료로 지불된다. 비용임대료 방식에서는 주택과 관련된 비용에 상응하는 임대료를 지불하기 때문에 비용이 오르면 임대료도 오르게 된다. 따라서 각 주에서는 비용한계와 최고장려금 한계를 두어서 임대료 상승을 방지한다. 비용임대료 방식에서 임대료 상승은 대출금의 이자율이 오르거나 주택에 대한 비용보조금이 감소할 때 발생하는 비용의 상승 때만 가능하다.

또한 각 주에서는 비용임대료에 상응하는 승인임대료(Bewilligunsmiete) 방식도 운영하고 있다. 승인임대료 방식에서는 매월 1제곱미터당 3.58유로에서 4.86유로의 임대료가 산정되는데 비용인대료의 수준과 유사하다.

매년 0.08유로에서 0.15유로 정도로 임대료가 오르고 있다.

〈주택건축법 II〉에 따른 장려금3에서 비용임대료는 더 이상 유효하지 않다. 장려금3에서 최초의 임대료와 임대료 상승은 기초자치단체와 임대인의 협의(Vereinbarung)에 의하여 결정된다. 따라서 비용임대료 방식에서와 같이 비용이 상승하면 임대료가 상승하는 방식이 아니다. 장려금3 방식은 각 주에 의하여 임대료와 임대주택 자격이 결정되기 때문에 비용임대료 방식보다 매우 다양한 수준에서 임대료가 책정된다. 임대료는 매월 제곱미터당 적게는 4.6유로에서, 많게는 6.39유로까지 산정된다. 최초 협의 때 총액 방식으로 매년 올리는 방식이나 3년 사이에 일정한 수준에서 올리는 방식으로 임대료는 상승할 수 있다. 총액방식에서는 매년 제곱미터당 0.13유로나 3년 내 0.51유로를 올릴 수 있다. 일정한 수준에서 올리는 방식에서는 3년 사이에 10%에서 20% 안에서 임대료를 올리는 방식이다.

소득에 기초한 장려금 방식은 장려금3 방식의 변형이다. 장려금4라고도 불린다. 이 방식에서 최고 임대료는 일반적으로 해당 주택이 속한 기초자치단체의 비교 가능한 주택의 임대료로 결정된다. 임대료의 상승은 장려금3의 방식과 유사하다. 소득에 기초한 장려금 방식의 특징은 임차인의 소득에 따라서 보조금이 지급된다는 점이다. 보조금을 수급할 수 있는 임차인의 소득수준은 장려금1을 지원받은 사회주택에 입주할 수 있는 소득수준에 따른다. 임차인의 소득수준이 이 소득수준의 일정 비율을 넘으면 보조금을 받을 수 없다. 주마다 일정비율은 다른데 대개 40%, 60%, 80%로 규정된다.

한편, 〈주거공간장려금법〉에서는 최고 임대료에 대해 장려금이 수락 때 결정되도록 규정한다. 아울러 이 법은 임대인이 일반적인 임대법 규정들에 따라서 임대료를 올릴 수 있도록 규정한다. 물론 최고 임대료 이상은 올릴 수 없다.

(4) 의무구속기간

앞서 기술했듯이 독일 사회임대주택의 특징은 의무구속기간이 있다는 것이다. 개인이나 회사 혹은 영리나 비영리에 상관없이 모든 주택건축자가 정부 장려금을 지원받을 수 있다. 하지만 장려금을 지원받는 동시에 이 주택은 일정한 기간 동안 사회주택이 된다. 이 기간 동안 이 주택은 임대료나 입주자격에 대한 정부의 통제를 받는다. 그리고 이 기간이 지나면 이 주택은 독립채산방식의 주택으로 전환되어 정부의 통제를 벗어난다.

이와 같은 주택정책은 제2차 세계대전 후 주택부족 현상을 빠른 시간 안에 해결하려는 목적으로 시행되었다. 시간이 흐를수록 긴급한 주택부족 문제는 점차 해결되었지만 이 의무구속기간은 여전히 유효한 정책수단으로 간주된다. 왜냐하면 실업자, 공공부조 수급자, 다자녀 외국인 가구, 한부모 가구와 같은 사회적 약자 계층에게 지속적으로 사회주택이 필요하기 때문이다. 지방자치단체는 의무구속기간을 벗어나지 않은 사회주택의 입주자 자격에 대한 통제 권한이 있기 때문에 사회적 약자 계층이 사회주택에 거주할 가능성이 커진다.

그러나 의무구속기간을 채운 주택들이 점점 늘어나면서 사회주택의 규모도 점차 줄어드는 중이다. 점차 줄어드는 사회임대주택의 수를 유지하기 위해 주택을 취득하여 임대료와 입주자 자격에 대한 정부의 통제를 받는 경우에도 장려금을 지급하는 방법이 시행 중이다. 이전에는 사회주택의 신축이나 개량의 경우에만 장려금이 지급되었다. 또한 기초자치단체와 주택공급자가 기존의 사회임대주택의 의무구속기간을 늘리는 협약을 하는 경우에도 장려금이 지급될 수 있도록 법규정이 개정되었다.

(5) 세금 부과

독립채산방식의 임대주택에서와 같이 사회임대주택에 대한 세금도 동일한 기준에 의하여 부과된다.

4) 자가주택

(1) 재고 현황

2014년 기준으로 독일의 자가주택(*Der selbstgenutzte Wohungssektor*) 비율은 52.5%이다. 2002년 기준으로 이 비율은 42.6%로 지금보다 더 낮았다. 이 수치는 유럽의 다른 국가와 비교했을 때 높은 비율이 아니다. 독일에서는 상대적으로 임차인이 잘 보호되며, 사회적으로 개인화가 증가한 것이 원인으로 꼽힌다.

(2) 세금

토지취득 조세부담(*Grunderwerbsteuerbelastung*)은 임대주택에 부과되는 세금과 동일하다. 투자기간이 10년이 안 된 임대주택을 팔 경우에는 소득세가 부과된다. 반면에 자가주택을 팔 경우에는 세금이 없다.

(3) 장려금

2006년 폐지된 자가주택장려금(*Eingenheinzulage*)은 1996년부터 시행되었다. 주택을 본인이 사용하기 위하여 신축하거나 구입한 자에게 자가주택장려금이 지급되었다. 이 장려금은 주택을 신축하거나 구입한 해로부터 8년 동안만 지급되었다. 이 기간 동안 본인이 해당 주택에 실제로 거주한 기간만 장려금이 지급되었다.

　이 장려금은 기본장려금과 아동보조금(*Kinderzulage*)의 합으로 지급되었다. 장려금의 수준은 소득수준과는 별개이지만, 장려금의 수급자격은 소득으로 제한되었다. 1인 가구의 경우는 연소득이 7만 유로 이상, 부부가구는 14만 유로 이상을 넘지 않아야 했다. 아동 한 명당 3만 유로가 추가되어 아동이 있는 가구에는 완화된 소득기준이 적용되었다. 장려금을 지급받는 동안 더 이상의 소득조사는 없었다.

해당 주택이 2004년 이전에 건축된 경우, 기본장려금은 건축비용의 5%로 지급되었고 최고액은 2,556유로였다. 2004년 이전에 매매된 경우 기본장려금은 매매가의 2.5%로 지급되었고 최고액은 1,278유로였다. 아동보조금은 아동 한 명당 767유로가 지급되었다.

해당 주택이 2004～2005년 사이에 건축되었거나 매매된 경우, 기본장려금은 건축비용의 1%로 지급이 되었고 최고액은 1,250유로였다. 아동보조금은 아동 한 명당 800유로가 지급되었다.

5) 주거수당

(1) 주거수당의 목적

주거수당(Wohngeld)은 세금으로 운영되는 보조금이며, 예산은 연방정부와 주정부가 반씩 부담한다. 주거수당의 목적은 개별가구에게 적절하고 가족친화적인 주거공간을 경제적으로 보장하는 데 있다. 따라서 법으로 정한 수급조건을 갖춘 임차인이나 자가주택 소유자는 주거수당을 수령할 수 있다. 주거수당은 임차인의 임대료 부담과 자가주택 소유자의 주택으로 인한 부담을 덜어 주는 기능을 한다. 임차인에게 지급되는 주거수당은 임대료보조금(Mietzuschuss)이라 부르고, 자가주택 소유자에게 지급되는 주거수당은 부담보조금(Lastenzuschuss)이라고 부른다.

1955년에도 저소득 계층의 임대료 부담을 덜어 주는 보조금제도가 존재했다. 하지만 이 급여는 법적으로 보장된 급여가 아니었다. 반면에 1965년 시행된 현행 주거수당 급여는 법적으로 보장된 급여이다. 앞서 살펴보았듯이 1960년대에 주거정책 분야에서 임대료와 임차인 선정 기준 등에 대한 기존의 주택강제규정이 완화되었다. 이에 대한 반대급부로 임차인을 보호하려는 목적으로 주거수당이 시행된 것이다.

주거수당제도의 정당성은 시행 초기부터 지금까지 인정된다. 2012년 기준으로 주거수당을 수령하는 가구는 78만 3천 가구로 전체 가구의 1.9%에 해당한다. 2012년 기준 수급자의 57%는 1인 가구, 14%는 2인 가구, 8%는 3인 가구, 22%는 4인 이상 가구이다. 수급자의 92.2%는 임차인이고 7.8%는 자가주택 소유자이다. 주거수당제도가 임차인에게 미치는 영향력이 더 크다는 것을 알 수 있다. 2012년 수급자가 수령한 주거수당의 평균금액은 114유로였다.

(2) 수급자격 및 급여의 결정

주거수당을 수령하려면 신청서를 작성해서 시나 기초자치단체의 담당부서에 제출해야 한다. 반드시 신청인은 해당 주택을 실제로 사용 중이어야 한다. 주거수당의 급여수준은 가구규모, 소득수준, 임대료를 고려해 결정된다. 자가주택 소유자는 임대료 대신에 주택으로 인한 부담이 고려된다.

실업수당 II(Arbeitslosengeld II), 사회부조(Sozialhilfe), 노인기초보장급여(Grundsicherung im Alter) 등과 같이 이미 다른 사회보장제도로부터 생계비를 지급받고 있는 가구 구성원은 주거수당을 산정할 때 제외된다.

임대료는 임대계약서에 규정된 임대료이다. 이때 임대료는 난방비, 전기요금, 수도요금이 제외된 임대료(Kaltmiete)이다. 반면에 이 임대료에는 하수도 처리비용, 쓰레기 처리비용, 공동전기료 등이 포함된다. 자가주택 소유자의 주택부담을 산정할 때 주택의 신축, 개량, 취득으로 인해서 발생한 대출금의 이자나 상환금, 보수비용, 행정비용, 토지세가 포함된다. 보수비용은 매년 1제곱미터당 20유로가 발생하는 것으로 본다.

소득을 산정할 때 기본적으로 〈소득세법〉이 규정한 세금이 부과되는 소득이 고려된다. 재산은 소득으로 환산하지 않는다. 아동수당은 소득에서 제외된다. 공적연금과 의료보험의 보험료와 소득세를 납부해야 하는 경우 산정된 연간소득의 10%가 공제되며 이 공제율은 최대 30%이다. 아울러 가구구성원 중에서 장애정도가 80~100%인 중증장애인이 있는 경우에는

〈표 19-6〉 가구규모와 기초자치단체의 등급에 따른 최대급여

(단위: 유로)

기초자치단체 등급		I	II	III	IV	V	VI
가구규모	1인 가구	292	308	330	358	385	407
	2인 가구	352	380	402	435	468	501
	3인 가구	424	451	479	517	556	594
	4인 가구	490	523	556	600	649	693
	5인 가구	561	600	638	688	737	787
	1인 추가 시	66	72	77	83	88	99

자료: BMAS, 2015: 1068.

125유로를, 장애정도가 80% 가구구성원이 있을 경우에는 100유로를 매달 소득에서 공제한다. 12세 이하 아동이 있는 경우는 50유로를, 16~25세의 아동이 있는 경우는 최대 50유로까지 매달 공제한다.

주거수당은 통상 12개월 동안 지급되며, 기간이 지나면 다시 신청서를 제출해서 심사를 받아야 한다. 급여수준은 위에서 언급한 요소들을 고려하여 결정된다. 다만 주거수당제도에서는 최대로 받을 수 있는 급여의 한계가 규정된다. 최대급여의 한계는 기초자치단체마다 차이가 있는데 해당 기초자치단체의 임대료 수준과 전국 평균 임대료 수준과 비교하여 결정된다. 이 비교결과에 따라서 해당 기초자치단체가 속할 그룹이 결정된다. 그룹은 6등급으로 구분된다.

〈표 19-6〉은 가구규모와 기초자치단체의 임대료 등급에 따라 달라지는 최대급여의 한계를 보여 준다. 예를 들면 1인 가구의 경우 1등급에 속하는 기초자치단체의 최대급여는 292유로인데 6등급에 속하는 기초자치단체는 407유로이다. 비싼 임대료나 주택부담이 큰 기초자치단체에 거주하는 경우 그에 상응하는 주거수당이 지급된다는 의미이다. 아울러 가구규모에 따라서 최대급여의 한계도 다르다는 것을 알 수 있다. 따라서 5인 가구의 경우 기초자치단체의 등급이 6등급인 경우 최대 787유로의 주거수당을 수령할 수 있다. 주거수당을 산정할 때 가구규모에 따른 임대료 부담을 고려한 것이다.

<표 19-7> 임대료 수준 6등급 기초자치단체의 소득한계선

(단위: 유로)

가구규모	월 소득한계	공제율을 적용한 월 소득한계			
		6%	10%	20%	30%
1	860	915	956	1,075	1,229
2	1,170	1,245	1,300	1,463	1,671
3	1,430	1,521	1,589	1,788	2,043
4	1,880	2,000	2,089	2,350	2,686
5	2,150	2,287	2,389	2,688	3,071
6	2,410	2,564	2,678	3,013	3,443
7	2,680	2,851	2,978	3,350	3,829
8	2,940	3,128	3,267	3,675	4,200

자료: BMAS, 2015: 1072.

임차인이나 자가주택 소유자 모두 주거수당을 신청할 수는 있지만 모든 신청자가 급여를 수령할 수 있는 것은 아니다. 주거수당제도에서는 가구규모에 따라 소득한계선을 두고 있어 해당 가구소득이 소득한계선을 넘는 경우에는 보조금을 받을 수 없다. 주거수당의 최대급여가 기초자치단체마다 다른 것과 같이 소득한계선도 기초자치단체마다 다르다. <표 19-7>은 임대료의 수준이 6등급인 기초자치단체의 가구규모에 따른 소득한계선을 보여 준다. 지면관계상 6등급에 속하는 경우만 표로 작성하였다. 원자료에는 1~5등급에 속하는 기초자치단체의 소득한계선도 규정되어 있다.

5. 한국에 주는 시사점

독일의 주거정책을 살펴보면 점차 사회임대주택이 줄고 독립채산방식의 주택이 늘어나는 것을 알 수 있다. 이런 경향은 임차인에게 유리한 방향은 아니다. 특히, 주택을 임대해야 하는 저소득 가구에는 더욱 좋지 않은 상황이다. 그러나 향후 독일의 사회임대주택의 수는 더 줄 것으로 보인다.

이런 결과는 제2차 세계대전 후 주택부족 문제를 긴급하게 해결하기 위하여 주택을 공급할 때 장려금을 영리, 비영리 구분 없이 제공하면서, 법적인 의무구속기간이 지난 후에는 사회임대주택을 민간주택으로 전환할 수 있도록 한 정책에서 비롯된 것이다. 그래서 시간이 흐를수록 독립채산방식의 민간주택으로 전환되는 사회임대주택은 많아지는 반면에, 그동안 사회임대주택 공급을 줄여 온 결과 사회임대주택의 수는 줄고 있다. 그래서 사회임대주택에 입주할 자격이 있는 가구 수와 비교할 때 사회임대주택의 수는 턱없이 부족한 현실이 되었다. 사회임대주택의 유지·확대를 위한 정책이 필요할 것으로 보인다.

하지만 독일의 주택 임차인이 시간이 흐를수록 시장가격으로 점점 높은 임대료를 지불하게 되어서 경제적 부담이 커지는 것은 아니다. 사회임대주택의 수가 줄기는 하지만 독립채산방식의 임대주택의 임대료와 임대기간은 여전히 민법에 의하여 통제를 받기 때문이다. 아울러 주거수당 제도도 광범위하게 운영하기 때문에 임차인의 임대료 부담은 어느 정도 상쇄된다.

따라서 한국에서도 저소득 가구의 주거보장을 위한 지속적으로 사회임대주택을 공급해야 하며, 민간주택을 임대하는 임차인을 보호하기 위하여 임대료와 임대기간에 공적인 규제가 강화되어야 할 것이다.

■ 참고문헌

해외 문헌

Häußermann, H. & Siebel, W. (2012). *Soziologie des Wohnens: Eine Einführung in Wandel und Ausdifferenzierung des Wohnens*. 서봉원 역(2014). 《주거사회학: 주거의 변고가 세분화에 관한 개론》. 서울: 백산서당.

Kirchner, J. (2006). *Wohnungsversorgung für Unterstützungsbedürftige Haushalte:*

Deutsche Wohnungspolitik im Europäischen Vergleich. Wiesbaden: Deutscher
Universitäts-Verlag.

Mesecke, F. (2010). *Wohnen und Wohlfahrt in Oesterreich und Deutschland.* Saarbrücken:
VDM Verlag Dr. Müller.

Egner, B., Georgakis, N., Heinelt, H., & Bartholomai, R. (2004). *Wohnungs-
politik in Deutschland.* Darmstadt: Schader-Stiftung.

BMAS (Bundesministerium für Arbeit und Soziales) (2015). *Übersicht über das
Sozialrecht.* Nürnberg: BW Bildung und Wissen.

주요 용어

A

• Abgabenquoten	국민부담률
• Agenda 2010	어젠다 2010
• Allgemeine Lebenshilfen	일반 생계부조
• Alterssicherung der Landwirte	농민 노후보장
• Altersteilzeit	고령자 파트타임 근로
• ambulantePflege	재가급여
• Arbeislosengeld (ALG)	실업수당
• Arbeitgeber	고용주, 사업주
• Arbeitlosenhilfe/sonstige Arbeitsfoerderung	실업부조와 기타 고용촉진
• Arbeitnehmer	피고용자, 근로자
• Arbeitnehmer-überlassungsgesetz (AüG)	〈근로자 파견법〉
• Arbeitsagentur/Agentur für Arbeit	(지역) 고용기구
• Arbeitsamt	지방고용청
• Arbeitsdirektor	노동이사
• Arbeitserprobung	일자리 적응테스트

· Arbeitsfoerderung (sgesetz)	고용촉진
· Arbeitsfrage	노동자 문제
· Arbeitslosengeld II	실업수당 II
· Arbeitslosenhilfe	실업부조
· Arbeitslosenversicherung	실업보험
· Arbeitslosigkeit	실업
· Arbeitsschutzgesetz	〈산업안전보건법〉
· Arbeitsverhältnis	근로관계
· Armenfürsorge	빈민지원
· Arzthonorar	의원보수
· Arztpraxis	개원의
· Aufstocker	추가지원요구인
· (Lasten) Ausgleich	(부담) 조정
· Ausbildungs- und Aufstiegsfoerderung	직업양성교육과 상승장려
· Ausbildungszeit-Wertpapier (AZWP)	직업양성교육 바우처

B

· Beamtenversorgung	독일 공무원연금
· Bedarfsgemeinschaft	욕구(생계) 공동체
· Beduerfnisse	욕구
· Beihilfe	부조
· Beitragssatzsicherungsgesetz	〈보험료율안정화법〉
· Belegungsbedingung	임차인 입주자격
· Berufskrankheit	직업병
· Beschäftigungspflicht von schwerbehindertenMenschen	중증장애인 고용의무제도
· Beschäftigungsverhältnis	취업관계
· Besonderer Teil des Sozialgesetzbuches	〈사회법전〉의 각론

• BetrieblicheAltersversorgung	직장노후연금
• Bevölkerung	인구
• Bismarck	비스마르크
• Bundesagentur für Arbeit (BA)	연방고용기구 (공단)
• Bundesanstalt für Arbeit (BA)	연방고용청
• Bundesministerium fuer Arbeitund Soziales	연방노동사회부
• Bundesministerium für Familie, Senioren, Frauen und Jugend	연방 가족, 노인, 여성, 청소년부
• Bundesministerium für Gesundheit	연방보건부
• Bundesverfassungsgericht	연방헌법재판소
• Bündnis für Arbeit	고용연대

D · E

• Daseinveorsorge	일상적인 삶의 지원
• Demografie	인구학
• deutsche Job-Wunder	독일의 고용기적
• DeutscheWiedervereinigung	독일 통일
• direkte monetaere Transfers	직접 현금이전
• duale Finanzierung	재정조달 이원화
• Eigenbeitraege der Leistungsempfaenger	수혜자의 본인부담
• Einkommensteuer	소득세
• Elterngeld	부모수당 (자녀양육수당)
• Elterngeld Plus	부모수당플러스
• Elternzeit	부모시간 (육아휴직)
• Entgeltfortzahlung	임금 계속 지급
• Entschaedigung	보상
• Erziehungsgeld/Elterngeld	양육수당

• Existenzgründung	자가 생계형 창업
• Extrahaushalte	부가예산

F

• Fallmanager	사례관리자
• Familie	가족
• Familienleistungsausgleich	가족성과조정 (부담조정 포함)
• Familienpflegezeitgeset	〈가족수발시간법〉
• Familienzeitpolitik	가족시간정책
• Familienzuschlaege	가족수당
• Fehlbelegungsabgabe	가(假) 입주부담금
• Festbeträge	참조가격제
• Finanzkrise	재정위기
• Finanzpolitik	재정정책
• Flexibilität am Rand des Arbeitsmarktes	한계적 유연화
• Foerder- und Fuersorgesysteme	장려와 부조시스템
• (verbände) freie Wohlfahrtspflege	민간 사회복지기관
• Fuersorgeprinzip	부조원칙
• Fürsorge	부조

G

• Geburtenrate	출산율
• Geld-Sach Leistung	현금, 현물급여
• Generationenvertrag	세대 간 계약
• Geringfügige Beschäftigung	경미한 고용
• Gesetz ueber bedarfsorienterte Grundsicherungim Alter und Erwerbsminderung	〈노인과 장애인에 대한 기초소득 보장법〉

· Gesetz zur Modernisierung der Gesetzlichen Krankenversicherung	〈공적 의료보험 현대화법〉
· Gesetzliche Krankenversicherung	공적 의료보험
· Gesetzliche Rentenversicherung	국민연금(공적 노령연금)
· GesetzlicheUnfallversicherung	공적 산재보험
· Gesmtvergütung	총액보수
· Gesundheitsreformgesetz	〈보건의료개혁법〉
· Gesundheitsstrukturgesetz	〈보건의료구조개혁법〉
· Gesundheitswesen	의료제도
· Gewerbesteuer	영업세
· GKV-Gesundheitsreformgesetz 2000	〈의료보험-보건의료개혁법 2000〉
· Godesberger Programm	고데스베르크 강령
· GroßeRentenreform	연금대개정
· Grundsicherung	기초보장
· Gründungszuschuss	창업보조금
· Grundversicherung fuer Arbeitssuchende	구직자 기초보장

H

· Hartzbericht	하르츠 보고서
· Hartzgesetz	하르츠 법안
· Hartzkommission	하르츠 위원회
· Hartz-Reformen	하르츠 개혁
· Hilfe zum Lebensunterhalt	생계급여
· Hilfe zur Uberwindung besonderer sozialer Schwierigkeiten	긴급지원
· Hilfen zur Gesundheit	의료급여
· Hinterbliebene	유족

I · J

• Ich AG	1인 회사
• Indirekte monetaere Transfers	간접 현금이전
• Individualisierung	개인주의화
• informellePfleger	비공식 수발자
• Integrationsamt	통합청
• Integrationsfachdienste	통합전문서비스
• Invaliditaet	장애
• Jugendamt	청소년청
• Jugendarbeit	청소년(지원)사업
• Jugendliche	청소년

K

• Kapital für Arbeit	노동을 위한 자본
• Kernhaushalte	핵심예산
• Kinder	아동
• Kinder- und Jugendhilfe	아동·청소년부조
• Kindergeld	아동수당
• Kinderpflege	아동돌봄
• Koalitionsregierung	연정
• Kodifikation	법전화
• kommunalverwaltung	기초(자치단체) 행정(기관)
• Kommune, Gemeinde	기초지방자치단체
• Kompetenzcenter	역량센터/직업관할센터
• Koordinierte Marktwirtschaften	조정시장경제
• Körperschaftsteuer	법인세
• Kostenmiete	비용임대료
• krankenhausplannung	병원계획

• Krankenhaustraeger	병원 운영주체
• Krankenversicherung	의료보험
• Kündigungsschutz	해고보호제도
• Kurzarbeit	조업단축
• Kurzzeitpflege	단기보호

L · M · N

• Lastenausgleich	부담조정
• Lebenlaufpolitik	생애과정정책
• Leistungskatalog	급여목록
• Leistungssysteme des oeffentlichen Dienstes	공공부문 급여체계
• Lohnversicherung	임금보장
• Männlich Ernährermodel	남성 생계부양자 모델
• Medizinischer Dienst der Krankenversicherung (MDK)	공적 의료보험 소속 의료지원단
• Midi-job	미디잡
• Migrant, Emigrant, Immigrant	이민자, 유출 이민자, 유입 이민자
• Migrationspolitik	이민정책
• Mindestlohn	최저임금
• Nachhaltige Familienpolitik	지속가능한 가족정책

O · P

• Öffentlicher Gesamthaushalt	공공부문 총예산
• Persönliches Budget	개인예산제도
• Pflegekasse	장기요양조합
• Pflegekosten	간병비
• Pflegereform	장기요양보험개혁

• Pflegestufe	장기요양등급
• Pflegeversicherung	장기요양보험 (수발보험)
• Pluralisierung der Familienlebensformen	가족생활 방식의 다원화
• Private Altersvorsorge	민간 노후보장
• Private Krankenversicherung	민간 의료보험
• Private Pflegeversicherung	민간 장기요양보험

R

• Realtransfers	현물이전
• Reformstau	개혁정체
• Regelbedarfsstufe (RBS)	표준욕구 가중치
• Reichsversicherungsordnung	〈제국보험법〉
• Rentenreform	연금 개혁
• Rentenversicherung	연금보험
• Richtmiete	정률임대료
• RiesterRente	리스터연금
• Rothenfelser Denkschrift	로텐펠스 건의서

S

• Schwarzarbeit	불법근로
• Schwerbehinderte Menschen	중증장애인
• Schwerbehindertenvertretung	중증장애인 대표제도
• Selbstverwaltung	자치행정
• Sondersysteme	특별시스템
• Sonstige Einnahmen	기타수입
• Sozial Sicherheit	사회보장
• Sozialamt	사회청
• Sozialanspruch, Anspruch	사회보장급여 청구권

auf Sozialleistung

• Sozialbeitraege	사회보험료
• Sozialbudget	사회 (복지) 예산
• Soziale Dienste	사회서비스
• Soziale Entschaedigung	사회적 보상
• Soziale Gerechtigkeit	사회정의
• Soziale Marktwirtschaft	사회적 시장경제
• Soziale Mietwohnungen	사회임대주택
• Soziale Tatbestaende	사회적 요건
• Soziale Versicherungen	사회보험
• Sozialgeld	사회수당
• Sozialgesetzbuch (SGB)	〈사회법전〉
• Sozialhilfe	사회부조 또는 공공부조
• Sozialleistungssystem	사회보장급여 시스템
• Sozialmarkt	사회시장
• Sozialpartnerschaft	사회적 파트너십
• Sozialversicherung	사회보험
• Sozialversicherungssysteme	사회보험시스템
• Sparpaket	절감정책
• Spitzenverbaende fuer freie Wohlfahrtspflege	민간 사회복지서비스 본부조직
• Staatsschulden	국가채무
• Statistisches Bundesamt	독일 연방통계청
• Statusfeststellungsverfahren	지위확인절차
• Steuerliche Leistungen	조세적 급여
• Steuerquoten	조세부담률
• Subsidiaritaet	보족성
• Systeme des oeffentlichen Dienstes	공공부문의 체계

T·U

• Tagesbetreuung	주간돌봄
• Tageseinrichtungen	주간보육시설
• Tarifautonomie	협약자치
• Tarifvertrag	단체협약
• tatsaechliche Beitraege	실제 보험료
• teilstationärePflege	주야간보호
• Teilweise Erwerbsminderungsrente	부분 근로능력감소연금
• Umsatzsteuer	부가가치세
• Unfallverhütung	산재예방
• Unfallversicherung	산재보험
• unterstellte Beitraege	가상 보험료
• Übergangsgeld	전환수당

V

• Vereinbarkeit von Beruf und Familie	일·가정 양립
• vereinbarte Foerderung	협약된 장려금
• Verrechnungen	상계
• Versicherungsfall	보험사고
• Versicherungsprinzip	보험원칙
• Versorgung	사회수당(원호, 부양)
• Versorgungsprinzip	수당(원호, 부양)원칙
• Versorgungswerke	원호조합
• vertraglich und freiwillige Arbeitgeberleistungen	사업주의 약정과 임의급여
• Volle Erwerbsminderungsrente	완전 근로능력감소연금
• vollstationäre Pflege	시설보호

W

• Weimarer Reichsverfassung	〈바이마르 헌법〉
• Weiterbildung	계속훈련
• Wiedergutmachung	원상회복
• Wohnen	주거
• Wohngeld	주거수당
• Wohnraumkuendigunsschutzgesetz	〈주거공간해지보호법〉
• Wohnraumsfoerderungsgesetz	〈주거공간장려금법〉
• Wohnungsbaugesetz	〈주택건설법〉

Z

• Zumutbar	기대가능성
• Zumutbarkeit	요구가능성
• Zusatzversorgung	추가복지
• Zuschuesse des Staates	정부보조금